Einführendes Lexikon in die deutsche Konversation
독일어 회화 입문사전

박진권 지음 / Heiko Ital 감수

외국어도서전문

문예림

저자 박진권

- 한국외국어대학교 독일어과 및 동 대학원 졸업
- 독일 보쿰(Bochum)대학교 문학박사(독문학)

「저서」
- 독일어 무역통신문
- 꿩먹고 알먹는 독일어 첫걸음
- 〈공저〉 대학생을 위한 활용 독일어 I
               대학생을 위한 활용 독일어 II
- 드라마 사전

감수 Heiko Ital

독일어 회화 입문사전

초판 1쇄 인쇄 | 2014년 2월 5일
초판 1쇄 발행 | 2014년 2월 15일

저 자 | 박진권
발행인 | 서덕일
발행처 | 도서출판 문예림
출판등록 | 1962년 7월 12일 제 2-110호
주소 | 서울 광진구 군자동 1-13호 문예하우스 101호
전화 | 02-499-1281~2
팩스 | 02-499-1283
http://www.bookmoon.co.kr
E-mail : book1281@hanmail.net

ISBN 978-89-7482-757-1 (13750)

· 잘못된 책은 구입하신 서점에서 교환하여 드립니다.
· 인지는 저자와 협의에 의해 생략합니다.

머리말

　요즘 독일로 여행이나 출장을 떠나는 사람들이 많다. 독일에서 기차를 타거나 관광을 하고 쇼핑을 할 때 어떻게 독일어로 말해야 할 지 정작 한국에서 독일어를 배워도 난감할 때가 있다. 또한 독일 대학에 다니기 위해 한국에서 독일어를 배워 읽는데 별 어려움을 겪지 않지만 정작 독일어로 말할 때 어떻게 표현해야 옳을지 모를 경우가 많다. 국내에서도 독일인과 비즈니스를 한다거나 독일인을 안내할 때 그리고 그들과 대화할 때 실제 상황에서 독일어 단어나 표현법이 떠오르지 않아 당황하기도 한다. 이럴 때마다 상황에 알맞은 표현을 알 수 있는 책이 있다면 얼마나 좋을까 하는 바람이 절실하다. 이 책의 집필 동기는 바로 그러한 이유로 나온 것이다. 그때그때마다 필요한 표현법을 찾아 실제로 사용하고 또 이미 독일어를 배웠다면 단어들을 바꾸어가며 독일어 학습자가 응용할 수 있도록 배려하였다. 학습자나 독자가 이 책을 가지고 말하고 싶은 것을 정확히 표현할 수 있도록 하자는 데 집필 목적을 두었기 때문에 언제든지 재미있게 익힐 수 있을 것이다. 이미 여행을 위한 여러 가지 독일어회화 책들이 있기는 하지만, 거기서도 만족을 못 느끼거나 부족한 점, 빠진 점들이 있어서 독자들이 폭넓은 일상생활의 상황 속에서 독일어를 구사할 수 있도록 독일어회화 표현을 충분히 그리고 완벽하게 수록하였다.

　이 책이 나오기까지 한국외국어 대학교 독일어 통번역학과의 Heiko Ital 교수가 조언을 하고 각별히 전체 내용을 감수하였으며 각 부(Teil)의 1장~3장 정도를 직접 녹음도 해주었다. 향후 전체 녹음을 계획하는 게 학습자에게 큰 도움이 될 것이라는 조언도 해주었다. 또한 이 책의 발행을 기꺼이 허락하신 도서출판 문예림의 서덕일 사장님께 깊은 감사를 드린다.

　필자는 독자들이 좀 독특한 언어인 독일어를 꾸준히 배우고 실제로 사용하는데 조금이나마 도움이 되도록 이 책을 집필하였기에 독자들의 조그마한 만족에도 기쁨은 더 없이 클 것이다.

2014년 1월
박 진 권

INHALT

I 사람을 만났을 때의 표현

01 일상적 인사　16
아침, 낮, 저녁에 인사하기 / 근황을 물을 때 / 바쁘냐고 물을 때 / 상대방의 안색을 나타낼 때

02 소개　20
처음 만났을 때 / 서로 이름을 밝힐 때 / 말씀 많이 들었다고 할 때 / 자기소개하기 / 자기 자신에 대해 좀 더 소개하기 / 상사나 직원을 소개할 때 / 가족을 소개할 때 / 다른 사람을 소개할 때 / 서로 아는 사이인지 물을 때 / 잘 아는 사이에 소개할 때 / 소개 받고 응답할 때 / 상대방에 대해 더 자세히 묻기

03 오랜만의 만남　37
오랜만에 만났을 때 / 사업이나 학업에 대한 안부를 물을 때 / 가족의 안부를 물을 때

04 헤어질 때의 인사　41
헤어질 때 / 밤에 헤어질 때 / 가봐야 한다고 말할 때 / 다시 만나자고 할 때 / 다시 오라고 할 때 / 약속하고 헤어질 때 / 연락을 하자고 할 때 / 안부를 전할 때 / 안부를 전하겠다고 할 때 / 헤어질 때 덧붙이는 말

II 사교할 때의 표현

01 감사　54
고마울 때 / 도움과 친절에 감사할 때 / 선물을 전할 때 / 감사에 대해 응답할 때

02 축하　58
축하할 때 / 생일을 축하할 때 / 성공을 축하할 때 / 출산축하 / 결혼축하 / 행운을 빌 때 / 축하 받고 대답할 때 / 절기를 축하할 때 / 건배할 때

4 독일어 회화 사전

차례

/ 기원할 때 / 환영할 때

03 칭찬 68
감탄을 나타낼 때 / 칭찬할 때 / 성과를 칭찬할 때 / 능력을 칭찬할 때 / 외모를 칭찬할 때 / 대상에 대해 칭찬할 때 / 칭찬에 대해 응답할 때 / 부끄러울 때 / 의견에 대해 칭찬할 때

04 사과와 변명 79
사과할 때 / 양해를 구할 때 / 사과의 이유를 말할 때 / 유감을 나타낼 때 / 사과의 말을 전해달라고 할 때 / 잘 못을 인정할 때 / 용서를 구할 때 / 사과를 받아줄 때

05 권유와 제안 91
음료는 식사를 권할 때 / 권유할 때 / 제안할 때 / 제안이나 권유에 응할 때 / 동의를 구하는 제안 / 제안이나 권유를 거절할 때

06 부탁과 도움 101
부탁할 때 / 구체적으로 부탁할 때 / 간단히 부탁할 때 / 허락을 부탁할 때 / 부탁을 들어줄 때 / 부탁을 거절할 때 / 완곡히 거절할 때 / 도움을 주고받을 때

07 허가와 양해 114
허가나 허락을 구할 때 / 허가나 허락을 할 때 / 양해를 구할 때 / 약속을 승낙할 때 / 약속을 거절할 때

08 명령과 금지 122
지시할 때 / 명령할 때 / 경고할 때 / 금지나 허락을 하지 않을 때

09 재촉과 여유 132
재촉할 때 / 여유를 가지라고 할 때

10 주의와 타이름 137
주의를 줄 때 / 꾸짖을 때 / 타이를 때 / 변명을 듣고 싶지 않을 때

11 충고와 의무 146
충고할 때 / 조언할 때 / 의무, 당연을 나타낼 때

12 설득과 결심 152
고집을 피울 때 / 설득할 때 / 의중을 확인할 때 / 당위성을 말할 때 / 결심을 유보하거나 바꿀 때 / 결심했을 때 / 결정할 때 / 결정을 망설일 때

INHALT

13 추측과 확신 　　　　　　　　　　　　　　　　　　　　161
추측을 나타낼 때 / 추측이 맞았을 때 / 추측과 판단이 다를 때 / 확신을 물을 때 / 확신할 때 / 확신하지 못할 때

14 가능과 불가능 　　　　　　　　　　　　　　　　　　　　167
가능 여부를 물을 때 / 가능을 말할 때 / 불가능을 말할 때

15 계획과 예정 　　　　　　　　　　　　　　　　　　　　　173
계획과 예정을 물을 때 / 계획과 예정을 말할 때

16 희망과 의지 　　　　　　　　　　　　　　　　　　　　　177
희망을 물을 때 / 희망을 말할 때 / 의향을 물을 때 / 의지를 말할 때

III 유창한 대화를 위한 표현

01 이해와 확인 　　　　　　　　　　　　　　184
이해를 확인할 때 / 이해했을 때 / 이해를 못했을 때

02 대화의 막힘과 재촉 　　　　　　　　　　　　　　　　　188
말이 막힐 때 / 적절한 말이 생각나지 않을 때 / 말하면서 생각할 때 / 말을 재촉할 때

03 동의와 찬반 　　　　　　　　　　　　　　　　　　　　　193
동의를 구할 때 / 동의할 때 / 부분적으로 동의할 때 / 동감할 때 / 상대방이 옳고 자신이 틀렸다고 할 때 / 찬성할 때 / 반대할 때 / 확실하게 반대의 말을 할 때 / 불확실하게 대답할 때 / 거절을 나타낼 때

04 맞장구 　　　　　　　　　　　　　　　　　　　　　　　205
확실하게 동의할 때 / 애매하게 동의할 때 / 긍정적 맞장구 / 부정적 맞장구 / 이해의 맞장구 / 잠시 생각할 때

05 대화를 부드럽게 하는 표현 　　　　　　　　　　　　　212
대화의 계기를 마련할 때 / 말을 걸 때 / 대화를 시도할 때 / 화제를 바꿀 때 / 대화 도중에 쓸 수 있는 표현 / 간단히 말할 때 / 무슨 일이냐며 응할 때 / 어색함을 모면하면서 말을 걸 때 / 잘 알아듣지 못했을 때 /

되물을 때 / 다시 한 번 더 말해달라고 할 때

감정을 나타내는 표현

01 기쁨과 행복　228
기쁨을 나타낼 때 / 기쁜 소식을 들었을 때 / 즐거울 때 / 재미있을 때 / 행운을 얻었을 때 / 행복할 때 / 안심할 때

02 슬픔과 우울함　235
슬플 때 / 슬퍼서 울 때 / 우울할 때 / 슬픔과 우울함을 위로할 때

03 격려와 위로　239
배려할 때 / 격려할 때 / 위로할 때 / 조의를 표할 때 / 동정할 때 / 병문안 할 때 / 병문안에 대한 감사의 말

04 노여움과 진정　249
화가 날 때 / 상대방이 화났을 때 / 화를 달랠 때

05 놀라움과 무서움　257
놀랐을 때 / 놀라움을 진정시킬 때 / 믿어지지 않을 때 / 두려움을 나타낼 때 / 두려움이나 염려를 진정시킬 때

06 걱정과 긴장　266
걱정을 물을 때 / 걱정이 될 때 / 걱정스러울 때 / 걱정하지 말라고 할 때 / 긴장될 때 / 긴장과 초조함을 진정시킬 때

07 후회와 실망　275
아쉬워할 때 / 후회할 때 / 실망스러울 때 / 낙담할 때 / 유감스러울 때

08 귀찮음과 불평　280
귀찮을 때 / 지겹고 지루할 때 / 짜증이 날 때 / 불평을 할 때 / 불만을 나타낼 때

09 좋아함과 싫어함　285
좋고 싫음을 물을 때 / 좋아하는 것을 말할 때 / 싫어하는 것을 말할 때

INHALT

10 비난과 다툼   **291**
비난할 때 / 말싸움할 때 / 욕할 때 / 꾸짖을 때 / 화해할 때

V 깊이 있는 교재를 위한 표현

01 약속   **300**
약속을 청할 때 / 스케줄을 확인할 때 / 약속 시간과 날짜를 정할 때 / 약속 장소를 정할 때 / 약속을 변경할 때 / 약속을 취소할 때 / 기타 약속에 관한 표현

02 초대   **311**
초대할 때 / 초대에 응할 때 / 초대에 응할 수 없을 때

03 방문과 접대   **316**
방문했을 때 / 손님을 맞을 때 / 손님을 대접할 때 / 방문을 마칠 때 / 주인으로서의 작별인사

04 식사 제안   **328**
식사를 제안할 때 / 대접할 때 / 식사 제안을 받았을 때 / 식사할 때 / 식사를 마칠 때 / 커피나 차를 마실 때 / 술을 권할 때

05 음식점   **340**
식당을 찾을 때 / 식당에 가자고 권할 때 / 식당을 예약할 때 / 식당에 들어서서 / 주문할 때 / 주문받을 때 / 주문할 때 음식을 묻는 말 / 더 주문하기 / 주문을 바꾸거나 취소할 때 / 주문에 문제가 있을 때 / 음식을 먹으면서 / 음식에 문제가 생겼을 때 / 디저트에 대해서 / 맛있게 먹으라고 할 때 / 식사를 마칠 때 / 음식이나 식당에 대해 말할 때 / 음식 값을 계산할 때 / 팁을 줄 때

06 카페와 술집   **371**
음료를 권할 때 / 술을 마시자고 할 때 / 술을 주문할 때 / 술을 추가로 주문할 때 / 건배할 때

일상생활에 관한 표현

01 날씨와 계절   378
날씨를 물을 때 / 기후에 대해서 / 날씨를 말할 때 / 일기예보에 대해서 / 일기에 대해서 / 계절에 대해서

02 시간과 연월일   390
시간을 물을 때 / 시간을 말할 때 / 시간을 모른다고 응답할 때 / 시간에 대해 말할 때 / 날짜에 대해 말할 때 / 요일에 대해 말할 때 / 달에 대해 말할 때 / 해에 대해 말할 때 / 기타 표현들

03 하루의 일과   406
일어날 때 / 외출준비를 할 때 / 집으로 돌아올 때 / 저녁식사를 할 때 / 휴식과 취침 / 집안 청소를 할 때 / 쓰레기를 버릴 때 / 휴일을 보낼 때

04 학교와 출신지   421
출신학교에 대해 / 전공에 대해서 / 학년과 선후배에 대해서 / 학교생활에 대해서 / 수업에 대해서 / 시험과 성적에 대해서 / 출신지에 대해 말할 때

05 개인의 신상   433
나이를 말할 때 / 생일에 대해 / 종교에 대해서 / 가족에 대해서 / 형제자매에 대해 / 자녀에 대해 / 친척에 대해서 / 거주지에 대해서 / 주소에 대해서 / 주택에 대해서 / 직업에 대해서

06 성격과 태도   450
성격을 물을 때 / 자신의 성격을 말할 때 / 다른 사람의 성격을 말할 때 / 성격을 칭찬할 때 / 태도에 대해서

07 외모와 패션   458
체격에 대해서 / 체중에 대해서 / 외모에 대해서 / 패션에 대해서

08 건강   465
건강에 대해서 / 건강관리에 대해서 / 컨디션에 대해서 / 다이어트에 대해서

INHALT

09 음주와 흡연   473
주량에 대해서 / 금주에 대해서 / 흡연에 대해서 / 담배를 피울 때 / 금연에 대해서

10 취미와 여가   481
취미에 대해서 / 여가 활동에 대해서 / 여행에 대해서

11 오락과 유흥   486
오락에 대해서 / 유흥에 대해서

12 문화생활   489
책에 대해서 / 신문과 잡지에 대해서 / 음악에 대해서 / 그림에 대해서 / 라디오에 대해서 / 텔레비전에 대해서 / 비디오에 대해서 / 공연관람에 대해서 / 연극 관람에 대해서 / 영화 관람에 대해서

13 요리   510
요리에 대해서 / 식성과 식욕에 대해서 / 맛에 대해서

14 스포츠와 레저   518
스포츠에 대해서 / 스포츠를 관전할 때 / 스포츠 중계를 볼 때 / 여러 가지 경기에 대해서 / 기타 운동에 대해서

15 우정과 이성교제   527
친구에 대해서 / 이성교제에 대해 / 데이트를 신청할 때 / 데이트를 즐길 때 / 애정을 표현할 때 / 사랑을 고백할 때 / 절교를 표현할 때

16 결혼과 출산   537
청혼할 때 / 약혼에 대해서 / 결혼에 대해서 / 결혼식에 대해서 / 임신과 출산에 대해서 / 별거와 이혼에 대해서

17 직업과 직장생활   545
직업을 물을 때 / 직업을 말할 때 / 사업을 물을 때 / 사업에 대해 말할 때 / 직장에 대해 / 출퇴근에 대해서 / 근무에 대해서 / 상사와 부하 직원에 대해 / 승진에 대해서 / 휴가에 대해서 / 사직과 퇴직에 대해서

18 구직과 취업   561
일자리를 구할 때 / 면접에 응할 때 / 면접을 할 때 / 면접장에서 대답하거나 질문할 때 / 취직을 했을 때

Ⅶ. 전화와 메일 그리고 팩스에 대한 표현

01 전화통화 572
전화를 걸기 전에 / 전화를 걸 때 / 전화가 걸려왔을 때 / 전화를 받을 때 / 전화를 바꿔줄 때 / 전화를 받을 수 없을 때 / 다시 전화할 때 / 메시지를 받을 때 / 메시지를 부탁할 때 / 메시지를 전해주겠다고 할 때 / 전화를 잘 못 걸었을 때 / 교환을 이용할 때 / 통화에 문제가 있을 때 / 국제전화를 이용할 때 / 전화를 끊을 때

02 이메일과 팩스 사용 597
E-mail 주소나 팩스번호를 물을 때 / 이메일이나 팩스를 발송할 때 / 팩스 수신 상태가 나쁠 때 / 이메일이나 팩스가 도착하지 않았을 때 / 이메일이나 팩스 내용에 대해 말할 때

03 복사와 컴퓨터 사용 603
복사 / 컴퓨터

Ⅷ. 비즈니스를 위한 표현

01 업무의 위임과 진행 608
업무를 맡길 때 / 업무 진행과 확인 / 그 외에 할 수 있는 말들

02 회사 방문 613
전화로 방문을 예약할 때 / 방문객을 접수할 때 / 거래처를 방문했을 때 / 방문객과 인사 나눌 때 / 회사를 안내할 때

03 회의 626
회의 준비 / 회의 진행할 때 / 회의를 종료할 때

04 상담 634
바이어를 맞이할 때 / 회사를 설명할 때 / 제품을 설명할 때 / 구입을 희

INHALT

망할 때 / 가격을 협상할 때 / 할인을 요청할 때 / 할인을 허용할 때 / 결정을 유보할 때 / 조건에 합의할 때 / 조건을 거부할 때

05 납품과 클레임　　　　　　　　　　　　　　　　　　　647
납품할 때 / 클레임을 제기할 때 / 클레임에 응할 때 / 클레임을 거부할 때

Ⅸ 독일에서의 여행을 위한 표현

01 비행기 　　　　　　　　　　　　　　　　　　　654
항공기를 이용할 때 / 짐을 부칠 때 / 공항 대합실에서 / 좌석을 찾을 때 / 기내서비스를 받을 때 / 기내식을 주문할 때 / 기내 면세품을 구입할 때 / 입국카드를 작성할 때 / 몸이 불편할 때 / 통과·환승할 때

02 공항　　　　　　　　　　　　　　　　　　　　　　　　671
짐을 찾을 때 / 입국심사를 받을 때 / 세관을 통과할 때 / 공항 안내소에서

03 호텔　　　　　　　　　　　　　　　　　　　　　　　　681
호텔을 찾을 때 / 호텔을 예약할 때 / 숙박기간을 말할 때 / 숙박비를 말할 때 / 체크인 할 때 / 숙박부를 작성할 때 / 물건을 보관 맡길 때 / 체크인에 문제가 있을 때 / 방의 위치를 확인할 때 / 방을 확인할 때 / 짐을 옮겨달라고 할 때 / 룸서비스를 이용할 때 / 시설물을 이용할 때 / 숙박 이용에 문제가 있을 때 / 체크아웃을 할 때 / 숙박비를 계산할 때 / 휴가지의 숙소에서 / 캠핑장에서 / 유스호텔에서

04 관광과 기념사진　　　　　　　　　　　　　　　　　　719
관광안내소에서 / 투어를 이용할 때 / 입장권을 살 때 / 관광지에서 / 관람할 때 / 기념촬영을 할 때

05 쇼핑　　　　　　　　　　　　　　　　　　　　　　　　733
쇼핑센터를 찾을 때 / 매장을 찾을 때 / 가게로 가려고 할 때 / 가게에 들어서 말할 때 / 물건을 찾을 때 / 물건을 고를 때 / 정할 때 / 색상을 고를 때 / 사이즈를 고를 때 / 디자인을 고를 때 / 품질을 물을 때 / 가격을 물을 때 / 포장을 부탁할 때 / 배달과 배송을 부탁할 때 / 물건을 교환하거나 환불받을 때

06 귀국 755
귀국편을 예약할 때 / 예약을 재확인할 때 / 항공편을 변경하거나 취소할 때 / 공항으로 갈 때 / 탑승 수속을 할 때 / 비행기 안에서

X 독일에서의 생활을 위한 표현

01 길 안내 764
길을 물을 때 / 장소를 물을 때 / 걸리는 시간과 거리를 말할 때 / 길을 알려줄 때 / 자신도 모를 때 / 길을 잃었을 때

02 대중교통 775
택시를 이용할 때 / 시내버스를 이용할 때 / 지하철을 이용할 때 / 열차를 이용할 때 / 항공기를 이용할 때

03 자동차 이용 790
렌터카를 이용할 때 / 차를 운전할 때 / 주유할 때 / 주차할 때

04 관공서 799

05 은행 803
은행을 찾을 때 / 환전할 때 / 환율을 물을 때 / 잔돈을 바꿀 때 / 구좌를 개설할 때 / 입출금과 송금할 때 / 신용카드

06 주택임대 816
방을 임대할 때 / 아파트나 주택을 구할 때 / 구체적인 내용을 물을 때 / 임대료에 대해서 / 편의 시설과 주변 환경에 대해 / 임대기관과 입주 / 집을 구경할 때 / 계약할 때 / 이사할 때

07 우체국 836
우체국을 찾을 때 / 편지를 부칠 때 / 우표를 살 때 / 소포를 부칠 때

08 세탁소 843
세탁물을 맡길 때 / 세탁물을 찾을 때

09 이발소와 미용실 847

INHALT

10 시장보기 — 852

쇼핑센터나 시장에서 / 야채, 과일 등을 고를 때 / 수량이나 단위로 값을 물을 때 / 옷을 고를 때 / 구두를 살 때 / 문구류를 살 때 / 서점에서 / 면세품을 구입할 때

11 병원 — 878

병원에 갈 때 / 접수창구에서 / 증상을 물을 때 / 신체의 이상을 말할 때 / 진찰할 때 / 진찰 후 조언을 할 때 / 내과에서 / 외과에서 / 피부과에서 / 이비인후과에서 / 소아과에서 / 안과에서 / 치과에서 / 산부인과에서 / 약이 필요할 때 / 환자의 상태를 물을 때

12 약국에서 — 932

약을 살 때 / 처방전에 따른 약 구입 / 복용방법

XI 긴급 상황 대처를 위한 표현

01 난처하거나 위급한 상황 — 940

난처할 때 / 위급할 때 / 도움을 요청할 때

02 분실과 도난 — 946

분실물 취급소에서 / 분실했을 때 / 도난당했을 때

03 교통사고 — 954

교통사고가 났을 때 / 교통사고를 냈을 때 / 교통사고 경위를 설명할 때 / 교통법규를 위반했을 때

04 자동차 수리 — 964

자동차 수리를 문의할 때

05 안경점 — 971

안경점에서

# Teil

I

사람을 만났을 때의 표현

01 일상적 인사
02 소개
03 오랜만의 만남
04 헤어질 때의 인사

01 일상적 인사

독일어 인사말은 하루의 시간대에 따라 "Guten Morgen"(아침), "Guten Tag"(낮), "Guten Abend"(저녁)를 쓰는 것이 보통이다. 이러한 시간에 국한되지 않는 인사말은 "Hallo"이다. 모르는 사이라 할지라도 처음 만나는 사람과 눈이 마주치거나 엘리베이터 안 또는 복도 등에서 마주하게 되면 이렇게 인사한다.

아침, 낮, 저녁에 인사하기

- 안녕!
  Hallo!
  할로!

- 안녕하세요. (아침인사)
  Guten Morgen!
  구-탠 모르갠!

- 안녕하세요. (낮인사)
  Guten Tag!
  구-탠 타-ㅋ!

- 안녕하세요. (저녁인사)
  Guten Abend!
  구-탠 아-벤트!

- 안녕하세요. (밤인사)
  Gute Nacht!
  구-태 낙흩트!

근황을 물을 때

- 안녕?
  Hallo!
  할로!

- 잘 지내니?

  Wie geht es dir?
  비- 게-트 앳스 이-낸?

- 잘 지내니?

  Wie geht's?
  비- 게-츠?

- 안녕, 잘 지내?

  Hallo, wie geht's?
  할로 비- 게-츠?

- 어떻게 지내십니까?

  Wie geht es Ihnen?
  비- 게-트 앳스 이-낸?

- 아주 잘 지냅니다.

  Es geht mir sehr gut.
  앳스 게-트 미어 제어 구-ㅌ.

- 덕분에 잘 지냅니다.

  Danke, mir geht es gut.
  당케 미어 게-트 앳스 구-ㅌ.

- 덕분에 잘 지냅니다. 당신은 어떠세요?

  Danke, mir geht es gut. Und Ihnen?
  당케, 미어 게트 앳스 구-ㅌ. 운트 이-낸?

- 저도 덕분에 잘 지내요.

  Danke schön, mir geht es auch gut.
  당케 쇠-ㄴ, 미어 게-트 앳스 아욱흐 구-ㅌ.

- 저도 잘 지내요.

  Danke, auch gut.
  당케, 아욱흐 구-ㅌ.

- 저도 잘 지내요.

  Danke, mir auch.
  당케, 미어 아욱흐.

- 그럭저럭 지내요

  Es geht.
  앳스 게-트.

- 별로 안 좋아요.

  Mir geht es nicht so gut.
  미어 게-트 앳스 니힡트 조- 구-ㅌ.

Ⅰ. 사람을 만났을 때의 표현

- 기분 아주 좋습니다.
  Ich fühle mich sehr gut.
  이히 퓌-ㄹ래 밎히 제어 구-트.

바쁘냐고 물을 때

- 요즘 일이 많으세요?
  Haben Sie viel Arbeit zurzeit?
  하-밴 지- 피-ㄹ 아르바이트 추어 차이트?

- 요즘 바쁘십니까?
  Sind Sie zurzeit sehr beschäftigt?
  진트 지- 추어차이트 제어 배섀프티히트?

- 요즘 바쁘니?
  Bist du zurzeit sehr beschäftigt?
  비스 두- 추어차이트 제어 배섀프티히트?

- 너 요즘 할 일이 많니?/너 요즘 바쁘니?
  Hast du zurzeit viel zu tun?
  하스트 두- 추어차이트 피-ㄹ 추- 투-ㄴ?

- 오늘 하실 일이 많으신가요?
  Haben Sie heute viel zu tun?
  하-밴 지- 호이테 피-ㄹ 추- 투-ㄴ?

상대방의 안색을 나타낼 때

- 기분이 별로 안 좋습니다.
  Ich bin schlechter Laune.
  이히 빈 슐레히터   라우내.

- 컨디션이 좀 안 좋습니다.
  Ich fühle mich nicht wohl.
  이히 퓌-ㄹ래 미히 니힐트 보-ㄹ.

- 기운이 없어 보이네요.
  Sie sehen bedrückt aus.
  지- 제-앤   배드뤽트   아웃스.

- 왜 그렇게 시무룩하니?
  Warum bist du so deprimiert?
  봐룸   비스트 두- 조- 데프리미어트?

- 얼굴 참 좋아 보인다.
  Du siehst gut aus.
  두- 지-스트 구-ㅌ 아웃스.

- 어디 아프십니까?
  Wo tut es Ihnen weh?
  보- 투-트 앳스 이-낸 베-?

- 무슨 일이 생겼어요?
  Was ist los (mit Ihnen)?
  밧스 이스트 로-스 (미트 이-낸)?

- 무슨 일이 생겼니?
  Was ist los (mit dir)?
  밧스 이스트 로-스 (미트 디어)?

 ## 02 소개

처음 만났을 때 인사표현은 "안녕하세요. 처음 뵙겠습니다."인데 독일어로 "Guten Tag!"처럼 하루의 때에 알맞은 인사를 하면 된다. "반갑습니다"라는 말은 "Ich freue mich", "Freut mich", "Sehr erfreut" 등을 사용한다. 독일인들은 사람을 소개하거나 소개받을 때 상대의 이름을 정확히 기억해두려고 하며 대화중에도 상대의 이름을 부르는데, 이렇게 하는 것이 이름을 기억하기 쉽고 상대에게 친숙감을 주기도 한다.

처음 만났을 때

- 처음 뵙겠습니다.
  Guten Tag!
  구-탠 타-ㅋ?

   독일어에서 "처음 뵙겠습니다"란 표현은 Guten Tag처럼 하루의 때에 상응하는 인사말을 사용한다. 영어의 How do you do?에 해당한다. 소개하는 상황에서 "처음 뵙겠습니다"라고 할 때는 Sehr erfreut! 또는 Freut mich sehr!한다.

- 만나서 반갑습니다.
  Ich freue mich, Sie zu treffen.
  이히 프로이애 밑히, 지- 추- 트래팬.

- 만나서 반갑습니다.
  Wie schön, Sie zu treffen.
  비- 쇠-ㄴ, 지- 추- 트래팬.

- 당신을 알게 되어 반갑습니다.
  Nett, Sie kennen zu lernen.
  냍트, 지- 캔낸 추- 레르낸.

- 여러분들 모두를 뵈어서 반갑습니다.
  Ich freue mich, Sie alle getroffen zu haben.
  이히 프로이애 밑히, 지- 알래 게트로팬 추- 하-밴.

- 뵙게 되어 반갑습니다.
  Freut mich, Sie zu sehen.
  프로이트 밑히, 지- 추- 제-앤.

- 만나서 반갑습니다.
  Ein Vergnügen.
  아인 페어그뉴-갠.

- 알게 되어 아주 기쁩니다.
  Sehr erfreut, Sie kennen zu lernen.
  제어 애어프로이트, 지- 캔낸 추- 레르낸.

- 제가 오히려 반갑습니다.
  Gern geschehen!
  게른 게쉐-앤!

서로 이름을 밝힐 때

- 성함이 어떻게 됩니까?
  Wie heißen Sie, bitte?
  비- 하이쌘 지-, 비태?

- 성함이 어떻게 됩니까?
  Wie ist Ihr Name?
  비- 하이쓰트 이어 나-메?

- 성함을 말씀해 주십시오.
  Ihr Name, bitte!
  이어 나-메, 비태?

- 성이 어떻게 됩니까?
  Wie heißen Sie mit Familiennamen?
  비- 하이쌘 지- 미트 파밀리엔나-맨?

- 이름이 어떻게 됩니까?
  Wie ist Ihr Vorname?
  비- 이스트 이어 포어나-매?

- 이름을 말씀해 주십시오.
  Ihr Vorname, bitte!
  이어 포어나-매, 비태!

- 김이 당신의 이름입니까?
  Ist Kim Ihr Vorname?
  이스트 킴 이어 포어나-매?

- 아니오, 저의 성입니다.
  Nein, es ist mein Nachname.
  나인, 앳스 이스트 마인 낙흐나-매.

- 당신이 바이골트씨입니까?

  Sind Sie Herr Weihgold?
  진트 지- 해어 봐이골트?

- 예, 그렇습니다.

  Ja, das bin ich.
  야-, 다스 빈 이히.

- 성은 박입니다.

  Mein Nachname ist Park.
  마인 낙흐나-매 이스트 팍.

- 니나라고 불러주십시오.

  Nennen Sie mich Nina!
  넨낸 지- 미히 니-나!

- 천천히 다시 말씀해 주십시오.

  Bitte wiederholen Sie das, langsam!
  비태 비더호-ㄹ랜 지- 다스, 랑잠!

- 실례합니다. 성함이 뭐라고 하셨지요?

  Entschuldigung, wie war Ihr Name noch einmal?
  앤트슐-디궁, 비- 봐 이어 나-매 녹흐 아인마-ㄹ?

- 철자를 어떻게 쓰지요?

  Wie buchstabiert man das?
  비- 북흐슈타비어트 만 다스?

- 철자는 이렇게 됩니다: S, t, r, a, u, ß

  Das buchstabiert man: großes s, t, r, a, u, scharfes s.
  다스 북흐슈타비어트 만: 그로-쎄스 앳스 테 애르 아 우 샤르페스 앳스.

- 당신 성의 철자를 불러주십시오.

  Bitte buchstabieren Sie Ihren Nachnamen!
  비태 북흐슈타비-랜 지- 이어랜 낙흐나-맨!

말씀 많이 들었다고 할 때

- 당신에 관한 말씀 많이 들었습니다.

  Ich habe viel von Ihnen gehört.
  이히 하-배 피-ㄹ 폰 이-넨 게회르트.

- 선생님에 대해서 말씀을 들었습니다.

  Ich habe von Ihnen gehört.
  이히 하-배 폰 이-넨 게회르트.

- 말씀 많이 들었습니다.

  Viel von Ihnen gehört.
  피-ㄹ 폰   이낸   게회르트.

- 말씀은 많이 들었습니다.

  Ich kenne Sie vom Hörensagen.
  이히 캔내   지- 폼   회-랜이자-갠.

- 슈나이더 씨가 당신 이야기를 자주 했습니다.

  Herr Schneider hat mir oft von Ihnen erzählt.
  해어 슈나이더   하트 미어 오프트 폰 이-낸   애어챌-트.

- 쾨넨 씨가 선생님에 대해 자주 얘기했습니다.

  Herr Köhnen hat oft von Ihnen erzählt.
  해어 쾨-넨   하트 오프트 폰 이-넨   애어챌-트.

- 만나 뵙고 싶었습니다.

  Ich habe mir gewünscht, Sie zu treffen.
  이히 하배   미어 게뷘쉬트,   지- 추- 트래팬.

- 오래전부터 당신을 만나 뵙고 싶었습니다.

  Schon seit langem habe ich gewünscht, Sie zu treffen.
  쇼-ㄴ 자이트 랑앰   하배 이히 게뷘쉬트,   지- 추- 트래팬.

- 나쁜 말이 아니길 바랍니다.

  Ich hoffe nichts Schlechtes.
  이히 호패   니힣츠   슐레히테스.

자기 소개하기

- 제 소개를 할까요?

  Darf ich mich vorstellen?
  다르프 이히 밎히   포-어슈탤랜?

- 제 소개를 하겠습니다.

  Darf ich mich Ihnen vorstellen?
  다르프 이히 밎히   이-낸   포-어슈탤랜?

- 저를 소개하고 싶습니다.

  Ich möchte mich Ihnen vorstellen.
  이히 뫼히태   밎히   이-낸   포-어슈탤랜.

- 저를 소개해도 될까요?

  Gestatten Sie, dass ich mich vorstelle?
  게슈타탠   지-, 닷스 이히 밎히   포-어슈탤래?

- 방금 소개받은 박 입니다.

  Ich heiße Park, so wie in meiner Vorstellung bereits erwähnt.
  이히 하이쎄 팍,   조- 비- 인 마이너   포-어슈탤룽   배라이츠 애어봬-ㄴ트.

자기 자신에 대해 좀 더 소개하기

- 안녕하세요. 제 이름은 이 헤림입니다. 저는 한국에서 왔습니다.

  Guten Tag, mein Name ist Herim Lee. Ich komme aus Korea.
  구-탠   타-크, 마인 나-매 이스트 헤림   리. 이히 콤매   아웃스 코레-아.

- 저는 한국의 서울에서 왔습니다.

  Ich komme aus Korea, aus Seoul.
  이히 콤매   아웃스 코레-아, 아웃스 서울.

- 저는 대학생입니다.

  Ich bin Studentin.
  이히 빈 슈투덴틴.

> **Tipp** 독일어 여성명사는 남성명사 뒤에 –in이 붙는다. Student(대학생), Studentin(여대생)

- 저는 회사원입니다.

  Ich bin Angestellte.
  이히 빈   안게슈탤태.

- 저는 소프트텍에서 근무하는 김입니다.

  Ich bin Kim von der Firma Softtech.
  이히 빈   킴   폰   데어 피르마 소프트테크.

- 저는 프랑크푸르트 주재 수출입은행에 근무하고 있습니다.

  Ich arbeite bei der Korean Import und Export Bank in Frankfurt.
  이히 아르바이테 바이 데어 코리언   임포-트   운트 엑스포-트 방크 인 프랑크푸르트.

- 저는 어학과정에서 독일어를 배우고 있습니다.

  Ich lerne Deutsch im Sprachkurs.
  이히 레르네 도이취   임 슈프롸흐쿠어스.

- 저는 기숙사에 살고 있습니다.

  Ich wohne im Studentenheim.
  이히 보-네   임 슈투덴탠하임.

- 저는 미혼입니다.

  Ich bin ledig.
  이히 빈   레디히.

상사나 직원을 소개할 때

• 제 직장 동료입니다.

Das ist mein Kollege.
다스 이스트 마인 콜레-게.

 여자동료는 die Kollegin.(디 콜레-긴)

• 제 상사입니다.

Das ist mein Vorgesetzter.
다스 이스트 마인 포-어게젯츠터.

 der Vorgesetzte 상사(上司), der Chef[셰프]라고도 한다. 여성명사는 die Vorgesetzte, die Chefin.

• 이분은 우리 회사의 총무부장입니다.

Das ist der Geschäftsführer meiner Firma.
다스 이스트 데어 게섀프츠퓨-러 마이너 피르마.

• 그리고 이분은 영업부 과장, 미스터 리입니다.

Und das hier ist Herr Lee, der Leiter der Produktionsabteilung.
운트 다스 히어 이스트 해어 리, 데어 라이터 데어 프로둑치온스압타일룽.

가족을 소개할 때

• 이쪽은 제 가족입니다.

Das ist meine Familie.
다스 이스트 마이내 파밀리-에.

• 이들은 제 형제들입니다.

Das sind meine Geschwister.
다스 진트 마이내 게슈비스터.

• 이쪽은 제 언니입니다.

Das ist meine Schwester.
다스 이스트 마이내 슈배스터.

• 이들은 제 자매들입니다.

Das sind meine Schwestern.
다스 진트 마이내 슈배스터른.

Ⅰ. 사람을 만났을 때의 표현 25

- 이들은 제 남자형제들입니다.

  Das sind meine Brüder.
  다스 진트 마이내 브뤼-더.

- 이분들은 저의 부모님입니다.

  Das sind meine Eltern.
  다스 진트 마이내 앨턴.

다른 사람을 소개할 때

- 소개할까요?

  Darf ich vorstellen?
  다르프 이히 포-어슈탤랜?

- 이쪽은 제 친구 알렉산더입니다.

  Das ist mein Freund Alexander.
  다스 이스트 마인 프로인트 알렉산더.

- 만나서 반가워요. 저는 레나입니다.

  Nett, Sie zu treffen. Ich heiße Lena.
  낱트, 지- 추- 트래팬. 이히 하이쎄 레-나.

- 제 친구를 소개해 드리고 싶습니다.

  Ich möchte Ihnen meinen Freund vorstellen.
  이히 뫼히태 이-낸 마이낸 프로인트 포-어슈탤랜.

- 김 선생을 소개드릴까요?

  Darf ich Ihnen Herrn Kim vorstellen?
  다르프 이히 이-낸 해른 킴 포-어슈탤랜?

 Herr는 2, 3, 4격에서 어미 n이 붙는다.

- 김 선생을 소개드릴까요?

  Darf ich Sie mit Herrn Kim bekannt machen?
  다르프 이히 지- 미트 해른 킴 배칸트 막핸?

- 소개드릴까요?

  Darf ich bekannt machen?
  다르프 이히 배칸트 막핸?

- 마이어 씨, 이분은 남씨입니다.

  Frau Meyer, das ist Herr Nam.
  프라우 마이어, 다스 이스트 해어 남.

서로 아는 사이인지 물을 때

- 서로들 벌써 아는 사이입니까?

  Kennen Sie sich schon?
  캔낸 지- 지히 쇼-ㄴ?

- 서로들 이미 알고 계신가요?

  Kennen Sie sich bereits?
  캔낸 지- 지히 배라이츠?

- 너희들은 서로 아는 사이지, 그렇지?

  Ihr kennt euch schon, oder?
  이어 캔트 오이히 쇼-ㄴ, 오-더?

- 두 분이 전에 만난 적이 있습니까?

  Haben Sie beide sich schon vorher getroffen?
  하-밴 지- 바이대 짗히 쇼-ㄴ 포-어해어 게트로팬?

- 두 분이 서로 아는 사이입니까?

  Sind Sie beide schon miteinander bekannt?
  진트 지- 바이대 쇼-ㄴ 미트아인안더 배칸트?

- 두 분이 서로 아는 사이입니까?

  Haben Sie beide schon miteinander Bekanntschaft geschlossen?
  하-밴 지- 바이대 쇼-ㄴ 미트아인안더 배칸트샤프트 게슐롯샌?

- 우리는 서로 뵌 적이 있습니다.

  Wir kennen uns vom Sehen.
  뷔어 켄낸 운스 폼 제-앤.

- 우리 서로 아는 사이 아닌가요?

  Kennen wir uns nicht?
  캔낸 뷔어 운스 니힐트?

- 혼동하고 계신 겁니다. 우리는 한 번도 만난 적이 없는데요.

  Sie irren sich. Wir sind uns noch nie begegnet.
  지- 이랜 짗히. 뷔어 진트 운스 녹흐 니- 배게-그내트.

- 여기는 모니카고 이 친구는 동민이야.

  Hier ist Monika. Und hier Dong-Min.
  히어 이스트 모니-카. 운트 히어 동민.

- 이분은 한국에서 온 미스터 이입니다.

  Das ist Herr Lee aus Korea.
  다스 이스트 해어 리 아웃스 코레-아.

- 이 양, 로만 씨를 아시나요?

  Frau Lee, kennen Sie Herrn Lohmann?

  프라우 리, 캔낸 지- 해른 로-만?

- 제가 당신을 그분에게 소개해 드릴게요.

  Ich mache Sie mit ihm bekannt.

  이히 막해 지- 미트 이-ㅁ 배칸트.

- 너 정말 볼프 부인 알고 있어?

  Kennst du eigentlich Frau Wolf?

  캔스트 두- 아이겐틀링히 프라우 볼프?

- 이들은 제 동료들입니다.

  Das sind meine Kollegen.

  다스 진트 마이내 콜레-갠.

- 이들은 제 친구들입니다.

  Das sind meine Freunde.

  다스 진트 마이내 프로인대.

- 이들은 제 여자친구들입니다.

  Das sind meine Freundinnen.

  다스 진트 마이네 프로인딘낸.

- 이들은 김씨 부부입니다.

  Das sind Frau und Herr Kim.

  다스 진트 프라우 운트 해어 킴.

- 나는 그의 이름을 모르고 단지 얼굴만 알고 있습니다.

  Ich weiß nicht, wie er heißt. Ich kenne ihn nur vom Sehen.

  이히 봐이쓰 니힡트, 비- 애어 하이쓰트. 이히 캔내 이-ㄴ 누어 폼 제-앤.

- 나는 그의 성만 알고 있습니다.

  Ich kenne ihn nur vom Namen.

  이히 캔내 이-ㄴ 누어 폼 나-맨.

- 아렌트 씨를 아십니까?

  Kennen Sie Herrn Arndt?

  캔낸 지- 해른 아른트?

- 예, 우리는 친해요.

  Ja, wir sind befreundet.

  야-, 뷔어 진트 배프로인데트.

잘 아는 사이에 소개할 때

- 우도, 인아를 알아?

  Udo, kennst du Ina?
  우도, 캔스트 두- 이나?

- 이쪽은 자비네야.

  Das hier ist Sabine.
  다스 히어 이스트 자비-내.

- 여기 이 사람은 내 남편이야.

  Das hier ist mein Mann.
  다스 히어 이스트 마인 만.

- 여기 이 사람은 내 아내야.

  Das hier ist meine Frau.
  다스 히어 이스트 마이내 프라우.

- 얘는 내 동생이야. 다니엘이라고 해.

  Das ist mein Bruder. Er heißt Daniel.
  다시 이스트 마인 브루-더. 애어 하이쓰트 다-니엘.

- 다니엘, 너 랄프 알지, 그렇지?

  Daniel, du kennst doch sicher den Ralf.
  다-니엘, 두- 캔스트 독흐 짛혀 덴 랄프.

- 레나테, 너는 이미 보미를 알고 있지?

  Renate, du kennst doch schon die Bomi?
  레나테, 두- 캔스트 독흐 쇼-ㄴ 디 보-미?

> Tipp 사람 이름 앞에 정관사를 붙여 '…라는 애/사람'의 뜻으로 쓴다.

- 너희들은 이미 서로를 알고 있지, 그렇지?

  Ihr kennt euch ja schon, oder?
  이어 캔트 오이히 야- 쇼-ㄴ, 오-더?

- 너 나의 형/동생 민호를 알아?

  Kennst du meinen Bruder Minho?
  캔스트 두- 마이낸 브루-터 민호?

- 너 나의 여동생/언니 민희를 알니?

  Kennst du meine Schwester Minhi?
  캔스트 두- 마이내 슈베스터 민히?

- 그 애는 민희라고 해. 그러나 모두들 그 애를 미니라고 불러.
  Sie heißt Minhi, aber alle nennen sie Mini.
  지- 하이쓰트 민히,   아-버 알레 낸낸   지- 미-니.

- 저기 저 남자 이름이 뭐지?
  Wie heißt der Mann da?
  비   하이쓰트 데어 만   다?

- 아, 그의 이름이 혀에 돌긴 하는데.
  Sein Name liegt mir auf der Zunge.
  자인   나-매   리-ㄱ트 미어 아우프 데어 충애.

- 그의 이름이 혀에 돌긴 하는데 모르겠어.
  Ich habe seinen Namen auf der Zunge.
  이히 하배   자이낸   나-맨   아우프 데어 충애.

소개 받고 응답할 때

- 반갑습니다.
  Freut mich.
  프로이트 밑히.

- 대단히 반갑습니다.
  Freut mich sehr.
  프로이트 밑히 제어.

- 만나서 반갑습니다.
  Angenehm.
  안게네-ㅁ.

- 저도 마찬가지입니다.
  Ganz meinerseits.
  간츠   마이너자이츠.

- 저도 마찬가지인 걸요.
  Gleichfalls.
  글라이히팔스.

- 반갑습니다. 박이라고 합니다.
  Angenehm, Park.
  안게네-ㅁ,   팍.

- 반갑습니다. 제 이름은 박입니다.
  Angenehm, ich heiße Park.
  안게네-ㅁ,   이히 하이쎄 팍.

- 처음 뵙겠습니다. 저는 마이어입니다.
  Sehr angenehm, ich bin Meier.
  제어 안게네-ㅁ, 이히 빈 마이어.

- 뵙게 되어 반갑습니다.
  Sehr angenehm, Sie kennen zu lernen.
  제어 안게네-ㅁ, 지- 캔낸 추- 레르낸.

- 뵙게 되어 반갑습니다.
  Sehr angenehm, Sie zu sehen.
  제어 안게네-ㅁ, 지- 추- 제-앤.

- 만나 뵙게 되어 반갑습니다.
  Schön, Sie zu treffen.
  쇠-ㄴ, 지- 추- 트래팬.

- 당신을 사귀게 되어 매우 반갑습니다.
  Freut mich sehr, Ihre Bekanntschaft zu machen.
  프로이트 밎히 제어, 이어래 배칸트샤프트 추- 막핸.

- 당신을 알게 되어 반갑습니다.
  Freut mich, Sie kennen zu lernen!
  프로이트 밎히, 지- 캔낸 추- 레르낸!

- 만나 뵙게 되어 반갑습니다.
  Es freut mich, Sie zu sehen!
  앳스 프로이트 밎히, 지- 추- 제-앤!

- 당신을 만나니 반갑습니다.
  Es freut mich Sie zu treffen.
  앳스 프로이트 밎히 지- 추- 트래팬.

- 당신을 알게 되어 대단히 반갑습니다.
  Es freut mich sehr, Sie kennen zu lernen!
  앳스 프로이트 밎히 제어, 지- 캔낸 추- 레르낸!

- 당신을 알게 되어 대단히 반갑습니다.
  Ich freue mich sehr, Sie kennen zu lernen!
  이히 프로이에 밎히 제어, 지- 캔낸 추- 레르낸!

- 처음 뵙겠습니다.
  Sehr erfreut.
  제어 애어프로이트!

- 당신을 알게 되어 반갑습니다.
  Sehr erfreut, Ihre Bekanntschaft zu machen!
  제어 애어프로이트, 이어래 배칸트샤프트 추 막핸!

Ⅰ. 사람을 만났을 때의 표현

- 대단히 반갑습니다.

  Sehr angenehm!
  제어 안게네-ㅁ!

- 저도 반갑습니다.

  Ganz meinerseits!
  간츠 마이너자이츠!

- 저도 그렇습니다.

  Ganz meinerseits!
  간츠 마이너자이츠!

- 말씀 많이 들었습니다.

  Viel von Ihnen gehört.
  피-ㄹ 폰 이-낸 게회르트.

- 이미 말씀 많이 들었습니다.

  Ich habe schon viel von Ihnen gehört.
  이히 하-배 쇼-ㄴ 피-ㄹ 폰 이-낸 게회르트.

- 나는 이미 그 여자를 몇 년 전에 만났어.

  Ich habe sie schon vor Jahren kennen gelernt.
  이히 하-배 지- 쇼-ㄴ 포-어 야-랜 캔낸 겔레른트.

- 우리는 베를린에서 만났어./알게 됐어.

  Wir haben uns in Berlin kennen gelernt.
  뷔어 하-밴 운스 인 배얼리-인 캔낸 겔레른트

- 우리는 이미 서로 알게 된지 오래됐어.

  Wir sind schon lange miteinander bekannt.
  뷔어 진트 쇼-ㄴ 랑애 미트아인안더 배칸트.

- 우리는 사귄지 2년 됐어.

  Wir haben uns vor zwei Jahren kennen gelernt.
  뷔어 하-밴 운스 포-어 츠바이 야-랜 캔낸 겔레른트.

> **Tipp** kennen lernen 사귀다 ('처음 만나다' 라는 맥락으로도 사용할 수 있다.) seit ...부터, ... 이래로(3격지배 전치사)

- 내가 너를 내 사촌에게 소개해주고 싶어.

  Ich möchte dich mit meinem Vetter bekannt machen.
  이히 뫼히테 디히 미트 마이냄 페터 배칸트 막핸.

- 당신은 그 여자를 어디서 만나셨습니까?

  Wo haben Sie ihre Bekanntschaft gemacht?
  보- 하-밴 자- 이어래 배칸트샤프트 게막흐트?

- 당신은 그 여자를 언제 만나셨습니까?

    Wann haben Sie ihre Bekanntschaft gemacht?
    반 하-밴 지- 이어래 베칸트샤프트 게막흐트?

> Tipp 공식적인 표현은 아니지만, begegnen+3격을 써서 표현하기도 한다.

- 우리는 처음에 그 여자를 함부르크에서 우연히 만났습니다.

    Wir sind ihr zum ersten Mal in Hamburg begegnet.
    뷔어 진트 이어 춤 애어스탠 마-ㄹ 인 함부르크 배게-그내트.

상대방에 대해 더 자세히 묻기

- 어느 나라에서 오셨습니까?

    Woher kommen Sie?
    보해어 콤맨 지-?

> Tipp "어디서 오셨습니까?"라고 할 때 Woher kommen Sie?나 Wo kommen Sie her? 또는 Woher sind Sie?라고 한다. 어디서, 어느 도시, 어떤 나라에서 왔느냐고 할 때 모두 쓰인다.

- 당신은 국적이 어디입니까?

    Welche Nationalität haben Sie?
    뷀혜 나치오날리태-트 하-밴 지-?

- 한국입니다.

    Koreanisch.
    코레아-니쉬.

> Tipp 국적을 물을 때는 형용사로 대답한다. 한국 koreanisch, 독일 deutsch, 프랑스 französisch, 중국 chinesisch, 일본 japanisch, 러시아 russisch ...

- 당신은 중국인입니까?

    Sind Sie Chinese?
    진트 지- 히네제?

- 아니오, 저는 한국인입니다.

    Nein, ich bin Koreaner.
    나인, 이히 빈 코레아-너.

Ⅰ. 사람을 만났을 때의 표현 **33**

> **Tipp** 여성명사는 대부분 '남성명사+in' 이다; Koreanerin, Japanerin, Amerikanerin, 그러나 형용사가 명사가 된 경우, 예) 독일인 Deutscher 독일인(남자), Deutsche 독일인(여자), Franzose 프랑스인(남자), Französin 프랑스인(여자), Chinese 중국인(남자), Chinesin 중국인(여자)

- 죄송합니다. 이름이 뭐하고 하셨지요?

  Entschuldigung, wie war Ihr Name?
  앤트슐-디궁,   비- 봐 이어 나-매?

- 저 여자 분의 이름이 무엇입니까?

  Wie heißt die Frau?
  비- 하이쓰트 디 프라우?

- 당신 친구 분의 이름은 무엇입니까?

  Wie heißt Ihr Freund?
  비- 하이쓰트 이어 프로인트?

- 언제 출생하셨습니까?

  Wann sind Sie geboren?
  반   진트   지- 게보-랜?

- 생년월일은 어떻게 됩니까?

  Wie ist Ihr Geburtsdatum?
  비- 이스 이어 게부어츠다-툼?

- 몇 살입니까?

  Wie alt sind Sie?
  비- 알트 진트   지-?

- 몇 살인지 여쭈어 봐도 될까요?

  Wie alt sind Sie, wenn man fragen darf?
  비- 알트 진트 지-, 벤   만   프라겐   다르프?

- 저는 21살입니다.

  Ich bin einundzwanzig Jahre alt.
  이히 빈 아인운트츠반치히   야-레 알트.

- 그를 아십니까?

  Kennen Sie ihn?
  캔낸   지- 이-ㄴ?

- 저기 저 여자분 아시지요, 그렇지요?

  Sie kennen ja die Frau da, oder?
  지- 캔낸   야- 디 프라우 다-, 오-더?

- 쾨낸씨입니까?

 Sind Sie Herr Köhnen?
 진트 지- 해어 쾨-낸?

- 식구가 몇입니까?

 Wie viele Personen sind Sie zu Hause?
 비- 피-ㄹ래 페르조-낸 진트 지- 추 하우재?

- 우리는 세 식구입니다.

 Wir sind zu dritt in der Familie.
 뷔어 진트 추- 드리트 인 데어 파밀리-에.

- 다시 만나서 반갑습니다.

 Freut mich, Sie wieder zu sehen.
 프로이트 밓히, 지- 비-더 추- 제-앤.

- 만나서 반가웠습니다.

 Es war angenehm, Sie zu treffen.
 앳스 봐 안게네-ㅁ, 지- 추- 트래팬.

- 오늘 하루 당신을 만나 뵈어 즐거웠습니다.

 Ich habe mich schon den ganzen Tag auf unser Treffen gefreut.
 이히 하-배 미히 쇼-ㄴ 덴 간챈 타-ㅋ 아우프 운저 트래팬 게프로이트.

- 이야기 즐거웠습니다.

 Ich freue mich darüber, mich mit Ihnen unterhalten zu haben.
 이히 프로이에 밓히 다뤼-버, 미히 미트 이-낸 운터할텐 추- 하-밴.

- 이번이 독일에 처음 입니까?

 Ist das Ihr erster Besuch in Deutschland?
 이스트 다스 이어 애어스터 배죽흐 인 도이칠란트?

- 아니오, 저는 독일에 자주 옵니다.

 Nein, ich bin öfter in Deutschland.
 나인, 이히 빈 외프터 인 도이칠란트.

- 보쿰에도 가보신 적이 있습니까?

 Waren Sie denn auch schon mal in Bochum?
 봐-랜 지- 덴 아욱흐 쇼-ㄴ 마-ㄹ 인 보-쿰?

- 아니오, 저는 오늘 여기 처음입니다.

 Nein, ich bin heute zum ersten Mal hier.
 나인, 이히 빈 호이테 춤 애어스탠 마-ㄹ 히어.

- 여기 함부르크가 마음에 드십니까?

 Wie gefällt es Ihnen hier in Hamburg?
 비- 게팰트 앳스 이-낸 히어 인 함부르크?

- 정말 좋습니다.
  Ich muss sagen, sehr gut.
  이히 뭇스 자-갠, 제어 구-트.

- 저는 잘 적응하고 있습니다.
  Ich habe mich gut eingelebt.
  이히 하-배 미히 구-트 아인게레-브트.

 **오랜만의 만남**

사람들과 사귀다가 오랜만에 만나는 경우가 매우 흔하다. 이 경우 가장 흔하게 쓰는 표현이 "Ich habe Sie lange nicht gesehen."(오랜만입니다.) 그러나 친한 사이에는 "Lange nicht gesehen"을 많이 쓴다. 안부를 물을 때는 "Wo waren Sie denn?"이나 친한 사이에 "Wo warst du denn?"이라고 하거나, 사업에 대해서 "Wie geht es Ihrem Geschäft?" (사업은 잘 되 가고 있습니까?)라든지 "Wie geht es zu Hause?" (집안은 평안하시지요?") 등의 표현을 많이 사용한다.

오랜만에 만났을 때

- 오랜만입니다.
  Lange nicht gesehen!
  랑애   니힡트 게제-앤!

- 참 오랜만입니다. 그렇죠?
  Wir haben uns lange nicht gesehen, oder?
  뷔어 하-밴 운스 랑애   니힡트 게제-앤, 오-더?

- 참 오랜만이야.
  Ich habe dich lange nicht gesehen!
  이히 하-배 디히 랑애   니힡트 게제-앤!

- 어디 갔었어?
  Wo warst du denn?
  보- 봐-스트 두- 댄?

- 몇 년 만에 뵙는군요.
  Ich habe Sie Jahre lang gar nicht gesehen.
  이히 하-배 지- 야-래 랑   가- 니힡트 게제-앤.

- 오, 미스 리, 정말 오랜 만이예요.
  Oh, Frau Lee! Lange nicht gesehen.
  오-, 프라우 리! 랑애   니힡트 게제-앤.

- 무엇 때문에 그렇게 바쁘셨어요?
  Warum sind Sie so beschäftigt?
  봐룸   진트 지- 조- 배섀프틱트?

- 너를 다시 만나서 반가워.
Es freut mich, dich wieder zu sehen.
앳스 프로이트 밑히, 디히 비-더 추- 제-앤.

- 다시 뵙게 되어 반갑습니다.
Es freut mich, Sie wieder zu sehen.
앳스 프로이트 밑히, 지- 비-더 추- 제-앤.

- 오랫동안 소식 못 드려 죄송합니다.
Entschuldigen Sie bitte, ich habe lange nichts von mir hören lassen.
앤트슐-디갠 지- 비태, 이히 하-배 랑애 니힡츠 폰 미어 회-랜 랏샌.

- 왜 오랫동안 소식이 없었던 겁니까?
Warum haben Sie lange nichts mehr von sich hören lassen?
봐룸 하-밴 지- 랑애 니힡츠 메어 폰 짗히 회-랜 랏샌?

- 요즘 뵙기 힘드네요.
Ich kann Sie kaum antreffen.
이히 칸 지- 카움 안트래팬.

- 대체 어디서 지내셨습니까?
Wo waren Sie denn eigentlich?
보- 봐-렌 지- 댄 아이겐틀리히?

- 저는 한국에 다녀왔습니다.
Ich war in Korea.
이히 봐- 인 코레-아.

- 저는 독일 전역을 좀 여행하고 왔습니다.
Ich habe eine Reise durch Deutschland gemacht.
이히 하-배 아이네 라이제 두르히 도이칠란트 게막흐트.

- 한국에는 얼마나 계셨습니까?
Wie lange waren Sie in Korea?
비- 랑애 봐-렌 지- 인 코레-아?

- 그곳에 3주간 있었습니다.
Drei Wochen lang war ich dort.
드라이 복핸 랑 봐- 이히 도르트.

사업이나 학업에 대한 안부를 물을 때

- 사업은 잘 되어갑니까?
Wie läuft das Geschäft?
비- 로이프트 다스 게섀프트?

- 사업은 잘 되어갑니까?

  Was macht das Geschäft?
  밧스 막흐트 다스 게섀프트?

- 새로 시작한 사업은 잘 되어갑니까?

  Was macht das neue Geschäft?
  밧스 막흐트 다스 노이애 게섀프트?

- 사업 잘 되고 있지요?

  Das Geschäft läuft gut?
  다스 게섀프트 로이프트 구-트?

- 예, 잘됩니다.

  Ja, das Geschäft läuft gut.
  야-, 다스 게섀프트 로이프트 구-트.

- 덕분에 사업이 잘 됩니다.

  Danke schön, es läuft gut.
  당케 쇠-ㄴ, 앳스 로이프트 구-트.

- 그럭저럭 되갑니다.

  Es geht.
  앳스 게-트.

- 사업이 잘 안 됩니다.

  Das Geschäft ist sehr flau.
  다스 게섀프트 이스트 제어 플라우.

> **Tipp** flau 무딘, 우둔한, 단조로운, (사업, 장사가) 활기 없는, 침체된

- 학업은 어떻게 진척되고 있습니까?

  Wie geht Ihr Studium voran?
  비- 게-트 이어 슈투디움 포-란?

- 학업에 진척이 있습니까?

  Kommt Ihr Studium gut voran?
  콤트 이어 슈투디움 구-트 포-란?

- 학업은 잘 되고 있습니까?

  Wie kommen Sie mit Ihrem Studium voran?
  비- 콤맨 지- 미트 이어렘 슈투디움 포-란?

- 학업계획들을 세웠습니까?

  Haben Sie sich schon Pläne zurechtgelegt?
  하-밴 지- 지히 쇼-ㄴ 플래-내 추레힡트 겔렉트?

zurechtlegen 준비하다, 정돈해 놓다

- 대학생활이 어떠세요?
  Wie ist Ihr Studentenleben?
  비- 이스트 이어 슈투덴탠레-밴?

가족의 안부를 물을 때

- 집안은 두루 평안하시지요?
  Wie geht es zu Hause?
  비- 게-트 앳스 추 하우재?

- 부인께서는 어떻게 지내십니까?
  Wie geht es Ihrer Frau?
  비- 게-트 앳스 이어러 프라우?

- 덕분에 저희 집사람 잘 지내요.
  Danke, ihr geht es gut.
  당케, 이어 게-트 앳스 구-트.

- 자녀들은 잘 있어요?
  Was machen die Kinder?
  밧스 막핸 디 킨더?

- 애들이 잘 지냅니다.
  Ihnen geht es gut.
  이-낸 게-트 앳스 구-트.

- 모두들 잘 지냅니다.
  Alle sind in Ordnung.
  알래 진트 인 오르드눙.

- 부모님께서는 평안하시지요?
  Wie geht es Ihren Eltern?
  비- 게-트 앳스 이어랜 앨턴?

- 베로니카는 어떻게 됐어요?
  Was macht Veronika?
  밧스 막흐트 베로-니카?

 헤어질 때의 인사

일상적 만남에서 헤어지는 상황은 늘 있는 것이므로 작별할 때 사용하는 표현들 역시 다양하다. 곧 만날 것을 기약하거나 오랜 시간이 흘러 만나기를 약속하는 표현 등이 있으니 그것을 익혀보도록 하자. 가장 흔하게는 "Tschüs!"(안녕), "Auf Wiedersehen!"(안녕히 가세요), "Bis später!"(나중에 만나요) 등을 사용한다.

헤어질 때

- 안녕
  Tschüs!
  취쓰!

- 안녕.
  Ciao!
  차오!

- 안녕.
  Tschau!
  차우!

- 안녕히 가세요.
  Auf Wiedersehen!
  아우프 비-더제-앤!

- 안녕히 계세요.
  (Auf) Wiedersehen!
  (아우프) 비-더제-앤!

- 안녕히 가십시오.
  Gute Heimfahrt!
  구-테 하임파-르트!

- 안녕히 가십시오.
  Kommen Sie gut nach Hause!
  콤맨 지- 구-트 낙흐 하우재!

Ⅰ. 사람을 만났을 때의 표현 **41**

- 잘 가.
  Komm gut nach Hause!
  콤   구-트 낙흐 하우재!

- 살펴 가십시오.
  Fahren Sie gut nach Hause!
  파-랜   지- 구-트 낙흐 하우재!

- 운전 조심해 가십시오.
  Fahren Sie vorsichtig!
  파-랜   지- 포-어지히티히!

- 재미있게 보내!
  Viel Spaß noch!
  피-르 슈파-쓰 녹흐!

- 재미있게 지내십시오.
  Unterhalten Sie sich gut!
  운터할탠   지- 짙히 구-트!

- 그럼 이만.
  Bis dann!
  빗스 단!

- 우리 서로 연락하며 지냅시다.
  Lassen Sie uns in Kontakt bleiben!
  랏샌   지- 운스 인 콘타-크트 블라이밴!

- 좋은 하루 보내십시오.
  Schönen Tag noch!
  쇠-낸   타-ㅋ 녹흐!

> 이 말을 Ich wünsche Ihnen noch einen schönen Tag!라고 정중히 표현하기도 한다.
> 이히 뷴섀   이-낸 녹흐 아이낸 쇠-낸   타-ㅋ!

- 주말 잘 보내십시오.
  Schönes Wochenende!
  쇠-내스   복핸앤대!

밤에 헤어질 때

- 잘 자요. / 안녕히 주무세요.
  Gute Nacht!
  구-태 낙흐트!

- 안녕히 주무세요.

  Schlafen Sie gut!

  슐라-팬   지- 구-트!

- 잘 자.

  Schlaf gut!

  슐라-프 구-트!

- 좋은 꿈꾸세요.

  Träumen Sie süß!

  트로이맨   지- 쥐-쓰!

가봐야 한다고 말할 때

- (저는) 이제 가봐야겠습니다.

  Ich muss jetzt gehen.

  이히 무스   예츠트 게-앤.

- 가봐야겠습니다.

  Ich muss weggehen.

  이히 무스   베-ㄱ게-앤.

- 가봐야겠습니다.

  Ich muss abreisen.

  이히 무스   아프라이잰.

- 가봐야겠습니다.

  Ich muss fort.

  이히 무스   포르트.

- 이제 집으로 가야합니다.

  Jetzt muss ich nach Hause gehen!

  예츠트 무스 이히 낙흐 하우재   게-앤!

- 우리는 이제 정말 가야만해요.

  Wir müssen jetzt wirklich gehen!

  뷔어 뮈샌   예츠트 뷔르클리히 게-앤!

- 작별을 고해도 될까요?

  Darf ich mich verabschieden?

  다르프 이히 밑히   페어압쉬-댄?

- 이제 가봐야겠습니다.

  Ich muss mich jetzt verabschieden!

  이히 무스   밑히   예츠트 페어압쉬-댄!

Teil I

헤어질 때의 인사

Ⅰ. 사람을 만났을 때의 표현 **43**

- 이제 가봐야겠습니다.

 Ich muss mich empfehlen!
 이히 뭇스 밓히 앰페-ㄹ랜!

- 다시 봅시다.

 Lassen Sie uns mal wiedersehen!
 랏샌 지- 운스 마-ㄹ 비-더제-앤.

- 저는 그럼 작별인사를 해야겠습니다.

 Ich darf mich verabschieden.
 이히 다르프 미히 페어압쉬-댄.

- 이제 우리가 가야할 시간입니다.

 Es wird Zeit für uns.
 앳스 뷔르트 차이트 퓨어 운스.

- 이제 우리가 집으로 가야할 시간입니다.

 Es wird Zeit, dass wir nach Hause gehen.
 앳스 뷔르트 차이트, 닷스 뷔어 낙흐 하우제 게-앤.

- 유감이지만 이제 더 이상 시간이 없습니다.

 Ich habe jetzt leider keine Zeit mehr.
 이히 하-배 예츠트 라이더 카이내 차이트 메-어.

- 이봐, 나는 가야겠어.

 Du, ich muss weggehen.
 두-, 이히 뭇스   베-ㄱ게-앤.

다시 만나자고 할 때

- 나중에 만나요.

 Bis später!
 빗스 슈패-터!

- 곧 만납시다.

 Bis gleich!
 빗스 글라이히!

- 그때 다시 봐.

 Bis dahin!
 빗스 다힌!

- 또 만납시다.

 Lassen Sie uns wieder treffen.
 랏샌 지- 운스 비-더 트래팬.

- 곧 만납시다.

  Bis demnächst!
  빗스 뎀낵스트!

- 좋습니다. 조금 있다가 봅시다.

  O.K. Bis gleich!
  오케이. 빗스 글라이히!

- 다음에 만나요.

  Bis zum nächsten Mal!
  빗스 춤   낵스탠   마-ㄹ!

- 내일 봅시다.

  Bis morgen!
  빗스 모르갠!

- 다음에 뵙겠습니다.

  Bis zum nächsten Mal!
  빗스 춤   낵스탠   마-ㄹ!

- 다음 달에 만나자.

  Bis nächsten Monat!
  빗 낵스탠   모-나트!

다시 오라고 할 때

- 다시 또 오십시오.

  Kommen Sie doch mal wieder vorbei!
  콤맨   지- 독호 마-ㄹ 비-더   포-어바이!

- 우리 집에 다시 또 오십시오.

  Lassen Sie sich mal wieder bei uns sehen!
  랏샌   지- 짛히 마-ㄹ 비-더   바이 운스 제-앤!

- 기꺼이 다시 오겠습니다.

  Ich komme gern wieder.
  이히 콤매   게른   비-더.

- 다시 또 와.

  Lass dich mal wieder bei mir sehen!
  랏스 딯히 마-ㄹ 비-더   바이 미어 제-앤!

- 곧 소식 좀 전해라.

  Lass bald wieder von dir hören!
  랏스 발트 비-더 폰 디어 회-랜!

Ⅰ. 사람을 만났을 때의 표현 **45**

약속하고 헤어질 때

- 다시 또 만납시다.

  Treffen wir uns noch mal!
  트래팬 뷔어 운스 녹흐 마-ㄹ!

- 다음에 봅시다.

  Sehen wir uns das nächste Mal!
  제-앤 뷔어 운스 다스 낵스태 마-ㄹ!

- 다음엔 우리 집에서 만나지요.

  Das nächste Mal treffen wir uns bei uns!
  다스 낵스태 마알- 트래팬 뷔어 운스 바이 미어!

- 곧 다시 뵙기를 바랍니다.

  Hoffentlich sehen wir uns bald wieder.
  호팬틀릫히 제-앤 뷔어 운스 발트 비-더.

- 나중에 봅시다.

  Sehen wir uns später!
  제-앤 뷔어 운스 슈패-터!

- 내일 또 봅시다.

  Lass uns morgen noch sehen!
  랏스 운스 모르갠 녹흐 제-앤!

- 다음 주에 만나요.

  Wir sehen uns nächste Woche!
  뷔어 제-앤 운스 낵스태 복해!

- 열두 시에 만나요.

  Wir sehen uns um 12 Uhr!
  뷔어 제-앤 운스 움 츠뵐프 우-어!

- 토요일에 만납시다.

  Wir treffen uns am Samstag!
  뷔어 트래팬 운스 암 잠스타-ㅋ!

- 우리 언제 만날까요?

  Wann treffen wir uns?
  반 트래팬 뷔어 운스?

- 우리 곧 만나기를 바랍니다.

  Ich hoffe, dass wir uns bald wieder treffen!
  이히 호패, 다스 뷔어 운스 발트 비-더 트래팬!

- 우리 다시 만날 수 있을까요?

  Können wir uns wieder sehen?
  쾐낸 뷔어 운스 비-더 제-앤?

- 좋아요. 어디서 만날까요?

  Gerne, wo treffen wir uns?
  게르내, 보- 트래팬 뷔어 운스?

- 주소를 제게 알려주십시오. 그러면 제가 7시에 모시러 가겠습니다.

  Geben Sie mir Ihre Adresse und ich hole Sie um sieben Uhr ab!
  게-밴 지- 미어 이어래 아드래쌔 운트 이히 호-르래 지- 움 지-벤 우-어 압!

- 제가 댁으로 모셔다 드릴까요?

  Darf ich Sie nach Hause bringen?
  다르프 이히 지- 낙흐 하우재 브링앤?

- 여기서 언제든 환영받는 것 아시지요.

  Sie wissen, Sie sind hier jederzeit herzlich willkommen.
  지- 뷔쎈,   지- 진트 히어 예-더차이트 헤르츨리히 빌콤맨.

연락을 하자고 할 때

- 전화로 언제든지 연락하세요.

  Rufen Sie mich jederzeit an!
  루-팬   지- 밑히   예-더차이트 안!

- 나중에 전화주세요.

  Rufen Sie mich später einmal an!
  루-팬 지- 밑히   슈패-터 아인마-ㄹ 안!

- 가끔 메일로 소식 주십시오.

  Schreiben Sie mir ab und zu eine E-Mail!
  슈라이밴   지- 미어 압 운트 추 아이내 이-메일!

- 가끔이라도 소식 듣고 싶습니다.

  Ich möchte gern von Ihnen dann und wann hören.
  이히 뫼히태   게른 폰   이-낸   단   운트 반   회-랜.

- 서로 연락합시다.

  Bleiben wir miteinander in Kontakt!
  블라이밴 뷔어 미트아인안더   인 콘타-ㅋ트!

- 연락드리겠습니다.

  Ich werde mich bei Ihnen melden.
  이히 베르대 밑히   바이 이-낸   멜댄.

- 거기에 도착하시면 저에게 연락 주십시오.

  Geben Sie mir bitte Bescheid, wenn Sie da angekommen sind.
  게-밴   지- 미어 비태 배샤이트,   벤   지- 다- 안게콤맨   진트.

- 곧 제게 편지 좀 주십시오.

  Schreiben Sie mir bitte bald!
  슈라이밴   지- 미어 비태   발트!

안부를 전할 때

- 당신 동료에게 안부를 좀 전해주십시오.

  Grüßen Sie bitte Ihren Kollegen von mir!
  그뤼-쌘   지- 비태   이어랜 콜레-갠   폰   미어!

- 당신의 여자 동료에게 안부를 전해주십시오.

  Bitte grüßen Sie Ihre Kollegin von mir!
  비태   그뤼-쌘   지- 이어래 콜레-긴   폰   미어!

- 노이만씨에게 안부 좀 전해주십시오.

  Grüßen Sie Herrn Neumann von mir!
  그뤼-쌘   지- 해른   노이만   폰   미어!

- 당신 남편께 안부를 좀 전해주십시오.

  Grüßen Sie bitte Ihren Mann von mir!
  그뤼-쌘   지- 비태   이어랜   만   폰   미어!

- 부인께 안부 좀 전해주십시오!

  Grüßen Sie bitte Ihre Frau von mir!
  그뤼-쌘   지- 비태 이어래 프라우 폰   미어!

- 댁에 안부 좀 전해주십시오.

  Grüßen Sie bitte zu Hause!
  그뤼-쌘   지- 비태   추- 하우재!

- 너의 어머니께 안부 말씀 드려.

  Grüß deine Mutter von mir!
  그뤼-쓰 다이내 무터   폰   미어!

- 너의 아버지께 안부 좀 전해드려.

  Grüß deinen Vater von mir!
  그뤼-쓰 다이낸   파-터   폰   미어!

- 네 언니에게 안부 좀 전해.

  Einen schönen Gruß an deine Schwester.
  아이낸   쇠-낸   그루-쓰 안 다이내 슈배스터.

- 그(분)에게 인사 좀 전해 주세요.

  Richten Sie ihm bitte meine Grüße aus!
  리힡탠   지- 이임 비태   마이내   그뤼-쌔 아웃스!

- 그녀에게 인사 좀 전해 주세요.

  Richten Sie ihr meine besten Wünsche aus!
  리힡탠 지 이어 마이내 배스탠 뷴셰 아웃스!

- 그에게/그분에게 인사를 전해줘.

  Sag ihm einen schönen Gruß von mir!
  자-ㅋ 이-ㅁ 아이낸 쇠-낸 그루-쓰 폰 미어!

- 로만 씨께 안부 좀 여쭈어 주세요.

  Bestellen Sie Herrn Lohmann einen Gruß von mir!
  배슈텔랜 지- 해른 로-만 아이낸 그루-쓰 폰 미어!

- 플로리안에게 안부 좀 전해줘.

  Bestell Florian Grüße von mir!
  배슈탤 플로리안 그뤼-쌔 폰 미어!

- 베로니카에게 안부 좀 전해줘.

  Bestell Veronika viele Grüße von mir!
  배슈탤 베로-니카 피-ㄹ래 그뤼-쌔 폰 미어!

- 당신 가족에게 제 안부 좀 전해 주세요.

  Viele Grüße an Ihre Familie!
  피-ㄹ래 그뤼-쌔 안 이어래 파밀리-에!

안부를 전하겠다고 할 때

- 알았어.

  O.K.
  오케이.

- 그럼요.

  Auf jeden Fall.
  아우프 예-댄 팔.

- 그럼요.

  Bestimmt.
  배슈팀트.

- 알았어/알겠습니다.

  Einverstanden.
  아인페어슈탄댄.

- 기꺼이 그렇게 하겠습니다.

  Gerne.
  게어내.

Ⅰ. 사람을 만났을 때의 표현

- 물론입니다.
  Selbstverständlich.
  젤스트페어슈탠틀링히.

- 알았어.
  Alles klar.
  알랫스 클라-.

- 전혀 문제없어요.
  Kein Problem.
  카인 프로블레-ㅁ

- 그럼요. 물론이지요.
  Na klar.
  나- 클라-.

- 그럼요 그러고 말고요.
  Aber sicher.
  아-버 질혀.

- 감사합니다. 그렇게 하겠습니다.
  Danke, mache ich.
  당케, 막해 이히.

- 그러지요.
  Ja.
  야-.

- 그럼요 그러고 말고요.
  Ja, gerne.
  야-, 게어내.

- 그래요. 그에게 전해줄게요.
  Ja, gern. Ich werde es ihm ausrichten.
  야- 게른, 이히 베르대 앳스 이-ㅁ 아웃스리힡탠.

- 물론 그렇게 하겠습니다.
  Ja, natürlich.
  야-, 나튀얼링히.

- 예, 물론 그렇게 하겠습니다.
  Ja, selbstverständlich.
  야, 젤스트페어슈탠틀링히.

- 예, 그렇게 하겠습니다.
  Ja, das mache ich.
  야-, 다스 막해 이히.

- 예, 그렇게 하겠습니다.

  Ja, das mache ich gern.
  야-, 다스 막해   이히 게른.

- 그래, 그렇게.

  Ja, mache ich.
  야- 막해   이히.

- 예, 틀림없이 그렇게 하겠습니다.

  Ja, ganz sicher.
  야-, 간츠 짛혀.

- 예, 틀림없이 그렇게 하겠습니다.

  Ja, ganz bestimmt.
  야-, 간츠 배슈팀트.

- 그에게 당신의 안부를 전하겠습니다.

  Ich werde ihm Ihren Gruß ausrichten.
  이히 베르데   이-ㅁ 이어랜   그루-쓰 아우스리히탠.

- 기꺼이 전하겠습니다.

  Ich werde es gerne ausrichten.
  이히 베르대   앳스 게르내 아우스리히탠.

헤어질 때 덧붙이는 말

- 행운이 깃들길.

  Viel Glück!
  피-ㄹ 글뤽!

- 행운을 바랍니다.

  Ich wünsche Ihnen viel Glück!
  이히 뷴셰   이-넨   피-ㄹ 글뤽!

- 여행 즐겁게 다녀오십시오.

  Ich wünsche Ihnen eine gute Reise!
  이히 뷴셰   이-넨   아이내 구-태 라이재!

- 여행 잘 하고 와.

  Ich wünsche dir eine gute Reise!
  이히 뷴셰   디어 아이내 구-태 라이재!

- 안녕, 재미있게 지내.

  Tschüs, viel Vergnügen!
  취-쓰,   피-ㄹ 페어그뉘-갠!

I. 사람을 만났을 때의 표현 51

Teil II

사고할 때의 표현

01 감사
02 축하
03 칭찬
04 사과와 변명
05 권유와 제안
06 부탁과 도움
07 허가와 양해
08 명령과 금지
09 재촉과 여유
10 주의와 타이름
11 충고와 의무
12 설득과 결심
13 추측과 확신
14 가능과 불가능
15 계획과 예정
16 희망과 의지

01 감사

독일에서는 아주 사소한 일에도 감사하다는 말을 자주 사용한다. 독일인들은 일상생활 속에서 감사의 표현으로 "Danke schön!", "Danke sehr", "Vielen Dank!"라고 말한다. 감사에 대한 응답으로 "별말씀을요", "천만에요"등의 표현도 "Bitte sehr!", "Keine Ursache!" 등으로 표현하기 때문에 우리로서는 이러한 용법도 잘 익혀야 한다.

고마울 때

- 대단히 감사합니다.
  Danke sehr.
  당케 제어.

- 대단히 감사합니다.
  Danke schön.
  당케 쇠-ㄴ.

- 감사합니다.
  Ich bedanke mich.
  이히 배당케 밎히.

- 대단히 감사합니다.
  Ich danke Ihnen vielmals.
  이히 당케 이-낸 피-ㄹ마-ㄹ스.

- 너무 고마워.
  Ich danke dir vielmals.
  이히 당케 디어 피-ㄹ마-ㄹ스.

- 대단히 감사합니다.
  Besten Dank.
  배스탠 당크.

- 진심으로 감사드립니다.
  Herzlichen Dank.
  해르츨맇핸 당크.

- 대단히 감사합니다.
  Schönen Dank!
  쇠-낸 당크!

- 대단히 감사합니다.
  Vielen Dank!
  피-ㄹ랜 당크!

- 대단히 감사합니다.
  Haben Sie vielen Dank!
  하-밴 지- 피-ㄹ랜 당크!

- 대단히 감사합니다.
  Ich danke Ihnen vielmals.
  이히 당케 이-낸 피-ㄹ마-ㄹ스!

- 진심으로 감사합니다.
  Ich danke Ihnen herzlichst.
  이히 당케 이-낸 해르츨링히스트.

- 대단히 감사합니다.
  Ich bin Ihnen sehr dankbar.
  이히 빈 이-낸 제어 당크바-.

- 당신에게 신세 많았습니다.
  Ich verdanke Ihnen alles.
  이히 페어당케 이-낸 알랫스.

- 친절에 감사드립니다.
  Es ist sehr nett von Ihnen.
  앳스 이스트 제어 내트 폰 이-낸.

- 친절히 대해주셔서 감사합니다.
  Vielen Dank, es war sehr nett von Ihnen.
  피-ㄹ랜 당크, 앳스 봐- 제어 낼트 폰 이-낸.

- 멋진 저녁 시간을 내어주셔서 감사합니다.
  Danke für den schönen Abend.
  당케 퓨어 댄 쇠-낸 아-벤트.

- 어떻게 저의 감사함을 표시해야 할까요?
  Wie darf ich Ihnen meine Dankbarkeit ausdrücken?
  비- 다르프 이히 이-낸 마이내 당크바-카이트 아웃스드뤽캔?

II. 사교할 때의 표현 55

도움과 친절에 감사할 때

- 도와주셔서 감사합니다.
  Ich danke Ihnen für Ihre Hilfe.
  이히 당케   이-낸   퓨어 이어래 힐패.

- 초대해주어서 감사합니다.
  Danke sehr für die Einladung.
  당케   제어   퓨어 디   아인라-둥.

- 친절히 베풀어주어서 감사합니다.
  Danke für die mir entgegengebrachte Freundlichkeit.
  당케   퓨어 디   미어 앤트게-갠게브락흐테   프로인틀릫히카이트.

- 환대에 감사드립니다.
  Ich danke Ihnen für Ihre Gastfreundlichkeit.
  이히 당케   이-낸   퓨어 이어래 가스트프로인틀릫히카이트.

- 조언을 해주셔서 감사합니다.
  Vielen Dank für Ihren Rat
  피-ㄹ랜   당크   퓨어 이어랜 라-트.

- 여러모로 배려해주셔서 감사드립니다.
  Ich bedanke mich, dass Sie mich berücksichtigt haben.
  이히 배당케   밎히,   닷스 지- 밎히   배뤽지히티히트   하-밴.

- 보답해 드릴 수 있었으면 좋겠습니다.
  Ich hoffe, dass ich Ihnen mal einen Gefallen erwidern kann.
  이히 호패,   닷스 이히 이-낸   마-ㄹ 아이낸 게팔랜   애어비-던   칸.

- 저희와 함께 시간을 보내주셔서 감사합니다.
  Ich bin Ihnen sehr dankbar dafür, dass Sie Ihre Zeit auf uns verwendet
  이히 빈   이-낸   제어   당크바-   다퓨어,   닷스 지- 이어래 차이트 아우프 운스 페어벤데트
  haben.
  하-밴.

선물을 전할 때

- 당신에게 드리려고 뭘 좀 사왔습니다.
  Ich habe etwas für Sie gekauft.
  이히 하-배 애트밧스 퓨어 지- 게카우프트.

- 당신께 드릴 조그만 선물을 마련했습니다.
  Ich habe ein kleines Geschenk für Sie.
  이히 하-배 아인 클라이내스 게솅크   퓨어 지-.

- 여기 선물입니다.

    Das Geschenk ist für Sie.
    다스 게솅크 이스트 퓨어 지-.

> **Tipp** 또는 간단히 Das ist für Sie.라고 해도 된다.
> 다스 이스트 퓨어 지-.

- 대단치 않지만 마음에 들었으면 합니다.

    Das ist nichts Besonderes, aber ich hoffe, dass es Ihnen gefallen wird.
    다스 이스트 니힡츠 베존더래스, 아-버 이히 호패, 닷스 앳스 이-낸 게팔랜 뷔르트.

감사에 대해 응답할 때

- 천만예요.

    Bitte schön!
    비태 쇠-ㄴ!

- 괜찮습니다.

    Bitte sehr!
    비태 제어!

- 뭘요. 별말씀을.

    Bitte, bitte!
    비태, 비태!

- 천만예요.

    Nichts zu danken.
    니힡츠 추- 당캔.

- 천만예요. 제가 뭘 했다고요.

    Keine Ursache!
    카이네 우어작해!

- 천만예요. 별 것 아닌데요.

    Das ist doch nicht der Rede wert.
    닷스 이스트 독흐 니힡트 데어 레-대 베어트.

- 천만예요. 당연한 한 일인 걸요.

    Das ist doch selbstverständlich!
    닷스 이스트 독흐 젭스트페어슈탠틀맇히!

- 좋아서 한 일인데요 뭐.

    Gern geschehen!
    게른 게쉐-앤!

02 축하

축하의 표현으로 흔히 "Herzlichen Glückwunsch!"라고 한다. 그러나 구체적으로 생일을 축하하는 것인지, 취업이나 결혼을 축하하는 것인지 구체적으로 표현하는 게 좋다. 아울러 "행운을 빌어요."(Viel Glück!)라든지 "모든 일이 잘 되시기를"(Alles Gute!)이란 표현 등을 덧붙인다.

축하할 때

- 축하해./축하합니다.
  Herzlichen Glückwunsch!
  해르츨리헨 글뤽분쉬!

- 축하해./축하합니다.
  Herzliche Glückwünsche!
  해르츨릿해 글뤽뷴셰!

- 축하해./축하합니다.
  Herzliche Gratulation!
  해르츨릿해 그라툴라치오-ㄴ!

- 진심으로 축하해./축하합니다.
  Meine besten Glückwünsche!
  마이네 베스텐 글뤽뷴셰!

- 축하해./축하합니다.
  Alles Gute!
  알랫스 구-태!

- 축하해/축하합니다.
  Ich gratuliere dir/Ihnen!
  이히 그라툴리-레 디어/이-넨!

- 축하할 일이 있다면서요?
  Ich habe gehört, dass es bei Ihnen etwas zu feiern gibt.
  이히 하-배 게회르트, 다스 앳스 바이 이-넨 애트밧스 추- 파이언 깁트.

- 축하합니다. 선물입니다.

  Herzlichen Glückwunsch! Das ist ein Geschenk für Sie.
  해르츨릿핸 글륔분쉬! 닷스 이스트 아인 게솅크 퓨어 지-.

생일을 축하할 때

- 생일 축하해./축하합니다.

  Herzlichen Glückwunsch zum Geburtstag!
  해르츨릿핸 글륔분쉬 춤 게부어츠타-크!

- 생일 축하해./축하합니다.

  Herzliche Glückwünsche zum Geburtstag!
  해르츨릿해 글륔뷘섀 춤 게부어츠타-크!

- 생일을 맞아 모든 일이 잘 되기 바랍니다.

  Alles Gute zum Geburtstag.
  알랫스 구-태 춤 게부어츠타-크!

- 축하해./축하합니다.

  Herzlichen Glückwunsch!
  해르츨릿핸 글륔분쉬!

- 축하해./축하합니다.

  Ich gratuliere dir!
  이히 그라쿨리-래 디어!

- 너의 생일을 축하해.

  Ich gratuliere dir zum Geburtstag!
  이히 그라툴리-래 디어 춤 게부어츠타-크!

- 당신의 생일을 축하합니다.

  Ich gratuliere Ihnen zum Geburtstag!
  이히 그라툴리-래 이-낸 춤 게부어츠타-크!

- 60회 생신을 진심으로 축하드립니다.

  Herzliche Glückwünsche zu Ihrem sechzigsten Geburtstag!
  해르츨릿해 글륔뷘섀 추- 이어렘 잭히치히스탠 게부어츠타-크!

- 당신 회사의 50주년 기념일을 진심으로 축하드립니다.

  Herzliche Glückwünsche zum fünfzigsten Jubiläum Ihrer Firma!
  해르츨릿해 글뤼뷘샤 춤 퓬프치히스탠 유빌래-움 이어러 피르마!

성공을 축하할 때

- 너의 성공을 진심으로 축하해.
  Herzliche Glückwünsche zu deinem Erfolg.
  해르츨리해 글뤽뷴섀   추- 다이넴   애어폴크.

- 시험에 합격하여 축하합니다.
  Ich gratuliere zur bestandenen Prüfung.
  이히 그라툴리-래 추어 배슈탄데낸   프류-풍.

- 시험에 합격하여 축하합니다.
  Ich gratuliere Ihnen zum Bestehen des Examens.
  이히 그라툴리-래 이-낸 춤   배슈테-앤 데스 액싸-맨스.

- 취업을 진심으로 축하해.
  Herzlichen Glückwunsch zur neuen Stelle.
  해르츨리핸   글뤽분쉬   추어 노이앤 슈텔래.

- 진급을 진심으로 축하합니다.
  Ich beglückwünsche Sie zur Beförderung.
  이히 베글뤽뷴섀   지- 추어 배푀르더룽.

- 성공을 축하합니다.
  Ich beglückwünsche Sie zum Erfolg.
  이히 배글뤽뷴섀   지- 춤   애어폴크.

- 성공을 축하합니다.
  Viel Erfolg!
  피-ㄹ 애어폴크.

출산축하

- 우리는 당신이 아이를 출산하여 축하드립니다.
  Wir gratulieren Ihnen zum neugeborenen Baby.
  뷔어 그라툴리-랜   이-낸 춤   노이게보-래낸   베비.

- 첫아이 출산을 축하드립니다.
  Ich gratuliere Ihnen zur Geburt Ihres ersten Kindes.
  이히 그라툴리-래 이-낸 추어 게부어트 이어래스 애어스탠 킨데스.

- 딸을 낳으신 것을 진심으로 축하합니다.
  Herzlichen Glückwunsch zur Geburt Ihrer Tochter.
  해르츨리핸   글뤽분쉬   추어 게부어트 이어러 톡흐터.

- 득남을 진심으로 축하합니다.

  Herzlichen Glückwunsch zur Geburt Ihres Sohnes.
  해르츨릿핸 글뤽분쉬 추어 게부어트 이어래스 조-내스.

결혼축하

- 너희들의 결혼을 맞아 행운을 빌어.

  Zu eurer Hochzeit wünsche ich euch alles Gute.
  추- 오이러 혹흐차이트 뷴셰 이히 오이히 알랫스 구-태.

- 결혼을 맞아 행운을 빕니다.

  Alles Gute zur Hochzeit.
  알랫스 구-태 추어 혹흐차이트.

- 당신의 결혼을 축하합니다.

  Ich beglückwünsche Sie zur Hochzeit!
  이히 배글뤽뷴셰 지- 추어 혹흐차이트!

- 당신의 결혼을 진심으로 축하합니다.

  Herzlichen Glückwunsch zu Ihrer Hochzeit.
  해르츨릿핸 글뤽분쉬 추 이어러 혹흐차이트.

행운을 빌 때

- 성공을 빕니다.

  Viel Erfolg!
  피-ㄹ 애어폴크!

- 행운을 빌어요.

  Viel Glück!
  피-ㄹ 글뤽!

- 시험 잘 봐.

  Viel Glück bei der Prüfung!
  피-ㄹ 글뤽 바이 데어 프류-풍!

- 재미 많이 보세요./봐.

  Viel Spaß noch!
  피-ㄹ 슈파-쓰 녹흐!

- 재미 많이 보세요.

  Viel Vergnügen!
  피-ㄹ 페어그뉘-갠!

- 모든 일이 잘 되기를.
  Alles Gute!
  알랫스 구-태!

- 모든 일이 잘 되기를 바랍니다.
  Ich wünsche Ihnen alles Gute!
  이히 뷴셰 이-낸 알랫스 구-태!

- 시험에 행운이 있기를 바랍니다.
  Alles Gute zum Examen!
  알랫스 구-태 춤 액싸-맨!

- 곧 다가 오는 시험에서 좋은 성과 올리기를 바래요.
  Viel Erfolg bei der bevorstehenden Prüfung!
  피-ㄹ 애어폴크 바이 데어 배포어슈테엔댄 프류-풍!

- 당신의 새 집에 행운이 함께 하시길.
  Alles Gute im neuen Heim!
  알랫스 구-태 임 노이앤 하임!

- 너희들의 새 집에 행운을 바래.
  Viel Glück in eurem neuen Haus!
  피-ㄹ 글뤽 임 오이램 노이앤 하우스!

축하 받고 대답할 때

- 감사합니다.
  Vielen Dank!
  피-ㄹ랜 당크!

- 저도 당신에게 행운이 깃들기 바랍니다.
  Das wünsche ich Ihnen auch!
  다스 뷴셰 이히 이-낸 아욱히!

- 감사합니다. 당신도 그러시기 바래요.
  Danke schön! Ihnen auch.
  당케 쇠-ㄴ! 이-낸 아욱흐.

- 감사합니다. 저도 당신이 그러길 바래요.
  Danke, gleichfalls!
  당케, 글라잇핸팔스!

- 당신이 그 일을 기억하시니 참 감사합니다.
  Vielen Dank, nett, dass Sie daran gedacht haben!
  피-ㄹ랜 당크, 낼트, 닷스 지- 다란 게다흐트 하-밴.

절기를 축하할 때

- 크리스마스 즐겁게 보내십시오.
  Frohe Weihnachten!
  프로-애 봐이낙흐탠!

- 크리스마스를 축하합니다.
  Frohes Weihnachtsfest!
  프로-앳스 봐이낙흐츠페스트!

- 즐거운 새해가 되십시오.
  Frohes neues Jahr!
  프로-앳스 노이앳스 야!

- 새해 복 많이 받으세요.
  Ein glückliches neues Jahr!
  아인 글뤼클릫햇스 노이앳스 야-!

- 새해 복 많이 받으세요.
  Ein glückliches neues Jahr!
  아인 글뤼클릫햇스 노이앳스 야-!

- 새해를 맞아 만사형통 하시기를 바래요.
  Alles Gute zum neuen Jahr!
  알랫스 구-태 춤 노이앤 야-!

- 좋은 새해가 되십시오.
  Guten Rutsch ins neue Jahr!
  구-탠 룯취 인스 노이애 야-!

- 즐거운 성탄과 새해 복 많이 받으세요.
  Frohe Weihnachten und alles Gute zum neuen Jahr!
  프로-애 봐이낙흐탠 운트 알랫스 구-태 춤 노이앤 야-!

- 기쁜 성탄과 행복한 새해가 되십시오.
  Fröhliche Weihnachten und ein glückliches neues Jahr!
  프뢰-ㄹ링해스 봐이낙흐탠 운트 아인 글뤼클릿해스 노이앳스 야-!

- 새해를 맞아 건배.
  Prost Neujahr!
  프로스트 노이야-!

- 즐거운 부활절입니다.
  Frohe Ostern!
  프로-애 오스턴!

- 즐거운 부활절입니다.
  Ein frohes Osterfest!
  아인 프로-앳스 오스터페스트!

건배할 때

- 건배.
  Prost!
  프로스트!

- 건배.
  Prosit!
  프로지트!

- 건강을 위하여.
  Zum Wohl!
  춤 보-ㄹ!

- 당신의 건강을 위하여 건배합시다.
  Trinken wir auf Ihr Wohl!
  트링캔 뷔어 아우프 이어 보-ㄹ!

- 너의 건강을 위하여.
  Auf deine Gesundheit!
  아우프 다이내 게쥰트하이트!

- 당신의 성공을 위하여.
  Auf Ihren Erfolg!
  아우프 이어랜 애어폴크!

- 당신의 사업을 위하여.
  Auf Ihr Geschäft!
  아우프 이어 게섀프트!

- 사업을 위하여.
  Auf das Geschäft!
  아우프 다스 게섀프트!

- 당신을 위하여.
  Auf Sie!
  아우프 지-!

- 당신의 건강을 위하여.
  Auf Ihr Wohl!
  아우프 이어 보-ㄹ!

- 우리의 우정을 위하여.
  Auf unsere Freundschaft!
  아우프 운저래   프로인트샤프트!

- 원만한 협력을 위하여.
  Auf gute Zusammenarbeit!
  아우프 구-태 추잠멘아르바이트!

기원할 때

- 회복을 빕니다.
  Gute Besserung!
  구-태 배써룽!

- 즐거운 자동차 여행이 되기 바랍니다.
  Gute Fahrt!
  구-태 파-르트!

- 여행 잘 하고 오십시오.
  Gute Reise!
  구-태 라이재!

- 주말 잘 보내시기 바랍니다.
  Schönes Wochenende!
  쇠-네스   복핸앤대!

- 휴일 잘 보내십시오.
  Schöne Feiertage!
  쇠-내   파이어타-개!

- 휴일 잘 보내십시오.
  Schönen Feiertag!
  쇠-넨   파이어타-크!

- 방학 잘 보내십시오.
  Schöne Ferien!
  쇠-내   페-리앤!

- 휴가 잘 보내십시오.
  Schönen Urlaub!
  쇠-넨   우얼라웁!

- 멋진 휴가 보내시기 바랍니다.
  Ich wünsche Ihnen einen schönen Urlaub!
  이히 뷘섀   이-낸 아이낸 쇠-낸   우얼라웁!

Ⅱ. 사교할 때의 표현

환영할 때

- 환영합니다.
  Willkommen!
  빌콤맨!

- 정말 환영합니다.
  Herzlich willkommen!
  헤르츨리히 빌콤맨!

- 저희 집에 오신 것 환영합니다.
  Willkommen bei uns!
  뷜콤맨 바이 운스!

- 진심으로 환영합니다.
  Ich heiße Sie herzlich willkommen!
  이히 하이쎄 지- 헤르츨리히 빌콤맨.

- 저희 집에서 편히 쉬시기를 바랍니다.
  Ich hoffe, Sie fühlen sich wohl bei uns.
  이히 호패, 지- 퓌-ㄹ랜 짙히 보-ㄹ 바이 운스.

- 집처럼 생각하고 편히 계십시오.
  Fühlen Sie sich wie zuhause.
  퓌-ㄹ팬 지- 짙히 비 추하우재.

- 편하게 여기십시오.
  Machen Sie es sich bequem!
  막핸 지- 앳스 짙히 배크뷈!

- 서울에 오신 것을 환영합니다.
  Willkommen in Seoul!
  빌콤맨 인 서울!

- 저희 집에 오신 것을 환영합니다.
  Ich heiße Sie willkommen in meinem Heim.
  이히 하이쎄 지- 빌콤맨 인 마이냄 하임.

- 한국에 오신 것을 환영합니다.
  Willkommen in Korea!
  빌콤맨 인 코레-아!

- 이곳이 마음에 들기를 바랍니다.
  Ich hoffe, dass es Ihnen hier gefallen wird.
  이히 호패, 닷스 앳스 이-낸 히어 게팔랜 뷔르트.

- 당신이 우리와 함께 일할 수 있게 되어 반갑습니다.

  Wir freuen uns, dass Sie mit uns zusammen arbeiten.
  뷔어 프로이앤 운스, 닷스 지- 미트 운스 추잠맨   아르바이탠.

- 당신과 함께 일하게 된다니 기쁩니다.

  Ich freue mich darauf, dass ich mit Ihnen zusammenarbeiten kann.
  이히 프로이애 밓히 다라우프, 닷스 이히 미트 이-낸 추잠맨아르바이탠   칸.

- 당신이 곧 독일로 오시길 고대하고 있습니다.

  Ich erwarte, dass Sie bald nach Deutschland kommen.
  이히 애어봐르태, 닷스 지- 발트 낙흐 도이칠란트   콤맨.

03 칭찬

사람들 사이의 관계를 부드럽게 하거나 친교를 하는 데 있어 칭찬은 대단히 중요한 역할을 한다. 상대방의 좋은 점을 그대로 솔직하게 표현하는 것이 독일인들의 습관이다. 그렇지만 칭찬에 인색하다거나 지나칠 정도로 아첨하는 표현은 친교에 방해가 될 수 있다. 사사로운 일에도 감탄하고 상대의 능력이나 외모, 좋은 점들을 칭찬하는 것은 독일인에게는 매우 익숙한 일이다.

감탄을 나타낼 때

- 멋져요
 Wunderbar!
 분더바-!

- 와, 정말 아름답군요.
 Toll, es ist wirklich schön.
 톨, 앳스 이스트 뷔르클리히 쇠-ㄴ.

- 경치가 멋지네요.
 Schöne Aussicht!
 쇠-네 아웃스찔히트!

- 맛있어요.
 Schmeckt gut!
 슈멕트 구-트!

- 잘 했어요.
 Gut gemacht!
 구-트 게막흐트!

- 재미있네요.
 Spannend! / Interessant! / Es macht Spaß!
 슈판낸트! 인터레싼트! / 앳스 막흐트 슈파-쓰!

- 엄청나네요.
 Das ist wirklich super!
 닷스 이스트 뷔르클리히 주-퍼!

- 멋진 그림입니다.
  Ein schönes Bild!
  아인 쇠-내스   빌트!

- 정말 날씨가 좋죠?
  Ein herrliches Wetter!
  아인 해얼릭해스   베터!

- 아름다운 꽃입니다.
  Schöne Blumen!
  쇠-낸   블루-맨!

칭찬할 때

- 대단하군요.
  Großartig!
  그로-쓰아르틱히!

- 잘 하시는군요.
  Sie machen sich gut!
  지- 막핸   짗히 구-트!

- 정말 훌륭하군요.
  Fabelhaft! / Wundervoll!
  파-벨하프트! / 분더폴!

- 당신이 최고예요.
  Spitze! / Sie sind der Beste! / die Beste!
  슈핏채! / 지- 진트 데어 배스태! / 디 배스태!

- 당신 평판이 대단하더군요.
  Sie haben einen guten Ruf.
  지- 하-밴   아이넨 구-탠 루-프.

- 당신 평판이 자자하더군요.
  Sie stehen in gutem Ruf.
  지- 슈테-앤 인 구-탬   루-프.

- 음, 이 토마토 수프는 정말 훌륭합니다.
  Mmm! Die Tomatensuppe ist ein Gedicht!
  음!   디   토마-텐주패   이스트 아인 게디히트!

> **Tipp** ein Gedicht sein 놀랍다, 훌륭하다. Gedicht는 원래 "시(詩)"이다. 우리말에서도 "예술이다"라고 하는 것처럼 독일어는 이렇게 표현한다.

- 당신이 부러워요.

  Ich beneide Sie.
  이히 배나이데 지.

- 나는 네가 너무 부러워.

  Ich beneide dich sehr.
  이히 배나이데 디히 제어.

- 친절하기도 하셔라.

  Das ist sehr nett von Ihnen.
  다스 이스트 제어 낼트 폰 이-낸.

- 잘 지적해주셨습니다.

  Sie haben mir einen guten Fingerzeig gegeben.
  지- 하-밴 미어 아이낸 구-탠 핑거차잌 게게-밴.

- 어려운 결심을 하셨습니다.

  Sie haben einen nicht leichten Entschluss getroffen.
  지- 하-밴 아이낸 니힡트 라이히탠 앤트슐루쓰 게트로팬.

성과를 칭찬할 때

- 대단하군요.

  Großartig! / Toll! / Prima! / Super! / Spitze!
  그로-쓰아르티히! / 톨! / 프리-마! / 주-퍼! / 슈핏체!

- 잘 하셨어요.

  Das haben Sie gut gemacht!
  다스 하-밴 지- 구-ㅌ 게막흐트!

- 잘했어.

  Gut gelungen!
  구-ㅌ 겔룽앤!

- 참 잘했어요.

  Das ist Ihnen gut gelungen!
  다스 이스트 이-넨 구-ㅌ 겔룽앤!

- 정말 잘 하셨어요.

  Ich freue mich, das zu hören!
  이히 프로이에 미히, 다스 추- 회-랜.

> Tipp "그 소식 들으니 기쁩니다."인데, "참 잘한 겁니다." "참 잘하셨어요." "참 잘했다."의 뜻
> 으로도 사용된다.

70 독일어 회화 사전

- 당신은 이번에 특별히 잘하셨어요.

  Sie haben es diesmal besser gemacht!
  지- 하-밴 앳스 디-스마-ㄹ 배써 게막흐트!

- 나는 당신이 자랑스럽습니다.

  Ich bin stolz auf Sie!
  이히 빈 슈톨츠 아우프 지!

- 나는 네가 자랑스러워.

  Ich bin stolz auf dich!
  이히 빈 슈톨츠 아우프 딯히!

- 나는 너희들이 자랑스럽습니다.

  Ich bin stolz auf euch!
  이히 빈 슈톨츠 아우프 오이히!

- 아주 잘 하고 있어요.

  Sie kommen ja gut voran!
  지- 콤맨 야- 구-트 포-란!

- 초보로서는 상당히 잘 하는군요.

  Als ein Anfänger machen Sie sich ziemlich gut!
  알스 아인 안팽어 막핸 지- 짛히 치-ㅁ리히 구-트!

- 정말 큰일을 해냈군요.

  Sie haben eine große Leistung erbracht!
  지- 하-밴 아이내 그로-쌔 라이스퉁 애어브락흐트!

- 참 훌륭한 일을 하셨네요.

  Eine gute Tat ist Ihnen gelungen!
  아이내 구-태 타-트 이스트 이-낸 겔룽앤!

- 식사가 참 훌륭했어요.

  Das Essen war prima!
  닷스 앳샌 봐- 프리-마!

능력을 칭찬할 때

- 기억력이 참 좋으시군요.

  Sie haben ein gutes Gedächtnis.
  지- 하-밴 아인 구-태스 게대히트니스.

- 당신은 모르는 게 없군요.

  Sie sind ein wandelndes Lexikon.
  지- 진트 아인 반델른대스 렉시콘.

> **Tipp** "당신은 걸어다니는 사전입니다."

- 당신의 입장이 부럽습니다.
  Ich wünschte, ich wäre an Ihrer Stelle.
  이히 뷘쉬태, 이히 봬-래 안 이어러 슈텔래.

- 독일어를 어쩌면 그렇게 잘 하십니까?
  Wieso sprechen Sie so gut Deutsch?
  비조- 슈프렣핸 지- 조- 구-트 도이취?

- 독일어를 참 잘하시는군요.
  Sie sprechen sehr gut Deutsch!
  지- 슈프렣핸 제어 구-트 도이취!

- 마치 독일인처럼 독일어를 잘하십니다
  Sie sprechen Deutsch wie ein Deutscher!
  지- 슈프렣핸 도이취 비- 아인 도이체!

> **Tipp** 상대가 여성이라면 eine Deutsche. (아이네 도이체)

- 당신은 참 부지런하십니다.
  Sie sind sehr fleißig!
  지- 진트 제어 플라이씨히!

- 노래를 잘하시네요.
  Sie sind ein guter Sänger!
  지- 진트 아인 구-터 쟁어!

> **Tipp** 상대가 여성이라면 Sie sind eine gute Sängerin.
> 지- 진트 아이네 구-태 쟁어린.

- 요리를 잘 하시는군요.
  Sie kochen sehr gut!
  지- 콕핸 제어 구-트!

- 참 다재다능하십니다.
  Sie sind ein Alleskönner.
  지- 진트 아인 알렛스쾬너.

- 다재다능하십니다.
  Sie sind eine Frau mit vielseitigen Kenntnissen!
  지- 진트 아이내 프라우 미트 피-ㄹ자이티갠 캔트닛샌!

- 당신은 재능 꾼입니다.

  Sie sind ein großes Talent!
  지- 진트 아인 그로-쎄스 탈렌트!

- 따님이 그림에 특이한 재능이 있다고 들었습니다.

  Ich habe gehört, dass Ihre Tochter eine besondere Begabung für Malen
  이히 하-배 게회르트, 닷스 이어래 톡흐터 아인 배존더래 배가붕 퓨어 마-ㄹ랜
  hat.
  하트.

외모를 칭찬할 때

- 멋있어요.

  Das ist schön!
  다스 이스트 쇠-ㄴ!

- 어머 멋있군요.

  Oh, prächtig!
  오-, 프랭히티히!

- 오 예쁜 데.

  Oh, schick!
  오-, 쉬크!

- 야, 너 참 예쁘다.

  Du siehst umwerfend aus!
  두- 지-스트 움베르팬트 아웃스!

- 나이에 비해 젊어 보이십니다.

  Sie sehen jünger aus, als Sie sind!
  지- 제-앤 융어 아웃스, 알스 지- 진트!

- 그 연세로 안 보이십니다.

  Man sieht Ihnen Ihr Alter nicht an!
  만 지-트 이-낸 이어 알터 니힐트 안!

- 아이가 참 귀엽습니다.

  Ein hübsches Baby!
  아인 휩쉐스 베비!

- 당신은 눈이 참 예뻐요.

  Sie haben schöne Augen!
  지- 하-밴 쇠-내 아우갠!

- 아드님이 참 잘 생겼습니다.
  Ihr Sohn ist sehr gutaussehend!
  이어 조-ㄴ 이스트 제어 구--ㅌ아우스제앤트!

- 그 원피스 참 잘 어울립니다.
  Das Kleid steht Ihnen sehr gut!
  다스 클라이트 슈테-트 이-낸 제어 구--ㅌ!

- 그 블라우스가 치마에 잘 어울려요.
  Die Bluse passt sehr gut zum Rock!
  디 블루-제 파쓰트 제어 구-ㅌ 춤 록!

- 사진보다 실물이 더 예쁘네요.
  Sie sind schöner, als auf den Fotos!
  지- 진트 쇠-너, 알스 아우프 덴 포-토스!

- 건강해보이십니다.
  Sie sehen fit aus!
  지- 제-앤 피트 아웃스!

- 당신에게 매료되었어요.
  Ich bin begeistert von Ihnen!
  이히 빈 베가이스테르트 폰 이-낸!

- 당신의 연주에 매료되었어요.
  Ich bin begeistert von Ihrem Spielen!
  이히 빈 배가이스테르트 폰 이어램 슈피-ㄹ랜!

- 너 참 날씬하다.
  Du bist schlank!
  두- 비스트 슐랑크!

- 어쩌면 그렇게 날씬하세요?
  Wie bleiben Sie in so schlanker Verfassung?
  비- 블라이밴 지- 인 조- 슐랑커 페어파쑹?

- 인기가 대단하시겠어요.
  Sie müssen sehr beliebt sein!
  지- 뮷샌 제어 밸리-ㅂ트 자인!

대상에 대해 칭찬할 때

- 그 양복 참 멋진 거 같아요.
  Ich finde den Anzug sehr elegant!
  이히 핀대 덴 안추-ㅋ 제어 앨레간트!

- 그 양장 참 예쁘네요.
  Ich finde den Damenanzug sehr schön!
  이히 핀대 덴 다-맨안추-ㅋ 제어 쇠-ㄴ!

- 그 구두 참 좋네요.
  Die Schuhe sind sehr schön!
  디 슈-애 진트 제어 쇠-ㄴ!

- 이 가방은 아주 실용적입니다.
  Diese Tasche ist sehr praktisch!
  디 탓쉐 이스트 제어 프락티쉬!

- 정말 근사하네요.
  Das ist ja schön!
  다스 이스트 야- 쇠-ㄴ!

- 그 넥타이 정말 멋져요.
  Die Krawatte ist sehr schön!
  디 크라밧테 이스트 제어 쇠-ㄴ!

- 당신의 원피스가 맘에 듭니다.
  Ihr Kleid gefällt mir gut!
  이어 클라이트 게팰트 미어 구-트!

- 참 멋진 집을 갖고 계시군요.
  Sie haben ein schönes Haus!
  지- 하-밴 아인 쇠-내스 하우스!

> Tipp das Haus(다스 하우스) 단독주택, die Wohnung(디 보-눙) 아파트, 또는 다세대주택에 속한 집.

- 집이 참 멋져요.
  Ich finde Ihre Wohnung sehr schön!
  이히 핀대 이어래 보-눙 제어 쇠-ㄴ!

- 집이 참 쾌적합니다.
  Ihre Wohnung ist sehr gemütlich!
  이어래 보-눙 이스트 제어 게뮤틀링히!

- 나는 감탄하여 눈이 휘둥그래졌어요.
  Ich riss vor Bewunderung die Augen weit auf.
  이히 리쓰 포-어 배분더룽 디 아우갠 봐이트 아우프.

- 맙소사! 이거 정말 예쁜 블라우스네요.
  Donnerwetter, das ist aber eine schöne Bluse!
  돈너배터, 닷스 이스트 아-버 아이내 쇠-내 블루-재!

II. 사교할 때의 표현 **75**

칭찬에 대해 응답할 때

- 칭찬해주시니 고맙습니다.

  Danke sehr, ich fühle mich geschmeichelt!
  당케 제어, 이히 퓨-ㄹ래 밎히 게슈마이헬트!

- 그렇게 말씀해주시니 고맙습니다.

  Es ist sehr nett, dies von Ihnen zu hören!
  앳스 이스트 제어 낼트, 디-스 폰 이-낸 추- 회-랜!

- 과찬의 말씀입니다.

  Ich fühle mich sehr geschmeichelt!
  이히 퓨-ㄹ래 밎히 제어 게슈마이헬트!

- 너무 치켜세우지 마세요.

  Loben Sie mich nicht zu sehr!
  로-벤 자- 밎히 니히트 추- 제어.

- 그러면 제 얼굴이 빨개집니다.

  Das lässt mich erröten.
  닷스 래쓰트 밎히 애어뢰-탠.

- 얼굴 빨개지게 하지 마세요.

  Lassen Sie mich nicht erröten!
  랏샌 자- 밎히 니힡트 애어뢰-탠!

- 비행기 태우지 말게.

  Lob mich nicht zu sehr!
  로-ㅂ 밎히 니힡트 추- 제어!

- 저는 칭찬을 들을 자격이 없습니다.

  Es steht mir nicht zu, von Ihnen gelobt zu werden.
  앳스 슈테-트 미어 니힡트 추-, 폰 이-낸 겔로-브트 추- 베어댄.

부끄러울 때

- 부끄러워요.

  Ich bin schüchtern.
  이히 빈' 슈히터른.

- 나 자신이 부끄럽습니다.

  Ich schäme mich sehr.
  이히 섀-매 밎히 제어.

- 그런 짓을 한 게 부끄럽습니다.
  Ich schäme mich davor, das getan zu haben.
  이히 섀-매 밎히 다포-어, 닷스 게타-ㄴ 추- 하밴.

- 창피한 줄 알아라!
  Schäm dich!
  섐 디히!

- 그 말씀을 들으니 얼굴이 붉어집니다.
  Sie lassen mich erröten!
  지- 랏샌 미히 애어뢰-탠!

의견에 대해 칭찬할 때

- 훌륭한 의견 감사합니다.
  Vielen Dank für die geniale Idee!
  피-ㄹ랜 당크 퓨어 디 게니알래 이데-!

> Tipp: die gute Idee(디 구-태 이데-)라고 해도 좋다.

- 천만예요. 그 생각은 당신이 해낸 것인데요.
  Keine Ursache! Sie haben sich die Idee ausgedacht.
  카이내 우어작해! 지- 하-밴 짛히 디 이데- 아우스게닥흐트.

- 당신 말에도 일리가 있어요.
  Sie haben zum Teil Recht.
  지- 하-밴 춤 타일 래힡트.

> Tipp: Es steckt etwas Wahres in dem, was Sie sagen. 또는 Sie sagen es mit gutem Recht.
> 앳스 슈텍크트 애트밧스 봐-래스 인 뎀, 밧스 지- 자-갠.   지- 자-갠 앳스 미트 구-탬 래힡트

- 정말 좋은 생각이군요.
  Sie haben eine gute Idee!
  지- 하-밴 아이내 구-태 이데-.

- 그거 좋은 생각인 것 같아요.
  Ich finde, das ist eine gute Idee!
  이히 핀대, 닷스 이스트 아이내 구-태 이데-!

- 그거 환상적인 생각이군요.
  Das ist eine fantastische Idee!
  닷스 이스트 아이내 판타스티쉐 이데-!

- 어떻게 그런 생각을 해 내셨지요?

  Wie haben Sie sich das einfallen lassen?
  비- 하-밴 지- 짙히 닷스 아인팔랜 랏샌?

   Wie haben Sie sich daran erinnert? / Wie ist es Ihnen in den Sinn gekommen? / Wie
  비- 하-밴 지- 짙히 다란 애린너르트? / 비- 이스트 앳스 이-낸 인 덴 진 게콤맨? / 비-
  ist es Ihnen eingefallen? 또한 위와 같은 표현이다.
  이스트 앳스 이-낸 아인게팔랜?

- 훌륭한 의견 감사드립니다.

  Vielen Dank für Ihre gute Idee!
  피-ㄹ랜 당크 퓨어 이어래 구-태 이데-!

- 지적을 해주셔서 감사합니다.

  Ich danke Ihnen dafür, dass Sie mich darauf aufmerksam gemacht haben!
  이히 당케 이-낸, 다퓨어, 닷스 지- 밑히 다라우프 아우프메르크잠 게막흐트 하-밴!

- 대단히 훌륭한 지적을 해주셨습니다.

  Sie haben mir einen großen wichtigen Fingerzeig gegeben.
  지- 하-밴 미어 아이낸 그로-쌘 뷔히티갠 핑어차익 게게-밴.

- 바로 그겁니다.

  Das ist nun einmal so!
  닷스 이스트 누-ㄴ 아인마-ㄹ 조-!

- 맞아요, 바로 그겁니다.

  Sie haben es verstanden!
  지- 하-밴 앳스 페어슈탄댄!

   Das haben Sie erfasst. / Jetzt verstehen Sie. 라고 해도 된다.
  다스 하-밴 지- 애어파쓰트. / 예츠트 페어슈테-앤 지-.

사과와 변명

자신의 잘못에 대해 즉각적으로 "죄송합니다"(Entschuldigung!)라고 하든가 "미안합니다"(Es tut mir Leid), "실례합니다"(Entschuldigen Sie bitte!)라고 표현한다. 이때 사과하는 구체적인 사유를 언급하는 표현들을 사용하기도 한다. 또한 사과에 대해서 "괜찮습니다"(Macht doch nichts!), "염려하지 마세요"(Machen Sie sich keine Sorge!)라고 표현한다. 사용할 수 있는 표현들을 살펴보자.

사과할 때

- 죄송합니다./실례합니다.
  Entschuldigung!
  앤트슐-디궁!

- 죄송합니다./실례합니다.
  Entschuldigen Sie, bitte!
  앤트슐-디갠 지-, 비태!

- 죄송합니다. 제가 그러려고 한 게 아니었습니다.
  Entschuldigung, das wollte ich nicht!
  앤트슐-디궁, 다스 볼태 이히 니힡트!

- 죄송합니다.
  Verzeihung!
  페어차이웅!

- 죄송합니다.
  Verzeihen Sie, bitte!
  페어차이앤 지- 비태!

- 미안해.
  Entschuldige mich!
  앤트슐-디개 밑히!

- 미안해.
  Entschuldige!
  앤트슐-디개!

- 죄송합니다.
 Pardon!
 파-동!

- 미안합니다.
 Es tut mir Leid. / Tut mir Leid!
 앳스 투-트 미어 라이트. / 투-트 미어 라이트!

- 정말 죄송합니다.
 Es tut mir wirklich Leid!
 앳스 투-트 미어 뷔르클리히 라이트!

- 대단히 죄송합니다.
 Es tut mir sehr Leid!
 앳스 투-트 미어 제어 라이트!

- 진심으로 사과드립니다.
 Es tut mir aufrichtig Leid!
 앳스 투-트 미어 아우프릿히티히 라이트!

- 너무 죄송합니다.
 Es tut mir furchtbar Leid.
 앳스 투-트 미어 푸르흐트바- 라이트.

- 제가 꼭 사과를 드려야합니다.
 Ich muss mich bei Ihnen entschuldigen!
 이히 뭇스 밎히 바이 이-낸 앤트슐-디갠!

- 방해해서/성가시게 해서 죄송합니다.
 Verzeihen Sie die Störung!
 페어차이앤 지- 디 슈퇴-룽!

- 성가시게 해서 죄송합니다.
 Entschuldigen Sie, dass ich Sie störe!
 앤트슐-디갠 지-, 닷다스 이히 지- 슈퇴-래!

- 성가시게 해서 죄송합니다.
 Entschuldigen Sie die Störung!
 앤트슐-디갠 지- 디 슈퇴-룽!

- 방해해서/성가시게 해서 미안해.
 Verzeih die Störung!
 페어차이 디 슈퇴-룽!

- 잠시 실례합니다.
 Würden Sie mich für einen Moment entschuldigen?
 뷰르댄 지- 밎히 퓨어 아이낸 모-멘트 앤트슐-디갠?

- 그 일에 대해 미안하게 생각하고 있습니다.

  Ich bedauere es sehr!
  이히 배다우어래   앳스 제어!

- 오랫동안 자리를 비워 미안합니다.

  Entschuldigen Sie die lange Abwesenheit!
  앤트슐-디갠   지- 디 랑애   압베-젠하이트!

양해를 구할 때

- 실례합니다.

  Entschuldigen Sie mich, bitte!
  앤트슐-디갠   지- 밎히,   비태!

- 잠깐 실례합니다.

  Entschuldigen Sie mich bitte einen Moment!
  앤트슐-디갠   지- 밎히 비태 아이낸 모-멘트!

- 말씀 중에 실례합니다.

  Entschuldigen Sie, dass ich Sie unterbreche!
  앤트슐-디갠   지-, 닷스 이히 지- 운터브랬해.

- 잠시 실례 좀 해도 될까요?

  Darf ich Sie mal kurz stören?
  다르프 이히 지- 마-ㄹ 쿠어츠 슈퇴-랜?

- 아직 제 말이 끝나지 않았는데요.

  Ich bin noch nicht fertig!
  이히 빈   녹호   니힡트 페르틱히!

- 곧 제 말이 끝나는데요.

  Ich bin gleich fertig!
  이히 빈   글라잇히 페르틱히!

- 끝까지 말해도 될까요?

  Darf ich noch ausreden?
  다르프 이히 녹호   아웃스레-댄?

- 제가 좀 끝까지 말을 마치게 해주십시오.

  Lassen Sie mich bitte ausreden!
  랏샌   지- 밎히   비태   아웃스레-댄!

 "내 말 좀 끝까지 들어보세요."라는 뜻이다.

- 말씀 중에 잠시 실례합니다.
  Entschuldigung, darf ich Sie einen Moment stören?
  앤트슐-디궁,   다르프 이히 지- 아이낸 모-멘트   슈퇴-랜?

- 실례합니다만, 좀 지나갈까요?
  Entschuldigen Sie, darf ich vorbei?
  앤트슐-디갠   지-, 다르프 이히 포-어바이?

- 신문을 좀 봐도 될까요?
  Gestatten Sie, dass ich die Zeitung nehme?
  게슈타탠   지-, 닷스 이히 디 차이퉁   네-매?

- 잠시 실례합니다. 금방 돌아오겠습니다.
  Entschuldigen Sie bitte einen Augenblick! Ich komme gleich.
  앤트슐-디갠   지- 비태 아이낸 아우겐블릭! 이히 콤매   글라이히.

- 실례지만 성함을 여쭤 봐도 되나요?
  Entschuldigen Sie bitte, wie heißen Sie, wenn man fragen darf?
  앤트슐-디갠   지- 비태, 비- 하이쌘 지-, 벤 만 프라-갠 다르프?

- 실례지만 직업이 무엇인가요?
  Was sind Sie von Beruf, wenn ich fragen darf?
  밧스 진트 지- 폰 배루-프, 벤 이히 프라-갠 다르프?

- 미안합니다. 괜찮으신가요?
  Entschuldigung, sind Sie in Ordnung?
  앤트슐-디궁,   진트 지- 인 오르드눙?

- 실례합니다만, 지금 몇 시나 됐나요?
  Entschuldigen Sie, können Sie mir sagen, wie spät es ist?
  앤트슐-디갠   지-, 쾬낸   지- 미어 자-갠, 비- 슈패-트 앳스 이스트?

사과의 이유를 말할 때

- 늦게 와서 죄송합니다.
  Entschuldigen Sie bitte, dass ich zu spät gekommen bin!
  앤트슐-디갠   지- 비태, 닷스 이히 추- 슈패-트 게콤맨   빈!

- 제가 늦게 와 죄송합니다.
  Entschuldigen Sie bitte meine Verspätung!
  앤트슐-디갠   지- 비태 마이내 페어슈패-퉁!

- 내가 늦게 와서 미안해.
  Entschuldige, dass ich zu spät gekommen bin!
  앤트슐-디개,   닷스 이히 추- 슈패-트 게콤맨   빈!

- 더 일찍 올 수가 없었어요.

    Es war nicht möglich, früher zu kommen.
    앳스 바- 니힡트 뫼-클리히, 프뤼-어 추- 콤맨.

- 미안해, 내가 그걸 몰랐어.

    Entschuldige, ich hab's nicht gewusst!
    앤트슐디개, 이히 합스 니힡트 게부쓰트!

- 늦게 전화 드려 죄송합니다.

    Verzeihen Sie, dass ich Sie so spät anrufe!
    페어차이앤 지-, 닷스 이히 지- 조- 슈패-트 안루-패!

- 제가 늦게 온 것을 용서바랍니다.

    Meine Verspätung bitte ich zu entschuldigen!
    마이내 페어슈패-퉁 비태 이히 추- 앤트슐-디갠!

- 제가 결석한 것을 용서해주십시오.

    Meine Abwesenheit bitte ich zu entschuldigen!
    마이내 압베-젠하이트 비태 이히 추- 앤트슐-디갠!

- 용서해주시겠습니까?

    Würden Sie mich bitte entschuldigen?
    뷰르댄 지- 밓히 비태 앤트슐-디갠?

- 오래 기다리게 해서 죄송합니다.

    Es tut mir Leid, dass ich Sie so lange habe warten lassen!
    앳스 투-트 미어 라이트, 닷스 이히 지- 조- 랑애 하-배 봐르텐 랏샌!

- 죄송합니다. 제가 사람을 잘 못 봤습니다.

    Entschuldigen Sie, ich habe mich geirrt!
    앤트슐-디갠 지-, 이히 하-배 밓히 게이르트!

- 즉시 알아 뵙지 못해서 죄송해요.

    Entschuldigen Sie, ich habe Sie nicht gleich erkannt!
    앤트슐-디갠 지-, 이히 하-배 지- 니힡트 글라이히 애어칸트!

- 시간을 지키지 못해 죄송합니다.

    Entschuldigen Sie, dass ich nicht auf die Zeit geachtet habe!
    앤트슐-디갠 지-, 닷스 이히 니힡트 아우프 디 차이트 게악흐테트 하-배!

- 더 일찍 답장 드리지 못해 죄송해요.

    Entschuldigen Sie, dass ich Ihnen nicht früher geantwortet habe!
    앤트슐-디갠 지-, 다스 이히 이-낸 니힡트 프뤼-어 게안트보르테트 하-배!

- 노고를 끼쳐 죄송합니다.

    Es tut mir Leid, Ihnen soviel Mühe gemacht zu haben!
    앳스 투-트 미어 라이트, 이-낸 조-피-르 뮤-애 게막흐트 추- 하-밴!

- 너무 시끄럽게 해 죄송합니다.

  Tut mir Leid, dass wir Lärm gemacht haben!
  투-트 미어 라이트, 다스 뷔어 래름 게막흐트 하-밴!

- 미안해요. 어쩔 수 없었습니다.

  Tut mir Leid, es war unvermeidlich!
  투-트 미어 라이트, 앳스 봐- 운페어마이틀리히!

- 미안합니다. 제가 약속 날짜를 혼동했습니다.

  Tut mir Leid, dass ich den Termin verpasst habe.
  투-트 미어 라이트, 닷스 이히 덴 테어미-ㄴ 페어파쓰트 하-배.

- 시간을 어겨서 죄송합니다.

  Verzeihen Sie, dass ich die Zeit nicht eingehalten habe!
  페어차이앤 지-, 닷스 이히 디 차이트 니힡트 아인게할탠 하-배!

- 약속을 지키지 못한 것 용서하십시오.

  Verzeihen Sie, dass ich das Versprechen gebrochen habe!
  페어차이앤 지-, 닷스 이히 다스 페어슈프렣핸 게브록핸 하-배!

- 죄송해요. 제가 말꼬리를 잡았군요.

  Entschuldigen Sie! Ich war wohl etwas zudringlich.
  앤트슐-디갠 지! 이히 봐- 보-ㄹ 애트밧스 추-드링글리히.

유감을 나타낼 때

- 유감입니다.

  Es ist schade!
  앳스 이스트 샤-대!

- 유감입니다.

  Schade!
  샤-대!

- 정말 유감이군요.

  Das ist aber schade!
  다스 이스트 아-버 샤-대!

- 네가 함께 갈 수 없다니 정말 유감이야.

  Es tut mir sehr Leid, dass du nicht mitkommen kannst!
  앳스 투트 미어 제어 라이트, 다스 두- 니힡트 미트콤맨 칸스트!

- 안됐습니다.

  Das ist schlimm!
  다스 이스트 슐림!

- 안됐습니다. / 끔찍하군요.

  Das ist schrecklich!
  다스 이스트 슈렉클뤼히!

- 정말 유감입니다.

  Das ist aber schade!
  다스 이스트 아-버 샤-대!

- 운이 없으시군요.

  Pech (gehabt)!
  페히 (게합트)!

- 운이 없군요.

  So ein Pech! / Was für ein Pech!
  조- 아인 펭히! / 밧스 퓨어 아인 펭히!

- 넌 정말 운이 없구나.

  Du bist ein echter Pechvogel!
  두- 비스트 아인 에히터 펭히포-겔!

사과의 말을 전해달라고 할 때

- 사장님께 저의 사과를 전해주실래요?

  Können Sie mich bitte bei dem Chef entschuldigen?
  쾬낸 지- 밓히 비태테 바이 뎀 셰프 앤트슐-디갠?

- 난 잉에에게 사과하고 싶어.

  Ich möchte mich bei Inge entschuldigen.
  이히 뫼히태 밓히 바이 잉애 앤트슐-디갠.

- 제 남편이 사과의 말씀을 드려요. 그는 오늘 일을 해야 하거든요.

  Mein Mann lässt sich entschuldigen. Er muss heute arbeiten.
  마인 만 랫스트 지히 앤트슐-디갠. 애어 뭇스 호이태 아르바이탠.

잘 못을 인정할 때

- 그것은 제 잘못입니다.

  Das ist mein Fehler!
  닷스 이스트 마인 페-르러!

- 그것은 저의 잘 못이었습니다.

  Das war mein Fehler!
  닷스 봐- 마인 페-르러!

- 그것은 제 실수입니다.

  Daran bin ich schuld!
  다란   빈 이히 슐트!

- 저희들 실수입니다.

  Wir sind schuld.
  뷔어 진트 슐트.

- 그것은 저의 말실수였습니다.

  Das habe ich falsch gesagt!
  닷스 하-배 이히 팔쉬   게작트!

- 그것은 제가 철자를 잘 못 친 것입니다.

  Das ist mein Tippfehler!
  닷스 이스트 마인 팁페-르러!

- 제가 실수했습니다.

  Das war mein Versehen!
  닷스 봐- 마인   페어제-앤!

- 제가 생각이 부족했습니다.

  Ich war leider rücksichtslos!
  이히 봐- 라이더   뤽짙히트로-스!

- 고의가 아니었습니다.

  Das habe ich ohne Absicht getan!
  닷스 하-배 이히 오-내 압짙히트   게타-ㄴ!

- 그럴 생각은 없었습니다.

  Das war nicht meine Absicht!
  닷스 봐- 니힐트 마이내 압짙히트!

- 제가 주의가 좀 부족했습니다.

  Es war unaufmerksam von mir!
  앳스 봐- 운아우프메르크잠   폰   미어!

- 제가 정말 부주의했습니다.

  Es war recht unaufmerksam von mir!
  앳스 봐- 래힐트 운아우프메르크잠   폰   미어!

- 제 부주의로 실수한 것입니다.

  Ich habe aus Unachtsamkeit einen Fehler gemacht!
  이히 하-배 아웃스 운아흐트잠카이트   아이낸 페-르러 게막흐트!

- 그것은 제 탓입니다.

  Das ist meine Schuld!
  닷스 이스트 마이내 슐트!

- 죄송합니다. 사람을 잘못 알아봤습니다.

  Entschuldigen Sie, ich dachte, ich kenne Sie!
  앤트슐-디갠   지-, 이히 다흐태,   이히 캔내   지-!

용서를 구할 때

- 용서해주십시오.

  Verzeihen Sie mir, bitte!
  페어차이앤   지- 미어, 비태!

- 용서해주십시오.

  Ich bitte um Verzeihung!
  이히 비태 움 페어차이웅!

- 용서해주십시오.

  Pardon!
  파-동!

- 제가 한 일을 용서해주십시오.

  Verzeihen Sie mir, was ich getan habe!
  페어차이앤   지- 미어, 밧스 이히 게타-ㄴ 하-배!

- 제가 생각이 부족했던 것 용서해주십시오.

  Es tut mir Leid, keine Rücksicht genommen zu haben!
  앳스 투-트 미어 라이트, 카이내 륙짛히트 게놈맨   추- 하-밴!

- 제가 한 말에 대해 사과합니다.

  Ich bitte Sie um Verzeihung für das, was ich gesagt habe!
  이히 비태 지- 움   페어차이웅   퓨어 다스, 밧스 이히 게작트 하-배!

- 저의 부주의를 사과드립니다.

  Ich bitte Sie um Verzeihung wegen meiner Unaufmerksamkeit!
  이히 비태 지- 움   페어차이웅   베-갠   마이너   운아우프메르크잠카이트!

- 다시는 그런 일을 하지 않을 것입니다.

  Das soll nie wieder geschehen!
  다스 졸 니- 비-더   게쉐-앤!

- 다시는 실수하지 않겠습니다.

  Ich will keinen Fehler wiederholen!
  이히 빌   카이낸   페-르러 비-더호-르랜!

사과를 받아줄 때

- 됐습니다./괜찮습니다.
  Ist schon gut!
  이스트 쇼-ㄴ 구-트!

- 됐습니다./괜찮습니다.
  OK!
  오케이!

- 괜찮습니다.
  Alles ist in Ordnung!
  알랫스 이스트 인 오르드눙!

- 괜찮습니다.
  Keine Ursache!
  카이내 우어작해!

- 아무 문제도 아닙니다.
  Das macht doch nichts!
  닷스 막흐트 독흐 니힡츠!

- 괜찮아요, 아무 문제도 아닙니다.
  Das macht nichts!
  닷스 막흐트 니힡츠!

- 괜찮아요, 그건 문제가 안돼요.
  Macht doch nichts!
  막흐트 독흐 니힡츠!

- 그리 나쁘진 안아요.
  Das ist doch nicht so schlimm!
  닷스 이스트 독히 니힡트 조- 슐림!

- 아주 나쁘진 안아요.
  Das ist doch nicht so tragisch!
  닷스 이스트 독흐 니힡트 조- 트라-기쉬!

- 아무 걱정 마십시오.
  Machen Sie sich nichts daraus!
  막핸 지- 짛히 니힡츠 다라웃스!

- 아무 걱정 마.
  Mach dir nichts daraus!
  막흐 디어 니힡츠 다라웃스!

- 염려하지 마.

  Keine Sorge!
  카이내 조르개!

- 염려하지 마.

  Mach dir keine Sorgen!
  막흐 디어 카이내 조르갠!

- 아무 염려 마십시오.

  Machen Sie sich keine Sorgen!
  막핸 지- 지히 카이내 조르갠!

- 문제될 것 없습니다.

  Kein Problem!
  카인 프로블레-ㅁ!

- 그것 그다지 중요하지 않아요.

  Das spielt keine Rolle!
  닷스 슈피-ㄹ트 카이내 롤래!

- 중요한 일 아닙니다.

  Spielt keine Rolle!
  슈피-ㄹ트 카이내 롤래!

- 있을 수 있는 일인데요, 뭐.

  Das kann ja mal passieren!
  다스 칸 야- 마-ㄹ 파씨-랜!

- 그런 일은 누구에게나 일어날 수 있는 걸요.

  Das kann doch jedem mal passieren!
  닷스 칸 독호 예-뎀 마-ㄹ 파씨-랜!

- 그럴 수도 있지요, 뭐.

  Das kann vorkommen!
  닷스 칸 포-어콤맨!

- 당신 책임이 아닙니다.

  Das ist nicht Ihre Schuld!
  닷스 이스트 니힡트 이어래 슐트!

- 언급할만한 일이 아닌 걸요.

  Es ist nicht der Rede wert!
  앳스 이스트 니힡트 데어 레-대 베르트!

- 그럴 필요 없습니다.

  Es ist nicht notwendig!
  앳스 이스트 니힡트 노트벤디히!

- 이미 다 지난 일이고 잊었는걸요.

 Das ist vergeben und vergessen!
 닷스 이스트 페어게-밴 운트 페어겟샌!

- 벌써 잊었어요.

 Schon vergessen!
 쇼-ㄴ 페어겟샌!

- 우리 그거 잊읍시다.

 Vergessen wir das!
 페어겟샌 뷔어 닷스!

- 사과할 것 없어요.

 Es liegt kein Grund davor!
 앳스 리-ㄱ트 카인 그룬트 다포-에!

- 사과할 사람은 당신이 아니라 접니다.

 Ich muss Sie meinerseits um Verzeihung bitten, aber nicht umgekehrt!
 이히 뭇스 지- 마이너자이츠 움 페어차이웅 비탠, 아-버 니힡트 움게케어트!

- 좋아요. 당신의 사과를 받아주겠습니다.

 O.K. Ich nehme Ihre Entschuldigung an!
 오케이. 이히 네-매 이어래 앤트슐-디궁 안!

05 권유와 제안

손님을 접대할 때나 어느 곳에서든 대화를 할 때 흔히 "...하시겠습니까?"(Würden Sie ....?) 또는 "...을 하고 싶습니까?"(Möchten Sie gern ....?)라든가 "...하는게 어떻습니까?"(Wie wäre es mit....?) 등의 문형을 사용한다. 이 말은 대단히 정중한 표현이다. 친숙한 사이라 해도 "Würdest du ....?"라고 말한다. 권유나 제안을 받아들일 때는 "Ja, gut!" 또는 "Sehr gerne!"라고 하고, 거절할 때는 "Tut mir Leid!"라고 한다.

음료나 식사를 권할 때

- 커피 한 잔 하시겠습니까?

  Möchten Sie einen Kaffee?
  뫼히탠   지- 아이낸 카페?

 Möchten Sie einen Kaffee trinken?(뫼히탠 지- 아이낸 카페 트링캔?)이라고 말하지 않아도 내용상 동사 trinken을 염두에 둔 표현이므로 동사를 사용하지 않아도 된다.

- 차 한 잔 하시겠습니까?

  Möchten Sie einen Tee?
  뫼히탠   지- 아이낸 테-?

- 커피하시겠습니까? 아니면 차를 하시겠습니까?

  Möchten Sie gern einen Kaffee oder einen Tee?
  뫼히탠   지- 게른 아이낸 카페   오-더 아이낸 테-?

- 커피 마시겠습니다.

  Ich möchte lieber einen Kaffee.
  이히 뫼히태   리-버 아이낸 카페.

 möchten Sie gern A oder B?라는 질문이 올 때 대답으로 ich möchte lieber ...라고 한다. gern의 비교급이 lieber이다.

- 사과주스 한 잔 하시겠습니까?

  Möchten Sie einen Apfelsaft?
  뫼히탠   지- 아이낸 압펠자프트?

- 콜라 한 잔 하시겠습니까?

  Möchten Sie eine Cola?
  뫼히탠   지- 아이내 콜-라?

- 생수 한 잔 하시겠습니까?

  Möchten Sie ein Mineralwasser?
  뫼히탠   지- 아인 미네랄밧서?

- 위스키 한잔 드릴까요?

  Möchten Sie gern einen Whisky?
  뫼히탠   지- 게른 아이낸 위스키?

- 얼음을 넣은 위스키를 드시겠습니까?

  Nehmen Sie einen Whisky mit Eis?
  네-맨   지- 아이낸 위스키 미트 아이스?

- 예, 얼음만 넣은 위스키를 주십시오.

  Ja, einen Whisky nur mit Eis, bitte.
  야-, 아이내 위스키   누어 미트 아이스, 비태.

권유할 때

- 테니스 치러 가시죠?

  Gehen wir mal Tennis spielen?
  게-앤 뷔어 마-ㄹ 테니스 슈피-ㄹ랜?

> 'gehen + 원형동사' 는 "...하러 가다."

- 괜찮다면 같이 가시죠?

  Kommen Sie doch mit, wenn es Ihnen passt!
  콤맨   지- 독호 미트, 벤   앳스 이-낸 파쓰트!

- 저하고 쇼핑 가시는 게 어때요?

  Wie wäre es, mit mir einkaufen zu gehen?
  비- 봬-래 앳스, 미트 미어 아인카우펜   추- 게-앤?

- 차를 타고 가는 게 어떻겠어요?

  Wie wäre es, wenn wir das Auto nehmen?
  비- 봬-래 앳스, 벤   뷔어 다스 아우토 네-맨?

- 창문을 열까요?

  Darf ich das Fenster aufmachen?
  다르프 이히 다스 펜스터 아우프막핸?

- 내일 식사나 같이 하겠어요?

  Darf ich Sie morgen zum Abendessen einladen?
  다르프 이히 지- 모르갠 춤 아-벤트앳샌 아인라-댄?

- 포도주 한 잔 하시겠어요?

  Möchten Sie ein Glas Wein?
  뫼히탠 지- 아인 글랏스 봐인?

- 맥주 한 잔 하시겠어요?

  Möchten Sie ein Glas Bier?
  뫼히탠 지- 아인 글랏스 비-어?

- 먼저 하십시오.

  Nach Ihnen, bitte!
  낙흐 이-낸, 비태!

- 오늘 저녁 저하고 영화를 보러가지 않겠어요?

  Wie wäre es, heute Abend mit mir ins Kino zu gehen?
  비- 봬-래 앳스, 호이테 아-벤트 미트 미어 인스 키-노 추- 게-앤?

- 비디오 게임 한번 하는 게 어때?

  Hast du Lust, das Videospiel zu spielen?
  하스트 두- 루스트 다스 비데오슈피-ㄹ 추- 슈피-ㄹ랜?

- 음악회에 가시겠습니까?

  Möchten Sie ins Konzert gehen?
  뫼히탠 지- 인스 콘체르트 게-앤?

- 제가 권해 드리는데요, 규칙적으로 체조를 하세요.

  Ich empfehle Ihnen, regelmässig Gymnastik zu machen.
  이히 앰페-ㄹ패 이-낸, 레겔매씨히 귐나스틱 추- 막핸.

- 당신은 땀을 많이 흘려야해요.

  Sie sollten viel schwitzen.
  지- 졸랜 피-ㄹ 슈빗첸.

제안할 때

- 제가 한 가지 제안을 해도 될까요?

  Darf ich mal einen Vorschlag machen?
  다르프 이히 마-ㄹ 아이낸 포어슐라-크 막핸?

- 당신의 제안은 뭔가요?

  Wie sieht Ihr Vorschlag denn aus?
  비- 지-트 이어 포어슐라-ㅋ 덴 아웃스?

- 월말까지 우리에게 제안을 하셔야 합니다.

  Sie müssen Ihre Vorschläge bis zum Ende des Monats bei uns einreichen!
  지- 뮷샌 이어래 포어슐래-개 비스 춤 앤데 데스 모-나츠 바이 운스 아인라잏핸!

- 터놓고 이야기 합시다.

  Nehmen wir kein Blatt vor den Mund!
  네-맨 뷔어 카인 블라트 포-어 덴 문트!

> Ich wünsche eine offene Aussprache mit Ihnen.(이히 뷘섀 아이내 오페내 아웃스슈프랗해 미트 이-낸.) 또는 Ich bitte Sie um eine vertrauliche Aussprache.(이히 비태 지- 움 아이내 페어트라울릫해 아웃스슈랗헤.)라고도 한다.

- 자, 이제 그만 합시다.

  Los, verschwinden wir!
  로-스, 페어슈빈댄 뷔어!

> verschwinden(페어슈빈댄) 사라지다;같은 표현으로 Machen wir Schluss!(막핸 뷔어 슐루쓰!) 또는 Hören wir damit auf!(회-랜 뷔어 다미트 아우프!)

- 오늘은 이만 합시다.

  Lassen wir es für heute genug sein!
  랏샌 뷔어 앳스 퓨어 호이태 게눅흐 자인!

- 쉽시다.

  Machen wir mal eine kurze Pause!
  막핸 뷔어 마-ㄹ 아이내 쿠어채 파우재!

- 한숨 돌립시다.

  Lassen Sie mich verschnaufen!
  랏샌 지- 밎히 페어슈나우팬!

- 화해합시다.

  Versönen wir uns miteinander!
  페어죄-낸 뷔어 운스 미트아인안더!

- 좋으실 대로 하십시오.

  Tun Sie es, wie Sie es wollen!
  투-ㄴ 지- 앳스, 비- 지- 앳스 볼랜!

Es hängt von Ihnen ab.(앳스 행트 폰 이-낸 압.) 또는 Es liegt an Ihnen.(앳스 리-ㅋ트 안 이-낸.)
이라고 말해도 같은 뜻이다.

- 시험 삼아 한 번 해봅시다.
  Probieren wir es mal!
  프로비-랜 뷔어 앳스 마-ㄹ!

- 내게 좋은 생각이 있어요.
  Ich habe eine gute Idee!
  이히 하-배 아이내 구-태 이데-!

 Darf ich Ihnen etwas sagen?(다르프 이히 이-넨 애트밧스 자-갠?) 말씀 좀 드려도 되나요?

- 그것을 최대한 잘 이용해 봅시다.
  Nutzen wir es so gut wie möglich aus!
  눗챈 뷔어 앳스 조- 구-ㅌ 비- 뫼-클리히 아웃스!

 Machen wir das Beste daraus!(막핸 뷔어 다스 배스태 다라웃스!) 또는 Holen wir das Beste heraus!(호-ㄹ랜 뷔어 다스 배스태 헤라웃스!)

- 그것을 최대한 잘 이용해 보세요.
  Nutzen Sie es so gut wie möglich aus!
  눗챈 지- 앳스 조- 구-ㅌ 비- 뫼-클리히 아웃스!

- 그런 의미에서 우리 악수나 한번 합시다.
  Lass uns in diesem Sinn die Hände reichen!
  랏스 운스 인 디-젬 진 디 핸대 라잉핸!

- 지금 시작하는 것이 좋을 겁니다.
  Wir könnten eigentlich ebensogut jetzt beginnen!
  뷔어 쾬탠 아이겐틀리히 에-벤조-구-트 예츠트 배긴낸!

- 기분전환 겸 산책이나 합시다.
  Gehen wir zur Abwechselung spazieren!
  게-앤 뷔어 추어 압벡셀룽 슈파치-랜!

- 내 제안인데, 우리 다음 주에 만나자.
  Ich schlage vor, dass wir uns nächste Woche treffen!
  이히 슐라-개 포-어, 닷스 뷔어 운스 낵스태 복해 트래팬!

- 그는 그 제안을 받아들일 것을 제안했어요.
  Er schlug vor, den Plan anzunehmen.
  애어 슐룩 포-어, 덴 플란 안추-네-맨.

- 네가 오늘 우리들한테 오는 게 어떻겠니?

  Wie wäre es, wenn du schon heute zu uns kämst?
  비- 봐-래 앳스, 벤 두 쇼-ㄴ 호이태 추- 운스 캠스트?

- 먼저 산책을 가는 게 어떻겠어요?

  Wie wäre es, wenn wir erst einmal einen Spaziergang machen würden?
  비- 봐-래 앳스, 벤 뷔어 애어스트 아인마-ㄹ 아이낸 슈파치어강 막핸 뷰르댄?

- 이제 커피 한 잔 하는 게 어떻겠습니까?

  Wie wäre es jetzt mit einem Kaffee?
  비- 봐-래 앳스 예츠트 미트 아이냄 카페?

제안이나 권유에 응할 때

- 좋습니다.

  Ja, gut.
  야-, 구-트.

 O.K! / In Ordnung! / Gern!
오케이!/ 인 오르드눙!/ 게른!

- 네, 그렇게 하겠습니다.

  Ja, sehr gerne!
  야-, 제어 게르네!

- 그럴게요.

  Ich würde gerne!
  이히 뷰르대 게르네!

- 괜찮다면 제가 함께 가 드리겠습니다.

  Ich begleite Sie, wenn es Ihnen recht ist.
  이히 베글라이태 지-, 벤 앳스 이-넨 래힐트 이스트.

 Ich gehe mit Ihnen, wenn Sie mögen.
이히 게-에 미트 이-낸, 벤 지- 뫼-갠.

- 괜찮다면 제가 댁에 모셔다드리지요.

  Ich bringe Sie nach Hause, wenn es Ihnen recht ist.
  이히 브링애 지- 낙흐 하우재, 벤 앳스 이-낸 래힐트 이스트.

- 댁까지 모셔다 드려도 될까요?

  Darf ich Sie nach Hause bringen?
  다르프 이히 지- 낙흐 하우재 브링앤?

- 내가 너의 집까지 데려다 줄께.
  Ich begleite dich zur Tür.
  이히 베글라이태 디히 추어 튀-어.

- 감사합니다. 그렇게 해주세요.
  Danke, gerne!
  당케,   게르네!

- 네가 말 한대로 할께.
  Ich mache es, wie du gesagt hast.
  이히 막해   앳스, 비- 두- 게작트   하스트.

 '네가 말하는 대로 할게' Ich mache es, so wie du sagst.(이히 막해 앳스, 조- 비- 두- 작스트.)

- 그거 좋은 생각이군요.
  Das ist eine tolle Idee!
  닷스 이스트 아이내 톨래 이데-!

- 그거 재미있겠는데요.
  Das klingt interessant!
  닷스 클링트   인터레싼트!

- 그렇게 합시다.
  Lass es uns so machen!
  랏스   앳스 운스 조- 막핸!

- 그거 괜찮겠군요.
  Vielleicht wäre es gut!
  피-ㄹ라이히트 봬-래 앳스 구-트!

 같은 표현 : Vielleicht sollten wir es tun!(피-ㄹ라이히트 졸텐 뷔어 앳스 투-ㄴ!)

- 그거 아주 좋은 생각인 것 같군요.
  Das klingt nach einer guten Idee!
  닷스 클링트 낙흐   아이너 구-텐 이데-!

- 좋은 생각인 것 같아.
  Das scheint eine gute Idee zu sein!
  닷스 샤인트   아이내 구-태 이데- 추- 자인!!

- 그게 좋겠어.
  Das wäre toll!
  닷스 봬-래 톨!

- 당신의 제안은 만장일치로 받아들여졌습니다.
  Ihr Vorschlag wurde einstimmig angenommen.
  이어 포-어슈라-ㅋ 부어대 아인슈티미히   안게놈맨.

- 과반수 이상이 그 계획에 찬성했어요.
  Die Mehrheit war für den Plan.
  디 메-어하이트 봐- 퓨어 덴 플란.

- 저는 당신의 제안에 찬성합니다.
  Ich bin für Ihren Vorschlag.
  이히 빈 퓨어 이어랜 포-어슈라-ㅋ.

동의를 구하는 제안

- 창문을 좀 열어주시겠습니까?
  Würden Sie bitte das Fenster aufmachen?
  뷰르댄   지- 비태 다스 펜스터   아우프막핸?

- 문을 열어도 괜찮겠습니까?
  Stört es Sie, die Tür aufzumachen?
  슈퇴르트 앳스 지-, 디 튀-어 아우프추-막핸?

- 라디오를 꺼 주시겠습니까?
  Würden Sie bitte das Radio abstellen?
  뷰르댄   지- 비태 다스 라-디오 압슈텔랜?

- 라디오 소리를 좀 낮추어 주시겠습니까?
  Könnten Sie das Radio ein bisschen leise stellen?
  쾬탠   지- 다스 라-디오 아인 비쓰핸   라이재 슈텔랜?

- 라디오 켜도 괜찮겠지요?
  Macht es Ihnen etwas aus, wenn ich das Radio anstelle?
  막흐트 앳스 이-낸 애트밧스 아웃스, 벤   이히 다스 라-디오 안슈텔래?

- 그에게 당신의 자동차를 닦게 할까요?
  Darf ich ihn Ihren Wagen waschen lassen?
  다르프 이히 이-ㄴ 이어렌 봐-갠   밧섄   랏샌?

제안이나 권유를 거절할 때

- 호의는 감사합니다만 괜찮습니다.
  Das ist freundlich, aber nein danke!
  다스 이스트 프로인틀리히, 아-버 나인 당케!

- 그대도 감사했습니다.
  Trotzdem, vielen Dank.
  트로츠뎀, 피-ㄹ랜 당크.

- 사실은 좋아하지 않습니다.
  Ich möchte eigentlich nicht.
  이히 뫼히태 아이겐틀리히 니힡트.

- 고맙습니다만, 사실은 아무 것도 원치 않습니다.
  Danke, ich möchte eigentlich keins!
  당케, 이히 뫼히태 아이겐틀리히 카인스!

> Tipp 대상을 불특정대명사 남성4격으로 하면 keinen, 여성1.4격으로 하면 keine가 온다.

- 고맙습니다만 제게는 주지 마십시오.
  Für mich nicht, danke!
  퓨어 밎히 니힡트, 당케!

- 고맙습니다만 지금은 안 됩니다.
  Im Moment nicht, danke!
  임 모-멘트 니힡트, 당케!

- 아니오, 흥미 없어요.
  Nein danke, kein Interesse!
  나인 당케, 카인 인터레쌔!

- 이미 아니라고 말했는데요.
  Ich sagte bereits nein!
  이히 작테 베라이츠 나인!

- 우리는 그러한 특권은 원칙적으로 거절합니다.
  Wir lehnen solche Privilegien grundsätzlich ab!
  뷔어 레-낸 졸헤 프리빌레-기앤 그룬트재츨리히 압!

- 그럴 기분이 아닙니다.
  Ich habe keine Lust!
  이히 하-배 카이내 루스트!

> Tipp 같은 표현 : Mir ist nicht danach!(미어 이스트 니힡트 다-낙흐!)

- 다음 기회로 미룰까요?.
  Könnten wir es auf ein andermal verschieben?
  쾐탠 뷔어 앳스 아우프 안더마-ㄹ 페어쉬-밴?

- 그렇게 하지 맙시다.
  Nein, so tun wir es nicht!
  나인, 조-투-ㄴ 뷔어 앳스 니힐트!

- 고맙지만 됐습니다.
  Nein, danke!
  나인, 당케!

- 그럴 생각이 없습니다.
  Ich bin dafür nicht vorbereitet!
  이히 빈 다퓨어 니힐트 포-어베라이트!

> **Tipp** 같은 표현 : Darauf habe ich keine Lust!(다라우프 하-배 이히 카이네 루스트!)

- 나는 아직 그것을 끝내지 못했어요.
  Ich bin damit noch nicht fertig!
  이히 빈 다미트 녹흐 니힐트 페르틱히!

- 쇼핑하러 가고 싶지 않습니다.
  Ich möchte nicht einkaufen gehen!
  이히 뫼히테 니힐트 아인카우팬 게-앤!

> **Tipp** 같은 표현 : Ich habe keine Lust, einkaufen zu gehen!
> (이히 하-배 카이내 루스트, 아인카우팬 추- 게-앤!)

- 저는 무척 피곤해요.
  Ich bin sehr müde!
  이히 빈 제어 뮤-대!

> **Tipp** Ich bin völlig fertig!(이히 빈 푈리히 페르틱히!) "난 완전히 지쳤어요."

- 그것이 그렇게 좋은 생각인 것 같지는 않아.
  Ich glaube, das wäre nicht keine gute Idee!
  이히 글라우배, 다스 봬-래 니힐트 카이내 구-태 이데-!

- 그것이 그렇게 중요한 것 같지는 않아.
  Ich glaube, das wäre nicht so sinnvoll!
  이히 글라우배, 다스 봬-래 니힐트 조- 진폴!

- 당신의 제안은 만장일치로 거절되었습니다.
  Ihr Vorschlag wurde einstimmig abgelehnt!
  이어 포-어슐라-ㅋ 부르대 아인슈티미히 압게레-느트!

 부탁과 도움

독일식으로 부탁을 하거나 도움을 청하는 방법은 간단하다. 망설이지 말고 상대방에게 직접 부탁을 하거나 도움을 요청하면 그만이다. 그렇다고 하여 무례히 말하지 않고 아주 정중하게 부탁을 청한다. 이때 "Darf ich ...?", "Könnten Sie .....?"라든가 "Würden Sie ....?" 등의 문형을 사용하면 더욱 정중한 표현이 된다.

부탁할 때

- 부탁 하나 해도 될까요?

  Darf ich Sie um einen Gefallen bitten?
  다르프 이히 지- 움 아이낸 게팔랜 비탠?

- 실례합니다. 부탁 하나 들어주시겠어요?

  Entschuldigen Sie, könnten Sie mir einen Gefallen tun?
  앤트슐-디갠 지-, 쾐탠 지- 미어 아이낸 게팔랜 투-ㄴ?

- 부탁드릴 게 하나 있습니다.

  Ich habe ein Anliegen an Sie.
  이히 하-배 아인 안리-갠 안 지-.

- 당신에게 부탁이 있습니다.

  Ich habe eine Bitte an Sie.
  이히 하-배 아이내 비태 안 지-.

- 한 가지 부탁을 드려도 될까요?

  Darf ich eine Bitte äußern?
  다르프 이히 아이내 비태 오이써른?

- 부탁 좀 드려도 될까요?

  Darf ich Sie bitten, etwas für mich zu tun?
  다르프 이히 지- 비탠, 애트밧스 퓨어 밎히 추- 투-ㄴ?

- 도움을 부탁드립니다.

  Ich bitte Sie um Ihre Hilfe.
  이히 비태 지- 움 이어래 힐패.

- 간곡히 그것을 부탁드립니다.

   Ich bitte sehr darum.
   이히 비태 제어 다룸.

- 잠시 실례하겠습니다.

   Darf ich Sie kurz stören?
   다르프 이히 지- 쿠어츠 슈퇴-랜?

- 잠시 폐를 끼쳐도 될까요?

   Darf ich Sie einen kleinen Moment stören?
   다르프 이히 지- 아이낸 클라이낸 모-멘트 슈퇴-랜?

> **Würden Sie mich für einen Moment entschuldigen?**(뷰르댄 지-밓히 퓨어 아이낸 모-멘트 앤트슐-디갠?)이라고도 말한다.

- 방해가 되지 않을지 모르겠습니다.

   Ich hoffe, dass ich Sie nicht störe.
   이히 호패, 닷스 이히 지- 니힐트 슈퇴-래.

- 제가 좀 끼어도 될까요?

   Darf ich mich Ihnen anschließen?
   다르프 이히 미히 이-낸 안슐리-쌘?

- 잠시 시간을 좀 내주시겠습니까?

   Haben Sie für mich eine Minute Zeit?
   하-밴 지- 퓨어 밓히 아이내 미누-테 차이트?

- 저를 도와주실 수 있나 모르겠네요.

   Könnten Sie mir vielleicht helfen?
   쾬탠 지- 미어 피-ㄹ라이히트 헬팬?

구체적으로 부탁할 때

- 저 좀 도와 줄 수 있습니까?

   Können Sie mir bitte mal helfen?
   쾬낸 지- 미어 비태 마-ㄹ 헬팬?

- 저 좀 도와주시겠습니까?

   Würden Sie mir mal helfen?
   뷰르댄 지- 미어 마-ㄹ 헬팬?

- 부디 저를 위해 그 일을 해주십시오.

   Bitte, tun Sie das für mich!
   비태, 투-ㄴ 지- 닷스 퓨어 밓히!

- 전화 좀 잠깐 써도 될까요?

  Darf ich mal kurz telefonieren?
  다르프 이히 마-ㄹ 쿠어츠 텔레포니-랜?

- 뭐 좀 물어봐도 됩니까?

  Darf ich Sie etwas fragen?
  다르프 이히 지- 애트밧스 프라-갠?

- 창문 좀 닫아 주세요.

  Bitte, schließen Sie das Fenster!
  비태, 슐리-쎈 지- 다스 펜스터!

- 저녁에 제게 전화 좀 해줄 수 있어요?

  Könnten Sie mich abends anrufen?
  쾐탠 지- 밓히 아-벤츠 안루-팬?

- 당신의 자전거 좀 빌릴 수 있을까요?

  Könnte ich vielleicht Ihr Fahrrad ausleihen?
  쾐태 이히 피-ㄹ라이히트 이어 파-라-트 아웃스라이앤?

- 내일 저희들한테 좀 와 주시겠습니까?

  Würden Sie morgen zu uns kommen?
  뷰르댄 지- 모르갠 추- 운스 콤맨?

- 이 일 좀 처리해 주시겠습니까?

  Würden Sie das bitte für mich erledigen?
  뷰르댄 지- 닷스 비태 퓨어 밓히 애얼레-디갠?

- 제게 이 일 좀 해 주시겠습니까?

  Würden Sie das bitte für mich tun?
  뷰르댄 지- 닷스 비태 퓨어 밓히 투-ㄴ?

- 이 우편물을 처리해 주시겠습니까?

  Könnten Sie bitte die Post erledigen?
  쾐탠 지- 비태 디 포스트 애얼레-디갠?

- 나는 그에게 도움을 요청했어.

  Ich habe ihn um Hilfe gebeten.
  이히 하-배 이-ㄴ 움 힐패 게베-탠.

- 볼프강한테 전화하는 거 잊지 마.

  Vergiss bitte nicht, Wolfgang anzurufen!
  페어기쓰 비태 니힡트, 볼프강 안추-루-팬!

- 제게 샘플 하나 보내주시기 바랍니다.

  Ich möchte Sie bitten, mir ein Muster zuzuschicken.
  이히 뫼히태 지- 비탠, 미어 아인 무스터 추-추쉬캔.

- 여기로 좀 오십시오!

    Bitte, kommen Sie hierher!
    비태 콤맨 지- 히어헤어!

- 좀 태워다 주시겠습니까?

    Könnten Sie mich bitte mitnehmen?
    쾐탠 지- 미히 비태 미트네-맨?

- 내일 제가 차를 쓸 수 있을까요?

    Kann ich morgen den Wagen benutzen?
    칸 이히 모르갠 덴 봐-갠 배눝챈?

- 당신 것을 빌려주시겠습니까?

    Würden Sie mir Ihren leihen?
    뷰르댄 지- 미어 이어랜 라이앤?

> **Tipp** Ihren은 소유대명사로 당신의 자동차(Ihren Wagen)를 가리킨다. 여성명사라면 Ihre, 중성명사라면 Ihres, 복수명사는 Ihre이다. 뜻은 모두 "당신 것."

- 돈을 좀 빌릴 수 있을까요?

    Könnte ich mir von Ihnen Geld leihen?
    쾐태 이히 미어 폰 이-낸 겔트 라이앤?

- 문 좀 열어주시겠습니까?

    Würden Sie bitte die Tür öffnen?
    뷰르댄 지- 비태 디 튀-어 외프낸?

- 저와 함께 가실래요?

    Würden Sie mit mir mitkommen?
    뷰르댄 지- 미트 미어 미트콤맨?

- 주소 좀 가르쳐주시겠어요?

    Darf ich Sie um Ihre Adresse bitten?
    다르프 이히 지- 움 이어래 아드레쌔 비탠?

> **Tipp** 같은 표현 : Würden Sie mir Ihre Adresse geben?(뷰르댄 지- 미어 이어래 아드래쌔 게-밴?)

- 춤 한 번 추실까요?

    Darf ich Sie um einen Tanz bitten?
    다르프 이히 지- 움 아이낸 탄츠 비탠?

- 가능한 한 빨리 저에게 알려주시겠습니까?

    Würden Sie mir so schnell wie möglich Bescheid geben?
    뷰르댄 지- 미어 조- 슈넬 비- 뫼-클리히 배샤이트 게-밴?

- 제 대신 좀 해주실래요?

  Könnten Sie es anstelle von mir machen?
  쾬탠   지- 앳스 안슈텔래 폰   미어 막핸?

- 그 분이 어떤 분인지 말 좀 해주시겠어요?

  Würden Sie mir sagen, was für ein Mann er ist?
  뷰르댄   지- 미어 자-갠, 밧스 퓨어 아인 만   애어 이스트?

- 제 곁에 있어주세요.

  Bleiben Sie bei mir, bitte!
  블라이밴   지- 바이 미어, 비태!

- 기회를 주세요.

  Geben Sie mir bitte eine Chance!
  게-밴 지- 미어 비태 아이네 샹세!

- 확인 좀 해주세요.

  Bitte bestätigen Sie!
  비태 배슈태-티갠   지-!

> 같은 표현 : Überprüfen Sie es bitte! / Sehen Sie bitte noch einmal nach!
> (위버프퓨-팬 지- 앳스 비태!/ 제-ㄴ 지- 비태 녹흐 아인마-ㄹ 낙흐!)

- 다음 기회로 미룰 수 있을까요?

  Können wir es auf ein andermal verschieben?
  쾬낸   뷔어 앳스 아우프 아인 안더마-ㄹ 페어쉬-밴?

- 내일은 쉬고 싶습니다.

  Ich möchte mich morgen ausruhen.
  이히 뫼히태   미히 모르갠   아우스루-앤.

- 혼자 있게 해주세요.

  Lassen Sie mich bitte allein!
  랏샌   지- 미히 비태 알라인!

- 제 차 좀 봐줄 수 있어요?

  Könnten Sie meinen Wagen nachsehen?
  쾬탠   지- 마이넨   봐-갠   낙흐제-엔?

- 저 좀 태워주십시오.

  Nehmen Sie bitte mich mit!
  네-맨   지- 비태 미히 미트!

간단히 부탁할 때

- 문 좀 닫아주세요.

  Machen Sie die Tür zu, bitte!
  막핸 지- 디 튀어 추-, 비태!

- 창문 좀 열어주세요.

  Machen Sie bitte das Fenster auf!
  막핸 지- 비태 다스 펜스터 아우프!

- 창문 좀 닫아주세요.

  Machen Sie bitte das Fenster zu!
  막핸 지- 비태 다스 펜스터 추-!

- 불 좀 켜주세요.

  Machen Sie das Licht an!
  막핸 지- 다스 리힡트 안!

- 스위치를 켜주십시오.

  Schalten Sie es ein!
  샬텐 지- 앳스 아인!

- 잠시 기다리세요.

  Warten Sie einen Moment!
  봐르탠 지- 아이낸 모-멘트!

- 커피 두 잔 주세요.

  Zwei Kaffee, bitte!
  츠바이 카페, 비태!

- 저도 같은 것으로 주세요.

  Dasselbe, bitte!
  다스젤배, 비태!

> tipp Ich nehme dasselbe, bitte!
> 이히 네-매 다스젤배, 비태!

- 프런트를 부탁합니다.

  Die Rezeption, bitte!
  디 레쳅치오-ㄴ, 비태!

허락을 부탁할 때

- 여기서 담배를 피워도 됩니까?

  Darf ich hier rauchen?
  다르프 이히 히어 라욱핸?

- 당신의 볼펜을 사용해도 됩니까?

  Darf ich Ihren Kuli benutzen?
  다르프 이히 이어랜 쿨-리 배눗챈?

- 당신에게 이 꽃을 전해드리도록 허락해주시겠습니까?

  Erlauben Sie mir, Ihnen die Blumen zu überreichen?
  애얼라우밴 지- 미어, 이-낸 디 블루-맨 추 위-버라잉핸?

- 제발 그것을 허락해 줘.

  Erlaub das doch!
  애얼라웁 다스 독히!

- 제 손 좀 놓으세요.

  Lassen Sie meine Hand los!
  랏샌 지- 마이낸 한트 로-스!

- (들어가도/지나가도/...해도) 됩니까?

  Darf ich?
  다르프 이히?

부탁을 들어줄 때

- 예, 그래요.

  Ja, gerne!
  야-, 게르내!

- 예, 그래요(그러십시오.)

  Ja, bitte!
  야-, 비태!

- 예, 물론이지요.

  Ja, natürlich!
  야-, 나튀얼릫히!

- 예, 좋아요./그래 좋아.

  Na klar!/Na gut!
  나- 클라-!/ 나- 구-트!

- 자, 좋습니다./그럼 좋아.
  Also gut!
  알조 구-트!

- 물론이지요.
  Aber natürlich!
  아-버 나튀얼릥히!

- 물론이지요.
  Aber selbstverständlich!
  아-버 젤스트페어슈탠틀릥히!

- 물론이지요.
  Klar doch!
  클라- 독흐!

- 예, 곧 갑니다/됩니다.
  Ja, sofort!
  야-, 조포르트!

- 예, 곧 갑니다.
  Ja, ich komme gleich!
  야-, 이히 콤매 글라이히!

- 꼭 그래야만 한다면 됩니다.
  Wenn es sein muss.
  벤 앳스 자인 뭇스.

- 예, 그래도 됩니다.
  Ja, es geht.
  야-, 앳스 게-트.

- 예, 됩니다.
  Ja, das geht.
  야-, 다스 게-트.

- 그래, 알았어/알았습니다.
  Gut, einverstanden!
  구-트, 아인페어슈탄댄!

- 난, 괜찮습니다/좋습니다.
  Das passt mir gut!
  다스 파쓰트 미어 구-트!

- 예, 물론이지요.
  Ja, sicher!
  야-, 짏혀!

- 물론이지요.

  Selbstverständlich!
  젤스트페어슈탠틀릫히!

- 예, 그러지요.

  Ja, bestimmt!
  야-, 배슈팀트!

- 기꺼이 그렇게 하겠습니다.

  Sehr gerne.
  제어 게르내.

- 기꺼이 하겠습니다.

  Ich gebe mein Bestes!
  이히 게-배 마인 배스태스!

 Ich werde mein Bestes tun.(이히 베르대 마인 베스태스 투-ㄴ.) "최선을 다하겠습니다."; das Beste 최선; tun 행하다; werden+... 동사원형은 '~할 것이다'라는 미래형 표현이다.

- 좋아요, 그러지요.

  Okay, mache ich.
  오케이, 막해 이히.

- 그렇게 하세요.

  Machen Sie schon!
  막핸 지- 쇼-ㄴ!

 "그렇게 해봐" Mach schon!(막흐 쇼-ㄴ!) / Na los!(나- 로-스!)

- 그럴고말고요.

  Ja, doch.
  야-, 독흐.

- 그럼요, 그러지요.

  Warum nicht.
  봐룸 니힡트.

- 문제없어요.

  Kein Problem!
  카인 프로블레-ㅁ!

- 뭐 그 정도야 문제 아니지요.

  Das ist nichts Besonderes.
  다스 이스트 니힡츠 배존더래스.

> das Besondere(다스 베존더래) 특별한 것, 별것; nichts Besonderes(니힡 베존더랫스) 별 것이 아님; Es ist keine große Sache!(앳스 이스트 카이네 그로-쎄 작핸!) 그것은 별 문제가 아닙니다.

- 그렇게 하세요.
  Nur zu!
  누어 추-!

- 원하는 건 무엇이든 가지세요.
  Nehmen Sie alles, was Sie wollen!
  네-맨 지- 알랫스, 밧스 지- 볼랜!

부탁을 거절할 때

- 안 되겠는데요.
  Lieber nicht.
  리-버 니힡트.

- 아니오, 유감이지만 안 됩니다.
  Nein, das geht leider nicht.
  나인, 닷스 게-트 라이더 니힡트.

- 미안하지만 지금은 안 되겠는데요.
  Es tut mir Leid, ich kann es jetzt nicht tun.
  앳스 투-트 미어 라이트, 이히 칸 앳스 예츠트 니힡트 투-ㄴ.

- 미안하지만 그렇게는 안 되겠는데요.
  Ich kann es leider nicht machen.
  이히 칸 앳스 라이더 니힡트 막핸.

- 아니오, 미안합니다.
  Nein, es tut mir Leid.
  나인, 앳스 투-트 미어 라이트.

- 그것은 무리한 요구입니다.
  Das ist ein bisschen viel verlangt!
  닷스 이스트 아인 비쓰핸 피-ㄹ 페어랑트!

> 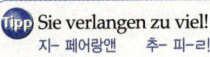 Sie verlangen zu viel!
> 지- 페어랑앤 추- 피-ㄹ!

- 시간이 필요합니다.
  Das braucht Zeit.
  다스 브라욱흐트 차이트.

완곡히 거절할 때

- 그럴 기분이 아닙니다.
  Mir ist nicht danach zumute.
  미어 이스트 니힡트 다낙흐 추무-태.

- 아직 그럴 준비가 되지 않았습니다.
  Ich bin dafür noch nicht vorbereitet.
  이히 빈 다퓨어 녹흐 니힡트 포-어베라이태트.

- 다음 기회에 꼭 하겠습니다.
  Ich mache es ein andermal.
  이히 막해 앳스 아인 안더마-ㄹ.

- 당장은 무리라고 생각해요.
  Ich fürchte, ich kann es nicht sofort machen.
  이히 퓨르흐태, 이히 칸 앳스 니힡트 조포르트 막핸.

- 글쎄요, 다음 기회에 그러지요.
  Nun ja, vielleicht ein anderes Mal.
  누-ㄴ 야-, 피-ㄹ라이히트 아인 안더랫스 마-ㄹ.

- 다른 사람에게 부탁해보세요.
  Fragen Sie bitte irgendjemand!
  프라-갠 지- 비태 이르겐트예-만트!

> (tipp) irgend*jemanden*이라고 해야 fragen의 목적어가 되는 데 말을 할 때 흔히 –jemand라고 한다.

도움을 주고받을 때

- 저 좀 도와주시겠어요?
  Entschuldigung, würden Sie mir helfen?
  앤트슐-디궁, 뷰르댄 지- 미어 헬팬?

- 좀 도와주시겠어요?
  Können Sie mir helfen?
  쾐낸 지- 미어 헬팬?

- 도움이 필요하세요?

    Brauchen Sie Hilfe?
    브라우헨 지- 힐패?

- 당신의 도움이 필요합니다.

    Ich brauche Ihre Hilfe!
    이히 브라우헤 이어래 힐패!

- 도와드릴까요?

    Darf ich Ihnen helfen?
    다르프 이히 이-낸 헬팬?

> Tipp Darf ich Ihnen behilflich sein?
> 다르프 이히 이-낸 배힐플링히 자인?

- 뭘 해 드릴까요?

    Was wünschen Sie von mir?
    밧스 뷴샌 지- 폰 미어?

- 네, 기꺼이 도와드리지요.

    Ja, gerne.
    야-, 게르내.

- 말씀만 하세요. 당장 해 드릴께요.

    Sagen Sie es mir nur. Ich will es sofort besorgen.
    자-갠 지- 앳스 미어 누어. 이히 빌 앳스 조포르트 배조르갠.

- 제가 해드리겠습니다.

    Ich werde es Ihnen besorgen.
    이히 베르대 앳스 이-낸 배조르갠.

- 그것 빼고는 무엇이든 하겠습니다.

    Ich will alles besorgen, nur dies nicht.
    이히 빌 알랫스 배조르갠, 누어 디-스 니힡트.

> Tipp nur dies nicht.(누어 디-스 니힡트) 이것만은 안돼요.

- 제가 트렁크를 들어드릴게요.

    Ich trage Ihren Koffer.
    이히 트라-개 이어랜 코퍼.

> Tipp Lassen Sie mich Ihren Koffer tragen!
> 랏샌 지- 미히 이어랜 코퍼 트라-갠!

- 고맙지만 괜찮습니다. 제가 할 수 있습니다.
  Nein, danke. Ich kann ihn selber tragen.
  나인, 당케. 이히 칸   이-ㄴ 젤스트 트라-갠.

> Tipp ihn은 den Koffer를 지칭한다.

- 감사합니다만, 저 혼자서도 할 수 있습니다.
  Danke schön, aber ich kann es allein tun!
  당케   쇠-ㄴ, 아 -버 이히 칸   앳스 알라인 투-ㄴ!

07 허가와 양해

상대방에게 어떤 것에 대해 허가나 양해를 요구할 때도 부탁이나 도움을 청할 때처럼 정중하게 말하는 문형은 "Darf ich ...?", "Kann ich...?", "Entschuldigen Sie, darf ich ....?" 등등의 표현이다. 허락할 때는 "Ja, bitte.", "Ja, Sie dürfen.", "O.K." 등등 다양하다.

허가나 허락을 구할 때

- 여쭤 봐도 될까요?
  Darf ich Sie mal fragen?
  다르프 이히 지- 마-ㄹ 프라-갠?

- 질문 좀 하나 해도 되겠습니까?
  Darf ich Ihnen eine Frage stellen?
  다르프 이히 이-낸 아이내 프라-개 슈텔랜?

- 하나 가져가도 되나요?
  Darf ich eins davon haben?
  다르프 이히 아인스 다폰 하-밴?

 Tipp 대상이 남성명사면 부정대명사 einen, 여성명사이면 eine; davon '그 중에서'

- 들어가도 되요?
  Darf ich hereinkommen?
  다르프 이히 헤라인콤맨?

- 잠시 실례합니다.
  Entschuldigen Sie einen Augenblick!
  앤트슐-디갠 지- 아이낸 아우겐블릭!

- 자전거를 빌려줄 수 있니?
  Kann ich mir dein Fahrrad borgen?
  칸 이히 미어 다인 파-라-트 보르갠?

- 이 책 빌려도 돼요?

  Darf ich dieses Buch ausleihen?
  다르프 이히 디제스 부흐 아웃스라이앤?

- 이제 집에 가도 돼요?

  Darf ich jetzt nach Hause gehen?
  다르프 이히 예츠트 낙흐 하우재 게-앤?

- 나가서 놀아도 돼요?

  Darf ich zum Spielen rausgehen?
  다르프 이히 춤 슈피-ㄹ랜 라우스게-앤?

- 여기서 주차해도 됩니까?

  Darf ich hier parken?
  다르프 이히 히어 파르캔?

- 여기서 잠시 주차해도 됩니까?

  Darf ich hier für einen Moment parken?
  다르프 이히 히어 퓨어 아이낸 모-멘트 파르캔?

- 여기서 사진을 찍어도 돼요?

  Darf ich hier fotografieren?
  다르프 이히 히어 포토그라피-랜?

- 전화 좀 써도 될까요?

  Könnte ich das Telefon hier benutzen?
  쾬태 이히 다스 텔-레폰 히어 배눁챈?

- 여기서 담배를 피워도 됩니까?

  Haben Sie etwas dagegen, wenn ich hier rauche?
  하-밴 지- 애트밧스 다게-갠, 벤 이히 히어 라욱해?

> 물론 간단히 Darf ich hier rauchen?(다르프 이히 히어 라욱핸?)이라고 한다.

- 도와드릴까요?

  Kann ich Ihnen helfen?
  칸 이히 이-낸 헬팬?

> 서비스 업종에서 Darf ich Ihnen behilflich sein?(다르프 이히 이-낸 배힐플리히 자인?)이라고 정중히 말하기도 한다. Kann ich etwas für Sie tun?(칸 이히 애트밧스 퓨어 지- 투-ㄴ?)라고도 한다.

- 전화번호 좀 주시겠어요?

  Kann ich Ihre Telefonnummer bekommen?
  칸 이히 이어래 텔-레폰눔머 배콤맨?

- 내일 전화 드려도 됩니까?

Kann ich Sie morgen anrufen?
칸　　이히 지-　모르갠　　안루-팬?

- 오늘 우리가 영화 보러가도 돼죠?

Erlaubst du uns, heute ins Kino zu gehen?
애얼라웁스트 두- 운스, 호이태　인스 키노　　추- 게-앤?

허가나 허락을 할 때

- 예, 그렇게 해도 됩니다.

Ja, Sie dürfen.
야-, 지- 듀르팬.

- 좋아요.

O.K./Okay.
오.케이./ 오케이.

- 물론이지요.

Sicher.
짛혀.

- 물론이지요.

Natürlich.
나튀얼리히.

- 어서 하세요.

Bitte./ Bitte, schön.
비태./　비태,　쇠-ㄴ.

- 어서 하세요.

Kommen Sie schon!
콤맨　　　지- 쇼-ㄴ!

- 어서 하세요.

Gehen Sie voran!
게엔　　지- 포-어안!

- 어서 하세요.

Los, sofort!
로-스, 조포르트!

- 어서 일을 하세요.

Sofort los mit der Arbeit!
조포르트 로-스 미트 데어 아르바이트!

- 문제없습니다.

  Kein Problem.
  카인 프로블렘.

- 왜 안 되겠어요?

  Warum nicht?
  봐룸 니힡트?

- 전혀요. 괜찮습니다.

  Es gibt kein Problem. / Es ist alles in Ordnung.
  앳스 깁트 카인 프로블렘./ 앳스 이스트 알랫스 인 오르드눙.

- 그럼요, 어서 하세요.

  Natürlich, nur zu! / Machen Sie!
  나튀얼리히, 누어 추-!/ 막핸 지-!

- 들어와도 됩니다.

  Sie dürfen hereinkommen.
  지- 듀르팬 헤라인콤맨.

- 이제 집에 가도 됩니다.

  Sie dürfen nun nach Hause gehen.
  지- 듀르팬 눈 낙흐 하우제 게-앤.

- 여기서 담배 피워도 됩니다.

  Sie dürfen hier rauchen.
  지- 듀르팬 히어 라욱핸.

- 가도 됩니다.

  Sie dürfen gehen.
  지- 듀르팬 게-앤.

- 여기서 사진 찍어도 됩니다.

  Sie können hier fotografieren.
  지- 쾬낸 히어 포토그라피-랜.

- 신을 신고 방에 들어가도 됩니다.

  Sie dürfen das Zimmer mit Schuhen betreten.
  지- 듀르팬 다스 침머 미트 슈-앤 배트레-탠.

- 하고 싶은 일은 뭐든지 해도 돼.

  Du darfst tun, was immer du willst.
  두- 다르프스트 투-ㄴ, 밧스 임머 두- 빌스트.

- 가져가고 싶은 것은 뭐든지 가져가도 돼요.

  Sie dürfen alles mitnehmen, was Sie brauchen.
  지- 듀르팬 알랫스 미트네-맨, 밧스 지- 브라욱핸.

- 제 주차장을 사용해도 됩니다.

  Sie können meinen Parkplaz benutzen.
  지- 큐르팬 마이낸 파-크플랏츠 배눗챈.

- 마음에 드는 대로 웃옷 한 벌을 골라도 좋아.

  Du kannst dir eine Jacke nach Belieben aussuchen.
  두- 칸스트 디어 아이내 약케 낙흐 벨리-밴 아웃스주-핸.

- 언제든 필요하면 제 차를 사용해도 됩니다.

  Jedesmal wenn Sie meinen Wagen brauchen, können Sie sich ihn nehmen!
  예-데스마-ㄹ 벤 지- 마이낸 봐-갠 브라욱핸, 쾐낸 지- 짚히 이-ㄴ 네-맨!

양해를 구할 때

- 실례합니다.

  Entschuldigung!
  앤트슐-디궁!

- 잠깐 실례합니다.

  Entschuldigen Sie einen Moment.
  앤트슐-디갠 지- 아이낸 모-멘트.

- 잠깐 실례해도 되겠습니까?

  Entschuldigen Sie mich einen Augenblick!
  앤트슐-디갠 지- 미히 아이낸 아우겐블릭!

- 잠깐 실례해도 되겠습니까?

  Entschuldigen Sie, darf ich Sie einen Moment stören?
  앤트슐-디갠 지-, 다르피 이히 지- 아이낸 모-멘트 슈퇴-랜?

- 말씀 도중에 실례합니다.

  Entschuldigen Sie, dass ich Sie unterbreche!
  앤트슐-디갠 지-, 다스 이히 지- 운터브렣해!

- 여기 앉아도 됩니까?

  Darf ich mich hier hersetzen?
  다르프 이히 미히 히어 해어잳챈?

- 실례합니다. 잠시 지나갈게요.

  Entschuldigen Sie, darf ich mal durch?
  앤트슐-디갠 지-, 다르프 이히 마-ㄹ 두르히?

durchgehen 사람들 사이를 뚫고 지나가다. vorbeigehen ...의 앞을 지나가다.

약속을 승낙할 때

- 좋아요. 시간 괜찮아요.

  Ja, da bin ich frei. / Ja, da habe ich Zeit.
  야-, 다- 빈 이히 프라이./ 야-, 다- 하-배 이히 차이트.

- 이번 주말에는 별다른 계획이 없어요.

  Ich habe am Wochenende keinen besonderen Plan.
  이히 하-배 암 복핸앤대   카이낸   배존더랜   플란.

- 이번 주말에는 별다른 계획이 없어요.

  Ich habe am Wochenende nichts Besonderes vor.
  이히 하-배 암 복핸앤대   니힐츠 배존더래스   포-어.

- 어느 정도 시간을 주실 수 있는데요?

  Wie lange könnten Sie mir Zeit geben?
  비- 랑애 쾬탠   지- 미어 차이트 게-밴?

- 감사합니다. 그 시간에 그곳으로 가겠습니다.

  Vielen Dank! Ich komme zu der verabredeten Zeit dorthin.
  피-ㄹ랜 당크! 이히 콤매 추- 데어 페어아프레데탠   차이트 도르트힌.

- 그럼 그때 만납시다. 안녕.

  Bis dann, tschüs!
  비스 단,   취-쓰!

- 그러면 약속 시간, 약속한 장소에서 만납시다.

  Dann treffen wir uns zur verabredeten Zeit am verabredeten Ort!
  단   트래팬   비어 운스 추어 페어아프레데탠   차이트 암 페어아프레데탠   오르트!

- 그럼 제가 정확하기 약속 장소로 가겠습니다.

  Dann will ich pünktlich am verabredeten Ort sein.
  단   빌 이히 퓽크틀리히 암   페어아프레데탠   오르트 자인.

- 네 주소를 알려줘. 그러면 6시에 태우러 갈게.

  Gib mir deine Adresse und ich hole um sechs Uhr ab.
  깁 미어 다이네 아드레쎄   운트 이히 호-ㄹ래 움 젝스 우-어 압.

- 당신을 좀 찾아뵙고 싶은데요.

  Ich würde Sie gerne mal besuchen.
  이히 뷰르대 지- 게르내 마-ㄹ 배주-ㄱ핸.

- 언제가 좋겠습니까?

  Wann passt es Ihnen?
  반   파쓰트 앳스 이-낸?

약속을 거절할 때

- 죄송합니다. 제가 오늘은 좀 바빠서요.

  Es tut mir leid, ich bin heute ein bisschen beschäftigt.
  앳스 투-트 미어 라이트, 이히 빈 호이태 아인 비쓰핸   배섀프틱트.

- 오늘 손님이 오기로 돼 있어서요.

  Ich erwarte heute Besuch.
  이히 애어봐르태 호이태 배주-ㄱ흐.

- 오늘은 스케줄이 꽉 차 있습니다.

  Ich bin heute voll ausgebucht.
  이히 빈 호이태 폴 아우스게북흐트.

- 다음 두 주간은 예약이 다 돼있습니다.

  Die beiden nächsten Wochen bin ich vollkommen ausgebucht.
  디 바이댄 낵스탠 복핸   빈 이히 폴콤맨   아우스게북흐트.

- 더 이상 비어 있는 예정일이 없습니다.

  Ich habe keinen freien Termin mehr.
  이히 하-배 카이낸   프라이엔 테어미-ㄴ 메어.

- 선약이 있어요.

  Ich habe bereits eine Verabredung.
  이히 하-배 베라이츠 아이내 페어아프레-둥.

- 미안해요. 선약이 있어서요.

  Es tut mir leid, aber dass ich bereits eine Verabredung habe.
  앳스 투-트 미어 라이트, 아-버 다스 이히 베라이츠 아이내 페어아프레-둥   하-배.

- 미안합니다만 다른 약속이 있어요.

  Es tut mir leid, ich habe eine andere Verabredung.
  앳스 투-트 미어 라이트, 이히 하-배 아이내 안더래 페어아프레-둥.

- 유감스럽게도 약속 일정을 지킬 수가 없습니다.

  Ich kann leider den Termin nicht einhalten.
  이히 칸   라이더 덴   테어미-ㄴ 니흩트 아인할탠.

- 저는 이미 약속이 있습니다.

  Ich bin schon verabredet.
  이히 빈 쇼-ㄴ   페어아프레-대트.

- 저는 4시에 의원에 약속이 있습니다.

  Ich bin um vier Uhr zum Arzt bestellt.
  이히 빈 움 피어 우-어 춤 아르츁트 배슈텔트.

- 오늘 저녁은 여의치 않습니다.

  Heute Abend passt es mir schlecht.
  호이태 아-벤트 파쓰트 앳스 미어 슐레힡트.

 # 명령과 금지

독일어의 지시와 명령형은 〈동사+주어...!〉이다. 친한 사이(서로 du를 사용하는 사이)에 쓰는 지시와 명령에는 동사의 어미와 주어를 사용하지 않는다. 친한 사이의 상대방들에게(ihr라고 부르는 사이) 지시나 명령을 할 때는 동사는 어형변화를 그대로 하고 다만 주어(ihr)만 쓰지 않는다.

지시할 때

- 이번 주 금요일까지 확실히 끝내세요.

  Machen Sie es bitte bis Freitag fertig!
  막핸 지- 앳스 비태 비스 프라이타-ㅋ 페르티히!

- 이번 주 금요일까지 끝내는 것 잊지 마세요.

  Vergessen Sie nicht, es bis Freitag fertigzumachen!
  페어겟샌 지- 니힐트, 앳스 비스 프라이타-ㅋ 페르티히추-막핸!

- 네, 최선을 다 하겠습니다.

  Ja, ich will mein Bestes tun.
  야-, 이히 빌 마인 배스태스 투-ㄴ.

- 예, 그렇게 하도록 노력하겠습니다.

  Ja, ich werde mich darum sehr bemühen.
  야-, 이히 베르대 미히 다룸 제어 베뮤-앤.

- 미스 마이어를 빨리 좀 데려오세요.

  Holen Sie Frau Meier bitte sofort ab!
  호-ㄹ랜 지- 프라우 마이어 비태 조포르트 압!

- 그 사람의 지시를 따르세요.

  Befolgen Sie seine Anweisung!
  베폴-갠 지- 자이내 안바이중!

> seine Anweisung befolgen 그의 지시를 따르다; Befolgen Sie ihre Anweisung – 그녀의 지시를 따르세요.

- 그건 이렇게 하세요.

  Tun Sie es auf diese Weise!
  투-ㄴ 지- 앳스 아우프 디-재 바이재!

 auf diese Weise 이런 방법으로, 이런 식으로

- 당신에게 어떤 지시도 받지 않겠습니다.

  Ich will keine Anweisung von Ihnen erhalten.
  이히 빌 카이내 안봐이중 폰 이-낸 애어할탠.

- 무슨 일이 있어도 그것을 해라.

  Tu es doch bitte auf alle Fälle!
  투- 앳스 독흐 비태 아우프 알래 팰래!

 auf alle Fälle 무슨 일이 있어도; auf jeden Fall 어떤 경우라도

- 무슨 일이든지 제게 맡겨주십시오.

  Bitte, überlassen Sie mir alles!
  비태, 위-버랏샌 지- 미어 알랫스!

- 무슨 일이든지 분부만 하십시오.

  Ich stehe zu Ihren Diensten.
  이히 슈테에 추- 이-낸 디-ㄴ스탠.

 같은 표현 : Ich stehe Ihnen immer zur Verfügung! / Wie Sie befehlen!
(이히 슈테-애 이-낸 임머 추어 페어퓨-궁!/ 비- 지- 배페-ㄹ랜!)

명령할 때

- 조심해!

  Vorsicht!
  포-어지히트!

- 조심해!

  Sei vorsichtig!
  자이 포-어지히티히!

- 조용히 해!

  Sei ruhig!
  자이 루-이히!

- 너희들 조용히 해!
  Seid ruhig!
  자이트 루-이히!

- 조용히 하십시오!
  Seien Sie ruhig!
  자이앤 지- 루-이히!

- 조용히 좀 해!
  Ruhe, bitte!
  루-에, 비태!

- 자 조용히!
  Beruhige dich!
  배루-이개 디히!

- 자 조용히들 해!
  Beruhigt euch!
  배루-익트 오일히!

- 이것 좀 와서 봐!
  Guck mal!
  구크 마-ㄹ!

- 언제 놀러와.
  Komm bei mir mal vorbei!
  콤 바이 미어 마-ㄹ 포-어바이!

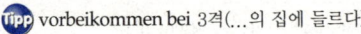 vorbeikommen bei 3격(…의 집에 들르다)

- 문 좀 여세요.
  Machen Sie die Tür auf!
  막핸 지- 디 튀-어 아우프!

- 핸드폰을 꺼주십시오.
  Machen Sie das Handy aus!
  막핸 지- 다스 핸디 아웃스!

- 명심해!
  Merk dir das!
  메르트 디어 다스!

- 이리와!
  Komm her!
  콤 해어!

- 너희들 이리와 봐!

  Kommt her!
  콤트   해어!

- 들어봐.

  Hör zu!
  회-어 추-!

- 그만 둬.

  Hör (damit) auf!
  회-어 (다미트)   아우프!

 Hören Sie auf!(회-랜 지- 아우프!) 그만 두세요.

- 당장 싸움 그만들 해라.

  Hört endlich auf, zu streiten!
  회르트 엔틀리히 아우프, 추- 슈트라이텐!

- 어서 들어와.

  Komm herein, bitte!
  콤   해라인,   비태!

 Kommt herein!(콤트 해라인!) 너희들 들어와.

- 천천히 말해.

  Sprich bitte langsam!
  슈프리히 비태 랑잠!

- 앞으로 나와.

  Nach vorn, bitte!
  낙호   포른,   비태!

- 저리가!

  Verschwinde!
  페어슈빈데!

- 더 빨리!

  Schneller!
  슈넬러!

- 걱정 마!

  Keine Sorge!
  카이내 조르게!

II. 사교할 때의 표현 **125**

- 엄살떨지 마!
  Sei nicht so zimperlich!
  자이 니힡트 조- 침페얼리히!

- 들어봐!
  Hör mal zu!
  회-어 마-ㄹ 추-!

- 제 말 좀 잘 들어보세요.
  Hören Sie mir genau zu!
  회-랜 지- 미어 게나우 추-!

- 경청하십시오!
  Spitzen Sie die Ohren!
  슈핏챈 지- 디 오-랜!

- 여기서 꺼져!
  Raus!
  라우스!

- 저리 가 버려!
  Geh weg!
  게- 베-ㅋ!

- 마음껏 먹어!
  Bedien dich!
  배디-ㄴ 딯히!

- 나한테 맡겨!
  Lass mir was über!
  랏스 미어 밧스 위-버!

- 여섯시까지 꼭 돌아와야 해.
  Vergiss nicht, bis sechs Uhr zurückzukommen!
  페어기쓰 니힡트, 비스 잭스 우-어 추뤽추-콤맨!

- 움직여!
  Beweg dich!
  베베-ㅋ 디히!

- 차 세워!
  Halt den Wagen an!
  하트 덴 봐-갠 안!

- 차라리 묻지 마!
  Frag lieber nicht!
  프라-ㅋ 리-버 니힡트!

- 뭔가 말을 해봐!
  Sag doch irgendwas!
  작- 독흐 이르겐트밧스!

- 입 닥쳐!
  Halt den Mund!
  하트 덴 문트!

- 보여줘!
  Zeig es mir doch!
  차익 앳스 미어 독흐!

- 일어서!
  Steh auf!
  슈테- 아우프!

- 놀리지 마!
  Nimm mich doch nicht auf den Arm!
  님 미히 독흐 니힡트 아우프 덴 아름!

 (직역) 나를 팔위에 올려놓지 마.

- 열심히 공부해라!
  Lerne fleißig!
  레르내 플라이씨히!

- 쉬엄쉬엄해!
  Bleib locker!
  블라입 록커!

 Immer mit der Ruhe / Lass es ruhig angehen!
임머 미트 데어 루-애/ 랏스 앳스 루이히 안게-앤!

- 해 봐!
  Versuch es doch!
  페어주-ㄱ흐 앳스 독흐!

- 좀 더 노력해봐!
  Gib dir doch mehr Mühe!
  깁 디어 독흐 메어 뮤-애!

- 불 꺼!
  Schalt das Licht aus!
  샬트 다스 리히트 아웃스!

- 더 빨리 걸어!
Lauf schneller!
라우프 슈넬러!

- 기다려!
Warte!
바르테!

- 잠깐만 기다리십시오!
Warten Sie einen Augenblick!
바르텐 지- 아이낸 아우겐블릭!

- 잠깐만!
Augenblick noch!
아우겐블릭 녹흐!

- 계속해!
Mach weiter!
막흐 봐이터!

- 계속해서 읽어봐요!
Bitte lesen Sie weiter!
비태 레-잰 지- 봐이터!

- 계속해서 읽어!
Lies weiter!
리-스 봐이터!

- 너희들 좀 읽어봐!
Lest doch!
레스트 독흐!

- 서행하십시오.
Fahren Sie langsam!
파-랜 지- 랑잠!

- 너무 과속하지마!
Fahr doch nicht so schnell!
파- 독흐 니힡트 조- 슈낼!

경고할 때

- 움직이지 마!
Keine Bewegung!
카이내 베베-궁!

- 엎드려!
  Leg dich auf den Bauch!
  레-ㄱ 디히 아우프 덴 바욱흐!

- 손들어!
  Hände hoch!
  핸데   혹흐!

- 멈춰!
  Halt!
  할트!

- 앞으로 가!
  Geh vorwärts!
  게-   포-어봬르츠!

- 물러 서!
  Bleib weg!
  블라입 베-ㄱ!

- 이만 물러 가!
  Fort mit dir!
  포르트 미트 디어!

- 속력을 내!
  Mach Tempo!
  막흐   템포!

- 위험해!
  Es ist gefährlich!
  앳스 이스트 게패-얼리히!

- 됐어 그만해.
  Genug davon!
  게눅흐   다폰!

- 이제 더 이상 그만해!
  Ich will nichts mehr davon hören!
  이히 빌   니힡츠   메어   다폰   회-랜!

- 그만 둬. 됐어.
  Das reicht!
  다스 라이히트!

금지나 허락을 하지 않을 때

- 아니오, 안 됩니다.
  Nein, Sie dürfen nicht!
  나인, 지- 듀르팬 니힡트!

- 죄송합니다만, 안 됩니다.
  Tut mir Leid, Sie dürfen nicht!
  투-트 미어 라이트, 지- 듀르팬 니힡트!

- 죄송합니다만, 허용이 안 됩니다.
  Tut mir Leid, es ist nicht erlaubt!
  투-트 미어 라이트, 앳스 이스트 니힡트 애얼라웁트!

- 허용할 수가 없습니다.
  Das ist nicht zu erlauben!
  다스 이스트 니힡트 추- 애얼라우밴!

- 여기서 담배 피우면 안 됩니다.
  Hier darf man nicht rauchen!
  히어 다르프 만 니힡트 라욱핸!

- 여기서는 흡연 금지입니다.
  Rauchen ist hier verboten!
  라욱핸 지- 히어 페어보-탠!

- 너 정말이지 더 이상 담배 피우지 말아야 해.
  Du solltest wirklich nicht mehr rauchen!
  두- 졸태스트 뷔르클리히 니힡트 메어 라욱핸!

- 너 밖에 나가면 안 돼. 너무 추워.
  Du darfst nicht rausgehen. Es ist zu kalt!
  두- 다르프스트 니힡트 라우스게-앤. 앳스 이스트 추- 칼트!

- 남에 대해서 나쁜 말을 하면 안 돼.
  Du darfst nicht schlecht über den anderen reden!
  두- 다르프스트 니힡트 슐래힡트 위-버 덴 안더랜 레-댄!

- 사람은 약속을 어겨서는 안 됩니다.
  Man sollte sein Versprechen nicht brechen.
  만 졸태 자인 페어슈프뤠핸 니힡트 브뤠핸.

> **Tipp** Man darf sein Wort nicht brechen.(만 다르프 자인 보르트 니힡트 브뤠핸.) 자기 약속을 어겨서는 안 된다. Man sollte nicht...(만 졸태 니힡트...) / Man darf nicht ...(만 다르프 니힡트 ...) ~해서는 안 된다.

- 절대로 다른 사람에게 말하지 마세요.

  Sagen Sie es niemandem!
  자-갠 지- 앳스 니-만댐!

- 어린 아이들이 혼자 가게 하지 마시오.

  Lass die Kinder nicht allein gehen!
  랏스 디 킨터 니힡트 알라인 게-앤!

- 나를 어린애 취급하지 마세요.

  Behandeln Sie mich nicht wie ein Kind!
  베한델른 지- 미히 니힡트 비- 아인 킨트!

- 그럴 기분이 아닙니다.

  Darauf habe ich keine Lust!
  다라우프 하-배 이히 카이내 루스트!

- 죄송합니다만, 즉시 해드릴 수가 없습니다.

  Leider kann ich es nicht sofort schaffen.
  라이더 칸 이히 앳스 니힡트 조포르트 샤팬.

# 재촉과 여유

상대가 행동을 서둘러 행하기를 바라는 마음으로 재촉을 할 때 정중하게 "Würden Sie sich bitte beeilen?", "Beeilen Sie sich!"나 "Beeilen Sie sich doch!"라고 한다. 반면에 여유를 가지고 "천천히 하세요"라고 하는 표현으로는 "Das hat Zeit."라고 한다. "급한 게 아니예요."라고 할 때는 "Es ist nicht eilig."라고 한다.

재촉할 때

- 서두르세요!
Beeilen Sie sich!
배아일랜 지- 짛히!

 Beeilt euch!(베아일트 오이히!) 너희들 서둘러!; Beeile dich! 너 서둘러라!

- 서둘러주시겠습니까?
Würden Sie sich beeilen?
뷔르댄 지- 짛히 배아일랜?

- 서둘러라!
Beeil dich!
배아일 딯히!

- 너희들 서둘러라!
Beeilt euch!
배아일트 오이히!

- 서두르자.
Beeilen wir uns!
배아일랜 뷔어 운스!

- 우리의 일에 속도를 붙이자!
Beschleunigen wir unsere Arbeit!
배슐로이니갠 뷔어 운저래 아르바이트!

- 저는 몹시 급해요.
  Ich habe es sehr eilig!
  이히 하-배 앳스 제어 아일리히!

- 저는 급해요.
  Ich bin in Eile.
  이히 빈 인 아일래.

 같은 표현 : Ich habe es eilig.(이히 하-배 앳스 아일리히.) / Ich bin in Eile.(이히 빈 인 아일레.)

- 서둘러, 시간이 넉넉하지 않아.
  Beeil dich! Wir haben wenig Zeit.
  배아일 딯히! 뷔어 하-밴 베-니히 차이트.

 Die Zeit drängt.(디 차이트 드랭트.)라고도 한다. "시간이 촉박해."

- 서둘러, 시간이 임박하고 있어.
  Beeil dich, es ist höchste Zeit.
  배아일 딯히, 앳스 이스트 획히스태 차이트.

- 빨리 하세요!
  Machen Sie schnell, bitte!
  막핸 지- 슈낼, 비태!

- 지체할 시간이 없어요!
  Wir haben keine Zeit zu verlieren!
  뷔어 하-밴 카이내 차이트 추- 페어리-랜!

- 가능한 한 빨리하세요!
  Machen Sie es so schnell wie möglich!
  막핸 지- 앳스 조- 슈낼 비 뫼-클리히!

- 빨리 나오세요!
  Kommen Sie schnell raus!
  콤맨 지- 슈낼 라우스!

 raus는 heraus를 줄임말.

- 속도를 내세요!
  Machen Sie Tempo!
  막핸 지- 템포!

- 이 편지를 속달로 부쳐주세요!

  Senden Sie diesen Brief als Eilsache!
  젠댄   지- 디-잰   브리-프 알스 아일작해!

- 지금 당장 해주세요!

  Erledigen Sie es sofort!
  애어레-디갠   지- 앳스 조포르트!

- 이것을 좀 빨리 해주세요!

  Erledigen Sie es schnell!
  애어레-디갠   지- 앳스 슈낼!

- 시간이 없어요!

  Die Zeit ist knapp.
  디 차이트 이스트 크낲.

여유를 가지라고 할 때

- 천천히 하세요!

  Machen Sie langsam!
  막핸   지- 랑잠!

- 서둘지 마세요!

  Keine Eile!
  카이내 아일래!

> **Nur keine Eile!**(누어 카이네 아일레!)라고도 한다.

- 서두를 필요 없어요.

  Sie brauchen sich nicht zu beeilen.
  지- 브라욱핸   짛히   니힐트 추- 베아일랜.

- 나중에 해도 돼요.

  Sie können es später machen.
  지- 쾐낸   앳스 슈패-터 막핸.

- 뭐가 그리 급하세요?

  Warum sind Sie so in Eile?
  봐룸   진트 지- 조- 인 아일래?

- 뭐가 그리 급하세요?

  Warum die Eile?
  봐룸   디 아일래?

- 너무 재촉하지 마세요.

  Drängen Sie mich nicht so!
  드랭앤   지- 미히   니힡트 조-!

> Treiben Sie uns nicht zur Eile! 우리들에게 너무 재촉하지 마세요.
> 트라이벤 지- 운스 니힡트 추어 아일래!

- 그렇게 조급하게 굴지 마세요.

  Seien Sie nicht so ungeduldig!
  자이앤 지- 니힡트 조- 운게둘디히!

> Haben Sie Geduld!(하-밴 지- 게둘트!) 인내심을 가지세요./참으세요.; Ich bitte Sie um Ihre Geduld.(이히 비태 지- 움 이어래 게둘트.) 참으십시오.

- 조급해 하지 말아요.

  Seien Sie nicht voreilig!
  자이앤 지- 니힡트 포-어아일리히!

- 일을 천천히 침착하게 해.

  Lass dir mit der Arbeit Zeit!
  랏스 디어 미트 데어 아르바이트 차이트!

- 천천히 하세요. 시간은 충분하니까요.

  Nehmen Sie sich Zeit! Wir haben genug Zeit.
  네-맨   지- 짛히 차이트! 뷔어 하-밴   게눅흐 차이트.

- 천천히 해도 괜찮아요.

  Es hat keine Eile.
  앳스 하트 카이내 아일래.

- 시간이 허용하는 한 천천히 해주십시오.

  Bleiben Sie so lange, wie es Ihnen Ihre Zeit erlaubt!
  블라이벤 지- 조- 랑애,   비- 앳스 이-낸 이어래 차이트 애얼라웁트!

- 진정해. 왜 서둘러?

  Beruhig dich! Warum bist du in Eile?
  베루-익 디히! 봐룸   비스트 두- 인 아일래?

> Warum beeilst du dich denn?(봐룸 베아일스트 두 디히 덴?) 왜 서두르는 거야?

- 왜 그렇게 서둘러?

  Wozu diese Hast?
  보추- 디-제 하스트?

> Warum bist du in großer Eile?
> 봐룸   비스트 두- 인 그로-써 아일래?

- 그렇게 서두르지 마세요.

  Nur keine solche Eile!
  누어 카이내 졸해 아일래!

- 너무 서두르지 마십시오.

  Haben Sie es nicht eilig!
  하-밴 지- 앳스 니힡트 아일리히!

- 시간이 많이 있습니다.

  Wir haben genug Zeit.
  뷔어 하-밴 게눅흐 차이트.

- 날 제발 재촉하지 마.

  Treib mich bitte nicht zur Eile an!
  트라입 미히 비태 니힡트 추어 아일래 안!

- 재촉하지 마세요.

  Seien Sie nicht aufdringlich!
  자이앤 지- 니힡트 아우프드링글리히!

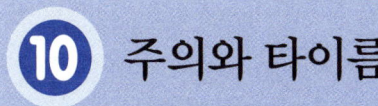 주의와 타이름

상대가 위험한 상황에 처할 때는 "Vorsicht!"(조심해), 위험할 때는 "Es ist gefährlich!"(그건 위험해.) 위험한 행동을 할 때는 "Das geht nicht!"(그러면 안 돼) 라고 한다. 꾸짖을 때는 "Tu das nie wieder!"(다시는 절대 그러지 말아.) 또는 상대를 타이를 때는 "Denk darüber noch einmal nach!"(그것을 한 번 더 생각해봐.) 등의 표현을 사용한다. 상대가 변명을 한다면 "Reden Sie nicht drum herum!"(억지 변명하지 말아요.)라고 하자.

주의를 줄 때

- 조심해!

  Vorsichtig!
  포-어지히티히!

 조심해 Vorsicht!(포-어히트!)

- 주의하십시오!

  Achtung!
  악흐퉁!

- 주목하십시오!

  Aufgepasst!
  아우프게파쓰트!

 주의하십시오 Passen Sie auf!(파쎈 지- 아우프!)라고도 한다.

- 그러면 안 돼요.

  Das geht nicht.
  다스 게-트 니힐트.

- 이러시면 안 돼요.

  Das sollten Sie nicht tun.
  다스 졸탠   지- 니힐트 투-ㄴ.

- 개의치 마십시오.

  Sie brauchen es nicht zu tun.
  지- 브라우핸   앳스 니힐트 추- 투-ㄴ.

  > Tipp 같은 표현: Machen Sie sich bitte keine Mühe!/ Bemühen Sie sich nicht!
  > 막핸   지- 짚히 비태 카이내 뮤-애!/ 배뮤-앤   지- 짚히 니힐트!

- 쓸데없는 짓 말아요.

  Machen Sie sich doch keine unnötigen Sorgen!
  막핸   지- 짚히 독흐 카이내 운뇌-티갠   조르갠!

- 쓸데없는 짓 말아라.

  Mach dir doch keine unnötigen Sorgen!
  막흐 디어 독흐 카이내 운뇌-티갠   조르갠!

- 성가시게 굴지 마.

  Belästige mich doch nicht!
  벨래스티개 미히 독흐 니힐트!

- 나쁜 친구들을 사귀지 마.

  Gib doch nicht mit schlechten Leuten!
  깁 독흐 니힐트 미트 슐레히탠   로이탠!

- 잘 생각하고 행동해.

  Überlege es dir gut, bevor du es tust!
  위-버레-개 앳스 디어 구-트, 배포-어 두- 앳스 투스트!

- 그에게 너무 심하게 대하지 말아요.

  Seien Sie bitte doch nicht so hart gegen ihn!
  자이앤 지- 비태 독흐   니힐트 조- 하르트 게-갠 이-ㄴ!

  > Tipp "그를 너무 심하게 다루지 말아요"라고 할 때는 Behandeln Sie ihn nicht so hart!(배한델른
  > 지- 이-ㄴ 니힐트 조- 하르트!)

- 아이들에게 너무 심하게 대하지 말아요.

  Seien Sie bitte nicht zu streng gegenüber den Kindern!
  자이앤 지- 비태   니힐트 추- 슈트렝   게-갠위-버   덴   킨더른!

- 비밀을 누설하지 마세요.

  Lassen Sie die Katze nicht aus dem Sack!
  랏샌   지- 디 캇체   니힐트 아우스 뎀   작!

  > Tipp Verraten Sie das Geheimnis nicht!(비밀을 누설하지 마세요)라는 말의 관용적 표현.
  > 페어라-탠 지- 다스 게하임니스   니힐트!

- 이제 싸움을 그만 하지요.

  Beenden wir mal unseren Streit!
  배엔댄   뷔어 마-르 운저랜   슈트라이트!

- 그것을 중지하도록 하세요.

  Hören Sie damit auf!
  회-랜   지- 다미트   아우프!

- 오해하지는 마세요.

  Verstehen Sie mich bitte nicht falsch!
  페어슈테-앤   지- 미히   비태   니힡트 팔쉬!

- 나에게 쓸데없는 칭찬을 하지 마세요.

  Machen Sie bitte keine unnötigen Komplimente!
  막핸   지- 비태   카이내   운뇌-티갠   콤플리멘태!

- 제발 언성을 높이지 마세요.

  Erheben Sie bitte nicht die Stimme!
  애어헤-밴   지- 비태   니힡트 디   슈팀매!

- 제발 큰 소리로 말하지 마세요.

  Sprechen Sie bitte nicht so laut!
  슈프렣핸   지- 비태   니힡트 조- 라우트!

- 너무 굽실거리지 마세요.

  Kriechen Sie doch nicht vor anderen!
  크리-핸   지- 독흐   니힡트 포-어 안더랜!

> Tipp kriechen 기다, 굽실거리다; vor anderen 다른 사람들 앞에서

- 돈을 낭비하고 다니지 말아라.

  Wirf das Geld nicht zum Fenster hinaus!
  뷔르프 다스 겔트   니힡트 춤   펜스터   히나우스!

- 돈을 너무 많이 지출하지 말아라.

  Gib doch nicht so viel aus!
  깁   독흐   니힡트 조- 피-르 아웃스!

- 주의하는 것이 좋겠어요.

  Sie sollten lieber aufpassen!
  지- 졸탠   리-버   아우프파쌘!

- 그의 말을 액면 그대로 받아들이지 마세요!

  Nehmen Sie sein Wort nicht für wahre Münze!
  네-맨   지- 자인   보르트 니힡트 퓨어 봐-래   뮨채!

- 네 맘대로 말하지 말아.

  Sprich nicht so, wie es dir beliebt!
  슈프리히 니힡트 조-, 비- 앳스 디어 밸리-ㅂ트!

- 네 멋대로 행동하지 마.

  Benimm dich nicht so rücksichtslos!
  베님! 디히 니힡트 조- 뤽지히츠로-스!

- 항상 멋대로 굴지 마.

  Setz deinen Kopf nicht immer durch!
  제츠 다이낸 콥프 니힡트 임머 두르히!

- 버릇없게 굴지 마.

  Sei bitte nicht unhöflich zu mir!
  자이 비태 니힡트 운회플리히 추- 미어!

 같은 표현: **Tu mir nicht so frech!**(투- 미어 니힡트 조- 후렣히!)

- 자동차를 조심하세요.

  Passen Sie auf die Autos auf!
  파쌘 지- 아우프 디 아우토스 아우프!

- 조용히 해!

  Ruhe!
  루-애!

 Ruhe bitte!; **Sei ruhig!**(루-애 비태! 자이 루이히!) 너 조용히 해!/ **Seid ruhig!**(자이트 루-이히!) 너희들 조용히 해! / **Still!**(슈틸!) 조용! / **Seien Sie bitte ruhig!**(자이앤 지- 비태 루-이히!) 조용히 하세요!

- 쉿 조용히!

  Still!
  슈틸!

- 말 조심해!

  Pass auf deine Worte auf!
  파쓰 아우프 다이내 보르태 아우프!

 같은 표현: 같은 뜻으로 **Hüte deine Zunge!**(휘테 다이네 충애!) (die Zunge 혀, hüten 보호하다), **Halt den Mund!**(할트 덴 문트!) (입 닥쳐, 말조심해!)

- 내 기대를 저버리지 마세요.

  Enttäuschen Sie mich bitte nicht!
  엔트토이셴 지- 미히 비테 니힡트!

> Tipp enttäuschen 실망시키다; die Erwartungen nicht erfüllen 기대를 저버리다; Erfüllen Sie die Erwartungen! 기대를 저버리지 마세요!

- 이제 주의를 기울여야 합니다.

  Jetzt heißt es aufpassen!
  예츠트 하이쓰트 앳스 아우프파쌘!

꾸짖을 때

- 다시는 절대 그러지 말게나.

  Tu das nie wieder!
  투- 다스 니- 비-더!

- 그런 법이 어디 있어요?

  Warum denken Sie so?
  봐룸 뎅캔 지- 조-?

> Tipp 같은 표현: Wie konnten Sie eine solche Richtung einschlagen?
> (비- 콘탠 지- 아이내 졸헤 리히퉁 아인슐라-갠?)

- 조용히 할 수 없니?

  Kannst du nicht still sein?
  칸스트 두- 니힡트 슈틸 자인?

- 행동으로 옮기든가, 입 다물고 있든지 해.

  Schlag ein oder halt den Mund!
  슐라-ㄱ 아인 오-더 할트 덴 문트!

- 너희들 나머지도 마찬가지야.

  Der Rest von euch ist auch nicht anders!
  데어 레스트 폰 오이히 이스트 아욱흐 니힡트 안더스!

- 어떻게 나에게 이런 행동을 할 수 있어?

  Wie verhältst du dich eigentlich mir gegenüber?
  비- 페어핼츠트 두- 디히 아이겐틀리히 미어 게-겐위-버?

- 네가 나한테 어떻게 그럴 수 있니?

  Wie kannst du mir so etwas antun?
  비- 칸스트 두- 미어 조 애트밧스 안투-ㄴ?

- 당신은 나를 정말 실망시켰어요!

  Sie haben mich wirklich enttäuscht!
  자- 하-밴 미히 뷔르클리히 앤토이쉬트!

- 당신 정신 나갔어요?.

  Sind Sie verrückt?
  진트 자- 페어뤽크트?

- 너 정신 나갔니?

  Bist du verrückt?
  비스트 두- 페어뤽크트?

- 너 제정신이 아닌가봐!

  Du hast wohl einen Stich!
  두- 하스트 보-ㄹ 아이낸 슈팅히!

- 네 책임이야.

  Du bist schuld daran.
  두- 비스트 슐트 다란.

- 내 탓으로 돌리지 마!

  Schieb die Schuld nicht auf mich!
  쉬-ㅂ 디 슐트 니힡트 아우프 미히!

- 창피하지도 않아요?

  Schämen Sie sich nicht?
  섀맨 자- 짛히 니힡트?

- 그런 말을 하면 안 돼!

  So etwas solltest du nicht sagen!
  조- 애트밧스 졸태스트 두- 니힡트 자-갠!

- 그런 말을 하지 말았어야 했는데!

  Das hättest du nicht sagen sollen!
  다스 해태스트 두- 니힡트 자-갠 졸랜!

- 왜 나를 못살게 굴지?

  Warum hackst du auf mir herum?
  봐룸 학스트 두- 아우프 미어 헤룸?

- 내 말 듣고 있어?

  Hörst du mich noch?
  회르스트 두- 미히 녹흐?

- 나를 우롱하는 거니?

  Führst du mich an der Nase herum?
  퓨-르스트 두- 미히 안 데어 나-재 해룸?

- 왜 오늘 이렇게 늦었니?

  Wieso kommst du heute so spät?
  비-조- 콤스트 두- 호이태 조- 슈패-트?

- 참는데도 한계가 있어.

  Meine Geduld ist langsam am Ende.
  마이내 게둘트 이스트 랑잠 암 앤대.

타이를 때

- 도중에 일을 그만두면 안 돼요.

  Beenden Sie nicht das, womit Sie angefangen haben!
  베앤댄 지- 니힡트 다스, 보-미트 지- 안게팡앤 하-밴!

- 그것을 하는 것이 네 의무야.

  Es ist deine Pflicht, das zu tun!
  앳스 이스트 다이내 플리히트, 다스 추- 투-ㄴ!

- 너는 그것을 할 의무가 있어.

  Du bist dafür verantwortlich, das zu tun!
  두- 비스트 다퓨어 페어안트보르틀리히, 다스 추- 투-ㄴ!

- 너에게 필요한 일은 조금 더 노력하는 일이야.

  Was du brauchst, ist, dass du dich mehr darum bemühst!
  밧스 두- 브라욱흐스트, 이스트, 다스 두- 디히 메어 다룸 배뮤-스트!

- 너희들 모두 너희들의 의무를 꼭 행해야 해.

  Ihr alle müsst eure Pflicht tun!
  이어 알래 뮤쓰트 오이래 플리히트 투-ㄴ!

- 좀 더 힘내는 거야!

  Du musst es härter versuchen!
  두- 뭇스트 앳스 해르터 페어죽핸!

- 자존심을 더 가져라.

  Hab' mehr Selbstachtung vor dir selbst!
  합   메어 젤스트악흐퉁   포-어 디어 젤스트!

- 자부심을 가져라.

  Sei stolz!
  자이 슈톨츠!

- 그것을 달리 생각할 수 없니?
  Kannst du das nicht noch einmal überdenken?
  칸스트 두- 다스 니힡트 녹흐 아인마-ㄹ 위-버뎅캔?

- 그것을 달리 생각해봐.
  Denk' noch einmal darüber nach!
  뎅크 녹흐 아인마-ㄹ 다뤼-버 낙흐!

- 한 번 생각해봐.
  Ich gebe es dir noch einmal zu bedenken.
  이히 게-베 엣스 디어 녹흐 아인마-ㄹ 추- 배뎅캔.

- 곰곰이 생각해봐.
  Überlege dich mal!
  위-버레-개 디히 마-ㄹ!

- 섣불리 믿어서는 안 돼.
  Du sollst es nicht unbedacht glauben!
  두- 졸스트 앳스 니힡트 운베닥흐트 글라우밴!

> Tipp 같은 표현: Das sollst du nicht ernst nehmen!(다스 졸스트 두- 니힡트 애른스트 네-맨!)

- 너만 특별 대우할 수는 없어.
  Ich kann keine besondere Ausnahme für dich machen.
  이히 칸 카이내 배존더래 아우스나-매 퓨어 디히 막핸.

- 이제 그만하면 충분해.
  Nun mach aber einen Punkt!
  누-ㄴ 막흐 아-버 아이낸 풍크트!

변명을 듣고 싶지 않을 때

- 변명하지 마세요.
  Machen Sie keine Ausreden!
  막핸 지- 카이내 아우스레-댄!

> Tipp 같은 표현: Kommen Sie mir nicht mit Ausreden!(콤맨 지- 미어 니힡트 미트 아우스레-댄!)

- 변명은 듣고 싶지 않아.
  Ich möchte von Ihnen keine Ausreden hören!
  이히 뫼히태 폰 이-낸 카이내 아우스레-댄 회-랜!

144 독일어 회화 사전

- 그것에 대해 아무 것도 듣고 싶지 않아요.

  Ich will nichts davon hören!
  이히 빌   니힡츠   다폰   회-랜!

- 이제 변명은 됐어

  Die Ausreden sind genug!
  디   아우스레-댄   진트   게눅흐!

- 그건 변명이 안 돼.

  Es gibt keinen Grund zur Ausrede für Sie!
  앳스 깁트 카이낸   그룬트   추어 아우스레-대 퓨어 지-!

> Tipp 같은 표현: **Das ist keine Ausrede!**(다스 이스트 카이네 아우스레-대!)

- 그건 뻔한 변명이야.

  Das ist eine sehr durchschaubare Ausrede!
  다스 이스트 아이내 제어 두르히샤우바-래   아우스레-대!

- 난 그게 단순히 변명이었다고 생각 해.

  Ich glaube, das war bloß eine Ausrede!
  이히 글라우배, 다스 봐- 블로쓰 아이내 아우스레-대!

- 억지 변명하지 말아요.

  Reden Sie nicht drum herum!
  레-댄   지- 니힡트 드룸   헤룸!

# 충고와 의무

조언과 충고를 할 때는 Es wäre besser, wenn Sie ... 접속법2식 동사. 문형을 사용할 수 있고 –"Es wäre besser, wenn Sie jetzt gingen!" / "Sie sollten jetzt lieber gehen!"(지금 가시는 게 좋을 겁니다.) –"Wie wäre es ~"(...하는 게 어떻습니까?) 또는 "Es wäre vielleicht leichter für dich gewesen, ~"(...하는 게 네게 훨씬 더 쉬울 텐데.)라고 친절하게 표현하거나 Sie sollten ...처럼 완곡한 표현을 쓸 수 있다.

충고할 때

- 나를 실망시키지 마세요.
  Enttäuschen Sie mich bitte nicht!
  앤트토이셴 자- 미히 비태 니힡트!

- 잊지 말고 기억하세요.
  Behalten Sie das im Gedächtnis!
  베할탠 자- 다스 임 게대히트니스!

- 잊지 마세요.
  Vergessen Sie das nicht!
  페어겟샌 자- 다스 니힡트!

- 그것을 잊지 마세요.
  Vergessen Sie es nicht!
  페어겟샌 자- 앳스 니힡트!

- 자존심을 버려요.
  Stecken Sie sich Ihren Stolz in die Tasche!
  슈텍캔 자- 지히 이어랜 슈톨츠 인 디 탓쉐!

- 여기 이것을 잠깐 보십시오.
  Werfen Sie bitte einen Blick auf das hier!
  베르팬 자- 비태 아이낸 블릭 아우프 다스 히어!

- 최선을 다해라.
  Tu alles, was du kannst!
  투- 알랫스, 밧스 두- 간스트!

같은 표현: **Leiste dein Bestes!**(라이스태 다인 배스테스!)

- 최선을 다해 노력해라.

  Gib dein Bestes!
  깁   다인   배스태스!

- 최선을 다해 노력하십시오.

  Geben Sie Ihr Bestes!
  게-밴   지- 이어 배스태스!

- 너희들 최선을 다해 노력해라.

  Gebt euer Bestes!
  겝트   오이어 배스태스!

- 나는 최선을 다할 겁니다.

  Ich werde mein Bestes tun.
  이히 베르대   마인   배스태스 투-ㄴ.

- 선수를 치세요.

  Tun Sie den ersten Schritt!
  투-ㄴ 지- 덴   애어스탠 슈릿트!

 같은 표현: **Nehmen Sie eine Gelegenheit eher als ein anderer wahr!**
네-맨   지- 아이내 겔레-갠하이트 애어 알스 아인 안더러   바-!
eine Gelegenheit wahrnehmen 기회를 잡다; eher als ein anderer 다른 사람보다 먼저

- 여론에 귀를 기울이세요.

  Geben Sie bitte auf die öffentliche Meinung acht!
  게-밴   지- 비태   아우프 디 외펜틀릿해   마이눙   악흐트!

- 그걸 너무 심각하게 받아들이지 마세요.

  Nehmen Sie es sich nicht so zu Herzen!
  네-맨   지- 앳스 지히 니힡트 조- 추- 해르첸!

- 그는 나에게 많은 충고를 해 주었어요.

  Er hat mich viel beraten.
  애어 하트 미히   피-ㄹ 배라-탠.

 같은 표현: **Er hat mir viele Ratschläge erteilt.**(애어 하트 미어 피-ㄹ래 라-트슐래-개 애어타일트.)

- 말보다 행동이 중요해요.

  Taten zählen mehr als Worte.
  타-탠   채-ㄹ랜   메어   알스 보르태.

같은 표현: Die Tat wirkt mächtiger als das Wort.(디 타-트 뷔르크트 매히티거 알스 다스 보르트.)

- 당신은 그 생각을 버려야 해요.

  Sie müssen den Gedanken aufgeben!
  지- 뮈쌘   덴 게당캔   아우프게-밴!

- 당신은 그것을 잘 이용해야 해요.

  Sie müssen es sich zu Nutze machen!
  지- 뮈쌘   앳스 지히 추- 눗채   막핸!

 Sie müssen daraus einen Vorteil ziehen!(지- 뮈쌘 다라우스 아이낸 포-어타일 치-앤!) "당신은 거기서 한 가지 장점을 끌어내야 합니다."(즉, 좋은 점을 잘 이용해야 합니다.)

- 격식 따위는 따지지 마세요.

  Legen Sie keinen Wert auf Etikette!
  레-갠 지- 카인   베르트 아우프 에티케테!

- 실수를 두려워하지 마세요.

  Fürchten Sie sich nicht davor, Fehler zu machen!
  퓨르흐탠   지- 지히 니힡트 다포-어, 페-ㄹ러 추- 막핸.

- 모든 것이 다 네 뜻대로 될 수는 없는 거야.

  Es kann nicht immer alles nach dir gehen!
  앳스 칸 니힡트 임머   알랫스 낙흐 디어 게-앤!

조언할 때

- 잠시 쉬는 게 어때요?

  Wie wäre es, eine kleine Pause zu machen?
  비- 봬-래 앳스, 아이내 클라이내 파우재 추- 막핸?

 wie wäre es ~는 "…하는 게 어때(요)?"라는 권유, 충고 또는 조언을 나타내는 표현이다.

- 쉬는 게 좋지 않겠어요?

  Wie wäre es, im Bett zu bleiben?
  비- 봬-래 앳스, 임 베트 추- 블라이밴?

- 독일어 회화 개인교습을 받아보지 그래?

  Wie wäre es mit einer Nachhilfe in Deutsch?
  비- 봬-래 앳스 미트 아이너 낙흐힐패   인 도이취?

- 이제 슬슬 가는 게 좋지 않겠어요?

  Wäre es nicht besser, wenn Sie jetzt gingen?
  봬-래 앳스 니힡트 배써, 벤 지- 예츠트 깅앤?

- 포기하지 않는 게 좋겠어.

  Wir sollten es lieber nicht aufgeben!
  뷔어 졸탠 앳스 리-버 니힡트 아우프게-밴!

- 내가 뭘 하던 상관 않는 것이 좋을 거야.

  Du solltest deine Nase nicht in meine Angelegenheiten stecken!
  두- 졸태스트 다이내 나-재 니힡트 인 마이내 안겔레-갠하이탠 슈텍캔!

- 규칙대로 하는 것이 좋을 겁니다.

  Sie sollten sich lieber an die Regel halten!
  지- 졸탠 지히 리-버 안 디 레-갤 할탠!

> **Tipp** 같은 표현: Sie sollten sich lieber streng(지- 졸탠 지히 리-버 슈트렝)/ strikt an die Vorschriften halten!(슈트릭트 안 디 포-어슈리프탠 할탠!) 여기서 sollten은 간곡한 표현으로 Sie sollten lieber ~ "…하는 게 더 좋을 거예요"의 뜻.

- 일찍 자고 일찍 일어나는 게 좋아요.

  Es wäre besser, früh ins Bett zu gehen und früh aufzustehen!
  앳스 봬-래 베써, 프뤼- 인스 베트 추- 게-엔 운트 프뤼- 아우프추-슈테-앤!

- 혼자 해보는 게 좋아요.

  Es tut Ihnen gut, es selbst zu versuchen!
  앳스 투-트 이-낸 구-트, 앳스 젤스트 추- 페어주-ㄱ핸!

의무, 당연을 나타낼 때

- 오늘은 쇼핑 가야겠어요.

  Ich muss heute einkaufen gehen.
  이히 뭇스 호이태 아인카우팬 게-앤.

- 독일어를 더 연습해야겠어요.

  Ich muss viel Deutsch üben!
  이히 뭇스 피-ㄹ 도이취 위-밴!

- 시간이 없으니까 서둘지 않으면 안 됩니다.

  Wir müssen uns beeilen, weil wir keine Zeit haben!
  뷔어 뮤쌘 운스 배아일랜, 봐일 뷔어 카이내 차이트 하-밴!

- 가야겠습니다.

  Ich muss los!
  이히 무스 로-스!

- 보고서는 독일어로 써야 합니다.

  Das Referat muss auf Deutsch geschrieben werden!
  다스 레파라-트 무스   아우프 도이춰   게슈리-밴   베르댄!

- 조심해야 합니다.

  Ich muss mich in Acht nehmen!
  이히 무스   미히   인 아흐트 네-맨!

> 같은 표현: **Sie sollten aufpassen!**(지- 졸탠 아우프파쌘!)/ **Acht geben!**(아흐트 게-밴!)/ **vorsichtig sein!**(포-어지히티히 자인!)

- 조심해야 합니다.

  Sie sollten sich in Acht nehmen!
  지- 졸탠   지히 인 아흐트 네-맨!

- 조용히 해야 합니다.

  Sie sollten ruhig sein!
  지- 졸탠   루이히 자인!

- 제 생일 파티에 꼭 오셔야 합니다.

  Sie müssen zu meiner Geburtstagsparty kommen!
  지- 뮤쌘   추- 마이너   게부어츠타-ㄱ스파-티   콤맨!

- 아침 일찍 출발하셔야 합니다.

  Sie müssen früh am Morgen abfahren!
  지- 뮤쌘   프뤼- 암 모르갠   압파-랜!

> **früh am Morgen, früh morgens** 이른 아침에; **abfahren** 출발하다, **abreisen** 여행을 떠나다; **aufbrechen (mit dem Auto)** (자동차로) 떠나다

- 거기에 가는 것 말고 달리 선택이 없습니다.

  Ich habe keine andere Wahl, als dorthin zu fahren.
  이히 하-배 카이내 안더래   봐-르, 알스 도르트힌 추- 파-랜.

- 거기에 갈 수 밖에 없습니다.

  Ich kann nirgendwo anders hingehen.
  이히 칸   니르겐트보-   안더스   힌게-앤.

> 같은 표현: Nur dorthin kann ich hingehen.(누어 도르트힌 칸 이히 힌게-앤.) 또는 Ich kann nicht anders, als dorthin zu fahren.(이히 칸 니힡트 안더스, 알스 도르트힌 추- 파-랜.)

• 숙제만 하면 되요.

Ich brauche nur meine Hausaufgaben zu machen.
이히 브라욱해 누어 마이내 하우스아우프가-벤 추- 막핸.

 # 설득과 결심

상대를 설득할 때 "Sie haben mich schon verstanden."(제 말 아셨을거예요.) 또는 "Hören Sie mir zu!"(제 말을 좀 들어봐요)라고 하고, 상대에게 응할 때는 "Ich lasse mich dazu überreden."(정 그러시다면 좋습니다)라고 할 수 있다. 상대의 요구에 대해 아직 결심이 서지 못했을 때는 "Ich habe mich noch nicht entschlossen."(아직 결정하지 못했어요.)라고 하고, 결정을 하기 위해 시간이 필요할 때는 "Ich brauche Zeit zum Nachdenken."(생각할 시간이 좀 필요해요)라고 한다.

고집을 피울 때

- 내 방식대로 하겠어요.

  Ich werde es ganz bestimmt nach meinem Willen tun.
  이히 베르데 앳스 간츠 배슈팀트 낙흐 마이냄 빌랜 투-ㄴ.

- 저에게 결정을 강요하지 마세요.

  Zwingen Sie mich nicht, eine Entscheidung zu treffen!
  츠빙앤 지- 미히 니힡트, 아이내 앤트샤이둥 추- 트래팬!

- 그는 항상 자기 맘대로 하려고 해요.

  Er will immer alles nach seinem Willen tun.
  애어 빌 임머 알랫스 낙흐 자이냄 빌랜 투-ㄴ.

 같은 표현: Er will immer das tun, was ihm beliebt.
(애어 빌 임머 다스 투-ㄴ, 밧스 이-ㅁ밸리-브트.)

- 당신은 고집불통이군요.

  Sie sind so störrisch wie ein Maultier!
  지- 진트 조- 슈퇴리쉬 비- 아인 마울티-어!

 das Maultier 노새; störrisch 고집이 센, 다루긴 힘든

152 독일어 회화 사전

- 더 이상 이 일을 못 맡겠습니다.

  Ich kann diese Arbeit nicht mehr übernehmen.
  이히 칸   디-재 아르바이트 니힡트 메어   위버네-맨.

설득할 때

- 제 말을 들으세요.

  Hören Sie mir zu!
  회-랜   지- 미어 추-!

- 그에게서 비밀을 캐내는 게 어때?

  Wie wäre es, das Geheimnis aus ihm herauszubekommen?
  비- 봬-래 앳스, 다스 게하임니스   아우스 이-ㅁ 헤라우스추-배콤맨?

- 만약 ...하면 어때요?

  Wie wäre es, wenn .....?
  비- 봬-래 앳스, 벤 ...?

Tipp Wie finden Sie es?(비- 핀댄 지- 앳스?) 그것을 어떻게 생각하세요?/그건 어때요?

- 나는 그를 설득하려고 했으나 실패했어요.

  Ich wollte ihn dazu überreden, aber es hat nicht geklappt.
  이히 볼태   이-ㄴ 다추- 위버레-댄,   아-버 앳스 하트 니힡트 게클랍트.

의중을 확인할 때

- 그의 제안을 어떻게 처리하실 겁니까?

  Wie wollen Sie seinen Vorschlag verwircklichen?
  비- 볼랜   지- 자이낸   포-어슐락   페어뷔르클릿핸?

Tipp 여기서 verwircklichen 대신에 in die Tat umsetzen이라고 해도 된다.

- 그의 제안에 응하실 겁니까?

  Wollen Sie seinem Vorschlag zustimmen?
  볼랜   지- 자이냄   포-어슐락   추슈팀맨?

- 당신은 누구 편입니까?

  Mit wem stimmen Sie darin überein?
  미트 벰   슈팀맨   지- 다린   위버아인?

> 같은 표현: Auf welcher Seite stehen Sie?(아우프 벨혀 자이테 슈테-앤 지-?) 당신은 어느 편입니까? mit jm. übereinstimmen ...에게 동의하다

- 진심으로 그런 말을 하는 겁니까?
  Sprechen Sie frei aus Ihren Herzen heraus?
  슈프렣핸 지- 프라이 아우스 이어랜 해르챈 해라웃스?

> 같은 표현: Meinen Sie es ernst?(마이낸 지- 앳스 애른스트?) / Ist das von Herzen gekommen?(이스트 다스 폰 해르챈 게콤맨?)

- 그것을 어떻게 생각하세요?
  Was ist Ihre Meinung dazu?
  밧스 이스트 이어래 마이눙 다추-?

- 무엇을 하고 싶으세요?
  Was möchten Sie tun?
  밧스 뫼히탠 지- 투-ㄴ?

- 당신의 속마음을 모르겠어요.
  Ich weiß nicht, wie Ihr Vorhaben aussieht.
  이히 봐이쓰 니힡트, 비- 이어 포-어하-밴 아우스자-트!

- 당신의 속셈을 모르겠군요.
  Ich weiß nicht, wie Sie spielen.
  이히 봐이쓰 니힡트, 비- 지- 슈피-ㄹ랜.

> 같은 표현: Ich weiß nicht, mit welchen Karten Sie spielen.
> (이히 봐이쓰 니힡트, 미트 밸핸 카르텐 지- 슈피-ㄹ랜.)

- 당신이 무엇을 생각하고 있는지 알아요.
  Ich weiß, was Sie meinen.
  이히 봐이쓰, 밧스 지- 마이낸.

> 같은 표현: Ich weiß, woran Sie denken.(이히 봐이스, 보란 지- 뎅캔.)

당위성을 말할 때

- 이만 가 봐야합니다.
  Ich muss jetzt gehen!
  이히 뭇스 예츠트 게-앤!

같은 표현: Ich muss jetzt los!(이히 뭇스 예츠트 로-스!)

- 당신은 댁으로 가셔야 합니다.
  Sie müssen nach Hause gehen!
  지- 뮤쌘 낙흐 하우재 게-앤!

- 저는 오늘 야근을 해야 합니다.
  Ich muss heute Abend lange arbeiten.
  이히 뭇스 호이태 아-벤트 랑애 아르바이탠.

- 저는 오늘 사무실에 좀 더 있어야 해요.
  Ich muss heute länger im Büro bleiben.
  이히 뭇스 호이태 랭어 임 뷰로- 블라이밴.

- 너는 부모님을 공경하고 사랑해야 해.
  Du sollst deine Eltern ehren und lieben!
  두- 졸스트 다이내 앨터른 에-랜 운트 리-밴!

- 부모는 자녀를 돌볼 의무가 있습니다.
  Eltern haften für ihre Kinder!
  앨터른 하프탠 퓨어 이어래 킨더!

- 부모는 자녀에 대한 책임이 있습니다.
  Eltern tragen die Verantwortung für ihre Kinder!
  앨터른 트라-갠 디 페어안트보르퉁   퓨어 이어래 킨더!

- 부모에게는 많은 의무가 있어요.
  Eltern haben viele Pflichten!
  앨터른 하-밴 피-르래 플릿히탠!

- 그에게 말하지 않을 수 없었어요.
  Ich musste es ihm einfach sagen.
  이히 뭇스   앳스 이-ㅁ 아인팍흐 자-갠.

- 당신은 그 편지를 오늘 중으로 끝내야합니다
  Sie müssen heute noch den Brief fertigschreiben!
  지- 뮤쌘   호이태 녹흐 덴 브리-프 페르틱히슈라이밴!

- 나는 당신에게 그것에 대해 알려줄 의무가 있어요.
  Ich habe die Pflicht, Sie darüber zu informieren.
  이히 하-배 플리히트,   지- 다루-버 추- 인포미-랜.

- 당신에게 경고하는 것이 제 의무입니다.
  Es ist meine Pflicht, Sie zu warnen.
  앳스 이스트 마이내 플릿히트, 지- 추- 봐르낸.

- 당신은 언제나 성실하게 의무를 다 이행하고 있어요.

    Sie erfüllen immer treu Ihre Pflichten.
    지- 애어퓌-ㄹ랜 임머 트로이 이어레 플링히텐.

- 나는 그녀를 도와줄 의무감을 느끼고 있어요.

    Ich fühle mich verpflichtet, ihr zu helfen.
    이히 퓌-ㄹ래 미히 페어플릭히테트, 이어 추- 헬팬.

- 그는 자기의 의무를 잊고 있어요.

    Er vergisst seine Pflichten.
    애어 페어기쓰트 자이네 플링히텐.

- 그에게도 기회를 줘야 합니다.

    Sie sollten ihm auch eine Chance geben!
    지- 졸탠 이-ㅁ 아욱흐 아이네 샹세 게-밴!

- 관세의무가 있는 물건들은 신고해야한다.

    Zollpflichtige Waren sind anzumelden!
    촐플리히티개 봐-랜 진트 안추-멜댄!

- 나는 이것을 경청할 의무가 없다.

    Ich bin nicht verpflichtet, mir das anzuhören.
    이히 빈 니힐트 페어플릭히테트, 미어 다스 안추회-랜.

- 이 물건들은 관세필 의무가 없다.

    Diese Waren sind nicht zollpflichtig.
    디-제 봐-랜 진트 니힐트 촐플링히티히.

- 그것은 누구의 책임입니까?

    Wessen Schuld ist das?
    베쌘 슐트 이스트 다스?

- 누가 그것에 책임이 있습니까?

    Wer ist daran schuld?
    붸어 이스트 다란 슐트?

- 그 사람 말을 그대로 믿으면 안 됩니다.

    Sie sollten ihm nicht glauben!
    지- 졸탠 이-ㅁ 니힐트 글라우밴!

- 제가 그 일을 당신에 말하면 안 돼요.

    Ich darf Ihnen nichts darüber erzählen.
    이히 다르프 이-낸 니힐츠 다뤼-버 애어채-ㄹ랜.

결심을 유보하거나 바꿀 때

- 지금은 말하고 싶지 않아요.

  Ich möchte lieber nichts in diesem Augenblick sagen.
  이히 뫼히태 리-버 니힡츠 인 디-젬 아우겐블릭 자-갠.

- 그것에 대해 많이 생각해 봤어요.

  Ich habe daran viel gedacht.
  이히 하-배 다란 피-ㄹ 게다흐트.

- 글쎄, 어떻게 할까?

  So, wie machen wir das?
  조-, 비- 막핸 뷔어 다스?

- 밤새 잘 생각해 보세요.

  Befragen Sie Ihr Kissen!
  베프라-갠 지- 이어 킷센!

> **Tipp** 같은 표현: Schlafen Sie noch einmal darüber!(슐라-팬 지- 녹흐 아인마-ㄹ 다뤼-버!) 밤새 곰곰이 생각해 보세요; befragen 문의하다; das Kissen 베개

- 결과를 기다려 봅시다.

  Lassen Sie es uns abwarten!
  랏샌 지- 앳스 운스 압봐르탠

- 좀 더 두고 봅시다.

  Lassen Sie uns abwarten und sehen!
  랏샌 지- 운스 압봐르탠 운트 제-앤!

- 지금 곧 결심해 주세요.

  Entscheiden Sie sich auf der Stelle!
  앤트샤이댄 지- 짛히 아우프 데어 슈텔래!

> **Tipp** auf der Stelle는 '지금 당장' / in diesem Augenblick / sofort

- 지금 당장 결심해주십시오.

  Entscheiden Sie sich jetzt!
  앤트샤이댄 지 짛히 예츠트!

- 왜 마음을 바꾸셨지요?

  Warum haben Sie Ihre Meinung geändert?
  봐룸 하-밴 지- 이어래 마이눙 게앤더르트?

die Meinung대신에 die Absicht(의도); die Ansicht(의견, 생각)를 넣어서 다른 표현을 할 수도 있다.

- 다시 생각해 보니까, ...
  Nach reichlicher Überlegung, ...
  낙흐   라이힐리혀   위-버레-궁, ...

결심했을 때

- 어려운 결심을 하셨습니다.
  Sie haben eine mutige Entscheidung getroffen!
  지- 하-밴   아이내 무-티개   앤트샤이둥   게트로팬!

- 절대로 입 밖에 내지 않도록 맹세할게요.
  Ich schwöre Ihnen, meinen Mund zu halten!
  이히 슈뵈-레 이-낸,   마이낸   문트   추- 할탠!

 같은 표현: Ich schwöre Ihnen, meine Lippen geschlossen zu halten!
(이히 슈뵈-레 이-넨, 마이네 립팬 게슐로쌘 추- 할탠!)

- 나는 사업가가 되기로 결심했어요.
  Ich habe mich entschlossen, Geschäftsmann zu werden.
  이히 하-배 미히 앤트슐로쌘,   게섀프츠만   추- 베어댄.

 여성 사업가 die Geschäftsfrau(게섀프츠프라우)

- 나는 굳게 결심했어요.
  Ich habe mich fest dazu entschlossen.
  이히 하-배 미히   페스트 다추- 앤트슐로쌘.

- 죽을 때까지 기다리지요.
  Ich will bis in alle Ewigkeit warten.
  이히 빌   비쓰 인 알래 에-비히카이트 봐르탠.

결정할 때

- 결정하셨어요?

  Haben Sie sich entschieden?
  하-밴 지- 짗히 앤트샤이댄?

- 고르셨습니까?

  Haben Sie ausgewählt?
  하-밴 지- 아우스게배-ㄹ트?

- 무엇으로 고르셨나요?

  Was haben Sie ausgewählt?
  밧스 하-밴 지- 아우스게배-ㄹ트?

- 그것은 만장일치로 결정되었습니다.

  Das war ein einstimmiger Entschluss.
  다스 봐- 아인 아인슈티미거 앤트슐루쓰.

- 동전을 던져 결정합시다.

  Werfen wir eine Münze!
  베르팬 뷔어 아이내 뮨채!

- 추첨으로 결정되었어요.

  Die Entscheidung erfolgt durch das Los.
  디 앤트샤이둥 애어폴크트 두르히 다스 로-스.

- 그것은 당신이 결정할 일입니다.

  Das müssen Sie bestimmen!
  다스 뮤쌘 지- 배슈팀맨!

- 당신이 결정하세요.

  Sie haben die Wahl!
  지- 하-밴 디 봐-ㄹ

결정을 망설일 때

- 그것은 제 마음대로 결정할 수가 없어요.

  Ich kann es nicht eigenverantwortlich entscheiden.
  이히 칸 앳스 니힡트 아이겐페어안트보르틀리히 앤트샤이댄.

- 어떻게 해야 할지 모르겠어요.

  Ich weiß mir keinen Rat.
  이히 봐이쓰 미어 카이낸 라-트.

- 어떻게 결정하셔도 저는 좋습니다.

    Es ist mir egal, was für eine Entscheidung Sie treffen.
    엣스 이스트 미어 에갈, 밧스 퓨어 아이내 앤트샤이둥   지- 트래팬.

- 아직 아무 것도 결정을 못했어요.

    Ich habe noch nichts entschieden.
    이히 하-배 녹흐   니힡츠   앤트쉬-댄.

- 그것은 아직 결정되지 않았습니다.

    Das ist noch nicht bestimmt.
    다스 이스트 녹흐 니힡트 배슈팀트.

> **Tipp** bestimmt / festgesetzt / festgestellt / festgelegt 결정된, 정해진, 확정된

⑬ 추측과 확신

자신의 추측이나 예측이 맞을 때 흔히 "Das war ja klar!"(그럴 줄 알았어)라고 하고 전혀 예측하지 못한 일이 일어났을 때는 "Daran habe ich nie gedacht."(그렇게 될 줄은 전혀 생각 못했어요)라고 말한다. 또한 첨사 wohl을 사용하여 추측을 나타내기도 한다. "Er wird wohl kommen."(그가 어쩌면 올 겁니다.) 상대에게 확신을 물을 때는 "Bist du dir dabei sicher?"(너 그것 확신해?) "Aber sicher!"(그럼!) 라고 한다. 또한 부사 sicherlich나 첨사 schon을 사용하여 확신을 표시한다. "Sicherlich wird er kommen."(그녀가 분명히 올 거야.) "Sie werden mich schon verstehen." (당신은 저를 분명히 이해하실 겁니다.)처럼 사용한다.

추측을 나타낼 때

- 내가 몇 살인지 알아맞혀 보세요?
  Wie alt schätzen Sie mich?
  비- 알트 섀챈   지- 밓히?

- 그는 대충 몇 살쯤 됐을까요?
  Wie alt schätzen Sie ihn?
  비- 알트 섀챈   지- 이-ㄴ?

- 대충 짐작해 보세요.
  Raten Sie mal!
  라-탠 지- 마-ㄹ!

- 그녀는 몹시 바쁜 것 같아요.
  Ich vermute, sie ist sehr beschäftigt.
  이히 페어무-테,   지- 이스트 제어 베섀프틱트.

- 그런 것 같아요.
  Ich vermute ja.
  이히 페어무-테 야-.

- 베로니카는 틀림없이 집에 있을 거야.
  Veronika muss zu Hause sein.
  베로-니카   뭇스 추- 하우재   자인.

II. 사교할 때의 표현 161

- 헬가는 집에 있을 겁니다.

    Helga wird wohl zu Hause sein.
    헬가 뷔르트 보-ㄹ 추- 아우재 자인.

- 어쩌면 내일 비가 올지도 몰라요.

    Morgen wird es wohl regnen.
    모르갠 뷔르트 앳스 보-ㄹ 레-그낸.

- 난 그녀가 그것을 알고 있을 거라는 생각이 들어.

    Ich nehme an, dass sie davon weiß.
    이히 네-매 안, 다스 지 다폰 봐이쓰.

- 그가 계획에 대해 아무 것도 몰랐을 수도 있어.

    Es könnte sein, dass er nichts über den Plan gewusst hat.
    앳스 쾐태 자인, 닷스 애어 니힡츠 위-버 덴 플란 게부쓰트 하트.

- 페터는 그 사건에 대해 아무 것도 알지 못했을 수도 있어.

    Es wäre möglich, dass Peter nichts von der Affäre gewusst hat.
    앳스 봬-래 뫼-클리히, 다스 페-터 니힡츠 폰 데어 아패-래 게부쓰트 하트.

- 페터는 그 계획에 대해 아무 것도 알지 못했을지도 몰라.

    Peter wird vielleicht nichts über den Plan gewusst haben.
    페-터 뷔르트 피-ㄹ라이히트 니힡츠 위-버 덴 플란 게부쓰트 하-밴

- 그는 어쩌면 그것을 알고 있을런지도 모른다.

    Er wird wohl davon wissen.
    애어 뷔르트 보-ㄹ 다폰 비쌘.

- 일요일에는 아마도 다시 비가 올 것이다.

    Am Sonntag wird es ja wohl wieder regnen.
    암 존타-ㅋ 비르트 앳스 야- 보-ㄹ 비-더 레-그낸.

추측이 맞았을 때

- 그럴 줄 알았어!

    Das ist ja wieder mal typisch!
    다스 이스트 야- 비-더 마-ㄹ 튀-피쉬!

 같은 표현: **Tipisch!**(티피쉬.) / **Das kann gut sein.**(다스 칸 구-트 자인.)

- 그러니까 그런 일이 일어나지.

    Das kommt davon!
    다스 콤트 다-폰!

- 당신 추측이 딱 맞았어요.

  Ihre Vermutung war ganz richtig.
  이어레 페어무-퉁   봐- 간츠 리히티히.

- 제가 옳다는 것이 판명되었어요.

  Es hat sich erwiesen, dass ich Recht hatte.
  앳스 하트 짙히 애어비-잰,   다스 이히 래휕트 하태.

- 결과에 대한 우리 예측이 맞았어요.

  Unsere Prognesee bezüglich des Ausgangs erwies sich als richtig.
  운저래 프로게네재   배취클리히   데스 아우스강스   애어비-스 짙히 알스 리히티히.

 같은 표현: Der Ausgang entsprach unserer Erwartung.(데어 아우스강 앤트슈프랏흐 운저러 애어봐르퉁.) 여기서 〈entsprechen+3격 목적어〉는 '...에 일치하다'는 뜻이다. entsprach는 entsprechen의 과거형.

- 결과가 우리 예상대로 되었어요.

  Das Ergebnis erfüllte unsere Erwartungen.
  다스 애어게프니스 애어퓔트 운저래   애어봐르퉁앤.

추측과 판단이 다를 때

- 당신이 오리라고는 전혀 생각을 못했어요.

  Ich habe gar nicht damit gerechnet, dass Sie kommen werden.
  이히 하-배 가- 니힡트 다미트 게레히내트,   다스 지- 콤맨베르댄.

- 당신을 여기서 만나리라고는 전혀 생각 못했어요.

  Ich habe gar nicht damit gerechnet, dass ich Sie hier treffen werde.
  이히 하-배 가- 니흐트 다미트 게레히내트,   다스 이히 지- 히어 트래팬베르대.

- 그것은 전혀 예상 밖의 상황이었습니다.

  Das kam ganz unerwartet.
  다스 캄   간츠   운애어봐르태트.

 같은 표현: Das übertraf alle meine Erwartungen.(다스 위-버트라프 알래 마이내 애어봐르퉁앤.)

- 아직 모르는 일이에요.

  Das ist noch nicht bekannt geworden.
  다스 이스트 녹흐 니힡트 배칸트   게보르댄.

- 전혀 짐작이 안 가는군요.

    Davon habe ich keine Ahnung.
    다폰 하-배 이히 카이내 아-눙.

> 같은 표현: Ich habe keine blasse Ahnung.(이히 하-배 카이내 블랏세 아-눙.)/Mein Name ist Hase. Ich weiß von nichts.(마인 나-매 이스트 하-재. 이히 바이쓰 폰 니힡츠.)/Ich habe nicht die leiseste Ahnung.(이히 하-배니힡트 디 라이제스태 아-눙.)

- 그 사람이 이길 것이라는 사실을 전혀 예상하지 못했어요.

    Ich habe mit seinem Sieg gar nicht gerechnet.
    이히 하-배 미트 자이냄 지-크 가- 니힡트 게레히내트.

- 속단하지 마십시오.

    Entscheiden Sie bitte nicht voreilig!
    앤트샤이댄 지- 비태 니힡트 포-어아일리히!

> 같은 표현: Seien Sie bitte nicht voreilig!(자이앤 지- 비태니힡트 포-어아일리히!)

- 그것은 예측하기 어려워요.

    Es ist schwer vorauszusehen.
    앳스 이스트 슈베어 포-어아우스추-제-앤.

- 누구 번호인지 짐작이 안 가요.

    Ich erinnere mich nicht an diese Nummer.
    이히 애린너래 미히 니힡트 안 다이내 눔머.

- 판단에 맡길게요.

    Ich überlasse Ihnen die Entscheidung.
    이히 위-버랏새 이-낸 디 앤트샤이둥.

확신을 물을 때

- 정말 전혀 문제가 없습니까?

    Sind Sie sicher, dass das nicht in Frage kommt?
    진트 지- 짛혀, 닷스 다스 니힡트 인 프라-개 콤트?

> 같은 표현: Sind Sie sicher, dass das nichts zur Sache tut?
> (진트 지- 짛혀, 닷스 다스 니힡츠 추어 작해 투-트?)

- 무슨 근거로 그런 말을 하는 거야?

  Aus welchem Grund sagst du das?
  아우스 벨헴   그룬트   작스트 두- 다스?

- 왜 그렇게 확신하지요?

  Warum sind Sie so davon überzeugt?
  봐룸   진트   지- 조- 다폰   위버초익트?

- 무슨 근거로 그것에 대해 확신하지요?

  Aus welchem Grund sind Sie davon überzeugt?
  아우스 벨헴   그룬트   진트 지- 다폰   위버초익트?

확신할 때

- 그건 확실해.

  Das ist sicher.
  다스 이스트 짛혀.

- 나는 그것을 분명히 알아.

  Ich weiß das genau.
  이히 봐이쓰 다스 게나우.

- 당신이 옳다고 확신합니다.

  Ich bin sicher, dass Sie Recht haben.
  이히 빈 짛혀,   닷스 지- 래휕트하-밴.

- 내기를 걸어도 좋아요.

  Darauf kann ich sogar wetten.
  다라우프 칸   이히 조가-   베탠.

- 100퍼센트 확신 합니다.

  (Ich bin) Absolut sicher.
  (이히 빈)   압졸루-트 짛혀.

- 그것은 제가 보증합니다.

  Dafür gebe ich Ihnen mein Wort.
  다퓨어 게-배 이히 이-낸   마인   보르트.

- 단언합니다.

  Ich möchte darauf schwören.
  이히 뫼히태   다라우프 슈뵈-랜.

 같은 표현: Ich setze alles auf eine Karte.(이히 재채 알랲스 아우프 아이내 카르테.)/
Ich versichere es Ihnen.(이히 페어짛혀레 앳스 이-낸.)

- 그것에 대해서는 의심할 여지가 없습니다.

  Darüber besteht kein Zweifel.
  다뤼-버   배슈테-트 카인   츠봐이팰.

- 저는 그의 말을 확신합니다.

  Ich traue seinen Worten.
  이히 트라우애 자이낸   보르탠.

- 제 명예를 걸고 꼭 하겠습니다.

  Ich will es mit allen Ehren tun.
  이히 빌   앳스 미트 알랜   에-랜   투-ㄴ.

- 이번 시합은 우리가 꼭 이길 거야.

  Ich bin fest davon überzeugt, dass unser Team das Spiel gewinnt.
  이히 빈   페스트 다폰   위-버초익트,   닷스 운저   티-ㅁ   다스 슈피-ㄹ 게뷘트.

확신하지 못할 때

- 아직은 확실하지 않습니다.

  Ich bin mir noch nicht sicher.
  이히 빈   미어 녹흐   니힐트 짙혀.

- 확실한 것은 모르겠습니다.

  Das ist reine Vermutung.
  다스 이스트 라이내 페어무-퉁.

- 그 점에 대해서는 확실하지 않습니다.

  Davon bin ich nicht überzeugt.
  다폰   빈   이히 니힐트 위버초익트.

- 장담할 수는 없습니다.

  Ich kann es nicht sicher sagen.
  이히 칸   앳스 니힐트 짙혀   자-갠.

- 노력하겠지만 장담은 못하겠습니다.

  Ich werde es versuchen, aber ich kann es nicht bestimmt versprechen.
  이히 베르대   앳스 페어주-핸,   아-버 이히 칸   앳스 니힐트 배슈팀트   페어슈프렣핸.

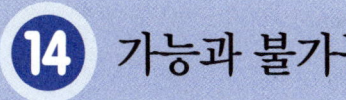

14 가능과 불가능

대화 상대에게 어떤 것에 대해 가능한지 물어볼 때는 "Können Sie ~ 동사원형?" 형태로 말하고, 이에 대해 가능하다고 대답할 때 "Ich kann~ 동사원형."이라고 말한다. 반면에 불가능하다는 것을 말할 때는 "Ich kann nicht ~"라고 하거나, "Es ist nicht möglich, ..."라고 한다. 정중한 표현이나 기대, 요구, 소망 등을 뜻하는 표현에는 "Ich könnte..."라는 말을 사용한다. 그밖에 imstande sein, etw. zu tun이나 in der Lage sein, etw. zu tun도 '...을 할 수 있다'는 말이며, erreichbar, lesbar처럼 동사어근+bar sein, 또한 '...할 수 있다'는 뜻이다.

가능 여부를 물을 때

- 무엇을 할 수 있습니까?

  Was können Sie tun?
  밧스 쾬낸 지- 투-ㄴ?

- 수영할 줄 아세요?

  Können Sie schwimmen?
  쾬낸 지- 슈뷔맨?

- 스키 탈 줄 아니?

  Kannst du Ski fahren?
  칸스트 두- 쉬- 파-랜?

- 피아노 칠 수 있니?

  Kannst du Klavier spielen?
  칸스트 두- 클라비어 슈피-ㄹ랜?

- 독일어 할 줄 압니까?

  Können Sie Deutsch sprechen?
  쾬낸 지- 도이취 슈프렣핸?

- 독일어로 전화할 수 있습니까?

  Können Sie auf Deutsch telefonieren?
  쾬낸 지- 아우프 도이취 텔레포니-랜?

II. 사교할 때의 표현 **167**

- 제 시간에 끝낼 수 있겠어요?

  Können Sie es pünktlich fertig machen?
  쾬낸 지- 앳스 퓽크틀리히 페르틱히 막핸?

- 할인 좀 해주실 수 있습니까?

  Können Sie einen kleinen Rabatt geben?
  쾬낸 지- 아이낸 클라이낸 라밭트 게-밴?

- 가격을 깎아 줄 수 있습니까?

  Können Sie den Preis herabsetzen?
  쾬낸 지- 덴 프라이스 헤랍젤챈?

- 정말 믿어도 되겠어요?

  Kann ich mich wirklich auf Sie verlassen?
  칸 이히 밓히 뷔르클리히 아우프 지- 페어랏샌?

- 시간에 늦지 않게 도착할 수 있겠습니까?

  Könnten Sie rechtzeitig ankommen?
  쾬탠 지- 래힡트차이티히 안콤맨?

- 그게 진실일까요?

  Kann das wahr sein?
  칸 다스 봐- 자인?

- 주의 좀 할 수 없니?

  Kannst du nicht aufpassen?
  칸스트 두- 니힡트 아우프팟샌?

가능을 말할 때

- 누구나 그것을 할 수 있어.

  Jeder kann das.
  예더 칸 다스.

- 난 그것을 혼자 할 수 있어.

  Ich kann es allein tun.
  이히 칸 앳스 알라인 투-ㄴ.

- 난 영어를 할 수 있어.

  Ich kann Englisch sprechen.
  이히 칸 앵글리쉬 슈프렢핸.

- 난 운전할 수 있어.

  Ich kann Auto fahren.
  이히 칸 아우토 파-랜.

- 난 이 일을 금요일까지 끝낼 수 있어.

  Ich kann diese Sache bis Freitag fertig machen.
  이히 칸   디-재 작해   비쓰 프라이타-ㅋ 페르팅히 막핸.

- 우리는 이 일을 제때에 끝낼 수 있어요.

  Wir können die Arbeit rechtzeitig fertig machen.
  뷔어 쾬낸   디 아르바이트 래히트차이팅히 페르팅히 막핸.

- 난 독일어를 읽고 쓸 줄 알아요.

  Ich kann Deutsch lesen und schreiben.
  이히 칸   도이춰   레-잰 운트 슈라이밴.

- 그녀는 이 텍스트를 한국어로 번역할 수 있어요.

  Sie kann diesen Text ins Koreanische übersetzen.
  지- 칸   디-잰   텍스트 인스 코레아-니쉬   위-버젤챈.

- 슈퍼마켓에서 물을 살 수 있습니다.

  Man kann im Supermarkt Wasser kaufen.
  만   칸   임 주퍼마르크트   밧서   카우팬.

- 당신은 그 가방을 분명히 찾을 수 있을 겁니다.

  Sie können die Tasche sicherlich wiederfinden!
  지- 쾬낸   디 탓쉐   징혈링히   비-더핀댄.

- 누구나 할 수 있어.

  Jeder kann das.
  예-더 칸   다스

- 여기서 전화를 하실 수 있습니다.

  Sie können hier telefonieren!
  지- 쾬낸   히어 텔레포니-랜!

- 넌 그것을 믿을 수 있을 거야.

  Darauf kannst du dich verlassen!
  다라우프 칸스트   두- 딯히   페어랏샌!

- 그 트렁크를 잃어버렸을 수도 있어요.

  Der Koffer kann verloren gegangen sein.
  데어 코퍼   칸   페얼로-랜 게강앤   자인.

- 이 빵은 먹음직스럽군요.

  Dieses Brot ist genießbar.
  디-재스 브로-트 이스트 게니-쓰바-

> **tipp** genießbar 대신에 essbar 라고 한다. Das Brot ist zu essen. 이 빵은 먹을 수 있다.

II. 사교할 때의 표현

- 그런 일은 일어날 수도 있지요 뭐.

  Das kann ja mal passieren.
  다스 칸 야 마-ㄹ- 파씨-랜.

불가능을 말할 때

- 난 그것을 할 수 없어. - 아니야, 넌 할 수 있어.

  Ich kann es nicht machen. - Doch, du kannst!
  이히 칸 앳스 니힡트 막핸 - 독흐 두- 칸스트!

- 네가 그것을 할 수 없다는 걸 난 잘 알아.

  Ich weiß genau, dass du es nicht (tun) kannst!
  이히 봐이쓰 게나우, 닷스 두- 앳스 니힡트(투-ㄴ) 칸스트!

- 난 운전을 못해.

  Ich kann nicht Auto fahren.
  이히 칸 니힡트 아우토 파-랜.

- 난 자전거를 못타.

  Ich kann nicht Fahrrad fahren.
  이히 칸 니힡트 파-라-트 파-랜.

- 넌 어제 왜 올 수가 없었니?

  Warum konntest du gestern nicht kommen?
  봐룸- 콘테스트 두- 게스턴 니힡트 콤맨?

- 이 빵을 먹을 수 없어요.

  Dieses Brot kann man nicht essen.
  디-제스 브로-트 칸 만 니힡트 앳샌.

- 이 빵은 먹을 수 없어요.

  Dieses Brot ist nicht essbar.
  디-제스 브로-트 이스트 니힡트 앳스바-

- 저와 함께 가실 수 없겠습니까?

  Können Sie nicht mit mir gehen?
  쾐낸 지- 니힡트 밑트 미어 게-앤?

- 난 하나도 제대로 하는 것이 없어.

  Ich kann nichts richtig tun.
  이히 칸 닣히츠 리히티히 투-ㄴ.

- 모르겠어요?

  Wissen Sie das nicht?
  뷔쌘 지- 다스 니힡트?

- 그 질문에 답해드릴 수 없습니다.

  Ich kann auf die Frage nicht antworten.
  이히 칸   아우프 디 프라-개 니힡트 안트보르탠.

- 나는 그 시를 여전히 암송할 수가 없어요.

  Das Gedicht kann ich immer noch nicht auswendig.
  다스 게딯히트   칸   이히 임머   녹흐   니힡트 아우스벤디히.

- 나는 너를 결코 잊을 수 없을 거야.

  Ich werde dich nie vergessen können.
  이히 베르대 딯히 니- 페어겟샌   쾐낸.

- 감기 때문에 올 수가 없었어요.

  Wegen der Erkältung konnte ich nicht kommen.
  벤-갠   데어 애어캘퉁   콘태   이히 니힡트 콤맨.

- 나는 그 영화를 볼 수가 없었어요.

  Den Film habe ich nicht sehen können.
  덴   필름   하-배 이히 니힡트 제-앤   쾐낸.

> **Tipp** Den Film konnte ich nicht sehen. 독일어의 과거형은 현재완료형으로 흔히 말하는데, 화법 조동사가 들어간 문장의 완료형은 〈haben ...+원형동사+원형동사〉이다.

- 당신 말씀을 잘 들을 수가 없습니다.

  Leider kann ich Sie nicht hören.
  라이더 칸   이히 지- 니힡트 회-랜.

- 그렇게 할 수 없습니다.

  Ich kann das nicht so tun./machen.
  이히 칸   다스 니힡트 조- 투-ㄴ./막핸.

- 모르겠어?

  Kannst du es nicht verstehen?
  칸스투   두   앳스 니힡트 페어슈테-앤?

- 나는 그럴만한 여력이 안 됩니다.

  Das kann ich mir nicht leisten.
  다스 칸   이히 미어 니힡트 라이스탠.

- 난 이 더위를 견딜 수가 없습니다.

  Ich kann diese Hitze nicht ertragen.
  이히 칸   디-재 힡채   니힡트 애어트라-갠.

- 네가 지금 말하는 것을 믿을 수가 없어.

  Ich kann nicht glauben, was du da sagst.
  이히 칸   니힡트 글라우밴,   밧스 두- 다 작스트.

- 그것을 정확히 말할 수가 없습니다.
  Ich kann es nicht genau sagen.
  이히 칸   앳스 니히트 게나우 자-갠.

⑮ 계획과 예정

상대방에게 어떤 계획이 있느냐고 물을 때는 "Haben Sie etwas vor?" 또는 "Was haben Sie vor?"(무슨 계획이 있습니까?)라고 하고 어떤 예정이 있느냐고 물을 때는 "Was werden Sie tun?"(무엇을 할 예정인가요?)라고 한다. Das werde ich ~, Ich werde ~ (난 …할 거야) (~할 예정입니다) 등의 표현도 알아두자. werden 동사는 문장 끝에 동사원형을 취하며 "Werden wir bald abfahren?"(우리 곧 떠날 건가요?) "Wirst du es ihm erzählen?"(너 그에게 그것을 설명할 예정이니?)처럼 사용된다.

계획과 예정을 물을 때

- 너 무엇을 하려고 그러니?
  Was wirst du tun?
  밧스 뷔르스트 두- 투-ㄴ.

- 무엇을 할 계획입니까?
  Was haben Sie vor?
  밧스 하-밴 지- 포어?

- 오늘 저녁에 무슨 계획 있습니까?
  Haben Sie heute Abend etwas vor?
  하-밴 지- 호이태 아-밴트 애트밧스 포어?

- 주말에 무슨 계획 있어요?
  Haben Sie am Wochenende etwas vor?
  하-밴 지- 암 복핸앤대 에트밧스 포어?

- 주말에는 무엇을 할 예정입니까?
  Was haben Sie am Wochenende vor?
  밧스 하-밴 지- 암 복핸앤대 포어?

- 금요일에 뭐할 예정이니?
  Was hast du am Freitag vor?
  밧스 하스트 두- 암 프라이타-ㅋ 포어?

- 오늘 저녁 할 일이 있습니까?

  Haben Sie heute Abend etwas zu tun?
  하-벤   지- 호이테   아-벤트   에트밧스 추- 투-ㄴ?

- 내일 저녁 한가하신지 알고 싶습니다.

  Ich möchte wissen, ob Sie morgen Abend frei sind.
  이히 뫼히테   뷔쌘,   옵 지- 모르갠   아-벤트   프라이 진트.

- 내일 저녁에 시간이 있는지 알고 싶습니다.

  Ich möchte wissen, ob Sie morgen Abend Zeit haben.
  이히 뫼히테   뷔쌘,   옵 지- 모르갠   아-벤트   차이트 하-벤.

- 내일 계획은 어떻습니까?

  Was haben Sie morgen vor?
  밧스 하-벤   지- 모르갠   포어?

- 언제 출발할겁니까?

  Wann fahren Sie ab?
  반   파-랜   지- 압?

- 공항으로 마중 나오시겠습니까?

  Werden Sie mich vom Flughafen abholen?
  베르댄   지- 밎히   폼   플룩하-팬   압홀-랜?

- 한국에 얼마동안 체류할 예정입니까?

  Wie lange wollen Sie sich in Korea aufhalten?
  비- 랑애   볼랜   지- 짖히 인 코레-아 아우프할탠?

- 너의 앞으로의 계획은 뭐니?

  Was sind deine Pläne für die Zukunft?
  밧스 진트   다이내   플래내   퓨어 디   추-쿤프트?

- 다음 주 일정이 어떻게 됩니까?

  Wie sieht Ihr Zeitplan für nächste Woche aus?
  밧스 지-트   이어   차이트플란   퓨어 낵스태   복해   아웃스?

- 일정을 정했습니까?

  Haben Sie einen Zeitplan aufgestellt?
  하-벤   지- 아이낸   차이트플란   아우프게슈텔트?

- 이 일을 끝내고 무엇을 할 예정입니까?

  Was haben Sie vor, wenn Sie damit fertig sind?
  밧스 하-벤   지- 포어, 벤   지- 다밑트   페르티히 진트?

> **Tipp** 같은 표현: Was wollen Sie machen, wenn Sie diese Arbeit beendet haben?

- 왜 부다페스트로 갈려고 하는 거니?

  Warum willst du ausgerechnet nach Bukarest?
  봐룸- 빌스트 두- 아우스게레히내트 낳흐 부카레스트?

계획과 예정을 말할 때

- 낚시를 갈 예정이에요.

  Ich beabsichtige, Angeln zu gehen.
  이히 배압지히티개 앙앨른 추- 게-앤.

- 우리는 토요일에 파티를 열 예정입니다

  Wir werden am Samstag eine Party geben.
  뷔어 베르댄. 암 잠스타-ㅋ 아이내 파티 게-밴.

- 저의 일정이 꽉 차 있습니다.

  Mein Zeitplan ist voll belegt.
  마인 차이트플란 이스트 폴 밸렉트.

- 저의 일정은 이미 고정 되어 있습니다.

  Mein Zeitplan steht schon fest.
  마인 차이트플란 슈테-트 쇼-ㄴ 페스트.

- 저는 7월 초에 독일에 갈 예정입니다.

  Ich werde Anfang Juli nach Deutschland fliegen.
  이히 베르대 안팡 율리 낳흐 도이췰란트 플리-갠.

- 저는 5월 마지막 주에 출장을 갈 예정입니다.

  Ich werde in der letzten Maiwoche eine Geschäftsreise machen.
  이히 베르대 인 데어 렡츠탠 마이복해 아이내 게섀풀츠라이재 막핸.

- 내일 찾아뵙겠습니다.

  Ich besuche Sie morgen.
  이히 배죽해 자- 모르갠.

- 낭비한 시간을 보충할 예정입니다.

  Ich beabsichtige, die versäumten Zeiten nachzuholen.
  이히 배압지히티개 디 페어조임탠 차이탠 낙흐추-홀-랜.

- 저는 생일에 친구들을 초대할 예정입니다.

  Ich habe vor, meine Freunde zum Geburtstag einzuladen.
  이히 하-배 포어 마이내 프로인대 춤 게부어츠타-ㅋ 아인추-라-댄.

- 이번 휴가 때는 남부 독일로 갈 예정입니다.

  Ich habe vor, im Urlaub nach Süddeutschland zu fahren.
  이히 하-배 포어 임 우얼라웁 낳흐 쥐-트도이취란트 추- 파-랜.

- 나는 이 일을 내일까지 마무리할 예정입니다.

  Ich will diese Arbeit bis morgen beenden.
  이히 빌   디-재 아르바이트 비쓰 모르갠   배엔댄.

- 언젠가 알프스에 가볼 생각입니다.

  Ich will irgendwann in die Alpen fahren.
  이히 빌   이르갠트반   인 디 알팬   파-랜.

- 갈 생각이었지만 그럴 수가 없었어요.

  Ich wollte eigentlich dahin gehen, aber ich konnte nicht.
  이히 볼태   아이겐틀맇히 다힌 게-앤, 아버 이히 콘테   니힡트.

- 정말 미안합니다. 놀라게 할 생각은 아니었어요.

  Entschuldigen Sie! Ich wollte Sie nicht erschrecken.
  앤트슐디갠   지! 이히 볼태   지- 니힡트 애어슈렉캔.

- 점심으로 스파게티를 먹을까해.

  Ich will Spaghetti zu Mittag essen.
  이히 빌 슈파게티   추- 밑타-ㅋ 에쌘.

- 그에게 말해 두려고 해.

  Ich werde ihm etwas erklären.
  이히 베르대   이-ㅁ 에트밧스 에어클래-랜.

- 여기서 이틀 더 체류하려고 합니다.

  Ich will mich noch für zwei Tage hier aufhalten.
  이히 빌 밎히 녹흐 퓨어 츠바이 타-개 히어 아우프할탠.

- 그녀는 3시경에 돌아올 겁니다.

  Sie wird gegen drei Uhr zurückkommen.
  지- 뷔르트 게-갠   드라이 우-어 추뤽콤맨.

- 2시에 회의실에서 모이기로 되어 있습니다.

  Wir sollten um zwei Uhr im Gesprächsraum sein.
  뷔어 졸탠   움 츠바이 우-어 임 게슈프랭히스라움   자인.

- 그 파티에 무엇을 입고 가기로 되어 있니?

  Was sollen wir zur Party anziehen?
  밧스 졸랜   뷔어 추어 파티 안치-앤?

- 그 계획은 불확실합니다.

  Der Plan ist unsicher.
  데어 플란 이스트 운짛혀.

16 희망과 의지

상대방에게 희망을 물을 때는 "Wollen Sie ~?"(~하고 싶습니까?)/"Wollen Sie, dass ich ...?"(제가 ...해주기를 원하나요?)라고 한다. 반대로 자신의 희망을 말할 때는 "Ich möchte gern ~."(...하고 싶습니다) "Ich hätte gern ~."(...하고 싶습니다)의 표현을 사용한다. 상대의 의향을 물을 때 "Möchten Sie gern ~?" 또는 "Was soll ich Ihrer Meinung nach tun?" 같은 표현을 사용한다.

희망을 물을 때

- 너는 무엇이 되고 싶니?

  Was möchtest du werden?
  밧스 뫼히태스트 두- 베르댄?

- 거기에 가고 싶어?

  Möchtest du dorthin fahren?
  뫼히태스트 두- 도르트힌 파-랜?

- 그 영화를 보고 싶니?

  Möchtest du dir den Film ansehen?
  뫼히태스트 두- 디어 덴 필름 안제-앤?

- 내가 무엇을 하기를 바라니?

  Was möchtest du von mir?
  밧스 뫼히태스트 두- 폰 미어?

- 뭘 드시고 싶습니까?

  Was möchten Sie gern essen?
  밧스 뫼히탠 지- 게른 앳샌?

- 대학교에서 무엇을 전공하고 싶니?

  Was möchtest du an der Universität studieren?
  밧스 뫼히태스트 두- 안 데어 우니버지태트 슈투디-랜?

- 무슨 과목을 공부하고 싶습니까?

  Was für ein Fach hätten Sie gern studiert?
  밧스 퓨어 아인 팍흐 해탠 지- 게른 슈투디어트?

> 같은 표현: Was für ein Fach möchten Sie gern studieren?
> 봐스 퓨어 아인 팍흐 뫼히탠   지- 게른 슈투디-랜?

- 언제 출발하고 싶니?
  Wann möchtest du abfahren?
  반   뫼히태스트 두- 압파-랜?

- 어디로 쇼핑가고 싶니?
  Wohin möchtest du einkaufen gehen?
  보힌 뫼히텟트   두- 아인카우팬 게-앤?

- 왜 교사가 되고 싶니?
  Warum möchtest du Lehrer werden?
  봐룸- 뫼히태스트 두- 레-러 베르댄?

- 어떤 여자와 결혼하고 싶은데?
  Was für eine Frau möchtest du heiraten?
  밧스 퓨어 아이내 프라우 뫼히태스트 두- 하이라-탠?

- 내가 뭘 하길 바라니?
  Was möchtest du von mir?
  밧스 뫼히태스트 두- 폰 미어?

희망을 말할 때

- 그렇게 하고 싶어요.
  Ich möchte gern so etwas tun.
  이히 뫼히태   게른 조- 에트밧스 투-ㄴ.

- 기꺼이 그렇게 하겠습니다.
  Ich will es gerne so tun.
  이히 빌   앳스 게르내 조- 투-ㄴ.

- 기꺼이 그렇게 하지요.
  Das will ich gerne tun.
  다스 뷜   이히 게르내 투-ㄴ.

- 저와 함께 가 주었으면 좋겠습니다.
  Ich hoffe, dass Sie mit mir gehen!
  이히 호패,   닷스 지- 밑트 미어 게-앤!

- 저와 함께 가 주었으면 하는데요.
  Ich wünsche mir, mit Ihnen zusammen zu gehen!
  이히 뷘셰   미어, 밑트 이-낸 추잠맨   추- 게-앤!

- 다시 만나고 싶군요.
  Ich hoffe, Sie wieder zu sehen!
  이히 호패, 지- 비-더 추- 제-앤!

- 그렇지 않으면 좋겠는데.
  Ich hoffe nicht.
  이히 호패 니힡트.

- 혼자 있고 싶어요.
  Ich möchte allein gelassen werden.
  이히 뫼히태 알라인 겔랏샌 베르댄.

 같은 표현: Ich möchte allein sein. (이히 뫼히태 알라인 자인.)

- 꼭 다시 한 번 해보고 싶어요.
  Ich möchte es noch einmal versuchen.
  이히 뫼히태 앳스 녹흐 아인마-ㄹ- 페어주-ㄱ핸.

- 한 번 시도해 볼래?
  Willst du es mal versuchen?
  빌스트 두- 앳스 마-ㄹ- 페어주-ㄱ핸?

- 그 일이 잘 되었으면 좋겠어.
  Hoffentlich klappt es!
  호팬틀릭히 클라프트 앳스!

- 그녀가 곧 와 주었으면 좋겠어.
  Hoffentlich kommt sie bald!
  호팬틀릭히 콤트 지- 발트!

- 네가 빨리 좀 와주었으면 좋겠어.
  Ich kann deinen Besuch kaum noch erwarten!
  이히 칸 다이낸 배주-ㄱ흐 카움 녹흐 애어바르탠!

- 그녀를 보고 싶어 죽겠어.
  Ich möchte sie dringend treffen.
  이히 뫼히태 지- 드링앤트 트래팬!

 같은 표현: Ich bin schrecklich gespannt, sie zu sehen./Ich kann es nicht erwarten, sie zu sehen. (이히 빈 슈렉클릭히 게슈판트, 지 추 제-앤 / 이히 칸 앳스 니힡트 애어바르탠, 지- 추 제-앤.)

- 대학에 가고 싶어.
  Ich möchte studieren.
  이히 뫼히태 슈투디-랜.

> **Tipp** studieren '대학 공부하다' ; Renate studiert schon. "레나테는 벌써 대학에 다녀요." 따라서 Ich möchte studieren.이라 해도 된다.; Ich gehe zur Universität. "나는 대학교에 다녀요."/"나는 대학교에 갑니다." 따라서 Ich möchte zur Universität gehen. 이라고 하면 "난 대학교에 가고 싶다."

- 좀 더 공부하고 싶어요.

  Ich möchte noch lernen.
  이히 뫼히태 녹흐 레르낸.

- 당신이 저와 함께 있어주면 좋겠습니다.

  Ich hoffe, dass Sie mich begleiten!
  이히 호패, 다스 지- 밓히 배글라이탠!

- 제 아내가 되어주면 좋겠어요.

  Ich wäre glücklich, wenn Sie meine Frau würden!
  이히 배-래 글뤽클리히, 밴 지- 마이내 프라우 뷰르댄!

- 네가 담배를 끊으면 좋겠는데.

  Ich wünschte, dass du mit dem Rauchen aufhören würdest!
  이히 뷴쉬태, 다스 두- 밑트 뎀 라욱핸 아우프회-랜 뷔르대스트!

- 좀 더 일찍 오시면 좋겠습니다.

  Hoffentlich kommen Sie noch früher!
  호팬틀리히 콤맨 지- 녹흐 프뤼-어!

- 제 어머니를 만나주셨으면 합니다.

  Ich wünschte, Sie würden meine Mutter treffen!
  이히 뷴쉬태, 지- 뷰르댄 마이내 무터 트래팬!

- 교사가 되고 싶습니다.

  Ich möchte Lehrerin werden.
  이히 뫼히태 레-러린 베르댄.

- 그 일자리를 구하면 좋겠어요.

  Ich hoffe, dass ich die Stelle erhalte!
  이히 호패, 다스 이히 디 슈텔래 애어할태!

- 그 시험에 합격하길 바랍니다.

  Ich hoffe, dass Sie die Prüfung bestehen werden!
  이히 호패, 다스 지- 디 프뤼-풍 배스테-앤 베르댄!

- 제 생일 파티에 오시길 바랍니다.

  Ich hoffe, dass Sie zu meiner Geburtstagsparty kommen können!
  이히 호패, 다스 지- 추- 마이너 게부어츠타-ㄱ스파티 콤맨 괜낸!

- 그녀는 그 남자를 만나고 싶어 해.

  Sie hofft, ihn zu treffen.
  지- 호프트, 이-ㄴ 추- 트래팬!.

- 그럴 수만 있으면 좋겠는데.

  Ich wünschte, dass ich es könnte!
  이히 뷘쉬태,   다스 이히 앳스 쾐태!

- 내가 ~할 수 있으면 좋겠는데.

  Ich wünschte, ich könnte ...
  이히 뷘쉬태,   이히 쾐태...

- 우리가 갈 수만 있으면 좋겠는데?

  Ich wünschte, wir könnten gehen.
  이히 뷘쉬태,   뷔어 쾐탠   게-앤.

- 네가 영화배우가 될 수만 있으면 좋겠는데.

  Ich wünschte, dass du Schauspieler würdest.
  이히 뷘쉬태,   닷스 두- 샤우슈피-르러   뷰르대스트.

- 예, 부탁드립니다.

  Ja, bitte.
  야, 비태.

의향을 물을 때

- 좀 더 크게 말할까요?

  Soll ich lauter sprechen?
  졸   이히 라우터 슈프렣핸?

- 집까지 태워다줄까요?

  Wünschen Sie, dass ich Sie nach Hause mitnehme?
  뷘섄   지- 닷스 이히 지- 낙호 하우재 밑트네-맨?

- 공항까지 태워다드릴까요?

  Kann ich Sie zum Flughafen mitnehmen?
  칸   이히 지 춤   플룩하-팬   밑트네-맨?

- 몇 시에 가면 좋겠습니까?

  Wann soll ich kommen?
  반   졸   이히 콤맨?

- 제가 좀 일찍 가야 되겠습니까?

  Soll ich früher gehen?
  졸   이히 프뤼어 게-앤?

- 제가 좀 일찍 가기를 원하십니까?

  Wünschen Sie, dass ich früher gehe?
  뷘섄   지-, 닷스 이히 프뤼어 게-애?

- 생일 선물로 뭘 원하니?

Was wünschst du dir zum Geburtstag?
밧스 뷘쉬스트 두- 디어 춤 게부어츠타-ㅋ?

의지를 말할 때

- 내가 계산할게요.

Ich bezahle die Rechnung.
이히 배차-ㄹ래 디 레히눙.

- 아침에 일찍 일어나야겠어.

Ich will früh aufstehen.
이히 빌 프뤼 아우프슈테-앤.

- 내일 아침에는 일찍 일어나야겠어.

Morgen früh will ich früh aufstehen.
모르갠 프뤼 빌 이히 프뤼 아우프슈테-앤.

- 너에게 이 책을 줄게.

Ich will dir das Buch geben.
이히 빌 디어 다스 북호 게-밴.

- 디저트는 거르겠습니다.

Das Dessert werde ich auslassen.
닷스 데서-트 베르대 이히 아웃스랏샌.

> das Dessert 「데서:트」 디저트, „Zum Dessert gibt es Eis." 디저트로는 아이스크림이 있습니다.

- 등산이나 갈까 합니다.

Ich werde bergsteigen gehen.
이히 베르대 배르크슈타이갠 게-앤.

- 나는 곧 하이킹을 갈까 합니다.

Ich werde bald wandern gehen.
이히 베르대 발트 반더른 게-앤.

- 쇼핑을 갈까 합니다.

Ich will einkaufen gehen.
이히 빌 아인카우팬 게-앤.

- 낚시나 갈까 합니다.

Ich werde Angeln gehen.
이히 베르대 앙엘른 게-앤.

Teil III

유창한 대화를 위한 표현

01 이해와 확인
02 대화의 막힘과 재촉
03 동의와 찬·반
04 맞장구
05 대화를 부드럽게 하는 표현

01 이해와 확인

자신이 한 말을 상대방이 알아들었는지 확인하는 말은 "Verstehen Sie?"(이해하시 겠어요?), "Sehen Sie?"(알겠어?) 또는 "Alles klar?"(알겠어?)이다. 이 말에 대해서 상대방은 "Einverstanden."(이해했어요.)라고 말하고, 반대로 이해하지 못했을 경우 는 "Ich verstehe nicht."(이해하지 못하겠어요.)라고 말하든가 "Wie bitte?"(뭐라고 하셨지요?), "Ich habe nicht verstanden."(이해하지 못했습니다.)라고 표현한다.

이해를 확인할 때

- 이해하시겠어요?

  Verstehen Sie?
  페어슈테-앤 지-?

  > Tipp Verstehen Sie das? '그것을 이해하시겠습니까?' 란 말이지만 '이해하시겠어요?' 와 같은 말로 쓰인다.

- 이제 이해가 되니?

  Kapierst du endlich?
  카피어스트 두- 엔틀리히?

- 제 말 뜻을 이해하시겠어요?

  Verstehen Sie, was ich meine?
  페어슈테-앤 지- 밧스 이히 마이내?

- 제가 드린 말뜻을 이해하시겠어요?

  Verstehen Sie, was ich gemeint habe?
  페어슈테-앤 지- 밧스 이히 게마인트 하-배?

- 제가 한 말을 알겠어요?

  Verstehen Sie, was ich sage?
  페어슈테-앤 지- 밧스 이히 자-개?

- 지금까지 제가 한 말을 이해하시겠어요?

  Verstehen Sie, was ich bisher gesagt habe?
  페어슈테-앤 지- 밧스 이히 비쓰헤어 게작트 하-배?

- 내용을 알았어?

    Kapierst du?
    카피어스트 두-?

- 내가 말하는 의미를 잘 알지?

    Du weißt ganz genau, was ich meine!
    두- 봐이쓰트 간츠 게나우, 밧스 이히 마이내!

이해했을 때

- 이해했어요.

    Einverstanden.
    아인페어슈탄댄.

- 아, 알겠습니다.

    Oh, ich hab's!
    오, 이히 합스.

> Ich habe es의 준말.

- 아, 그렇군요.

    Ach so ...!
    아흐 조-...!

- 아, 알겠어요.

    Ach so, ich verstehe schon.
    아흐 조-, 이히 페어슈테-애 쇼-ㄴ.

- 아, 이제 알겠어요.

    Ach, jetzt verstehe ich.
    아흐, 예츠트 페어슈테-애 이히.

- 이해가 되는군요.

    Nun ist es mir klar.
    누-ㄴ 이스트 앳스 미어 클라.

- 아, 무슨 말씀인지 알겠습니다.

    Ich begreife, was Sie meinen.
    이히 배그라이패, 밧스 지- 마이낸.

- 이해할 만하군요.

    Das ist nachvollziehbar!
    닷스 이스트 낙흐폴치-바-!

III. 유창한 대화를 위한 표현 **185**

- 당신의 입장을 이해합니다.

　Ich verstehe Ihre Einstellung.
　이히 페어슈테-애 이어래 아인슈텔룽.

- 이제 알겠어요.

　Jetzt verstehe ich.
　예츠트 페어슈테애 이히.

- 이제 감이 잡히는군요.

　Jetzt komme ich damit klar!
　예츠트 콤매 이히 다밑트 클라!

 이해를 못했을 때

- 이해가 안 됩니다.

　Ich verstehe nicht.
　이히 페어슈테애 니힡트.

- 이해하지 못했습니다.

　Ich habe nicht verstanden.
　이히 하-배 니힡트 페어슈탄댄.

- 뭐라고요?

　Wie bitte?
　비- 비태?

- 무슨 말을 하는지 모르겠군요.

　Ich weiß nicht, was Sie meinen!
　이히 봐이쓰 니힡트, 밧스 지- 마이낸?

- 그게 무슨 뜻이지요?

　Was meinen Sie damit?
　밧스 마이낸 지- 다밑트?

- 이해하기 어렵군요.

　Es ist schwer zu verstehen!
　앳스 이스트 슈베어 추- 페어슈테-엔!

- 제가 제대로 이해한 것인가요?

　Habe ich richtig verstanden?
　하-배 이히 리히티히 페어슈탄댄?

- 그것을 이해할 수 없어요.

　Das kann ich nicht nachvollziehen.
　닷스 칸 이히 니힡트 낙흐폴치-앤.

- 죄송합니다만, 제가 제대로 이해하지 못했습니다.

  Verzeihen Sie, ich habe nicht recht verstanden.
  페어차이앤 지-, 이히 하-배 니힡트 렣히트 페어슈탄댄.

- 저는 그것을 전혀 이해하지 못했습니다.

  Das habe ich gar nicht verstanden.
  닷스 하-배 이히 가- 니힡트 페어슈탄댄.

- 저는 그것을 이해할 수가 없습니다.

  Das kann ich nicht kapieren.
  닷스 칸 이히 니힡트 카피-랜.

- 도무지 감이 잡히지 않습니다.

  Ich komme damit nicht klar.
  이히 콤매 다밑트 니힡트 클라.

- 무슨 말인지 전혀 모르겠어요.

  Ich kann Sie nicht verstehen.
  이히 칸 지- 니힡트 페어슈테-앤.

- 당신 말씀을 이해할 수 없습니다.

  Ich kann nicht verstehen, was Sie meinen.
  이히 칸 니힡트 페어슈테-앤, 밧스 지- 마이낸.

- 그것을 전혀 이해할 수가 없군요.

  Das kann ich gar nicht verstehen!
  닷스 칸 이히 가- 니힡트 페어슈테-앤!

> **tipp** 같은 표현 : Ich kann daraus nicht klug werden!
> (이히 칸 다라우스 니히트 클룩 베르댄!)

02 대화의 막힘과 재촉

대화를 할 때 말문이 막히거나 할 말이 생각나지 않을 때가 있다. 이외에 부드럽게 말을 이어가지 못하면 상대방의 기분을 감안하지 않는 느낌을 주기 때문에 갑작스러운 침묵을 피하는 연습을 해 볼 필요가 있다. 당황스런 상황에서 상대의 기분을 무시하지 않는 배려 역시 사교에 있어 중요한 요소가 될 것이다.

말이 막힐 때

- 음,
  Hm,
  음,

- 에 …
  Äh …
  에…

- 글쎄, 어디 생각해봅시다.
  Na ja, lassen Sie mich überlegen.
  나- 야-, 랏샌 지- 밓히 위-버레-갠.

- 글쎄요, 사실 …
  Na ja, eigentlich …
  나- 야-, 아이겐틀리히 …

- 뭐라고 할까?
  Was soll ich sagen?
  밧스 졸 이히 자-갠?

- 그게 뭐더라?
  Was gibt's?
  밧스 깁츠?

> **Tipp** es gibt+4격 '…이 있다'

- 확실하지 않지만,
  Ich bin nicht sicher, aber ...
  이히 빈 니힡트 짛혀, 아버 ...

- 글쎄, 제 말은 ...
  Na ja, was ich meine ...
  나- 야-, 밧스 이히 마이내 ...

- 실은 ...
  in der Tat, ...
  인 데어 타-트, ...

- 제가 어디까지 말했지요?
  Wo war ich stehengeblieben?
  보- 봐- 이히 슈테앤게블리-밴?

- 그것을 어떻게 말해야 할까요?
  Wie kann ich es sagen?
  비- 칸 이히 앳스 자갠?

- 우리가 어디까지 이야기했지요?
  Wo waren wir?
  보- 봐-랜 뷔어?

적절한 말이 생각나지 않을 때

- 생각 좀 해보고.
  Lass mich überlegen!
  랏스 밎히 위-버레-갠!

- 생각 좀 해보고요.
  Lassen Sie mich überlegen!
  랏샌 지- 밎히 위-버레-갠!

- 뭐라고 했지, 그래 맞아. ...
  Was habe ich eigentlich gesagt? Ach ja, ...
  밧스 하-배 이히 아이겐틀리히 게작트? 아흐 야, ...

- 뭐라고 말하려고 했더라 ...
  Was wollte ich eigentlich sagen?
  밧스 볼태 이히 아이겐틀리히 자갠?

- 뭐라고 말을 해야 할까?
  Was soll ich sagen?
  밧스 졸 이히 자갠?

III. 유창한 대화를 위한 표현 **189**

- 무슨 말을 하려고 했지?
  Was wollte ich sagen?
  밧스 볼태   이히 자-갠?

- 맞아, 이래요.
  Ah ja, das ist etwa so.
  아흐 야, 다스 이스트 애트밧스 조-

- 잊었습니다.
  Ich habe vergessen.
  이히 하-배 페어겟샌.

- 지금 당장 생각이 안 나는군요.
  Das fällt mir gerade gar nicht ein.
  다스 팰트 미어 게라데   가- 니힡트 아인.

- 지금 기억이 나지 않습니다.
  Jetzt erinnere ich mich daran nicht.
  예츠트 에린네래   이히 밓히   다란   니힡트.

- 그걸 뭐라고 합니까?
  Wie wird es genannt?
  비-   뷔르트 앳스 게난트?

- 그걸 뭐라고 하냐고요? 모르겠네요.
  Wie es genannt wird? Ich weiß es nicht.
  비- 앳스 게난트   뷔르트? 이히 봐이쓰 앳스 니힡트.

- 한 번 더 이야기 해주시겠어요?
  Würden Sie das noch einmal wiederholen?
  뷔르댄   지 다스 녹흐 아인마-ㄹ 비-더홀-랜?

- 실례합니다만, 뭐라고 하셨지요?
  Verzeihen Sie, was haben Sie gesagt?
  페어차이-앤 지-, 밧스 하-밴   지- 게작트?

말하면서 생각할 때

- 글쎄, 제 말은
  Na ja, was ich meine ...
  나 야-, 밧스 이히 마이내 ...

- 확실하지 않지만, ...이라고 생각해요.
  Ich weiß nicht genau, aber ich glaube, ...
  이히 봐이쓰 니힡트 게나우,   아-버 이히 글라우배,

> Ich bin nicht sicher, aber ich bin der Meinung, dass ...
> 이히 빈 니힡트 짛혀,   아-버 이히 빈 데어 마이눙,   닷스...

- 제 기억이 옳다면,
  Wenn ich mich recht erinnere, ...
  벤   이히 밎히   래힡트 에린너래,

- 잘 기억나지 않지만,
  Ich erinnere mich nicht genau, aber ...
  이히 에린네레   밎히   니힡트 게나우, 아-버 ...

- 기억할 수 있는 한
  Soweit ich mich erinnern kann, ...
  조-봐이트 이히 밎히   에린너른   칸,

- 분명하지 않지만,
  Ich bin nicht sicher, aber ...
  이히 빈 니힡트 짛혀,   아-버

- 굳이 대답해야 한다면,
  Wenn ich wirklich antworten muss, ...
  벤   이히 뷔르클리히 안트보르탠   뭇스

말을 재촉할 때

- 빨리 말씀하세요.
  Sagen Sie es mir sofort!
  자-갠   지- 앳스 미어 조포르트!

- 우리들에게 말씀해주세요.
  Sagen Sie es uns doch!
  자-갠   지- 앳스 운스 독흐!

- 할 말이 있으면 하세요.
  Sagen Sie, was Sie wollen!
  자-갠   지- 밧스 지- 볼랜!

> 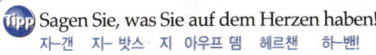 Sagen Sie, was Sie auf dem Herzen haben!
>   자-갠   지- 밧스 지 아우프 뎀   헤르챈   하-밴!

- 누가 그랬는지 좀 말해 보세요.
  Sagen Sie bitte, wer das so gesagt hat!
  자-갠   지- 비태,   베어 다스 조- 게작트   하-트!

- 제게 말씀 좀 해주시겠어요?.

  Würden Sie es mir sagen?
  뷰르댄 지- 앳스 미-어 자갠?

- 그래서 당신은 뭐라고 그랬나요?

  Und was haben Sie gesagt?
  운트 밧스 하-밴 지- 게작트?

- 제발 말 좀 해봐요.

  Bitte sagen Sie es doch!
  비태 자갠 지- 앳스 독흐!

- 제발 말 좀 해주세요.

  Sagen Sie es mir bitte!
  자갠 지- 앳스 미-어 비태!

# 03 동의와 찬반

대화를 할 때 상대방의 의견에 정확하게 동의를 한다거나 동의하지 않는다는 말을 나타내는 게 유럽식이다. 동의를 나타낼 때 "Ich bin Ihrer Meinung."(나는 당신의 의견에 동의합니다), "Sie haben Recht."(당신 말씀이 옳습니다.)라고 한다. 동의하지 않을 경우 "Ich bin anderer Meinung."(제 생각은 다릅니다.)라든가, "저는 반대입니다."(Ich bin dagegen) 등의 표현으로 자신의 뜻을 분명히 밝힌다. 이제 구체적 표현들을 살펴보도록 하자.

동의를 구할 때

• 그렇지 않나요?
Meinen Sie nicht auch?
마이낸 지- 니힡트 아욱흐?

• 그렇게 생각하지 않으세요?
Denken Sie nicht auch?
뎅캔 지- 니힡트 아욱흐?

동의할 때

• 좋은 생각입니다.
Gute Idee!
구-태 이데-!

(Tipp) 같은 표현 : Das klingt gut!(다스 클링트 구-트!)

• 그거 좋은 생각이야.
Das ist eine gute Idee!
다스 이스트 아이내 구-태 이데-!

• 동의합니다.
Ich stimme mit Ihnen überein.
이히 슈팀매 밑트 이-낸 위-버라인!

- 당신에게 동의합니다.
  Ich bin der gleichen Meinung.
  이히 빈 데어 글라이핸 마이눙.

- 저는 전적으로 동의합니다.
  Ich bin ganz Ihrer Meinung.
  이히 빈 간츠 이어러 마이눙.

- 나는 당신 생각에 전적으로 동의합니다.
  Ich bin mit Ihnen ganz einer Meinung.
  이히 빈 밑트 이-낸 간츠 아이너 마이눙.

- 예, 동의합니다.
  Ja, abgemacht.
  야, 압게막흐트.

- 당신 말씀이 옳습니다.
  Sie haben Recht.
  지- 하-밴 래힡트.

- 지당하신 말씀입니다.
  Da haben Sie ganz Recht.
  다- 하-밴 지- 간츠 래힡트.

- 알겠어요. 당신 말씀이 맞습니다.
  O.K. Begriffen.
  오케이. 베그라이팬.

- 저는 이의 없습니다.
  Ich habe keinen Einwand.
  이히 하-배 카이낸 아인반트.

(Tipp) Meinetwegen.(마이네트베-겐.) 저는 괜찮아요.

- 정말 그렇습니다.
  Eben.
  에-밴

(Tipp) 같은 뜻으로 Genau.(게나우) / Ganz Recht.(간츠 래힡트.)

- 정말 옳습니다.
  Das stimmt.
  다스 슈팀트

- 분명 맞습니다.

  Das stimmt sicher.
  다스 슈팀트   짙혀.

 Das ist schon wahr.(다스 이스트 쇼-ㄴ 봐-)/Ja, so ist es.(야-, 조- 이스트 앳스.)

- 예, 물론이고말고요.

  Ja, allerdings. ...
  야- 알러딩스.

- 의심할 여지가 없습니다.

  Darüber besteht kein Zweifel.
  다뤼-버   베슈테-트 카인   츠봐이이펠.

 Es besteht kein Zweifel daran.
앳스 배슈테-트 카인 츠봐이펠 다-란.

- 네, 그게 바로 제 생각입니다.

  Ja, genau. Das ist es, was ich meine.
  야- 게나우.   다스 이스트 앳스, 밧스 이히 마이내.

- 이 문제에 있어 저는 그의 의견에 동의합니다.

  In dieser Frage stimme ich mit ihm überein.
  인 디-저   프라-개 슈팀매   이히 밑트 이-ㅁ 위-버라인.

- 이 문제에 있어 나는 너의 생각에 동의해.

  Ich stimme mit deiner Meinung in dieser Frage überein.
  이히 슈팀매   밑트 다이너   마이눙   인 디-저   프라-개 위-버라인.

- 그것에 대해 찬성합니까?

  Sind Sie dafür?
  진트   지- 다-퓨어어?

- 저는 그것에 찬성합니다.

  Ich bin dafür.
  이히 빈   다-퓨어어.

- 나는 그의 제안에 찬성합니다.

  Ich bin für seinen Vorschlag.
  이히 빈   퓨어 자이낸   포-어슐라-ㅋ.

- 나는 자동차를 구입하는데 찬성합니다.

  Ich bin für den Kauf eines Wagens.
  이히 빈   퓨어 덴   카우프 아이내스 봐-갠스.

- 우리는 다음 주에 다시 만나기로 하는 데 동의했다.
Wir kamen schließlich überein, uns noch einmal in der nächsten Woche
뷔어 카맨 슐리-쓸링히 위-버라인, 운스 녹흐 아인마-ㄹ 인 데어 낵스탠 복해
zu treffen.
추- 트래팬.

부분적으로 동의할 때

- 백번 옳은 이야기입니다만,
Ich kann alles verstehen, aber ...
이히 칸 알랫스 페에슈테-앤, 아-버...

- 당신의 생각에 전적으로 동의하지는 않습니다.
Ich stimme mit Ihnen nicht völlig überein.
이히 슈팀매 밑트 이-ㄴ 니힐트 푈링히 위-버라인.

- 무슨 말씀인지 알겠습니다만,
Ich verstehe, was Sie meinen, aber ...
이히 페어슈테-애, 밧스 지- 마이낸 아-버...

- 요점은 알겠습니다만, ..
Ich verstehe, worauf Sie hinauswollen.
이히 페어슈테-에 보-라우프 지- 힌아웃스볼랜.

- 어느 정도는 그렇습니다만,
Gewissermaßen ja, aber ...
게뷔써마쌘 야- 아-버...

- 아마 맞을 겁니다만, ...
Ja vielleicht, aber ...
야- 필라이히트 아-버...

동감할 때

- 동감입니다.
Ich bin derselben Meinung.
이히 빈 데어젤밴 마이눙.

- 그 점에 대해서 저도 동감입니다.
Damit bin ich auch einverstanden.
다-밑트 빈 이히 아욱흐 아인페어슈탄댄.

- 전적으로 동감입니다.

  Ich stimme mit Ihnen voll überein.
  이히 슈팀매 밑트 이-흐 폴 위-버라인.

- 저는 괜찮습니다.

  Meinetwegen.
  마이네트베-갠.

> Es macht mir nichts aus.
> 앳스 막흐트 미-어 닛히츠 아우스.

상대방이 옳고 자신이 틀렸다고 할 때

- 예, 아마 그 점에 대해서는 제가 틀렸습니다만, ...

  Ja, vielleicht habe ich es falsch verstanden, aber ...
  야- 피-ㄹ라이히트 하-배 이히 앳스 팔쉬 페어슈탄댄, 아-버

- 바로 그 말씀을 하시려는 거군요.

  Darauf wollen Sie also die Pointe legen.
  다-라우프 볼랜   지- 알조- 디 포인테 레-갠.

> 같은 표현 : Darauf wollen Sie also Ihre Hauptaussage legen.
> (다-라우프 볼랜   지- 알조- 이어래 하우프트아우스자-개 레-갠.)

- 그건 생각해보지 못했습니다.

  Daran habe ich nicht gedacht.
  다-란 하-배 이히 니힐트 게닿흐트.

- 미안합니다. 당신 말이 옳습니다.

  Es tut mir Leid, Sie haben schon Recht.
  앳스 투-트 미-어 라이트, 지- 하-밴 쇼-ㄴ 래힐트.

- 당신 말이 충분히 옳은 이야기입니다.

  Sie können ja Recht haben.
  지- 쾬낸   야- 래힐트 하-밴.

찬성할 때

- 찬성합니다.

  Ganz meine Meinung.
  간츠   마이내   마이눙.

- 그 계획에 찬성합니다.

  Ich bin mit dem Plan einverstanden.
  이히 빈 밑트 뎀 플란 아인페어슈탄댄.

- 그것에 찬성합니다.

  Ich bin dafür.
  이히 빈 다-퓨어어.

- 유감스럽지만, 찬성합니다.

  Leider bin ich dafür.
  라이더 빈 이히 다-퓨어어.

- 당신의 의견에 찬성합니다.

  Ich stimme Ihrer Meinung zu.
  이히 슈팀매 이어러 마이눙 추-

- 당신의 모든 의견에 찬성합니다.

  Ich bin mit Ihren allen Meinungen einverstanden.
  이히 빈 밑트 이어랜 알랜 마이눙앤 아인페어슈탄댄.

- 한 가지 조건부로 그의 의견에 찬성합니다.

  Unter einer Bedingung stimme ich mit seiner Meinung überein.
  운터 아이너 배딩웅 슈팀매 이히 밑트 자이너 마이눙 위-버라인.

- 그의 의견에 무조건 찬성합니다.

  Ich stimme mit ihm unbedingt überein.
  이히 슈팀매 밑트 이-ㅁ 운베딩트 위-버라인.

- 당신의 계획에 대찬성입니다.

  Ich bin ganz für Ihren Plan.
  이히 빈 간츠 퓨어 이어랜 플란.

반대할 때

- 그것에 반대합니다.

  Ich bin dagegen.
  이히 빈 다게-갠.

- 저는 그 계획에 찬성할 수 없습니다.

  Dem Plan kann ich nicht zustimmen.
  뎀 플란 칸 이히 니힡트 추-슈팀맨.

- 그 계획에 반대합니다.

  Ich bin gegen den Plan.
  이히 빈 게-갠 덴 플란.

- 당신의 생각에 전적으로 동의하지는 않습니다.

  Ich stimme mit Ihnen nicht völlig überein.
  이히 슈팀매   밑트 이-낸   니힡트 푈링히   위-버라인.

- 저는 그 계획에 찬성할 수 없습니다.

  Dem Plan kann ich nicht zustimmen.
  뎀   플란   칸   이히 니힡트 추-슈팀맨.

- 그건 절대 반대입니다.

  Ich bin absolut dagegen.
  이히 빈   압졸루트   다게-갠.

- 저는 당신 생각에는 찬성할 수 없습니다.

  Ich kann Ihrer Meinung nicht zustimmen.
  이히 칸   이어러 마이눙   니힡트 추-슈팀맨.

- 당신 말에 찬성할 수 없습니다.

  Ich kann mit Ihrer Äußerung nicht übereinstimmen.
  이히 칸   밑트 이어러 오이써룽   니힡트 위-버라인슈팀맨.

- 그 의견에 반대합니다..

  Ich bin anderer Meinung.
  이히 빈   안더러   마이눙.

- 저의 의견은 당신과 정반대입니다.

  Ich bin anderer Meinung wie Sie.
  이히 빈   안더러   마이눙   비-   지-.

- 당신이 말한 것에 반대합니다.

  Ich bin gegen das, was Sie gesagt haben.
  이히 빈   게-갠   다스,   밧스 지-   게작트   하-밴.

- 당신이 말하는 것에 의견이 다릅니다.

  Ich teile nicht das, was Sie sagen.
  이히 타일래 니힡트 다스,   밧스 지-   자-갠.

> 같은 표현 : Ich stimme nicht damit überein, was Sie sagen.
> (이히 슈팀매   니힡트 다밑트   위-버라인, 밧스 지-   자-갠.)

- 저는 당신의 의견을 지지할 수 없습니다.

  Ich kann Ihre Meinung nicht unterstützen.
  이히 칸   이어래 마이눙   니힡트 운터슈투챈.

- 그 점은 당신과 뜻을 함께 할 수 없습니다.

  Da kann ich Ihnen nicht zustimmen.
  다   칸   이히 이-낸   니힡트 추-슈팀맨.

- 그 점에서 당신의 말에 전적으로 동의하지 않습니다.

  Darin stimme ich mit Ihnen nicht völlig überein.
  다린 슈팀매 이히 밑트 이-낸 니힡트 푈릫히 위-버라인.

- 그 점에 있어서 모두들 의견이 일치하지 않습니다.

  Darin stimmen alle Leute nicht überein.
  다린 슈팀맨 알래 로이태 니힡트 위-버라인.

- 저의 견해는 조금 다릅니다.

  Ich bin anderer Meinung.
  이히 빈 안더러 마이눙.

> Ich bin anderer Ansicht als Sie.(이히 빈 안더러 압짇히트 알스 지-.)
> 저는 당신과 견해가 다릅니다.

- 당신이 틀렸습니다.

  Das ist falsch.
  다스 이스트 팔쉬.

- 당신 생각이 틀린 것 같아요.

  Ich glaube, Sie irren sich.
  이히 글라우배, 지- 이랜 짛히.

- 그렇게 하는 것은 옳지 않아요.

  Das kann nicht stimmen.
  다스 칸 니힡트 슈팀맨.

- 당신 의견에 찬성할 수가 없습니다.

  Ich kann Ihnen da nicht zustimmen.
  이히 칸 이-낸 다 니힡트 추-슈팀맨.

- 그 문제에 있어 나는 당신과 의견이 다릅니다.

  Diesbezüglich bin ich anderer Meinung.
  디스베취-글리히 빈 이히 안더러 마이눙.

- 그의 의견은 다릅니다.

  Er ist aber anderer Ansicht.
  애어 이스트 아-버 안더러 압짇히트.

- 나는 그것을 대단하게 여기지 않아요.

  Davon halte ich nicht viel.
  다폰 할태 이히 니힡트 피-ㄹ.

> nicht viel davon halten(니힡트 피-ㄹ 다폰 할탠) ~을 대단하다고 여기지 않다.

확실하게 반대의 말을 할 때

- 안 돼.
  Aber nein!
  아-버 나인!

- 말도 안 돼.
  Unsinn!
  운진!

- 절대 그렇지 않아요.
  Niemals!
  니-마-ㄹ스!

- 절대 그렇지 않아요.
  Ganz bestimmt nicht!
  간츠 배슈팀트 니힡트!

- 결코 그렇지 않아요.
  Keineswegs!
  카이네스벡스!

- 어쨌든 그렇지 않아요.
  Auf keinen Fall!
  아우프 카이낸 팔!

- 그건 맞지 않아요.
  Das stimmt nicht!
  다스 슈팀트 니힡트!

- 아니오, 그렇지 않아요.
  Nein, das stimmt nicht!
  나인 다스 슈팀트 니힡트!

- 난 그렇게 생각지 않아요.
  Das glaube ich nicht!
  다스 글라우배 이히 니힡트!

- 아니오, 그 반대인 걸요.
  Ganz im Gegenteil.
  간츠 임 게-겐타일.

불확실하게 대답할 때

- 그럴지도 모르지요.

  Das kann richtig sein.
  다스 칸   리히틱히 자인.

- 그럴 거야.

  Ich nehme es an.
  이히 네-매   앳스 안.

 annehmen(안네-맨): ...라고 생각하다, 추측하다.

- 그럴지도 모르겠어요.

  Das mag wahr sein.
  다스 막   봐-   자인.

 Das mag zutreffen.(다스 막 추-트래팬.)/ Vielleicht, ja.(피-ㄹ라이히트 야-.)

- 아마 그럴 거야.

  Mehr oder weniger.
  메-어 오더   베-니거.

- 경우에 따라서요.

  Es kommt darauf an.
  앳스 콤트   다라-우프 안.

- 아마도.

  Vielleicht.
  피-ㄹ라이히트.

- 아마 안 될 거예요.

  Vielleicht nicht.
  피-ㄹ라이히트 니힡트.

- 어느 쪽이라고 단정할 수 없어요.

  Jein.
  야-인.

 Ja와 Nein을 합쳐서 부른말, [야인]으로 발음한다.

- 확실히는 모르겠어요.

  Ich bin mir nicht sicher.
  이히 빈 미-어 니힐트 짛혀.

- 그렇지 않다면 좋겠어요.

  Hoffentlich nicht.
  호팬틀리히   니힐트.

- 뭐라 말할 수가 없군요.

  Ich weiß nicht, wie ich es sagen soll.
  이히 봐이스 니힐트, 비- 이히 앳스 자-갠 졸.

- 아무래도 좋아요.

  Es ist mir egal.
  앳스 이스트 미-어 애갈.

- 그렇게 생각할 수도 있겠죠.

  Sie könnten es so meinen.
  지- 퀜탠   앳스 조- 마이낸.

- 너 좋을 대로 해.

  Tu es, wie du willst!
  투- 앳스, 비- 두 빌스트!

- 좋아, 네가 그렇게 원한다면.

  Okay, wenn du es so wünscht.
  오케이, 벤   두- 앳스 조- 뷘쉬트.

거절을 나타낼 때

- 아니오, 감사합니다.

  Nein, danke.
  나인,   당캐.

- 호의는 감사합니다만 괜찮습니다.

  Das ist freundlich, aber nein danke.
  다스 이스트 프로인틀리히, 아-버 나인 당캐.

- 그대도 감사합니다.

  Trotzdem, vielen Dank.
  트롵츠뎀,   피-ㄹ랜 당크.

- 사실은 좋아하지 않습니다.

  Ich möchte eigentlich nicht.
  이히 뫼히태   아이갠틀리히 니힐트.

- 고맙습니다만, 사실은 아무 것도 원치 않습니다.

  Danke, aber ich möchte eigentlich keins.
  당캐,   아-버 이히 뫼히태   아이겐틀리히 카인스.

> 부정의 부정대명사로서 문법의 성(性)에 따라 각각 남성명사 (1격) keiner, (4격) keinen, 중성명사 (1격) keins, (4격) keins, 여성명사 (1격) keine, (4격) keine, 복수형명사 (1격) keine, (4격) keine

- 고맙습니다만 제게는 주지 마십시오.

  Für mich nicht, danke.
  퓨-어 밓히 니힡트 당캐.

- 고맙습니다만 지금은 안 됩니다.

  Im Moment nicht, danke.
  임 모-멘트   니힡트, 당캐.

- 아니오, 흥미 없어요.

  Nein, danke, kein Interesse.
  나인, 당캐, 카인 인터렛새.

> Daran habe ich kein Interesse(다-란 하-베 이히 카인 인터렛세) ~에 대해 별로 관심없다.

- 이미 아니라고 말했는데요.

  Ich sagte bereits, nein!
  이히 작태   배라잇츠, 나인!

- 우리는 그러한 특권은 원칙적으로 거절합니다.

  Wir lehnen solche Privilegien grundsätzlich ab.
  뷔어 레르낸 졸혜   프리빌레-기앤   그룬트채츨링히   압.

 **맞장구**

앞에서 본 것처럼 동의를 나타내는 표현들 이외에 대화를 나눌 때 그냥 듣고만 있지 않고 상대의 말에 맞장구를 치는 표현이 있다. 상대방의 말에 대해서 "Ja, das stimmt."(예, 그건 그래요.)라는 긍정적인 동의와 "Nein, ich denke nicht so."(아니오, 그렇게 생각하지 않습니다.)같은 부정적인 동의를 나타낼 수도 있다. 확실하게 "Richtig!"(맞아요)라고 동의를 표현할 수도 있다. 물론 "Kann sein."(그럴 수도 있을 걸요.)라는 애매한 동의도 맞장구 표현에 넣었다.

확실하게 동의할 때

- 맞아요.
  Richtig!
  릫히티히!

- 전적으로 옳아요.
  Völlig richtig!
  푈리히 릫히티히!

- 당신 말씀이 맞아요.
  Sie haben Recht!
  지- 하-밴 래휱트!

- 당신이 전적으로 옳아요.
  Sie haben ganz Recht!
  지- 하-밴 간츠 래휱트!

- 당신이 전적으로 옳았어요.
  Sie hatten ganz Recht!
  지- 하-탠 간츠 래휱트!

- 저도 그렇게 생각해요.
  Das finde ich auch.
  다스 핀대 이히 아욱흐.

- 괜찮을 겁니다.
  Das wird schon in Ordnung.
  다스 뷔르트 쇼-ㄴ 인 오-르드눙.

- 바로 그거예요.

  Ganz genau!
  간츠 게나우!

- 바로 그거예요.

  Das ist es.
  다스 이스트 엣스.

- 알았어.

  Einverstanden!
  아인페어슈탄덴!

- 그렇다면 좋겠는데.

  Ich hoffe es.
  이히 호패 엣스.

- 동의합니다.

  Ich stimme mit Ihnen überein.
  이히 슈팀매 밑 이-낸 위-버라인.

- 물론이지요.

  Natürlich!
  나튀-얼리히!

- 틀림없어요.

  Sicher!
  짘혀!

> **Tipp** 강조하면서 aber sicher!(아-버 짘혀)라고도 말한다. sicher의 첫 음절에 억양이 온다.

- 확신해요.

  Ich bin davon überzeugt.
  이히 빈 다폰 위-버초익트.

- 예, 사실입니다.

  Ja, wirklich.
  야, 뷔르클리히.

- 예, 그렇고말고요.

  Ja, gewiss.
  야- 게비쓰.

- 그거 좋군요.

  Das ist gut.
  다스 이스트 구-트.

- 좋아요.
   Schön.
   쇠-ㄴ.

- 좋은 생각입니다.
   Das ist eine gute Idee.
   다스 이스트 아이내 구-태 이데-.

애매하게 동의할 때

- 아마도.
   Wahrscheinlich.
   봐-샤인리히.

- 어쩌면.
   Vielleicht.
   피-ㄹ라잍히트.

- 거의 확실해요.
   Fast sicher.
   파스트트 짛허.

- 그럴지도 모르겠어요.
   Kann sein.
   칸 자인.

- 그럴 거라고 생각합니다.
   Ich nehme es an.
   이히 네-매 앳스 안.

- 그렇기를 바랍니다.
   Ich hoffe es.
   이히 호패 앳스.

- 저도 역시 그렇게 생각해요.
   Ich denke auch.
   이히 뎅캐 아욱흐.

- 저도 역시 그렇게 생각해요.
   Ich denke, es geht mir auch so.
   이히 뎅캐, 앳스 게-트 미어 아욱흐 조-.

긍정적 맞장구

- 그래요?
 So?
 조-?

- 어머, 그래요?
 Oh, wirklich?
 오- 뷔르클리히?

- 오, 그렇게 생각하세요?
 Oh, meinen Sie?
 오- 마이낸 지-?

- 오, 그렇게 생각하세요?
 Oh, finden Sie?
 오- 핀댄 지-?

- 그렇게 생각하세요?
 Denken Sie auch so?
 뎅캔 지- 아욱흐 조-?

- 그건 그래요.
 Ja. das stimmt.
 야-, 다스 슈팀트.

- 나도 그렇게 생각해요.
 Das glaube ich auch.
 다스 글라우베 이히 아욱흐.

- 그냥 맞장구를 쳤을 뿐이에요.
 Ich wollte nur nett sein.
 이히 볼테 누어 내트 자인.

- 궁금해서 그래요.
 Es interessiert mich.
 앳스 인터레씨어트 믿히.

부정적 맞장구

- 설마.
 Auf keinen Fall.
 아우프 카이낸 팔.

- 그럴 것 같지 않아요.

  Unwahrscheinlich.
  운봐-샤인리히.

- 그럴 리가요?

  Das ist doch kaum möglich.
  다스 이스트 독흐 카-움   뫼-클리히.

- 아니오, 그렇게 생각하지 않습니다.

  Nein, ich denke nicht so.
  나인, 이히 뎅캐   니힡트 조-

- 저도 좋아하지 않아요.

  Das mag ich auch nicht.
  다스 막   이히 아욱흐 니힡트.

- 저도 좋아하지 않아요.

  Ich auch nicht.
  이히 아욱흐 니힡트.

- 모르겠어요.

  Ich weiß nicht.
  이히 봐이쓰 니힡트.

- 모르겠어요.

  Keine Ahnung.
  카이내   아-눙.

- 모릅니다.

  Kann ich nicht sagen.
  칸   이히 니힡트 자-갠.

> **tipp** Ich weiß es nicht.(이히 바이쓰 앳스 니힡트.)와 같은 말이다.

- 확실하지는 않아요.

  Das is ungewiss.
  다스 이스트 운게비쓰.

- 확실하지는 않아요.

  Das ist unklar.
  다스 이스트 운클라.

- 확실하지는 않아요.

  Ich bin nicht sicher.
  이히 빈   니힡트 짛혀.

- 그건 확실하지는 않아요.
  Davon bin ich nicht überzeugt.
  다폰 빈 이히 니힡트 위-버초익트.

- 그것은 무리입니다.
  Das ist unmöglich.
  다스 이스트 운뫼-클리히.

- 그것은 제게 아주 놀라운 일인 걸요.
  Das kommt völlig überraschend für mich!
  다스 콤트 푈리히 위버랏셴트 퓨어 미히!

- 그것을 거의 믿을 수가 없습니다.
  Ich kann das kaum glauben!
  이히 칸 다스 카움 글라우벤!

- 그것은 간단히 믿을 수 있는 일이 아닌 걸요.
  Das ist doch einfach nicht zu glauben!
  다스 이스트 독히 아인파흐 니힡트 추- 글라우벤!

- 그럴리가 없어요.
  Das gibt es doch nicht!
  다스 깁트 앳스 독흐 니힡트!

- 아, 안 됩니다.
  Das darf doch nicht wahr sein!
  다스 다르프 독흐 니힡트 봐- 자인!

- 네 진심이 아니겠지.
  Das ist nicht dein Ernst.
  다스 이스트 니힡트 다인 에른스트.

- 네가 정말 그렇게 생각하는 건 아니겠지.
  Das meinst du doch nicht wirklich.
  다스 마인스트 두- 독흐 니힡트 뷔르클리히.

이해의 맞장구

- 아시겠어요?
  Verstehen Sie?
  페어슈테-엔 지-?

- 제 의도를 아시겠습니까?
  Verstehen Sie, was ich vorhabe?
  페어슈테-엔 지- 밧스 이히 포어하-베?

- 제 말을 이해하시겠어요?

  Verstehen Sie, was ich gesprochen habe?
  페어슈테-앤 지- 밧스 이히 게슈프롱핸 하-배?

- 당신 기분이 어떤지 알겠어요.

  Ihr Gefühl kann ich mir sehr gut vorstellen.
  이어 게퓌-ㄹ 칸 이히 미어 제어 구-ㅌ 포어슈텔랜.

- 말씀하신 뜻을 알겠습니다.

  Ich verstehe, was Sie gesprochen haben.
  이히 페어슈테-애, 밧스 지- 게슈프롱핸 하-밴.

- 무슨 뜻인지 잘 압니다.

  Ich weiß schon, was Sie gemeint haben.
  이히 봐이쓰 쇼-ㄴ, 밧스 지- 게마인트 하-밴.

잠시 생각할 때

- 글쎄.

  Also ja.
  알조- 야-.

- 저, 사실은…

  Also eigentlich. ...
  알조- 아이겐틀리히.

- 어디 보자.

  Also, lass mich mal sehen.
  알조-, 랏스 밓히 마-ㄹ 제-앤.

- 거 뭐랄까?

  Was soll ich sagen?
  밧스 졸 이히 자-갠?

- 우리 어디 그렇게 해보자.

  Nun gut, versuchen wir doch so!
  눈 구-ㅌ, 페어주-ㄱ핸 뷔어 독흐 조-!

05 대화를 부드럽게 하는 표현

처음에 독일인과 대화를 나누려면 본인이 먼저 접근해야 한다. 말을 걸고 싶은 사람이 먼저다. "Haben Sie vielleicht Zeit?"(혹시 시간 좀 있습니까?)라든지, "Entschuldigen Sie!"(실례합니다.)라고 말문을 트는 게 어렵다. 그렇지만 이런 표현들은 말을 거는 부드러운 문형에 속한다. "Kann ich etwas sagen?"(이야기 좀 할 수 있을까요?) "Ich habe etwas zu sagen!"(드릴 말씀이 있습니다.) 등으로 대화를 이끌어 갈 수 있다. 가장 보편적인 대화는 날씨에 대해서 말을 하는 것이다. 대화 중에 사용하는 말들에 대해 아래와 같이 사용해보도록 하자.

대화의 계기를 마련할 때

- 혹시 시간 좀 있습니까?
  Haben Sie vielleicht Zeit?
  하-밴 지- 피-ㄹ라이히트 차이트?

- 잠시 시간이 있나요?
  Haben Sie einen Moment Zeit?
  하-밴 지- 아이낸 모-멘트 차이트?

- 잠깐 시간 좀 내주시겠습니까?
  Haben Sie eine Minute Zeit?
  하-밴 지- 아이내 미누-태 차이트?

- 잠시 저에게 시간 좀 내줄 수 있습니까?
  Haben Sie einen Moment Zeit für mich?
  하-밴 지- 아이낸 모-멘트 차이트 퓨어 밓히?

- 시간이 나십니까?
  Sind Sie frei?
  진트 지- 프라이?

말을 걸 때

- 실례합니다.

  Entschuldigen Sie!
  앤트슐-디갠   지-!

- 실례합니다.

  Entschuldigen Sie mich bitte!
  앤트슐-디갠   지- 밎히 비태!

- 잠깐 실례합니다.

  Entschuldigen Sie mich bitte einen Moment!
  앤트슐-디갠   지- 밎히 비태 아이낸 모-멘트!

- 말씀 중에 실례합니다.

  Entschuldigen Sie, dass ich Sie unterbreche!
  앤트슐-디갠   지-, 닷스 이히 지- 운터브랭해!

- 잠시 실례 좀 해도 될까요?

  Darf ich Sie mal kurz stören?
  다르프 이히 지- 마-ㄹ 쿠르츠 슈퇴-랜?

- 말씀 중에 잠시 실례합니다.

  Entschuldigung, darf ich Sie einen Moment stören?
  앤트슐-디궁,   다르프 이히 지- 아이낸 모-멘트 슈퇴-랜?

- 실례합니다만, 잠시 이야기 좀 할 수 있을까요?

  Entschuldigen Sie bitte, darf ich mit Ihnen einen Moment sprechen?
  앤트슐-디갠   지- 비태, 다르프 이히 밑트 이-낸 아이낸 모-멘트   슈프랭핸?

- 드릴 말씀이 있습니다.

  Ich habe etwas zu sagen.
  이히 하-배 애트밧스 추- 자-갠.

- 말씀 좀 드리고 싶은데요.

  Ich möchte mit Ihnen sprechen.
  이히 뫼히태   밑트 이-낸 슈프랭핸.

- 드릴 말씀이 좀 있습니다.

  Ich möchte ein paar Worte sprechen.
  이히 뫼히태   아인 파- 보르태 슈프랭핸.

- 드릴 말씀이 좀 있습니다.

  Ich möchte mit Ihnen ein paar Worte sprechen.
  이히 뫼히태   밑트 이-낸 아인 파- 보르태 슈프랭핸.

III. 유창한 대화를 위한 표현

- 말씀 좀 나누고 싶은데요.

  Ich möchte mit Ihnen ein paar Worte wechseln.
  이히 뫼히태 밑트 이-낸 아인 파- 보르태 벡샐른.

- 잠시 말씀 좀 드리고 싶습니다.

  Ich möchte mit Ihnen einen Moment sprechen.
  이히 뫼히태 밑트 이-낸 아이낸 모-멘트 슈프랭핸.

- 잠시 말씀 좀 드리고 싶습니다.

  Ich möchte ein Wort mit Ihnen wechseln.
  이히 뫼히태 아인 보르트 밑트 이-낸 벡샐른.

- 할 말이 좀 있는 데요.

  Ich habe etwas zu sagen.
  이히 하-배 애트밧스 추- 자-갠.

- 이야기 좀 할 수 있을까요?

  Kann ich mit Ihnen sprechen?
  칸 이히 밑트 이-낸 슈프랭핸?

- 무슨 말씀을 하고 싶으신가요?

  Was möchten Sie sagen?
  밧스 뫼히탠   지- 자-갠?

- 무슨 말씀을 하고 싶으신 거죠? 그렇죠?

  Sie möchten etwas sagen, oder?
  지- 뫼히탠   애트밧스 자-갠,   오-더?

- 저한테 뭔가 이야기 하고 싶으세요?

  Wollen Sie mit mir sprechen?
  볼랜   지- 밑트 미어 슈프랭핸?

- 난처하신 것 같은 데 제가 도와드릴까요?

  Sie schauen verloren aus. Kann ich Ihnen helfen?
  지- 샤우앤   페어로-랜 아웃스. 칸   이히 이-낸   핼팬?

- 잠시만 이야기하면 됩니다.

  Ich werde Sie nur für einen Moment.
  이히 베르대 지- 누-어 퓨-어 아이낸 모-멘트.

- 잠시만 실례 좀 할까요?

  Dürfte ich mal kurz stören?
  듀르프태 이히 마-ㄹ 쿠어츠 슈퇴-랜?

- 잠시 저에게 시간 좀 내주셨으면 합니다.

  Wenn Sie einen Moment Zeit für mich hätten?
  벤   지- 아이낸 모-멘트   차이트 퓨어 밓히 핼탠?

- 지금 잠깐만 말씀 중 끼어들어도 됩니까?

  Wenn ich Sie mal gerade unterbrechen dürfte?
  벤   이히 지- 마-르 게라대   운터브랭핸   듀르프태?

- 실례합니다. 여쭤볼게 있어서요.

  Entschuldigen Sie, ich hätte eine Frage.
  앤트슐-디갠   지-, 이히 햴태   아이내 프라-개.

대화를 시도할 때

- 잠시 이야기 좀 할 수 있을까요?

  Kann ich Sie kurz sprechen?
  칸   이히 지- 쿠어츠 슈퇴-랜?

- 이야기 좀 할 수 있을까요?

  Kann ich etwas sagen?
  칸   이히 애트밧스 자-갠?

- 잠시 말씀 좀 드려도 될까요?

  Darf ich Sie für einen Augenblick sprechen?
  다르프 이히 지- 퓨어 아이낸 아우갠블릭   슈프랭핸?

- 당신에게 말하고 싶은 게 있는데요.

  Ich habe etwas, was ich Ihnen erzählen möchte.
  이히 하-배 애트밧스, 밧스 이히 이-낸   애어채-ㄹ랜 뫼히태.

- 당신에게 뭐 좀 말씀 드리고 싶습니다.

  Ich möchte Ihnen etwas erzählen.
  이히 뫼히태   이-낸   애트밧스 애어채-ㄹ랜!

- 환경문제에 대해 이야기합시다.

  Sprechen wir mal über Umweltprobleme!
  슈프랭핸   뷔어 마-르 위-버 움벨트프로블레-매!

- 스포츠에 대해 이야기합시다.

  Lassen wir uns über Sport sprechen!
  랏샌   뷔어 운스 위-버 슈포트 슈프랭핸!

- 전부터 물어보려고 했습니다.

  Ich wollte Sie seit längerem fragen.
  이히 볼태   지- 자이트 랭어램   프라-갠.

- 한 번 생각해보세요.

  Stellen Sie sich vor!
  슈텔랜   지- 짛히 포어!

화제를 바꿀 때

- 뭔가 좀 다른 이야기를 합시다.

  Sprechen wir mal von etwas anderem!
  슈프랭핸 뷔어 마-ㄹ 폰 애트밧스 안더램!

- 화제를 바꾸지요.

  Wechseln wir das Gesprächsthema!
  벡샐른 뷔어 다스 게슈프랭히스테-마!

- 화제를 바꾸지 마세요.

  Wechseln Sie bitte das Gesprächsthema nicht!
  벡샐른 지- 비태 다스 게슈프랭히스테-마 니힡트!

- 주제를 바꿉시다.

  Wechseln wir das Thema!
  벡샐른 뷔어 다스 테-마!

- 그 주제는 다루지 맙시다.

  Lassen wir das Thema sein!
  랏샌 뷔어 다스 테-마 자인!

> 같은 표현 : **Lassen wir das Thema fallen!**(랏샌 뷔어 다스 테-마 팔랜!)

- 좀 더 재미있는 화제로 바꾸지요.

  Wechseln wir vom Gesprächsthema zu angenehmeren Dingen!
  벡샐른 뷔어 폼 게슈프랭히스테-마 추- 안게네-머랜 딩앤.

- 새로운 화제로 넘어갑시다.

  Lass uns mit dem neuen Thema beginnen!
  랏스 운스 밑트 뎀 노이앤 테-마 배긴낸!

- 여행에 관한 얘기로 옮깁시다.

  Lassen Sie uns zum Thema Reise kommen!
  랏샌 지- 운츠 춤 테-마 라이재 콤맨!

- 그건 그렇고,

  Übrigens ...
  위-브리갠스 ...

- 그건 다른 문제예요.

  Das ist eine andere Frage.
  다스 이스트 아이내 안더래 프라-개.

- 제가 한 말을 취소하겠습니다.

  Ich will mein Wort zurücknehmen.
  이히 빌   마인   보르트 추뤽네-맨.

 mein Wort는 '내가 한 약속'이란 말로도 쓰인다. '취소하다' zurücknehmen, widerrufen.

대화 도중에 쓸 수 있는 표현

- 예를 들면,

  Zum Beispiel
  춤   바이슈피-ㄹ.

 줄여서 z.B.로 표기한다.

- 내 말은…

  Ich meine,
  이히 마이내.

- 제 말뜻은…

  Was ich meine,
  밧스 이히 마이내,

- 제가 한 말뜻은…

  Was ich gemeint habe,
  밧스 이히 게마인트   하-배,

- 지금 제가 말하고 있는 것은…

  Was ich sage,
  밧스 이히 자-개,

- 제가 말씀 드리고자 하는 것은…

  Was ich zu sagen versuche,
  밧스 이히 추- 자-갠   페어주-ㄱ해,

 versuchen은 '시도하다', zu+원형동사를 뒤에 취한다.

- 제가 말씀 드리려는 것은…

  Was ich sagen will,
  밧스 이히 자-갠   빌,

- 제가 말씀 드리고 싶은 것은…

  Was ich sagen möchte,
  밧스 이히 자-갠 뫼히태.

- 제가 설명 드리고자 하는 것은…

  Was ich erklären will,
  밧스 이히 애어클래-랜 빌.

- 좋습니다.

  O.K. In Ordnung.
  오케이, 인 오-르드눙.

- 일반적으로 말해서

  Allgemein gesprochen,
  알게마인 게슈프롯핸

- 알겠어요?

  Wissen Sie es?
  뷔쌘 지- 앳스?

- 정확하지요?

  Stimmt es?
  슈팀트 앳스?

- 맞지요?

  Ist es richtig?
  이스트 앳스 륗히티히?

- 당신도 동의합니까?

  Sind Sie der gleichen Meinung?
  진트 지- 데어 글라잇핸 마이눙?

 물론 '동의하다' 는 Sind Sie einverstanden?이나 Stimmen Sie mit mir überein?으로 쓰지만 여기서 Meinen Sie auch?는 '당신 의견도 그렇습니까?' 정도로 묻는 것이다.

- 당신도 동의하지 않습니까?

  Meinen Sie nicht auch?
  마이낸 지- 니힡트 아욱흐?

- 그 말 이치에 맞지요?

  Das macht Sinn, nicht wahr?
  다스 막흐트 진, 니힡트 봐-?

- 방금 전에도 말씀 드린바와 같이,

  Wie ich gerade gesagt habe,
  뷔 이히 게라대 게작트 하-배,

- 그러나 어쨌든,

  Überhaupt, ...
  위-버하우프트,

- 어떤 경우든,

  Jedenfalls,
  예댄팔스,

 같은 표현 : auf jeden Fall, in jedem Fall, überhaupt,
(아우프 예댄 팔, 인 예댐 팔, 위-버하우프트)

간단히 말할 때

- 간단히 말해!

  Sag es in wenigen Worten! / Sag es mit wenigen Worten!
  작 앳스 인 베-니갠 보르탠!   작 앳스 밑트 베-니겐 보르탠!

- 요점만 말씀하세요.

  Fassen Sie sich kurz!
  파쌘 지- 짛히 쿠어츠!

- 바로 요점을 말씀하세요.

  Kommen Sie doch auf den Punk!
  콤맨 지- 독흐 아우프 덴 풍크트!

- 요점을 말하십시오.

  Bleiben Sie beim Thema!
  블라이밴 지- 바임 테-마!

- 요점을 말씀드리자면,

  Genau genommen ...
  게나우 게놈맨

무슨 일이냐며 응할 때

- 예?

  Ja?
  야-?

- 예, 왜 그러시지요?

  Ja, bitte?
  야- 비태?

- 왜 그러시지요?

  Bitte?
  비태?

- 뭘 도와드릴까요?.

  Was kann ich für Sie tun?
  밧스 칸 이히 퓨어 지- 투-은?

- 무슨 일이지요?

  Worum handelt es sich?
  보룸 한델트 앳스 짖히?

- 무슨 일인데요?

  Was gibt es?
  밧스 깁트 앳스?

- 자, 무슨 일인데요?

  Na, was denn?
  나 밧스 덴?

- 무엇을 도와드릴까요?

  Womit kann ich Ihnen dienen?
  보-밑트 칸 이히 이-낸 디-낸?

 상점이나 사무실 등에서 흔히 이렇게 사용한다.

- 무엇을 드릴까요?

  Was darf es sein?
  밧스 다르프 앳스 자인?

 상점이나 음식점에서 사용하는 표현이다.

어색함을 모면하면서 말을 걸 때

- 여기는 처음입니까?

  Sind Sie das erste Mal hier?
  진트 지- 다스 에어스태 마-ㄹ 히어?

- 독일에 오신 적이 있습니까?

  Waren Sie schon mal in Deutschland?
  봐-랜 지- 쇼-ㄴ 마-ㄹ 인 도이췰란트?

- 아니오, 독일에 처음입니다.

  Nein, das ist mein erster Besuch in Deutschland.
  나인, 다스 이스트 마인 에어스터 배주-ㄱ흐 인 도이췰란트.

- 독일에는 처음입니까?

  Sind Sie das erste Mal in Deutschland?
  진트 지- 다스 에어스태 마-ㄹ- 인 도이췰란트?

- 베를린에 가 본 적 있습니까?

  Waren Sie schon mal in Berlin?
  봐-랜 지- 쇼-ㄴ 마-ㄹ- 인 베얼리-인?

- 아니오, 그러나 저는 독일에는 자주 왔습니다.

  Nein, aber ich bin oft nach Deutschland gekommen.
  나인, 아-버 이히 빈 오프트 낙흐 도이췰란트 게콤맨.

- 하노버에는 자주 가봤습니다.

  Ich bin oft in Hannover gewesen.
  이히 빈 오프트 인 하노-퍼 게베-잰.

- 독일어 할 줄 아세요?

  Sprechen Sie Deutsch?
  슈프랫핸 지- 도이취?

- 독일어 할 줄 아세요?

  Können Sie Deutsch sprechen?
  쾐낸 지- 도이취 슈프랫핸?

- 프랑스어도 할 줄 아세요?

  Können Sie auch Französisch?
  쾐낸 지- 아욱흐 프란최-지쉬?

- 예, 그러나 조금 합니다.

  Ja, aber nur ein bisschen.
  야- 아-버 누어 아인 빗스핸.

- 독일어를 참 잘하십니다.

  Sie sprechen aber schon gut Deutsch!
  지- 슈프랫핸 아-버 쇼-ㄴ 구-트 도이취!

- 그렇게 생각하세요? 고맙습니다.

  Finden Sie? Danke.
  핀댄 지-? 당캐.

- 독일어는 어디서 배우셨습니까?

  Wo haben Sie Deutsch gelernt?
  보- 하-밴 지- 도이취 갤래른트?

- 여기는 처음입니까?

  Sind Sie das erste Mal hier?
  진트 지- 다스 에어스테 마-ㄹ 히어?

- 예, 처음입니다. 저는 어학과정에 다닐 겁니다.

  Ja, ich werde einen Deutschkurs besuchen.
  야-, 이히 베르대 아이낸 도이취쿠어스 배주-ㄱ핸

- 독일에 처음으로 오신 겁니까?

  Sind Sie zum ersten Mal in Deutschland?
  진트 지- 춤 에어스탠 마-ㄹ 인 도이췰란트?

- 아니오, 저는 여기 자주 옵니다.

  Nein, ich bin öfters hier.
  나인, 이히 빈 외프터스 히-어.

- 여기 이 자리 비었습니까?

  Ist der Sitz hier frei?
  이스트 데어 짙츠 히-어 프라이?

- 여기 이 자리 비었습니까?

  Ist der Platz hier frei?
  이스트 데어 플랏츠 히-어 프라이?

- 여기 이 자리 아직 비었습니까?

  Ist der Sitz hier noch frei?
  이스트 데어 짙츠 히-어 녹흐 프라이?

- 이곳 분이 아니시네요, 그렇죠?

  Sie sind nicht von hier?
  진트 자- 니힡트 폰 하-어?

> **Tipp** 확신에 차서 말할 때 평서문 형태로 말하고 마지막 부분에 억양을 준다.

- 당신도 함부르크기에 갑니까?

  Fliegen Sie auch nach Hamburg?
  플리-갠 지- 아욱흐 낙흐 함부르크?

> **Tipp** fliegen 비행기를 타고 가다, fahren (자동차, 기차 등)을 타고 가다.

- 예, 함부르크로 갑니다. 그러나 저는 계속해서 킬까지 가야합니다.

  Ja, ich fliege nach Hamburg, aber ich muss dann weiter nach Kiel.
  야, 이히 플리-개 낙흐 함부르크, 아버 이히 뭇스 단 봐이터 낙흐 키일.

- 신문 보시겠습니까?
  Möchten Sie die Zeitung lesen?
  뫼히탠   자- 디 차이퉁   레-잰?

- 날씨 참 좋습니다.
  Schönes Wetter, nicht?
  쇠-내스   베터,   니힡트?

- 날씨 참 좋습니다.
  Herrliches Wetter, nicht?
  헤르츨릿해스   베터,   니힡트?

- 날씨 참 좋지요?
  Schönes Wetter, nicht wahr?
  쇠-내스   베터,   니힡트 봐-?

- 경치가 참 멋지지요?
  Oh, eine schöne Aussicht!
  오- 아이내 쇠-내   아웃스짛히트!

잘 알아듣지 못했을 때

- 뭐라고 하셨지요?
  Wie bitte?
  비- 비태?

- 잘 모르겠는데요.
  Leider weiß ich es nicht.
  라이더   봐이쓰 이히 앳스 니힡트.

- 잘 못 알아듣겠습니다.
  Ich verstehe Sie nicht.
  이히 페어슈테-애 지- 니힡트.

- 무슨 말씀이신지 잘 못 알아들었습니다.
  Ich habe Sie akustisch nicht verstanden.
  이히 하-배 지- 아쿠스티쉬   니힡트 페어슈탄댄.

- 말이 너무 빨라 모르겠습니다.
  Sie sprechen zu schnell.
  지- 슈프랭핸   추- 슈낼.

- 당신이 하는 말씀을 알아듣지 못했습니다.
  Ich habe Sie nicht verstanden.
  이히 하-배 지- 니힡트 페어슈탄댄.

III. 유창한 대화를 위한 표현

- 미안합니다만, 안 들립니다.

  Entschuldigen Sie, ich kann Sie nicht hören.
  엔트슐-디갠   지-, 이히 칸   지- 니힡트 회-랜.

- 무슨 뜻 입니까?

  Was bedeutet das?
  밧스   배도이태트   다스?

- 스펠링이 어떻게 되지요?

  Wie buchstabieren Sie das?
  비-   북흐슈타비-랜   지- 다스?

- 스펠링을 불러주십시오.

  Buchstabieren Sie bitte!
  북흐슈타비-랜   지- 비태!

되물을 때

- 뭐라고요?

  Entschuldigen Sie!
  엔트슐-디갠   지-!

- 뭐라고?

  Was?
  밧스?

- 뭐라고 했지?

  Wie bitte?
  비-   비태?

> **Tipp** Was hast du gesagt?(밧스 하스트 두- 게작트?)/
> Was hast du gemeint?(밧스 하스트 두- 게마인트?)

- 방금 뭐라고 말씀하셨지요?

  Entschuldigen Sie, was haben Sie gerade gesagt?
  엔트슐-디갠   지-, 밧스 하-밴   지- 게라데   게작트?

- 뭐 맞습니까?

  Ist das richtig?
  이스트 다스 릫히틯히?

- 그렇습니까?

  Ist dem so?
  이스트 뎀 조-?

- 정말인가요?
  Wirklich?
  뷔르클리히?

- 농담이겠지요.
  Sie machen nur Spaß, oder?
  지- 막핸 누어 슈파-쓰, 오-더?

- 농담하는 거지?
  Machst du Witze?
  막스트 두- 빛츠?

- 너, 나를 놀리는 거니?
  Willst du mich auf den Arm nehmen?
  빌스트 두- 밎히 아우프 덴 아름 네-맨?

다시 한 번 더 말해달라고 할 때

- 다시 말씀해 주시겠습니까?
  Wie bitte?
  비- 비태?

> Tipp Ich habe Sie nicht verstanden!(이히 하-배 지- 니힡트 페어슈탄댄.)이라고 해도 같은 말이다.

- 다시 한 번 말씀해 주십시오.
  Das können Sie laut sagen!
  다스 쾐낸   지- 라우트 자-갠!

> Tipp Würden Sie das bitte noch einmal sagen?(뷰르댄 지- 다스 비태 아인마-ㄹ 자-갠?)이라고 정중하게 말할 수도 있다. 위에서 laut가 꼭 '크게' 라는 뜻만은 아니다. 다시 한 번 생각하다(denken), 말하다(sagen) 라고 할 때 laut denken, laut sagen이라고 한다. Sagen Sie das bitte noch mal!이라고 해도 좋다.

- 천천히 말씀해주십시오.
  Sprechen Sie bitte langsam!
  슈프랭핸   지- 비태 랑잠!

- 더 천천히 말씀해주십시오.
  Sprechen Sie bitte langsamer!
  슈프랭핸   지- 비태 랑자-머!

- 천천히 말씀해주시겠습니까?

  Könnten Sie bitte langsam sprechen?
  쾐탠   지- 비태   랑잠   슈프랭핸?

- 더 큰 소리로 말씀해주시겠어요?

  Könnten Sie etwas lauter sprechen?
  쾐탠   지- 에트밧스 라우터   슈프랭핸?

- 좀 더 분명하게 말씀해주시겠어요?

  Könnten Sie bitte deutlicher sprechen?
  쾐탠   지- 비태   도이틀릿혀   슈프랭핸

- 더 쉬운 말로 다시 말씀해주시겠어요?

  Könnten Sie das mit einfachen Worten wiederholen?
  쾐탠   지- 다스 밑트 아인팍핸   보르탠   비-더홀-랜?

- 다른 말로 설명해주시겠어요?

  Könnten Sie es mir mit anderen Worten erklären?
  쾐탠   지- 앳스 미어 밑트 안더랜   보르탠   애어클래-랜?

Teil IV

감정을 나타내는 표현

01 기쁨과 행복
02 슬픔과 우울함
03 격려와 위로
04 노여움과 진정
05 놀라움과 두려움
06 걱정과 긴장
07 후회와 실망
08 귀찮음과 불평
09 좋아함과 싫어함
10 비난과 다툼

 기쁨과 행복

감정 표현을 솔직하게 드러내는 것은 우리나라 사람들에게 좀 어색한 일이지만 독일인들은 솔직하게 자신의 감정을 말로 표현한다. 독일인들은 기쁨과 즐거움 그리고 행복함을 상대방에게 직접적으로 표현한다. 이러한 표현법을 익혀두면 독일어 구사에 큰 도움이 될 것이다. "Ich freue mich!"(나는 기쁘다), "Ich bin sehr glücklich!"(나는 너무 행복해요), "Das macht mir viel Spaß!"(그것은 아주 재미 있습니다) 등으로 기쁨과 행복함을 나타낸다.

기쁨을 나타낼 때

- 만세.
 Hurra!
 후라!

- 브라보
 Bravo!
 브라보!

- 멋져.
 Prima!
 프리마!

- 멋져.
 Herrlich!
 해얼링히!

- 와 좋았어.
 Toll!
 톨!

- 이~야!
 Oh, Junge, Junge!
 오, 융애, 융애!

- 무척 기뻐요.
 Ich bin sehr glücklich!
 이히 빈 제어 글뤼클링히!

- 몹시 기뻐.

  Ich bin überglücklich!
  이히 빈 위-버글뤼클리히!

- 기뻐서 펄쩍 뛸 것 같아.

  Ich könnte vor Freude tanzen!
  이히 쾬태 포-어 프로이데 탄챈!

- 기뻐서 날아갈 것만 같아요.

  Ich könnte vor Freude an die Decke springen!
  이히 쾬태 포-어 프로이데 안 디 덱캐 슈프링앤!

- 기뻐서 날아갈 것 같았어요.

  Ich hätte vor Freude an die Decke springen können!
  이히 해태 포-어 프로이데 안 디 덱캐 슈프링앤 쾬낸!

- 날아갈 것 같아.

  Ich könnte vor Freude in die Luft springen!
  이히 쾬태 포-어 프로이데 인 디 루프트 슈프링앤!

- 기분 끝내주는군.

  Was für ein schönes Gefühl!
  밧스 퓨어 아인 쇠-내스 게퓨-르!

- 너무 기뻐서 가슴이 설레요.

  Das Herz hüpft mir vor Freude!
  다스 해르츠 휩프트 미어 포-어 프로이데!

- 제 아들이 성공해서 무척 기뻐요.

  Ich bin über den Erfolg meines Sohnes sehr erfreut!
  이히 빈 위-버 덴 애어폴크 마이네스 조-내스 제-어 게프로이트!

- 더 이상 기쁠 수 없을 거야.

  Ich könnte nicht glücklicher sein!
  이히 쾬태 니힐트 글뤽클맇히 자인!

- 나는 기뻐요.

  Das freut mich!
  다스 프로이트 밓히!

- 매우 기쁩니다.

  Ich freue mich sehr!
  이히 프로이애 밓히 제-어!

- 나는 기쁘다.

  Ich bin froh!
  이히 빈 프로-!

- 네가 온다니 나는 기쁘다.

  Ich bin froh, dass du kommst!
  이히 빈 프로-, 다스 두- 콤스트!

- 이렇게 기쁠 수가 있나요.

  Wie ich mich freue!
  비- 이히 밓히 프로이애!

기쁜 소식을 들었을 때

- 그 소식을 들으니 정말 기쁩니다.

  Ich freue mich, das zu hören!
  이히 프로이애 밓히 다스 추- 회-랜!

- 대단한 소식이야.

  Eine wunderbare Nachricht!
  아이네 분더바-래 낙흐리히트!

- 반가운 소식이야.

  Eine frohe Nachricht!
  아이네 프로-애 낙흐리히트

- 듣던 중 반가운데요.

  Es freut mich, dies zu hören!
  앳스 프로이트 밓히 디스 추- 회-랜!

- 그거 반가운 소식이군요.

  Das ist eine gute Nachricht!
  다스 이스트 아이내 구-태 낙흐리히트!

- 좋은 소식이군요. 당신을 만나기를 고대하고 있겠어요.

  Eine gute Nachricht. Ich freue mich darauf, Sie zu treffen!
  아이내 구-태 낙흐리히트. 이히 프로이애 밓히 다라우프, 지- 추- 트래팬!

즐거울 때

- 와 즐겁다.

  Was für ein Spaß!
  밧스 퓨어 아인 슈파-쓰!

- 재미있는데.

  Das macht mir Spaß!
  다스 막흐트 미어 슈파-쓰!

- 정말 기분이 좋군!
  Ich bin wirklich guter Stimmung!
  이히 빈 뷔르클링히 구-터 슈팀뭉!

- 믿을 수가 없어요.
  Unglaublich!
  운글라우플링히!

- 좋아./멋져/멋져요.
  Wunderbar!
  분더바-!

- 좋아.
  Wahnsinn!
  봐-ㄴ진!

- 잘됐어.
  Das ist ja fein.
  다스 이스트 야- 파인!

- 당신은 운이 좋군요.
  Sie haben es gut!
  지- 하-밴 앳스 구-ㅌ!

- 당신을 만나서 반갑습니다.
  Ich freue mich, Sie zu treffen!
  이히 프로이애 밍히 지- 추- 트래팬!

- 난 정말로 만족스러워.
  Ich bin vollständig zufrieden gestellt!
  이히 빈 폴슈탠딩히 추-프리-댄 게슈텔트!

- 난 그것에 만족합니다.
  Ich bin damit zufrieden!
  이히 빈 다미트 추-프리-댄!

- 마음이 두근거려요.
  Mein Herz hüpft vor Freude.
  마인 해르츠 휩프트 포-어 프로이데!

- 당신이 와주셔서 즐거웠어요.
  Ich hatte mich sehr gefreut, dass Sie mich besucht haben.
  이히 하태 밍히 제-어 게프로이트, 다스 지- 밍히 배주-ㄱ흐트 하-밴.

- 파티에서 정말 즐거웠습니다.
  Auf der Party ging es hoch her!
  아우프 데어 파-티 깅 앳스 혹흐 해어!

IV. 감정을 나타내는 표현

- 만나서 즐거웠어요.

Schön, Sie kennen gelernt zu haben!
쇠-ㄴ, 지- 캔낸 겔레른트 추- 하-밴!

재미있을 때

- 아주 재미있어요.

Sehr lustig!
제-어 루스팅히!

- 이 게임은 아주 재미있어요.

Das Spiel macht mir Vergnügen!
다스 슈피-ㄹ 막흐트 미어 페어그뉘-갠!

- 재미있겠는데요.

Das klingt interessant!
다스 클링트 인터레싼트!

- 너무 재미있어서 저는 웃음을 멈출 수가 없어요.

Es war so lustig, dass ich ständig nur lachen musste!
앳스 봐- 조- 룻스팅히, 다스 이히 슈탠딩히 누어 랗핸 뭇스테!

행운을 얻었을 때

- 잘됐다.

Alles ist gut!
알랫스 이스트 구-트!

- 오늘은 재수가 좋아.

Heute habe ich Glück.
호이테 하-배 이히 글뤽.

- 오늘은 재수가 좋아.

Heute ist das Glück auf meiner Seite!
호이테 이스트 다스 글뤽 아우프 마이너 자이태!

- 오늘은 재수 좋은 날이군요.

Das ist mein Glückstag!
다스 이스트 마인 글뤽스타-ㅋ!

- 오늘 운이 좋으시네요.

Heute ist Ihr Glückstag!
호이테 이스트 이-어 글뤽스타-ㅋ!

- 대성공이야.

  Ich habe den Jackpot gewonnen!
  이히 하-배 덴 잭팟 게본낸!

- 단지 운이 좋았을 뿐이야.

  Ich war nur glücklich!
  이히 봐- 누어 글뤼클리히!

행복할 때

- 너무 행복해요.

  Ich bin sehr glücklich!
  이히 빈 제-어 글뤼클리히!

- 행복하세요.

  Seien Sie glücklich!
  자이앤 지- 글뤼클리히!

- 꿈이 이루어졌어.

  Das ist ein wahrgewordener Traum!
  다스 이스트 아인 봐-게보르데너 트라움!

- 우리 모두는 행복해요.

  Wir sind alle glücklich!
  뷔어 진트 알래 글뤼클리히!

- 그는 행복에 겨워 기뻐합니다.

  Sein Becher fließt vor lauter Glück über!
  자인 뱋허 플리-쓰트 포어 라우터 글뤽 위-버!

(Tipp) überfließen(위-버플리-쎈) 흘러넘치다.

- 돈으로 행복을 살 수 없어요.

  Glück ist für kein Geld der Welt zu haben.
  글뤽 이스트 퓨어 카인 겔트 데어 벨트 추- 하-밴

안심할 때

- 마음이 놓여.

  Welche Erleichterung!
  벨해 애어라이히터룽!

- 홀가분한 기분이 들어요.

  Ich fühle mich erleichtert.
  이히 퓌-ㄹ래 밑히 애어라이히터르트.

- 휴!

  Huh!
  후-!

- 안심해.

  Sei unbesorgt!
  자이 운배조르트!

- 그 말 들으니 안심이네요.

  Es beruhigt mich, das zu hören!
  앳스 배루-익트 밑히 다스 추- 회-랜!

- 그 말을 듣고 안심이 되었습니다.

  Es hat mich beruhigt, das gehört zu haben!
  앳스 하트 밑히 배루-익트, 다스 게회르트 추- 하-밴!

 # 슬픔과 우울함

감정을 나타내는 말 중에는 슬플 때와 우울할 때 사용하는 표현이 있다. "Ich bin traurig!"(나는 슬퍼요), "Ach, so traurig!"(아, 슬프군요), "Es ist schade!"(안 됐네요.) 라고 슬픔을 나타내고 우울할 때 "Ich bin deprimiert!"(나는 우울해요)라고 말한다. 위로의 말을 할 때는 "Lassen Sie nicht den Kopf so hängen!" (너무 우울해 하지 마세요), "Kopf hoch!"(기운 내), "Fass Mut!"(용기를 내)라고 표현할 수 있다.

슬플 때

- 아, 슬퍼요.
  Ach, ich bin so traurig!
  아- 이히 빈 조- 트라우릫히!

- 너무 슬퍼요.
  Ich bin sehr traurig!
  이히 빈 제-어 트라우릫히!

- 불쌍해라.
  Wie schade!
  비- 샤-대!

- 참 안됐군요.
  Es ist zu schade!
  앳스 이스트 추- 샤-대!

- 어머, 가엾어라.
  Oh, armes Ding!
  오- 아르매스 딩!

- 저는 비참한 기분이에요.
  Ich fühle mich so trübsinnig!
  이히 퓌-ㄹ래 밑히 조- 트륍진닣히!

- 저는 조금 슬픈 기분입니다.
  Ich fühle mich ein bisschen traurig!
  이히 퓌-ㄹ래 밑히 아인 비쓰핸 트라우릫히!

IV. 감정을 나타내는 표현 235

- 영화가 너무 슬퍼요.

  Der Film ist ziemlich traurig!
  데어 필름 이스트 치-ㅁ리히 트라우릫히!

- 무엇이 그렇게 슬프니?

  Worüber bist du so traurig?
  보뤼-버 비스트 두- 조- 트라우릫히?

- 왜 그런 슬픈 얼굴이니?

  Warum machst du so ein trauriges Gesicht?
  봐룸 막스트 두- 조- 아인 트라우리개스 게짛히트?

슬퍼서 울 때

- 슬퍼서 울고 싶은 심정이에요.

  Ich bin so traurig, dass ich weinen möchte!
  이히 빈 조- 트라우릫히, 닷스 이히 바이낸 뫼히태!

- 울고 싶어요.

  Ich möchte weinen.
  이히 뫼히태 바이낸.

- 눈물을 닦으세요.

  Wischen Sie sich die Tränen ab!
  뷧샌 지- 짙히 디 트래-낸 압!

- 우세요. 실컷 우세요.

  Heulen Sie sich aus!
  호일랜 지- 짙히 아웃싀!

- 몹시 울었어요.

  Ich habe mir die Augen aus dem Kopf geheult!
  이히 하-배 미어 디 아우갠 아우스 뎀 콥프 게호일트!

우울할 때

- 저는 우울해요.

  Ich bin deprimiert!
  이히 빈 데프리미어트!

- 저는 희망이 없어요.

  Ich finde keinen Ausweg!
  이히 핀대 카이낸 아웃스베-ㄱ!

- 아무 것도 하고 싶은 생각이 없어요.
  Ich habe keine Lust, etwas zu machen!
  이히 하-배 카이내 루스트, 앳트바스 추- 막핸!

- 저는 지금 절망적인 상태예요.
  Ich bin jetzt in eine verzweifelte Situation geraten!
  이히 빈 예츠트 인 아이내 페어츠바이펠태 지투아치오-ㄴ 게라-탠!

- 저를 우울하게 만들지 마세요.
  Seien Sie nicht betrübt wegen mir!
  자이앤 지- 니힡트 배트륍트 베-겐 미-어!

- 저는 지금 또 다시 우울해요.
  Ich habe wieder einmal Depressionen!
  이히 하-배 비-더 아인마-ㄹ 데프레씨오-낸!

- 저는 고독합니다.
  Ich fühle mich einsam!
  이히 퓌-ㄹ래 밎히 아인잠!

슬픔과 우울함을 위로할 때

- 내가 당신 곁에서 돌봐줄게요.
  Ich halte zu Ihnen.
  이히 할태 추- 이-낸.

- 너무 우울해 하지 마.
  Lass dich nicht so hängen!
  랏스 딯히 니힡트 조- 행앤!

- 기운 내.
  Kopf hoch!
  콥프 혹히!

- 용기를 내.
  Fass Mut!
  파쓰 무-트!

- 용기를 내.
  Sei brav!
  자이 브라프!

- 용기를 잃지 마!
  Halt die Ohren steif!
  할트 디 오-랜 슈타이프!

IV. 감정을 나타내는 표현

- 긍정적으로 생각해.
  Denk positiv!
  뎅크   포지티-프!

- 너는 이겨낼 거야.
  Du wirst es sicher überwinden!
  두- 뷔르트스 앳스 짛허 위-버뷘댄!

- 슬퍼하지 마세요.
  Machen Sie sich doch keinen Kummer!
  막핸   지- 짛히 독흐 카이낸   쿰머!

- 그렇게 슬퍼하지 말아요.
  Nehmen Sie es sich nicht so zu Herzen!
  네-맨   지- 앳스 짛히 니힣트 조- 추- 해르챈!

격려와 위로

상대방이 슬프거나 우울할 때 어떻게 위로의 말을 할까? 그 표현 방법은 다양하다. "Seien Sie zuversichtlich!"(자신을 가져요), "Die Dinge werden gut ausgehen."(반드시 잘 될 거예요)라고 격려를 한다. 친구 사이에는 "Weg damit!" (그런 걱정하지 마), "Ich möchte dir irgendwie behilflich sein."(나는 어떻게든 네게 도움이 되고 싶어.) 등으로 위로를 해준다.

배려할 때

- 무슨 일이세요?

  Was ist denn los?
  밧스 이스트 댄 로-스?

- 괜찮으세요?

  Sind Sie in Ordnung?
  진트 지- 인 오르드눙?

- 도대체 무슨 일이야?

  Was ist denn passiert?
  밧스 이스트 댄 파씨어트?

- 당신에 대해서 걱정하고 있습니다.

  Ich sorge mich um Sie.
  이히 조르개 밓히 움 지-.

- 제 아들을 배려해주셔서 감사합니다.

  Ich danke Ihnen für Ihre Besorgnis um meinen Sohn!
  이히 당케 이-낸 퓨어 이어래 배조르크니스 움 마이낸 조-ㄴ!

- 비용은 걱정하지 마.

  Machen Sie sich keine Sorge um die Kosten!
  막핸 지- 짖히 카이내 조르개 움 디 코스탠!

- 비용은 문제되지 않아.

  Die Kosten machen mir nicht viel aus!
  디 코스탄 막핸 미-어 니힡트 피-ㄹ 아웃스!

- 그건 걱정하지 마.
  Mach dir nichts daraus!
  막흐 디-어 닣히츠 다라-웃스!

- 지금부터가 중요해.
  Jetzt geht es um die Wurst!
  예츠트 게-트 앳스 움 디 부어스트!

격려할 때

- 자 힘들 내! 너는 할 수 있어.
  Komm schon, du kannst es schaffen!
  콤 쇼-ㄴ, 두- 칸스트 앳스 샤펜!

- 기운 내.
  Kopf hoch! / Sieh es positiv!
  콥프 혹히! / 지- 앳스 포-지티프!

- 기운 내세요.
  Seien Sie wieder guter Stimmung!
  자이앤 지- 비-더 구-터 슈팀뭉!

- 좀 더 힘내세요.
  Seien Sie guten Mutes!
  자이앤 지- 구-탠 무-태스!

- 자, 힘을 내세요.
  Komm schon! Kopf hoch!
  콤 쇼-ㄴ! 콥프 혹히!

- 행운을 빌어요.
  Viel Glück!
  피-ㄹ 글뤽!

- 성공을 빌어.
  Ich drücke dir die Daumen!
  이히 드뤽케 디-어 디 다우맨!

- 성공을 빌어.
  Viel Erfolg!
  피-ㄹ 애어폴크!

- 힘내라.
  Mach es!
  막흐 앳스!

- 포기하면 안 돼.

  Gib nicht auf!
  깁   니힡트 아우프!

- 자, 기운을 내세요.

  Nun, fass deinen Mut zusammen!
  누-ㄴ 파쓰 다이낸   무-트 추잠맨!

- 자신을 가져요.

  Seien Sie zuversichtlich!
  자이앤 지- 추-패어짚히틀리히!

- 힘내 파이팅!

  Weiter so!
  바이터   조-

- 최선을 다해.

  Tu dein Bestes!
  투- 다인   배스태스!

- 나는 네 편이야.

  Ich stehe auf deiner Stelle!
  이히 슈테- 아우프 다이너 슈텔래!

- 반드시 잘 될 거예요.

  Die Dinge werden gut ausgehen!
  디   딩애   베르댄   구-ㅌ 아우스게-앤!

- 너에게 어떻게든 도움이 되고 싶어.

  Ich möchte dir irgendwie behilflich sein!
  이히 뫼히태   디-어 이르갠트비- 배힐플릿히   자인!

- 격려해주셔서 고맙습니다.

  Vielen Dank für Ihre Ermunterung!
  피-ㄹ랜 당크   퓨어 이어래 애어문터룽!

위로할 때

- 걱정하지 마세요.

  Machen Sie sich keine Sorge!
  막핸   지- 짗히 카이내 조르개!

- 좋아질 거예요.

  Es wird viel besser werden!
  앳스 뷔르트 피-ㄹ 배써   베르댄!

- 그런 걱정은 잊어버리세요.

  Vergessen Sie Ihre Sorgen!
  페어게쌘 지- 이어래 조르갠!

- 그런 걱정하지 마.

  Weg damit!
  베-ㄱ 다미트!

- 그것은 문제없어.

  Das ist kein Problem!
  다스 이스트 카인 프로블레-ㅁ!

- 물론 확실합니다.

  Ich bin mir sicher!
  이히 빈 미-어 질혀!

- 걱정할 것 없어.

  Macht nichts!
  막흐트 닣히츠!

- 걱정할 것 없어요.

  Machen Sie sich nichts daraus!
  막핸 지- 질히 닣히츠 다라-웃스!

- 부담스럽게 생각하지 마세요.

  Denken Sie sich nichts dabei!
  뎅캔 지- 질히 닣히츠 다바이!

- 낙담하지 마.

  Lass dich nicht unterkriegen!
  랏스 딯히 니힡트 운터크리-갠!

- 당신의 마음을 잘 알아요.

  Ich weiß, wie Sie sich fühlen!
  이히 봐이쓰, 비- 지- 질히 퓨-ㄹ랜!

- 걱정 말고 말해요.

  Sagen Sie es ohne Angst frei heraus!
  자-갠 지- 앳스 오-네 앙스트 프라이 해라웃스!

- 없는 것보다 낫잖아요.

  Ein bisschen ist besser als gar nichts!
  아인 비쓰핸 이스트 배써 알스 가- 닣히츠!

조의를 표할 때

- 참으로 유감이입니다.
  Es tut mir sehr Leid!
  앳스 투-트 미-어 제-어 라이트!

- 이런 소식 들어서 참으로 유감입니다.
  Es tut mir Leid, das zu hören!
  앳스 투-트 미-어 라이트, 다스 추- 회-랜!

- 우리의 진심어린 슬픔을 전합니다.
  Unsere herzliche Anteilnahme!
  운저레 해르츨맇해 안타일나-매!

- 삼가 조의를 표합니다.
  Herzliches Beileid!
  해르츨리헤 바이라이트!

- 진심으로 조의를 표합니다.
  Mein herzliches Beileid!
  마인 해르츨맇해스 바이라이트!

- 진심으로 조의를 표합니다.
  Ich möchte Ihnen mein Beileid aussprechen!
  이히 뫼히태 이-낸 마인 바이라이트 아우스슈랗핸!

- 우리는 진심으로 조의를 표합니다.
  Wir möchten unser herzliches Beileid zum Ausdruck bringen!
  뷔어 뫼히탠 운저 해르츨맇해스 바이라이트 춤 아웃스드룩 브링앤!

- 진심으로 조의를 표합니다.
  Mein aufrichtiges Beileid!
  마인 아우프리히티개스 바이라이트!

- …의 돌아가심에 대해 우리는 깊은 동정을 전합니다.
  Zum Tod von …. übermitteln wir Ihnen unser tiefes Mitgefühl!
  춤 토-트 폰 … 위-버미텔른 뷔어 이-낸 운저 티-패스 미트게퓌-ㄹ!

동정할 때

- 정말 안됐습니다.
  Es tut mir Leid, dies zu erfahren!
  앳스 투-트 미-어 라이트, 디-스 추- 애어파-랜!

- 당신의 기분을 알겠어요.
  Ich kann mit Ihnen mitfühlen!
  이히 칸   미트 이-낸   미트퓌-ㄹ랜!

- 당신의 고충을 공감해요.
  Ich fühle Ihren Kummer mit!
  이히 퓌-ㄹ래 이어랜 쿰머   미트!

- 흔히 있는 일이예요.
  So etwas kann immer passieren!
  조- 앳트바스 칸   임머   파씨-랜!

- 운이 나빴네요.
  Sie haben ein Pech!
  지- 하-밴   아인 펳히!

- 안 됐네요.
  Wie schade für Sie!
  비-   샤-데   퓨어 지-!

병문안 할 때

- 병원에 들릅시다.
  Lass uns ins Krankenhaus gehen!
  랏스 운스 인스 크랑캔하우스   게-앤!

- 캐테에게 갑시다.
  Gehen wir mal zu Käthe!
  게-앤   뷔어 마-ㄹ 추- 캐테!

- 좋은 생각입니다. 저도 함께 가죠.
  Gute Idee! Ich komme auch mit.
  구-테 이데-! 이히 콤매   아욱호 미트.

- 그녀에게 무엇을 사가지고 갈까?
  Was wollen wir ihr denn mitbringen?
  밧스 볼랜   뷔어 이어 덴   미트브링앤?

- 그녀에게 무엇을 갖다 주면 될까요?
  Was sollen wir ihr mitbringen?
  밧스 졸랜   뷔어 이어 미트브링앤?

- 몇 시가 방문시간입니까?
  Wann ist die Besuchszeit?
  반   이스트 디 배주-ㄱ흐스차이트?

- 그가 입원한 병실이 몇 호입니까?

  In welchem Zimmer liegt er denn?
  인 벨햄 침머 리-ㄱ트 애어 덴?

  > In welches Zimmer ist er denn eingewiesen worden?(인 벨햬스 침머 이스트 애어 덴 아인게비-젠 보르댄?) 또는 In welche Klinik ist er eingewiesen worden.(인 벨햬 클리-닉 이스트 애어 아인게비-젠 보르덴) 원래 jn. in etw. einweisen는 "-를 …(장소)에 지정(할당)하다"는 뜻.

- 기분이 어떠세요?

  Wie fühlen Sie sich?
  비- 퓨-ㄹ랜 지- 짛히?

- 오늘은 기분이 어떠세요?

  Wie fühlen Sie sich heute?
  비- 퓨-ㄹ랜 지- 짛히 호이테?

- 별로입니다.

  Nicht besonders!
  니힐트 배존더스!

- 기분이 좋지 않아요.

  Ich fühle mich nicht wohl!
  이히 퓨-ㄹ래 밓히 니힐트 보-ㄹ!

- 어제보다 훨씬 좋습니다.

  Ich fühle mich viel besser als gestern!
  이히 퓨-ㄹ래 밓히 피-ㄹ 배써 알쓰 개스턴!

- 어제는 안 좋았습니다.

  Gestern habe ich mich nicht wohl gefühlt!
  개스턴 하-배 이히 밓히 니힐트 보-ㄹ 게퓨-ㄹ트!

- 어쩌다가 다치셨어요?

  Wie haben Sie sich denn verletzt?
  비- 하-밴 지- 짛히 덴   페얼렡츠트?

- 좀 나아지셨습니까?

  Fühlen Sie sich etwas besser?
  퓨-ㄹ랜 지- 짛히 앹트바스 배써?

- 어때요, 이제 다시 아주 건강해지셨지요?

  Na, sind Sie jetzt wieder ganz auf der Höhe?
  나, 진트 지- 예츠트 비-더 간츠 아우프 데어 회-애?

> auf der Höhe sein(아우프 데어 회-애 자인) 건강한, 컨디션이 좋은

- 오늘은 좀 나아지셨으면 좋겠습니다.

  Hoffentlich fühlen Sie sich heute besser!
  호펜틀릳히 퓨-ㄹ랜 지- 짛히 호이테 배써!

- 참 안 됐군요.

  Es tut mir Leid, das zu hören!
  앳스 투-트 미-어 라이트, 다스 추- 회-랜!

- 몸조심 하십시오.

  Schonen Sie sich!
  쇼-낸 지- 짛히!

- 몸조리 잘 하세요.

  Passen Sie auf sich auf!
  파쌘 지- 아우프 짛히 아우프!

- 몸조리 잘해라.

  Pass auf dich auf!
  파쓰 아우프 딯히 아우프!

- 조심하셔야 합니다.

  Sie müssen sich besser in Acht nehmen!
  지- 뮈쌘 짛히 배서 인 아흐트 네-맨!

- 당신 건강이 좋아지셨다니 기쁩니다.

  Ich freue mich, dass es Ihnen besser geht!
  이히 퓨-ㄹ래 밓히, 닷스 앳스 이-낸 배써 게-트!

- 당신의 건강이 좋아져서 기쁩니다.

  Ich freue mich, dass es Ihrer Gesundheit besser geht!
  이히 프로이애 밓히, 닷스 앳스 이어러 게준트하이트 배써 게-트!

- 안색을 회복하셨군요.

  Ihr Gesicht hat wieder Farbe bekommen!
  이어 게짛히트 하트 비-더 파르베 배콤맨!

- 피곤하시면 좀 누워 계세요.

  Legen Sie sich bitte hin, wenn Sie müde sind!
  레-갠 지- 짛히 비태 힌, 벤 지- 뮈-대 진트!

- 조속히 회복되시기를 바랍니다.

  Ich wünsche Ihnen gute Besserung!
  이히 뷘섀 이-낸 구-태 배써룽!

- 조속히 회복되시기를 바랍니다.

  Ich hoffe, dass Sie sich bald von Ihrer Krankheit erholen!
  이히 호패, 닷스 지- 짛히 발트 폰 이어러 크랑크하이트 애어호-ㄹ랜!

- 곧 회복되길 바랍니다.

  Sie werden bald gesund!
  지- 베르댄   발트   게준트!

- 당신은 틀림없이 곧 회복될 거예요.

  Sie werden schon bald wieder gesund werden!
  지- 베르댄   쇼-ㄴ   발트   비-더   게준트   베르댄!

- 당신 건강이 좋아지시기를 바랍니다.

  Ich wünsche Ihnen, dass Sie sich guter Gesundheit erfreuen!
  이히 뷘셰   이-낸,   닷스 지- 짓히 구-터 게준트하이트   애어프로이앤!

- 빨리 나아서 퇴원하시기를 바랍니다.

  Ich wünsche Ihnen, dass Sie bald wieder gesund aus dem Krankenhaus
  이히 뷘셰   이-낸,   닷스 지- 발트   비-더   게준트   아우스 뎀   크랑캔하우스

  entlassen werden!
  앤트랏샌   베르댄!

- 회복되길 바랍니다.

  Gute Besserung!
  구-테 배써룽!

- 내일 다시 건강한 모습으로 뵙기 바랍니다.

  Ich hoffe, dass Sie morgen wieder gesund sind!
  이히 호패,   닷스 지- 모르갠   비-더   게준트   진트!

- 당신의 병은 쉽게 나을 겁니다.

  Ich denke, dass Sie bald wieder gesund sind!
  이히 뎅캐,   닷스 지- 발트   비-더   게준트   진트!

- 용기를 잃지 마세요.

  Lassen Sie den Mut nicht sinken!
  랏샌   지- 덴   무-트 니힡트 징캔!

병문안에 대한 감사의 말

- 아직 좀 피곤하지만, 괜찮아요.

  Ich bin noch etwas müde, aber es geht!
  이히 빈 녹흐   앳트바스 뮈-대,   아-버 앳스 게-트!

- 저는 곧 좋아질 겁니다.

  Es wird mir bald besser gehen!
  앳스 뷔르트 미-어 발트 배써   게-앤!

- 오늘 좀 나아진 것 같아요.

  Ich fühle mich heute besser!
  이히 퓌-ㄹ래 밎히 호이테 배써!

- 많이 회복된 기분입니다.

  Ich fühle mich schon wieder gesund!
  이히 퓌-ㄹ래 밎히 쇼-ㄴ 비-더 게준트!

- 고마워요. 거의 나았어요.

  Danke, ich habe mich gut erholt!
  당케, 이히 하-배 밎히 구-ㅌ 애어 호-ㄹ트!

- 저는 곧 일어날 수 있을 거예요.

  Ich werde bald aufstehen können!
  이히 베르대 발트 아웃프슈테-앤 쾬낸!

 **노여움과 진정**

독일인과 대화를 할 때 늘 좋은 뜻의 이야기만 오가지는 않는다. 상대가 나를 화나게 하거나 참을 수 없을 만큼 분노가 날 수도 있다. 이럴 때는 "Das wird mir zu bunt!"(말씀이 지나치시군요.)라고 한다. 또한 상대가 화났을 때 "Hör auf!"(그만해), "Halt den Mund!"(입 닥쳐)라고 말하기도 하고 상대를 진정시킬 필요가 있을 경우 "Beruhige dich!"(진정해)나 "Komm runter!"(진정해)라고 말한다.

화가 날 때

- 말씀 지나치시네요.

  Das wird mir zu bunt!
  다스 뷔르트 미-어 추- 분트!

 Das geht mir über die Hutschnur!(다스 게-트 미-어 위-버 디 후-트슈누-어!) / Er treibt es zu bunt!(애어 트라입트 앳스 추- 분트!) 참을 수 없을 정도로 지나친 말이군요.

- 빌어먹을!

  Mensch!
  멘쉬!

- 빌어먹을!

  Verflixt nochmal!
  페어플릭스트 녹흐마-ㄹ!

- 제기랄!

  Verdammt!
  페어담트!

- 젠장!

  Donnerwetter!
  돈너베터!

- 꼴좋다.

  Du hast es verdient!
  두- 하스트 앳스 페어디-ㄴ트!

IV. 감정을 나타내는 표현 **249**

- 이런 결국 그렇게 됐군.

  Es geschieht dir recht!
  앳스 게쉬-트   디-어 래힡트!

- 너한테 너무 화가나.

  Ich bin dir so böse!
  이히 빈   디-어 조- 뵈-재!

- 저런 심하군요.

  So eine Schande!
  조- 아이내 샨대!

- 바보 같은.

  Blöd!
  블뢰-트!

 Doof!(도-프!) 또는 Dumm!(둠!)이라고도 한다.

- 돌았군.

  Verrückt!
  페어뤽크트!

- 말 같지 않은 소리!

  Unsinn!
  운진!

- 알았어, 알겠다고.

  Schon gut!
  쇼-ㄴ   구-트!

- 나한테 말하지 마.

  Sag es mir nicht!
  작   앳스 미-어 니힡트!

- 당신 때문에 미치겠어요.

  Sie treiben mich zum Wahnsinn!
  지- 트라이밴   밓히   춤   봐-ㄴ진!

 같은 표현 : **Sie machen mich wahnsinnig!**(지- 막핸 미히 봐-ㄴ지닝히!)

- 미치겠어요.

  Ich bin sehr glücklich!
  이히 빈   제-어 글뤼클리히!

- 더 이상은 못 참겠어.

  Ich kann dich nicht mehr ertragen!
  이히 칸 딯히 니힡트 메-어 애어트라-갠!

- 난 비난 받는 것을 못 참겠어.

  Ich kann es nicht ertragen, kritisiert zu werden!
  이히 칸 앳스 니힡트 애어트라-갠, 크리티지어트 추- 베르댄!

- 너 미쳤구나.

  Du spinnst!
  두- 슈핀스트!

- 너무 화가 나서 터질 것만 같아요.

  Ich bin so ärgerlich, dass ich ausrasten könnte!
  이히 빈 조- 애르걸맇히, 닷스 이히 아우스라스탠 쾐태!

- 참는 것도 한도가 있어요.

  Meine Geduld ist erschöpft!
  마이네 게둘트 이스트 애어쇠프트!

- 그 사람을 볼 때마다 열 받아요.

  Ich ärgere mich, jedesmal wenn ich ihn treffe!
  이히 애르거레 밓히, 예데스마-ㄹ 벤   이히 이-ㄴ 트래패!

- 그를 만나면 불쾌해.

  Vor ihm empfinde ich Ekel!
  포-어 이-ㅁ 앰핀대   이히 에켈!

- 너무 약 올라.

  Es ist so ärgerlich!
  앳스 이스트 조- 애르걸맇히!

- 끔찍해.

  Das ist schrecklich!
  다스 이스트 슈레클맇히!

- 이것은 너무 불쾌해.

  Ich bin damit außerordentlich unzufrieden!
  이히 빈 다미트 아우써오르덴틀맇히   운추-프리-댄!

- 레나는 나를 열 받게 해.

  Lena bringt mich zur Weißglut!
  레-나 브링트 밓히 추어 봐이쓰글루-트!

- 나는 그녀가 진실을 말하지 않는 게 화가 나.

  Ich ärgere mich darüber, dass sie nicht die Wahrheit gesagt hat!
  이히 애르거레 밓히 다뤼-버,   닷스 지- 니힡트 디 봐-하이트   게작트 하트!

- 이 텔레비전 때문에 정말 화나.

  Der Fernseher macht mich ärgerlich!
  데어 페른제-어   막흐트   밓히   애르걸링히!

- 지금 도대체 뭐하는 거야.

  Worum geht es denn jetzt?
  보롬   게-트 앳스 댄   예츠트?

- 그건 화나는 일이야.

  Es ist ägerlich!
  앳스 이스트 애르걸링히!

- 정말 화가나.

  Es ist wirklich ärgerlich!
  앳스 이스트 뷔르클링히 애르걸링히!

- 난 화가나.

  Ich ärgere mich!
  이히 애르거래 밓히!

- 너는 나를 몹시 화나게 해.

  Du hast mich sehr geärgert!
  두- 하스트 밓히   제-어 게애르거르트!

- 난 네게 몹시 화가나.

  Ich bin so böse auf dich!
  이히 빈   조- 뵈-재 아우프 밓히!

- 나는 그녀에게 늘 화가 난다.

  Ich habe mit ihr immer viel Ärger!
  이히 하-배 미트 이-어 임머   피-ㄹ 애르거!

- 더 이상 참을 수 없어.

  Das kann ich nicht mehr dulden!
  다스 칸   이히 니힡트 메-어   둘댄!

- 그것이 나를 몹시 화나게 한다.

  Das ärgert mich sehr!
  다스 애르거르트 밓히 제-어!

- 그 말을 들으니까 돌아버리겠어.

  Das bringt mich auf die Palme!
  다스 브링트   밓히 아우프 디 팔매!

- 그것은 서서히 내 신경을 건드려.

  Das geht mir langsam auf den Kecks!
  두- 게-스트 미-어 랑잠   아우프 뎀   켁스!

- 너는 나를 신경질 나게 해.

  Du gehst mir auf die Nerven!
  두- 게스트 미-어 아우프 디 내어팬!

- 그가 어느 때나 내게 전화하기 때문에 나는 화가 난다.

  Ich bin ärgerlich, weil er mich zu jeder Zeit anruft!
  이히 빈 애르걸릫히, 봐일 애어 밓히 추 예-더 차이트 안루프트!

- 난 이제 더 이상 못 참아.

  Jetzt habe ich aber genug!
  예츠트 하-배 이히 아-버 게눅흐

- 난 이제 더 이상 못 참아.

  Jetzt ist meine Geduld zu Ende!
  예츠트 이스트 마이내 게둘트 추- 앤대!

- 나는 흥분하여 모든 것을 까먹었어.

  Ich war so aufgeregt, dass ich alles vergaß!
  이히 봐- 조- 아우프게렉트, 닷스 이히 알랫스 페어가-쓰!

- 나는 흥분한 나머지 모든 것을 까먹었어.

  In der Aufregung hatte ich alles vergessen!
  인 데어 아우프레-궁 하테 이히 알랫스 페어겟샌!

- 그 뉴스를 듣고 그녀는 흥분했다.

  Die Nachricht regte sie auf!
  디 낙흐리히트 렉태 지- 아우프!

상대방이 화났을 때

- 화났어요?

  Sind Sie böse?
  진트 지- 뵈-제?

- 너 아직도 화나 있니?

  Bist du noch böse?
  비스트 두- 녹흐 뵈-제?

- 그래서 나한테 화났어요?

  Sind Sie deswegen böse auf mich?
  진트 지- 데스베-갠 뵈-제 아우프 밓히?

- 뭐 때문에 그렇게 화났니?

  Warum bist du so verärgert?
  봐-룸 비스트 두- 조- 페어애르거르트?

- 왜 너는 그렇게 화가 나니?
  Warum bist du so böse?
  봐-룸   비스트 두- 조- 뵈-재?

- 무엇이 그렇게 화나는 겁니까?
  Worauf sind Sie so böse?
  봐-룸   진트 지- 조- 뵈-재?

- 무엇이 그렇게 화가 나는데요?
  Worüber ärgern Sie sich denn?
  보뤼-버 애르거른 지- 짛히 덴?

- 왜 그런지 모르겠어요.
  Ich weiß nicht warum.
  이히 봐이쓰 니힡트 봐-룸.

- 그는 몹시 화가 나 있어.
  Er ist sehr wütend.
  애어 이스트 제-어 뷔-텐트.

- 안네는 화났어.
  Anne ist zornig.
  안네 이스트 초르닣히.

- 안네는 격분하고 있어.
  Anne kocht vor Wut.
  안네 콧흐트 포-어 부-트.

- 롤란트는 화가 나서 막무가내야.
  Roland ist außer sich vor Wut.
  롤란트 이스트 아우써 짛히 포-어 부-트.

화를 달랠 때

- 화내지마.
  Mach dir nichts draus!
  막흐 디-어 니힡츠 드라우스!

- 화내지마.
  Ärgere dich nicht darüber!
  애르거레 딯히 니힡트 다-뤼-버!

- 화내지마.
  Reg dich nicht auf!
  렉 딯히 니힡트 아우프!

- 내게 너무 화내지 마세요.

  Seien Sie nicht so böse auf mich!
  자이앤 지- 니힡트 조- 뵈-재 아우프 밓히!

- 나한테 화내지 마라.

  Lass es nicht an mir aus!
  랏스 앳스 니힡트 안 미-어 아우스!

- 너는 사소한 일에 너무 화를 내.

  Du ärgerst dich sehr über jede Kleinigkeit!
  두- 에르거스트 딯히 제-어 위-버 예데 클라이니히카이트!

- 너무 흥분하면 안 돼.

  Du darfst dich nicht so sehr aufregen!
  두- 다르프스트 딯히 니힡트 조- 제-어 아우프레-갠

- 진정하세요.

  Beruhigen Sie sich, bitte!
  배루-이갠 지- 짛히, 비태!

- 진정해.

  Beruhige dich!
  배루-이개 딯히!

- 진정해.

  Komm runter!
  콤 룬터!

- 화 내지 마세요.

  Seien Sie bitte nicht so böse!
  자이앤 지- 비태 니힡트 조- 뵈-재!

- 이제 그만 화 풀어요.

  Wetzen Sie die Scharte aus!
  벹챈 지- 디 샤르테 아우스!

- 이제 그만 화 풀어요.

  Lassen Sie Ihren Ärger raus!
  랏샌 지- 이어랜 애르거 라우스!

- 진정하려고 노력해봐.

  Versuch mal, zu beschwichtigen!
  페어주-ㄱ 마-ㄹ 추- 배슈뷔히티갠!

- 이성을 잃으면 안 돼.

  Du darfst nicht in Zorn geraten!
  두- 다르프스트 니힡트 인 초른 게라-탠!

- 인내심을 잃으면 안 돼.

  Du darfst nicht die Geduld verlieren!
  두- 다르프스트 니힡트 디 게둘트 페어리-랜!

- 화내면 안 돼.

  Du darfst nicht wütend werden!
  두- 다르프스트 니힡트 뷔텐트 베르댄!

- 이런 일에 화낼 필요 없어.

  Du brauchst dich darüber nicht zu ärgern!
  두- 브라욱흐스트 딯히 다뤼-버 니힡트 추- 애르거른!

- 성급히 화를 낼 필요는 없어.

  Du brauchst nicht gleich an die Decke zu gehen!
  두- 브라욱흐스트 니힡트 글라이히 안 디 덱케 추- 게-앤!

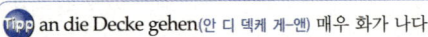 an die Decke gehen(안 디 덱케 게-앤) 매우 화가 나다.

- 진정해 이 정도도 다행이지 뭘 그래.

  Ruh dich aus! Das könnte schlimmer sein.
  루- 딯히 아웃스! 닷스 쾐태 슐림머 자인.

- 이제 제발 그만 둬.

  Lass das!
  랏스 다스!

- 항상 그렇게 엄격하게 굴지 마라, 한 번만 봐줘.

  Sei nicht immer so streng, lass doch mal fünf gerade sein!
  자이 니힡트 임머 조- 슈트랭, 랏스 독흐 마-ㄹ 퓐프 게라데 자인!

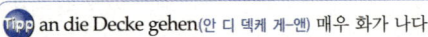 fünf(e) gerade(퓐프 게라데)/eine gerade Zahl sein lassen(아이내 게라데 차-ㄹ 자인 랏샌) 대충 대충하다, 봐주다, 대충 넘어가다.

 # 놀라움과 두려움

놀라거나 무서움의 감정을 말로 나타낼 때 자연스럽게 표현하는 게 좋다. 복잡한 문장을 만들어 말하기보다는 "Oh, mein Gott!"/"Oh, Gott!"(오, 맙소사), "Das ist aber eine Überraschung!"(놀랍군요)처럼 표현하면 된다. 무섭거나 두려울 때 "Ich habe Angst!"(난 무서워)라고 하거나 "Keine Angst!"(겁먹지 말아요)하고 위로를 나타내기도 한다.

놀랐을 때

- 저런 세상에!
  Oh, mein Gott!
  오-, 마인 고트!

- 아 세상에!
  Ach, du lieber Gott!
  아흐, 두- 리-버 고트!

- 하나님 맙소사!
  Du meine Güte!
  두- 마이내 귀-태!

- 이런!
  Donnerwetter!
  돈너베터!

- 어?
  Na nu?
  나- 누-?

- 말도 안 돼!
  Nie im Leben!
  니- 임 레-밴!

- 아차.
  Ach, du liebe Zeit!
  아흐, 두- 리-배 차이트!

IV. 감정을 나타내는 표현 257

- 어머나!
  Oh, Gott!
  오-, 고트!

- 오, 안 돼.
  Oh, nein!
  오- 나인!

- 아, 깜짝이야!
  Ach, du Schreck!
  아흐, 두- 슈렉!

- 아이고!
  Meine Güte!
  마이내 귀-태!

- 놀랍군요. / 웬 일 입니까?
  Das ist aber eine Überraschung!
  다스 이스트 아-버 아이내 위-버랏슝!

- 아이 깜짝이야.
  Hoppla!
  호플라!

- 아이, 깜짝 놀랐잖아.
  Oh, ich bin überrascht!
  오- 이히 빈 위-버라쉬트!

- 정말 놀랐어.
  Ich bin völlig überrascht.
  이히 빈 푈링히 위-버라쉬트!

- 놀라워!
  Eine Überraschung!
  아이내 위-버랏슝!

- 믿을 수 없어.
  Das glaube ich nicht!
  닷스 글라우베 이히 니힡트!

- 굉장한데.
  Das ist großartig!
  다스 이스트 그로쓰아르팋히!

- 정말 충격이야.
  Es ist ein totaler Schock!
  앳스 이스트 아인 토타-러 쇼크!

- 이거 큰일 났군.
  Wir sind wirklich in Schwierigkeiten!
  뷔어 진트 뷔르클릫히 이 슈비-리히카이텐!

- 놀랍군요.
  Oh, es ist wunderlich!
  오- 앳스 이스트 분덜릫히!

- 너 때문에 놀랐잖아.
  Du hast mich aufgeschreckt!
  두- 하스트 밇히 아우프게슈렉크트!

- 내 눈을 믿을 수가 없어.
  Ich traute meinen Augen nicht!
  이히 트라우태 마이낸 아우갠 니힡트!

- 굉장하군요!
  Das ist hervorragend!
  닷스 이스트 헤어포-어라-겐트!

- 멋져요!
  Fantastisch!
  판타-스티쉬!

- 휴, 깜짝 놀랐네.
  Huh! Ich bin erschrocken.
  후-! 이히 빈 애어슈록캔!

- 휴, 하마터면 큰 일 날 뻔했네!
  Huh! Das war knapp!
  후-! 닷스 봐- 크나프!

- 그 말을 듣고서 너무 놀랐어요.
  Ich bin überrascht, das zu hören!
  이히 빈 위-버랏쉬트, 다스 추- 회-랜!

- 그 사고에 충격을 받았어요.
  Der Unfall hat mich schockiert!
  데어 운팔 하트 밇히 쇼키어트!

- 굉장할 것 같아.
  Es klingt großartig!
  앳스 클링트 그로쓰아르틱히!

- 그거 매우 놀라운 걸.
  Das ist sehr überraschend!
  닷스 이스트 제-어 위-버라쉔트!

- 그것은 끔찍한 일이야.
  Das ist schrecklich!
  닷스 이스트 슈렉클링히!

- 그거 정말 놀라운 일이군요.
  Das ist ja eine Überraschung!
  닷스 이스트 야- 아이내 위-버랏슝!

- 난 그 일에 대해 정말 놀랐어요.
  Da bin ich aber überrascht!
  다 빈 이히 아-버 위-버랏쉬트!

- 놀라운 것은 아직도 그가 거기에 있다는 것이다.
  Erstaunlich ist, dass er noch da ist!
  애어슈타운링히 이스트, 닷스 애어 녹흐 다 이스트!

- 우리는 그 음악에 대단히 감동되었다.
  Wir sind von der Musik sehr begeistert!
  뷔어 진트 폰 데어 무직 제-어 배가이스테르트!

- 나는 그 일에 대해 감탄했다.
  Ich habe mich darüber gewundert!
  이히 하-배 밓히 다뤼-버 게분더르트!

- 놀랍게도 그는 여기에 없다.
  Überraschenderweise ist er nicht hier!
  위-버래쉔더바이재 이스트 애어 니힡트 히-어!

- 나는 정말 놀랐다.
  Ich traute meinen Ohren nicht!
  이히 트라우태 마이낸 오-랜 니힡트!

- 그 소식을 듣고 나는 깜짝 놀랐어.
  Als ich das hörte, sträubten sich mir die Haare!
  알쓰 이히 닷스 회르태, 슈트로입탠 짛히 미-어 디 하-래!

놀라움을 진정시킬 때

- 놀랐니?
  Bist du überrascht?
  비스트 두- 위-버랏쉬트?

- 진정해.
  Komm runter!
  콤 룬터!

- 놀라지 마세요.

  Beunruhigen Sie sich bitte nicht!
  배루-이갠 지- 짙히 비태 니힐트!

- 전혀 놀랄 것 없어요.

  Es besteht kein Anlass zur Aufregung!
  앳스 배슈테-트 카인 안랏스 추어 아우프레-궁!

- 놀랄 것까지는 없어요.

  Das erregt fast kein Staunen!
  다스 애어렉트 파스트 카인 슈타우낸!

- 앉아서 긴장을 푸는 게 좋겠어요.

  Es wäre besser, wenn Sie sich hinsetzen und entspannen würden!
  앳스 봬-래 뱃서, 벤 지- 짙히 힌젤챈 운트 앤트슈판낸 뷰르댄!

- 숨을 깊이 들이쉬세요.

  Atmen Sie tief durch!
  아트맨 지- 티-프 두르히!

믿어지지 않을 때

- 정말?

  Wirklich?
  뷔르클맇히?

- 믿을 수 없어!

  Das ist unglaublich!
  다스 이스트 운그라우블맇히!

> **Tipp** Das ist nicht zu fassen!(다스 이스트 니힐트 추- 파센)라고도 한다. …zu 원형동사 "~할 수 있다"

- 설마, 믿기지 않아.

  Nein, das glaube ich nicht!
  나인, 다스 글라우배 이히 니힐트!

- 설마 그럴 리가, 믿을 수 없어.

  Nein, ich kann es einfach nicht glauben!
  나인, 이히 칸 앳스 아인팍호 니힐트 글라우밴!

- 농담하시는 건가요?

  Machen Sie Witze?
  막핸 지- 빝채?

IV. 감정을 나타내는 표현 **261**

- 농담하시군요.

    Sie machen wohl Witze?
    지- 막핸   보-ㄹ 빝채?

- 날 가지고 놀려는 거야?

    Willst du mich auf den Arm nehmen?
    빌스트 두- 밓히   아우프 덴 아름   네-맨?

- 장난으로 그러는 거 맞지?

    Du machst nur Spaß, oder?
    두- 막스트   누어 슈파-쓰, 오-더?

- 진정인가요?

    Ist es Ihnen ernst?
    이스트 앳스 이-넨 애른스트?

- 진정으로 그러는 거니?

    Meinst du das im Ernst?
    마인스트 두- 다스 임 애른스트?

- 진정으로 그러는 거 아니지?

    Das kann doch nicht dein Ernst sein?
    다스 칸   독흐 니힡트 다인 애른스트 자인?

- 네가 진정으로 그러는 건 아닐 거야.

    Das kannst du unmöglich ernst meinen!
    다스 칸스트   두- 운뫼클힣히   애른스트 마이낸!

- 그것은 금시초문인데요.

    Das ist mir neu!
    다스 이스트 미-어 노이!

두려움을 나타낼 때

- 무서워요.

    Ich habe Angst!
    이히 하-배 앙스트!

- 너무 무서웠어요.

    Ich erschrak sehr!
    이히 애어슈락   제-어!

- 어찌나 놀랬는지 몰라.

    Wie habe ich mich erschrocken!
    비- 하-배 이히 밓히   애어슈록캔!

- (영화, 이야기가) 으스스한데.

  Es ist schaurig!
  앳스 이스트 샤우릫히!

- 탐정영화요? 오, 아니에요. 무서워요.

  Einen Krimi? Oh nein, furchtbar!
  아이낸 크리-미? 오- 나인, 푸르흐트바-!

- 그 생각만 하면 무서워.

  Mir graut es davor!
  미-어 그라우트 앳스 다포-어!

- 무서워서 그 생각을 못해.

  Ich wage gar nicht daran zu denken!
  이히 봐-개 가- 니힡트 다란 추- 뎅캔!

- 등골에 땀이 나요.

  Der Schweiß rinnt mir den Rücken hinunter!
  데어 슈바이쓰 린트 미어 덴 뤽캔 힌운터!

- 정말 무서운 영화였어.

  Das war ein schauriger Film!
  다스 봐- 아인 샤우리거 필름!

- 간 떨어질 뻔 했어요.

  Ach du meine Güte!
  아흐 두- 마이내 귀-태!

- 그것 때문에 소름이 끼쳤어요.

  Dabei kriege ich Gänsehaut!
  다바이 크리-개 이히 갠제하우트!

- 내 팔에 소름끼치는 것 좀 보세요.

  Gucken Sie sich diese Gänsehaut auf meinen Armen an!
  구켄 지- 짛히 디-제 갠제하우트 아우프 마이낸 아르맨 안!

- 무서운 생각이야.

  Es ist ein erschreckender Gedanke!
  앳스 이스트 아인 애어슈렉켄더 게당캐!

- 당신의 개 때문에 난 등골이 오싹했어요.

  Wegen Ihres Hundes saß mir die Angst im Nacken!
  베-겐 이어레스 훈데스 자-쓰 미-어 디 앙스트 임 낙캔!

Tipp jm. sitzt die Angst im Nacken.(예만뎀 짓츠트 디 앙스트 임 낙캔) 등골이 오싹하다.

- 난 무서워서 아무 것도 할 수 없었어요.

  Ich konnte nichts tun, weil ich Angst hatte!
  이히 콘태   닣히츠   투-ㄴ, 봐일 이히 앙스트 하태!

- 난 무서워서 아무 것도 할 수 없었어요.

  Ich hatte so große Angst, dass ich nichts tun konnte!
  이히 하태   조- 그로-쎄 앙스트,   닷스 이히 니힣츠   투-ㄴ 콘태!

  > Ich hatte so große Angst, dass ich nichts habe tun können!(이히 하태 조- 그로-쎄 앙스트, 닷스 이히 니힣츠 투-ㄴ 쾐낸!) 라고도 한다.

- 당신은 무엇을 두려워합니까?

  Wovor fürchten Sie sich?
  보포-어 퓌르히탠   지- 짛히?

- 또 무엇을 염려하십니까?

  Worum sorgen Sie sich noch?
  보룸   조르갠   지- 짛히 녹흐?

- 나는 어두운 숲을 통해서 가는 게 두려워요.

  Ich fürchte mich davor, durch einen dunklen Wald zu gehen!
  이히 퓌르히태 밓히 다포-어, 두르히 아이낸 둥클랜   봘트   추- 게-앤!

- 당신은 무엇이 겁납니까?

  Wovor haben Sie Angst?
  보포-어 하-밴   지- 앙스트?

- 나는 개가 무서워요.

  Ich habe Angst vor dem Hund!
  이히 하-배 앙스트 포-어 뎀   훈트!

- 내 여동생은 거미를 무서워해요.

  Meine Schwester fürchtet sich vor Spinnen!
  마이네   슈베스터   퓌르히테트 짛히 포-어 슈핀낸!

- 나는 운전면허 시험이 무서워요.

  Ich fürchte mich vor der Fahrprüfung!
  이히 퓌르히태 밓히   포-어 데어 파-프뤼-풍!

- 나는 졸업시험이 겁나요.

  Ich habe Angst vor der Abschlussprüfung!
  이히 하-배 앙스트 포-어 데어 압슐루쓰프뤼-풍!

- 결과가 좋지 않아 두려웠어요.

  Das schlechte Ergebnis war zu befürchten.
  다스 쉴레히태   애어게-프니스 봐- 추- 배퓌르히탠.

두려움이나 염려를 진정시킬 때

• 무서워하지 마세요.

  Haben Sie keine Angst!
  하-밴   지- 카이네 앙스트!

• 두려워하지 마.

  Keine Angst!
  카이내   앙스트!

• 두려워할 것 없어요.

  Sie brauchen sich nicht zu erschrecken!
  지- 브라우핸   짚히   니힡트 추- 애어슈렉캔!

• 무서워하지 않아도 돼요.

  Sie können beruhigt sein!
  지- 쾬낸   배루-읻트   자인!

• 진정하세요.

  Beruhigen Sie sich, bitte!
  배루-이갠   지- 짚히   비태!

• 아무런 염려하지 마세요.

  Machen Sie sich bitte keine Sorgen!
  막핸   지- 짚히   비태 카이내 조르갠!

• 그것에 대해 아무런 걱정 말아.

  Mach dir darüber keine Sorgen!
  막흐   디-어 다뤼-버   카이내 조르갠!

• 염려하지 마세요.

  Keine Sorge!
  카이내   조르갠!

IV. 감정을 나타내는 표현

 걱정과 긴장

상대방과 깊은 대화를 나누려면 상대가 무엇을 걱정하고 있는지 알고 그를 이해하며 격려해주어야 한다. "Worum sorgen Sie sich denn?"(무슨 일로 걱정합니까?), "Worum kümmern Sie sich denn?"(무슨 일로 걱정하세요?)라고 말을 건다. 상대의 말을 들은 후 "Machen Sie sich keine Sorge!"(걱정하지 마십시오)라고 격려를 해주는 게 좋다. 또한 긴장이 될 때는 "Ich bin jetzt ein bisschen nervös!"(난 지금 조금 초조해.)라고 말한다.

걱정을 물을 때

- 무슨 일이지요?

  Was ist los mit Ihnen?
  밧스 이스트 로-스 미트 이-낸?

- 무슨 일이야?

  Was ist los mit dir?
  밧스 이스트 로-스 미트 디-어?

- 무슨 일이 일어난 거야?

  Ist dir etwas passiert?
  이스트 디-어 애트밧스 파씨어트?

- 무슨 일이인데?

  Was ist passiert?
  밧스 이스트 파씨어트?

- 뭐가 잘 못되었나요?

  Stimmt irgendwas nicht?
  슈팀트 이르겐트밧스 니힡트?

- 잘 못된 일이라도 있나요?

  Feht Ihnen etwas?
  펠-트 이-낸 애트밧스?

- 무슨 일이야?

  Was ist los?
  밧스 이스트 로-스?

- 무슨 일로 걱정하세요?

  Worum kümmern Sie sich denn?
  보룸   큄머른   지- 짛히 덴?

- 무엇 때문에 괴로워하십니까?

  Was macht Ihnen Sorgen?
  밧스 막흐트 이-낸 조르갠?

- 무엇 때문에 불안해하는 거야?

  Was lässt dich nicht in Ruhe?
  밧스 랫스트 딯히 니힡트 임 루-애?

- 집에 무슨 일이 있으세요?

  Haben Sie Probleme zu Hause?
  하-밴   지- 프로블레-매 추- 하우재?

- 뭘 그리 초조해하니?

  Worüber regst du dich auf?
  보뤼-버   렉스트 두- 딯히 아웃프?

- 안색이 안 좋으신데요.

  Sie sehen schlecht aus!
  지- 제-앤   쉴래힡트   아웃스!

- 안색이 창백해 보여.

  Du hast eine blasse Gesichtsfarbe!
  두- 하스트 아이네 블랏새 게짛히츠파르배!

- 안색이 불안해 보여.

  Du siehst nervös aus!
  두- 지-스트 내어뵈-스 아웃스!

- 걱정되는 일이 있었나요?

  Hatten Sie sich um etwas besorgt?
  하텐   지- 짛히 움 애트밧스 배조륵트?

- 걱정되는 일이 있으세요?

  Haben Sie etwas zu besorgen?
  하-밴   지- 애트밧스 추- 배조르갠?

- 왜 그러세요? 몸이 편찮으세요?

  Was ist los? Fühlen Sie sich nicht wohl?
  밧스 이스트 로-스? 퓨-ㄹ랜 지- 짛히 니힡트 보-ㄹ?

- 피곤해 보이는데 무슨 일이에요?

  Wieso sehen Sie so müde aus?
  비-조- 제-앤   지- 조- 뮤-대 아웃스?

IV. 감정을 나타내는 표현 267

- 오늘은 기분이 언짢아 보이네요.

  Sie sind heute nicht ganz auf der Höhe!
  진트 지- 호이테 니힣트 간츠 아우프 데어 회-애!

- 아주 우울해 보이네요.

  Sie sehen trostlos aus!
  지- 제-엔 트로스틀로-스 아웃스!

- 무슨 걱정이 있어요?

  Worüber machen Sie sich Sorgen?
  보뤼-버 막핸 지- 짛히 조르갠?

- 무슨 걱정이니?

  Was für Sorgen hast du?
  밧스 퓨어 조르갠 하스트 두-?

걱정이 될 때

- 그는 자기 아내를 걱정하고 있어요.

  Er macht sich Sorgen um seine Frau.
  애어 막흐트 짛히 조르갠 움 자이내 프라우.

- 저는 남편이 밤에 혼자서 운전하고 나가서 걱정이 돼요.

  Ich mache mir Sorgen um meinen Mann, der bei Nacht unterwegs ist!
  이히 막해 미-어 조르갠 움 마이낸 만, 데어 바이 낙흐트 운터벡스 이스트!

- 나는 당신의 건강이 염려돼요.

  Ich sorge mich um Ihre Gesundheit!
  이히 조르개 밓히 움 이어레 게준트하이트!

- 네 건강이 걱정돼.

  Ich sorge mich um deine Gesundheit!
  이히 조르개 밓히 움 다이내 게준트하이트!

- 우리 부서에서 다툼이 일어나 내 마음이 아주 무거워.

  Der Streit in meiner Abteilung liegt mir schwer auf der Seele!
  데어 슈트라이트 인 마이너 압타일룽 리-크트 미어 슈베-어 아우프 데어 제-래!

- 우리는 학교폭력이 걱정돼요.

  Wir machen uns Sorgen über die Gewalttätigkeit an der Schule!
  뷔어 막핸 운스 조르갠 위-버 디 게발트태-틱히카이트 안 데어 슐래!

- 너희들이 다시 화해하는 것이 내게는 아주 중요해.

  Es liegt mir am Herzen, dass ihr euch wieder versöhnt!
  앳스 리-크트 미-어 암 헤르챈, 닷스 이어 오잏히 비-더 페어죄-ㄴ트!

- 나에게 아주 중요한 일은 부모님이 다시 화해하는 것이야.

  Es liegt mir am Herzen, dass meine Eltern sich wieder versöhnen!
  앳스 리-ㄱ트 미-어 암 헤르챈, 닷스 마이내 앨터른 짚히 비-더 페어죄-낸!

- 나는 직장을 바꾸는 문제가 저는 걱정이 됩니다.

  Der Stellenwechsel macht mir zu schaffen!
  데어 슈텔랜벡셀   막흐트 미어 추- 샤팬!

- 비가 올까봐 걱정입니다.

  Ich fürchte, dass es regnen wird!
  이히 퓌르히태, 다스 앳스 레그낸 뷔르트!

- 눈이 올까봐 걱정입니다.

  Ich fürchte, dass es schneien wird!
  이히 퓌르히태, 다스 앳스 슈나이엔 뷔르트!

- 번개가 칠까봐 걱정이야.

  Ich fürchte, dass es blitzen wird!
  이히 퓌르히태, 다스 앳스 블릿첸 뷔르트!

- 기차를 놓칠까봐 걱정입니다.

  Ich habe Angst, dass ich den Zug verpasse!
  이히 하-배 앙스트, 다스 이히 덴 추-ㄱ 페어파쌔!

- 나는 오늘 같이 가지 못할 것 같아.

  Ich fürchte, ich kann heute nicht mitkommen!
  이히 퓌르히태, 이히 칸 호이테 니힡트 미트콤맨!

- 문제들이 있을 것 같아 걱정입니다.

  Ich fürchte, dass es Probleme gibt!
  이히 퓌르히태, 다스 앳스 브로블레-메 깁트!

- 나는 그 아이들이 염려돼.

  Ich habe Sorgen um die Kinder!
  이히 하-배 조르갠 움 디 킨더!

- 이거 큰일 났는데, 타이어가 펑크났어.

  Da haben wir den Salat! Jetzt ist ein Reifen geplatzt!
  다- 하-밴 뷔어 덴 잘라-트! 예츠트 이스트 아인 라이팬 게플랏츠트!

> 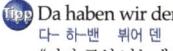 Da haben wir den Salat!
> 다- 하-밴 뷔어 덴 잘라-트!
> "이거 큰일 났는데."

걱정스러울 때

- 저는 이제 어떡하지요?

  Was soll ich jetzt machen?
  밧스 졸 이히 예츠트 막핸?

- 그녀가 안 오면 어떻게 하지요?

  Was soll ich machen, wenn sie nicht kommt?
  밧스 졸 이히 막핸, 벤 지- 니힡트 콤맨?

- 어제 밤에 당신이 걱정되어 잠을 못 잤어요.

  Ich habe in der letzten Nacht nicht geschlafen, weil ich um Sie besorgt war!
  이히 하-배 인 데어 렡츠탠 낙흐트 니힡트 게슐라-팬, 봐일 이히 움 지- 배조륵트 봐!

- 난 잠을 잘 수 없을 정도로 걱정했어.

  Ich bin so besorgt, dass ich nicht schlafen kann!
  이히 빈 조- 배조륵트, 닷스 이히 니힡트 슐라-팬 칸!

- 오늘은 어쩐지 기분이 좀 이상해요.

  Heute fühle ich mich nicht wohl!
  호이테 퓨-ㄹ래 이히 밎히 니힡트 보-ㄹ!

- 말 못할 사정이 있어요.

  Ich kann nicht über meine Gefühle reden.
  이히 칸 니힡트 위-버 마이내 게퓨-ㄹ래 레-댄.

- 어쩔 수 없었어요.

  Es blieb mir nichts anderes übrig, als es zu tun!
  앳스 블리-ㅂ 미-어 니힡츠 안더래스 위-프릷히, 알쓰 앳스 추- 투-ㄴ!

- 어쩔 수 없었어요.

  Es blieb mir nichts anderes übrig!
  앳스 블리-ㅂ 미-어 니힡츠 안더래스 위-프릷히!

- 이제 어쩔 수 없어요.

  Es ist unvermeidbar!
  앳스 이스트 운페어마이트바-!

- 너는 이제 어쩔 수 없다고.

  Es bleibt dir nichts anderes übrig!
  앳스 블라입트 디-어 니힡츠 안더래스 위-프릷히!

- 이제 어쩔 수 없어요.

  Jezt habe ich keine andere Wahl!
  예츠트 하-배 이히 카이내 안더래 봐-ㄹ!

- 이제 어쩔 수 없어요.

  Ich kann nichts Anderes tun!
  이히 칸   니힡츠 안더래스   투-ㄴ!

걱정하지 말라고 할 때

- 걱정하지 마세요.

  Machen Sie sich keine Sorge!
  막핸   지- 짖히 카이내 조르개!

- 걱정하지 마.

  Mach dir keine Sorge!
  막흐   디-어 카이내 조르개!

- 걱정 마.

  Keine Sorge!
  카이내 조르개!

- 걱정할 것 없어요.

  Sie brauchen sich nicht darum zu sorgen!
  지- 브라욱핸   짖히 니힡트 다-룸   추- 조르갠!

- 너무 걱정하지 마세요. 다 잘 될 거예요.

  Keine Sorge! Alles wird klargehen!
  카이내 조르개! 알랫스 뷔르트 클라-게-앤!

- 걱정하지 마. 우린 분명히 해낼 수 있어요.

  Keine Sorge! Wir schaffen das schon!
  카이내 조르개! 뷔어 샤팬   다스 쇼-ㄴ!

- 결과에 대해 걱정하지 마세요.

  Machen Sie sich keine Sorge um den Ausgang.
  막핸   지- 짖히 카이내 조르개 움 덴 아웃스강.

- 그러한 사소한 일로 걱정하지 마세요.

  Sorgen Sie sich bitte nicht wegen einer solchen Kleinigkeit!
  조르갠 지- 짖히 비태 니힡트 베-갠   아이너 졸핸   클라이니히카이트!

- 너무 심각하게 받아들이지 마세요.

  Nehmen Sie es nicht zu ernst!
  네-맨   지- 앳스 니힡트 추- 애른스트!

- 그렇다고 우울해하지 마.

  Lass dich davon nicht runterziehen!
  랏스 딪히 다-폰   니힡트 룬터치-앤!

- 다 잊어버리세요.

  Vergessen Sie doch alles!
  페어겟샌　지-　독흐　알랫스!

- 다 잊어버리세요.

  Lassen Sie doch das!
  랏샌　지-　독흐　다스!

- 긍정적으로 생각하세요.

  Denken Sie positiv!
  뎅캔　지-　포지티-프!

- 긍정적으로 생각하세요.

  Seien Sie davon überzeugt!
  자이앤　지-　다-폰　위-버초익트!

- 아직도 늦지 않아요.

  Es ist noch nicht zu spät!
  앳스 이스트 녹흐 니힡트 추- 슈패-트!

- 그것 때문에 골치 아파하지 마세요.

  Machen Sie sich darüber kein Kopzerfbrechen!
  막핸　지-　짛히 다뤼-버　카인　코프체어브렣핸!

- 빨리 해결하길 바랍니다.

  Ich hoffe, dass Sie bald eine Lösung finden!
  이히 호-패,　닷스 지-　발트　아이내 뢰-중　핀댄!

- 그 일이 빨리 해결되길 바랍니다.

  Ich hoffe, dass die Angelegenheit bald gelöst wird.
  이히 호-패,　닷스 디　안겔레-갠하이트　　발트　겔뢰스트 뷔르트.

긴장될 때

- 난 지금 조금 긴장돼.

  Ich bin gerade ein bisschen angespannt.
  이히 빈　게라-대　아인 빗스핸　　안게슈판트.

- 난 지금 조금 초조해.

  Ich bin jetzt ein bisschen nervös!
  이히 빈　예츠트 아인 빗스핸　　내르뵈-스!

- 나는 마음이 조마조마해.

  Ich bin wie ein Flitzebogen gespannt!
  이히 빈　비-　아인 플릿채보-갠　게슈판트!

- 나는 조마조마해.

  Ich bin in großer Unruhe!
  이히 빈 인 그로써 운루-애!

- 나 좀 봐, 무릎이 덜덜 떨려.

  Sieh mich an! Mir zittern die Knie.
  지- 밎히 안! 미-어 치터른 디 크니-.

- 나는 너무 걱정이 돼서 안절부절 못하겠어.

  Ich bin so unruhig, als ob ich Hummeln im Hintern hätte!
  이히 빈 조- 운루이히, 알쓰 옵 이히 훔멜른 임 힌터른 해태!

> **Tipp** Hummeln im Hintern haben(훔멜른 임 힌터른 하-벤) 안절부절 못하다

- 나는 너무 초조해.

  Ich bin so nervös!
  이히 빈 조- 내르뵈-스!

- 나는 너무 초조해.

  Ich bin so unruhig!
  이히 빈 조- 운루-이히!

- 나는 너무 긴장하고 있어요.

  Ich befinde mich in großer Anspannung!
  이히 배핀대 밎히 인 그로써 안슈판눙!

- 왜 너는 늘 긴장하고 있는 거야?

  Warum bist du immer so angespannt?
  봐-룸 비스트 두- 임머 조 안게슈판트?

- 그는 너무 긴장하고 있어요.

  Er ist sehr angespannt.
  애어 이스트 제-어 안게슈판트.

- 너무 긴장돼서, 심장이 쿵쾅거려.

  Ich bin so nervös, dass mein Herz schneller schlägt!
  이히 빈 조- 내르뵈-스, 다스 마인 헤르츠 슈넬러 슐랙트!

- 너무 긴장해서 손이 땀으로 흠뻑젖었어.

  Ich bin so angespannt, dass meine Hände schweißgebadet sind!
  이히 빈 조- 안게슈판트, 다스 마이내 핸대 슈파이스게바-대트 진트!

- 저는 항상 긴장하고 있어요.

  Ich bin immer angespannt.
  이히 빈 임머 안게슈판트.

- 왜 항상 긴장하고 있는 겁니까?

  Warum sind Sie immer so angespannt?
  봐-룸 진트 자- 임머 조 안게슈판트?

긴장과 초조함을 진정시킬 때

- 앉아서 긴장을 푸세요.

  Setzen Sie sich und ruhen Sie sich aus!
  젤챈 자- 짛히 운트 루-앤 자- 짛히 아웃스!

- 앉아서 긴장을 푸는 게 좋겠어.

  Es wäre gut, dass wir uns setzen und ausruhen!
  앳스 봬-래 구-ㅌ, 닷스 뷔어 운스 젤챈 운트 아우스루-앤!

- 벤치에 앉아서 긴장을 풀자.

  Lass uns auf der Bank ausruhen!
  랏스 운스 아우프 데어 방크 아우스루-앤!

- 침착하세요. 놀랄 거 없어요.

  Ruhen Sie sich aus! Es besteht kein Anlass zur Aufregung.
  루-앤 자- 짛히 아웃스! 앳스 배슈테-트 카인 안랏스 추어 아웃프레-궁.

- 숨을 들이 쉬세요.

  Atmen Sie bitte tief durch!
  아트멘 자- 비태 티-프 두르히!

- 긴장을 풀어봐.

  Beruhige doch mal deine Nerven!
  배루-이개 독흐 마-ㄹ 다이내 내르팬!

- 그렇게 긴장하지 마.

  Versuch nicht so angespannt zu sein!
  페어주-ㄱ흐 니힡트 조- 안게슈판트 추- 자인!

- 그렇게 늘 긴장할 이유가 없어요.

  Es gibt keinen Grund so überspannt zu sein!
  앳스 깁트 카이낸 그룬트 조- 위-버슈판트 추- 자인!

# 후회와 실망

어떤 결과에 대해 후회할 때 "Ich wünschte, ich hätte ..."라든가, "Ich wünschte, ich könnte ..."(~했더라면 좋을 텐데)라고 한다. 아쉬움을 나타낼 때는 "Das hätte ich sagen müssen."(내가 그것을 말했어야 했는데)라고 한다. 후회하지 않을 때는 "Ich bereue gar nichts."(난 후회하지 않아)라고 표현한다. 실망스러울 때는 "Das ist sehr enttäuschend!"(너무 실망이야)라고 한다.

아쉬워할 때

- 당신에게 그것을 보여주고 싶었는데요.
  Ich wollte es Ihnen zeigen!
  이히 볼태   앳스 이-낸 차이갠!

- 당신에게 그것을 보여주고 싶었는데요.
  Ich hätte es Ihnen zeigen wollen!
  이히 해태   앳스 이-낸 차이갠   볼랜!

- 정말로 집이 그리워요.
  Ich vermisse wirklich mein Zuhause.
  이히 페어밋새   뷔르클링히 마인   추-하우재.

- 그 사람이 실패하다니 정말 안됐군요.
  Es ist sehr schade, dass er durchgefallen ist!
  앳스 이스트 제-어 샤-대, 닷스 애어 두르히게팔랜   이스트!

- 그것을 피할 수도 있었는데.
  Das hätte ich vermeiden können!
  다스 해태   이히 페어마이댄   쾐낸!

- 그것을 피해야만 했었는데.
  Das hätte ich vermeiden müssen!
  다스 해태   이히 페어마이댄   뮻샌!

- 저에게 말씀을 하셨어야지요.
  Das hätten Sie mir sagen müssen!
  다스 해탠   지- 미-어 자-갠   뮻샌!

IV. 감정을 나타내는 표현 275

- 독일어를 좀 더 열심히 배웠더라면 좋았을 텐데.
  Ich wünschte, ich hätte Deutsch noch fleißiger gelernt!
  이히 뷘쉬태, 이히 해태 도이취 녹흐 플라이씨거 겔레른트!

- 독일어를 유창하게 할 수 있으면 좋을 텐데.
  Ich wünschte, ich könnte flüssig Deutsch sprechen!
  이히 뷘쉬태, 이히 쾐태 플뤼-씨히 도이취 슈프렣핸!

- 네 동정 따윈 필요 없어.
  Ich brauche dein Mitgefühl nicht.
  이히 브라욱해 다인 미트게퓌-ㄹ 니힡트.

- 운이 없었을 뿐이야.
  Es war nur kein Glück.
  앳스 봐- 누어 카인 글뤽.

- 난 정말 이곳을 그리워하게 될 거야.
  Ich werde diesen Ort sehr vermissen!
  이히 베르대 디-젠 오르트 제-어 페어미쎈!

후회할 때

- 당신에게 사과했어야 하는 건데요.
  Ich hätte mich bei Ihnen entschuldigen müssen!
  이히 해태 밎히 바이 이-낸 앤트슐-디갠 뮸쌘!

- 그에게 사과했어야 하는 건데.
  Ich hätte mich bei ihm entschuldigen müssen!
  이히 해태 밎히 바이 이-ㅁ 앤트슐-디갠 뮸쌘!

- 일을 저질러 놓고 보니 후회가 막심해요.
  Ich bedauere es sehr, was ich getan habe!
  이히 배다우어래 앳스 제-어, 밧스 이히 게타-ㄴ 하-배!

- 언젠가는 후회할 겁니다.
  Irgendeinmal werden Sie es bereuen!
  이르겐트아인마-ㄹ 베르댄 지- 앳스 배로이앤!

- 후회가 많이 남아.
  Ich bereue vieles!
  이히 배로이에 피-ㄹ래스!

- 이젠 너무 늦었어.
  Es ist nun zu spät!
  앳스 이스트 누-ㄴ 추- 슈패-트!

- 난 후회하지 않아.

  Ich bereue gar nichts!
  이히 배로이애 가- 니힐츠!

- 나는 이 일을 맡은 것에 대해 결코 후회해 본 적이 없어.

  Ich habe nie bereut, dass ich es übernommen habe!
  이히 하-배 니- 배로이트, 닷스 이히 앳스 위-버놈맨 하-배!

- 좋아, 나중에 후회하지 마.

  Gut, du würdest es später bereuen, das getan zu haben!
  구-트, 두- 뷰르대스트 앳스 슈패-트 배로이앤, 닷스 게타-ㄴ 추- 하-밴!

- 담배를 끊지 않으면 나중에 후회할 거야.

  Du wirst es später bereuen, wenn du mit dem Rauchen nicht aufhörst!
  두- 뷔르스트 앳스 슈패-터 배로이앤, 벤 두- 미트 뎀 라욱핸 니힐트 아웃프회르스트!

- 왜 그랬는지 후회가 됩니다.

  Ich bereue, dass ich das getan habe!
  이히 배로이애, 닷스 이히 다스 게타-ㄴ 하-배!

실망스러울 때

- 참 실망스럽군요.

  Wie enttäuschend!
  비- 앤트토이섄트!

- 참 안됐군.

  Wie schade!
  비- 샤-대!

- 그거 정말 실망스러운 일인데요.

  Das ist sehr enttäuschend!
  다스 이스트 제-어 앤트토이섄트!

- 실망이야. 그 전시회를 정말 보고 싶었는데.

  Ich bin enttäuscht! Eigentlich wollte ich die Ausstellung anschauen.
  이히 빈 앤트토이쉬트! 아이겐틀링히 볼태이히 이히 디 아웃스슈텔룽 안샤우앤.

- 나를 실망시키지 마세요.

  Enttäuschen Sie mich nicht!
  앤트토이섄 지- 밓히 니힐트!

- 전 실망했습니다.

  Ich bin enttäuscht!
  이히 빈 앤트토이쉬트!

- 당신에게 실망했어요.

    Ich bin enttäuscht von Ihnen!
    이히 빈 앤트토이쉬트 폰   이-낸!

- 그는 나를 정말 실망시켰어요.

    Er hat mich wirklich enttäuscht!
    애어 하트 미히 뷔르클릫히 앤트토이쉬트!

- 너는 나를 몹시 실망시켰어.

    Du hast mich sehr enttäuscht!
    두- 하스트 미히   제-어 앤트토이쉬트!

- 그 말을 들을 때 가슴이 철렁 내려앉았어.

    Mir wurde bange ums Herz, als ich davon hörte!
    미-어 부르대 방애   움스 해르츠, 알쓰 이히 다-폰   회르태!

- 내가 곧 바로 다시 떠나려 하자, 그녀는 실망한 표정을 지었어요.

    Sie machte ein langes Gesicht, als ich gleich wieder fort wollte!
    지- 막흐태   아인 랑애스 게질히트, 알쓰 이히 글라이히 비-더   포르트 볼태!

- 이거 실망했는데.

    Was für eine Enttäuschung!
    밧스 퓨어 아이내 앤트토이슝!

- 실망했어.

    Enttäuschend!
    앤트토이샌트!

낙담할 때

- 낙담하지 마세요.

    Seien Sie nicht enttäuscht!
    자이앤 지- 니힡트 앤트토이쉬트!

- 낙담하지 말고 기운을 내라.

    Kopf hoch!
    콥프   혹흐!

- 희망을 포기하지 마.

    Gib die Hoffnung nicht auf!
    깁 디 호프눙   니힡트 아웃프!

- 그렇게 낙담하지 말아.

    Lass den Kopf nicht so hängen!
    랏스 덴   콥프 니힡트 조- 행앤!

- 오죽이나 낙담했겠니.

  Ich kann mir deine Enttäuschung gut vorstellen!
  이히 칸   미-어 다이내 앤트토이슝   구-트 포-어슈텔랜!

- 그 소식에 우리는 낙담했어.

  Die Nachricht macht uns betroffen!
  디   낙흐리히트   막흐트   운스 배트로팬!

유감스러울 때

- 대단히 유감입니다.

  Es tut mir sehr Leid!
  앳스 투-트 미-어 제-어 라이트!

- 유감스럽지만, 안 되겠어요.

  Ich fürchte, leider nicht!
  이히 퓌르히태, 라이더 니힡트!

- 유감스럽지만 찬성합니다.

  Ich sage das nicht gern, aber ich bin damit einverstanden!
  이히 자-개 다스 니힡트 게른, 아-버 이히 빈   다미트 아인페어슈탄댄!

- 유감스럽지만, 당신에게 동의할 수 없습니다.

  Ich fürchte, ich kann mit Ihnen darin nicht übereinstimmen!
  이히 퓌르히태, 이히 칸   미트 이-낸 다린   니힡트 위-버아인슈팀맨!

- 유감스럽지만, 그건 사실입니다.

  Es ist nur zu wahr!
  앳스 이스트 누-어 추- 봐-!

- 유감입니다만, 그것은 불가능합니다.

  Leider ist es unmöglich!
  라이더   이스트 앳스 운뫼-클리히!

- 유감스럽게도 나쁜 소식을 전해야겠습니다.

  Tut mir Leid, dass ich Ihnen diese schlimme Nachricht mitteilen muss.
  투-트 미-어 라이트, 닷스 이히 이-낸 디-제   슐림매   낙흐리히트   미트타일랜 뭇스.

- 오, 그런 소리 듣다니 유감입니다.

  Oh, tut mir Leid, das zu hören.
  오- 투-트 미-어 라이트, 다스 추- 회-랜.

- 그런 소리 듣고 보니 유감입니다.

  Tut mir Leid, das zu hören!
  투-트 미-어 라이트, 다스 추- 회-랜!

Ⅳ. 감정을 나타내는 표현 **279**

 귀찮음과 불평

사교할 때 자신의 감정을 상대에게 솔직하게 표현하는 것은 그 사람과 친밀감을 나타낼 수도 있고 또는 자신에 대해 격식이나 예의를 갖추라는 표현이 될 수도 있다. 싫은 감정이나 불평을 할 수 있는 상황은 아마도 상대를 어느 정도 알고 있을 때 가능할 것이다. 이럴 때 는 부정적인 감정을 나타내는 형용사를 사용할 수 있다: "진짜 싫은" entsetzlich, grausam, schrecklich, furchtbar, fürchterlich, "싫은" ekelhaft, "귀찮은" lästig, "지루한" langweilig 등.

귀찮을 때

- 아, 귀찮아.
  Oh, was für eine Schererei!
  오-, 밧스 퓨어 아이내 쉐러라이!

- 귀찮다니까.
  Das gibt nur Schererereien!
  다스 깁트 누-어 쉐러라이앤!

- 정말 귀찮군.
  Das ist aber lästig!
  다스 이스트 아-버 래스티히!

- 당신은 참 짜증나게 하는군요.
  Sie verärgern mich sehr!
  지- 페어애르거른 밓히 제어!

- 또 시작이군.
  Jetzt geht das schon wieder los!
  예츠트 게-트 다스 쇼-ㄴ 비-더 로스!

- 나 지금 바빠, 제발 저리 좀 비켜라.
  Ich bin zurzeit beschäftigt. Geh mir aus dem Weg!
  이히 빈 추어차이트 배섀프틱트. 게- 미-어 아우스 뎀 베-ㄱ!

- 저리 비키란 말이야.
  Mach Platz.
  막흐 플랏츠.

- 성가시게 묻지 마세요.

    Belästigen Sie mich nicht mit Ihren Fragen!
    밸래스티-갠 지- 밓히 니힡트 미트 이어랜 프라-갠!

지겹고 지루할 때

- 진짜 지겹다. 지겨워.

    Das hängt mir zum Hals raus!
    다스 행트 미-어 춤 할스 라웃스!

- 하는 일에 싫증나지 않으세요?

    Bekommen Sie keinen Ekel vor Ihrer Arbeit?
    배콤맨 지- 카이낸 에-캘 포-어 이어러 아르바이트?

- 하는 일에 싫증나지 않으세요?

    Haben Sie Ihren Job nicht schon satt?
    하-밴 지- 이어랜 좁 니힡트 쇼-ㄴ 자트?

- 이제는 일에 싫증나요.

    Ich werde müde von der Arbeit!
    이히 베르대 뮈-대 폰 데어 아르바이트!

- 이제는 일에 싫증나요.

    Ich habe meine Arbeit satt!
    이히 하-배 마이내 아르바이트 자트!

- 그는 무슨 일을 하든 곧 싫증을 내요.

    Er wird jeder Sache bald überdrüssig!
    애어 뷔르트 예더 작해 발트 위-버드뤼씽히!

- 그의 아첨에 정말 싫증이 나.

    Seine Schmeichelei habe ich schon satt!
    자이내 슈마이헬라이 하-배 이히 쇼-ㄴ 잩트!

- 아, 이제 싫증이 났어.

    Ach, ich hab's über!
    아흐, 이히 합스 위-버!

- 따분하죠, 그렇죠?

    Es ist langweilig, nicht wahr?
    앳스 이스트 랑바일뤼히, 니힡트 봐-?

- 지루해 죽겠어.

    Es langweilt mich zu Tode!
    앳스 랑바일트 밓히 추- 토-대!

Ⅳ. 감정을 나타내는 표현 281

- 그의 이야기가 너무 지루했어요.

  Er langweilte mich mit seiner Geschichte zu Tode!
  애어 랑바일테 밓히 미트 자이너 게쉬히태   추- 토-대!

- 그 영화는 지루했어.

  Der Film war langweilig!
  데어 필름 봐 랑바일리히!

- 난 지루해.

  Ich habe die Nase voll!
  이히 하-배 디 나-재 폴!

- 그는 정말 지루한 사람입니다.

  Er ist ein ziemlich langweiliger Mensch!
  애어 이스트 아인 치-ㅁ맇히 랑바일리거   멘쉬!

- 너무 지루해 하지 마.

  Sei doch nicht so langweilig!
  자이 독흐 니힡트 조- 랑바일맇히!

- 나는 파티가 지루했어.

  Ich habe mich auf der Party gelangweilt!
  이히 하-배 밓히 아우프 데어 파-티 게랑바일트!

- 그것은 생각만 해도 지긋지긋해요.

  Es kotzt mich an!
  앳스 코츠테 밓히 안!

- 생각만 해도 지긋지긋해요.

  Der Gedanke allein ekelt mich!
  데어 게당캐   알라인 에-켈트 밓히!

- 정말 지긋지긋해.

  Das erfüllt mich mit Ekel und Abscheu!
  다스 애어퓔트 밓히   미트 에-캘 운트 압쇼이!

- 나는 기다리기가 지긋지긋해.

  Ich bin des Wartens müde!
  이히 빈 덴스 바르탠스 뮈-대!

- 그는 보기만 해도 지긋지긋해.

  Sein Anblick widert mich an!
  자인 안블릭   비데르트 밓히 안!

- 맥이 빠지는군.

  Ich bin sehr enttäuscht!
  이히 빈 제-어 앤트토이쉬트!

- 맥이 빠지는군.
  Welch eine Plage!
  밸히   아이내 플라-개!

- 이 일은 해도 해도 끝이 없다.
  Diese Arbeit endet nie!
  디-제   아르바이트 앤대트 니-!

짜증이 날 때

- 정말 짜증스럽군요.
  Ich bin wirklich sauer!
  이히 빈   뷔르클리히 자우어!

- 그는 매우 짜증나게 해.
  Er belästigt mich sehr!
  애어 밸래스틱트 밎히   제-어!

- 정말 스트레스 쌓이는군.
  Es ist sehr stressig!
  앳스 이스트 제-어 스트레씨히!

- 왜 그렇게 짜증을 내?
  Warum grämst du dich denn?
  봐-룸   그램스트 두- 딯히   덴?

불평을 할 때

- 당신 또 불평이군요.
  Sie beklagen sich noch?
  지- 배클라-갠   짛히 녹흐?

- 무엇을 불평하고 계십니까?
  Worüber beklagen Sie sich?
  보뤼-버   배클라-갠 지- 짛히?

- 그렇게 투덜거리지 마.
  Kein Murren!
  카인   무랜!

- 너무 그러지 마.
  Hör doch auf!
  회어 독흐   아우프!

- 불평불만 좀 그만 해.

    Mach keine Nörgeleien!
    막흐   카이내   뇌르겔라이앤!

- 이제 그만 좀 불평해.

    Beschwere dich nicht mehr!
    배쉬베래   딯히   니힡트 메-어!

- 불평 좀 그만해.

    Hör auf dich zu beschweren!
    회어 아웃프 딯히 추- 배쉬베랜!

- 불평들 좀 그만들해라

    Hört doch mit eurer Beschwerde auf!
    푀르트 독흐   미트 오이러 배쉬베르대   아웃프!

불만을 나타낼 때

- 저로서는 불만입니다.

    Was mich betrifft, bin ich unzufrieden!
    밧스 밓히   배트리프트, 빈 이히 운추-프리-댄!

- 나한테 불만 있어요?

    Haben Sie etwas gegen mich?
    하-밴   지- 애트밧스 개-갠 밓히?

- 우리한테 불만 있어요?

    Haben Sie etwas gegen uns?
    하-밴   지- 애트밧스 개-갠   운스?

- 뭐가 그리 불만족스러운가요?

    Womit sind Sie so unzufrieden?
    보-미트 진트 지- 조- 운추-프리-댄?

 **좋아함과 싫어함**

상대에게 "무엇을 원하십니까?"를 물을 때는 "Was möchten Sie gern?"이라고 하고 "영화를 좋아하십니까?"라고 할 때는 "Sehen Sie gern Filme?"라고 한다. 영화를 함께 보러가고 싶다면 "Gehen wir mal ins Kino!"라고 말해보라. "좋아하다", "... 하고 싶다" 또는 "싫다"는 표현 등에 대해 아래에서 익혀보라.

좋고 싫음을 물을 때

- 이 포도주를 좋아합니까?

  Mögen Sie diesen Wein?
  뫼-갠 지- 디-젠 봐인?

- 그것은 나쁘지 않아요. 저는 그것을 좋아합니다.

  Der ist nicht schlecht! Den mag ich!
  데어 이스트 니힡트 슐래힡트! 덴 막 이히!

 지시대명사 남성1격 der, 4격 den; 여성1격 die, 4격 die, 중성1격 das, 4격 das; 복수 1격 die, 4격 die이다.

- 이 초콜릿 좋아합니까?

  Mögen Sie diese Schokolade?
  뫼-갠 지- 디-제 쇼콜라-데?

- 그것은 나쁘지 않아요. 저는 그것을 좋아합니다.

  Die ist nicht schlecht! Die mag ich!
  디- 이스트 니힡트 슐래힡트! 디- 막 이히!

- 어떤 텔레비전 프로를 좋아하세요?

  Was für ein Fernsehprogramm mögen Sie gern?
  밧스 퓨어 아인 페른제-프로그람   뫼-갠 지- 게른?

- 어떤 영화를 좋아하세요?

  Was für Filme mögen Sie gern?
  밧스 퓨어 필르매 뫼-갠 지- 게른?

IV. 감정을 나타내는 표현 **285**

- 연극에 흥미 있으세요?

  Interessieren Sie sich für Theater?
  인터레씨-랜   지- 짛히 퓨어 테아터?

- 음악에 흥미 있니?

  Interessierst du dich für Musik?
  인터레씨어스트   두- 딯히 퓨어 무직?

- 음악을 좋아하세요?

  Hören Sie gern Musik?
  회-랜   지- 게른 무직?

- 수영을 좋아하세요?

  Schwimmen Sie gern?
  슈빔맨   지- 게른?

- 재즈를 좋아하세요?

  Mögen Sie gern Jazz?
  뫼-갠 지- 게른 재즈?

- 어떤 종류의 프로그램을 좋아하세요?

  Was für ein Programm mögen Sie gern?
  밧스 퓨어 아인 프로그람   뫼-갠 지- 게른?

- 어느 프로그램을 가장 좋아합니까?

  Welches Programm genießen Sie am meisten?
  벨해스   프로그람   게니-쌘 지- 암 마이스탠?

- 어떤 프로그램을 주로 보십니까?

  Welches Programm sehen Sie sich am meisten an?
  벨해스   프로그람   제-엔 지- 짛히 암 마이스탠 안?

- 어떤 날씨를 좋아하세요?

  Was für Wetter mögen Sie gern?
  밧스 퓨어 베터 뫼-갠 지- 게른?

- 어떤 계절을 좋아하세요?

  Was ist Ihre Lieblingsjahreszeit?
  밧스 이스트 이어래 리-블링스야-레스차이트?

- 좋아하는 과목이 무엇입니까?

  Was ist Ihr Lieblingsfach?
  밧스 이스트 이-어 리-블링스팍흐?

- 좋아하는 음식이 무엇입니까?

  Was ist Ihr Lieblingsessen?
  밧스 이스트 이-어 리-블링스앳샌?

- 무엇을 읽는 것을 제일 좋아합니까?
  Was lesen Sie am liebsten?
  밧스 레-젠 지- 암 리-브스탠?

좋아하는 것을 말할 때

- 나는 스파게티를 즐겨 먹어요.
  Ich esse gern Spaghetti!
  이히 앳새 게른 슈파게티!

- 나는 음악 비디오를 매우 좋아합니다.
  Ich mag Musikvideos sehr!
  이히 막 무직비데오스 제-어!

- 나는 수영장에서 수영하는 것을 좋아합니다.
  Ich schwimme gern in der Schwimmhalle. / im Schwimmbad.
  이히 슈빔매   게른 인 데어 슈빔할래./   임 슈빔바-트.

- 나는 춤추러 가는 것을 좋아합니다.
  Ich gehe gern tanzen!
  이히 게- 게른 탄챈!

- 나는 음악을 좋아합니다.
  Ich mag Musik!
  이히 막 무직!

- 나는 비디오 게임에 열광적입니다.
  Ich habe einen Videogamefimmel!
  이히 하-배 아이낸 비데오게임핌맬!

- 나는 정말 공상과학 소설을 좋아합니다.
  Ich bevorzuge Science-Fictionfilme!
  이히 배포-어추-게 싸이언스-픽션필르메!

- 우리는 오페라 보러 가는 것을 좋아합니다.
  Wir gehen gern in die Oper!
  비-어 게-앤 게른 인 디 오-퍼!

- 그녀는 내가 특히 좋아하는 친구들 중의 한 사람입니다.
  Sis ist eine meiner liebsten Freunde!
  지- 이스트 아이내 마이너 리-브스탠 프로인대!

 불특정 대명사 남성1격 einer, 남성 4격 einen 여성1격, 4격 eine, 중성1격, 4격 eins · 복수1격과 4격 welche.

- 나는 그곳에 혼자 가는 것이 더 좋아요.

  Ich mag lieber allein dorthin gehen!
  이히 막 리-버 알라인 도르트힌 게-엔!

- 그는 자기 큰 누나를 특히 좋아한다.

  Er mag seine ältere Schwester besonders gern!
  애어 막 자이내 앨터래 슈베스터 배존더스 게른!

- 오늘 저녁의 음악이 우리는 특히 맘에 들어요.

  Die Musik heute Abend gefällt uns besonders gut!
  디 무직 호이테 아-벤트 게팰트 운스 배존더스 구-트!

- 나는 포도주보다 맥주가 더 좋아요.

  Ich ziehe das Bier dem Wein vor!
  이히 치-에 다스 비-어 뎀 봐인 포-어!

- 나는 가만히 앉아있기보다는 책을 읽는 게 좋습니다.

  Ich mag lieber lesen als nur stillsitzen!
  이히 막 리-버 리-잰 알쓰 누어 슈틸짓챈!

- 나는 한국 음식을 먹고 싶습니다.

  Ich möchte koreanisches Essen essen!
  이히 뫼히태 코레아니쉐스 앳샌 앳샌!

- 나는 한국음식을 좋아해요.

  Ich mag koreanisches Essen!
  이히 막 코레아니쉣스 앳샌!

- 중국음식을 좋아하세요?

  Mögen Sie chinesisches Essen?
  뫼-갠 자- 히네지쉐스 앳샌?

- 나는 이태리식을 즐겨먹어요.

  Ich esse gern italienisch!
  이히 앳새 게른 이탈리에-니쉬!

- 한식을 즐겨 드십니까?

  Essen Sie gern koreanisch?
  앳샌 자- 게른 코레아-니쉬?

- 나는 감자 샐러드를 더 즐겨 먹습니다.

  Ich esse lieber Kartoffelsalat!
  이히 앳새 리-버 카-토펠잘라-트!

- 나는 누군가와 얘기하고 싶었습니다.

  Ich wollte mit jemandem sprechen!
  이히 볼태 미트 예만댐 슈프렣헨!

- 난 그가 좋아 미칠 지경이야.
  Ich bin auf ihn versessen!
  이히 빈 아우프 이-ㄴ 페어젯샌!

> Tipp 같은 표현 : Ich bin total auf ihn abgefahren. / Ich fahre total auf ihn ab!
> (이히 빈 토-탈 아우프 이-ㄴ 압게파-랜.) (이히 파-래 토-탈 아우프 이-ㄴ 압!)

- 난 차라리 기다릴래.
  Ich würde lieber warten!
  이히 뷔르대 리-버 봐르탠!

- 집에 있느니 차라리 산책하러 가는 것이 좋아.
  Ich möchte lieber spazieren gehen als zu Hause bleiben!
  이히 뫼히태 리-버 슈파치-랜 게-앤 알쓰 추- 하우재 블라이밴!

- 커피보다 홍차를 마시겠습니다.
  Ich möchte lieber einen Tee als einen Kaffee!
  이히 뫼히태 리-버 아이내 테- 알쓰 아이낸 카패!

- 그림은 내가 가장 좋아하는 취미 중 하나입니다.
  Malen ist eins meiner Lieblingshobbys!
  마-ㄹ랜 이스트 아인스 마이너 리-블링스호비스!

- 토크쇼를 가장 좋아합니다.
  Ich mag die Talkshow am meisten!
  이히 막 디 토-크쇼우 암 마이스탠!

싫어하는 것을 말할 때

- 나는 춤추는 것을 몹시 싫어합니다.
  Ich tanze nicht sehr gern!
  이히 탄채 니힡트 제-어 게른!

- 나는 이런 종류의 음식이 싫어요.
  Ich mag nicht gern solches Essen!
  이히 막 니힡트 게른 졸해스 앳샌!

- 나는 파티를 좋아하지 않습니다.
  Ich mag keine Party!
  이히 막 카이내 파-티!

- 나는 이런 더운 날씨가 참을 수 없을 만큼 싫어요.
  Ich kann nicht dieses heiße Wetter aushalten!
  이히 칸 니힡트 디-제스 하이쌔 베터 아웃스할탠!

- 그다지 좋아하지 않아요.
  Ich mag es nicht sehr!
  이히 막   앳스 니힡트 제-어!

- 나는 락음악을 싫어해.
  Ich mag keine Rockmusik!
  이히 막   카이내 록무짘!

- 나는 붉은색 양배추를 아주 싫어해요.
  Ich mag Rosenkohl überhaupt nicht!
  이히 막   로-젠코-ㄹ   위-버하우프트 니힡트!

- 나는 감자를 좋아하지 않아요.
  Kartoffeln mag ich nicht!
  카-토펠른   막   이히 니힡트!

- 우리는 술을 마시지 않습니다.
  Wir trinken keinen Alkohol!
  뷔어 트링캔   카이낸   알코호-ㄹ!

- 그런데 못하겠는 거야?
  Kannst du es nicht machen?
  칸스트   두- 앳스 니힡트 막핸?

- 나는 수학을 싫어해요.
  Ich hasse Mathematik!
  이히 핫쌔   마테마틱!

- 가장 싫어하는 게 무엇입니까?
  Was hassen Sie am meisten?
  밧스 핫쌘   지-   암   마이스탠?

- 멍청한 질문하는 것을 싫어하지만, ...
  Ich hasse es, dumme Fragen zu stellen, aber ...!
  이히 핫쌔   앳스, 둠매   프라-갠   추- 슈텔랜,   아-버 ...!

- 난 네가 아주 싫어.
  Ich mag dich einfach nicht.
  이히 막   딯히   아인팍흐   니힡트.

- 나는 그 사람이 너무 싫어.
  Ich hasse ihn bis auf die Knochen!
  이히 핫쌔   이-ㄴ 비쓰 아우프 디 크녹핸!

> **Tipp** bis auf die Knochen hassen(빗스쓰 아우프 디 크녹핸 핫쌘) ~를 뼈 속까지 싫어하다/~가 진저리 날 정도로 싫다.

 **비난과 다툼**

사교 중에 상대방을 비난하거나 상대와 다투는 것은 당연히 바람직하지 않다. 그러나 사람과의 만남에서 특히 상대와 가깝게 지낼 경우 종종 비난과 다툼에 대한 표현이 필요할 때가 있다. 상대방의 말이 지나칠 경우에 "**Wie kannst du mir nur so etwas sagen?**"(나한테 어떻게 그럴 수가 있어?)라고 한다.

비난할 때

- 창피한 줄 아세요.
  Schämen Sie sich!
  섀-맨 지- 짛히!

- 창피한 줄 알아.
  Schäm dich!
  섀-ㅁ 딯히!

- 창피한 줄 모르는군요.
  Sie schämen sich überhaupt nicht.
  지- 섀맨 짛히 위-버하우프트 니힡트!

- 뻔뻔스럽군요.
  Unverschämt!
  운페어섐트!

- 당신 정신 나갔어요?
  Haben Sie den Verstand verloren?
  하-밴 지- 덴 페어슈탄트 페어로-랜?

- 당신 미쳤군요.
  Sie haben einen Vogel!
  지- 하-밴 아이낸 포-갤!

- 너 정신 나갔어?
  Bist du verrückt?
  비스트 두- 페어뤼크트?

IV. 감정을 나타내는 표현 **291**

- 너 돌았구나.

  Du spinnst!
  두- 슈핀스트!

- 너 미쳤구나.

  Du bist wahnsinnig!
  두- 비스트 봐-ㄴ지니히!

- 당신은 바보로군요.

  Sie Trampeltier!
  지- 트라움펠티-어!

- 왜 이런 식으로 행동하지요?

  Warum verhalten Sie sich so?
  봐-룸   페어할탠   지- 짛히 조-?

- 이렇게 멍청한 행동하지 마세요.

  Stellen Sie sich nicht so dumm an!
  슈텔랜   지- 짛히 니힡트 조- 둠   안!

- 그 사람을 믿다니 당신도 어리석군요.

  Das ist dumm von Ihnen, ihm zu vertrauen!
  다스 이스트 둠   폰   이-낸,   이-ㅁ 추- 페어트라우앤!

- 너도 마찬가지야.

  Die Geschichte gilt auch für dich!
  디   게쉬히태   길트 아욱흐 퓨어 딯히!

- 너도 마찬가지야.

  Du auch!
  두- 아욱흐!

- 저질!

  Das ist anstößig!
  다스 이스트 안슈퇴-씨히!

- 바보 짓 하지 마.

  Mach dich nicht zum Narren!
  막흐   딯히   니힡트 춤   나랜!

- 바보 짓 하지 마.

  Mach dich nicht lächerlich!
  막흐   딯히   니힡트 랭혈리히!

- 정말 뻔뻔하군.

  So eine Unverschämtheit!
  조- 아이내 운페어섐트하이트!

- 도대체 무슨 생각으로 그러세요?

  Wie kommen Sie darauf?
  비- 콤맨   지- 다라우프?

- 진짜 유치하군.

  Du bist so kindisch!
  두- 비스트 조- 킨디쉬!

- 그는 정말 멍청해.

  Er ist blöd!
  애어 이스트 블뢰-트!

- 뭐라고! 그래 그것도 몰라?

  Was! Das weißt du nicht?
  밧스! 다스 바이스트 두- 니힡트?

- 철 좀 들어라.

  Werde endlich erwachsen!
  베르대 앤틀리히 애어박샌!

말싸움할 때

- 내 말대로 해.

  Hör mich nur an! / Hör mir zu!
  회-어 밎히 누어 안!/ 회-어 미-어 추-!

- 이봐요! 목소리 좀 낮춰요.

  Hey! Schreien Sie nicht so!
  하이! 슈라이앤 지- 니힡트 조-!

- 바보 같은 짓하지 마세요.

  Machen Sie keinen Unsinn!
  막핸 지- 카이낸 운진!

- 바보 같은 소리하지 마세요.

  Reden Sie keinen Unsinn!
  레-댄 지- 카이낸 운진!

- 당신한테 따질 게 있어요.

  Ich habe mit Ihnen noch eine Rechnung offen!
  이히 하-배 미트 이-낸 녹흐 아이내 레히눙   오팬!

- 어떻게 그런 말을 할 수 있어요?

  Wie können Sie es wagen, das zu sagen?
  비- 쾬낸   지- 앳스 바-갠, 다스 추- 자-갠?

- 네가 어쩜 그럴 수가 있니?

  Wie kannst du es wagen?
  비- 칸스트 두- 앳스 바-갠?

- 너한테 따질 게 있어.

  Ich muss dich zur Rede stellen!
  이히 뭇스 딯히 추어 레-대 슈텔랜!

- 네가 나에게 어떻게 그럴 수가 있니?

  Wie kannst du mir das antun?
  비- 칸스트 두- 미-어 다스 안툰-?

- 너 두고 보자.

  Du wirst dafür aufkommen müssen!
  두- 뷔르스트 다퓨어 아우프콤맨 뮷샌!

- 내가 뭐가 틀렸다는 거야?

  Was ist mir fehlerhaft?
  밧스 이스트 미-어 페-르러하프트?

- 내 대답이 뭐가 틀렸다는 거야?

  Wieso missfällt dir meine Antwort?
  비-조- 미쓰팰트 디-어 마이내 안트보르트?

- 내가 너한테 뭘 어떻게 했다는 거야?

  Was sagst du denn? Was habe ich dir denn getan?
  밧스 작스트 두- 덴? 밧스 하-배 이히 디-어 덴 게타-ㄴ?

- 네가 잘못 생각한 거야.

  Du hast Unrecht.
  두- 하스트 운래힡트.

- 내가 널 잘못 봤지.

  Ich bin von dir enttäuscht!
  이히 빈 폰 디-어 앤트토이쉬트!

- 마치 내가 잘못을 한 것처럼 말하는구나.

  Du machst so, als ob ich einen Fehler begangen hätte.
  두- 막스트 조- 알쓰 옵 이히 아이낸 페-러러 배강앤 해태.

> 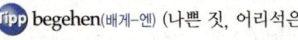 begehen(배게-엔) (나쁜 짓, 어리석은 짓을) 행하다.

- 네가 완전히 망쳤어.

  Du hast die Sache völlig vergeigt!
  두- 하스트 디 작해 푈리히 페어가읻트!

- 당신이 잘못한 거예요.

  Sie haben Unrecht!
  지- 하-밴 운래휱트!

- 당신이 잘못한 거예요.

  Sie sind im Irrtum!
  지- 진트 임 이르툼!

- 감히 나한테 어떻게 그렇게 얘기할 수 있어?

  Wie kannst du es wagen, das zu sagen?
  비- 칸스트 두- 앳스 봐-갠, 다스 추- 자-갠?

- 우리 밖에서 한 판 붙자.

  Lass uns draußen kämpfen!
  랏스 운스 드라우쌘 캠팬!

- 자, 덤벼.

  Los! Komm heran!
  로-씨! 콤 해란!

- 바보나 그렇게 하겠다.

  Nur ein Idiot würde so etwas tun!
  누어 아인 이디오트 뷰르대 조- 애트밧스 투-ㄴ!

- 당신이 할 줄 아는 게 도대체 뭡니까?

  Was können Sie denn machen?
  밧스 쾬낸 지- 덴 막핸?

욕할 때

- 제기랄!

  Verdammt!
  페어담트!

- 개새끼.

  Scheißkerl!
  샤이쓰케를!

- 너, 이 개새끼야.

  Du Schwein!
  두- 슈봐인?

 "돼지"라는 말이 욕이다. 우리식으로 "개새끼" 정도로 말이다.

- 헛소리!

  Unsinn!
  운진!

- 이런 xx.(18)

  Scheiße!
  샤이쎄!

- 벼락 맞을 놈.

  Fall tot um!
  팔 토-트 움!

- 욕하지 마세요.

  Beschimpfen Sie mich nicht!
  배쉼팬   지- 밓히   니힡트!

- 제발 욕 좀 그만해.

  Hör doch mit dem Fluchen auf!
  회-어 독흐 미트 뎀   플룻핸   아우프!

> **Tipp** aufhören mit(아우프회-랜 미트) 3격. …을 그만두다. Hört doch damit auf!(회르트 독흐 다미트 아우프!) 너희들 그것 그만 둬!

꾸짖을 때

- 다시는 절대로 그러지 마.

  Tu das bloss nicht wieder!
  투- 다스 블로쓰 니힡트 비-더!

- 다시는 절대로 그러지 마.

  Mach das nie wieder!
  막흐   다스 니- 비-더!

- 그런 법이 어디 있어요?

  Wie konnten Sie eine solche Richtung einschlagen?
  비- 콘탠   지- 아이내 졸해   리히퉁   아인슐라-갠?

- 행동으로 옮기든지 입 다물든지 해.

  Tu es halt und red nicht drumherum!
  투- 앳스 할트 운트 레-트 니힡트 드룸헤룸!

- 너희들도 다 마찬가지야.

  Das gilt auch für euch!
  다스 길트 아욱흐 퓨어 오이히!

- 왜 묻지 않는 일에 참견이야?

  Warum musst du immer deinen Senf dazugeben?
  바-룸   뭇스트 두- 임머   다이넨   젠프 다추-게-밴?

- 그런 식으로 말하지 마세요.

  Reden Sie nicht so mit mir!
  레-댄   지- 니힡트 조- 미트 미-어!

- 저만 잘못했다고 탓하지 마세요.

  Legen Sie nicht nur mir die Schuld zur Last!
  레-갠   지- 니힡트 누어 미-어 디 슐트   추어 라스트!

- 그만해! 날 좀 혼자 내버려 둬.

  Hör auf! Lass mich doch allein!
  회-어 아우프! 랏스 밓히   독흐   알라인!

- 잘한다, 잘하는 짓이야.

  Das ist ja eine schöne Bescherung!
  다스 이스트 야- 아이내 쇠-내 배쉐-룽!

- 네가 약속을 하고서 그것을 어기고 있어.

  Du hast eine Abmachung gemacht und brichst sie!
  두- 하스트 아이내 압막훙   게막흐트   운트 브리히스트 지-!

화해할 때

- 흥분하지 마세요.

  Regen Sie sich nicht auf!
  레-갠   지- 짛히 니힡트 아우프!

- 이제 됐어.

  Schon gut!
  쇼-ㄴ   구-트!

- 싸움을 말리지 그랬어요?

  Warum haben Sie den Streit nicht geschlichtet?
  봐-룸   하-밴 지- 덴 슈트라이트 니힡트 게슐리히태트?

- 두 사람 화해하세요.

  Versöhnen Sie sich miteinander!
  페어쇠-낸   지- 짛히 미트아인안더!

- 그 일은 잊어버리세요.

  Lassen Sie das!
  랏샌   지- 닷스!

- 그 일은 잊어버리세요.
  Vergessen Sie das!
  페어겟샌 지- 닷스!

- 네 동생에게 양보해.
  Sei nett zu deinem kleinen Bruder!
  자이 니흩트 추- 다이냄 클라이낸 브루-더!

Teil V

깊이 있는 교재를 위한 표현

01 약속
02 초대
03 방문과 접대
04 식사제안
05 음식점
06 카페와 술집

01 약속

약속을 할 때는 상대방에게 언제 시간이 나는지, 장소는 어디로 정할 지를 정중하게 묻는 것이 일반적이다. 만나기로 한 날짜와 시간을 정확히 알고 있어야하며 약속을 변경하거나 취소할 때에도 일상생활에서 사용하는 표현들을 익혀두는 게 좋다. "Können wir uns treffen?"(우리 만날 수 있을까요?)이나 "Um wie viel Uhr ist es Ihnen recht?"(몇 시로 하면 좋을까요?) "Können wir unsere Verabredung verlegen?"(약속 시간을 변경할 수 있나요?) 등의 표현 등을 적절히 사용해 보자.

약속을 청할 때

- 시간 좀 있습니까?

  Haben Sie Zeit?
  하-밴   지- 차이트?

- 이번 금요일 오후에 시간 있습니까?

  Haben Sie Freitag Nachmittag Zeit?
  하-밴   지- 프라이타-ㅋ 낙흐미타-ㅋ   차이트?

- 이번 주말에 시간 있으세요?

  Haben Sie am Wochenende Zeit?
  하-밴   지- 암 복핸앤대   차이트?

- 잠깐 만날 수 있을까요?

  Kann ich Sie kurz treffen?
  칸   이히 지- 쿠어츠 트래팬?

- 우리 만날 수 있을까요?

  Können wir uns treffen?
  쾐낸   뷔어 운스 트래팬?

- 내일 다른 계획이 있습니까?

  Haben Sie morgen etwas vor?
  하-밴   지- 모르겐   애트밧스 포-어?

- 너 오늘 무슨 계획이 있니?

  Hast du heute etwas vor?
  하스트 두- 호이테 애트밧스 포-어?

- 오늘 저녁에 만날까?

  Treffen wir uns heute Abend?
  트래팬   뷔어 운스 호이테 아-벤트?

- 내일 한 번 만날까요?

  Treffen wir uns morgen?
  트래팬   뷔어 운스 모르갠?

- 내일 약속 있으세요?

  Haben Sie morgen eine Verabredung?
  하-밴   지- 모르갠   아이네 페어아프레-둥?

- 내일 10시에 만날까요?

  Wollen wir uns um zehn Uhr treffen?
  볼랜   뷔어 운스 움 체-ㄴ 우-어 트래팬?

- 언제 한 번 만나요.

  Treffen wir uns irgendwann einmal!
  트래팬   뷔어 운스 이르겐트반   아인마-ㄹ!

- 만날 약속을 하고 싶습니다.

  Ich möchte einen Termin vereinbaren!
  이히 뫼히태   아이낸 테어미-ㄴ 페어아인바-랜!

- 약속 날짜를 정하고 싶습니다.

  Ich möchte einen Termin ansetzen!
  이히 뫼히태   아이낸 테어미-ㄴ 안재챈!

- 만날 약속을 하고 싶습니다.

  Ich möchte mir von Ihnen einen Termin geben lassen!
  이히 뫼히태   미-어 폰 이-낸 아이낸 테어미-ㄴ 게-밴 랏샌!

- 다음 주에 만날 약속을 하고 싶습니다.

  Ich möchte mir von Ihnen einen Termin für nächste Woche geben
  이히 뫼히태   미-어 폰 이-낸 아이낸 테어미-ㄴ 퓨어 낵스태   복해   게-밴
  lassen!
  랏샌!

- 다음 주 쯤에 한 번 만나 뵙고 싶습니다.

  Ich möchte mich mit Ihnen irgendwann innerhalb der nächsten Woche
  이히 뫼히태   미히 미트 이-낸 이르겐트반   인너할프 데어 낵스탠   복해
  einmal treffen!
  아인마-ㄹ 트래팬!

- 말씀 드릴 아주 중요한 용무가 있습니다.

  Ich habe etwas Wichtiges zu besprechen!
  이히 하-배 애트밧스 비히티-개스 추- 배슈프렣핸!

- 다음 주 예정은 어떻게 되세요?

  Wie sieht Ihr Zeitplan für nächste Woche aus?
  비- 지-트 이어 차이트플란 퓨어 낵스태 복해 아우스?

- 다음 주 계획은 무엇입니까?

  Was haben Sie nächste Woche vor?
  밧스 하-밴 지- 낵스태 복해 포-어?

- 나는 주중에는 거의 시간이 없어요.

  Wochentags habe ich wenig Zeit!
  복핸타-ㅋ스 하-배 이히 베니히 차이트!

- 다른 약속이 있으세요?

  Haben Sie eine andere Verabredung?
  하-밴 지- 아이네 안더래 페어아프레-둥?

- 몇 시쯤에 시간이 납니까?

  Gegen wie viel Uhr haben Sie Zeit?
  게-겐 비- 피-ㄹ 우-어 하-밴 지- 차이트?

- 오늘 계획은 뭔가요?

  Was steht heute auf dem Zeitplan?
  밧스 슈테-트 호이테 아우프 뎀 차이트플란?

- 저는 약속이 있어서 가는 중입니다.

  Ich gehe zu einer Verabredung.
  이히 게-에 추- 안더러 페어아프레-둥.

- 저는 그녀와 내일 만나기로 약속했습니다.

  Ich habe mich mit ihr verabredet, dass wir uns morgen treffen!
  이히 하-배 미히 미트 이-어 페어아프레데트, 닷스 뷔어 운스 모르갠 트래팬!

- 우리 언제 다시 만날 수 있을까요? 토요일에 시간있으세요?

  Wann können wir uns wiedersehen? Haben Sie am Samstag Zeit?
  반 쾐낸 뷔어 운스 비-더제-앤? 하-밴 지- 암 잠스타-ㅋ 차이트?

- 우리 춤추러 갈래?

  Sollen wir tanzen gehen?
  졸랜 뷔어 탄챈 게-앤?

- 우리 한 잔 하러갈까요?

  Sollen wir einen trinken gehen?
  졸랜 뷔어 아이낸 트링캔 게-앤?

- 제가 모시러 가겠습니다.

  Ich hole Sie ab!
  이히 호-래 지- 압!

- 내가 더 데리러 갈게.
  Ich hole dich ab!
  이히 호-ㄹ래 딯히 압!

스케줄을 확인할 때

- 이번 주 스케줄을 확인해 보겠습니다.
  Ich sehe mal im Zeitplan für diese Woche nach!
  이히 제- 마-ㄹ 임 차이트플란 퓨어 디-재 복해 낙흐!

- 이번 주 약속을 확인해주십시오.
  Bestätigen Sie bitte unsere Verabredung in dieser Woche!
  배스태-티-갠 지- 비태 운저랜 페어아프레-둥 인 디-저 복해!

- 스케줄을 확정하고 싶습니다.
  Ich möchte den Zeitplan festlegen!
  히이 뫼히태 덴 차이트플란 페스트레-갠!

- 다음 주 쯤에 약속할 수 있습니다.
  Ich kann Ihnen irgendwann in der nächsten Woche einen Termin geben!
  이히 칸 이-낸 이르겐트반 인 데어 낙스탠 복해 아이낸 테어-민 게-밴!

- 좋아요, 그날은 약속이 없습니다.
  Ja gut, an dem Tag habe ich keine Verabredung!
  야- 구-ㅌ, 안 뎀 타-ㅋ 하-배 이히 카이내 페어아프레-둥!

- 오늘 오후는 한가합니다.
  Ich habe heute Nachmittag frei!
  이히 하-배 호이테 낙흐미타-ㅋ 프라이!

- 3시 이후 2시간가량 시간이 있습니다.
  Nach drei Uhr habe ich für zwei Stunden lang frei!
  낙흐 드라이 우-어 하-배 이히 퓨어 츠바이 슈툰댄 랑 프라이!

- 내일은 특별하게 정해놓은 일이 없습니다.
  Ich habe morgen nichts Besonderes vor.
  이히 하-배 모르갠 니힡츠 배존더래스 포-어.

- 그날 아침에는 아무런 약속이 없습니다.
  Ich habe an jenem Morgen keine Verabredung!
  이히 하-배 안 예-넴 모르갠 카이내 페어아프레-둥!

- 내주 목요일 오전 내내 시간이 있습니다.

  Am nächsten Donnerstag habe ich den ganzen Vormittag Zeit!
  암 넥스탠 돈너스타-ㅋ 하-배 이히 덴 간챈 포-어미타-ㅋ 차이트!

- 오늘 저녁에는 약속이 있습니다.

  Für heute Abend habe ich eine Verabredung!
  퓨어 호이테 아-벤트 하-배 이히 아이내 페어아프레-둥!

약속 시간과 날짜를 정할 때

- 몇 시로 했으면 좋겠어요?

  Um wie viel Uhr ist es Ihnen recht?
  움 비- 피-ㄹ 우-어 이스트 앳스 이-낸 래힡트?

- 내일 저녁에 찾아와도 괜찮을까요?

  Würde Ihnen mein Besuch morgen Abend passen?
  뷰르대 이-낸 마인 배주-ㄱ흐 모르갠 아-벤트 팟샌?

- 내일 오후 3시에 만날까요?

  Wollen wir uns morgen um drei Uhr treffen?
  볼랜   뷔어 운스 모르갠   움 드라이 우-어 트래팬?

- 다음 주 수요일 오전 10시 반이 어떻겠어요?

  Wie wäre es nächste Woche Mittwoch um halb elf?
  비- 봬-래 앳스 낵스태 복해   미트복흐   움 할프 엘프?

- 내일 오후 3시에 만날까요?

  Wollen wir uns morgen um drei Uhr treffen?
  볼랜   뷔어 운스 모르갠   움 드라이 우-어 트래팬?

- 3시는 괜찮겠습니까?

  Wie wäre es mit drei Uhr?
  비- 봬-래 앳스 미트 드라이 우-어?

- 6시에 만납시다.

  Treffen wir uns um sechs Uhr!
  트래팬 뷔어 운스 움 잭스 우-어?

- 언제 만나면 될까요?

  Wann können wir uns treffen?
  반   쾐낸   뷔어 운스 트래팬?

- 어느 날이 가장 좋을까요?

  Welcher Tag passt Ihnen am besten?
  벨허   타-ㅋ 팟스트 이-낸 암 배스탠?

- 화요일이라면 괜찮을까요?

  Würde der Dienstag Ihnen passen?
  뷰르대   데어 디-ㄴ스타-ㅋ 이-낸 팟샌?

- 내일 오후 3시에 만날까요?

  Wollen wir uns morgen um drei Uhr treffen?
  볼랜   뷔어 운스 모르갠   움 드라이 우-어 트래팬?

- 얼마 정도 시간을 내 주실 겁니까?

  Wie lange wollen Sie mir Zeit geben?
  비- 랑애   볼랜   지- 미어 차이트 게-밴?

- 시간 지키는 것 잊지 마십시오.

  Vergessen Sie bitte nicht, die Zeit einzuhalten!
  페어겟샌   지- 비태 니힡트, 디 차이트 아인추-할탠!

- 시간 지키는 것 잊지 마.

  Vergiss bitte nicht, die Zeit einzuhalten!
  페어기쓰 비태 니힡트, 디 차이트 아인추-할탠!

약속 장소를 정할 때

- 어디서 만날까요?

  Wo treffen wir uns?
  보- 트래팬   뷔어 운스?

- 좋아요, 어디서 만날까요?

  Gerne, wo treffen wir uns?
  게르네 보- 트래팬   뷔어 운스?

- 언제 만나기로 할까요?

  Wann können wir uns treffen?
  반   쾬낸   뷔어 운스 트래팬?

- 만날만한 곳이 어디 없을까요?

  Wo ist der passende Ort, wo wir uns treffen können?
  보- 이스트 데어 파쌘대   오르트, 보- 뷔어 운스 트래팬   쾬낸?

- 당신을 방문할까요?

  Soll ich Sie besuchen?
  졸   이히 지- 배주-ㄱ핸?

- 이곳으로 올 수 있습니까?

  Können Sie hierher kommen?
  쾬낸   지- 히어해어 콤맨?

- 당신에게 달려 있습니다.
  Es liegt an Ihnen!
  앳스 리-ㄱ트 안 이-낸!

- 제 사무실은 어떻겠습니까?
  Wie wäre es mit meinem Büro?
  비- 봬-래 앳스 미트 마이넴 뷰-로?

- 예, 그러면 좋겠어요.
  Ja, das wäre gut!
  야-, 다스 봬-래 구-트!

- 좋습니다.
  Gut!
  구-트!

약속을 변경할 때

- 내일 오전 11시 경이면 어떨까요?
  Wie passt es Ihnen morgen um ca. elf Uhr?
  비- 파쓰트 앳스 이-낸 모르갠 움 치르카 엘프 우-어?

- 한 시간만 뒤로 미루지요.
  Verschieben wir es um eine Stunde!
  페어쉬-밴 뷔어 앳스 움 아이내 슈툰대!

- 월요일로 미루기로 합시다.
  Verschieben wir es auf den Montag!
  페어쉬-밴 뷔어 앳스 아우프 덴 모-ㄴ타-ㅋ!

- 다른 기회로 미뤄도 될까요?
  Darf ich den Termin auf später verschieben?
  다르프 이히 덴 테어미-ㄴ 아우프 슈패-터 페어쉬-밴?

- 다음에 합시다.
  Machen wir es ein andermal!
  막핸 뷔어 앳스 아인 안더마-ㄹ!

- 약속 시간 좀 당기면 어떨까요?
  Wie wäre es, wenn wir es etwas früher machen?
  비- 봬-래 앳스, 벤 뷔어 앳스 애트밧스 프뤼어 막핸?

- 조금 더 늦췄으면 더 좋겠는데요.
  Mir würde es besser passen, wenn es noch ein bisschen später wäre!
  미-어 뷰르대 앳스 배써 파쌘, 벤 앳스 녹호 아인 빗스핸 슈패-터 봬-래!

- 약속을 연기해야겠습니다.

 Ich muss meine Verabredung verschieben!
 이히 뭇스 마이내 페어아프레-둥 페어쉬-밴!

- 저는 다음 번 약속으로 미루고 싶습니다.

 Ich möchte es auf einen späteren Termin verschieben!
 이히 뫼히태 앳스 아우프 아이낸 슈패-터랜 테어미-ㄴ 페어쉬-밴!

- 우리의 약속 시간을 변경할 수 있나요?

 Können wir unsere Verabredung verlegen?
 쾬낸 뷔어 운저레 페어아프레-둥 페어레-갠?

- 우리 약속 장소를 바꿀 수 있나요?

 Können wir den Verabredungsort wechseln?
 쾬낸 뷔어 덴 페어아프레-둥스오르트 벡셀른?

- 오늘 저녁때는 여의치 않습니다.

 Heute Abend passt es mir schlecht!
 호이테 아-벤트 파쓰트 앳스 미-어 슐래힡트!

- 내일 5시쯤은 어떨까요?

 Wie passt es Ihnen morgen um ca. fünf Uhr?
 비- 파쓰트 앳스 이-낸 모르갠 움 치르카 퓐프 우-어?

- 조금 더 빨랐으면 더 좋겠습니다.

 Mir würde es besser passen, wenn es noch ein bisschen früher wäre!
 미-어 뷰르대 앳스 배써 파쌘, 벤 앳스 녹흐 아인 빗스핸 프뤼어 봬-래!

- 그러면 5시 반 전후로 합시다.

 Also ungefähr halb sechs herum.
 알조- 운게패-어 할프 잭스 헤-룸.

- 괜찮으시다면 내일 오전에 찾아뵙고 싶습니다.

 Ich möchte Sie morgen Vormittag besuchen, wenn es Ihnen passt.
 이히 뫼히태 지- 모르갠 포-어미타-크 배주-ㄱ핸, 벤 앳스 이-낸 파쓰트.

- 내일 오전에는 시간이 꽉 차있습니다.

 Morgen Vormittag bin ich ausgebucht!
 모르갠 포-어미타-크 빈 이히 아우스게북흐트!

- 저에게 기일을 정해주시겠습니까?

 Würden Sie mir einen Termin geben?
 뷰르댄 지- 미-어 아이낸 테어미-ㄴ 게-밴?

- 오후 2시면 될까요?

 Vielleicht vierzehn Uhr?
 피-ㄹ라이히트 피-어체-ㄴ 우-어?

- 좋아요, 그렇게 합시다.

  Gut, bleiben wir dabei!
  구-ㅌ, 블라이밴 뷔어 다바이!

- 언제 저에게 오시겠어요?

  Wann kommen Sie zu mir?
  반 콤맨 지- 추- 미-어?

- 월요일 아침 9시에 당신께 가도 좋습니까?

  Darf ich Montag morgen um neun Uhr zu Ihnen kommen?
  다르프 이히 모-ㄴ타-ㅋ 모르갠 움 노인 우-어 추- 이-낸 콤맨?

- 10시가 제게 더 편하겠습니다.

  Um zehn Uhr wäre es mir angenehmer!
  움 체-ㄴ 우-어 봬-래 앳스 미-어 안게네-머!

- 늦게 오지 마세요.

  Kommen Sie nicht zu spät!
  콤맨 지- 니힡트 추- 슈패-트!

- 그렇게 정확하게 오실 필요는 없어요.

  So pünktlich brauchen Sie nicht zu sein!
  조- 퓡크틀리히 브라욱핸 지- 니힡트 추- 자인!

약속을 취소할 때

- 약속을 취소해야겠습니다.

  Ich muss die Verabredung absagen!
  이히 뭇스 디 페어아프레-둥 압자-갠!

- 약속을 취소해야겠습니다.

  Ich muss meine Verabredung zurückziehen!
  이히 뭇스 마이내 페어아프레-둥 추뤽치-앤!

- 약속을 지키지 못한 것을 용서하십시오.

  Verzeihen Sie, dass ich die Verabredung nicht eingehalten habe!
  페어차이앤 지-, 닷스 이히 디 페어아프레-둥 니힡트 아인게할탠 하-배!

- 약속에 못 나갈 것 같아요.

  Ich fürchte, ich kann nicht am verabredeten Ort sein!
  이히 퓌르히태, 이히 칸 니힡트 암 페어아프레데탠 오르트 자인!

- 약속을 취소해도 될까요?

  Darf ich die Verabredung absagen?
  다르프 이히 디 페어아플-둥 압자-갠?

- 사정이 생겨서 내일 찾아뵐 수 없습니다.

  Durch unvermeidliche Umstände kann ich morgen nicht zu Ihnen kommen!
  두르히 운페어마이틀릿해 움슈탠대 칸 이히 모르갠 니힐트 추- 이-낸 콤맨!

기타 약속에 관한 표현

- 새끼손가락을 걸고 약속하자.

  Gib mir die Hand drauf!
  깁 미-어 디 한트 드라우프!

 독일어에서는 '손가락을 걸고 약속한다' 라는 말을 이렇게 표현한다.

- 나는 약속을 잘 지키는 사람이야.

  Ich halte, was ich verspreche!
  이히 할태, 밧스 이히 페어슈프렣해!

- 약속 어기지 마.

  Halt dein Versprechen!
  할트 다인 페어슈프렣핸!

- 약속 어기지 마.

  Brich dein Versprechen nicht!
  브맇히 다인 페어슈프렣핸 니힐트!

- 너는 무슨 일이 있어도 약속을 지켜야 해.

  Du musst dein Versprechen um jeden Preis halten!
  두- 뭇스트 다인 페어슈프렣핸 움 예-덴 프라이스 할탠!

- 약속합시다.

  Geben wir uns ein Versprechen!
  게-밴 뷔어 운스 아인 페어슈프렣핸!

- 오랫동안 기다리셨습니까?

  Haben Sie schon lange gewartet?
  하-밴 지- 쇼-ㄴ 랑애 게바르테트?

- 기다리게 해서 죄송합니다.

  Entschuldigen Sie, dass ich Sie habe warten lassen!
  엔트슐-디갠 지-, 닷스 이히 지- 하-배 바르탠 랏샌!

> **Tipp** 부문장 안에서 사역동사 lassen의 완료형은 맨 뒤에 haben+동사원형+lassen.

- 기다리게 해서 미안해요.

  Es tut mir Leid, dass Sie warten mussten!
  앳스 투-트 미-어 라이트, 닷스 지- 바르탠 무스탠!

- 우리 다시 만날 수 있을까요?

  Können wir uns wieder sehen?
  쾐낸 뷔어 운스 브-더 제-앤?

- 저는 하루 종일 우리 만남을 기대해 왔어요.

  Ich habe mich schon den ganzen Tag auf unser Treffen gefreut!
  이히 하-배 밓히 쇼-ㄴ 덴 간챈 타-ㅋ 아우프 운저 트래팬 게프로이트!

- 애인 있습니까?

  Haben Sie einen festen Freund?
  하-밴 지- 아이낸 페스탠 프로인트?

- 애인 있습니까?

  Haben Sie eine feste Freundin?
  하-밴 지- 아이내 페스태 프로인딘?

- 결혼했어요?

  Sind Sie verheiratet?
  진트 지- 페어하이라태트?

- 난 네가 너무 좋아.

  Ich mag dich sehr gerne!
  이히 막 딯히 제-어 게르네!

- 난 너에게 빠진 것 같아.

  Ich glaube, ich habe mich in dich verliebt!
  이히 글라우배, 이히 하-배 밓히 인 딯히 페어리-ㅂ트!

 초대

서로 간에 친분이 두터워지면 초대를 하게 된다. 다과를 한다거나 음식을 대접하기 위해 초대를 할 수도 있고 술을 마신다든가 생일 파티 등에 상대방을 초대하기도 한다. 이럴 때 초대기, 초대에 응하거나 거절하는 표현 등을 익혀두도록 하자. "Ich möchte Sie zum Essen einladen!"(당신을 식사에 초대하고 싶습니다.) "Danke, ich komme gerne!"(고맙습니다. 기꺼이 가겠습니다.) "Ich fürchte, ich kann leider nicht!"(유감스럽지만 안 될 것 같습니다.) 등등.

초대할 때

- 오늘 저녁 만나서 식사할까요?

  Treffen wir uns heute Abend zum Essen?
  트래팬   뷔어 운스 호이테 아-벤트 춤   앳샌?

- 이번 주말 제 생일파티에 당신을 초대하고 싶어요.

  Ich möchte Sie am Wochenende zu meiner Geburtstagsparty einladen!
  이히 뫼히테   지- 암 복핸앤대   추- 마이너   게부어츠타-크스파-티   아인라-댄!

- 당신을 초대해 저녁식사를 하고 싶습니다.

  Ich möchte Sie zum Abendessen einladen!
  이히 뫼히테   지- 춤   아-벤트앳샌   아인라-댄!

- 당신을 저희 집 저녁식사에 초대하고 싶습니다.

  Ich möchte Sie bei uns zum Abendessen einladen!
  이히 뫼히테   지- 바이 운스 춤   아-벤트앳샌   아인라-댄!

- 당신은 그 파티에 초대를 받으셨습니까?

  Haben Sie eine Einladung zu der Party bekommen?
  하-밴   지- 아이네 아인라-둥   추- 데어 파-티   배콤맨?

- 그 파티에 가리로 하셨어요?

  Haben Sie die Einladung angenommen?
  하-밴   지- 디 아인라-둥   안게놈맨?

- 파티에 오시지 그러세요?

  Kommen Sie doch auf die Party!
  콤맨   지- 독흐 아우프 디 파-티!

- 왜 파티에 안 오세요?

  Warum kommen Sie nicht auf die Party?
  봐-룸 콤맨 지- 니힡트 아우프 디 파-티?

- 놀러 오십시오.

  Besuche mich!
  배-주-ㄱ해 밎히!

- 언제 한 번 놀러와.

  Besuche mich einmal!
  배-주-ㄱ해 밎히 아인마-ㄹ!

- 여행을 떠나기 전에 우리 집에 좀 들러.

  Komm bei mir vorbei, bevor du abreist!
  콤 바이 미-어 포-어바이, 배포-어 두- 아프라이스트!

- 기회가 되면 우리 집에 좀 들러.

  Komm gelegentlich bei mir vorbei!
  콤 겔레-갠틀리히 바이 미-어 포-어바이!

- 언제 한 번 들러주시지 않겠습니까?

  Würden Sie einmal bei mir vorbeikommen?
  뷰르댄 지- 아인마-ㄹ 바이 미-어 포-어바이콤맨?

- 언제 오실 수 있습니까?

  Wann wäre es Ihnen angenehm?
  반 봬-래 앳스 이-낸 안게네-ㅁ?

- 언제가 제일 적당합니까?

  Wann passt es Ihnen am besten?
  반 파쓰트 앳스 이-낸 암 배스탠?

- 다음 주 화요일은 괜찮습니까?

  Geht es am Dienstag nächster Woche?
  게-트 앳스 암 디-ㄴ스타-ㅋ 낵스터 복해?

- 다음 주 수요일은 어때요?

  Wie wäre es am Mittwoch nächster Woche?
  비- 봬-래 앳스 암 미트복흐 낵스터 복해?

- 오늘 낮에 커피 한잔 하러 저에게 오실 수 있어요?

  Können Sie heute Nachmittag zu einer Tasse Kaffee zu mir kommen?
  쾐낸 지- 호이테 낙흐미타-ㅋ 추- 아이네 탓새 카페 추- 미-어 콤맨?

초대에 응할 때

- 예, 좋습니다.

    Ja, mit Vergnügen!
    야-, 미-트 페어그뉘-갠!

- 좋은 생각 이예요.

    Das ist eine gute Idee!
    다스 이스트 아이내 구-태 이데-!

- 기꺼이 그렇게 하겠습니다.

    Sehr gerne!
    제-어 게르네!

- 그거 아주 좋겠는데요.

    Das hört sich gut an!
    다스 회르트 짛히 구-트 안!

- 멋진데요.

    Das klingt großartig!
    다스 클링트 그로-쓰아르팋히!

- 저는 좋습니다.

    Damit bin ich einverstanden!
    다미트 빈 이히 아인페어슈탄댄!

> **Tipp** Das passt mir gut(다스 파쓰트 미-어 구-트) "그렇게 하는게 제게 좋아요." einverstanden sein mit etw. …을 이해했다.

- 감사합니다. 기꺼이 가겠습니다.

    Danke sehr, ich komme gerne!
    당케 제-어, 이히 콤매 게르네!

- 고맙습니다. 기꺼이 가지요.

    Danke! Ich komme gern zu Ihnen!
    당케! 이히 콤매 게른 추- 이-낸!

- 고맙습니다. 그러죠.

    Danke, ich werde gehen!
    당케, 이히 베르대 게-앤!

- 고맙습니다. 기쁜 마음으로 가겠습니다.

    Danke, ich komme gerne.
    당케, 이히 콤매 게르네.

- 아, 친절하십니다. 그렇게 하지요.

  Oh, das ist sehr nett von Ihnen. Ich komme gerne.
  오- 다스 이스트 제-어 낼 폰 이-낸. 이히 콤매 게르네.

- 감사합니다. 그렇지만 너무 무리가 되지 않아야 할 텐데요.

  Vielen Dank. Aber machen Sie sich bitte keine Umstände.
  피-ㄹ랜 당크. 아-버 막핸 지- 짛히 비태 카이내 움슈탠대.

- 기꺼이 초대를 받아들이겠습니다.

  Ich nehme Ihre Einladung mit Freude an!
  이히 네-매 이어래 아인라-둥 미트 프로이대 안!

- 먼저 전화로 갈 수 있는 지 여부를 알려드리지요.

  Vorher rufe ich Sie kurz an und sage Ihnen Bescheid, ob es klappt!
  포-어헤어 루-패 이히 지- 쿠어츠 안 운트 자-개 이-낸 배샤이트, 오-프 앳스 클라프트!

- 오늘밤 저희들을 초대해주시다니 정말 친절하시군요.

  Es ist sehr nett von Ihnen, uns heute Abend einzuladen!
  앳스 이스트 제-어 낼 폰 이-낸, 운스 오히테 아-벤트 아인추-라-댄!

초대에 응할 수 없을 때

- 죄송하지만 그럴 수 없습니다.

  Tut mir Leid, aber ich kann nicht kommen!
  투-트 미-어 라이트, 아-버 이히 칸 니힡트 콤맨!

- 죄송하지만, 그럴 수 없을 것같군요.

  Ich glaube nicht, dass ich kann!
  이히 글라우배 니힡트, 다스 이히 칸!

- 죄송하지만, 해야 할 일이 있습니다.

  Entschuldigung, aber ich habe etwas zu tun!
  앤트슐-디궁, 아-버 이히 하-배 애트밧스 추- 투-ㄴ!

- 유감스럽지만 안 될 것 같군요.

  Ich fürchte, ich kann leider nicht!
  이히 퓌르히태, 이히 칸 라이더 니힡트!

- 그럴 수 있다면 좋겠군요.

  Ich wünschte, ich könnte zu Ihnen kommen!
  이히 뷘쉬태, 이히 쾬태 추- 이-낸 콤맨!

- 그러고 싶지만 오늘밤은 이미 계획이 있습니다.

  Sehr gerne, aber ich habe heute Abend bereits etwas vor!
  제-어 게르네, 아-버 이히 하-배 호이테 아-벤트 배라이츠 애트밧스 포-어!

- 오늘 저녁은 안되겠습니다.

  Heute Abend lieber nicht!
  호이테 아-벤트 리-버 니힡트!

- 죄송하지만 갈 수 없습니다.

  Ich kann leider nicht kommen!
  이히 칸 라이더 니힡트 콤맨!

- 오늘 저녁에 손님이 오십니다.

  Heute Abend bekomme ich Besuch!
  호이테 아-벤트 배콤매 이히 배주-ㄱ히!

- 남편 동료가 저녁식사에 오세요.

  Ein Kollege von meinem Mann kommt zum Abendessen!
  아인 콜레-개 폰 마이냄 만 콤트 춤 아-벤트앳샌!

- 토요일에 손님이 오세요.

  Am Samstag haben wir Gäste!
  암 잠스타-ㅋ 하-밴 뷔어 개스태!

- 정말 그럴 기분이 나지 않습니다.

  Mir ist wirklich nicht danach zumute!
  미-어 이스트 뷔르클리히 니힡트 다낙흐 추-무-태!

03 방문과 접대

손님이 오게 되면 반갑게 "Kommen Sie bitte herein!"(들어오세요.) "Ich freue mich, dass Sie gekommen sind!"(와 주셔서 반갑습니다.) 등의 말을 하며 손님은 "Ich danke Ihnen für Ihre Einladung!"(초대해주셔서 감사합니다.)라고 말하고 "Bitte schön! Das ist für Sie!"(이거 받으세요. 당신께 드리는 겁니다.)라는 식으로 말하기도 한다.

방문했을 때

- 안녕하세요. 초대해주셔서 감사합니다.
  Guten Abend! Vielen Dank für Ihre Einladung!
  구-텐 아-벤트! 피-ㄹ랜 당크 퓨어 이어래 아인라-둥!

- 초대해주셔서 고맙습니다.
  Ich danke Ihnen für Ihre Einladung!
  이히 당케 이-낸 퓨어 이어래 아인라-둥!

- 우리를 초대해주셔서 고맙습니다.
  Ich danke Ihnen dafür, dass Sie uns eingeladen haben!
  이히 당캐 이-낸 다퓨어, 다스 지- 운스 아인겔라-댄 하-밴!

- 조그만 선물입니다.
  Hier ist eine Kleinigkeit für Sie!
  히어 이스트 아이내 클라이니히카이트 퓨어 지-

- 이것은 조그만 선물입니다.
  Das hier ist eine Kleinigkeit für Sie!
  다스 히어 이스트 아이내 클라이니히카이트 퓨어 지-

- 여기 이거 네게 주려는 거야.
  Hier für dich!
  히어 퓨어 딩히!

- 여기 이거 받으십시오. 당신께 드리는 꽃입니다.
  Bitte schön! Die Blumen sind für Sie!
  비태 쇠-ㄴ! 디 블루-맨 진트 퓨어 지-!

- 여기 이거 받으십시오.

  Hier für Sie!
  히어 퓨어 지-!

- 여기 이거 네게 주려는 거야.

  Hier für dich!
  히어 퓨어 딯히!

손님을 맞을 때

- 어서 들어오십시오.

  Kommen Sie bitte herein!
  콤맨 지- 비태 해라인!

- 어서 들어오십시오.

  Kommen Sie bitte rein!
  콤맨 지- 비태 라인!

- 들어와.

  Komm herein!
  콤 해라인!

- 들어와.

  Herein!
  해라인!

- 이쪽으로 오십시오.

  Kommen Sie hierher!
  콤맨 지- 히-어해어!

- 와주셔서 반갑습니다.

  Ich freue mich, dass Sie gekommen sind!
  이히 프로이애 밎히, 다스 지- 게콤맨 진트!

- 잘 오셨습니다.

  Es ist nett, dass Sie gekommen sind!
  앳스 이스트 낼, 다스 지- 게콤맨 진트!

- 함께 오셔서 참 잘됐습니다.

  Es ist nett, dass Sie mitgekommen sind!
  앳스 이스트 낼, 다스 지- 미트게콤맨 진트!

- 멀리서 와주셔서 감사합니다.

  Vielen Dank für Ihr Kommen trotz der langen Anreise!
  피-ㄹ랜 당크 퓨어 이어 콤맨 트롯츠 데어 랑앤 안라이재!

V. 깊이 있는 교재를 위한 표현 **317**

- 다시 뵙게 되어 반갑습니다.

  Ich freue mich, Sie wieder zu sehen!
  이히 프로이애 밎히, 지- 비-더 추- 제-앤!

- 오시는데 고생하지 않으셨어요?

  Haben Sie keine Schwierigkeiten gehabt, hierher zu kommen?
  하-밴 지- 카이내 슈비-리히카이탠 게합트, 히-어해어 추- 콤맨?

- 오, 꽃이잖아. 참 예쁘네요.

  Oh, Blumen! Die sind aber schön!
  오- 블루-맨! 디 진트 아-버 쇠-ㄴ!

- 이러실 필요 없는데요.

  Das wäre doch nicht nötig gewesen!
  다스 봬-래 독흐 니힡트 뇌팅히 게베-잰!

- 이렇게 멋진 선물 저희들에게 과분한 걸요.

  Sie verwöhnen uns mit einem so wunderbaren Geschenk!
  지- 페어뵈-낸 운스 미트 아이냄 조- 분더바-랜 게솅크!

- 당신의 외투를 받아드릴까요?

  Darf ich Ihren Mantel abnehmen?
  다르프 이히 이어렌 만텔 아프네-맨?

- 외투를 벗으시겠습니까?

  Möchten Sie Ihren Mantel ablegen?
  뫼히탠 지- 이어렌 만텔 아프레-갠?

- 외투를 주십시오.

  Geben Sie mir Ihren Mantel, bitte!
  게-밴 지- 미-어 이어랜 만텔, 비태!

- 앉으십시오.

  Setzen Sie sich, bitte!
  제-챈 지- 짖히, 비태!

- 앉으십시오.

  Bitte, nehmen Sie Platz!
  비태, 네-맨 지- 플랏츠

- 앉으시지 그러세요?

  Wollen Sie sich nicht setzen?
  볼랜 지- 짖히 니힡트 젤챈?

- 너희들 앉지 그러니?

  Wollt ihr euch nicht setzen?
  볼트 이-어 오이히 니힡트 젤챈?

- 집에 계신 것처럼 여기서 편히 지내세요.
  Fühlen Sie sich bitte hier wie zu Hause!
  퓌-ㄹ랜 지- 짗히 비태 히어 비- 추- 하우재!

- 편하게 계십시오.
  Machen Sie es sich bequem!
  막핸 지- 앳스 짗히 배크붸-미!

- 건강은 좀 어떻습니까?
  Wie geht es Ihnen gesundheitlich?
  비- 게-트 앳스 이-낸 게준트하이틀뤼히?

- 바깥 날씨는 좋습니까?
  Ist das Wetter draußen gut?
  이스트 다스 베터 드라우쌘 구-트?

- 조금 쌀쌀합니다.
  Es ist ein bisschen kühl!
  앳스 이스트 아인 비쓰핸 퀴-ㄹ!

- 벌써부터 저희 집에 한 번 초대할 생각이었습니다.
  Wir wollten Sie schon immer einmal zu uns einladen!
  뷔어 볼탠 지- 쇼-ㄴ 임머 아인마-ㄹ 추- 운스 아인라-댄!

- 그러나 제가 늘 시간이 없었어요.
  Aber ich hatte immer wenig Zeit!
  아-버 이히 하태 임머 베-니히 차이트!

- 저희 집을 보여드리겠습니다.
  Ich zeige Ihnen unsere Wohnung!
  이히 차이개 이-낸 운저래 보-눙!

- 아주 멋진 집이군요.
  Sie haben eine schöne Wohnung!
  지- 하-밴 아이네 쇠-내 보-눙!

- 집안을 멋지게 꾸미셨습니다.
  Sie haben sich sehr schön eingerichtet!
  지- 하-밴 짗히 제-어 쇠-ㄴ 아인게리히태트!

- 새 가구들로 집이 참 아늑해졌습니다.
  Mit Ihren neuen Möbeln ist die Wohnung sehr gemütlich geworden!
  미-트 이어렌 노이앤 뫼-벨른 이스트 디 보-눙 제-어 게뮈틀뤼히 게보르댄!

V. 깊이 있는 교재를 위한 표현 319

손님을 대접할 때

- 뭐 좀 마시겠습니까?

  Möchten Sie etwas trinken?
  뫼히탠   지- 애트밧스트링캔?

- 커피 한 잔 드시겠어요?

  Möchten Sie eine Tasse Kaffee?
  뫼비탠   지- 아이내 탓새 카페?

- 과자라도 좀 드십시오.

  Hier ist Gebäck! Bedienen Sie sich bitte!
  히어 이스트 게백크! 배디-낸   지- 짖히 비태!

- 오늘 특별한 음식을 준비했습니다.

  Ich habe heute etwas Besonderes gekocht!
  이히 하-배 호이테 애트밧스 배존더레스   게쿻흐!

- 몇 가지 한국 고유의 음식을 준비했습니다.

  Ich habe einige koreanische Spezialitäten gekocht!
  이히 하-배 아이니게 코레아-니쉐   슈페치알리태-탠   게쿻흐트!

- 애를 많이 쓰셨습니다.

  Sie haben sich große Mühe gegeben!
  지- 하-밴   짖히 그로-쎄 뮈-에   게게-밴!

- 우리 때문에 일을 많이 하셨군요.

  Sie haben sich sehr viel Arbeit mit uns gemacht!
  지- 하-밴   짖히 제-어 피-ㄹ 아르바이트 미트 운스 게막흐트!

- 그것은 제게 큰일은 아니었습니다.

  Es war für mich nicht sehr viel Arbeit!
  앳스 봐 퓨어 밎히   니힡트 제-어 피-ㄹ 아르바이트!

- 일이 그리 많지 않았습니다.

  Es hat mir nicht viel Arbeit gemacht.
  앳스 핫트 미-어 니힡트 피-ㄹ 아르바이트 게막흐트.

- 음식이 맛있어야할 텐데요.

  Hoffentlich schmeckt es Ihnen!
  호펜틀리히   슈멕크트   앳스 이-낸!

- 음식이 당신 입맛에 잘 맞아야할 텐데요.

  Hoffentlich ist das Essen für Sie bekömmlich!
  호펜틀리히   이스트 다스 앳샌 퓨어 지- 배쾸믈히!

- 저녁식사로 불고기를 준비하고 있습니다.

  Ich bereite Bulgogi zum Abendessen vor!
  이히 배라이태 불고기 춤 아-벤트앳샌 포-어!

- 저녁식사 준비가 됐습니다.

  Das Abendessen ist fertig!
  다스 아-벤트앳샌 이스트 페르틸히!

- 드시고 싶은 것을 마음껏 드십시오.

  Bedienen Sie sich bitte, wie es Ihnen beliebt!
  베디-낸 지- 짙히 비태, 비- 앳스 이-낸 벨리-브트!

- 자 듭시다.

  Bitte lassen Sie uns zugreifen!
  비태 랏샌 지- 운스 추-그라이팬!

- 어서 드세요.

  Legen Sie mit dem Essen los!
  레-갠 지- 미트 뎀 앳샌 로-스!

- 마음껏 드십시오.

  Bitte greifen Sie zu!
  비태 그라이팬 지- 추-!

- 마음껏 먹어라.

  Lass es dir schmecken!
  랏스 앳스 디-어 슈멕캔!

- 우리는 음식에 양념을 많이 씁니다.

  Wir verwenden für unsere Speisen starke Gewürze!
  뷔어 페어벤댄 퓨어 운저래 슈파이잰 슈타르캐 게뷔르채!

- 음식에는 흔히 매운 양념이 들어갑니다.

  Die Speisen sind häufig scharf gewürzt!
  디 슈파이잰 진트 호이휠히 샤르프 게뷔르츠트!

- 한국 음식은 손이 많이 갑니다.

  Die koreanischen Gerichte machen viel Arbeit!
  디 코레아-니섄 게리히태 막핸 피-ㄹ 아르바이트!

- 우리는 저녁에는 한국식으로 식사합니다.

  Wir essen abends koreanisch!
  뷔어 앳샌 아-벤츠 코레아-니쉬!

- 저는 독일 음식도 좋아합니다.

  Ich mag auch gerne deutsche Gerichte!
  이히 막 아욱흐 게르네 도이채 게리히태!

V. 깊이 있는 교재를 위한 표현 321

- 저는 요리하기를 좋아합니다.

  Ich koche gerne!
  이히 콕해   개르네!

- 좀 더 드시지요.

  Legen Sie noch etwas zu!
  레-갠   지- 녹흐   애트밧스 추-

- 고리를 좀 더 드시겠습니까?

  Möchten Sie noch Fleisch nehmen?
  뫼히탠   지- 녹흐 플라이쉬 네-맨?

- 좋아하지 않으시면 남겨두십시오.

  Wenn Sie es nicht mögen, lassen Sie es einfach übrig!
  벤   지- 앳스 니힡트 뫼-갠,   랏샌   지- 앳스 아인팍흐 위-프리히!

- 다음에 제가 독일 음식 하는 방법을 보여드리겠습니다.

  Ich möchte Ihnen nächstes Mal zeigen, wie man typisch deutsche
  이히 뫼히태   이-낸   낵스태스   마-ㄹ 차이갠,   비   만   튀-피쉬 도이채

  Gerichte kocht!
  게리히태   콕흐트!

- 그랬으면 좋겠는데요.

  Das wäre sehr schön!
  다스 봬래   제-어 쇠-ㄴ!

방문을 마칠 때

- 음식이 정말 좋았습니다.

  Das Essen war sehr gut!
  다스 앳샌   봐   제-어 구-트!

- 음식이 모두 참 맛있었어요.

  Es hat alles sehr gut geschmeckt!
  앳스 하트 알랫스 제-어 구-트 게슈멕크트!

- 맛있게 잘 먹었습니다.

  Ich habe reichlich gegessen!
  이히 하-배 라이힐리히 게게-쌘!

- 자, 시간이 벌써 많이 지나갔군요.

  So, es ist schon ziemlich spät!
  조-, 앳스 이스트 쇼-ㄴ 치-ㅁ리히 슈패-트!

- 천천히 일어나야겠어요.

  Wir müssen langsam aufbrechen!
  뷔어 뮷샌 랑잠 아우프브렛핸!

- 이제 가 봐야할 시간입니다.

  Es wird Zeit für mich!
  앳스 뷔르트 차이트 퓨어 밑히!

- 가봐야겠어요.

  Ich muss gehen!
  이히 뭇스 게-앤!

- 이제 작별했으면 합니다.

  Ich möchte mich jetzt von Ihnen verabschieden!
  이히 뫼히태 밑히 예츠트 폰 이-낸 페어압쉬-댄!

- 우리가 지금 일어나도록 양해해주시겠지요?

  Seien Sie bitte nicht böse, wenn wir jetzt schon gehen!
  자이앤 지- 비태 니휠트 뵈-재, 벤 뷔어 예츠트 쇼-ㄴ 게-앤!

- 좀 더 계십시오.

  Bleiben Sie doch noch ein bisschen!
  블라이밴 지- 독흐 녹흐 아인 비쓰핸!

- 더 있고 싶지만 약속이 있습니다.

  Ich würde gerne länger bleiben, aber ich werde erwartet!
  이히 뷰르데 게르네 랭어 블라이밴, 아-버 이히 베르데 애어바르태트!

- 저는 오늘 아주 바쁩니다.

  Ich habe es heute eilig!
  이히 하-배 앳스 호이테 아일리히!

- 자, 시간이 벌써 많이 지나갔군요.

  So, es ist schon ziemlich spät.
  조-, 앳스 이스트 쇼-ㄴ 치-ㅁ리히 슈패-트.

- 그럼 가보겠습니다.

  Ich darf mich verabschieden!
  이히 다르프 밑히 페어압쉬-댄!

- 이제 가보겠습니다.

  Nun gehe ich weg!
  누-ㄴ 게-에 이히 벡!

- 그럼 가보겠습니다.

  Ich darf mich verabschieden!
  이히 다르프 밑히 페어압쉬-댄!

- 가봐야 할 것 같네요.

  Leider muss ich gehen!
  라이더 무스   이히 게-앤!

- 정말 집에 가야합니다.

  Ich muss leider wirklich nach Hause!
  이히 무스   라이더 뷔르클리히 낙흐 하우재!

- 너무 늦은 것 같군요.

  Ich fürchte, dass ich zu lange geblieben bin!
  이히 퓌르히태, 닷스 이히 추- 랑애   게블리-밴   빈!

- 미안합니다만, 제가 좀 급합니다.

  Es tut mir Leid, aber ich bin in Eile!
  앳스 투-트 미-어 라이트, 아-버 이히 빈 인 아일래!

- 벌써 아홉 시입니까? 가봐야겠습니다.

  Ist es schon neun Uhr? Ich muss jetzt gehen!
  이스트 앳스 쇼-ㄴ 노인 우-어? 이히 무스   예츠트 게-앤!

- 아, 유감이에요. 그렇지만 내일 베를린에 갑니다.

  Ach schade, aber ich fahre morgen nach Berlin!
  아흐 샤-데,   아-버 이히 파-래 모르갠   낙흐   베어리-ㄴ!

- 참 즐거웠습니다.

  Es war sehr nett!
  앳스 봐   제-어 내트!

- 즐거운 저녁을 보냈습니다.

  Es war ein netter Abend!
  앳스 봐 아이 내터   아-벤트!

- 오늘 저녁은 정말 유쾌했습니다.

  Es war nett, heute Abend!
  앳스 봐   내트, 호이테 아-벤트!

- 오늘 저녁은 정말 유쾌했습니다.

  Ich hatte wirklich einen angenehmen Abend!
  이히 하태 뷔르클리히 아이넨 안게네-맨   아-벤트!

- 오늘 저녁은 정말 멋졌어요.

  Es war ein sehr schöner Abend!
  앳스 봐 아인 제-어 쇠-너   아-벤트!

- 정말로 식사 잘 했습니다.

  Das Essen hat mir sehr gut geschmeckt!
  다스 앳샌   하트 미-어 제-어 굳 게슈멕크트!

- 멋진 파티 정말 고맙습니다.
  Vielen Dank für die wunderschöne Party!
  피-ㄹ랜 당크 퓨어 디 분더 쇠-내   파-티!

- 그럼 다음에 뵙겠습니다. 안녕히 가세요.
  Dann bis später. Tschüs!
  단   비스 슈패-터. 취-씨!

- 다음에는 꼭 저희 집에 와 주십시오.
  Nächstes Mal müssen Sie zu uns kommen!
  낵스태스 마-ㄹ 뮷샌   지- 추- 운스 콤맨!

- 여기서 이만 작별하겠습니다.
  Ich möchte mich gleich hier verabschieden!
  이히 뫼히태   밓히   글라이히 히어 페어압쉬-댄!

- 더 나오지 마십시오.
  Bemühen Sie sich bitte nicht weiter!
  베뮈-앤   지- 짛히 비태 니휟트 봐이터!

- 초대해주셔서 다시 한 번 감사드립니다.
  Vielen Dank nochmal für Ihre Einladung!
  피-ㄹ랜 당크   녹흐마-ㄹ 퓨어 이어래 아인라-둥!

- 그리고 초대해주신 것 고맙습니다.
  Und vielen Dank für die Einladung!
  운트 피-ㄹ랜 당크   퓨어 디 아인라-둥!

주인으로서의 작별인사

- 방문해주셔서 고맙습니다.
  Danke für Ihren Besuch!
  당케   퓨어 이어랜 배주-ㄱ흐!

- 좀 더 계시다 가시면 안 되나요?
  Können Sie nicht etwas länger bleiben?
  쾬낸   지- 니휟트 앳스밧스 랭어   블라이밴?

- 지금 가신다는 말씀입니까?
  Sie sagen, dass Sie jetzt gehen?
  지- 자-갠,   다스   지- 예츠트 게-앤?

- 오늘 저녁 재미있었습니까?
  Hatten Sie heute Abend viel Spaß?
  하탠   지- 호이테 아-벤트 피-ㄹ 슈파-쓰?

- 오늘 즐거우셨어요?

  Haben Sie sich heute gut unterhalten?
  하-밴 지- 짙히 호이테 구-ㅌ 운터할탠?

- 다시 만날 수 있을까요?

  Können wir uns wieder treffen?
  쾬낸 뷔어 운스 비-더 트래팬?

- 곧 다시 오십시오.

  Kommen Sie bald wieder!
  콤맨 지- 발트 비-더!

- 곧 다시 한 번 들러라.

  Komm bald wieder mal vorbei!
  콤 발트 비-더 마-ㄹ 포-어바이!

- 또 오세요.

  Kommen Sie wieder!
  콤맨 지- 비-더!

- 언제 다시 와.

  Lass dich mal wieder sehen!
  랏스 딯히 마-ㄹ 비-더 제-앤!

- 가끔 연락 좀 해라.

  Du kannst dich ab und zu mal melden!
  두- 칸스트 딯히 아프 운ㅌ 추- 마-ㄹ 멜댄!

- 열흘 쯤 뒤에 봅시다.

  Bitte schauen Sie etwa in zehn Tagen wieder vorbei!
  비태 샤우앤 지- 애트밧스 인 체-ㄴ 타-갠 비-더 포-어바이!

- 언제나 여기서 환영받는 것 알고 계시지요?

  Sie wissen, dass Sie hier jederzeit herzlich willkommen sind!
  지- 뷔쌘, 다스 지- 히어 예-더차이트 해르츨리히 빌콤맨   진트!

- 다시 만나기 바랍니다.

  Ich hoffe, wir sehen uns bald wieder!
  이히 호패, 뷔어 제-앤 운스 발트 비-더!

- 제가 바래다 드릴까요?

  Kann ich Sie nach Hause mitnehmen?
  칸 이히 지- 낙흐 하우재 미트네-맨?

- 제가 집에 바래다 드릴게요.

  Ich begleite Sie nach Hause!
  이히 배글라이태 지- 낙흐 하우재!

- 살펴 가십시오.
  Passen Sie auf!
  파쌘 지- 아우프!

- 안녕히 가십시오.
  Gute Heimfahrt!
  구-태 하임파-르트!

- 안녕히 가십시오.
  Kommen Sie gut nach Hause!
  콤맨 지- 구-ㅌ 낙흐 하우재!

- 그럼 안녕히 가십시오.
  Dann kommen Sie mal gut nach Hause!
  단 콤맨 지- 마-ㄹ 구-ㅌ 낙흐 하우재!

- 잘 가.
  Komm gut nach Hause!
  콤 구-ㅌ 낙흐 하우재!

- 안녕히 가십시오.
  Gehen Sie wohl behalten nach Hause!
  게-앤 지- 보-ㄹ 배할탠 낙흐 하우재!

- 조심해서 운전하십시오.
  Fahren Sie bitte vorsichtig!
  파-랜 지- 비태 포-어찌히티히!

- 조심해서 돌아가십시오.
  Gehen Sie vorsichtig!
  게-앤 지- 포-어찌히티히!

- 조심해서 돌아가십시오.
  Seien Sie vorsichtig auf dem Heimweg!
  자이앤 지- 포-어찌히티히 아우프 뎀 하임베-크!

- 집에 도착하면 우리에게 전화 주십시오.
  Rufen Sie uns an, wenn Sie zu Hause sind!
  루-팬 지- 운스 안, 벤 지- 추- 하우재 진트!

- 다 챙기셨지요?
  Haben Sie alles mit?
  하-밴 지- 알랫스 미트?

V. 깊이 있는 교재를 위한 표현 327

 식사 제안

사람을 사귀면서 식사를 함께 하는 것은 좋은 관계를 유지할 수 있는 기회가 된다. "Wollen wir zusammen zu Mittag essen!"(점심식사를 같이 할까요?) 또는 "Gehen wir zu Mittag essen!"(점심식사하러 갑시다.)라고 제안해보라. 상대방에게 식사비를 대신 지불하겠다고 할 때는 "Gehen wir! Ich lade Sie ein!"(갑시다, 제가 살게요.)라고 하던가, "Das geht auf meine Rechnung!"(제가 계산하겠습니다.)라고 한다.

식사를 제안할 때

- 저하고 식사하러 같이 가실래요?

  Wollen Sie mit mir essen gehen?
  볼랜 지- 미트 미-어 앳샌 게-앤?

- 함께 식사하러 가실까요?

  Wollen wir zusammen essen gehen?
  볼랜 뷔어 추잠맨 앳샌 게-앤?

- 우리 점심 식사나 같이 할까요?

  Wollen wir zusammen zu Mittag essen?
  볼랜 뷔어 추잠맨 추- 미타-크 앳샌?

- 우리 점심 식사나 같이 할까요?

  Wollen wir zusammen zum Mittagessen gehen?
  볼랜 뷔어 추잠맨 춤 미타-크 게-앤?

- 저녁 식사 같이 하시겠어요?

  Wollen Sie mit mir zu Abend essen?
  볼랜 지- 미트 미-어 추- 아-벤트 앳샌?

- 저녁 식사하러 오십시오.

  Kommen Sie zum Abendessen!
  콤맨 지- 춤 아-벤트앳샌!

- 어떤 음식점이 추천할 만한가요?

  Welches Restaurant können Sie uns empfehlen?
  벨해스 레스토랑 캔낸 지- 운스 엠페-ㄹ랜?

- 이 식당은 평이 좋아요.

  Das Restaurant hat einen guten Ruf!
  다스 레스토랑 하트 아이낸 구-탠 루-프!

- 음식 다 됐어요.

  Essen ist fertig!
  앳샌 이스트 페르티히!

- 오늘 저녁에 외식하자.

  Essen wir heute Abend auswärts!
  앳샌 뷔어 호이테 아-벤트 아우스배르츠!

- 같이 식사할 수 있게 일찍 오세요.

  Kommen Sie früher, damit wir zusammen essen können!
  콤맨 지- 프뤼-어, 다미트 뷔어 추잠맨 앳샌 쾬낸!

- 나가서 먹는 게 어때?

  Wie wäre es, wenn wir draußen essen gehen?
  비- 왜-래 앳스, 벤 뷔어 드라우쌘 앳샌 게-앤?

- 나가서 먹는 게 어때?

  Wie wäre es, im Restaurant zu essen?
  비- 왜-래 앳스 임 레스토랑 추- 앳샌?

- 내일 저녁 식사 같이 하실래요?

  Wollen wir morgen zusammen zu Abend essen?
  볼랜 뷔어 모르갠 아-벤트 추 아-밴트 앳샌?

- 제가 저녁 식사에 모실까요?

  Könnte ich Sie zum Abendessen einladen?
  쾬태 이히 지- 춤 아-벤트앳샌 아인라-댄?

- 점심 식사하러 갑시다.

  Gehen wir zu Mittag essen!
  게-앤 뷔어 추- 미타-ㅋ 앳샌?

- 뭐 좀 간단히 먹으러 나갑시다.

  Gehen wir eine Kleinigkeit essen!
  게-앤 뷔어 아이내 클라이니히카이트 앳샌?

- 점심 식사로 뭐가 있지요?

  Was gibt es zum Mittagessen?
  밧스 깁트 앳스 춤 미타-ㅋ앳샌?

- 간단한 것으로 들겠습니다.

  Ich nehme nur eine Kleinigkeit!
  이히 네-매 누어 아이내 클라이니히카이트!

- 여기 들러서 뭐 좀 먹읍시다.
  Halten wir hier und essen wir etwas!
  할텐 뷔어 히어 운트 앳샌 뷔어 애트밧스!

- 오셔서 저녁 식사할 수 있겠습니까?
  Können Sie zum Abendessen bleiben?
  쾬낸 지- 춤 아-벤트앳샌 블라이밴?

- 좀 더 있다가 저녁 드시고 가시죠?
  Wollen Sie nicht zum Mittagessen bleiben?
  볼랜 지- 니힡트 춤 미타-ㄱ앳샌 블라이밴?

- 식사하러 오십시오.
  Kommen Sie zum Essen!
  콤맨 지- 춤 앳샌?

- 식사 초대에 응해 주시면 감사하겠습니다.
  Ich wäre froh, wenn Sie meine Einladung zum Essen annehmen würden!
  이히 봬-래 프로-, 벤 지- 마이내 아인라-둥 춤 앳샌 안네-맨 뷰르댄!

- 보통 점심은 어디서 드십니까?
  Wo essen Sie normalerweise zu Mittag?
  보- 앳샌 지- 노마-ㄹ러바이재 추- 미타-ㄱ?

- 이태리 식당이든 그리스 식당이든 간에 식사하러 가자. 어디든 매 한가지야.
  Lass uns entweder zum Italiener oder zum Griechen essen gehen! Das ist Jacke wie Hose.
  랏스 운스 앤트베-더 춤 이탈리-에너 오-더 춤 그리-핸 앳샌 게-앤! 다스 이스트 약캐 비- 호-재.

> **Tipp** essen gehen 식사하러 가다; das ist Jacke wie Hose 매 한 가지다, 어차피 마찬가지다.

대접할 때

- 자 갑시다. 제가 살게요.
  Gehen wir! Ich lade Sie ein!
  게-앤 뷔어! 이히 라-대 지- 아인!

- 제가 사는 겁니다.
  Sie sind mein Gast!
  지- 진트 마인 가스트!

식사 제안

- 오늘은 제가 살게요.

  Sie sind heute mein Gast!
  지- 진트 호이테 마인 가스트!

- 제가 계산할 겁니다.

  Das geht auf meine Rechnung!
  다스 게-트 아우프 마이내 래히눙!

- 걱정 마, 내가 살게.

  Mach dir keine Gedanken, ich bezahle!
  막흐 디-어 카이내 게당캔, 이히 배차-래!

- 걱정하지 마십시오. 이번엔 제가 사겠습니다.

  Machen Sie sich keine Sorgen darüber! Diesmal bezahle ich!
  막핸 지- 짛히 카이내 조르갠 다뤼-버! 디-스마-ㄹ 배차-래 이히!

- 제가 점심을 대접하겠습니다.

  Ich bewirte Sie beim Mittagessen!
  이히 배비르태 지- 바임 미타-ㅋ앳샌!

- 오늘 저녁을 제가 사겠습니다.

  Das Abendessen geht auf meine Rechnung!
  다스 아-벤트앳샌 게-트 아우프 마이내 래히눙!

- 오늘 제가 사겠습니다.

  Ich möchte etwas springen lassen!
  이히 뫼히태 애트밧스 슈프링앤 랏샌!

- 제가 한잔 사겠습니다.

  Ich will Sie zum Trinken einladen!
  이히 빌 지- 춤 트링캔 아인라-댄!

- 제가 접대하게 해주십시오.

  Seien Sie bitte mein Gast!
  자이앤 지- 비태 마인 가스트!

- 내가 초대했으니 내가 내야지.

  Ich habe dich eingeladen! Deshalb sollte ich bezahlen!
  이히 하-배 딯히 아인겔라-댄! 데스할프 졸태 이히 배차-랜!

- 당신에게 특별히 한턱내고 싶습니다.

  Ich möchte Sie mit etwas Besonderem bewirten!
  이히 뫼히태 지- 미트 애트밧스 배존더램 배비르탠!

식사 제안을 받았을 때

- 그러죠. 고맙습니다.
  Ja, gerne! Danke sehr!
  야, 게르네! 당케 제-어!

- 다음 기회에 해요.
  Machen wir es ein anderes Mal!
  막핸 뷔어 앳스 아인 안더래스 마-르!

- 글쎄요. 다음 기회에.
  Vielleicht ein andermal!
  피-ㄹ라이히트 아인 안더마-르!

식사할 때

- 저녁으로 불고기를 마련했습니다.
  Wir haben Bulgogi zum Abendessen vorbereitet!
  뷔어 하-밴 불고기 춤 아-벤트앳샌 포-어배라이테트!

- 어서 드십시오.
  Bedienen Sie sich!
  배디-낸 지- 짛히!

- 어서 드십시오.
  Greifen Sie zu!
  그라이팬 지- 추-!

- 많이 드십시오.
  Essen Sie reichlich!
  앳샌 지- 라이힐리히!

- 많이 먹어.
  Iss reichlich!
  이쓰 라이힐리히!

- 고기를 좀 더 드시겠어요?
  Möchten Sie noch mehr Fleisch?
  뫼히탠 지- 녹흐 메-어 플라이쉬?

- 샐러드를 좀 더 드시겠어요?
  Möchten Sie noch mehr Salat?
  뫼히탠 지- 녹흐 메-어 잘라-트?

- 좋아하지 않으시면, 남기십시오.

  Wenn Sie es nicht mögen, können Sie es übriglassen!
  벤   지- 앳스 니힡트 뫼-갠, 쾌낸   지- 앳스 위프리히랏샌!

- 필요한 게 있으면 말씀하십시오.

  Sagen Sie mir bitte, wenn Sie etwas brauchen!
  자-갠   지- 미-어 비태, 벤   지- 애트밧스 브라우핸!

- 식사시간이 언제입니까?

  Wann essen wir?
  반   앳샌   뷔어?

- 식사 전에 와인 한 잔 하시겠습니까?

  Möchten Sie vor dem Essen ein Glas Wein trinken?
  뫼히탠   지- 포-어 뎀   앳샌   아인 글라-스 봐인   트링캔?

- 한국 음식을 먹어본 적이 있습니까?

  Haben Sie schon koreanisch gegessen?
  하-밴   지- 쇼-ㄴ   코레아-니쉬   게게쌘?

- 당신은 김치를 먹어본 적이 있나요?

  Haben Sie schon einmal Kimchi gegessen?
  하-밴   지- 쇼-ㄴ   아인마-ㄹ 김치   게게쌘?

- 불고기는 한국인들에게 가장 인기 있는 음식입니다.

  Bulgogi ist das beliebteste Gericht für Koreaner!
  불고기   이스트 다스 밸리-ㅂ테스태 개리힡트 퓨어 코레아-너!

- 한국인들은 불고기를 가장 즐겨먹습니다.

  Koreaner essen am liebsten Bulgogi!
  코레아-너   앳샌   암   리-ㅂ스탠 불고기!

- 불고기를 맛보시겠습니까?

  Wollen Sie mal Bulgogi probieren?
  볼랜   지- 마-ㄹ 불고기   프로비-랜?

- 그것은 전형적인 한국 요리입니다.

  Das ist ein typisch koreanisches Gericht!
  다스 이스트 아인 튀-피쉬 코레아-니섀스   개리힡트!

- 좀 더 먹을 수 있나요?

  Kann ich noch etwas nachbekommen?
  칸   이히 녹흐   애트밧스 낙흐배콤맨?

- 저는 하루에 두 끼 식사하는 것을 습관으로 하고 있어요.

  Ich habe mich schon daran gewöhnt, zweimal zu essen!
  이히 하-배 밑히   쇼-ㄴ   다-란   게뵌-트,   츠바이마-ㄹ 추- 앳샌!

- 저는 푸짐한 저녁 식사보다는 푸짐한 점심식사가 더 좋아요.

  Ich ziehe das Mittagessen dem Abendessen vor!
  이히 치-애 다스 미-타-ㅋ앳샌   뎀   아-벤트앳샌   포-어!

- 이것이 무엇인지 설명 좀 해주시겠어요?

  Können Sie mir erklären, was das ist?
  쾐낸   지- 미-어 애어클래-랜, 밧스 다스 이스트?

- 이것이 양이 참 많습니다.

  Das ist eine sehr große Portion!
  다스 이스트 아이내 제-어 그로-쌔 포-치오-ㄴ!

- 이것은 저에게 너무 많습니다.

  Das ist mir beinahe zu viel!
  다스 이스트 미-어 바이나-애 추- 피-ㄹ!

식사를 마칠 때

- 잘 먹었습니다.

  Ich habe mich satt gegessen!
  이히 하-배 밑히   자트 게게쌘!

- 많이 먹었습니다.

  Ich habe reichlich gegessen!
  이히 하-배 라이힐리히 게게쌘!

- 잘 먹었습니다. 고맙습니다.

  Ich bin schon satt! Danke sehr!
  이히 빈 쇼-ㄴ   자트! 당케   제-어!

- 배가 부릅니다.

  Ich bin satt!
  이히 빈   자트!

- 훌륭한 식사였습니다.

  Das war ein großartiges Essen.
  다스 봐   아인 그로-쓰아르티게스 앳샌.

- 정말 맛있는 저녁을 먹었습니다.

  Das Abendessen hat mir gut geschmeckt.
  다스 아-벤앳샌   하트 미-어 구-ㅌ 게슈메크트.

- 식사를 맛있게 하셨기를 바랍니다.

  Ich hoffe, dass Sie gut gegesssen haben.
  이히 호패,   다스   지- 구-ㅌ 게게쌘   하-밴.

334 독일어 회화 사전

커피나 차를 마실 때

- 저녁 식사 후에 커피를 마시겠습니다.

  Nach dem Essen will ich einen Kaffee trinken.
  낙흐 뎀 앳샌 빌 이히 아이낸 카페 트링캔.

- 커피와 홍차 중 어느 것이 좋습니까?

  Was wollen Sie trinken, Kaffee oder Tee?
  밧스 볼랜 지- 트링캔, 카페 오-더 테-?

- 차를 마시겠습니다.

  Lieber Tee, bitte.
  리-버 테-, 비태.

- 무엇을 드시겠습니까?

  Was nehmen Sie?
  밧스 네-맨 지-?

- 커피 한잔 하겠어요.

  Ich nehme einen Kaffee!
  이히 네-매 아이낸 카페!

- 커피를 더 좋아하십니까 아니면 홍차를 더 좋아하십니까?

  Ziehen Sie Kaffee oder Tee vor?
  치-앤 지- 카페 오-더 테- 포-어?

- 커피를 어떻게 드십니까?

  Wie nehmen Sie den Kaffee?
  비- 네-맨 지- 덴 카페?

- 설탕만 빼고 마십니다.

  Ich nehme Kaffee ohne Zucker!
  이히 네-매 카페 오-네 추커!

- 저는 블랙으로 마십니다.

  Ich trinke schwarz!
  이히 트링캐 슈바르츠!

- 블랙으로 주십시오.

  Schwarz bitte!
  슈바르츠 비태!

- 설탕이나 우유를 넣어 커피를 드십니까?

  Nehmen Sie Kaffee mit Milch oder Zucker?
  네-맨 지- 카페 미트 밀히 오-더 추커?

 독일에서는 크림이나 프림 대신에 생우유를 넣는다.

V. 깊이 있는 교재를 위한 표현

- 커피에 우유를 넣어 드십니까?

  Nehmen Sie Mich zum Kaffee?
  네-맨 지- 밀히 춤 카페?

- 예, 그렇습니다.

  Ja, bitte!
  야, 비태.

- 아니오, 저는 우유를 안 넣습니다.

  Nein, ich nehme keine Milch!
  나인, 이히 네-매 카이내 밇히!

- 우유만 넣어주세요.

  Nur Milch, bitte!
  누-어 밇히, 비태!

- 우유와 설탕을 넣어주십시오.

  Mit Milch und Zucker, bitte!
  미트 밇히 운트 추커, 비태!

- 우유를 넣어주십시오.

  Mit Milch bitte!
  미트 밇히, 비태!

- 커피를 한 잔 더 드릴까요?

  Möchten Sie noch einen Kaffee?
  뫼히탠 지- 녹흐 아이낸 카페?

- 커피를 좀 더 드시겠습니까?

  Möchten Sie noch mehr Kaffee?
  뫼히탠 지- 녹흐 메-어 카페?

술을 권할 때

- 술 한 잔 하시겠습니까?

  Möchten Sie einen trinken?
  뫼히탠 지- 아이낸 트링캔?

- 한 잔 할까요?

  Wollen wir einen trinken?
  볼랜 뷔어 아이낸 트링캔?

- 한 잔 하시죠?

  Wie wäre es, wenn wir einen trinken?
  비- 봬-래 앳스, 벤 뷔어 아이낸 트링캔?

- 오늘 저녁에 주점에서 한 잔할까요?

  Wollen wir heute Abend in der Kneipe einen zur Brust nehmen?
  볼랜   뷔어 호이테 아-벤트 인 데어 크나이패 아이낸 추어 브루스트 네-맨?

 einen zur Brust nehmen "한잔하다." 여기서 einen은 불특정대명사 남성 4격이다. "술"(Alkohol)은 남성명사.

- 와인 한 잔 사고 싶은데요.

  Ich möchte Sie auf ein Glas Wein einladen!
  이히 뫼히태   지- 아우프 아인 글라-스 봐인 아인라-댄?

- 제가 와인 한 잔 살까요?

  Darf ich Sie zu einem Glas Wein einladen?
  다르프 이히 지- 추- 아이냄 글라-스 봐인 아인라-댄?

- 술 마시는 것 좋아하십니까?

  Trinken Sie gern Alkohol?
  트링캔   지- 게른 알코호-올!

- 술 한 잔 하러 갑시다.

  Gehen wir einen trinken!
  게-앤   뷔어 아이낸   트링캔!

- 한 잔하러 같이 갈래?

  Kommst du mit auf einen Drink an die Bar?
  콤스트   두- 미트 아우프 아이낸 드링크 안 디 바-?

 der Drink 술, 대부분 술을 나타낼 때 사용한다. einen Drink nehmen 술을 마시다. auf einen Drink 술 마시러 가다.

- 글쎄, 내 주머니 사정부터 봐야겠어.

  Ich weiß nicht, ich muss erst mal Kasse machen!
  이히 바이쓰 니힡트, 이히 뭇스   애어스트 마-르 카쌔 막핸!

 Kasse machen 주머니 사정을 확인하다. 원뜻: 결산하다.

- 맥주를 좋아하십니까, 아니면 와인을 좋아하십니까?

  Ziehen Sie das Bier dem Wein vor?
  치-앤   지- 다스 비-어 뎀   봐인 포-어?

- 오늘 저녁에 제가 한 잔 살게요.

  Ich gebe heute Abend einen aus!
  이히 게-배 호이테 아-벤트 아이낸 아웃스!

- 저희 집에 가서 한 잔 합시다.

  Trinken wir bei mir zu Hause!
  트링캔 뷔어 바이 미-어 추- 하우재!

- 술 드시러 오시겠어요?

  Wollen Sie zu mir kommen, um einen zu trinken?
  볼랜 지- 추- 미-어 콤맨, 움 아이낸 추- 트링캔?

- 저는 술을 전혀 못합니다.

  Ich trinke überhaupt keinen Alkohol!
  이히 트링캐 위-버하우프트 카이낸 알코호-올!

- 저는 술을 한모금도 못 마십니다.

  Ich trinke keinen Tropfen!
  이히 트링캐 카이낸 트롭픈!

- 맥주 한 잔 더 마실래요?

  Trinken Sie noch ein Bier?
  트링캔 지- 녹흐 아인 비-어?

- 우리 맥주 한잔 더 마실까요?

  Wollen wir noch ein Bier trinken?
  볼랜 뷔어 녹흐 아인 비-어 트링캔?

- 저에게 맥주 한 조끼 주세요.

  Bringen Sie mir ein Bier vom Fass!
  브링앤 지- 미-어 아인 비-어 폼 파쓰!

- 건배합시다.

  Trinken wir auf unser Wohl!
  트링캔 뷔어 아우프 운저 보-ㄹ!

- 당신의 건강을 위하여 건배합시다.

  Trinken wir auf Ihr Wohl!
  트링캔 뷔어 아우프 이-어 보-ㄹ!

- 우리의 건강을 위하여.

  Auf unser Wohl!
  아우프 운저 보-ㄹ!

- 건배.

  Prost!
  프로-스트!

- 건배.

  Zum Wohl!
  춤 보-ㄹ!

- 당신을 위하여! 건배!

  Auf Sie! Prost!
  아우프 지-! 프로-스트!

- 우리들의 건강을 위하여.

  Auf unser Wohl!
  아우프 운저   보-ㄹ!

- 너의 건강을 위하여.

  Auf dein Wohl!
  아우프 다인 보-ㄹ!

- 여러분 모두의 행복을 위해.

  Auf Ihr Glück!
  아우프 이-어 글뤽!

- 이제 우리 모두의 성취를 위하여 건배하자.

  Lasst uns alle auf ein gutes Gelingen anstoßen!
  랏스트 운스 알래 아우프 아인 구-태스 개링앤   안슈토-쎈!

- 행복한 미래를 위하여.

  Auf eine glückliche Zukunft!
  아우프 아이내 글뤼클릫해 추-쿤프트!

05 음식점

음식점과 관련된 표현들로는 먼저 식당을 찾을 때 "Gibt es ein Restaurant in der Nähe?"(근처에 식당이 있나요?) 라든가 "Wo liegt dieses Restaurant?"(이 식당은 어디 있지요?)라고 물을 수 있다. 식당을 예약할 때는 "Kann ich einen Tisch reservieren?"(테이블 하나 예약할 수 있나요?), "Ich möchte einen Tisch um halb sieben!"(저녁 6시30분에 테이블 하나 부탁합니다) 외에도 주문할 때, 주문을 취소할 때, 음식에 문제가 있을 때 등등 아래의 여러 상황들을 익히도록 한다.

식당을 찾을 때

- 이 근처에 맛있게 하는 음식점 있어요?

  Gibt es ein gutes Restaurant hier in der Nähe?
  깁트 앳스 아인 구-태스 레스토랑 히어 인 데어 내-애?

- 어디서 먹고 싶으세요?

  Wo möchten Sie gern essen?
  보- 뫼히탠 지- 게른 앳샌?

- 근처에 한국 음식점 있어요?

  Gibt es ein koreanisches Restaurant in der Nähe?
  깁트 앳스 아인 코레아-니섀스 레스토랑 인 데어 내-애?

- 이 시간에 문을 연 가게가 있습니까?

  Gibt es ein Restaurant, dass um diese Zeit geöffnet hat?
  깁트 앳스 아인 레스토랑, 다스 움 디-제 차이트 게외프내트 하트?

- 이 식당은 어디에 있지요?

  Wo liegt dieses Restaurant?
  보- 리-ㄱ트 디-제스 레스토랑?

- 어디 특별히 정해 둔 식당이라도 있습니까?

  Haben Sie ein besonderes Restaurant im Sinn?
  하-밴 지- 아인 배존더래스 레스토랑 임 진?

- 식당은 아직 영업을 합니까?

  Ist das Restaurant noch geöffnet?
  이스트 다스 레스토랑 녹흐 게외프내트?

- 어떤 음식점을 우리에게 추천할 만한가요?

  Welches Restaurant können Sie uns empfehlen?
  벨햇스 레스토랑 캔낸 지 운스 엠페-ㄹ랜?

- 이 음식점은 평이 좋아요.

  Dieses Restaurant hat einen guten Ruf!
  디-제스 레스토랑 하트 아이낸 구-탠 루-프!

- 저는 이 음식점을 몰라요.

  Ich kenne dieses Restaurant nicht!
  이히 캔내 디-제스 레스토랑 니힡트!

- 괜찮은 음식점이라고들 해요.

  Es soll aber gut sein!
  앳스 졸 아-버 구-ㅌ 자인!

- 이 음식점은 일등급 식당입니다.

  Das ist ein erstklassiges Restaurant!
  다스 이스트 아인 애어스트클라씨개스 레스토랑!

식당에 가자고 권할 때

- 함께 식사하러 가시겠어요?

  Wollen wir zusammen essen gehen?
  볼랜 뷔어 추잠맨 앳샌 게-앤?

- 식사하러 같이 가시겠어요?

  Kommen Sie zum Essen mit?
  콤맨 지- 춤 앳샌 미트?

- 가볍게 식사를 하고 싶습니다.

  Ich möchte eine leichte Speise nehmen!
  이히 뫼히태 아이내 라이히태 슈파이재 네-맨!

- 무엇을 드시겠습니까?

  Was wollen Sie nehmen?
  밧스 볼랜 지- 네-맨?

- 간단한 것으로 들겠습니다.

  Ich nehme nur eine Kleinigkeit!
  이히 네-매 누-어 아이내 클라이니히카이트!

- 보통 점심식사로 무엇을 드시나요?

  Was essen Sie normalerweise zu Mittag?
  밧스 앳샌 지- 노-마-ㄹ러바이재 추- 미타-ㅋ?

- 아침식사는 항상 집에서 드시나요?

  Frühstücken Sie immer zu Hause?
  프뤼-스튁캔   지- 임머   추- 하우재?

- 아침식사는 무엇을 드시세요?

  Was essen Sie denn zum Frühstück?
  밧스 앳샌 지- 덴   춤   프뤼-스튁?

- 점심식사를 어디서 드시나요?

  Wo essen Sie zu Mittag?
  보- 앳샌   지- 추- 미타-ㅋ?

- 매번 틀려요.

  Es ist verschieden!
  앳스 이스트 페어쉬-댄!

- 경우에 따라 다릅니다.

  Es kommt darauf an!
  앳스 콤트   다라-우프 안!

식당을 예약할 때

- 레스토랑에 자리를 예약할까요?

  Soll ich einen Tisch im Restaurant reservieren?
  졸 이히 아이낸 팃쉬 임 레스토랑   레저비-랜?

- 예약이 필요한가요?

  Brauchen wir eine Reservierung?
  브라욱핸   뷔어 아이내 레저비-에룽?

- 여기서 예약할 수 있습니까?

  Kann man hier eine Reservierung machen?
  칸   만 히어 아이내 레저비-에룽   막핸?

- 여기서 테이블 하나 예약할 수 있나요?

  Kann ich hier einen Tisch reservieren?
  칸   이히 히어 아이낸 팃쉬 레저비-랜?

- 오늘 저녁에 이용할 테이블 하나 부탁합니다.

  Kann ich für heute Abend einen Tisch reservieren?
  칸   이히 퓨어 호이테 아-벤트 아이낸 팃쉬 레저비-랜?

- 테이블 하나 예약하고 싶습니다.

  Ich möchte einen Tisch reservieren lassen!
  이히 뫼히태 아이낸 팃쉬 레저비-랜   랏샌!

- 몇 분이시지요?

  Für wie viele Personen?
  퓨어 비- 피-ㄹ래 페르조-낸?

- 손님은 몇 분입니까?

  Für wie viele Personen?
  퓨어 비- 피-ㄹ래 페르조-낸?

- 우리는 네 사람입니다.

  Wir sind vier Personen!
  뷔어 진트 피-어 페르조-낸!

- 세 사람입니다.

  Für drei Personen!
  퓨어 드라이 페르조-낸!

- 몇 시로 할까요?

  Für wie viel Uhr, bitte?
  퓨어 비- 피-ㄹ ,우-어, 비태?

- 오후 7시요.

  Sieben Uhr, bitte!
  지-밴   우-어, 비태!

- 1인용 테이블을 부탁합니다.

  Einen Einzeltisch, bitte!
  아이낸 아인챌팃쉬,   비태!

- 빈 테이블 있습니까?

  Haben Sie einen Tisch frei?
  하-밴   지- 아이낸   팃쉬   프라이?

- 2인용 식탁으로 빈 것 있나요?

  Ist ein Tisch für zwei Personen frei?
  이스트 아인 팃쉬 퓨어 츠바이 페르조-낸 프라이?

- 2인용 식탁 빈 것 있나요?

  Haben Sie einen Tisch für zwei frei?
  하-밴   지- 아이낸 팃쉬 퓨어 츠바이 프라이?

- 3인용 식탁으로 빈 것 있나요?

  Einen Tisch für drei Personen, bitte!
  아이낸   팃쉬 퓨어 드라이 페르조-낸,   비태!

- 저 밖에 있는 테이블을 잡을 수 있을까요?

  Könnten wir bitte einen Tisch draußen bekommen?
  쾐낸   뷔어 비태 아이낸 팃쉬   드라우쌘   배콤맨?

- 그럼요. 앉으십시오.
  Aber sicher. Setzen Sie sich doch bitte!
  아-버 찌혀. 젤챈 지- 찡히 독흐 비태!

- 그럼요. 앉으십시오.
  Nehmen Sie doch Platz!
  네-맨 지- 독흐 플랏츠!

- 성함이 어떻게 되십니까?
  Darf ich Ihren Namen erfahren, bitte?
  다르프 이히 이어랜 나-맨 애어파-랜, 비태?

- 어떤 이름으로 예약하시겠습니까?
  Unter welchem Namen wollen Sie reservieren?
  운터 벨헴 나-맨 볼랜 지- 레저비-랜?

- 거기에 어떻게 갑니까?
  Wie komme ich zu Ihnen?
  비- 콤매 이히 추- 이-낸?

- 몇 시라면 좋으시겠습니까?
  Um wie viel Uhr passt es Ihnen?
  움 비- 피-르 우-어 파쓰트 앳스 이-낸?

- 모두 같은 자리로 해주십시오.
  Wir möchten alle an einem Tisch sitzen!
  뷔어 뫼히탠 알래 안 아이냄 팃쉬 찣챈!

- 6시30분에 3인용으로 부탁합니다.
  Wir möchten einen Tisch für drei Personen um halb sieben!
  뷔어 뫼히탠 아이낸 팃쉬 퓨어 드라이 페르조-낸 움 할프 지-밴!

- 창가 쪽이면 좋겠는데요.
  Der Tisch am Fenster wäre schön!
  데어 팃쉬 암 펜스터 봬-래 쇠-ㄴ!

- 창가에 있는 테이블을 원합니다.
  Ich hätte gern einen Tisch am Fenster!
  이히 해태 게른 아이낸 팃쉬 암 펜스터!

- 예약을 취소해주십시오.
  Bitte nehmen Sie meine Reservierung zurück!
  비태 네-맨 지- 마이내 레저비-룽 추뤽!

- 예약을 변경하고 싶습니다.
  Ich möchte meine Reservierung umbuchen!
  이히 뫼히태 마이내 레저비-에룽 움부-ㄱ핸!

식당에 들어서서

- 무엇을 도와 드릴까요?

  Was darf es sein?
  밧스 다르프 앳스 자인?

- 무엇을 도와 드릴까요?

  Kann ich Ihnen helfen?
  칸 이히 이-낸 헬팬?

- 무엇을 도와 드릴까요?

  Womit kann ich Ihnen dienen?
  보미트 칸 이히 이-낸 디-낸?

- 예약하셨습니까?

  Haben Sie reserviert?
  하-밴 지- 레저비-어트?

- 창문가에 있는 테이블을 하나 잡을 수 있나요?

  Kann ich einen Tisch am Fenster haben?
  칸 이히 아이낸 팃쉬 암 펜스터 하-밴?

- 우리는 3인용 식탁을 주문했습니다.

  Wir haben einen Tisch für drei Personen bestellt!
  뷔어 하-밴 아이낸 팃쉬 퓨어 드라이 페르조-낸 배슈텔트!

- 두 사람용 테이블을 주문했는데요.

  Ich habe einen Tisch für zwei Personen bestellt!
  이히 하-밴 아이낸 팃쉬 퓨어 츠바이 페르조-낸 배슈텔트!

- 저는 전화로 이미 예약했습니다.

  Ich habe schon telefonisch gebucht!
  이히 하-배 쇼-ㄴ 텔레포-니쉬 게부-ㄱ흐트!

- 예약은 하지 않았습니다.

  Ich habe keine Reservierung!
  이히 하-배 카이내 레저비-에룽!

- 일행이 6명인데 테이블 있습니까?

  Wir sind sechs Personen. Haben Sie einen Tisch frei?
  뷔어 진트 잭스 페르조-낸. 하-밴 지- 아이낸 팃쉬 프라이?

- 죄송합니다. 여기 빈자리 두 개 있나요?

  Entschuldigen Sie bitte, sind hier noch zwei Plätze frei?
  앤트슈-ㄹ디갠 지- 비태, 진트 히어 녹흐 츠바이 플랫채 프라이?

- 죄송합니다. 이미 자리가 다 찼습니다.
  Tut mir Leid, alles ist schon besetzt!
  투-트 미-어 라이트, 알랫슨 이스트 쇼-ㄴ 배젯츠트!

- 죄송합니다. 빈 테이블들이 없습니다.
  Tut mir Leid, es gibt keine freien Tische!
  투-트 미-어 라이트, 앳스 깁트 카이내 프라이앤 팃쉐!

- 기다려야합니까?
  Muss ich auf einen Tisch warten?
  뭇스 이히 아우프 아이낸 팃쉬 바르탠?

- 어느 정도 기다려야합니까?
  Wie lange müssen wir denn warten?
  비- 랑애 뭇슨 이히 덴 바르탠?

- 이 자리는 예약되었습니까?
  Ist dieser Platz schon besetzt?
  이스트 디-저 플랏츠 쇼-ㄴ 배젯츠트?

- 예, 예약이 되었습니다.
  Ja, der Platz ist schon besetzt!
  야, 데어 플랏츠 이스트 쇼-ㄴ 배젯츠트!

- 합석해도 될까요?
  Haben Sie etwas dagegen, wenn ich mit Ihnen den Tisch teile?
  하-밴 지- 애트밧스 다게-갠, 벤 이히 마-ㄹ 이-낸 덴 팃쉬 타일래?

- 그럼요. 앉으십시오.
  Aber sicher! Nehmen Sie doch Platz!
  아-버 짗혀! 네-맨 지 독흐 플랏츠!

주문할 때

- 웨이터, 차림표 좀 갖다 주실래요?
  Herr Ober, bringen Sie mir die Speisekarte?
  해어 오-버, 브링앤 지- 미-어 디 슈파이제카르태?

- 우리들한테 차림표 좀 갖다 주실래요?
  Können Sie uns die Speisekarte bringen?
  쾐낸 지- 운스 디 슈파이제카르태 브링앤?

- 우리에게 차림표 좀 갖다 주세요.
  Bringen Sie uns bitte die Karte!
  브링앤 지- 운스 비태 디 카르태!

- 차림표 좀 주세요.

  Die Speisekarte bitte!
  디 슈파이제카르태 비태!

- 메뉴 좀 볼 수 있을까요?

  Kann ich mal die Speisekarte haben?
  칸 이히 마-ㄹ 디 슈파이제카르태 하-밴?

- 차림표를 드릴까요?

  Möchten Sie die Speisekarte?
  뫼히탠 지- 디 슈파이제카르태?

- 주문하겠습니다.

  Ich möchte bestellen!
  이히 뫼히태 배슈텔랜!

- 주문받으실래요?

  Können Sie die Bestellung aufnehmen?
  쾐낸 지- 디 배슈텔룽 아우프네-맨?

- 무엇으로 먹을까?

  Was wollen wir nehmen?
  밧스 볼랜 뷔어 네-맨?

- 이것을 주문하겠습니다.

  Ich möchte dieses bestellen!
  이히 뫼히태 디-제스 배슈텔랜!

- 무엇이 빨리 되나요?

  Was kann man schnell bekommen?
  밧스 칸 만 슈넬 배콤맨?

- 무엇이 빨리됩니까?

  Was können Sie schnell bringen?
  밧스 뫼히탠 지- 슈넬 브링앤?

- 무엇이 제일 빨리됩니까?

  Was geht am schnellsten?
  밧스 게-트 암 슈넬스탠?

- 차림표는 여기 있습니다. 저희는 20유로짜리 특별정식도 있습니다.

  Hier ist die Karte! Wir haben auch ein Spezialmenü zu 20 Euro!
  히어 이스트 디 카르태! 뷔어 하-밴 아욱흐 아인 슈페치알메뉘- 추- 츠반치히 오이로!

- 무엇을 권하겠습니까?

  Was können Sie uns empfehlen?
  밧스 쾐낸 지- 운스 앰페-ㄹ랜?

V. 깊이 있는 교재를 위한 표현 **347**

- 제게 추천하는 것을 시키겠습니다. 당신이 이곳 요리를 저보다 더 잘 아실 테니까요.

  Ich nehme, was Sie mir empfehlen, denn Sie kennen die hiesige Küche besser als ich!
  이히 네-매, 봣스 지- 미-어 앰페-르랜, 덴 지- 캔낸 디 히-지개 퀴해 배써 알쓰 이히!

- 전채로는 토마토 샐러드를 권해드리고 싶습니다.

  Als Vorspeise möchte ich gerne einen Tomatensalat!
  알스 포-어슈파이재 뫼히태 이히 개르내 아이낸 토마-텐잘라-트!

- 지역 특별요리도 있습니까?

  Haben Sie auch regionale Spezialitäten?
  하-밴 지- 아욱흐 레기오날-래 슈페치알리태-탠?

- 메인 코스에는 어떤 와인이 제일 적합합니까?

  Welcher Wein passt zum Hauptgang?
  밸혀 봐인 파쓰트 춤 하우프트강?

- 우리에게 레드와인 한 병 주십시오.

  Bringen Sie uns bitte eine Flasche Rotwein!
  브링앤 지- 운스 비태 아이내 플랏쉐 로-트봐인!

주문받을 때

- 주문하시겠습니까?

  Möchten Sie schon bestellen?
  뫼히탠 지- 쇼-ㄴ 배슈텔랜?

- 주문하시겠습니까?

  Möchten Sie bestellen?
  뫼히탠 지- 배슈텔랜?

- 이제 주문을 받아도 될까요?

  Darf ich jetzt Ihre Bestellung entgegennehmen?
  다르프 이히 예츠트 이어래 배스텔룽 앤트게-갠네-맨?

- 무엇을 드릴까요?

  Was darf ich Ihnen bringen?
  봣스 다르프 이히 이-낸 브링앤?

- 주문하시지요.

  Bitte, was bekommen Sie?
  비태, 봣스 배콤맨 지-?

- 주문하셨습니까?

  Haben Sie schon bestellt?
  하-밴   지- 쇼-ㄴ 배슈텔트?

- 고르셨습니까?

  Haben Sie schon gewählt?
  하-밴   지- 쇼-ㄴ 게배-ㄹ트?

- 결정하셨습니까?

  Haben Sie sich entschieden?
  하-밴   지- 짛히 앤트쉬-댄?

- 아직 고르지 못했어요.

  Ich habe noch nicht ausgesucht!
  이히 하-배 녹흐 니힡트 아우스게주-ㄱ흐트!

- 아니오, 아직 정하지 않았어요.

  Nein, noch nicht.
  나인, 녹흐 니힡트!

- 아니오, 아직 안 됐어요.

  Nein, wir sind noch nicht soweit!
  나인, 뷔어 진트 녹흐 니힡트 조-바이트!

- 음식은 어떻게 익혀드릴까요?

  Wie möchten Sie es?
  비- 뫼히탠   지- 앳스?

- 마실 것은 무엇으로 하시겠습니까?

  Was möchten Sie trinken?
  밧스 뫼히탠   지- 트링캔?

- 마실 것으로는 무엇을 주문하시겠습니까?

  Und zum Trinken?
  운트 춤   트링캔?

- 마실 것을 주문하시겠습니까?

  Möchten Sie etwas zu trinken bestellen?
  뫼히탠   지- 애트밧스 추- 트링캔   배슈텔랜?

- 다른 주문은 없습니까?

  Sonst noch etwas?
  존스트 녹흐 애트밧스?

- 디저트는 어떻게 하시겠습니까?

  Was möchten Sie zum Nachtisch bestellen?
  밧스 뫼히탠   지- 춤   낙흐팃쉬   배슈텔랜?

V. 깊이 있는 교재를 위한 표현 **349**

주문할 때 음식을 묻는 말

- 이곳의 전문요리는 무엇입니까?

  Was ist Ihre Spezialität?
  밧스 이스트 이어래 슈페치알리태-트?

- 이 집의 특별요리는 무엇입니까?

  Was ist die Spezialität in diesem Restaurant?
  밧스 이스트 디 슈페치알리태-트 임 디-젬 레스토랑?

- 이 지역의 특별음식은 무엇인가요?

  Was ist die hiesige Spezialität?
  밧스 이스트 디 히-지개 슈페치알리태-트?

- 빨리 좀 써빙해 주십시오, 우리는 곧 역으로 가야합니다.

  Bitte bedienen Sie uns schnell, wir müssen gleich zum Bahnhof!
  비태 배디-낸 지- 운스 슈넬, 뷔어 뮛샌 글라이히 춤 바-ㄴ호-프!

- 이 지역에서 생산한 좋은 포도주를 추천해주실 수 있나요?

  Können Sie einen guten Wein aus der Umgebung empfehlen?
  쾬낸 지- 아이낸 구-탠 봐인 아우스 데어 움게-붕 앰페-ㄹ랜?

- 오늘의 정식은 무엇입니까?

  Was ist das Tagesmenü?
  밧스 이스트 다스 타-게스메뉘-?

- 이것은 무슨 요리입니까?

  Was für ein Gericht ist das?
  밧스 퓨어 아인 개리히트 이스트 다스?

- 저기 저 남자분이 먹고 있는 것은 무엇입니까?

  Was ist das, was der Mann da isst?
  밧스 이스트 다스, 밧스 데어 만   다- 이쓰트?

- 전채로는 무엇이 있습니까?

  Was für Vorspeisen haben Sie?
  밧스 퓨어 포-어슈파이잰 하-밴 지-?

- 스테이크들을 어떻게 해드릴까요?

  Wie möchten Sie die Steaks, bitte?
  비- 뫼히탠   지- 디- 스테-크스, 비태?

- 제 것은 완전히 익혀 주십시오.

  Gut durch für mich, bitte!
  구-ㅌ 두르히 퓨어 밎히, 비태!

- 저에게는 완전히 익힌 스테이크를 주십시오.

  Für mich ein durchgebratenes Steak, bitte!
  퓨어 밎히 아인 두르히게브라테내스   스테-크, 비태!

- 제 것은 반쯤 익혀 주십시오.

  Halb durch für mich, bitte!
  할프 두르히 퓨어 밎히,   비태!

- 후식으로는 무엇이 있습니까?

  Was für einen Nachtisch haben Sie?
  밧스 퓨어 아이낸 낙흐팃쉬   하-밴   지-?

- 이건 어떤 맛입니까?

  Wie schmeckt das?
  비- 슈메크트   다스?

- 저는 너무 맵지 않은 것을 원합니다.

  Ich möchte nichts Scharfes!
  이히 뫼히태   닣히츠   샤르패스!

- 이것이 무엇인지 말씀 좀 해줄 수 있습니까?

  Können Sie mir sagen, was das ist?
  쾐낸   지- 미-어 자-갠, 밧스 다스 이스트?

- 아이스바인이 무엇입니까?

  Was ist Eisbein?
  밧스 이스트 아이스바인?

- 아이스바인이 뭔지 말씀 좀 해주시겠어요?

  Können Sie mir erklären, was Eisbein ist?
  쾐낸   지- 미-어 애어클래-랜, 밧스 아이스바인 이스트?

- 가벼운 음식을 먹겠습니다.

  Ich will etwas Leichtes essen!
  이히 빌   앳트바스 라이히태스   앳샌?

- 저는 오늘의 정식을 먹겠습니다.

  Ich möchte das Tagesmenü nehmen!
  이히 뫼히태   다스 타-게스메뉴-   네-맨!

- 정식 2번과 맥주 한잔 하겠습니다.

  Ich nehme Menü zwei und ein Bier!
  이히 네-매 메뉴- 츠바이 운트 아인 비-어!

- 정식 2인분 주시겠습니까?

  Könnten wir das Menü für zwei bekommen?
  쾐탠   뷔어 다스 메뉴- 퓨어 츠바이 배콤맨?

V. 깊이 있는 교재를 위한 표현 **351**

- 강낭콩 수프를 전채로 먹겠습니다.

  Als Vorspeise möchte ich Erbsensuppe!
  알쓰 포-어슈파이재 뫼히태   이히 애릅젠주페!

- 우리는 주요리로 안심스테이크를 먹겠어요.

  Als Hauptgericht möchten wir Rinderfilet!
  알쓰 하우프트개리히트   뫼히탠   뷔어 린더필래트!

- 저는 야채수프와 소고기 구이를 먹겠습니다.

  Ich nehme die Gemüsesuppe und den Rinderbraten!
  이히 네-매   디   게뮤-제주패   운트 덴   린더브라-탠!

- 밥을 곁들인 것으로 할까요, 샐러드를 곁들인 걸로 할까요?

  Mit Reis oder mit Salat?
  미트 라이쓰 오-더 미트 잘라-트?

- 밥을 곁들인 것으로 주세요.

  Mit Reis bitte!
  미트 라이쓰 비태!

- 감자 대신에 밥을 줄 수 있습니까?

  Kann ich bitte statt Kartoffeln Reis bekommen?
  칸   이히 비태   슈탙트 카-토펠른   라이쓰 배콤맨?

- 우리들 각자에게 작은 빵 3개씩하고 버터 좀 가져다주세요.

  Bringen Sie uns je drei Brötchen und Butter!
  브링앤   지- 운스 예 드라이 브뢰-챈   운트 붓터!

- 럼프 스테이크 하나 주문하고 싶습니다.

  Ich hätte gern ein Rumpsteak!
  이히 해태   게른   아인 룸프스테-크!

- 럼프 스테이크 하나 주세요.

  Ein Rumpsteak, bitte!
  아인 룸프스테-크,   비태!

- 스테이크를 반 정도 구운 것으로 주세요.

  Ich möchte es halbdurch!
  이히 뫼히태   앳스 할프두르히!

- 스테이크를 완전히 익힌 것으로 주세요.

  Ich möchte es gut durchgebraten!
  이히 뫼히태   앳스 구-읕 두르히게브라-탠!

- 후식으로 커피를 마시겠습니다.

  Zum Nachtisch nehme ich einen Kaffee!
  춤   낙흐팃쉬   네-매   이히 아이낸 카페!

- 커피 두잔 주세요.

  Zwei Kaffee, bitte!
  츠바이 카페, 비태!

- 감자 대신에 밥으로 할 수 있나요?

  Kann ich bitte statt Kartoffeln Reis bekommen?
  칸   이히 비태 슈탙트 카-토펠른   라이쓰 배콤맨?

- 강낭콩 수프는 어느 분이 드시지요?

  Wer bekommt die Erbsensuppe?
  베-어 배콤트   디   애릅젠주페?

- 그것은 제 것입니다.

  Die bekomme ich!
  디- 배콤매   이히!

- 독일 음식을 잘 아십니까?

  Kennen Sie sich in der deutschen Küche aus?
  캔낸   지- 짛히 인 데어 도이챈   퀴해   아웃스?

- 저는 독일 음식을 잘 몰라요.

  Ich kenne die deutsche Küche nicht!
  이히 캔내 디 도이챈   퀴해   니힡트!

- 독일음식을 잘 드시나요?

  Essen Sie gern deutsch?
  앳샌 지- 게른 도이취?

- 저는 독일 음식을 좋아하지 않아요.

  Ich mag keine deutschen Speisen!
  이히 막   카이내 도이챈   슈파이잰!

- 저는 원래 이탈리아 음식을 좋아하지 않아요.

  Eigentlich mag ich keine italienischen Speisen!
  아이겐틀맇히 막 이히 카이내 이탈리에-니쉔   슈파이잰!

- 일본 음식을 먹으러 가는 일은 거의 없습니다.

  Ich gehe nur selten japanisch essen!
  이히 게-애 누-어 젤탠 야파-니쉬   앳샌!

- 저녁식사에 와인을 드십니까?

  Trinken Sie zum Abendessen Wein?
  트링캔   지- 춤 아-벤트앳샌   봐인?

- 오전에는 뭐 좀 드십니까?

  Essen Sie am Vormittag etwas?
  앳샌 지- 암 포-어미타-ㅋ 앳트바스?

V. 깊이 있는 교재를 위한 표현 353

- 점심식사로 따뜻한 음식을 드십니까?

  Essen Sie zum Mittagessen etwas Warmes?
  앳샌   지- 춤   미타-ㅋ앳샌   앳트바스 바르매스?

- 매일 저녁에 요리를 하세요?

  Kochen Sie jeden Abend?
  콕핸   지- 예-댄   아-벤트?

- 점심때는 동료들이나 친구들과 함께 식사하십니까?

  Essen Sie mittags zusammen mit Ihren Kollegen oder Freunden?
  앳샌   지- 미타-ㅋ스 추잠맨   미트 이어랜 콜레-갠   오-더 프로인댄?

- 신문 좀 봐도 되겠습니까?

  Gestatten Sie, dass ich die Zeitung nehme!
  게슈타텐   지-, 닷스 이히 디 차이퉁   네-매?

- 케첩 좀 써도 되겠습니까?

  Kann ich mal das Ketchup bekommen?
  칸   이히 마-ㄹ 다스 케첩   배콤맨?

더 주문하기

- 1인분만 더 주세요.

  Geben Sie mir noch eine Portion!
  게-밴   지- 미-어 녹흐 아이내 포-치오-ㄴ!

- 샐러드 좀 더 주세요.

  Ich möchte noch Salat!
  이히 뫼히태   녹흐 잘라-트!

- 치즈 좀 더 갖다 주시겠습니까?

  Könnte ich bitte etwas mehr Käse haben?
  쾐태   이히 비태 앳스밧스 메-어 캐-재 하-밴?

- 밥을 추가로 부탁합니다.

  Ich möchte eine Extraportion Reis bestellen!
  이히 뫼히태   아이내 엑스트라포-치오-ㄴ 라이쓰 배슈텔랜!

- 빵을 좀 더 주세요.

  Kann ich mal etws mehr Brötchen haben?
  칸   이히 마-ㄹ 애트밧스 메-어 브뢰-챈   하-밴?

- 맥주 한 잔 더 주세요.

  Ich möchte noch ein Bier!
  이히 뫼히태   녹흐 아인 비-어!

- 맥주 한 잔 더 갖다 주세요.

  Bringen Sie mir noch ein Bier!
  브링앤   지- 미-어 녹흐 아인 비-에!

- 물 한 잔 더 주시겠어요?

  Könnte ich noch ein Glas Wasser haben?
  쾐태   이히 녹흐 아인 글라-스 봣서   하-밴?

- 접시 좀 하나 더 갖다 주세요.

  Bringen Sie mir bitte noch einen Teller!
  브링앤   지- 미-어 비태 녹흐   아이낸 텔러!

- 여기 이미 하나 더 있는 데요.

  Hier ist doch schon einer!
  히어   이스트 독흐 쇼-ㄴ   아이너!

- 우리는 잔이 하나 더 필요합니다.

  Wir brauchen noch ein Glas, bitte.
  뷔어 브라욱핸   녹흐 아인 글라-스, 비태.

- 잔 좀 하나 더 가져다주세요.

  Bringen Sie mir noch eins!
  브링앤   지- 미-어 녹흐 아인스!

- 숟가락 하나가 좀 필요해서요.

  Ich brauche einen Löffel!
  이히 브라욱해   아이낸   뢰펠!

- 숟가락 좀 하나 더 가져다주세요.

  Bringen Sie mir noch einen!
  브링앤   지- 미-어 녹흐   아이낸!

- 포크 한 개가 좀 필요합니다.

  Ich brauche eine Gabel!
  이히 브라욱해   아이내 가-밸!

- 포크 좀 하나 더 가져다주세요.

  Bringen Sie mir noch eine!
  브링앤   지- 미-어 녹흐   아이내!

- 나이프 좀 하나 더 가져다주세요.

  Bringen Sie mir noch ein Messer!
  브링앤   지- 미-어 녹인 아인 멧서!

- 예, 즉시 하나 갖다 드리겠습니다.

  Ja, ich bringe Ihnen sofort eins!
  야, 이히 브링얘   이-낸   조포르트 아인스!

- 접시 두 개 좀 하나 더 갖다 줄 수 있습니까?

  Können Sie uns bitte noch zwei Teller bringen?
  쾬낸   지- 운스 비태 녹흐 츠바이 텔러 브링앤?

- 잠깐만요. 곧 갖다드리겠습니다.

  Einen Moment, ich bringe Ihnen sofort welche!
  아이낸 모-멘트, 이히 브링애 이-낸 조포르트 벨해!

주문을 바꾸거나 취소할 때

- 다른 것으로 바꿔 주세요.

  Tauschen Sie das bitte für ein anderes ein!
  타우쉔   지- 다스 비태 퓨어 아인 안더래스   아인!

- 주문을 바꿔도 될까요?

  Kann ich meine Bestellung ändern?
  칸   이히 마이내   배슈텔룽   앤더른?

- 주문을 취소하고 싶은데요.

  Ich möchte meine Bestellung abbestellen!
  이히 뫼히태   마이내   배슈텔룽   압배슈텔랜!

주문에 문제가 있을 때

- 시간이 많이 걸립니까?

  Wird es länger dauern?
  뷔르트 앳스 랭어   다우언?

- 주문한 음식이 아직 안 나왔습니다.

  Meine Bestellung ist noch nicht gekommen!
  마이내 배슈텔룽   이스트 녹흐 니힡트 게콤맨!

- 주문한 게 어떻게 된 거죠?

  Was ist los mit meiner Bestellung?
  밧스 이스트 로-스 미트 마이너 배슈텔룽?

- 제가 주문한 것 잊으셨습니까?

  Haben Sie meine Bestellung vergessen?
  하-밴   지- 마이내   배슈텔룽   페어겟샌?

- 서비스가 늦군요.

  Die Bedienung ist aber langsam!
  디   베디-눙   이스트 아-버 랑잠!

- 왜 이렇게 오래 걸리지요?

  Warum dauert es so lange?
  봐-룸   다우어트 앳스 조- 랑애?

- 더 기다려야 합니까?

  Muss ich noch lange warten?
  못스   이히 녹흐   랑애   봐르탠?

- 이것을 주문하지 않았어요.

  Das habe ich nicht bestellt!
  다스 하-배 이히 니힡트 배슈텔트!

- 수프가 너무 식었습니다.

  Die Suppe ist zu kalt!
  디   주페   이스트 추- 칼트!

- 죄송합니다. 곧 새것으로 가져다 드리겠습니다.

  Tut mir Leid! Ich bringe Ihnen sofort eine neue!
  투-트 미-어 라이트! 이히 브링애 이-낸   조포르트 아이내 노이애!

- 샐러드가 싱싱하지 않습니다.

  Der Salat ist nicht frisch!
  데어 잘라-트 이스트 니힡트 프리쉬!

- 그 외에 식초가 그 안에 너무 많이 들어 있습니다.

  Außerdem ist zu viel Essig drin!
  아웃써뎀   이스트 추- 피-일 애씽히 드린!

- 아, 죄송합니다. 즉시 새것으로 가져다 드리겠습니다.

  Oh, das tut mir Leid! Ich bringe Ihnen sofort einen neuen!
  오, 다스 투-트 미-어 라이트! 이히 브링애 이-낸   조포르트 아이낸 노이앤!

- 제 커피가 거의 식었습니다.

  Mein Kaffee ist fast kalt!
  마인   카페   이스트 파스트 칼트!

- 이게 정식 1번입니까?

  Ist das Menü eins?
  이스트 다스 메뉴- 아인스?

- 이거 정식 2번이군요, 안 그래요?

  Das ist doch Gedeck zwei, oder?
  다스 이스트 독흐 게덱   츠바이, 오-더?

- 저는 이것을 주문하지 않았는데요.

  Das habe ich nicht bestellt!
  다스 하-배 이히 니힡트 배슈텔트!

- 이것을 도로 가져가십시오.

  Bitte nehmen Sie es zurück!
  비태 네-맨 지- 앳스 추뤽!

음식을 먹으면서

- 이것을 먹는 법을 가르쳐주시겠어요?

  Könnten Sie mir sagen, wie ich es essen kann?
  쾬탠 지- 미-어 자-갠, 비- 이히 앳스 앳샌 칸?

- 이것은 어떻게 먹으면 됩니까?

  Wie kann ich das denn essen?
  비- 칸 이히 다스 덴 앳샌?

- 이 고기는 무엇입니까?

  Was für ein Fleisch ist das?
  밧스 퓨어 아인 플라이쉬 이스트 다스?

- 이것은 무슨 재료를 사용한 겁니까?

  Was sind die Zutaten von dieser Speise?
  밧스 진트 디 추-타탠 폰 디-저 슈파이재?

- 디저트 메뉴는 있습니까?

  Haben Sie eine Nachtischkarte?
  하-밴 지- 아이내 낙흐팃쉬카르태?

- 물 한 병 주세요.

  Brigen Sie mir bitte eine Flasche Mineralwassen!
  블링앤 지- 미-어 비태 아이내 플라쉐 미네랄-밧서!

- 소금 좀 갖다 주시겠어요?

  Könnte ich mal das Salz haben?
  쾬태 이히 마-ㄹ 다스 잘츠 하-밴?

- 소금 좀 갖다 주세요.

  Können Sie mir bitte Salz bringen?
  쾬낸 지- 미어 비태 잘츠 브링앤?

- 포크를 떨어뜨렸습니다.

  Ich habe meine Gabel fallen lassen.
  이히 하-배 마이내 가-벨 팔랜 랏샌.

- 글라스가 더럽습니다.

  Das Glas ist nicht sauber!
  다스 글라-스 이스트 니힡트 자우버!

음식에 문제가 생겼을 때

- 다시 가져다주시겠어요?

    Könnten Sie es zurücknehmen?
    쾬탠 지- 앳스 추뤽네-맨?

- 수프에 뭐가 들어 있는데요.

    Es gibt etwas in meiner Suppe!
    앳스 깁트 애트밧스 인 마이너 주페!

- 이 고기는 충분히 익지 않았습니다.

    Ich fürchte, dieses Fleisch ist noch nicht genug gebraten!
    이히 퓌르히태, 디-재스 플라이쉬 이스트 녹흐 니힡트 게눅흐 게브라-탠!

- 좀 더 구워주실래요?

    Könnten Sie es etwas mehr braten?
    쾬탠 지- 앳스 애트밧스 메-어 브라-탠?

- 이 우유 맛이 이상합니다.

    Diese Milch schmeckt nicht mehr frisch!
    디-제 밀히 슈메크트 니힡트 메-어 프리쉬!

- 이 음식이 상한 것 같아요.

    Ich fürchte, diese Speise ist verdorben!
    이히 퓌르히태, 디-제 슈파이재 이스트 페어도르밴!

- 생선이 좀 상한 것 같아요.

    Der Fisch scheint nicht mehr gut zu sein!
    데어 플라이쉬 샤인트 니힡트 메-어 구-읕 추- 자인!

디저트에 대해서

- 디저트를 주문하고 싶습니다.

    Ich möchte einen Nachtisch bestellen!
    이히 뫼히태 아이낸 낙흐팃쉬 배슈텔랜!

- 디저트로는 뭐가 있나요?

    Was haben Sie zum Nachtisch?
    밧스 하-밴 지- 춤 낙흐팃쉬?

- 디저트는 뭐가 있나요?

    Was für Nachtisch haben Sie?
    밧스 퓨어 낙흐팃쉬 하-밴 지-?

- 지금 디저트를 주문하시겠습니까?

  Wollen Sie jetzt eine Nachspeise bestellen?
  볼랜 지- 예츠트 아이내 낙흐슈파이재 배슈텔랜?

- 디저트를 드시겠습니까?

  Möchten Sie eine Nachspeise?
  뫼히탠 지- 아이내 낙흐슈타이재?

- 디저트로 무엇을 원하십니까?

  Was möchten Sie zum Nachtisch?
  밧스 뫼히탠 지- 춤 낙흐팃쉬?

- 저는 아이스크림이 좋겠어요.

  Ich möchte lieber Eis!
  이히 뫼히태 리-버 아이스!

- 저는 커피만 주세요.

  Für mich, nur einen Kaffee, bitte!
  퓨어 밓히 누어 아이낸 카페, 비태!

- 애플 케익 한 조각 주세요.

  Geben Sie mir bitte ein Stück Apfelkuchen!
  게-밴 지- 미-어 비태 아인 스튁 압펠쿠핸!

맛있게 먹으라고 할 때

- 맛있게 드십시오.

  Guten Appetit!
  구-탠 아페티트!

- 마음껏 드십시오.

  Bitte greifen Sie zu!
  비태 그라이팬 지- 추-!

- 마음껏 드십시오.

  Bitte bedienen Sie sich!
  비태 배디-낸 지- 짛히!

- 마음껏 드십시오.

  Lassen Sie sich's gut schmecken!
  랏샌 지- 짛히스 구-트 슈멕캔?

> **Tipp** 's는 es의 약어. 's는 [스]로 발음.

- 마음껏 먹어.

  Greif bitte zu!
  그라이프 비태 추-!

- 마음껏 먹어.

  Bediene dich, bitte!
  배디-내 딯히, 비태!

- 마음껏 먹어.

  Lass es dir schmecken!
  랏스 앳스 디어 슈멕캔!

- 너희들 마음껏 먹어.

  Bitte, greift zu!
  비태, 그라이프트 추-!

- 너희들 마음껏 먹어라.

  Bitte, bedient euch!
  비태, 베디-ㄴ트 오이히!

- 너희들 마음껏 먹어라.

  Lasst es euch gut schmecken!
  랏스 앳스 오이히 구-ㅌ 슈멕캔!

식사를 마칠 때

- 다른 것을 더 드시겠습니까?

  Möchten Sie noch etwas nehmen?
  뫼히탠 지- 녹흐 애트밧스 네-맨?

- 그밖에 다른 것은요?

  Sonst noch etwas?
  존스트 녹흐 애트밧스?

- 식탁 좀 치워주시겠어요?

  Könnten Sie bitte den Tisch abräumen?
  쾬탠 지- 비태 덴 팃쉬 압로이맨?

- 맛있게 드셨습니까?

  Hat es Ihnen gut geschmeckt?
  하트 앳스 이-낸 구-ㅌ 게슈메크트?

- 테이블 위에 물 좀 닦아주세요.

  Wischen Sie bitte das Wasser auf dem Tisch ab!
  뷧섄 지- 비태 다스 밧서 아우프 뎀 팃쉬 압!

- 접시들 좀 치워주세요.

    Räumen Sie bitte die Teller ab! / Würden Sie bitte die Teller wegnehmen?
    로이맨 지- 비태 디 텔러 압!/ 뷰르댄 지- 비태 디 텔러 벡네-맨?

음식이나 식당에 대해 말할 때

- 여기의 음식이 어때?

    Wie ist das Essen hier?
    비- 이스트 다스 앳샌 히어?

- 오늘 음식이 어때?

    Wie ist das Essen heute?
    비- 이스트 다스 앳샌 호이테?

- 오늘 대학 식당의 음식 맛이 어때?

    Wie ist das Essen heute in der Mensa?
    비- 이스트 다스 앳샌 호이테 인 데어 멘자?

- 오늘 레스토랑의 음식 맛이 어땠어?

    Wie war das Essen im Restaurant?
    비- 봐 다스 앳샌 임 레스토랑?

- 음식이 좋아.

    Es ist prima!
    앳스 이스트 프리-마!

- 음식이 괜찮아.

    Das Essen ist gut!
    닷스 앳샌 이스트 구-트!

- 먹을 만한 것이 없어.

    Es gibt nichts zu essen!
    앳스 깁트 니힡츠 추- 앳샌!

- 음식이 형편없어.

    Das Essen ist schlecht!
    다스 앳샌 이스트 슐래힡트!

- 그 음식을 드셔보셨습니까?

    Haben Sie das Essen schon mal gegessen?
    하-밴 지- 다스 앳샌 쇼-ㄴ 마-ㄹ 게게쌘?

- 그것은 제가 아직 못 먹어 본 것입니다.

    Das ist etwas, was ich noch nie gegessen habe!
    다스 이스트 애트밧스, 밧스 이히 녹흐 니- 게게쌘 하-배!

- 그 음식 먹어보았니?

  Hast du das Essen schon mal gegessen?
  하스트 두- 다스 앳샌 쇼-ㄴ 마-ㄹ 게게쌘?

- 아직 못 먹어 본 거야.

  Das ist etwas, was ich noch nie gegessen habe!
  다스 이스트 애트밧스, 밧스 이히 녹흐 니- 게게쌘 하-배!

- 여기 음식 잘해?

  Ist das Essen hier gut?
  이스트 닷스 앳샌 히어 구-ㅌ?

- 대학식당의 음식 괜찮니?

  Ist das Essen in der Mensa gut?
  이스트 다스 앳샌 인 데어 멘자 구-ㅌ?

- 이 레스토랑의 음식 괜찮니?

  Ist das Essen in diesem Restaurant gut?
  이스트 다스 앳샌 인 디-잼 레스토랑 구-ㅌ?

- 음식 맛이 좋아.

  Es ist gut!
  앳스 이스트 구-ㅌ!

- 음식 맛이 좋아.

  Es schmeckt gut!
  앳스 슈메크트 구-ㅌ!

- 음식 괜찮았니?

  War das Essen gut?
  봐- 다스 앳샌 구-ㅌ?

- 생각했던 것보다 훨씬 나았어.

  Viel besser, als ich dachte!
  피-일 배써, 알쓰 이히 닥흐태!

음식 값을 계산할 때

- 아가씨? 계산하고 싶은데요.

  Fräulein? Ich möchte gern zahlen!
  프로일라인? 이히 뫼히태 게른 차-ㄹ랜!

- 계산 어디서 하지요?

  Wo ist die Kasse?
  보- 이스트 디 카쌔?

- 계산 어디서 하지요?

  Wo kann ich die Rechnung bezahlen?
  보- 칸   이히 디 레히눙   배차-ㄹ랜?

- 계산서를 부탁합니다.

  Die Rechnung, bitte!
  디 레히눙,   비태!

- 계산서 좀 주세요.

  Kann ich die Rechnung haben?
  칸   이히 디 레히눙   하-밴?

- 계산을 하려고 하는데요.

  Ich möchte die Rechnung bezahlen!
  이히 뫼히태   디 레히눙   배차-ㄹ랜!

- 계산 좀 합시다.

  Zahlen bitte!
  차-ㄹ랜 비태!

- 지불하겠습니다.

  Ich möchte zahlen!
  이히 뫼히태   차-ㄹ랜!

- 지금 지불할까요?

  Kann ich jetzt zahlen?
  칸   이히 예츠트 차-ㄹ랜?

- 제가 먹고 마신 값을 지불하고 싶습니다.

  Ich will meine Zeche bezahlen!
  이히 빌 마이내 췌해   배차-ㄹ랜!

- 우리에게 계산서 좀 갖다 줄래요?

  Könnten Sie uns die Rechnung bringen?
  쾐태   지- 운스 디 레히눙   브링앤?

- 우리 계산하고 싶습니다.

  Wir möchten zahlen, bitte!
  뷔어 뫼히탠   차-ㄹ랜, 비태!

- 우리 계산 좀 할까요?

  Können wir bitte bezahlen?
  쾐낸   뷔어 비태 배차-ㄹ랜?

- 예, 그럼요. 같이하시나요, 따로 하시나요?

  Ja, gern! Zusammen oder getrennt?
  야, 게른! 추잠맨   오-더 게트렌트?

- 같이 계산할 겁니까? 아니면 따로 할 겁니까?

  Zahlen Sie zusammen oder getrennt?
  차-ㄹ랜 지- 추잠맨   오-더 게트렌트?

- 같이요.

  Zusammen, bitte!
  추잠맨,   비태!

- 따로따로 합니다.

  Getrennt, bitte!
  게트렌트,   비태!

- 따로따로 지불하고 싶은데요.

  Ich würde gern getrennt bezahlen!
  이히 뷰르대   게른   게트렌트   배차-ㄹ랜!

- 각자 계산하기로 합시다.

  Jeder zahlt für sich selbst!
  예-더 차-ㄹ트 퓨어 질히 젤스트!

- 우리는 각자 계산할 겁니다.

  Wir zahlen getrennt!
  뷔어 차-ㄹ랜   게트렌트!

- 같이 계산할 겁니까?

  Zahlen Sie zusammen?
  차-ㄹ랜 지- 추잠맨?

- 내가 다 계산해 놨어요.

  Ich habe das alles schon berechnet!
  이히 하-배 다스 알랫스 쇼-ㄴ   배래히네트!

- 제가 계산할 겁니다.

  Ich bezahle!
  이히 배차-ㄹ래!

- 제가 사겠습니다.

  Das bezahle ich!
  다스 베차-ㄹ래 이히!

- 이번에는 내가 사죠.

  Ich lade Sie diesmal ein!
  이히 라-대 지- 디-스마-알 아인!

- 내가 살게.

  Ich lade dich ein!
  이히 라-대 딩히   아인!

- 오늘은 내가 초대한 거야.

    Du bist heute eingeladen!
    두- 비스트 호이테 아인게라-댄!

- 선생님은 오늘 제 손님입니다.

    Sie sind heute mein Gast!
    지- 진트 호이테 마인 가스트!

- 오늘은 제가 내겠습니다.

    Das geht heute auf meine Rechnung!
    다스 게-트 호이테 아우프 마이내 레히눙!

- 그만 두십시오. 제가 내겠습니다.

    Lassen Sie, ich bezahle!
    랏샌 지- 이히 배차-ㄹ래!

- 제가 내겠습니다.

    Das geht heute auf meine Rechnung!
    다스 게-트 호이테 아우프 마이내 레히눙!

- 제가 내겠습니다.

    Sie sind heute mein Gast!
    지- 진트 호이테 마인 가스트!

- 그만 두세요. 오늘은 제가 내겠습니다.

    Lassen Sie! Ich bezahle heute!
    랏샌 지-! 이히 배차-ㄹ래 호이테!

- 오늘은 제가 사겠습니다.

    Lassen Sie! Sie sind heute eingeladen!
    랏샌 지-! 지- 진트 호이테 아인겔라-댄!

- 고맙습니다. 다음엔 제가 내지요.

    Danke, dann werde ich mich nächstes Mal revancieren!
    당케, 단 베르대 이히 밑히 낵스태스 마-ㄹ 레방시에랜!

- 고마워요. 그럼 다음에 제가 초대하겠습니다.

    Danke, dann werde ich Sie nächstes Mal einladen!
    당케, 단 베르대 이히 지- 낵스테스 마-ㄹ 아인라-댄!

- 계산 좀 빨리할까요?

    Kann ich sofot bezahlen?
    칸 이히 조포르트 배차-ㄹ랜?

- 봉사료는 포함되어 있습니까?

    Ist da Bedienungsgeld inklusive?
    이스트 다 배디-눙스겔트 인클루지-배?

- 봉사료가 포함되었나요?

  Ist die Bedienung inbegriffen?
  이스트 디 배디-눙   인배그리팬?

- 이 계산서는 세금을 포함하는 겁니까?

  Ist die Steuer in der Rechnung inbegriffen?
  이스트 디 슈토이어 인 데어 레히눙   인배그리팬?

- 청구서에 잘 못이 있는 것 같습니다.

  Es gibt einen Fehler in der Rechnung!
  앳스 깁트 아이낸 페-러 인 데어 레히눙!

- 이것은 주문하지 않았습니다.

  Das habe ich nicht bestellt!
  다스 하-배 이히 니힡트 배슈텔트!

- 오늘 내가 한 잔 살게.

  Ich lade dich zum Trinken ein!
  이히 라-대 지- 춤   트링캔   아인!

- 내가 커피 한 잔 낼게.

  Ich lade dich zu einer Tasse Kaffee ein!
  이히 라-대 딯히 추- 아이너 탓새 카페   아인!

- 오늘은 내가 한 턱 낼게.

  Ich gebe heute einen aus!
  이히 게-애 호이테 아이낸 아웃스!

- 저는 커피라테와 크라상을 먹었어요.

  Ich hatte eine Latte macchiato und ein Croissant!
  이히 하태 아이내 라테 마키아-토   운트 아인 크와쏭-!

- 저는 레몬차와 아이스크림 일인분 먹었습니다.

  Ich hatte einen Tee mit Zitrone und eine Portion Eis!
  이히 하태 아이낸 테- 미트 치트로-내 운트 아이내 포-치오-ㄴ 아이스!

- 얼마죠?

  Was kostet das?
  밧스 코스테트 다스?

- 저것 합쳐서 얼마입니까?

  Was kostet das zusammen?
  밧스 코스테트 다스 추잠맨?

- 3유로 20센트입니다.

  Das macht drei Euro zwanzig, bitte!
  다스 막흐트 드라이 오이로 츠반치히   비태!

V. 깊이 있는 교재를 위한 표현

- 합쳐서 27유로 50센트입니다.

Das macht zusammen 27 Euro 50!
다스 막흐트 추잠맨   지벤운트츠반치히 오이로 퓐프치히!

- 여기 30유로입니다. 그러면 됐죠?

Hier sind 30 Euro. Stimmt so!
히어 진트 드라이쌓히 오이로. 슈팀트 조-!

> Tipp 팁을 주기 때문에 stimmt so! "이거면 됐죠?"라고 말하는 것이다.

- 맞습니다. 고맙습니다.

Das stimmt so! Vielen Dank!
다스 슈팀트 조-! 피-ㄹ랜 당크!

- 손님도 맛있게 드셨습니까?

Hat es Ihnen auch geschmeckt?
하트 앳스 이-낸 아욱흐 게슈메크트?

- 아주 맛있었습니다.

Das war sehr lecker!
다스 봐- 제-어 레커!

- 맛 좋았습니다.

Das hat gut geschmeckt!
다스 하트 구-ㅌ 게슈메크트!

- 음식이 아주 좋았습니다.

Das Essen war ausgezeichnet!
다스 앳샌 봐- 아웃스게차이히네트!

- 저희 음식점이 손님 맘에 드셨나요?

Hat es Ihnen bei uns gefallen?
하트 앳스 이-낸 바이 운스 게팔랜?

- 그렇고말고요. 아주 좋았어요.

Doch, das war sehr schön!
독흐,   다스 봐- 제-어 쇠-ㄴ!

> Tipp doch는 ja보다 강한 확신, 여기서는 "예, 물론이죠."

- 다음 번에 또 와야 할 것 같습니다.

Ich glaube, da kommen wir noch mal wieder!
이히 글라우배, 다 콤맨   뷔어 녹흐 마-ㄹ 비-더!

- 계산을 잘 못하신 것 같습니다.
  Ich glaube, Sie haben sich verrechnet!
  이히 글라우배, 지- 하-밴   짛히   페어레히내트!

- 저에게 잔돈을 잘 못 주셨습니다.
  Sie haben mir zu weinig herausgegeben!
  지- 하-밴   미-어 추- 베니히   헤라우스게게-밴!

팁을 줄 때

- 고맙습니다. 이것은 당신 몫입니다.
  Danke, das ist für Sie!
  당케,   다스 이스트 퓨어 지-!

- 그리고 이것은 팁입니다.
  Und das ist für Sie!
  운트 다스 이스트 퓨어 지-!

- 잔돈은 가지십시오.
  Behalten Sie das Kleingeld!
  배할탠   지- 다스 클라인겔트!

- 잔돈은 가져도 좋습니다.
  Behalten Sie das Wechselgeld!
  배할탠   지- 다스 벡셀겔트!

- 나머지는 당신 가지세요.
  Der Rest ist für Sie!
  데어 레스트 이스트 퓨어 지-!

- 나머지는 가지셔도 됩니다.
  Den Rest können Sie behalten!
  덴   레스트 쾬낸   지- 배할탠!

- 여기 있습니다. 이거면 됐죠?
  Hier bitte! Stimmt so!
  히어 비태! 슈팀트   조-!

- 여기 30유로입니다. 그러면 됐죠?
  Hier sind 30 Euro. Stimmt so!
  히어   진트 드라이씽히 오이로. 슈팀트 조-!

- 맞습니다. 고맙습니다.
  Das stimmt so. Vielen Dank.
  다스 슈팀트   조-. 피-ㄹ랜 당크.

V. 깊이 있는 교재를 위한 표현 **369**

- 그러면 정확히 86유로입니다.

  Das sind dann 86 Euro genau.
  다스 진트 단 젝스운트악흐치히 오이로 게나우.

- 좋아요. 그것을 90 유로로 하십시오.

  Machen Sie 90 Euro daraus!
  막핸   지- 노인칭히 오이로 다라-웃스!

> daraus는 "그 중에서", "그것에서 부터"라는 뜻인데, 여기서는 "그것을"이란 의미다.

 카페와 술집

교제를 할 때 커피나 차를 마신다든가, 술을 함께하는 것은 보다 더 긴밀한 친교를 위한 기회가 된다. "Was hätten Sie gern, Kaffee oder Tee?"(무엇을 드시겠어요, 커피로 할까요, 아니면 차로 할까요?)라고 할 때 "Ich hätte gern einen Kaffee."(커피 한 잔 하고 싶습니다.)고 대답하던가, "Möchten Sie etwas trinken?"(뭐 마실 것을 좀 드시겠습니까?)라고 말하면, "Ja, ich möchte ein Glas Bier."(예, 맥주 한 잔 마시고 싶습니다.) 등으로 말한다. 아래의 표현들을 잘 익혀두도록 하자.

음료를 권할 때

- 뭐 마실 것을 드시겠습니까?

  Möchten Sie etwas trinken?
  뫼히탠   지- 애트밧스 트링캔?

- 마실 것은 어떤 것으로 하지요?

  Was möchten Sie zum Trinken?
  밧스 뫼히탠   지- 춤   트링캔?

- 홍차를 드시겠습니까?

  Möchten Sie einen schwarzen Tee?
  뫼히탠   지- 아이낸 슈바르첸   테-?

- 냉홍차 있습니까?

  Haben Sie Eistee?
  하-밴   지- 아이스테-?

- 그럼, 난 커피로 하겠어요.

  Dann nehme ich einen Kaffee!
  단   네-매 이히 아이낸 카페!

- 지금 커피를 가져다 드릴까요?

  Soll ich Ihnen jetzt Ihren Kaffee bringen?
  졸   이히 이-낸 예츠트 이어렌 카페   브링앤?

- 무엇을 드시겠어요? 커피요, 아니면 녹차요?

  Was hätten Sie gern, Kaffee oder Tee?
  밧스 해탠   지- 게른, 카페   오-더 테-?

V. 깊이 있는 교재를 위한 표현 **371**

- 커피는 어떻게 해드릴까요?

  Wie möchten Sie den Kaffee nehmen?
  비- 뫼히탠 지- 덴 카페 네-맨?

- 설탕과 프림을 넣어주십시오.

  Mit Zucker und Milch, bitte!
  미트 추커 운트 밀히, 비태!

- 설탕은 넣지 마세요.

  Ohne Zucker, bitte!
  오-네 추커, 비태!

- 저는 블랙으로 마십니다.

  Ich trinke den Kaffee schwarz!
  이히 트링캐 덴 카페 슈바르츠!

- 커피 더 드릴까요?

  Möchten Sie noch Kaffee?
  뫼히탠 지- 녹흐 카페?

- 커피 한잔 주문할 수 있나요?

  Kann ich einen Kaffee bestellen?
  칸 이히 아이낸 카페 배슈텔랜?

- 커피 한잔 주문할 수 있나요?

  Darf ich eine Tasse Kaffee bestellen?
  다르프 이히 아이내 타쎄 카페 배슈펠랜?

- 커피 한잔 주문하고 싶습니다.

  Ich hätte gern einen Kaffee!
  이히 해태 게른 아이낸 카페!

- 커피 한잔 주문하고 싶습니다.

  Ich möchte gern einen Kaffee!
  이히 뫼히태 게른 아이낸 카페!

- 커피 한잔 주문해드릴까요?

  Soll ich mal einen Kaffee bestellen?
  졸 이히 마-ㄹ 아이낸 카페 배슈텔랜?

- 그래 미안하지만 커피 좀 한잔 주문해 줄래?

  Ja, bitte sei so nett und bestell einen Kaffee!
  야, 비태 자이 조- 네트 운트 배슈텔 아이낸 카페!

- 제가 커피한잔 사도될까요?

  Darf ich Sie zum Kaffee einladen?
  다르프 이히 지- 춤 카페 아인라-댄?

- 커피 두 잔 주세요.

  Zwei Kaffee, bitte!
  츠바이 카페,   비태!

- 카푸치노 하나와 에스프레소 하나요.

  Einen Cappuccino und einen Espresso!
  아이넨 카푸취-노   운트 아이낸 앳스프레쏘!

- 카페라테 하나 주세요.

  Einen Caffè Latte, bitte!
  아이낸 카페 라테,   비태!

- 라테 마끼아토 하나요.

  Eine Latte macchiato, bitte!
  아이넨 라테 마키아-토,   비태!

- 제가 맥주 한잔 살까요?

  Darf ich Sie zum Bier einladen?
  다르프 이히 지- 춤   비-어 아인라-댄?

- 제가 포도주 한잔 사겠습니다.

  Darf ich Sie zu einem Glas Wein einladen?
  다르프 이히 지- 추 아이냄   글라-스 봐인 아인라-댄?

술을 마시자고 할 때

- 술 한 잔 하시겠습니까?

  Möchten Sie einen trinken?
  뫼히탠   지- 아이낸 트링캔?

- 오늘 저녁에 한 잔 하시겠습니까?

  Wie wäre es, wenn wir heute Abend einen trinken?
  비- 봬-래 앳스, 벤   뷔어 호이테 아-벤트   아이낸 트링캔?

> **Tipp** '술'을 남성명사 취급하므로 '한 잔'을 불특정대명사 남성 4격 einen으로 쓴다.

- 한 잔 사고 싶은데요.

  Ich möchte Sie zum Trinken einladen!
  이히 뫼히태   지- 춤   트링캔   아인라-댄!

- 술 마시는 걸 좋아하십니까?

  Trinken Sie gern Alkohol?
  트링캔   지- 게른   알코호-올?

- 저희 집에 가서 한잔 합시다.

  Gehen wir zu meinem Haus und trinken etwas!
  게-앤 뷔어 추 마이넴 하우스 운트 트링캔 애트밧스!

- 술은 어때요?

  Wie wäre es, wenn wir etwas trinken?
  비- 봬-래 앳스, 벤 뷔어 애트밧스 트링캔?

- 언제 한번 술 한 잔 하러 갑시다.

  Gehen wir irgendwann mal trinken!
  게-엔 뷔어 이르겐트반 마-ㄹ 트링캔!

술을 주문할 때

- 와인 메뉴 좀 볼까요?

  Kann ich mal die Weinkarte sehen?
  칸 이히 마-ㄹ 디 봐인카르태 제-앤?

- 술은 무엇으로 드시겠어요?

  Was hätten Sie gern zu trinken?
  밧스 해탠 지- 게른 추- 트링캔?

- 이 요리에는 어느 와인이 어울립니까?

  Welcher Wein passt zu dieser Speise?
  벨혀 봐인 파쓰트 추- 디-저 슈파이재?

- 생맥주 있습니까?

  Haben Sie Fassbier?
  하-밴 지- 파쓰비-어?

- 식사하시기 전에 뭐 마실 것 좀 드릴까요?

  Möchten Sie gerne etwas vor dem Essen trinken?
  뫼히탠 지- 게르내 애트밧스 포-어 뎀 앳샌 트링캔?

- 어떤 와인이 있습니까?

  Was für Wein haben Sie?
  밧스 퓨어 봐인 하-밴 지-?

- 이것은 어떤 와인입니까?

  Was für ein Wein ist das?
  밧스 퓨어 아인 봐인 이스트 다스?

- 이 술은 독한가요?

  Ist der Wein stark?
  이스트 데어 봐인 슈타르크?

- 생수 좀 주십시오.
  Ich möchte ein Mineralwasser!
  이히 뫼히태   아인 미네랄밧서!

술을 추가로 주문할 때

- 한 잔 더 주세요.
  Noch ein Glas, bitte!
  녹흐   아인 글라-스, 비태!

- 와인 한 잔 더 주세요.
  Noch einen Wein, bitte!
  녹흐   아이낸 봐인,   비태!

- 맥주 한 병 더 주세요.
  Noch eine Flasche Bier, bitte!
  녹흐   아이내 플랏섀   비-어, 비태!

- 맥주 한 잔 더 하시겠어요?
  Möchten Sie noch ein Glas Bier?
  뫼히탠   지- 녹흐   아인 글라-스 비-어?

건배할 때

- 건배합시다.
  Prost!
  프로-스트!

- 건배!
  Zum Wohl!
  춤   보-올!

- 우리의 건강을 위하여 건배할까요?
  Wollen wir auf unsere Gesundheit anstoßen?
  볼랜   뷔어 아우프 운저래   게준트하이트   안슈토-쌘?

- 우리 모두를 위해 건배할까요?
  Wollen wir auf uns anstoßen?
  볼랜   뷔어 아우프 운스 안슈토-쌘?

V. 깊이 있는 교재를 위한 표현 **375**

- 당신을 위해 건배할까요?

Darf ich auf Sie einen Trinkspruch aussprechen?
다르프 이히 아우프 지- 아이낸 트링크슈프룩흐 아웃스슈프렛핸?

- 무엇을 위해 건배할까요?

Worauf sollen wir anstoßen?
보-라우프 졸랜 뷔어 안슈토-쌘?

- 건배를 제안합니다.

Ich möchte einen Trinkspruch aussprechen!
이히 뫼히태 아이낸 트링크슈프룩흐 아웃스슈프렛핸!

Teil VI

일상생활에 관한 표현

01 날씨와 계절
02 시간과 연월일
03 하루의 일과
04 학교와 출신지
05 개인의 신상
06 성격과 태도
07 외모와 패션
08 건강
09 음주와 흡연
10 취미와 여가
11 오락과 유흥
12 문화생활
13 요리
14 스포츠와 레저
15 우정과 이성교제
16 결혼과 출산
17 직업과 직장생활
18 구직과 취업

01 날씨와 계절

독일에서는 날씨에 대해 말하는 것이 일상화 되어 있다. 그러므로 "Wie ist das Wetter heute?"(오늘 날씨 어때요?)라고 물어볼 때, "Es ist schön!"(날씨가 아주 좋아요.) 같이 말하는데 대답하는 유형에 들어가는 아래의 표현들을 익히고, 일기예보와 일기에 대해 그리고 계절 등에 대한 표현을 익혀 사용하도록 하자.

날씨를 물을 때

- 오늘 날씨 어때요?
  Wie ist das Wetter heute?
  비- 이스트 다스 베터 호이테?

- 그곳 날씨는 어떻습니까?
  Wie ist das Wetter dort?
  비- 이스트 다스 베터 도르트?

- 바깥 날씨는 어떻습니까?
  Wie ist das Wetter draußen?
  비- 이스트 다스 베터 드라우쌘?

- 바깥 날씨는 좋습니까?
  Ist es draußen gut?
  이스트 앳스 드라우쌘 구-ㅌ?

- 날씨가 참 좋죠?
  Ein herrliches Wetter, nicht wahr?
  아인 해얼리헤스 베터, 니힡트 봐-?

- 날씨 참 좋지요?
  Schönes Wetter, nicht wahr?
  쇠-네스 베터, 니힡트 봐-?

- 어떤 날씨를 좋아하세요?
  Was für Wetter mögen Sie gern?
  밧스 퓨어 베터 뫼-갠 지- 게른?

- 이런 날씨 좋아하세요?

  Mögen Sie so ein Wetter?
  뫼-갠 지- 조- 아인 베터?

기후에 대해서

- 당신 고향의 기후는 어떻습니까?

  Wie ist das Wetter in Ihrem Land?
  비- 이스트 다스 베터 인 이어램 란트?

- 한국의 7월과 8월은 무척 더워요.

  In Korea ist es im Juli und August ziemlich heiß!
  인 코레-아 이스트 앳스 임 유-리 운트 아우구스트 치-ㅁ리히 하이쓰!

- 한국의 7월과 8월은 날씨가 좋지 않은 시기입니다.

  Im Juli und August ist in Korea die Schlechtwetterperiode!
  임 유-ㄹ리 운트 아우구스트 이스트 인 코레-아 디 슐래휱트베터페리오-대!

- 한국의 기후에 대해서 어떻게 생각하십니까?

  Wie finden Sie das Klima in Korea?
  비- 핀댄 지- 다스 클리-마 인 코레-아?

- 베를린과 비교해 볼 때 이곳의 날씨는 어떻게 다르지요?

  Wie unterscheidet sich das Wetter im Vergleich zu Berlin?
  비- 운터샤이대트   짙히 다스 베터   임 페어글라이히 추- 배어리-인?

- 이곳 기후는 한국과 다릅니다.

  Das Klima hier ist anders als in Korea!
  다스 클리-마 히어 이스트 안더스 알스 인 코레-아!

- 기후가 불안정합니다.

  Das Klima ist unbeständig!
  다스 클리-마 이스트 운배슈탠딯히!

- 기후가 포근합니다.

  Das Klima ist mild.
  다스 클리-마 이스트 밀트.

날씨를 말할 때

- 오늘 날씨 어때요?

  Wie ist das Wetter heute?
  비- 이스트 다스 베터   호이테?

- 오늘 날씨 어때요?

  Was haben wir heute für Wetter?
  밧스 하-밴   뷔어 호이테   퓨어 베터?

- 오늘은 날씨가 화창하군요.

  Das Wetter heute ist ganz schön!
  다스 베터   호이테 이스트 간츠 쇠-ㄴ!

- 오늘은 날씨가 좋군요.

  Wir haben heute schönes Wetter!
  뷔어 하-밴   호이테 쇠-내스   베터!

- 햇볕이 나는군요.

  Es ist sonnig!
  앳스 이스트 존닣히!

- 오늘은 해가 나는군요.

  Heute scheint die Sonne!
  호이테 샤인트   디 존내!

- 날씨가 맑아요.

  Es ist klar!
  앳스 이스트 칼트!

- 날씨가 화창해요.

  Es ist heiter!
  앳스 이스트 하이터!

- 날씨가 흐려요.

  Es ist bedeckt!
  앳스 이스트 배덱크트!

- 안개가 꼈어요.

  Es ist neblig!
  앳스 이스트 네-브리히!

- 안개가 끼었어요.

  Es herrscht Nebel!
  앳스 해르쉬트   네-밸!

- 시야 50미터 미만의 안개가 끼었습니다.

  Es herrscht Nebel mit Sichtweiten unter 50 Metern!
  앳스 해르쉬트   네-밸   미트 지히트바이탠   운터 퓐프치히 메터른!

- 안개가 아주 짙군요.

  Der Nebel ist sehr dicht!
  데어 네-밸   이스트 제-어 디히트!

- 비가 와요.

  Es ist regnerisch!
  앳스 이스트 레-그너리쉬!

- 비가 와요.

  Es regnet!
  앳스 레-그내트!

- 비가 올 것 같아요.

  Es sieht nach Regen aus!
  앳스 지-트 낙흐 레-갠 아웃스!

- 폭우가 옵니다.

  Es regnet in Strömen!
  앳스 레-그내트 인 슈트뢰-맨!

- 바람이 있군요.

  Es ist windig!
  앳스 이스트 뷘딯히!

- 바람이 심하게 붑니다.

  Wir haben starken Wind!
  뷔어 하-밴 슈타르캔 뷘트!

- 오늘은 밖에 바람이 세차가 불어요.

  Draußen weht es heute tüchtig!
  드라우쌘 베-트 앳스 호이테 튀히티히!

- 폭풍이 불어요.

  Es stürmt!
  앳스 스튀름트!

- 차가운 바람이 불어요.

  Der Wind weht kalt!
  데어 빈트 베-트 칼트!

- 우박이 내린다.

  Es hagelt!
  앳스 하-겔트!

- 천둥이 친다.

  Es donnert!
  앳스 돈너르트!

- 번개가 친다.

  Es blitzt!
  앳스 블릿츠트!

- 날씨가 따뜻해요.
  Es ist warm!
  앳스 이스트 봐-미!

- 날씨가 건조해요.
  Es ist trocken!
  앳스 이스트 트록캔!

- 날씨가 시원해요.
  Es ist kühl!
  앳스 이스트 퀴-ㄹ!

- 날씨가 더워요.
  Es ist heiß!
  앳스 이스트 하이쓰!

- 날씨가 습하군요.
  Es ist feucht!
  앳스 이스트 포이히트!

- 찌는 듯해요.
  Es ist schwül!
  앳스 이스트 슈뷔일!

- 푹푹 찌는군요.
  Es ist siedend heiß!
  앳스 이스트 지-덴트 하이쓰!

- 날씨가 적당합니다.
  Es ist angenehm!
  앳스 이스트 안게네-앰!

- 날씨가 추워요.
  Es ist kalt!
  앳스 이스트 칼트!

- 얼어붙듯이 추워요.
  Es friert!
  앳스 프리어트!

- 날씨가 점점 추워지고 있어요.
  Es wird immer kälter!
  앳스 뷔르트 임머 캘테!

- 오늘은 정말 춥군요. 그렇죠?
  Es ist heute wirklich kalt, nicht wahr?
  앳스 이스트 호이테 뷔르클릫히 칼트, 니힡트 봐-?

- 날씨가 추워졌어요.

  Es ist kalt geworden!
  앳스 이스트 칼트 게보르댄!

- 살을 에는 듯한 추위입니다.

  Es ist bitter kalt!
  앳스 이스트 비터 칼트!

일기예보에 대해서

- 오늘 일기예보는 어떻습니까?

  Wie ist die Wettervorhersage für heute?
  비- 이스트 디 베터포-어헤어자-개   퓨어 호이테?

- 일기예보는 어떤가요?

  Was sagt die Wettervorhersage?
  밧스 작트 디   베터포-어헤어자-개?

- 일기예보에서 뭐라고 했나요?

  Wie war die Wettervorhersage?
  비- 봐- 디   베터포-어헤어자-개?

- 내일 일기예보를 아세요?

  Wissen Sie den Wetterbericht für morgen?
  비쌘   지- 덴   베터베리히트   퓨어 모르갠?

- 내일 날씨가 어떨까요?

  Wie wird das Wetter morgen?
  비- 뷔르트 다스 베터   모르갠?

- 어쩌면 비가 올 거예요.

  Es wird wohl regnen!
  앳스 뷔르트 볼-   레그낸?

- 일기예보에는 내일 비가 온데요.

  Nach dem Wetterbericht soll es morgen regnen!
  낙흐 뎀   베터베리히트   졸 앳스 모르갠   레그낸!

- 오늘 비가 올까요?

  Wird es heute regnen?
  뷔르트 앳스 호이테 레그낸?

- 일기예보를 확인해보세요.

  Prüfen Sie bitte den Wetterbericht!
  프뤼펜 지- 비태 덴   베터배리히트!

- 일기예보는 오늘밤이 어떨 거라고 합니까?
  Wie ist die Wettervorhersage für heute Nacht?
  비- 이스트 디 베터포-어헤아자-개 퓨어 호이테 낙흘트?

- 주말 일기예보는 어떻습니까?
  Wie ist die Wettervorhersage fürs Wochenende?
  비- 이스트 디 베터포-어헤아자-개 퓨어 복핸앤대?

- 일기예보가 또 틀렸군요.
  Die Wettervorhersage war wiederum falsch!
  디 베터포-어헤아자-개 바- 비-더룸 팔쉬!

- 오늘 오후에는 아마 개일 겁니다.
  Heute Nachmittag wird es wohl schön werden!
  호이테 낙흐미타-ㅋ 뷔르트 앳스 볼- 쇠-ㄴ 베르댄!

- 일기예보에 의하면 오늘은 날씨가 좋을 거랍니다.
  Nach dem Wetterbericht wird es schön werden!
  낙흐 뎀 베터배리히트 뷔르트 앳스 쇠-ㄴ 베르댄!

- 일기예보관이 그러는데 내일은 비가 온다고 합니다.
  Der Wetteransager sagt, dass es morgen regnen soll!
  데어 베터안자-거 작트, 다스 앳스 모르갠 레그낸 졸!

- 날씨가 좋아질 거랍니다.
  Es soll besser werden!
  앳스 졸 배써 베르댄!

- 기온이 몇도 입니까?
  Wie viel Grad haben wir?
  비- 피-ㄹ 그라-트 하-밴 뷔어?

- 섭씨 25도입니다.
  Es sind 25 Grad Celsius!
  앳스 진트 퓐프운트츠반치히 그라-트 셀시우스!

일기에 대해서

- 밖에 아직도 바람이 부는가요?
  Weht es draußen noch?
  붸-트 앳스 드라우쌘 녹흐?

- 바람이 세차게 불어요.
  Es weht zu stark!
  앳스 붸-트 추- 슈타르크!

- 비가 와요.
  Es regnet!
  앳스 레그내트!

- 억수같이 퍼부어요.
  Es gießt in Strömen!
  앳스 기-쓰트 인 슈트뢰-맨!

- 비가 많이 와요.
  Es regnet zu viel!
  앳스 레그내트 추- 피-ㄹ!

- 날씨가 정말 우중충하군요.
  Das Wetter ist ja trübe!
  다스 베터 이스트 야- 트뤼-배!

- 비가 오락가락하는군요.
  Es regnet mit Unterbrechungen!
  앳스 레그내트 미트 운터베레히눙앤!

- 비가 올 것 같아요.
  Es sieht nach Regen aus!
  앳스 지-트 낙흐 레-갠 아웃스!

- 비가 올 것 같으니 우산을 가지고 가세요.
  Nehmen Sie den Regenschirm mit, da es nach Regen aussieht!
  네-맨 지- 덴 레-갠쉬름 미트, 다 앳스 낙흐 레-갠 아우스지-트!

- 비가 오기 시작했어요.
  Es fängt an zu regnen!
  앳스 팽트 안 추- 레그낸!

- 하루 종일 비가 오는군요.
  Es regnet den ganzen Tag!
  앳스 레그내트 덴 간챈 타-ㅋ!

- 비가 그쳤어요.
  Es hat aufgehört, zu regnen!
  앳스 하트 아우프게회르트, 추- 레그낸!

- 이제 비가 그쳤나요?
  Hat der Regen jetzt aufgehört?
  하트 데어 레-갠 예츠트 아우프게회르트?

- 눈이 와요.
  Es schneit!
  앳스 슈나이트!

- 밤새 10cm의 눈이 내렸어요.
  In der Nacht sind 10 cm Schnee gefallen!
  인 데어 낙흐트 진트 체-ㄴ 첸티메터 슈네- 게팔랜!

- 밖에 눈이 내렸어요.
  Draußen liegt Schnee!
  드라우쌘 리-ㄱ트 슈네-!

- 함박눈이 내려요.
  Es schneit zu viel!
  앳스 슈나이트 추- 피-ㄹ!

- 눈이 올 것 같은 날씨예요.
  Es sieht nach Schnee aus!
  앳스 지-트 낙흐 슈네- 아웃스!

- 눈이 펑펑 쏟아져요.
  Es schneit sehr viel!
  앳스 슈나이트 제-어 피-ㄹ!

- 눈이 그쳤어요.
  Es hat aufgehört zu schneien!
  앳스 하트 아우프게회르트 추- 슈나이앤!

- 밖에는 얼음이 얼 정도로 추워요.
  Draußen ist es eiskalt!
  드라우쌘 이스트 앳스 아이스칼트!

- 얼음이 얼었어요.
  Es friert!
  앳스 프리-어트!

- 밤새 얼음이 얼었어요.
  Es hat in der Nacht gefroren!
  앳스 하트 인 데어 낙흐트 게프로-랜!

- 바람이 가라앉았어요.
  Der Wind hat sich gelegt!
  데어 뷘트 하트 짛히 게렉트!!

- 안개가 꼈습니다.
  Es ist neblig!
  앳스 이스트 네-브리히!

- 안개가 걷혔어요.
  Der Nebel hat sich aufgelöst!
  데어 네-뱰 하트 짛히 아우프겔뢰스트!

- 안개 때문에 아무 것도 안 보여요.

  Wegen des Nebels kann ich nichts sehen!
  베-갠 데스 네-밸스 칸 이히 니힡츠 제-앤!

- 곧 안개가 걷힐 것 같습니까?

  Glauben Sie, dass sich der Nebel bald auflösen wird?
  글라운밴 지- 다스 짗히 데어 네-밸 발트 아웃프뢰-잰 뷔르트?

- 이슬이 내렸네요.

  Es taut!
  앳스 타우트!

- 서리가 내렸어요.

  Es ist alles mit Reif bedeckt!
  앳스 이스트 알랫스 미트 라이프 배덱크트!

- 서리가 많이 내렸어요.

  Es herrscht strenger Frost!
  앳스 해르쉬트 슈트렝어 프로스트!

- 우박이 와요.

  Es hagelt!
  앳스 하겔트!

계절에 대해서

- 어느 계절을 가장 좋아하세요?

  Was für eine Jahreszeit mögen Sie am liebsten?
  밧스 퓨어 아이네 야레스차이트 뫼-갠 지- 암 리-브스탠?

- 어느 계절을 가장 좋아하세요?

  Welche Jahreszeit mögen Sie am liebsten?
  밸해 야레스차이트 뫼-갠 지- 암 리-브스탠?

- 독일에서 일 년 중 가장 좋은 계절은 언제입니까?

  Welche Jahreszeit ist in Deutschland am angenehmsten?
  밸해 야레스차이트 이스트 인 도이춰란트 암 안게네-ㅁ스탠?

- 일 년 내내 봄날이라면 좋겠어요.

  Ich wünschte, dass das Frühlingswetter das ganze Jahr hindurch
  이히 뷘슈테, 닷스 다스 프류-링스베터 다스 간채 야- 힌두르히

  andauern würde!
  안다우어른 뷰르대!

- 이곳의 봄을 좋아하세요?
  Mögen Sie den Frühling hier?
  뫼갠 지- 덴 프뤼-ㄹ링 히어?

- 이곳의 봄이 마음에 드나요?
  Wie gefällt Ihnen der Frühling hier?
  비- 게팰트 이-낸 데어 프뤼-ㄹ링 히어?

- 저는 더위를 잘 타요.
  Ich bin sehr empfindlich gegen Hitze!
  이히 빈 제-어 앰핀들리히 게갠 힡체!

- 비가 많이 오는 계절은 싫어합니다.
  Ich mag keine Regenzeit!
  이히 막 카이내 레-갠스차이트!

- 정말 더위는 이제부터예요.
  Die heißeste Zeit beginnt von jetzt an!
  디 하이쎄스태 차이트 배긴트 폰 예츠트 안!

- 이런 무더위에는 견디기 힘들어요.
  In dieser Hitze ist es nicht auszuhalten!
  인 디-저 힡체 이스트 앳스 니힡트 아우스추할탠!

- 날씨가 참 서늘하군요.
  Es ist sehr kühl!
  앳스 이스트 제-어 퀴-ㄹ!

- 이젠 아침저녁으로 서늘해요.
  Es ist jetzt morgens und abends kühl!
  앳스 이스트 예츠트 모르갠스 운트 아-벤츠 퀴-ㄹ!

- 가을 기운이 완연해요.
  Der Herbst ist schon spürbar!
  데어 해릅스트 이스트 쇼-ㄴ 슈퓌-어바-!

- 가을은 운동과 독서의 계절입니다.
  Der Herbst ist eine gute Zeit, um Sport zu treiben und zu lesen!
  데어 해릅스트 이스트 아이내 구-태 차이트, 움 슈포-트 추- 트라이밴 운트 추- 레-잰!

- 여름이 곧 지나갑니다.
  Der Sommer geht bald zu Ende!
  데어 좀머 게-트 발트 추- 앤대!

- 가을이 벌써 지나간 것 같네요.
  Der Herbst scheint schon wieder vorbei zu sein!
  데어 해릅스트 샤인트 쇼-ㄴ 비-더 포-어바이 추- 자인!

- 겨울이 다가오는 것 같네요.

  Ich glaube, der Winter kommt langsam!
  이히 글라우배, 데어 뷘터   콤트   랑잠!

- 벌써 겨울이 끝났습니다.

  Der Winter ist schon vorbei!
  데어 뷘터   이스트 쇼-ㄴ 포-어바이!

- 봄이 곧 다가옵니다.

  Der Frühling kommt bald!
  데어 프뤼-링   콤트   발트!

 시간과 연월일

시간, 날짜, 요일, 월 등에 말하는 표현은 자주 사용할 수 있는 것이기 때문에 즉각 말할 수 있도록 익혀두도록 하자. 시간에 대해 "Wie viel Uhr ist es jetzt?"(지금 몇 시입니까?), 날짜에 대해 "Der Wievielte ist heute?"(오늘 며칠입니까?), 요일에 대해 "Was für ein Tag ist heute?"(오늘 무슨 요일입니까?) 등으로 말하면 된다. 구체적으로 응용할 수 있는 내용들을 아래와 같이 익혀 사용하자.

시간을 물을 때

- 지금 몇 시입니까?
  Wie viel Uhr ist es jetzt?
  비- 피-ㄹ 우-어 이스트 앳스 예츨트?

> Tipp Wie viel Uhr haben Sie?(비- 피-ㄹ 우-어 하-밴 지-?) 또는 Wie spät ist es?(비- 슈패-트 이스트 앳스?) 라고 표현해도 같은 말이다.

- 몇 시입니까?
  Wie spät ist es?
  비- 슈패-트 이스트 앳스?

- 지금 몇 시쯤 됐을까요?
  Wie viel Uhr kann es wohl sein?
  비- 피-ㄹ 우-어 칸 앳스 보-ㄹ 자인?

- 몇 시쯤 됐을까요?
  Wie spät mag es wohl sein?
  비- 슈패-트 막 앳스 보-ㄹ 자인?

- 당신 시계로 몇 시입니까?
  Wie spät ist es nach Ihrer Uhr?
  비- 슈패-트 이스트 앳스 낙흐 이어러 우-어?

- 몇 시인지 물어봐도 될까요?
  Könnten Sie mir sagen, wie viel Uhr es ist?
  쾐탠 지- 미-어 자-갠, 비- 피-ㄹ 우-어 이스트 앳스?

- 정확히 몇 시입니까?

  Haben Sie die genaue Uhrzeit?
  하-밴 지- 디 게나우애 우-어차이트?

시간을 말할 때

- 오전 7시입니다.

  Es ist sieben Uhr morgens!
  앳스 이스트 지-벤 우-어 모르겐스!

- 8시 15분입니다.

  Es ist Viertel nach acht!
  앳스 이스트 피-어텔 낙흐 악흐트!

- 9시 5분입니다.

  Es ist fünf nach neun!
  앳스 이스트 퓐프 낙흐 노인!

- 10시 15분전입니다.

  Es ist Viertel vor zehn!
  앳스 이스트 피-어텔 포-어 체-ㄴ!

- 10시 15분입니다.

  Es ist Viertel nach zehn!
  앳스 이스트 피-어텔 낙흐 체-ㄴ!

- 11시 7분전입니다.

  Es ist sieben vor elf!
  앳스 이스트 지-밴 포-어 엘프!

- 정각 12시입니다.

  Es ist genau zwölf!
  앳스 이스트 게나우 츠뵐프!

- 7시 30분입니다.

  Es ist halb acht!
  앳스 이스트 할프 악흐트!

- 7시 30분입니다.

  Es ist sieben Uhr dreißig!
  앳스 이스트 지-벤 우-어 드라이씽히!

- 오후 1시입니다.

  Es ist dreizehn Uhr!
  앳스 이스트 드라이체-ㄴ 우-어!

- 2시 20분입니다.

  Es ist zehn vor halb drei!
  앳스 이스트 체-ㄴ 포-어 할프 드라이!

- 2시 20분입니다.

  Es ist zwanzig nach zwei!
  앳스 이스트 츠반찌히 낙흐 츠바이!

- 정각 9시입니다.

  Es ist genau neun Uhr!
  앳스 이스트 게나우 노인 우-어!

- 9시쯤 됐습니다.

  Es ist ungefähr neun Uhr!
  앳스 이스트 운게패-어 노인 우-어!

- 9시가 방금 지났습니다.

  Es ist schon nach neun Uhr!
  앳스 이스트 쇼-ㄴ 낙흐 노인 우-어!

- 6시 반이 되어갑니다.

  Es geht auf halb sieben!
  앳스 게-트 아우프 할프 지-밴!

- 5시 반 정도 된 것 같아요.

  Ich vermute, es ist ungefähr halb sechs!
  이히 페어무-태, 앳스 이스트 운게패-어 할프 잭스!

- 시계가 정확히 갑니까?

  Geht Ihre Uhr pünktlich?
  게-트 이어래 우-어 퓡크틀리히?

시간을 모른다고 응답할 때

- 죄송합니다. 저는 시계가 없어요.

  Tut mir Leid, ich habe keine Uhr!
  투-트 미-어 라이트, 이히 하-배 카이내 우-어!

- 제 시계는 늦습니다.

  Meine Uhr geht nach!
  마이내 우-어 게-트 낙흐!

- 제 시계가 좀 빠릅니다.

  Meine Uhr geht etwas vor!
  마이내 우-어 게-트 애트밧스 포-어!

- 제 시계가 5분 정도 빠른 것같아요.

  Ich fürchte, meine Uhr geht etwa fünf Minuten vor!
  이히 퓌르흐테, 마이네 우-어 게-트 애트봐 퓐프 미누-탠   포-어!

- 보통 제 시계는 정확히 갑니다.

  Meine Uhr geht normalerweise genau!
  마이내   우-어 게-트 노마-ㄹ러바이재   게나우!

- 제 시계는 아주 정확합니다.

  Meine Uhr geht ganz genau!
  마이내   우-어 게-트 간츠   게나우!

- 제 시계가 고장 났습니다.

  Meine Uhr ist kaputt!
  마이내   우-어 이스트 카푸트!

- 제 시계가 멈추었습니다.

  Meine Uhr steht!
  마이내   우-어 슈테-트!

시간에 대해 말할 때

- 업무시간이 언제죠?

  Wann beginnt Ihre Geschäftszeit?
  반   베긴트   이어래 게섀프츠차이트?

- 시간 가는 줄 몰랐어요.

  Ich habe nicht gemerkt, wie die Zeit vergeht!
  이히 하-배 니힡트 게메르크트,   비- 디 차이트 페어게-트!

- 이 늦은 시간에 여기는 웬일이세요?

  Was machen Sie hier so spät?
  밧스 막핸   지- 히어 조- 슈패-트?

- 이것은 시간을 다투는 문제예요.

  Das ist eine äußerst dringende Angelegenheit!
  다스 이스트 아이내 오이쎄르스트 드링앤대   안게레-갠하이트!

- 우리는 허비할 시간이 없어요.

  Wir haben keine Zeit zu verlieren!
  뷔어 하-밴   카이내 차이트 추- 패어리-랜!

- 시간을 내보세요.

  Nehmen Sie sich Zeit!
  네-맨   지- 찢히 차이트!

- 시간을 아끼세요.

  Sparen Sie sich die Zeit!
  슈파-랜 지- 짙히 디 차이트!

- 시간이 아까워.

  Das ist Zeitverschwendung!
  다스 이스트 차이트페어슈벤둥!

- 왜 시간을 낭비하고 있니?

  Warum verbratest du deine Zeit?
  바룸 페어브라테스트 두- 다이내 차이트?

- 그것은 시간낭비였어.

  Der ganze Aufwand war umsonst!
  데어 간채 아우프봔트 봐 움존스트!

- 저는 그것을 할 시간이 없어요.

  Dazu fehlt mir die Zeit!
  다추- 페-르트 미-어 디 차이트!

- 그는 지금 휴식 시간입니다.

  Er macht jetzt eine Pause!
  애어 막흐트 예츠트 아이내 파우재!

- 점심시간은 한 시간입니다.

  Wir haben eine Stunde Mittagszeit!
  뷔어 하-밴 아이내 슈툰대 미타-ㅋ스차이트!

- 넌 시간관념이 없어.

  Du hast kein Gefühl für Zeit!
  두- 하스트 카인 게퓌-ㄹ 퓨어 차이트!

- 시간 참 안가네.

  Wie langweilig!
  비- 랑바일리히!

- 그렇게 하는데 시간이 얼마나 필요할까요?

  Wie viel Zeit wird dazu nötig sein?
  비- 피-ㄹ 차이트 뷔르트 다추- 뇌티히 자인?

- 재미있는 시간 보내십시오.

  Viel Vergnügen!
  피-ㄹ 페어그뉘-갠!

> **Tipp** 같은 표현 : Lassen Sie es sich gut gehen!(랏샌 지- 앳스 짙히 구-ㅌ 게-앤!)이나 Unterhalten Sie sich gut!(운터할탠 지- 짙히 구-ㅌ!)

- 거기에 가는데 얼마나 걸립니까?

    Wie lange dauert es dorthin?
    비- 랑애   다우어트 앳스 도르트힌?

- 베를린까지 가는데 얼마나 걸립니까?

    Wie lange dauert es, nach Berlin zu fahren?
    비- 랑애   다우어트 앳스, 낙흐 베어리-ㄴ 추- 파-랜?

- 이제 집에 가야할 시간입니다.

    Es ist Zeit, nach Hause zu gehen!
    앳스 이스트 차이트, 낙흐 하우재 추- 게-앤!

- 이제 가야할 시간입니다.

    Es ist an der Zeit zu gehen!
    엣스 이스트 안 데어 차이트 추- 게-앤!

- 이제 시간이 되어가네요.

    Es wird höchste Zeit!
    앳스 뷔르트 획스태   차이트!

- 천천히 하세요.

    Nehmen Sie sich Zeit!
    네-맨   지- 짖히 차이트!

- 잠시도 지체할 틈이 없어요.

    Ich habe keine Zeit zu verlieren!
    이히 하-배 카이내 차이트 추- 페어리-랜!

- 이제 집에 가야할 시간입니다.

    Es ist Zeit nach Hause zu gehen!
    앳스 이스트 차이트 낙흐 하우재 추- 게-앤!

- 시간이 없어요.

    Ich habe keine Zeit!
    이히 하-배 카이내 차이트!

- 제가 좀 급합니다.

    Ich bin in Eile!
    이히 빈   인 아일래!

날짜에 대해 말할 때

- 오늘이 며칠이지요?

    Der Wievielte ist heute?
    데어 비-피-ㄹ태   이스트 호이태?

- 오늘은 며칠입니까?

  Den Wievielten haben wir heute?
  덴 비-피-ㄹ탠 하-밴 뷔어 호이테?

- 오늘은 며칠입니까?

  Welches Datum ist heute?
  밸혜스 다-툼 이스트 호이테?

- 오늘은 며칠입니까?

  Welches Datum haben wir heute?
  밸혜스 다-툼 하-밴 뷔어 호이테?

- 오늘이 무슨 특별한 날입니까?

  Ist heute ein bedeutender Tag?
  이스트 호이테 아인 배도이텐더 타-ㅋ?

- 오늘은 그녀의 특별한 날이다.

  Heute ist ihr großer Tag!
  호이테 이스트 이-어 그로-써 타-ㅋ!

- 오늘은 우리의 특별한 날이다.

  Heute ist ein bedeutender Tag für uns!
  호이테 이스트 아인 배도이텐더 타-ㅋ 퓨어 운스!

- 오늘은 6월 9일입니다.

  Wir haben heute den neunten Juni!
  뷔어 하-밴 호이테 덴 노인태 유-니!

- 오늘은 7월 9일입니다.

  Heute ist der neunte Juli!
  호이테 이스트 데어 노인태 율-리!

- 오늘은 10월 1일입니다.

  Heute ist der erste Oktober!
  호이테 이스트 데어 애어스태 옥토-버!

- 오늘은 11월 1일입니다.

  Wir haben heute den ersten November!
  뷔어 하-밴 호이테 덴 애어스탠 노벰버!

- 제 생각엔 오늘이 제 생일 같아요.

  Ich glaube, heute ist mein Geburtstag!
  이히 글라우배, 호이테 이스트 마인 게부어츠타-ㅋ!

- 우리 휴가가 며칠부터 시작하지요?

  Ab wann beginnt unser Urlaub?
  압 반 배긴트 운저 우얼라웁?

- 며칠에 태어났습니까?

  An welchem Tag sind Sie geboren?
  안 벨햄   타-크 진트 지- 게보-랜?

- 언제 태어났습니까?

  Wann sind Sie geboren?
  반   진트 지- 게보-랜?

- 어느 날로 예약하시겠습니까?

  Wann wollen Sie reservieren?
  반   볼랜   지- 레저비-랜?

- 날짜 정했습니까?

  Haben Sie das Datum bestimmt?
  하-밴 지- 다스 다-툼   배슈팀트?

- 날짜를 깜빡 잊었어요.

  Ich habe das Datum völlig vergessen!
  이히 하-배 다스 다-툼   푈리히 페어겟샌!

- 이 표는 며칠간 유효합니까?

  Wie viel Tage ist diese Karte gültig?
  비-   피-ㄹ 타-게 이스트 디-제 카르테 귈티히?

- 저는 9월 21일에 출발하려고 합니다.

  Ich will am einundzwanzigsten September abreisen!
  이히 빌 암   아인운트츠반칭히스탠   젭템버   아프라이잰!

- 며칠날 돌아오실 예정입니까?

  Am wievielten werden Sie zurückkommen?
  암   비-피-ㄹ탠   베르댄   지- 추뤽콤맨?

요일에 대해 말할 때

- 오늘이 무슨 요일이지요?

  Was für ein Tag ist heute?
  밧스 퓨어 아인 타-크 이스트 호이테?

- 오늘이 무슨 요일이지요?

  Welchen Tag haben wir heute?
  벨햄   타-크 하-밴   뷔어 호이테?

- 오늘은 무슨 요일입니까?

  Was für einen Wochentag haben wir heute?
  밧스 퓨어 아이낸 복핸타-크   하-밴 뷔어 호이테?

- 오늘은 무슨 요일입니까?

  Welchen Wochentag haben wir heute?
  밸핸   복핸타-ㅋ   하-밴   뷔어 호이테?

- 12월 20일이 무슨 요일입니까?

  Was für ein Tag ist der zwanzigste Dezember?
  밧스 퓨어 아인 타-ㅋ 이스트 데어 츠반칠히스태 데쳄버?

- 오늘은 월요일입니다

  Wir haben heute Montag!
  뷔어 하-밴   호이테 모-ㄴ타-ㅋ!

- 오늘은 화요일입니다.

  Heute ist Dienstatg!
  호이테   이스트 디-ㄴ스타-ㅋ!

- 오늘이 수요일입니까, 목요일입니까?

  Ist heute Mittwoch oder Donnerstag?
  이스트 호이테 미트복호   오-더 돈너스타-ㅋ?

- 오늘은 수요일입니다.

  Wir haben heute Mittwoch!
  뷔어 하-밴   호이테   미트복호!

- 잘 모르겠어요. 아마도 목요일 같은데요.

  Ich weiß auch nicht genau! Vielleicht haben wir heute Donnerstag?
  이히 봐이쓰 아욱흐 니힡트 게나우!   피-ㄹ라이히트 하-밴   뷔어 호이테   돈너스타-ㅋ?

- 어제는 무슨 요일이었습니까?

  Welchen Wochentag hatten wir gestern?
  밸핸   복헨타-ㅋ   하텐   뷔어 게스턴?

- 어제는 금요일이었습니다.

  Gestern war Freitag!
  게스턴   봐-   프라이택!

- 공휴일이 일요일과 겹쳤어요.

  Der Feiertag fällt auf den Sonntag!
  데어 프라이타-ㅋ 팰트 아우프 덴   존타-ㅋ!

- 금요일 오후에는 벌써 주말이 시작됩니다.

  Am Freitag Nachmittag beginnt schon das Wochenende!
  암   프라이타-ㅋ 낙흐미타-ㅋ   베긴트   쇼-ㄴ   다스 복핸앤대

- 주말에 무슨 계획이 있습니까?

  Haben Sie am Wochenende etwas vor?
  하-밴   지-   암   복핸앤대   애트봣스 포-어?

시간과 연월일

398 독일어 회화 사전

달에 대해 말할 때

- 몇 월이에요?

    Welchen Monat haben wir?
    뱉핸 모-나트 하-밴 뷔어?

- 지금은 4월입니다.

    Wir haben April!
    뷔어 하-밴 아프리-ㄹ!

- 벌써 11월입니다.

    Es ist schon November!
    앳스 이스트 쇼-ㄴ 노벰버!

- 지난 달은 몇 월이었습니까?

    Welcher Monat war der letzte Monat?
    뱉혀 모-나트 봐 데어 레츠태 모-나트?

- 이번 달에 어떤 공휴일이 있지요?

    Welche Feiertage feiern wir in diesem Monat?
    뱉핸 프라이타-게 파이어른 뷔어 인 디-잼 모-나트?

- 몇 달 동안 못 뵈었군요.

    Wir haben uns monatelang nicht gesehen!
    뷔어 하-밴 운트 모-나테랑 니힡트 게제-앤!

- 여기 온 지 석 달입니다.

    Ich bin seit drei Monaten hier!
    이히 빈 자이트 드라이 모-나탠 히어!

- 5월 7일까지 끝낼 수 있어요?

    Können Sie es bis zum siebten Mai fertig machen?
    쾐낸 자- 앳스 비스 춤 자-ㅂ탠 마이 페르틯히 막핸?

- 우리는 한 달 전에 이사했어요.

    Wir sind vor einem Monat umgezogen!
    뷔어 진트 포-어 아이냄 모-나트 움게초-갠!

- 저는 한 달에 두세 번 영화를 보러갑니다.

    Ich gehe zwei- oder dreimal im Monat ins Kino!
    이히 게-에 츠바이 오-더 드라이마-ㄹ 임 모-나트 인스 키-노!

- 두 달 간의 기간을 드리겠습니다.

    Ich gebe Ihnen eine Frist von zwei Monaten!
    이히 게-베 이-낸 아이내 프리스트 폰 츠바이 모-나탠!

- 지난 달에는 어디 다녀오셨습니까?
  Wo waren Sie im letzten Monat?
  보- 바-랜 지-임 레츠탠 모-나트?

- 다음 달에 무엇을 하실 겁니까?
  Was wollen Sie im nächsten Monat machen?
  밧스 볼랜 지-임 낵스탠 모-나트 막핸?

- 나는 한 달 내내 시간이 없었어요.
  Einen ganzen Monat hatte ich keine Zeit!
  아이넨 간챈 모-나트 하태 이히 카이내 차이트!

- 한 달 후면 운전면허시험입니다.
  Einen Monat später habe ich einen Fahrtest.
  아이넨 모-나트 슈패-터 하-배 이히 아이낸 파-테스트.

Januar 1월	Februar 2월	März 3월	April 4월
야누아-	페브루아-	매르츠	아프리-일
Mai 5월	Juni 6월	Juli 7월	August 8월
마이	유-니	율리	아우구스트
September 9월	Oktober 10월	November 11월	Dezember 12월
젭템버	옥토-버	노벰버	데쳄버
im Januar 1월에	im Februar 2월에	im März 3월에	im April 4월에
임 야누아-	임 페브루아-	임 매르츠	임 아프리-일

해에 대해 말할 때

- 올해는 몇 년도입니까?
  Welches Jahr haben wir jetzt?
  밸해스 야- 하-밴 뷔어 예츠트?

- 2015년입니다.
  Wir haben zweitausendfünfzehn!
  뷔어 하-밴 츠바이타우젠트퓐프체-ㄴ!

- 몇 년도에 태어나셨습니까?
  In welchem Jahr sind Sie geboren?
  인 밸햄 야- 진트 지- 게보-랜?

- 저는 1988년도에 태어났습니다.
  Ich bin 1988 geboren.
  이히 빈 노인첸훈데르트악흐트운트악흐치히 게보-랜.

- 6개월에 한 번은 치과에 가야합니다.
  Jedes halbe Jahr sollte man zum Zahnarzt gehen!
  예-데스 할배 야- 졸태 만 춤 차-ㄴ아르츹트 게-앤!

- 그 계약은 3년간 유효합니다.
  Der Vertrag ist drei Jahre lang gültig!
  데어 페어트락 이스트 드라이 야-레 랑 귈티히!

- 저는 10년 넘게 사업을 해왔습니다.
  Ich habe über 10 Jahre lang Geschäfte gemacht!
  이히 하-배 위-버 체-ㄴ 야-레 랑 게섀프태 게막흐트!

- 올해는 어떤 타입이 유행입니까?
  Welcher Typ ist in diesem Jahr in Mode?
  밸혀 튑 이스트 인 디-잼 야- 인 모-대?

- 일 년 내내 그는 시골에 머물러 있습니다.
  Das ganze Jahr über bleibt er auf dem Land!
  다스 간채 야- 위-버 블라입트 애어 아우프 뎀 란트!

- 저는 내년에 그와 결혼할 거예요.
  Ich will ihn nächstes Jahr heiraten!
  이히 빌 이-ㄴ 낵스태스 야- 하이라-탠!

기타 표현들

- 일주일은 며칠입니까?
  Wie viele Tage hat eine Woche?
  비- 피-ㄹ래 타-게 하트 아이내 복해?

- 일 년은 몇 달입니까?
  Wie viele Monate hat ein Jahr?
  비- 피-ㄹ래 모-나테 하트 아인 야-?

- 지금은 어느 계절입니까?
  Welche Jahreszeit haben wir jetzt?
  밸혀 야-레스차이트 하-밴 뷔어 예츠트?

- 설날이 언제입니까?
  Wann ist Neujahr?
  반 이스트 노이야-?

- 입춘은 언제입니까?
  Wann ist Frühlingsanfang?
  반 이스트 프뤼-링스안팡?

- 부활절은 언제입니까?

  Wann ist Ostern?
  반   이스트 오스턴?

- 일주일은 7일입니다.

  Eine Woche hat sieben Tage!
  아이네 복해   하트 지-벤   타-게!

- 1년은 12개월입니다.

  Ein Jahr hat 12 Monate!
  아인 야-   하트 츠뷀프 모-나테!

- 하루는 24시간입니다.

  Ein Tag hat 24 Stunden!
  아인 타-ㅋ 하트 피어운트츠반치히 슈툰댄!

- 1시간은 60분입니다.

  Eine Stunde hat sechzig Minuten!
  아이내 슈툰대   하트 젝히치히   미누-탠!

- 지금은 봄입니다.

  Wir haben jetzt Frühling!
  뷔어 하-밴   예츠트 프뤼-ㄹ링!

- 처음에 그는 어려움이 있었다.

  Anfangs hatte er einige Schwierigkeiten.
  안팡스   하태   애어 아이니개 슈비-리히카이탠.

- 제가 1일 날 이사 들어올 수 있습니까?

  Kann ich am Ersten einziehen?
  칸   이히 암   애어스탠 아인치-앤?

- 아침에 저는 일하러 가야합니다.

  Am Morgen muss ich zur Arbeit gehen!
  암   모르갠   뭇스   이히 추어 아르바이트 게-앤!

- 저녁에 그가 사무실에서 옵니다.

  Am Abend kommt er aus dem Büro.
  암   아-벤트 콤트   애어 아우스 뎀 뷔로-

- 밤 중에 그녀가 내게 전화를 걸어왔다.

  In der Nacht hat sie mich angerufen.
  인 데어 낙흐트   하트 지- 밓히 안게루-팬.

- 한밤 중에 전화벨이 울렸다.

  Um Mitternacht klingelte das Telefon.
  움   미터낙흐트   클링엘태   다스 테-ㄹ레폰.

- 너 주말에 무슨 계획이 있니?

  Was hast du am Wochenende vor?
  밧스 하스트 두- 암 복핸앤대 포-어?

- 월말에 나는 그것을 지불할 수 있다.

  Ende des Monats kann ich das bezahlen!
  앤대 데스 모-나츠 칸 이히 다스 배차-ㄹ랜!

- 부활절에 우리는 여행을 하려고 한다.

  Zu Ostern wollen wir eine Reise machen!
  추- 오스턴 볼랜 뷔어 아이내 라이재 막핸!

- 성탄절에 나는 집으로 갈 수가 있다.

  Zu Weihnachten kann ich nach Hause fahren!
  추- 바이타-ㅋ흐탠 칸 이히 낙흐 하우재 파-랜!

- 그는 몇 주간 병원에 누워있어야만 했다.

  Er musste wochenlang im Krankenhaus liegen!
  애어 뭇스태 복핸랑 임 크랑켄하우스 리-갠!

> **Tipp** monatelang 몇 달간, jahrelang 몇 년간

- 나는 여기서 일주일간 머물 것이다.

  Ich bleibe hier eine Woche!
  이히 블라이배 히어 아이내 복해!

> **Tipp** zwei Wochen 2주일간, einen Monat lang 한 달간, drei Monate 세 달간, ein halbes Jahr. 반 년 동안, zwei Jahre lang 2년 동안

- 그가 어느 때나 내게 전화하기 때문에 나는 화가 난다.

  Ich bin ärgerlich, weil er zu jeder Zeit mich anruft.
  이히 빈 애르걸맇히, 봐일 애어 추- 예-더 차이트 밓히 안루프트.

- 그는 저녁마다 내게 전화를 건다.

  Er ruft mich jeden Abend an.
  애어 루프트 밓히 예-댄 아-벤트 안.

- 주말 내내 나는 집에 있었다.

  Übers Wochenende bin ich zu Hause geblieben.
  위버스 복핸앤대 빈 이히 추- 하우재 게블리-밴.

- 겨우 내내 여기는 몹시 추웠다.

  Den ganzen Winter über war es hier sehr kalt.
  덴 간챈 빈터 위-버 봐 앳스 히어 제-어 칼트.

- 여름 내내 그는 부모님을 도와드렸다.
  Den ganzen Sommer über hat er seinen Eltern geholfen.
  덴 간챈 좀머 위-버 하트 애어 자이낸 앨터른 게홀팬.

- 지난 여름에 나는 이탈리아에 다녀왔어요.
  Im letzten Sommer war ich in Italien.
  임 레츠탠 좀머 봐 이히 인 이탈-리엔.

- 가을에 우리는 시골에 갔었어요.
  Im Herbst waren wir auf dem Land.
  임 헤릅스트 봐-랜 뷔어 아우프 뎀 란트.

- 저는 봄에 여행 다녀왔어요.
  Im Frühling war ich auf einer Reise.
  임 프뤼-ㄹ링 봐 이히 아우프 아이너 라이재.

1월1일에	am ersten Januar	(암 애어스탠 야누아)
3월21일에	am 21. März	(암 아인운트츠반치히스텐 매르츠)
설날에	am Neujahrstag	(암 노이야-스타-ㅋ)
내 생일날에	an meinem Geburtstag	(안 마이넴 게부어츠타-ㅋ)
일요일에	am Sonntag	(암 존타-ㅋ)
월요일에	am Montag	(암 모-ㄴ타-ㅋ)
화요일에	am Dienstag	(암 디-ㄴ스타-ㅋ)
수요일에	am Mittwoch	(암 미트복흐)
목요일에	am Donnerstag	(암 돈너스타-ㅋ)
금요일에	am Freitag	(암 프라이타-ㅋ)
토요일에	am Samstag	(암 잠스타-ㅋ)
아침에	am Morgen.	(암 모르갠)
오전에	am Vormittag.	(암 포-어미타-ㅋ)
정오에	am Mittag.	(암 미타-ㅋ)
오후에	am Nachmittag.	(암 낙흐미타-ㅋ)
저녁에	am Abend.	(암 아-벤트)
월요일 오전에	Montag Vormittag	(모-ㄴ타-ㅋ 포-어미타-ㅋ)
화요일 아침에	Dienstag früh	(디-ㄴ스타-ㅋ 프뤼-)
내일 아침에	morgen früh	(모르갠 프뤼-)

동이 틀 무렵에	bei Tagesanbruch.	(바이 타-게스안브룩흐)
해가 뜰 때	bei Sonnenaufgang.	(바이 존낸아우프강)
해가 질 때에	bei Sonnenuntergang.	(바이 존낸운터강)
땅거미 질 무렵에	bei Einbruch der Nacht.	(바이 아인브룩흐 데어 낙흐트)

밤에	in der Nacht	(인 데어 낙흐트)
이른 아침에	in der Frühe	(인 데어 프뤼-애)
이른 아침에	am frühen Morgen	(암 프뤼앤 모르갠)
다음 주에	in der nächsten Woche	(인 데어 낵스탠 복해)
3월에	im März	(임 매르츠)
봄에	im Frühling	(임 프뤼-ㄹ링)
여름에	im Sommer	(임 좀머)
가을에	im Herbst.	(임 헤릅스트)
겨울에	im Winter.	(임 뷘터)
2015년에	im Jahr 2015.	(임 야- 츠바이타우젠트퓐프챈)
21세기에	im 21. Jahrhundert.	(임 아인운트츠반치히스탠 야-훈데르트)

새해에	zu Neujahr.	(추- 노이야-)
부활절에	zu Ostern.	(추- 오스턴)
오순절에	zu Pfingsten.	(추- 핑스탠)
성탄절에	zu Weihnachten.	(추- 봐이낙흐탠)
섣달 그믐날에	zu Silvester.	(추- 질베스터)

9시에	um 9 Uhr.	(움 노인 우-어)
10시경에	gegen 10 Uhr.	(게-갠 체-ㄴ 우-어)
자정에	um Mitternacht.	(움 미터낙흐트)
자정 무렵에	gegen Mitternacht.	(게-갠 미터낙흐트)

03 하루의 일과

일상생활 중 아침에 "Wach auf! Es ist schon sieben!"(일어나! 벌써 7시야!) "Beeile dich doch!"(서둘러), "Wasch dir das Gesicht!"(세수해!), "Willst du den Tisch abräumen?"(식탁 좀 치워주겠어?), "Ich muss staubsaugen!"(난 청소기를 돌려야만 해). "Ich bringe den Müll runter!"(내가 쓰레기를 내려다 놓을게.) 등등 일상에서 쓰는 말들을 이제 독일어로 말해보자.

일어날 때

- 일어나. 벌써 7시야.
  Wach auf! Es ist schon sieben Uhr.
  박흐 아우프! 앳스 이스트 쇼-ㄴ 지-밴 우-어.

- 일어날 시간이야!
  Es ist höchste Zeit aufzustehen!
  앳스 이스트 획스태 차이트 아우프추-슈테-앤!

- 일어났니?
  Bist du wach?
  비스트 두- 박흐!

- 일어나라 늦겠다.
  Steh auf, sonst wirst du dich verspäten!
  슈테- 아우프, 존스트 뷔르스트 두- 딯히 페어슈패-탠!

- 어제 몇 시에 잤니?
  Wann bist du gestern Abend ins Bett gegangen?
  반 비스트 두- 게스턴 아-벤트 인스 베트 게강앤?

- 어젯밤 늦게까지 안 잤어요.
  Ich war bis spät in die Nacht wach!
  이히 봐 비스 슈패-트 인 디 낙흐트 박흐!

- 밤새 한 잠도 못 잤어요.
  Ich lag die ganze Nacht wach!
  이히 락 디 간채 낙흐트 박흐!

- 밤새웠어요.

  Ich bin die ganze Nacht aufgeblieben!
  이히 빈 디 간채 낙흩 아웃프게블리-밴!

- 지난 밤 잠을 못 잤어요.

  Ich habe die letzte Nacht nicht geschlafen!
  이히 하-밴 디 레츠태 낙흩 니힡트 게슐라-팬!

- 잠을 이룰 수가 없었어요.

  Ich konnte nicht einschlafen.
  이 콘태 니힡트 아인슐라-팬.

- 저는 아침형 인간입니다.

  Ich bin Frühaufsteher.
  이히 빈 프뤼-아우프슈테-어.

- 난 오늘 6시에 잠이 깼어요.

  Ich bin heute Morgen um 6 Uhr aufgewacht!
  이빈 빈 호이테 모르갠 움 잭스 우-어 아웃프게박흐트!

- 이런, 늦잠을 잤어.

  Ach, ich habe verschlafen!
  아흐, 이히 하-배 페어슐라-팬!

- 왜 안 깨웠어요?

  Warum haben Sie mich nicht geweckt?
  봐-룸 하-밴 지- 밓히 니힡트 게벡크트?

- 왜 안 깨웠어?

  Warum hast du mich nicht geweckt?
  봐-룸 하스트 두- 밓히 니힡트 게벡크트?

- 지난 밤에 잘 잤어요.

  Ich habe die letzte Nacht gut geschlafen!
  이히 하-배 디 레츠태 낙흩 구-트 게슐라-팬!

- 저는 오늘 아침 7시에야 일어났어요.

  Ich bin heute Morgen um sieben Uhr aufgewacht!
  이히 빈 호이테 모르갠 움 지-밴 우-어 아웃흐게박흐트!

외출준비를 할 때

- 커피를 마시면 눈이 떠져요.

  Der Kaffee weckt mich auf!
  데어 카페 벡크트 밓히 아웃프!

- 아침에는 머리를 감을 시간이 없어요.

  Morgens habe ich keine Zeit, um mir die Haare zu waschen!
  모르갠스   하-배 이히 카이내 차이트, 움   미어 디 하-래   추- 봣샌!

- 저는 절대로 아침 식사를 거르지 않습니다.

  Ich lasse nie das Frühstück weg!
  이히 랏새   니- 다스 프뤼-슈튁   벡!

- 오늘은 아침을 먹고 싶지 않아.

  Heute habe ich keine Lust, zu frühstücken!
  호이테 하-배 이히 카이내 루스트, 추 프뤼-슈튁캔!

- 화장을 해야 해.

  Ich muss mich schminken!
  이히 무스   밎히   슈밍캔!

- 오늘은 뭘 입지?

  Was soll ich heute anziehen?
  밧스 졸   이히 호이테   안치-앤?

- 오늘은 어떤 넥타이를 매지?

  Welche Krawatte soll ich heute umbinden?
  밸해   크라봣테   졸 이히 호이테 움빈댄?

- 서둘러.

  Beeile dich doch!
  배아일레 딫히   독흐!

- 몇 시에 돌아올 거예요?

  Um wie viel Uhr kommst du zurück?
  움   비- 피-ㄹ 우-어 콤스트   두- 추뤽?

- 이제 갈게.

  Ich muss mich jetzt verabschieden!
  이히 무스   밎히   예츠트 페어압쉬-댄!

집으로 돌아올 때

- 애들을 데리러 갈 시간이에요.

  Es ist Zeit, die Kinder abholen zu gehen!
  앳스 이스트 차이트, 디 킨더   압홀-랜   추- 게-앤!

- 저 왔어요.

  Da bin ich wieder!
  다- 빈   이히 비-더!

- 오늘 학교에서 어땠니?

  Wie war es heute in der Schule?
  비- 봐- 앳스 호이테 인 데어 슐-래?

- 손부터 씻어라.

  Wasch dir die Hände!
  봣쉬   디어 디   핸대!

- 오늘은 곧바로 집에 가야겠어.

  Ich gehe heute direkt nach Hause!
  이히 게-애 호이테 디렉트 낙흐 하우재!

- 오늘 저녁은 무엇을 준비하지?

  Was soll ich zum Abendessen kochen?
  밧스 졸 이히 춤   아-벤트앳샌   콕흔?

- 유감이지만 오늘은 술 마시러 안 가.

  Ich komme heute leider nicht zum Trinken!
  이히 콤매   호이테 라이더 니힡트 춤   트링캔!

- 오늘은 일이 일찍 끝났어.

  Heute sind wir mit der Arbeit so früh fertig!
  호이테 진트 뷔어 미트 데어 아르바이트 조- 프뤼- 페르티히!

- 장 보러 갑시다.

  Gehen wir mal einkaufen!
  게-앤   뷔어 마-ㄹ- 아인카우팬!

- 지금 퇴근시간이라 차가 막혀요.

  Der Verkehr stockt, denn es ist Hauptverkehrszeit.
  데어 페어케-어   슈톡크트, 덴   앳스 이스트 하우프트페어케-어스차이트.

- 지금은 러시아워야.

  Es ist Hauptverkehrszeit.
  앳스 이스트 하우프트페어케-어스차이트.

저녁식사를 할 때

- 오늘 빨리 왔네요.

  Du bist heute so früh nach Hause gekommen!
  두- 비스트 호이테 조- 프뤼- 낙흐 하우재   게콤맨!

- 저녁 식사할래요?

  Möchtest du zu Abend essen?
  뫼히태스트   두- 추- 아-벤트   앳샌?

- 그래요. 너무 배가 고파요.

  Ja, ich habe großen Hunger!
  야, 이히 하-배 그로-쌘 훙어!

- 오늘 저녁 뭔가요?

  Was gibt es zum Abendessen?
  밧스 깁트 앳스 춤 아-벤트앳샌?

- 당신이 좋아하는 걸 만들었어요.

  Ich habe deine Lieblingsspeise gekocht!
  이히 하-배 다이낸 리-블링스슈파이재 게콕흐트!

- 식사 다 됐어요.

  Das Essen ist schon fertig!
  닷스 앳샌 이스트 쇼-ㄴ 페르티히!

- 갑니다.

  Ich komme!
  이히 콤매!

- 맛 괜찮아요?

  Wie schmeckt es dir?
  비- 슈멕크트 앳스 디-어?

- 남기지 말고 다 먹어요.

  Iss bitte alles auf!
  잇스 비태 알랫스 아우프!

- 그렇게 음식을 가리면 안 돼.

  Du darfst nicht so wählerisch sein mit dem Essen!
  두- 다르프스트 니힡트 조- 밸-러리쉬 자인 미트 뎀 앳샌!

- 밥 더 줄까?

  Möchtest du noch mehr Reis?
  뫼히태스트 두- 녹흐 메-어 라이스?

- 다 먹었어?

  Hast du aufgegessen?
  하스트 두- 아우프게객쌘?

- 식사 다 하셨습니까?

  Sind Sie mit dem Essen fertig?
  진트 지- 미트 뎀 앳샌 페르티히?

- 식탁 좀 치워줄래요?

  Willst du den Tisch abräumen?
  빌스트 두- 덴 팃쉬 압로이맨?

- 설거지는 내가 할게요.

  Ich will abspülen!
  이히 빌   압슈퓌-ㄹ랜!

휴식과 취침

- 저 목욕할게요.

  Ich will ein Bad nehmen!
  이히 빌   아인 바-트 네-맨!

- 숙제 다 했니?

  Hast du deine Hausaufgaben schon gemacht?
  하스트 두- 다이내   하우스아우프가-밴   쇼-ㄴ- 게막흐트?

- 내일 준비는 다 했니?

  Bist du schon für morgen vorbereitet?
  비스트 두- 쇼-ㄴ- 퓨어 모르갠   포-어배라이태트?

- 텔레비전에 뭐 좋은 프로그램 있나요?

  Gibt es ein gutes Programm im Fernsehen?
  깁트   앳스 아인 구-태스 프로그람   임 페른제-앤?

- 리모컨 어디 있지?

  Wo ist denn die Fernbedienung?
  보- 이스트 덴   디   페른배디-눙?

- 이제 텔레비전을 꺼라.

  Schalte den Fernseher aus!
  샬-테   덴   페른제-어   아웃스!

- 잠잘 시간이야.

  Es ist Zeit, ins Bett zu gehen!
  앳스 이스트 차이트, 인스 배트 추- 게-앤!

- 아직 안자니?

  Schläfst du noch nicht?
  슐래프스트 두- 녹흐   니힐트?

- 애들을 재워줄래요?

  Willst du die Kinder ins Bett bringen?
  빌스트   두- 디 킨더   인스 배트 브링앤?

- 나는 내일 일찍 일어나야 해요.

  Morgen muss ich früh aufstehen!
  모르겐   뭇스   이히 프뤼- 아웃프슈테-앤!

- 난 아주 일찍 일어나야 해요.

  Ich muss mit den Hühnern aufstehen!
  이히 무스 미트 덴 휴-너른 아웃프슈테-엔!

- 불 좀 꺼줄래요?

  Machst du das Licht aus?
  막스트 두- 다스 리히트 아웃스?

집안 청소를 할 때

- 쓰레기를 좀 밖에 내놔.

  Bring bitte den Müll heraus!
  브링 비태 덴 뮐 해라웃스!

- 쓰레기 좀 버려주시겠어요?

  Würden Sie bitte den Müll wegwerfen?
  뷰르댄 지- 비태 덴 뮐 벡베르팬?

- 빨래가 쌓여 있어.

  Die Wäsche hat sich angehäuft!
  디 뱃섀 하트 짛히 안게호이프트!

- 오늘은 빨래를 해야 해.

  Ich muss heute meine Wäsche waschen.
  이히 무스 호이테 마이내 뱃섀 봣쌘.

- 우리는 오늘 빨래 감이 많아요.

  Bei uns ist heute große Wäsche.
  바이 운스 이스트 호이테 그로-쌔 뱃섀.

- 다려야 할 옷이 산더미야.

  Ich habe viel Kleidung zu bügeln.
  이히 하-배 피-ㄹ 클라이둥 추- 뷰-겔른.

- 방이 어질러졌네.

  Das Zimmer ist unordentlich!
  다스 침머 이스트 운오르덴틀리히!

- 방이 이게 다 뭐야.

  Wie sieht denn das Zimmer aus!
  비- 지-트 덴 다스 침머 아웃스!

- 당장 치워.

  Räum endlich auf!
  로임 엔틀리히 아우프!

- 청소기를 돌려야해.
  Ich muss staubsaugen.
  이히 무스   슈타웁자우갠.

- 진공청소기로 청소해야 해.
  Ich muss mit dem Staubsager staubsaugen.
  이히 무스   미트 뎀   슈타웁자우거   슈타웁자우갠.

- 화장실 청소는 너무 힘들어.
  Die Reinigung der Badewanne ist sehr anstrengend!
  디   라이니궁   데어 바-데반내   이스트 제-어 안슈트랭엔트!

- 땀으로 범벅이 되었어.
  Ich bin in Schweiß gebadet!
  이히 빈   인 슈바이쓰   게바-대트!

- 집안 청소를 다해서 기분이 참 좋아.
  Ich bin sehr guter Laune, weil ich die ganze Wohnung aufgeräumt habe!
  이히 빈   제-어 구터 라우내,   봐일 이히 디   간채   보-눙   아우프게로임트   하-배!

- 나는 창문을 닦고 싶습니다.
  Ich möchte die Fenster putzen!
  이히 뫼히태   디   펜스터   풋챈!

- 창문을 닦고 창틀을 깨끗이 문질러 닦아줄 수 있어?
  Kannst du die Fenster putzen und die Fensterrahmen reinigen?
  칸스트   두- 디   펜스터   풋챈   운트 디   펜스터라-맨   라이니갠?

- 여기 이 빨래 좀 널어줄래?
  Kannst du bitte die gewaschene Wäsche hier aufhängen?
  칸스트   두- 비태   디   게봐셰내   뱃셰   히어 아우프행앤?

- 난 마른 빨래를 정리해야 해.
  Ich muss noch die trockene Wäsche einräumen.
  이히 무스   녹흐   디   트록케내   뱃셰   아인로이맨.

- 쓰레기를 아래층에 내려다 버릴래?
  Kannst du den Müll runterbringen?
  칸스트   두- 덴   뮬   룬터브링앤?

- 우리 장들을 모두 닦아낼까?
  Wollen wir alle Schränke auswischen?
  볼랜   뷔어 알래 슈랭캐   아우스뷧섄?

- 너는 방을 꼼꼼하게 쓸어야 해.
  Du musst das Zimmer gründlich kehren.
  두- 무스트 다스 침머   그륀틀리히   케-랜.

- 엄마, 청소가 재미있어요?

  Mama, macht dir Putzen viel Spaß?
  마마,   막흐트 디-어 풋챈   피-르 슈파-쓰?

- 욕실과 부엌의 타일을 박박 문질러 닦는 것은 어렵습니다.

  Es ist schwer, die Fliesen im Bad und der Küche zu schrubben!
  앳스 이스트 슈베-어, 디 플리-잰 임 바-트 운트 데어 퀵해 추 슈루밴!

- 내일 침대시트를 모두 빨아야겠어.

  Ich will morgen die gesamte Bettwäsche waschen!
  이히 빌   모르갠 디 게잠태   배트뱃섀   봣섄!

- 청소를 할 때는 먼지를 털고 진공청소를 하고 훔치고 깨끗이 세정을 해야 해.

  Beim Putzen musst du abstauben, saugen, wischen und reinigen!
  바임 풋챈   뭇스트 두- 압슈타우밴, 자우갠,   빗섄   운트 라이니갠!

- 왜 커피 잔들이 바닥에 놓여 있어?

  Warum liegen die Kaffeetassen auf dem Boden?
  봐-룸   리-갠 디 카페타쌘   아우프 뎀 보-댄?

- 왜 그릇들이 바닥에 놓여 있어?

  Warum liegt das Geschirr auf dem Boden?
  봐-룸   리-ㄱ트 다스 게쉬르   아우프 뎀 보-댄?

- 그것들을 모아서 설거지기계에 넣어.

  Such es zusammen und räum es in die Spülmaschine!
  죽흐 앳스 추잠맨   운트 로임트 앳스 인 디 슈퓔-마쉬-내!

- 네 외투가 아직도 소파 위에 있잖아.

  Ach, dein Mantel liegt noch auf dem Sofa!
  아흐, 다인 만탤   릭-트 녹흐 아우프 뎀 조-파!

- 즉시 옷장 속에다 걸어놔.

  Häng ihn sofort in den Schrank!
  행   인 조포르트 인 덴 슈랑크!

- 저는 오늘 아침에 집안을 청소했습니다.

  Ich habe heute Morgen meine Wohnung aufgeräumt.
  이히 하-배 호이테 모르갠   마이내 보-눙   아우프게로임트.

- 저는 먼저 이 방을 청소하고 싶습니다.

  Ich möchte zuerst das Zimmer aufräumen.
  이히 뫼히태 추-애어스트 다스 침머   아우프로이맨.

- 사무실을 청소합시다.

  Räumen wir mal das Büro auf!
  로이맨   뷔어 마-ㄹ 다스 뷰로- 아우프!

- 내가 집안 청소하는 것을 도와줄 수 있니?

  Kannst du mir beim Aufräumen der Wohnung helfen?
  칸스트 두- 미어 바임 아우프로이맨 데어 보-눙 헬팬?

- 나는 오후 2시에 퇴근이야. 난 거실을 청소할 거야.

  Um 14 Uhr habe ich Feierabend! Ich will das Wohnzimmer aufräumen.
  움 피어체-ㄴ 우-어 하-배 이히 파이어아-벤트! 이히 빌 다스 본-침머 아우프로이맨.

- 나는 청소부 아주머니에게 내 집을 청소 맡기고 싶어요.

  Ich möchte eine Putzfrau meine Wohnung aufräumen lassen.
  이히 뫼히태 아이내 풋츠프라우 마이내 보-눙 아우프로이맨 랏샌.

- 빗자루는 어디 있지?

  Wo ist der Besen?
  보- 이스트 데어 베-잰?

- 행주와 걸레들은 어디 있는지 알아?

  Weißt du, wo Waschlappen und Putztücher sind?
  봐이스트 두- 보- 바쉬라팬 운트 풋츠튓허 진트?

- 내 남편은 접시들을 윤기 나게 닦았습니다.

  Mein Mann hat die Teller blank geputzt!
  마인 만 하트 디 텔러 블랑크 게풋츠트!

- 식초에 담가둔 스펀지로 문지르면 거울이 반짝반짝 윤이 납니다.

  Spiegel werden blitzblank, wenn sie mit einem in Essig getauchten
  슈피-갤 베르댄 블릿츠블랑크, 벤 지- 미트 아이냄 이 엣씨히 게타욱흐탠
  Schwamm abgerieben werden!
  슈밤 압게리-밴 베르댄!

- 곧이어 부드러운 헝겊으로 마무리 윤을 냅니다.

  Anschließend polieren Sie den Spiegel mit einem weichen Lappen nach!
  안슐리-쌘트 폴리-랜 지- 덴 슈피-갤 미트 아이냄 봐잇핸 라팬 낙흐!

- 매일 아침 나는 욕조와 세면대를 닦습니다.

  Jeden Morgen reinige ich die Badewanne und das Waschbecken!
  예-댄 모르갠 라이니게 이히 디 바-데반내 운트 다스 봣쉬벡캔!

- 나는 모든 방을 돌아다니면서 청소를 해야만 해요.

  Ich muss alle Zimmer durchgehen und aufräumen!
  이히 뭇스 알레 침머 두르히게-앤 운트 아우프로이맨!

- 청소도구와 세제를 빨래 통이나 문 옆에 세워놔. 그래야 내가 그것들을 찾을 필요가 없잖아.

  Stell das Putzset und die Reinigungsmittel neben die Spüle oder Tür,
  슈텔 다스 푸츠제트 운트 디 라이니궁스미텔 네-밴 디 슈퓌-래 오-더 튀-어,
  so dass ich nicht zu suchen brauche!
  조- 다스 이히 니힡트 추- 주-ㄱ헌 브라욱해!

VI. 일상생활에 관한 표현

- 우리 아파트는 방이 4개야. 난 매번 진공청소를 하고, 쓸고 창문을 닦아야만 해.
  Meine Wohnung hat vier Zimmer. Ich muss jedesmal saugen, wischen
  마이내 보눙 하트 피-어 침머. 이히 뭇스 예-데스마-ㄹ- 자우갠, 뷧섄
  und Fenster putzen!
  운트 펜스터 풋챈!

- 그런 다음에 욕실을 또 청소해야만 해.
  Danach muss ich noch das Bad reinigen.
  다-낙흐 뭇스 이히 녹흐 다스 바-트 라이니갠.

- 집안 닦고 털거나 비슷한 일을 난 그다지 좋아하지 않아.
  In der Wohnung zu putzen, zu kehren oder ähnliches zu machen, das
  인 데어 보눙 추- 풋챈, 추- 케-랜 오-더 앤-릏해스 추- 막핸, 다스
  mag ich nicht so gerne!
  막 이히 니힐트 조- 게-내!

- 내 남편은 대부분 쓰레기를 밖으로 내갑니다. 설거지도 하고 집안도 청소합니다.
  Mein Mann bringt meistens den Müll raus, spült auch schon mal ab
  마인 만 브링트 마이스텐스 덴 뮬 라우스, 슈퓰트 아욱흐 쇼-ㄴ 마-ㄹ- 압
  oder kehrt die Wohnung.
  오-더 케-르크 디 보-눙.

- 빨래도 널거나 같이 정리해 놓기도 하지요. 그러나 일들 중 대부분은 제 몫이에요.
  Die Wäsche hat er auch schon mal aufgehängt oder zusammen gelegt,
  디 뱃쉐 하트 애어 아욱흐 쇼-ㄴ 마-ㄹ- 아우프게행트 오-더 추잠맨 게렉트,
  aber der größte Teil an Arbeit bleibt doch an mir hängen!
  아-버 데어 그뢰-쓰태 타일 안 아르바이트 브라입트 독흐 안 미-어 행앤!

쓰레기를 버릴 때

- 쓰레기를 좀 밖에 내놔.
  Bring bitte den Müll heraus!
  브링 비태 덴 뮬 헤라웃스!

- 쓰레기 좀 버려주시겠어요?
  Würden Sie bitte den Müll wegwerfen?
  뷰르댄 지- 비태 덴 뮬 벡베르팬?

- 쓰레기통은 어디 있습니까?
  Wo ist die Mülltonne?
  보- 이스트 디 뮬톤내?

- 쓰레기통들은 마당에 있습니다.
  Die Müllcontainer stehen im Hof!
  디 뮬콘테이너 슈테-앤 임 호-프!

- 유리병 컨테이너와 캔 컨테이너 그리고 합성수지 수거용 컨테이너가 있습니다.

  Es gibt Glas-, Dosen- und Kunststoffcontainer!
  앳스 깁트 글라스, 도-잰 운트 쿤스트슈토프콘테이너!

- 쓰레기는 얼마나 자주 비게 됩니까?

  Wie oft leert man die Mülltonne?
  비- 오프트 레어트 만 디 뮬톤내?

- 내가 쓰레기를 아래로 내려다 놓을게.

  Ich bringe den Müll runter.
  이히 블링애 덴 뮬 룬터.

- 병들과 유리컵들은 이 안에다 넣습니다.

  Flaschen und Gläser gehören hier rein!
  플랏샌 운트 글래-저 개회-랜 히어 라인!

- 이 마분지 상자들은 어디다 넣지요?

  Wohin kommen diese Kartonagen?
  보힌 콤맨 디-제 카-토나-잰?

- 종이는 저 안에 넣으세요.

  Papier kommt da rein!
  파피어 콤맨 다 라인!

- 어떻게 해야 쓰레기가 적게 나올 수 있는지 알아요?

  Wissen Sie, wie man weniger Abfall entstehen lässt?
  비샌 지- 비- 만 베-니거 압팔 앤트슈테-앤 랫스트?

- 예, 포장재가 거의 사용되지 않은 제품들을 구입하면, 쓰레기가 줄어들 수 있습니다.

  Ja, wenn man verpackungsarme Produkte käuft, lässt sich Abfall reduzieren!
  야-, 벤 만 페어파쿵스아르매 프로둑태 코이프트, 랫스트 짛히 압팔 레두치-랜!

- 저는 일회용품을 사지 않습니다.

  Ich kaufe keine Wegwerfartikel.
  이히 카우패 카이내 벡베르프아-티-캘.

- 일회용품들은 리필제품들로 대체해야 해요.

  Wegwerfartikel müssen durch nachfüllbare Produkte ersetzt werden!
  벡베르프아-티캘 뮷샌 두르히 낙흐퓰바-래 프로둑태 애어제츠트 베르댄!

- 쓰레기를 재활용하기 위해서는 그것을 맨 먼저 분리해야만 합니다.

  Um den Abfall wiederverwerten zu können, muss er zunächst getrennt werden!
  움 덴 압팔 비-더페어베르탠 추- 쾐낸, 뭇스 애어 추-낵스트 게트랜트 베르댄!

- 종이 쓰레기와 마분지상자들은 파랑색 통에 버리세요.

  Werfen Sie die Papierabfälle und Kartonagen in die blaue Tonne!
  베르팬 지- 디 파피어압팰래 운트 카토나-잰 인 디 블라우애 톤내!

- 이 쓰레기들은 재활용될 수 있습니다.

  Sie können wiederverwertet werden.
  지- 쾬낸 비-더페어베르태트 베르댄.

- 음식물쓰레기는 갈색 쓰레기통에 버리십시오.

  Werfen Sie Bio-Müll in die braune Mülltonne!
  베르펜 지- 비오-뮐 인 디 브라우내 뮬톤내!

- 재활용할 수 없는 쓰레기들은 회색 쓰레기통에 넣는 것입니다.

  In die graue Restmülltonne gehören Abfälle, die nicht verwertet
  인 디 그라우애 레스트뮬톤내 게회-랜 압팰래, 디 니힐트 페어베르태트

  werden können!
  베르댄 쾬낸!

- 껌은 회색 쓰레기통에 버리세요.

  Bitte werfen Sie Kaugummis in die graue Restmülltonne!
  비태 베르팬 지- 카우구미스 인 디 구라우애 레스트뮬톤내!

- 잔여 쓰레기는 나머지 쓰레기를 버리세요.

  Werfen Sie den Restmüll in die grüne Tonne!
  베르팬 지- 덴 레스트뮬 인 디 그뤼-내 톤내!

- 포장지 쓰레기들은 잔여 쓰레기통 용기에 투척하면 안 되고, 분리하여 배출하여야 합니다.

  Verpackungsmüll darf nicht in die Restmüllbehälter geworfen werden,
  페어파쿵스뮬 다르프 니힐트 인 디 레스트뮬베헬터 게보르팬 베르댄,

  sondern ist getrennt zu entsorgen!
  존더른 이스트 게트렌트 추- 앤트조르갠!

> **Tipp** "sein..zu 동사원형" =...하여야 한다 (=화법조동사+p.p+werden), 화법조동사의 종류에 따라 해석이 달라진다. 예) Das Brot ist nicht zu essen!(다스 브로-트 이스트 추- 앳센) 그 빵을 먹을 수 없다, 그 빵을 먹어서는 안 된다 등.

- 쓰레기가 적게 나와야 우리의 환경을 보호하고 돈을 절약하는 겁니다.

  Weniger Müll schont unsere Umwelt und spart Geld!
  베-니거 뮬 쇼-ㄴ트 운저래 움베트 운트 슈파르트 겔트!

- 종이 쓰레기들은 재활용됩니다.

  Papierabfälle werden recycelt!
  파피어압팰래 베르댄 리싸이클트!

Tipp recycelt 대신에 wiederverwertet라고도 한다.

휴일을 보낼 때

- 적어도 일요일에는 늦잠을 자고 싶어요.

  Ich möchte mindestens am Sonntag ausschlafen!
  이히 뫼히태 민데스탠스 암 존타-ㅋ 아우스슐라-팬!

- 한 번 푹 자야겠어.

  Ich muss mich endlich einmal ausschlafen!
  이히 뭇스 밓히 앤틀리히 아인마-ㄹ 아우스슐라-팬!

- 난 휴식이 좀 필요해.

  Ich brauche Ruhe!
  이히 브라욱해 루-애!

- 저는 주말에 푹 쉽니다.

  Am Wochenende ruhe ich aus!
  암 복핸앤대   루-애 이히 아우스!

- 오늘은 온종일 어떻게 보낼까?

  Wie soll ich heute den ganzen Tag verbringen?
  비- 졸 이히 호이테 덴 간챈   타-ㅋ- 페어브링앤?

- 서점에 들를까?

  Kommen wir an einer Buchhandlung vorbei?
  콤맨   뷔어 안 아이너 북흐한들룽   포-어바이?

- 서점에 갈까?

  Wollen wir in eine Buchhandlung gehen?
  볼랜   뷔어 인 아이내 북흐한들룽   게-앤?

- 영화관에 갑시다.

  Gehen wir ins Kino!
  게-앤 뷔어 인스 키-노!

- 야외에 나갑시다.

  Gehen wir ins Freie!
  게-앤 뷔어 인스 프라이에!

- 오늘 외식하자.

  Essen wir auswärts!
  앳샌   뷔어 아우스배르츠!

- 오늘은 저녁은 음식점에서 식사하지요.

  Essen wir heute Abend im Restaurant!
  앳샌 뷔어 호이테 아-벤트 임 레스토랑!

- 갑시다.

  Lass uns gehen!
  랏스 운스 게-앤!

- 오늘은 약속이 있어요.

  Heute habe ich eine Verabredung!
  호이테 하-배 이히 아이내 페어아프레-둥!

 학교와 출신지

 독일에서 학교에 다니다보면 대학생뿐만 아니라, 아는 사람들의 가족들에 대해서도 그들의 학교생활과 출신지 등에 대해 자연스럽게 물어보거나 그러한 질문에 대답을 해야 할 때가 생긴다. "Wo studieren Sie?" 혹은 "Wo gehen Sie zur Universität?"(어디서 대학에 다닙니까?) "Was ist Ihr Hauptfach?"(전공이 무엇입니까?) "Im wievielten Studienjahr sind Sie?"(몇 학년입니까?) "Im dritten."(3학년입니다.) "Woher kommen Sie?"(어느 나라에서 오셨습니까?) "Aus welcher Stadt sind Sie?"(어느 도시에서 오셨나요?)라고 출신을 묻기도 한다.

출신학교에 대해

• 어느 학교에 다니십니까?

Welche Universität besuchen Sie?
밸해   우니버지태-트   배주-ㄱ헌   지-?

 초중고등학교 학생에게는 "Welche Schule besuchst du?"(밸해 슐-레 배주흐스트 두-?) 또는 "Auf welche Schule gehst du?"(아우프 밸해 슐-레 게-스트 두-?)

• 어디에서 대학교에 다니십니까?

Wo gehen Sie zur Universität?
보- 게-앤   지- 추어 우니버지태트?

• 어느 대학에 다니십니까?

Welche Universität besuchen Sie?
밸해   우니버지태-트   배주-ㄱ헌   지-?

• 어느 대학에서 공부하시지요?

An welcher Universität studieren Sie denn?
안 밸혀   우니버지태트   슈투디-랜   지- 덴?

• 저는 베를린대학교 학생입니다.

Ich bin Student an der Universität Berlin.
이히 빈 슈투덴트   안 데어 우니버지태-트   베얼리인.

- 몇 학기 째입니까?

  In welchem Semester sind Sie?
  인 벨햄   제메-스터   진트 지-?

  > Tipp 초중고등학교 학생에게는 "**In welcher Klasse bist du?**"(인 벨혀 클랏세 비스트 두-?) "몇 학년이니?"

- 어느 학교를 졸업했습니까?

  An welcher Universität haben Sie studiert?
  안 벨혀   우니버지태-트 하-밴   지- 슈투디어트?

- 어디에서 대학에 다녔습니까?

  Wo haben Sie studiert?
  보- 하-밴   지- 슈투디어트?

전공에 대해서

- 무엇을 전공하십니까?

  Was studieren Sie?
  밧스 슈투디-랜   지-?

- 전공이 뭔가요?

  Was ist Ihr Hauptfach?
  밧스 이스트 이어 하우프트팍흐?

- 부전공은 무엇입니까?

  Was ist Ihr Nebenfach?
  밧스 이스트 이어 네-밴팍흐?

- 부전공은 몇 개하십니까?

  Wie viele Nebenfächer studieren Sie?
  비- 피-ㄹ래 네-벤팽혀   슈투디-랜   지-?

- 대학교 때 전공이 무엇이었습니까?

  Was war Ihr Hauptfach an der Universität?
  밧스 봐- 이어 하우프트팍흐 안 데어 우니버지태-트?

- 어떤 학위를 가지고 계시지요?

  Welchen Titel haben Sie erworben?
  벨햄   티-텔 하-밴   지- 에어보르밴?

- 무엇을 전공하고 있습니까?

  Was studieren Sie als Hauptfach?
  밧스 슈투디-랜   지- 알스 하우프트팍흐?

- 무엇을 전공하고 있습니까?

  Was studieren Sie im Hauptfach?
  밧스 슈투디-랜 지- 임 하우프트팍흐?

- 전공이 무엇입니까?

  Was ist Ihr Hauptfach?
  밧스 이스트 이어 하우프트팍흐?

- 저는 도시공학을 전공하고 있습니다.

  Ich studiere Raumplanung als Hauptfach.
  이히 슈투디-래 라움플라-눙 알스 하우프트팍흐.

- 저는 법학을 전공하고 있어요.

  Ich studiere Jura.
  이히 슈투디-래 유-라.

- 저는 경제학을 전공하고 있습니다.

  Ich studiere im Hauptfach Wirtschaftswissenschaften.
  이히 슈투디-래 임 하우프트팍흐 뷔르트샤프트빗샌샤프탠.

- 저는 독어독문학을 전공하고 있습니다.

  Ich studiere als Hauptfach Germanistik.
  이히 슈투디-래 알스 하우프트팍흐 게르마니스틱.

- 대학교 때 전공이 무엇이었습니까?

  Was war Ihr Hauptfach an der Universität?
  밧스 봐- 이어 하우프트팍흐 안 데어 우니버지태-트?

- 저는 대학에서 역사학을 전공했어요.

  Ich habe Geschichte an der Universität studiert.
  이히 하-배 게쉬히태 안 데어 우니버지태-트 슈투디어트.

- 저는 대학교 때 경제학을 전공했습니다.

  Ich habe Wirtschaftswissenschaften an der Universität studiert.
  이히 하-배 뷔르트샤프트빗샌샤프탠 안 데어 우니버지태-트 슈투디어트.

- 저의 전공은 영어였습니다.

  Mein Hauptfach war Englisch.
  마인 하우프트팍흐 봐- 앵글리쉬.

- 법학을 공부하는데 보통 몇 년 걸립니까?

  Wie lange braucht man, wenn man Jura studiert?
  비- 랑애 브라욱흐트 만, 벤 만 유-라 슈투디어트?

- 어떤 과목을 좋아합니까?

  Welche Hauptfächer mögen Sie besonders?
  밸헤 하우프트퍵혀 뫼-갠 지- 배존더스?

- 저는 독일어와 역사 과목을 특히 좋아합니다.

  Ich mag besonders die Hauptfächer Deutsch und Geschichte!
  이히 막 배존더스 디 하우프트팽허 도이취 운트 게쉬히태!

- 어떤 학위를 가지고 계십니까?

  Welchen Titel haben Sie?
  밸햰 티-텔 하-밴 지-?

학년과 선후배에 대해서

- 몇 학년이니?

  Welchen Jahrgang besuchst du?
  밸햰 야-강 배주-ㄱ흐스트 두-?

- 몇 학기 생이십니까?

  In welchem Semester sind Sie?
  인 밸햄 제메-스터 진트 지-?

- 저는 4학년입니다.

  Ich besuche die vierte Klasse.
  이히 배주-ㄱ해 디 피어태 클랏새?

- 저는 2학년입니다.

  Ich gehe in die zweite Klasse.
  이히 게-애 인 디 츠바이태 클랏새.

- 저는 지금 6학기 째입니다.

  Ich studiere jetzt im sechsten Semester.
  이히 슈투디-래 예츠트 임 잭스탠 제메-스터.

- 몇 학년입니까?

  Im wievielten Studienjahr sind Sie?
  인 비-피-ㄹ탠 슈투디엔야- 진트 지-?

> 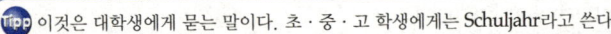 이것은 대학생에게 묻는 말이다. 초·중·고 학생에게는 **Schuljahr**라고 쓴다.

- 3학년입니다.

  Ich bin im dritten.
  이히 빈 임 드리탠.

- 지금 몇 학기 째입니까?

  Im wievielten Semester sind Sie?
  임 비-피-ㄹ탠 제메-스터 진트 지-?

- 4학기 째입니다.

  Im vierten.
  임 피어탠.

- 그는 저보다 1년 선배입니다.

  Er studiert schon zwei Semester länger als ich.
  애어 슈투디어트 쇼-ㄴ 츠바이 제메-스터 랭어 알스 이히.

- 그는 저의 학교선배입니다.

  Er hat viel früher als ich absolviert.
  애어 하트 필 프뤼어 알스 이히 압졸비어트.

- 그녀는 나의 3년 후배입니다.

  Sie hat 3 Jahre später mit dem Studium angefangen.
  지- 하트 드라이 야-래 슈패-터 미트 뎀 슈투-디움 안게팡앤.

- 그는 나의 대학 3년 선배입니다.

  Er ist schon 3 Jahre länger als ich an der Uni.
  애어 이스트 쇼-ㄴ 드라이 야-래 랭어 알스 이히 안 데어 우니.

학교생활에 대해서

- 나는 내일 리포트를 발표해야합니다.

  Ich muss morgen ein Referat halten.
  이히 뭇스 모르갠 아인 레파라-트 할탠.

- 나 오늘 미팅했어요.

  Ich hatte heute eine Verabredung mit einem anderen Studenten.
  이히 하태 호이테 아이내 페어아프레-둥 미트 아이냄 안더랜 슈투덴텐.

 여대생과 미팅했으면 mit einer anderen Studentin(미트 아이너 안더렌 슈투덴틴)

- 아르바이트를 하고 있나요?

  Haben Sie eine Teilzeitarbeit?
  하-밴 지- 아이내 타일차이트아르바이트?

- 나는 방학 기간 동안에 일할 아르바이트를 구하고 있어요.

  Für die Ferien suche ich mir einen Job.
  퓨어 디 페-리엔 주-ㄱ해 이히 미어 아이낸 좁.

 der Job(데어 좁) 1) 일시적인 일, 2) 일자리(Arbeitsplatz, Stelle)(아르바이츠플랏츠, 슈텔래), 3) 직업

- 많은 학생들이 아르바이트를 합니다.

  Viele Studenten arbeiten stundenweise.
  피-ㄹ래 슈투덴탠   아르바이탠 슈툰덴바이재.

- 많은 학생들이 방학 때 아르바이트를 합니다.

  Viele Studenten jobben in den Ferien.
  피-ㄹ래 슈투덴탠   조밴   인 덴   페-리엔.

> **Tipp** jobben(조밴) (파트타임제로) 아르바이트 하다.

- 이번 학기에 몇 과목이나 수강 신청했어요?

  Wie viele Seminare haben Sie in diesem Semester?
  비- 피-ㄹ래 제미나-래 하-밴 지- 인 디잼   제메-스터?

> **Tipp** Seminare(제미나-래) 대신에 Kurse(쿠르제)를 넣기도 한다.

- 그녀는 수업 준비하느라 바쁩니다.

  Sie ist mit der Vorbereitung des Unterrichts beschäftigt.
  지- 이스트 미트 데어 포-어베라이퉁   데스 운터리히츠   배섀프틱트.

- 그게 무슨 책입니까?

  Was für ein Buch ist das?
  밧스 퓨어 아인 북흐   이스트 다스?

- 저는 장학금을 신청했어요.

  Ich habe ein Stipendium beantragt.
  이히 하-배 아인 슈티펜디움   배안트락트.

- 저는 장학생입니다.

  Ich habe ein Stipendium.
  이히 하-배 아인 슈티펜디움.

수업에 대해서

- 학업이 잘 되고 있습니까?

  Kommen Sie mit Ihrem Studium gut voran?
  콤맨   지- 미트 이어램 슈투-디움   구-ㅌ 포란?

- 그 수업은 저에게 너무 어려워요.

  Der Unterricht ist zu schwer für mich!
  데어 운터리히트   이스트 추- 슈붸어 퓨어 밓히!

- 이 수업은 제게 너무 벅찹니다.

    Dieser Unterricht ist zu anstrengend für mich!
    디-저 운터리히트 이스트 추- 안슈트랭앤트 퓨어 밑히!

- 난 당신이 앞으로 잘 할 것이라고 확신합니다.

    Ich bin sicher, dass Sie gut vorankommen werden.
    이히 빈 짙혀, 다스 지- 구-트 포어안콤맨 베르댄.

- 제 딸이 학교에서 공부 잘 하고 있습니까?

    Ist meine Tochter gut in der Schule?
    이스트 마이네 톡흐터 구-트 인 데어 슐-래?

- 예, 그 애는 학교에서 공부를 아주 잘 하고 있습니다.

    Ja, sie macht sich sehr gut in der Schule!
    야, 지- 막흐트 짙히 제어 구-트 인 데어 슐-래!

- 당신은 대학교에서 독일어에 어려움이 없습니까?

    Haben Sie an der Universität keine Schwierigkeiten mit der deutschen
    하-밴 지- 안 데어 우니버지태-트 카이내 슈비-리히카이탠 미트 데어 도이챈
    Sprache?
    슈프랗해?

- 물론 아직은 문제가 있습니다.

    Doch, ich habe noch etwas Probleme mit dem Deutsch!
    독흐, 이히 하-배 녹흐 애트밧스 프로블레-매 미트 뎀 도이취!

- 저의 독일어는 아직 충분하지 않습니다.

    Mein Deutsch ist noch nicht gut genug!
    마인 도이취 이스트 녹흐 니힡트 구-트 게눅흐!

- 저는 독일어가 아직 부족합니다.

    Mein Deutsch reicht noch nicht aus!
    마인 도이취 라이히트 녹흐 니힡트 아웃스!

- 이 문제에 대한 답을 모르겠어요.

    Ich kann die Fragen nicht beantworten.
    이히 칸 디 프라-갠 니흐트 배안트보르탠.

- 교수님 수업을 청강해도 됩니까?

    Darf ich Ihre Veranstaltung besuchen?
    다르프 이히 이어래 패어안슈탈퉁 배주-ㄱ핸?

- 오늘은 수업이 없습니다.

    Heute habe ich keinen Unterricht.
    호이테 하-배 이히 카이낸 운터리히트.

- 저는 월요일에 9시부터 오후 3시까지 수업이 있습니다.

  Am Montag habe ich von neun bis fünfzehn Uhr Unterricht.
  암 모-ㄴ타-ㅋ 하-배 이히 폰 노인 비스 퓐프체-ㄴ 우-어 운터리히트.

- 오늘 수업은 어땠어요?

  Wie war der Unterricht heute?
  비- 봐 데어 운터리히트 호이테?

- 저는 수요일에 리포트를 발표해야 합니다.

  Ich muss am Mittwoch ein Referat halten!
  이히 무스 암 미트복흐 아인 레파라-트 할텐!

- 오늘 그 수업은 휴강입니다.

  Der Unterricht fällt heute aus!
  데어 운터리히트 팰트 호이테 아우스!

- 그녀는 영어 과목을 가르칩니다.

  Sie unterrichtet in Englisch.
  지- 운터리히태트 인 앵글리쉬.

- 그녀는 역사를 가르칩니다.

  Sie unterrichtet Geschichte.
  지- 운터리히태트 게쉬히태.

- 그는 학교 공부를 아주 잘합니다.

  Er ist sehr gut in der Schule!
  애어 이스트 제어 구-ㅌ 인 데어 슐-래!

- 너 수학 잘하니?

  Bist du gut in Mathematik?
  비스트 두- 구-ㅌ 인 마테마틱?

- 아니, 수학은 내 적성에 맞지 않아.

  Nein, Mathe liegt mir nicht!
  나인 마테 리-ㄱ트 미-어 니힐트?

- 너는 독일어에 흥미가 있니?

  Interessierst du dich für Deutsch?
  인터레시어스트 두- 딯히 퓨어 도이춰?

- 그 교수님은 수업중에 나에게 많은 질문을 하셨어.

  Im Unterricht hat der Professor mich viel gefragt.
  임 운터리히트 하트 데어 프로페쏘어 밓히 피-르 게프락트.

- 한국의 대학원에서 무엇을 전공하셨습니까?

  Welche Aufbaustudiengänge haben Sie gemacht?
  뱉해 아우프바우슈투디엔갱얘 하-밴 지- 게막흐트?

- 수업이 언제 끝납니까?

  Wann endet der Unterricht?
  반   앤데트 데어 운터리히트?

- 수업에서 많은 것을 배웠습니다.

  Ich habe im Unterricht viel gelernt.
  이히 하-배 임 운터리히트   피-ㄹ 겔레른트.

시험과 성적에 대해서

- 저는 내일 시험이 있어서, 공부를 해야만 해요.

  Ich muss lernen, weil ich morgen eine Prüfung habe!
  이히 뭇스 레르낸, 바일 이히 모르갠 아이내 프뤼-풍   하-배!

- 그는 책을 파고듭니다.

  Er steckt die Nase immer in die Bücher!
  애어 슈텍크트 디 나-제 임머   인 디 뷧혀!

- 이제 공부를 해야 할 것 같아요.

  Ich muss jetzt lernen!
  이히 뭇스 예츠트 레르낸!

- 저는 시험 준비를 해야 합니다.

  Ich muss mich auf die Prüfung vorbereiten!
  이히 뭇스 밎히 아우프 디 프뤼-풍   포-어배라이탠!

- 당신의 시험결과는 어떤가요?

  Wie war Ihr Prüfungsergebnis?
  비- 봐 이어 프뤼-풍스애어게-프니스?

- 당신은 성적 미달입니다.

  Ihre Leistugen sind nicht ausreichend!
  이어래 라이스퉁앤   진트   니흐트 아우스라이핸트!

- 당신은 더 열심히 공부해야 합니다.

  Sie müssen viel fleißiger lernen!
  지- 뮤쌘   피-ㄹ 플라이씨거 레르낸!

- 저는 그 시험결과에 큰 기대를 걸고 있습니다.

  Ich warte auf das Ergebnis der Prüfung.
  이히 봐르태 아우프 다스 에어게-프니스 데어 프뤼-풍.

- 그는 학교성적이 매우 좋아진 것 같아요.

  Ich glaube, er kommt gut voran!
  이히 글라우배, 애어 콤트   구-ㅌ 포란!

- 제 딸은 좋은 점수를 받았어요.
  Meine Tochter hat gute Noten bekommen!
  마이네 톡흐터 하트 구-태 노-태 배콤맨!

- 그 애는 수학이라면 아무에게도 뒤지지 않아요.
  In Mathematik macht ihr keiner was vor!
  인 마테마틱 막흐트 이-어 카이너 밧스 포어!

- 수학은 그 애의 선호과목입니다.
  Mathe ist ihr Lieblingsfach!
  마테 이스트 이어 리-블링스팍흐!

- 그러나 최근에 영어 과목 성적이 많이 떨어졌습니다.
  Ihre Leistungen in Englisch haben in letzter Zeit stark nachgelassen!
  이어레 라이스퉁앤 인 앵글리쉬 하-밴 인 레츠터 차이트 슈타르크 낙흐겔랏샌!

- 저는 수학을 늘 못했어요.
  In Mathe war ich immer schlecht!
  인 마테 봐 이히 임머 슐래힡트!

출신지에 대해 말할 때

- 어느 나라에서 오셨습니까?
  Woher kommen Sie?
  보해-어 콤맨 지-?

- 실례지만, 어디서 오셨습니까?
  Entschuldigen Sie bitte, woher kommen Sie?
  앤트슐-디갠 지- 비태, 보해-어 콤맨 지-?

- 어디서 오셨습니까?
  Wo kommen Sie her?
  보- 콤맨 지- 해-어?

- 어디서 오셨습니까?
  Woher sind Sie?
  보해-어 진트 지-?

- 한국에서 왔습니다.
  Ich komme aus Korea.
  이히 콤매 아우스 코레-아.

- 거기 어디서 오셨나요?
  Woher da?
  보해-어 다-?

- 그곳의 어느 도시에서 오셨습니까?

  Aus welcher Stadt sind Sie?
  아우스 벨혀   슈탈트 진트   지-?

- 서울이요.

  Aus Seoul.
  아우스 서울.

- 저는 한국에서 왔어요. 부산에서요.

  Ich komme aus Korea, aus Busan.
  이히 콤매   아우스 코레-아, 아우스 부산.

- 한국에서 오셨습니까?

  Kommen Sie aus Korea?
  콤맨   지- 아우스 코레-아?

- 예, 맞아요. 한국에서 왔어요.

  Ja, genau! Ich komme aus Korea.
  야, 게나우! 이히 콤매   아우스 코레-아.

- 한국에서 오시지 않으셨습니까?

  Kommen Sie nicht aus Korea?
  콤맨   지- 니힡트 아우스 코레-아?

- 예, 맞아요. 저는 한국에서 왔어요.

  Doch, ich komme aus Korea!
  독흐,   이히 콤매   아우스 코레-아!

- 어디에서 성장하셨습니까?

  Wo sind Sie aufgewachsen?
  보- 진트 지- 아우프게박샌?

- 서울에서 자랐습니다.

  Ich wuchs in Seoul auf.
  이히 북스   인 서울   아우프.

- 태어난 곳이 어디입니까?

  Wo sind Sie geboren?
  보- 진트 지- 게보-랜?

- 태어나서 자란 곳이 어디입니까?

  Wo sind Sie geboren und aufgewachsen?
  보- 진트 지- 게보-랜   운트 아우프게박샌?

- 서울토박이입니다.

  Ich bin in Seoul geboren und aufgewachsen.
  이히 빈 인 서울   게보-랜   운트 아우프게박샌.

- 고향생각이 나지 않으세요?
  Sind Sie nicht krank vor Heimweh?
  진트 지- 니힡트 크랑크 포-어 하임베-?

- 고향이 그리워요.
  Ich sehne mich nach meiner Heimatstadt.
  이히 제-네 미히 낙흐 마이너 하아마트슈탙트.

- 집이 그리워요.
  Ich sehne mich nach meinem Elternhaus.
  이히 제-네 미히 낙흐 마이냄 엘터른하우스.

- 어느 나라 분이세요?
  Welche Nationalität haben Sie?
  뷀헤 나치오날리태-트 하-밴 지-?

- 제 국적은 한국입니다.
  Ich bin koreanisch.
  이히 빈 코레아-니쉬.

- 당신의 국적은 한국입니까?
  Sind Sie koreanisch?
  진트 지- 코레아-니쉬?

- 태생은 한국인이지만, 국적은 독일인입니다.
  Ich bin gebürtiger Koreaner, aber ich bin deutscher Staatsbürger!
  이히 빈 게뷰르티거 코레아-너, 아-버 이히 빈 도이처 슈타-츠뷰르거!

- 당신은 일본인입니까?
  Sind Sie Japaner?
  진트 지- 야파-너?

- 아니오. 저는 한국 사람인데요.
  Nein, ich bin Koreaner!
  나인, 이히 빈 코레아-너!

- 당신은 독일인입니까?
  Sind Sie Deutscher?
  진트 지- 도이처?

> 독일인(남자) Deutscher, ein Deutscher, der Deutsche:(도이처, 아인 도이처, 데어 도이체) 독일인(여자) Deutsche, eine Deutsche, die Deutsche.(도이체, 아이네 도이체, 디 도이체)

 **개인의 신상**

독일 사람들과 교제를 할 때 개인의 신상에 대해 말하는 일은 드문 일이다. 그렇지만 친숙해지면서 "Wie groß ist Ihre Familie?"(가족이 몇 식구 입니까?) "Haben Sie Geschwister?"(형제가 있습니까?) "Haben Sie Kinder?"(자녀가 있습니까?) 라며 가족관계를 묻는 게 가장 일반적인 표현일 것이다. 생일, 나이, 생일, 주거지, 주소, 직업 등에 대해서 말하는 것도 상대방과 친하게 지내기 위한 적극적 표현이 될 수 있으니 일상 독일어를 자연스럽게 구사하도록 연습하자.

나이를 말할 때

• 몇 살입니까?

Wie alt sind Sie?
비- 알트 진트 지-?

• 너 몇 살이니?

Wie alt bist du?
비- 알트 비스트 두-?

• 너희들 몇 살이니?

Wie alt seid ihr?
비- 알트 자이트 이어?

• 그들은 몇 살이지요?

Wie alt sind sie?
비- 알트 진트 지-?

• 연세가 몇인지 여쭤 봐도 됩니까?

Darf ich fragen, wie alt Sie sind?
다르프 이히 프라-갠, 비- 알트 지- 진트?

• 몇 살인지 물어봐도 될까요?

Wie alt sind Sie, wenn man fragen darf?
비- 알트 진트 지-, 벤 만 프라-갠 다르프?

• 그가 몇 살인지 물어봐도 될까요?

Wie alt ist er, wenn man fragen darf?
비- 알트 이스트 애어, 벤 만 프라-갠 다르프?

- 당신의 나이를 알려주시겠습니까?

  Könnten Sie mir sagen, wie alt Sie sind?
  쾬탠   지- 미어 자갠,   비- 알트 지- 진트?

- 나이를 말하고 싶지 않은데요.

  Ich möchte nicht sagen, wie alt ich bin.
  이히 뫼히태   니흘트 자갠,   비- 알트 이히 빈.

- 제가 몇 살인지 추측해 보세요.

  Erraten Sie, wie alt ich bin!
  애어라-탠 지-, 비- 알트 이히 빈!

- 저를 몇 살로 보십니까?

  Für wie alt halten Sie mich?
  퓨어 비- 알트 할탠   지- 밓히?

- 저는 겨우 19입니다.

  Ich bin erst neunzehn Jahre alt.
  이히 빈   애어스트 노인체-ㄴ 야-래   알트.

- 스물다섯입니다.

  Ich bin fünfundzwanzig Jahre alt.
  이히 빈   퓐프운트쯘프치히   야-래   알트.

- 저는 20대 초반입니다.

  Ich bin in meinen frühen Zwanzigern.
  이히 빈 인 마이냄   프뤼-앤   츠반치거른.

- 저는 30대입니다.

  Ich bin in meinen Dreißigern.
  이히 빈 인 마이냄   드라이씨거른.

- 20대 후반입니다.

  Ich bin in meinen späten Zwanzigern.
  이히 빈 인 마이냄   슈패-탠   츠반치거른.

- 짐작하건대 30 세로 보입니다.

  Sie sind schätzungsweise dreißig Jahre alt.
  지- 진트   섀충스바이재   드라이씨히 야-래 알트.

- 저는 당신과 동갑입니다.

  Ich bin so alt wie Sie.
  이히 빈   조- 알트 비- 지-.

- 저는 당신과 동갑입니다.

  Ich bin gerade Ihr Alter.
  이히 빈   게라대   이어 알터.

- 저와 동갑이군요.

  Sie sind mein Alter.
  지- 진트 마인   알터.

- 저보다 3살 위이군요.

  Sie sind drei Jahre älter als ich.
  지- 진트 드라이 야-래 앨터 알스 이히.

- 저는 그보다 몇 살 아래입니다.

  Ich bin viele Jahre jünger als er.
  이히 빈 피-래 야-래 융어   알스 애어.

- 나이에 비해 젊어 보이십니다.

  Sie sehen jünger aus, als Sie sind!
  지- 제-앤 융어   아웃스, 알스 지- 진트!

- 그 사람은 나이에 비해 들어 보이네요.

  Er sieht älter aus, als er ist!
  애어 지-트 앨터 아웃스, 알스 애어 이스트!

생일에 대해

- 언제 태어났습니까?

  Wann sind Sie geboren?
  반   진트 지- 게보-랜?

- 몇 년도에 태어났습니까?

  In welchem Jahr sind Sie geboren?
  인 밸햄   야-   진트 지- 게보-랜?

- 생일이 언제입니까?

  Wann haben Sie Geburtstag?
  반   하-밴   지- 게부어츠타-ㅋ?

- 네 생일이 언제니?

  Wann hast du Geburtstag?
  반   하스트 두- 게부어츠타-ㅋ?

- 너는 언제 어디서 태어났니?

  Wann und wo bist du geboren?
  반   운트 보- 비스트 두 게보-랜?

- 오늘은 내 생일이야.

  Heute habe ich Geburtstag.
  호이테   하-배 이히 게부어츠타-ㅋ.

- 내일은 제 생일입니다.

  Morgen habe ich Geburtstag.
  모르겐   하-배   이히 게부어츠타-ㅋ.

- 내일 모레야. 10월 23일.

  Übermorgen, am dreiundzwanzigsten Oktober.
  위-버모르겐,   암   드라이운트츠반치히스탠   옥토-버.

- 내일은 저의 26번째 생일입니다.

  Morgen habe ich meinen sechsundzwanzigsten Geburtstag.
  모르갠   하-배 이히 마이낸   젝스운트츠반치히스탠   게부어츠타-ㅋ.

- 목요일이 제 생일입니다.

  Am Donnerstag habe ich Geburtstag.
  암   돈너스타-ㅋ   하-배 이히 게부어츠타-ㅋ.

- 저의 생일은 이미 지나갔습니다.

  Mein Geburtstag ist schon vorbei.
  마인   게부어츠타-ㅋ   이스트 쇼-ㄴ 포-어바이.

- 며칠 후면 제 생일입니다.

  In einigen Tagen habe ich Geburtstag.
  이 아이니갠   타갠   하-배 이히 게부어츠타-ㅋ.

- 저는 5월1일에 태어났습니다.

  Ich bin am ersten Mai geboren.
  이히 빈   암   애어스탠 마이   게보-랜,

- 나는 좋은 별자리를 갖고 태어났어요.

  Ich bin unter einem guten Stern geboren.
  이히 빈   운터   아이넴   구-탠   슈테른 게보-랜.

- 생일 축하합니다.

  Herzlichen Glückwunsch zum Geburtstag!
  헤르츨링핸   글뤽분쉬   춤   게부어츠타-ㅋ!

- 늦었지만 생일 축하합니다.

  Glückwunsch nachträglich!
  글뤽분쉬   낙흐트래-클리히!

- 오늘이 무슨 날인데요? 오늘이 당신 생일이잖아요.

  Was ist der Anlass? Heute ist Ihr Geburtstag.
  밧스 이스트 데어 안랏스?   호이테   이스트 이어 게부어츠타-ㅋ.

- 제 생일 파티에 당신을 초대하고 싶습니다.

  Ich möchte Sie zu meinem Geburtstag einladen!
  이히 뫼히태   지- 추- 마이넴   게부어츠타-ㅋ 아인라댄!

- 이번 주말 제 생일 파티에 당신을 초대하고 싶습니다.

  Ich möchte Sie am Wochenende zu meinem Geburtstag einladen!
  이히 뫼히태   지- 암 복핸앤대   추- 마이냄   게부어츠타-ㅋ 아인라댄!

- 너 생일에 뭐 갖고 싶니?

  Was wünscht du dir zum Geburtstag?
  밧스 뷘쉬트 두- 디-어 춤   게부어츠타-ㅋ?

- 생일에 뭐 갖고 싶으세요?

  Was wünschen Sie sich zum Geburtstag?
  밧스 뷘샌   지- 짛히 춤   게부어츠타-ㅋ?

- 너의 생일을 축하해.

  Ich gratuliere dir zum Geburtstag!
  이히 그라툴리-래 디-어 춤   게부어츠타-ㅋ!

- 당신의 생일을 축하합니다.

  Ich gratuliere Ihnen zum Geburtstag!
  이히 그라툴리-래 이-냄   춤   게부어츠타-ㅋ!

- 생일을 맞아 모든 일이 잘되길 바래요.

  Alles Gute zum Geburtstag!
  알랫스 구-태 춤   게부어츠타-ㅋ!

종교에 대해서

- 무슨 종교를 믿습니까?

  Welche Religion haben Sie?
  밸해   렐리기오온 하-밴   지?

- 종교가 무엇입니까?

  Was ist Ihre Religion?
  밧스 이스트 이어래 렐리기오온?

- 종교를 가지고 계십니까?

  Haben Sie eine Religion?
  하-밴   지- 아이내 렐리기오온?

- 저는 기독교 신자입니다.

  Ich bin evangelisch.
  이히 빈 에방겔-리쉬.

- 저는 카톨릭 신자입니다.

  Ich bin katholisch.
  이히 빈 카톨-리쉬.

- 저는 불교 신자입니다.

Ich bin buddhistisch.
이히 빈 부디스티쉬.

- 당신의 종파는 무엇입니까?

Welche Konfession haben Sie?
벨해 콘페시오-ㄴ 하-밴 지-?

- 이번 주일에 우리는 딸아이의 입교식 잔치를 합니다.

Am Sonntag feiern wir die Konfirmation unserer Tochter.
암 존타-ㅋ 파이어른 뷔어 디 콘피르마치오-ㄴ 운저러 톡흐터.

- 그는 신앙심이 매우 깊습니다.

Er ist sehr fromm.
애어 이스트 제-어 프롬.

가족에 대해서

- 가족은 몇 분이나 됩니까?

Wie viele Personen sind Sie zu Hause?
비- 피-ㄹ래 페르조-낸 진트 지- 추 하우재?

- 가족이 몇이나 됩니까?

Wie groß ist Ihre Familie?
비- 그로-쓰 이스트 이어래 파밀리-에?

- 우리 가족은 4명입니다.

Wir sind zu viert in der Familie.
뷔어 진트 추 피어트 인 데어 파밀리-에.

- 우리 가족은 네 명입니다.

Wir sind vier.
뷔어 진트 피어.

- 나의 가족은 넷입니다 ; 어머니, 아버지, 여동생 그리고 저입니다.

Ich habe drei Familienmitglieder; meine Mutter, meinen Vater und meine Schwester.
이히 하-배 드라이 파밀리-엔미트글리-더; 마이내 무터, 마이낸 파-터 운트
마이내 슈베스터.

- 식구가 많습니까?

Haben Sie eine große Familie?
하-밴 지 아이내 그로-쌔 파밀리-에?

- 우리 가족은 대가족입니다.

  Meine Familie ist groß.
  마이내 파밀리-에 이스트 그로-쓰.

- 우리 가족은 많지 않아요.

  Meine Familie ist klein.
  마이내 파밀리-에 이스트 클라인.

- 그는 가족이 많아요.

  Er hat eine große Familie.
  애어 하트 아이내 그로-쎄 파밀리-에.

- 가족이 있습니까?

  Haben Sie Familie?
  하-밴 지 파밀리-에?

- 가족에 대해 좀 말씀해 주시겠습니까?

  Würden Sie mir mal von Ihrer Familie erzählen?
  뷰르댄 지- 미-어 마알 폰 이어러 파밀리-에 애어챌-렌?

- 저는 부모님과 잘 지냅니다.

  Ich komme mit meinen Eltern glänzend aus.
  이히 콤매 미트 마이낸 엘터른 글랜첸트 아웃스.

- 모두 안녕하신가요?

  Wie geht's zu Hause?
  비- 게-츠 추- 하우재?

- 난 독자입니다.

  Ich bin Einzelkind.
  이히 빈 아인첼킨트.

- 우리 가족사진입니다.

  Das ist ein Bild von meiner Familie.
  다스 이스트 아인 빌트 폰 마이너 파밀리-에.

- 가족들이 무척 그리워요.

  Ich sehne mich sehr nach meiner Familie.
  이히 제-내 미히 제-어 낙흐 마이너 파밀리-에.

- 저는 가족적인 분위기를 좋아해요.

  Ich mag eine gemütliche Atmosphäre.
  이히 막 아이내 게뮈틀릿해 아트모스패-래.

- 가족은 저에게 중요합니다.

  Die Familie ist mir wichtig!
  디 파밀리-에 이스트 미-어 빙히티히!

- 우리 가족은 매우 화목해요.

  Wir sind eine sehr harmonische Familie.
  뷔어 진트 아이내 제-어 하-모-니샤   파밀리-에.

- 가족과 함께 사세요?

  Wohnen Sie mit Ihrer Familie?
  보-낸   지- 미트 이어러 파밀리-에

- 부모님 집에서 함께 사세요?

  Wohnen Sie bei Ihren Eltern?
  보-낸   지- 바이 이어랜 엘터른?

- 부모님과 함께 사세요?

  Wohnen Sie mit Ihren Eltern?
  보-낸   지- 미트 이어랜 엘터른?

- 남편은 어떤 일을 하세요?

  Was macht Ihr Mann beruflich?
  밧스 막흐트 이-어 만   배루플리히?

- 아버님은 어떤 일에 종사하십니까?

  Bei welcher Firma arbeitet sich Ihr Vater?
  바이 밸혀   피르마 아르바이테트 짛히 이어 파-터?

- 당신의 어머니는 무슨 일을 하십니까?

  Was macht Ihre Mutter?
  밧스 막흐트 이어래 무터?

- 부모님 연세가 어떻게 됩니까?

  Wie alt sind Ihre Eltern?
  비- 알트 진트 이어래 엘터른?

형제자매에 대해

- 형제가 몇 분이세요?

  Wie viele Geschwister haben Sie?
  비-   피-르래 게슈비스터   하-밴   지-?

- 형이 두 명, 여동생 한 명입니다.

  Ich habe zwei Brüder und eine Schwester.
  이히 하-배 초바이 브뤼-다 운트 아이내 슈베스터.

- 남동생이 한 명 있어요.

  Ich habe einen jüngeren Bruder.
  이히 하-배 아이낸 융어랜   브루-더.

- 형제자매가 있어요?

    Haben Sie Geschwister?
    하-밴 지- 게슈비스터?

- 누나가 두 명 있습니다.

    Ich habe zwei ältere Schwestern.
    이히 하-배 츠바이 앨터래 슈베스터른.

- 나는 형이 하나고 누이는 없어요.

    Ich habe einen Bruder, aber keine Schwester.
    이히 하-배 아이낸 브루-더, 아-버 카이내 슈베스터.

- 나는 누이가 둘인데 형은 없어요.

    Ich habe zwei Schwestern, aber keinen Bruder.
    이히 하-배 츠바이 슈베스터른, 아-버 카이낸 브루-더.

- 나는 외동아들입니다.

    Ich bin der einzige Sohn.
    이히 빈 데어 아인치개 조-ㄴ.

- 나는 막내 딸 이예요.

    Ich bin die jüngste Tochter.
    이히 빈 디 윰스태 톡흐터.

- 아니오, 없습니다. 독자입니다.

    Nein, ich bin Einzelkind.
    나인, 이히 빈 아인첼킨트.

- 동생은 몇 살입니까?

    Wie alt ist Ihr Bruder?
    비- 알트 이스트 이어 브루-더?

- 우리 형제는 한 살 차이밖에 안 져요.

    Er ist nur ein Jahr jünger als ich.
    애어 이스트 누-어 아인 야- 융어 알스 이히.

- 동생은 저보다 두 살 아래입니다.

    Er ist zwei Jahre jünger als ich.
    애어 이스트 츠바이 야-래 융어 알스 이히.

자녀에 대해

- 아이들은 몇 명이나 됩니까?

    Wie viele Kinder haben Sie?
    비- 피-ㄹ래 킨더 하-밴 지-?

- 아이는 언제 가질 예정입니까?

  Wann wollen Sie ein Kind haben?
  반 볼랜 지- 아인 킨트 하-밴?

- 자녀들이 있습니까?

  Haben Sie Kinder?
  하-밴 지- 킨더?

- 예, 둘 있습니다. 딸 하나에 아들 하나입니다.

  Ja, ich habe zwei: Eine Tochter und einen Sohn.
  야, 이히 하-배 츠바이: 아이내 톡흐터 운트 아이낸 조-ㄴ.

- 다음 달에 첫돌이 되는 딸이 하나 있습니다.

  Ich habe eine Tochter, die im nächsten Monat ein Jahr alt wird.
  이히 하-배 아이내 톡흐터, 디- 임 낵스탠 모-나트 아인 야- 알트 뷔르트.

- 그 애들은 몇 살입니까?

  Wie alt sind Ihre Kinder?
  비- 알트 진트 이어래 킨더?

- 아들은 10살이고 딸은 겨우 2살입니다.

  Mein Sohn ist zehn Jahre alt, aber meine Tochter ist erst zwei.
  마인 조-ㄴ 이스트 체앤 야-래 알트, 아-버 마이내 톡흐터 이스트 애어스트 츠바이.

- 그 애들 이름이 뭡니까?

  Wie heißen sie?
  비- 하이쌘 지-?

- 당신 아들의 이름은 뭡니까?

  Wie heißt Ihr Sohn?
  비- 하이쓰트 이어 조-ㄴ?

- 자녀들이 학교에 다니나요?

  Gehen Ihre Kinder zur Schule?
  게-앤 이어래 킨더 추어 슐-래?

- 아들은 초등학생입니다.

  Mein Sohn ist Grundschüler.
  마인 조-ㄴ 이스트 그룬트슐-러.

- 딸은 유치원에 다녀요.

  Meine Tochter geht auf den Kindergarten.
  마이내 톡흐터 게-트 아우프 덴 킨더가르탠.

- 아주 잘 생긴 자녀들이군요.

  Sie sehen gut aus!
  지- 제-앤 구-트 아우스!

- 아주 잘 생긴 자녀들이군요.

  Sie sind gutaussehende Kinder!
  지- 진트   구읕아우스제-앤대   킨더!

- 저는 아들 셋 중에 막내입니다.

  Ich bin der jüngste der drei Söhne.
  이히 빈   데어 융스태   데어 드라이 죄-내.

- 아들 출산하신 것 축하드립니다.

  Herzlichen Glückwünsch zur Geburt Ihres Sohnes!
  해르츨릿핸   글뤼분쉬   추어 게부어트 이어래스 조-내스!

- 득녀하신 것을 축하드립니다.

  Herzlichen Glückwünsch zur Geburt Ihrer Tochter!
  해르츨릿핸   글뤼분쉬   추어 게부어트 이어러 톡흐터!

- 첫아이 출산을 축하드립니다.

  Ich gratuliere Ihnen zur Geburt Ihres ersten Kindes!
  이히 그라툴리-래   이-낸   추어 게부어트 이어래스 애어스탠 킨데스!

- 우리는 당신이 아이를 출산하여 축하드립니다.

  Wir gratulieren Ihnen zur Geburt Ihres Babys!
  뷔어 그라툴리-랜   이-내   추어 게부어트 이어래스 배비스!

친척에 대해서

- 독일에 친척이 있습니까?

  Haben Sie Verwandte in Deutschland?
  하-밴   지-   페어반태   인 도이췰란트?

- 나는 독일에 친척이 하나도 없습니다.

  Ich habe keine Verwandte in Deutschland.
  이히 하-배 카이내 페어반태   인 도이췰란트.

- 삼촌이 베를린에 살고 계세요.

  Mein Onkel wohnt in Berlin.
  마인   온켈   보-느트 인 베얼리인.

- 두 분 친척관계이십니까?

  Sind Sie beide verwandt?
  진트   지- 바이대   페어반트?

- 우리는 친척이 아닙니다.

  Nein, wir sind nicht miteinander verwandt!
  나인,   뷔어 진트   니휕트 미트아인안더   페어반트!

- 우리는 친척도 아니고 사돈관계도 아닙니다.

  Wir sind weder verwandt noch verschwägert.
  뷔어 진트 베더 페어반트 녹흐 페어슈배-거르트.

- 저는 자주 독일에 있는 친척을 방문합니다.

  Ich besuche oft meine Verwandten in Deutschland.
  이히 배주-ㅎ해 오프트 마이내 페어반태 인 도이췰란트.

- 이 사람은 저의 이모/고모입니다.

  Das ist meine Tante.
  다스 이스트 마이내 탄태.

- 헤르만 저의 사촌입니다.

  Hermann ist mein Kusin.
  헤르만 이스트 마인 쿠쟁.

- 율리아는 너의 사촌이니?

  Ist Julia deine Kusine?
  이스트 율리-아 다이내 쿠지-내?

- 아니, 그녀는 나의 조카야.

  Nein, sie ist meine Nichte!
  나인, 지 이스트 마이내 니히태.

- 마르쿠스는 너의 조카니?

  Ist Markus dein Neffe?
  이스트 마르쿠스 다인 네패?

거주지에 대해서

- 어디에 사세요?

  Wo wohnen Sie?
  보- 보-낸 지-?

- 서울 교외에 살고 있어요.

  Ich wohne in einem Vorort von Seoul.
  이히 보-내 인 아이냄 포-어오르트 폰 서울.

- 저는 오펜바흐에서 살아요.

  Ich wohne in Offenbach.
  이히 보-내 인 오펜바흐.

- 오펜바흐는 어디에 있는데요?

  Wo liegt Offenbach?
  보- 리-크트 오펜바흐?

- 프랑크푸르트 근처에 있어요.

  Es liegt bei Frankfurt.
  앳스 리-그트 바이 프랑크푸르트.

- 우리는 시내에서 살아요.

  Wir wohnen in der Stadtmitte.
  뷔어 보-낸   인 데어 슈탙트미태.

- 우리 시골에 살아요.

  Wir wohnen auf dem Land.
  뷔어 보-낸   아우프 뎀 란트.

- 여기서 먼 곳에 살아요?

  Wohnen Sie weit weg von hier?
  보-낸   지- 봐이트 벡   폰   히어?

- 지금 어디에서 살고 계세요?

  Wo wohnen Sie jetzt?
  보- 보-낸   지- 예츠트?

- 그곳까지 얼마나 걸립니까?

  Wie lange dauert es bis dorthin?
  비- 랑애 다우어트 앳스 비스 도르트힌?

- 이 근처에 살아요.

  Ich wohne in der Nähe von hier.
  이히 보-내   인 데어 내-애 폰   히어.

- 베를린에서 얼마나 살고 계십니까?

  Wie lange wohnen Sie schon in Berlin?
  비- 랑애   보-낸   지- 쇼-ㄴ 인 베얼리인?

- 서울에서 얼마나 사셨어요?

  Wie lange haben Sie in Seoul gewohnt?
  비- 랑애 하-밴   지- 인 서울 게본-트?

- 그곳에서 얼마나 사셨어요?

  Wie lange haben Sie dort gewohnt?
  비- 랑애 하-밴   지- 도르트 게본-트?

- 1년 밖에 안 됐습니다.

  Nur ein Jahr.
  누어 아인 야-.

- 한 달 밖에 안 됐습니다.

  Nur einen Monat.
  누어 아이냄 모-나트.

- 벌써 3년 됐습니다.

  Schon drei Jahre.
  쇼-ㄴ 드라이 야-래.

- 언제부터 거기서 사시지요?

  Seit wann wohnen Sie dort?
  자이트 반 보-낸 지- 도르트?

- 한 달 전부터 살고 있습니다.

  Seit einem Monat.
  자이트 아이냄 모-나트.

- 3년 됐습니다.

  Seit drei Jahren.
  자이트 드라이 야-랜.

> seit는 3격지배 전치사이므로 Jahr의 복수형 Jahre에 복수 3격명사형어미 -n이 붙는다.

- 겨우 1주일 됐습니다.

  Erst seit einer Woche.
  애어스트 자이트 아이너 복해.

- 독일에 언제 오셨습니까?

  Wann sind Sie nach Deutschland gekommen?
  반 진트 지- 낙흐 도이칠란트 게콤맨?

- 3달 전에 왔어요.

  Vor drei Monaten.
  포-어 드라이 모-나탠.

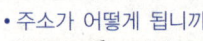

주소에 대해서

- 주소가 어떻게 됩니까?

  Wie ist Ihre Adresse?
  비- 이스 이어래 아드레쌔?

- 주소를 알 수 있을까요?

  Könnte ich Ihre Adresse haben?
  쾬태 이히 이어래 아드레쌔 하-밴?

- 주소를 알려주시겠습니까?

  Würden Sie mir Ihre Adresse geben?
  뷰르댄 지- 미-어 이어래 아드레쌔 게-밴?

- 저는 당신의 주소를 모릅니다.
  Ich kenne Ihre Adresse nicht.
  이히 캔내   이어래 아드래쌔   니힡트.

- 여기다 주소 좀 적어주십시오.
  Schreiben Sie hier bitte Ihre Adresse auf!
  슈라이밴   지- 히어 비태   이어래 아드레쌔   아우프!

- 여기 제 명함이 있습니다. 주소가 적혀있습니다.
  Hier ist meine Karte. Sie steht darauf!
  히어   이스트 마이내 카르태.   지- 슈테-트 다라우프!

> **Tipp** 명함 die Karte(디 카르테), 원래 die Visitenkarte(디 비지-텐카르태)의 축약형.

- 저는 카이저슈트라세 17번지에 살아요.
  Ich wohne in der Kaiserstraße 17.
  이히 보-내   인 데어 카이저슈트라-쌔   지-ㅂ체앤.

주택에 대해서

- 아파트에 사세요, 단독에 사세요?
  Wohnen Sie in einer Wohnug oder in einem Haus?
  보-낸   지- 인 아이너 보-눙   오-더 아 아이냄   하우스?

- 조그만 아파트에 살아요.
  Ich wohne in einer kleinen Wohnung.
  이히 보-내   인 아이너 클라이낸   보-눙.

- 그것은 당신 소유의 집입니까? 세낸 것인가요?
  Ist das Ihre Eigentumswohnung oder eine Mietwohnung?
  이스트 다스 이어래 아이겐툼스보-눙   오-더 아이내 미-트보-눙?

- 저는 기숙사에 살고 있어요.
  Ich wohne im Studentenwohnheim.
  이히 보-내   임 슈투덴탠보-ㄴ하임.

- 저는 그의 집의 방 한 칸을 얻어 살고 있습니다.
  Ich wohne in einem Zimmer in seiner Wohnung.
  이히 보-내   인 아이냄   침머   인 자이너   보-눙.

- 저는 그의 집에서 하숙합니다.
  Ich wohne bei Ihm.
  이   보-내   바이 이임.

- 새 아파트는 나에게 딱 맞아.
  Die neue Wohnung gefällt mir gut!
  디 노이애 보-눙 게팰트 미어 구-트!

- 새 아파트 구했어요?
  Haben Sie eine neue Wohnung gefunden?
  하-밴 지- 아이내 노이애 보-눙 게푼댄?

- 주거환경은 어때요?
  Wie sind Ihre Lebensumstände?
  비- 진트 이어래 레-벤스움슈탠대?

- 저희 집은 환경이 좋은 곳에 있습니다.
  Meine Wohnung liegt in einer guten Gegend.
  마이내 보-눙 리-ㄱ트 인 아이너 구-탠 게-갠트.

- 저희 집 주변은 시끄러워요.
  Meine Gegend ist laut.
  마이내 게-갠트 이스트 라우트.

- 이 맨션에는 많은 대학생들이 있습니다.
  Es gibt viele Studenten in diesem Wohnblock.
  앳스 깁트 피-ㄹ래 슈투덴탠 임 디-잼 보-ㄴ블록.

- 저는 단독주택에 살고 있습니다.
  Ich wohne im Einfamilienhaus.
  이히 보-내 임 아인파밀리-엔하우스.

- 저는 연립주택에 살고 있습니다.
  Ich wohne im Reihenhaus.
  이히 보-내 임 라이엔하우스.

- 저는 한 달 전에 이곳으로 이사 왔습니다.
  Ich bin vor einem Monat hierher umgezogen.
  이히 빈 포-어 아이냄 모-나트 히어해어 움게초-갠.

직업에 대해서

- 직업이 뭡니까?
  Was sind Sie von Beruf?
  밧스 진트 지- 폰 배루-프?

- 무슨 일을 하시지요?
  Was machen Sie beruflich?
  밧스 막핸 지- 배루플리히?

- 저는 스튜어디스입니다.
  Ich bin Flugbegleiterin.
  이히 빈 플룩배글라이터린.

- 저는 회사원입니다.
  Ich bin Angestellte.
  이히 빈 안게슈텔태.

- 저는 프로그래머입니다.
  Ich bin Programmierer.
  이히 빈 프로그라미어러.

- 저는 아직 대학에 다녀요.
  Ich studiere noch.
  이히 슈투디-래 녹흐.

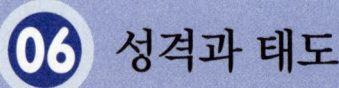
06 성격과 태도

상대방에게 자신의 성격을 말해주거나 직접 상대방의 성격을 물어보면서 외향적인지 내성적인지를 파악하고 상대방에 대해 칭찬하거나 태도에 대해서도 대화의 주제로 삼을 수 있다. "Wie ist Ihr Charakter?"(당신의 성격은 어떻습니까?) "Was ist Ihre Schwache?"(당신의 약점은 무엇입니까?) "Ich bin umgänglich."(저는 사교적입니다.) "Ich neige zur Passivität."(저는 내성적인 편이예요.) "Ich mag Menschen wie Sie."(저는 당신 같은 사람이 좋아요.)라고 말하도록 한다.

성격을 물을 때

- 당신의 성격은 어떻습니까?

  Wie ist Ihr Charakter?
  비- 이스트 이어 카락터?

- 그는 성격이 어때요?

  Wie ist sein Charakter?
  비- 이스트 자인 카락터?

- 당신은 낙관주의자입니까?

  Sind Sie ein Optimist?
  진트 지- 아인 옵티미스트?

- 당신은 모든 것을 긍정적으로 보십니까?

  Sehen Sie alles durch Ihre rosa Brille?
  제-앤 지- 알래스 두르히 이어래 로-자 브릴래?

- 당신은 그가 품위 있는 사람이라고 생각합니까?

  Finden Sie, dass er ein vornehmer Mensch ist?
  핀댄 지-, 다스 애어 아인 포-어네-머 멘쉬 이스트?

- 당신은 아주 꼼꼼한 편입니까?

  Sind Sie sehr penibel?
  진트 지- 제-어 페니-밸?

- 당신은 여러 모로 활발하고 긍정적입니까?

  Sind Sie in mancher Hinsicht locker und positiv?
  진트 지- 인 많혀 힌짙히트 로커 운트 포지티-프?

die Hinsicht 관점, 고려, 참작; "여러 점에서"라는 말.

- 당신의 약점은 무엇입니까?
  Was ist Ihre Schwache?
  밧스 이스트 이어래 슈뱌해?

- 당신은 어떤 성격의 소유자입니까?
  Was für eine Persönlichkeit sind Sie?
  밧스 퓨어 아이내 페르죈리히카이트 진트 지-?

자신의 성격을 말할 때

- 저는 다정한 편입니다.
  Ich glaube, ich bin freundlich.
  이히 글라우배, 이히 빈 프로인틀리히.

- 저는 늘 활동적입니다.
  Ich bin immer aktiv.
  이히 빈 임머 악티프.

- 저는 사교적입니다.
  Ich bin umgänglich.
  이히 빈 움갱글리히.

- 저는 다른 사람들과 쉽게 친해져요.
  Ich bin kontaktfreudig.
  이히 빈 콘타-크트프로이디히.

- 저는 내성적이라고 생각합니다.
  Ich glaube, ich bin introvertiert.
  이히 글라우배, 이히 빈 인트로버티어트.

- 저는 별로 사교적이지 않습니다.
  Ich bin wirklich nicht umgänglich.
  이히 빈 뷔르클리히 니힡트 움갱글리히.

- 저는 섬세하고 대담하다고 생각해요.
  Ich glaube, ich bin sensibel und brav.
  이히 글라우배, 이히 빈 젠지-벨 운트 브라-프.

- 저는 성미가 급해요.
  Ich habe ein hitziges Temperament.
  이히 하-배 아인 힛치게스 템퍼라멘트.

- 저는 성미가 급해요.
  Ich bin hitzig.
  이히 빈 힛치히.

- 저는 곧 잘 성을 내는 편입니다.
  Ich habe ein leicht aufbrausendes Temperament.
  이히 하-배 아인 라이히트 아우프브라우젠대스 템퍼라멘트.

- 저는 냉담한 편입니다.
  Ich habe ein phlegmatisches Temperament.
  이히 하-배 아인 플레그마티쉐스 템퍼라멘트.

- 저는 소극적인 편입니다.
  Ich neige zur Passivität.
  이히 나이개 추어 파씨비태-트.

- 저는 성품이 소극적입니다.
  Ich bin von zurückhaltender Art.
  이히 빈 폰 추뤽할텐더 아르트.

- 저는 약간 소극적입니다.
  Ich bin etwas zurückhaltend.
  이히 빈 애트밧스 추뤽할텐트.

- 다른 사람들은 저를 소극적인 사람이라고 합니다.
  Man sagt, dass ich eine zurückhaltende Person bin.
  만 작트, 다스 이히 아이내 추뤽할텐대 페르조온 빈.

- 저는 유모 감각이 없습니다.
  Ich habe keinen Sinn für Humor!
  이히 하-배 카이낸 진 퓨어 후모-어!

- 내 성격은 아부하고는 거리가 멀어요.
  Schmeichelei ist weit entfernt von meiner Natur!
  슈마이헬라이 이스트 봐이트 앤트페른트 폰 마이너 나투-어!

- 우리는 성격이 극과 극입니다.
  Wir sind ganz unterschiedlich!
  뷔어 진트 간츠 운터쉬-틀리히!

- 나는 내 친구와 성격이 정반대야.
  Der Charakter meines Freundes ist das Gegenteil von meinem!
  데어 카락터 마이내스 프로인내스 이스트 다스 게-겐타일 폰 마이냄!

- 내 여자 친구는 성격이 나와 비슷해.
  Meine Freundin ähnelt mich im Charakter.
  마이내 프로인딘 애-넬트 미히 임 카락터.

- 나와 내 남자 친구는 성격이 비슷합니다.

  Ich und mein Freund ähneln uns im Charakter.
  이히 운트 마인 프로인트 애-넬른 운스 임 카락터.

- 우리는 성격이 비슷해.

  Wir haben einen ähnlichen Charakter.
  뷔어 하-밴 아이낸 애-ㄴ릿핸 카락터.

- 제 성격이 그래요.

  Das ist mein Charakter.
  다스 이스트 마인 카락터.

- 내 성격 많이 죽었어.

  Ich bin sanft geworden.
  이히 빈 잔프트 게보르댄.

- 나는 우유부단한 성격이야.

  Ich habe einen wankelmütigen Charakter.
  이히 하-배 아이낸 봔켈뮤티갠 카락터.

다른 사람의 성격을 말할 때

- 그는 아마 그저 말이 없는 성격일 겁니다.

  Er ist wohl schweigsam.
  애어 이스트 보올 슈봐익잠.

- 그는 자신밖에 모릅니다.

  Er ist ganz selbstsüchtig.
  애어 이스트 간츠 젤스트쥐히티히.

- 그는 보통 성격입니다.

  Er hat einen üblen Charakter.
  애어 하트 아이넨 위블랜 카락터.

- 그녀는 내성적인 사람이에요.

  Sie ist ein introvertierter Mensch.
  지- 이스트 아인 인트로버티어터 멘쉬.

- 그는 유모가 없는 사람입니다.

  Er ist ein Mensch ohne Humor.
  애어 이스트 이이 멘쉬 오-네 후모-어.

- 그는 유모를 몰라 금방 화냅니다.

  Er hat keinen Humor.
  애어 하트 카이낸 후모-어.

- 그들은 서로 반대 성격입니다.

  Sie sind einander gegensätzliche Naturen.
  지- 진트 아인안더 게-갠재츨릿헤 나투-랜.

- 그는 성격이 매우 도전적입니다.

  Er ist eine kämpferische Natur.
  애어 이스트 아이내 캠퍼리셰 나투-어.

- 그녀는 성격이 둥글둥글해요.

  Sie hat eine unbekümmerte Art.
  지- 하트 아이내 운배큄머르태 아르트.

- 그녀는 성격이 아주 좋아요.

  Sie hat einen guten Charakter.
  지- 하트 아이낸 구-탠 카락터.

- 그 사람은 성격이 아주 좋아요.

  Er hat einen sehr guten Charakter.
  애어 하트 아이낸 제-어 구-탠 카락터.

- 당신은 느긋한 성격을 지니셨군요.

  Sie haben so einen sorgenfreien Charakter.
  지- 하-밴 조- 아이낸 조르갠프라이앤 카락터.

- 그는 성격이 아주 급해요.

  Er ist ungeduldig.
  애어 이스트 운게둘딯히.

- 제 딸은 몹시 수줍어해요.

  Meine Tochter ist sehr schüchtern.
  마이내 톡흐터 이스트 제-어 쉬히터른.

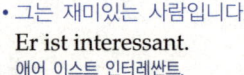 성격을 칭찬할 때

- 그는 재미있는 사람입니다.

  Er ist interessant.
  애어 이스트 인터레싼트.

- 너는 정말 좋은 녀석이야.

  Du bist wirklich ein lieber Kerl.
  두- 비스트 비르클리히 아인 리-버 케를!

- 저는 당신 같은 사람이 좋아요.

  Ich mag Menschen wie Sie.
  이히 막 멘쉔 비- 지-.

- 당신은 정말 너그럽군요.

  Sie sind großmütig.
  지- 진트 그로-쓰뮤티히.

- 당신은 너그러운 분이시군요.

  Sie sind ein warmherziger Mensch.
  지- 진트 아인 밤헤르치거 멘쉬.

- 당신은 참 개성이 있어요.

  Sie haben eine ausgeprägte Individualität.
  지- 하-밴 아이내 아우스게프랙태 인디비두알리태-트.

- 당신은 적극적이군요.

  Sie sind sehr aktiv.
  지- 진트 제-어 악티프.

- 당신은 유머 감각이 좋군요.

  Sie haben einen guten Sinn für Humor.
  지- 하-밴 아이낸 구-탠 진 퓨어 후모-어.

- 정말 친절하십니다.

  Es ist sehr nett von Ihnen.
  앳스 이스트 제-어 내트 폰 이-낸.

- 정말 상냥하시군요.

  Sie sind sehr lieb!
  지- 진트 제-어 리-프!

- 모든 사람들이 저에게 상냥히 대해줍니다.

  Alle sind sehr lieb zu mir.
  알레 진트 제-어 리-프 추 미어.

- 당신은 모범적인 학생입니다.

  Sie sind eine vorbildliche Studentin!
  지- 진트 아이네 포-어빌틀릿해 슈투덴틴!

태도에 대해서

- 당신은 정말 신사이군요.

  Sie sind ein wahrer Gentleman.
  지- 진트 아인 봐-러 젠틀맨.

> 영어처럼 「젠틀맨」으로 발음. **Sie sind ein Mann mit Anstand.**(지- 진트 아인 만 미트 안슈탄트)라고도 한다.

- 그 사람이라면 진저리가 나요.

  Ich habe die Nase voll von ihm.
  이히 하-배 디 나-재 폴 폰 이임.

- 그건 정말 견디기 어려운 일이야.

  Es ist unausstehlich!
  앳스 이스트 운아우스슈텔-릿히!

- 좋을 대로 해.

  Wie du willst.
  비- 두- 빌스트.

- 좋을 대로 하세요.

  Wie Sie wollen.
  비- 지- 볼랜.

- 기분을 상하게 하려고 한 말은 아니었어요.

  Ich meinte nicht, Sie zu quälen.
  이히 마인태 니힡트, 지- 추 크밸-랜.

- 내가 바보인 줄 아세요?

  Halten Sie mich für einen Dummkopf?
  할탠 지- 미히 퓨어 아이낸 둠콥프?

- 정신 나갔어요?

  Sind Sie verrückt?
  진트 지- 페어뤽크트?

- 쓸데없는 일에 참견 말라고!

  Kümmere dich um deine eigenen Angelegenheiten!
  큄머래 디히 움 다이내 아이게낸 안겔레갠하이탠!

- 저는 사람들을 기다리게 하는 게 싫어요.

  Ich hasse es, dass ich jemanden warten lasse.
  이히 하쌔 앳스, 다스 이히 예-만댄 바르탠 랏새.

- 그럴 만한 배짱이 없습니다.

  Er hat keinen Mut, es zu versuchen.
  애어 하트 카이낸 무-트, 앳스 추- 페어주-ㄱ핸.

- 그녀는 항상 교양 없는 말을 해요.

  Sie spricht immer ungebildete Dinge.
  지- 슈프리히트 임머 운게빌데태 딩애.

  > Tipp 또는 Sie redet immer viel dummes Zeug.(지- 레-대트 임머 파-ㄹ 둠메스 초익.)

- 그들은 나를 교양 없는 사람으로 여겨요.

  Sie halten mich für schrecklich ungebildet.
  지- 할탠 밎히 퓨어 슈레크클리히 운게빌대트.

- 그녀는 항상 조야한 행동만해요.

  Sie benimmt sich immer grob.
  지- 베님트   짛히 임머   그-로프.

- 당신과는 절교입니다.

  Ich bin mit Ihnen fertig.
  이히 빈   미트 이-낸   페르틓히.

- 나는 더 이상 당신과 관련 맺고 싶지 않아요.

  Ich will nichts mehr mit Ihnen zu tun haben.
  이히 빌   니힡츠   메어   미트 이-낸   추   투운 하-밴.

- 그가 나를 바람 맞혔어요.

  Er hat mich stehen lassen.
  애어 하트 밓히   슈테앤   랏샌.

- 우린 이미 끝났어.

  Du und ich sind schon lange fertig.
  두- 운트   이히 진트   쇼-ㄴ   랑얘   페르틓히.

- 나는 너와 이제 끝이야.

  Ich bin fertig mit dir.
  이히 빈   페르틓히 미트 디어.

- 나는 너의 이기적인 태도에 진절머리가 나.

  Ich habe die Nase voll von deiner Selbstsüchtigkeit.
  이히 하-배 디   나-재   폴   폰   다이너   젭스트쥐히티히카이트.

- 나는 그녀를 좋아하는데, 그녀는 나에게 쌀쌀한 태도를 보여.

  Ich mag sie, aber sie behandelt mich kühl.
  이히 막   지-, 아-버   지-   배한델트   밓히   퀴-ㄹ.

- 그녀는 내게 쌀쌀맞게 굴어.

  Sie zeigt mir die kalte Schulter.
  지- 차익트 미어 디 칼테 슐터.

- 저는 당신의 거만한 태도가 불쾌합니다.

  Ich verüble Ihnen Ihr überhebliches Verhalten.
  이히 페어위블래 이-낸   이어 위-버헤플리햇스   페어할탠.

- 사람들은 그녀가 이기적으로 행동을 해서 불쾌해합니다.

  Man verübelt ihr, dass sie so selbstsüchtig gehandelt hat.
  만   페어위벨트 이어, 다스   지- 조-   젭스트쥐히티히   게한델트   하트.

- 저는 당신의 거만한 태도에 화가나요.

  Ich ärgere mich über Ihr überhebliches Verhalten.
  이히 애르거래 밓히   위-버 이어 위-버헤플리햇스   페어할탠.

외모와 패션

상대방의 외모에 대해 좋은 인상을 갖도록 말할 필요가 있다. "Du siehst sehr nett aus!"(너 참 멋지다.) "Sie sind wunderschön!"(참 아름답습니다.) "Du bist hübsch!"(너 예쁘구나.) "Sie sind sehr stilvoll."(아주 멋쟁이십니다.)처럼 말하고, "Sie sind sehr modisch."(옷 입는 감각이 아주 좋으십니다.) "Das Kleid macht dich schlank."(그 원피스 입으니 너 날씬해 보이는 걸.) 등등 패션에 대해서도 좋게 말해 주면 상대방이 반가워할 것이다.

체격에 대해서

- 키가 얼마나 됩니까?

  Wie groß sind Sie?
  비- 그로-쓰 진트 지-?

- 1m 80입니다.

  Ich bin einen Meter achtzig groß.
  이히 빈 아이낸 메-터 악흐치히 그로-쓰.

- 키가 아주 크군요.

  Sie sind ganz groß.
  지- 진트 간츠 그로-쓰.

- 저는 키가 약간 작습니다.

  Ich bin ein wenig klein.
  이히 빈- 아인 베-니히 클라인.

- 그녀는 키가 크고 날씬합니다.

  Sie ist groß und schlank.
  지- 이스트 그로-쓰 운트 슐랑크.

- 그는 체격이 좋습니다.

  Er hat einen guten Körperbau.
  애어 하트 아이낸 구-탠 쾨르퍼바우.

- 그 남자 체격이 아주 좋아요.

  Der Mann ist gut gebaut.
  데어 만 이스트 구-ㅌ 게바우트.

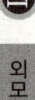

458 독일어 회화 사전

- 그녀는 날씬한 체격이에요.

  Die Frau ist von schlankem Bau.
  디 프라우 이스트 폰 슐랑캠 바우.

- 그는 보통 체격입니다.

  Er hat einen durchschnittlichen Körper.
  애어 하트 아이낸 두르히슈니틀릿핸 쾨르퍼.

체중에 대해서

- 저는 최근에 체중이 좀 늘었습니다.

  Ich habe vor kurzem etwas Gewicht zugenommen.
  이히 하-배 포어 쿠르챔 애트밧스 게뷔히트 추-게놈맨.

- 요즘 체중을 좀 줄였어요.

  Ich habe in diesen Tagen etwas Gewicht verloren.
  이히 하-배 인 디-잰 타-갠 애트밧스 게뷔히트 페어로-랜.

- 체중이 얼마입니까?

  Wie viel wiegen Sie?
  비- 피-ㄹ 비-갠 지-?

- 저는 60Kg입니다.

  Ich wiege 60 Kilogramm.
  이히 비-개 잭히치히 킬로그람.

- 그는 저보다 두 배 더 많이 나가요.

  Er wiegt doppelt so viel wie ich.
  애어 비-ㄱ트 도펠트 조- 피-ㄹ 비- 이히.

- 그녀는 몸무게가 너무 적게 나가요.

  Sie wiegt zu wenig.
  지- 비-ㄱ트 추- 베-니히.

- 저는 체중이 일정합니다.

  Ich habe ein bestimmtes Gewicht.
  이히 하-배 아인 배슈팀태스 게뷔히트.

- 키에 비해 몸무게가 많이 나가요.

  Für meine Größe bin ich übergewichtig.
  퓨어 마이내 그뢰-쌔 빈 이히 위-버게뷔히티히.

- 그는 5 킬로 과다체중입니다.

  Er hat 5 Kilo Übergewicht.
  애어 하트 퓐프 킬로 위-버게뷔히트.

- 허리가 굵어질까 조심하고 있어요.

  Ich bemühe mich, auf meine Taille zu achten.
  이히 배뮈애 미히, 아우프 마이내 타일래 추- 악흐탠.

- 나는 체중을 유지하려고 노력중이에요.

  Ich bemühe mich, mein Gewicht zu halten.
  이히 배뮈애 미히, 마인 게뷔히트 추- 할탠.

- 허리 살을 좀 빼려고 합니다.

  Ich bemühe mich, eine schlanke Taille zu bekommen.
  이히 배뮈애 미히, 아이내 슐랑캐 타일래 추- 배콤맨.

- 그는 배에 군살이 있어요.

  Er hat Speck um den Bauch herum.
  애어 하트 슈펙 움 덴 바욱흐 헤룸.

- 그녀는 몸무게가 많이 늘었어요.

  Sie hat ganz schön Speck an den Hüften.
  지- 하트 간츠 쇠-ㄴ 슈펙 안 덴 휘프탠.

- 너는 전혀 뚱뚱하지 않아.

  Du bist ganz und gar nicht dick.
  두- 비스트 간츠 운트 가- 니힡트 딕.

외모에 대해서

- 미남이십니다.

  Sie sind gut aussehend.
  지- 진트 구-트 아우스제-앤트.

- 아름다우십니다.

  Sie sind wunderschön.
  지- 진트 분더쇠-ㄴ.

- 아주 건강해 보이시네요.

  Sie sehen ganz fit aus.
  지- 제-앤 간츠 피트 아웃스.

- 너 예쁘구나.

  Du bist hübsch.
  두- 비스트 휩쉬.

- 나이에 비해 아주 젊어 보이십니다.

  Für Ihr Alter sind Sie ganz jung.
  퓨어 이어 알터 진트 지- 간츠 융.

- 어떤 타입의 남자를 좋아하니?

  Auf was für eine Art Männer stehst du?
  아우프 밧스 퓨어 아이내 아르트 매너   슈테-스트 두-?

- 몸매가 참 날씬하십니다.

  Sie haben eine gute Form.
  지- 하-밴   아이내 구-태 포엄.

- 그 옷을 입으니까 날씬해 보여.

  Das Kleid macht dich schlank.
  다스 클라이트 막흐트 디히   슐랑크.

- 너 참 멋지다.

  Du siehst sehr nett aus.
  두- 지-스트 제-어 낼트 아웃스.

- 오늘 멋져 보여요.

  Sie sehen heute stilvoll aus.
  지- 제-앤   호이테   슈티-ㄹ폴 아웃스.

- 저는 아버지를 닮았어요.

  Ich ähnele meinem Vater.
  이히 애-넬래 마이냄   파-터.

- 저는 어머니를 닮았어요.

  Ich ähnele meiner Mutter.
  이이 애-넬래 마이너   무터.

- 난 아버지보다 어머니를 더 닮았어.

  Ich ähnele meiner Mutter mehr als meinem Vater.
  이히 애-넬래 마이너   무터   메-어   알스 마이냄   파-터.

- 당신은 어머니를 많이 닮았어요.

  Sie ähneln sehr viel Ihrer Mutter.
  지- 애-넬른   제-어 피-ㄹ 이어러 무터.

- 당신의 외모에 대해서 말씀해주시겠어요?

  Können Sie Ihr Aussehen beschreiben?
  쾬낸   지- 이어 아우스제-앤   배슈라이밴?

- 그녀의 외모는 그저 그래.

  Ihr Aussehen ist einfach passabel.
  이어 아우스제-앤   이스트 아인팍흐 파싸-밸.

- 난 그의 외모가 마음에 들어요.

  Sein Aussehen gefällt mir.
  자인 아우스제-앤   게팰트   미-어.

- 외모에 속지 마세요.

  Lassen Sie sich von Aussehen nicht irreführen!
  랏샌   지- 짛히 폰 아우스제-앤 니힡트 이레퓌-랜!

- 내 외모가 어떻든 난 상관하지 않아.

  Ich sorge mich nicht, wie ich aussehe.
  이히 조르개 미히   니힡트,   비- 이히 아우스제-애.

- 그녀는 외모에 관심이 많아.

  Sie interessiert sich sehr für ihr Aussehen.
  지- 인터레씨-랜   짛히 제어 퓨어 이어 아우스제-앤.

- 저는 외모를 염려하지 않아요.

  Ich bin nicht darum besorgt, wie ich aussehe.
  이히 빈 니힡트   다룸   배조륵트,   비- 이히 아우스제-애.

- 저는 외모에 별로 신경 쓰지 않아요.

  Ich achte nicht viel auf das Äußere.
  이히 악흐태 니힡트 피-ㄹ 아우프 다스 오이쎄래.

- 외모로 사람을 평가하지 마세요.

  Urteilen Sie über keinen Mann nur nach seinem Äußeren!
  우어타일랜 지- 위-버 카이낸   만   누어 낙흐 자이냄   오이쎄랜!

패션에 대해서

- 내 옷 어때요?

  Wie finden Sie meine Kleidung?
  비- 핀댄   지- 마이내   클라이둥?

- 옷 입는 감각이 아주 좋으시군요.

  Sie sind sehr modisch.
  지- 진트 제-어 모-디쉬.

- 너는 늘 유행에 따라 옷을 입는구나.

  Du ziehst dich immer nach der Mode an.
  두- 치-스트 디히 임머   낙흐 데어 모-대 안.

- 저는 늘 이 옷들을 즐겨 입어요.

  Ich ziehe mir gern diese Kleidung an.
  이히 치-애 미어 게른 디-제 클라이둥   안.

- 그 모자를 쓰니까 네 스타일이 엉망이야.

  Der Hut hat deine Form verloren.
  데어 후-트 하트 다이내 포엄   페얼로-랜.

- 그 원피스 입으니까 너 날씬해 보인다.

  Das Kleid macht dich schlank.
  다스 클라이트 막흐트 딯히 슐랑크.

- 난 원피스 허리춤을 좁게 해달라고 맡겼어.

  Ich habe ein Kleid in der Taille enger machen lassen.
  이히 하-배 아인 클라이트 인 데어 타일래 앵어 막핸 랏샌.

- 이 옷은 정말 마음에 안 들어요.

  Diese Kleidung gefällt mir gar nicht.
  디-제 클라이둥 게팰트 미어 가- 니힡트.

- 그게 무슨 말씀이세요. 보기 좋은데요.

  Was für ein Unsinn! Sie sehen schön aus.
  밧스 퓨어 아인 운진! 지- 제-앤 쇠-ㄴ 아웃스.

- 저는 패션에 매우 민감해요.

  Ich bin ziemlich sensibel, was Mode angeht.
  이히 빈 치임릿히 젠지-밸, 밧스 모-대 안게-트.

- 저는 복장에 대해 신경을 안 써요.

  Ich kümmere mich nicht um Kleidung.
  이히 퀴머래 미히 니힡트 움 클라이둥.

- 저는 오늘 가벼운 옷차림입니다.

  Ich trage heute leichte Kleidung.
  이히 트라-개 호이테 라이힛태 클라이둥.

- 패션이 괜찮아 보이는데요.

  Sie sehen modisch aus.
  지- 제-앤 모-디쉬 아웃스.

- 그 재킷이 당신한테 정말 잘 어울리는군요.

  Die Jacke steht Ihnen sehr gut.
  디 약캐 슈테-트 이-낸 제-어 구-트.

- 아주 멋쟁이시군요.

  Sie sind sehr stilvoll.
  지- 진트 제-어 슈티-ㄹ폴.

- 그녀는 멋쟁이 옷을 입었어.

  Sie kleidet sich stilvoll.
  지 클라이대트 짛히 슈티-ㄹ폴.

- 당신은 패션에 안목이 있습니다.

  Sie haben ein sicheres Auge für Mode.
  지- 하-밴 아인 짛허래스 아우개 퓨어 모-대.

- 저는 캐주얼웨어를 입는 것을 좋아합니다.
  Ich ziehe gern Freizeitkleidung an.
  이히 치-애 게른 프라이차이트클라이둥 안.

- 그녀는 최신 유행 옷만 입어요.
  Sie trägt immer die neueste Mode.
  지- 트랙트 임머 디 노이애스테 모-대.

- 그 옷은 현재 유행이에요.
  Die Kleidung ist gerade in Mode.
  디 클라이둥 이스트 게라-대 인 모-대.

- 옷차림이 야한데요.
  Die Kleidung ist schick.
  디 클라이둥 이스트 쉬크.

- 좋은 향수를 뿌리셨네요.
  Sie haben ein schönes Parfüm!
  지- 하-밴 아인 쇠-내스 파-퓜-!

- 향수 냄새가 너무 진해.
  Du bist übermäßig parfümiert.
  두- 비스트 위-버매-씨히 파-퓌미어트.

- 화장이 너무 진해.
  Du trägst starke Schminke auf.
  두- 트랙스트 슈타르캐 슈밍캐 아우프.

- 저는 화장을 안했어요.
  Ich trage keine Schminke auf.
  이히 트라-개 카이내 슈밍캐 아우프.

- 저는 화장을 엷게 해요.
  Ich schminke mich leicht.
  이히 슈밍캐 밓히 라이히트.

 # 건강

건강에 대해 화제는 누구나 관심 있는 부분이다. 건강 상태나 건강관리 등에 대한 표현을 적절히 익혀서 "Sie sehen sehr fit aus."(참 건강해 보이시네요.) "Geben Sie auf Ihre Gesundheit acht!"(건강 조심하세요.) "Treiben Sie viel Sport?"(운동을 많이 하십니까?)라고 말하고, 컨디션에 대해서는 "Wie fühlen Sie sich?"(기분은 어떠세요?) "Was machen Sie, um gesund zu bleiben?"(건강을 유지하기 위해 뭘하십니까?)라고 하면 된다.

건강에 대해서

- 나는 건강해.
  Ich bin gesund.
  이히 빈 게준트.

- 나는 건강 상태가 좋아.
  Ich bin bei guter Gesundheit.
  이히 빈 바이 구-터 게준트하이트.

- 참 건강하시네요.
  Sie sind in einer sehr guten Form.
  지- 진트 인 아이너 제어 구-탠 포엄.

- 아주 건강해 보이십니다.
  Sie sehen sehr fit aus.
  지- 제-앤 제어 피트 아웃스.

- 나는 요즘 건강하지 못한 것 같아.
  Ich glaube, dass ich mich in letzter Zeit nicht ganz wohl fühle.
  이히 글라우배, 닷스 이히 밎히 인 렛츠터 차이트 니힡트 간츠 보-ㄹ 퓌-ㄹ래.

- 건강이 걱정이야.
  Ich fürchte um meine Gesundheit.
  이히 퓌르흐태 움 마이내 게준트하이트.

- 나의 건강이 걱정스러워.
  Ich bin besorgt um meine Gesundheit.
  이히 빈 배조륵트 움 마이내 게준트하이트.

- 난 네 건강이 아주 걱정이야.

  Ich bin sehr besorgt um deine Gesundheit.
  이히 빈   제어 배조륵트   움   마이내   게쥰트하이트.

- 건강이 예전 같지 않아.

  Ich bin nicht so gesund, wie ich früher war.
  이히 빈 니힡트 조- 게쥰트,   비- 이히 프뤼-어 봐.

- 나는 아무래도 건강상태가 안 좋아.

  Meine Gesundheit ist nicht ganz, wie sie sein sollte.
  마이네   게쥰트하이트   이스트 니힡트 간츠, 비- 지- 자인 졸태.

- 건강 조심하세요.

  Geben Sie auf Ihre Gesundheit acht!
  게-밴   지- 아우프 이어래 게쥰트하이트   악흐트!

- 건강은 소중한 재산이야.

  Die Gesundheit ist ein wertvolles Eigentum.
  디   게쥰트하이트   이스트 아인 베르트폴래스 아이겐툼.

- 건강이 제일이에요.

  Gesundheit geht über alles!
  게쥰트하이트   게-트 위-버 알래스!

- 무엇보다도 건강한 것이 중요해.

  Zuerst ist es wichtig, gesund zu werden!
  추-애어스트 이스트 앳스 뷯히티히, 게쥰트 추- 베르댄!

- 저는 건강상태가 아주 좋아요.

  Ich bin in einer ziemlich guten Form.
  이히 빈 인 아이너 침-리히   구-탠   포엄.

- 난 아주 건강해.

  Ich bin sehr gesund.
  이히 빈   제어   게쥰트.

- 난 건강에는 자신이 있어.

  Ich bin von meiner Gesundheit überzeugt.
  이히 빈 폰   마이너   게쥰트하이트   위-버초익트.

- 나이를 먹었나봐.

  Ich bin schon alt geworden.
  이히 빈   쇼-ㄴ   알트 게보르댄.

- 계단을 오르면 숨이 차.

  Ich bin außer Atem, wenn ich die Treppe hochgehe.
  이히 빈 아우써 아탬,   밴   이히 디   트레패   혹흐게-애.

- 당신은 나이에 비하면 건강한 거예요.

  Sie sind gesund für Ihr Alter.
  지- 진트 게준트 퓨어 이어 알터.

건강관리에 대해서

- 당신 건강의 비결이 무엇입니까?

  Was ist das Geheimnis Ihrer Gesundheit?
  밧스 이스트 다스 게하임니스 이어러 게준트하이트?

- 건강 유지를 위해 무엇을 하세요?

  Was machen Sie, um gesund zu bleiben?
  밧스 막핸 지-, 움 게준트 추- 블라이밴?

- 운동을 많이 하십니까?

  Treiben Sie viel Sport?
  트라이밴 지- 피-ㄹ 슈포-트?

- 운동을 하셔야 합니다.

  Sie müssen Sport treiben!
  지- 뮤쌘 슈포-트 트라이벤!

- 저는 건강을 유지하려고 노력하고 있어요.

  Ich bemühe mich, gesund zu bleiben.
  이히 배뮈-애 미히, 게준트 추- 블라이밴.

- 저는 센터에 다니고 싶어요.

  Ich möchte das Fitnesscenter besuchen.
  이히 뫼히태 다스 피트네스센터 배주-ㄱ핸.

- 많은 사람들이 정기적으로 다니고 있습니다.

  Viele Menschen besuchen regelmäßig Fitnesscenters.
  피-ㄹ래 멘쉔 배주-ㄱ해 레겔매씨히 피트네스센터스.

- 술을 줄이려고 마음먹었어요.

  Ich habe mich entschieden, weniger Alkohol zu trinken.
  이히 하-배 미히 앤트샤이댄, 베-니거 알코호올 추- 트링캔.

- 담배를 끊었어요.

  Ich habe das Rauchen aufgegeben.
  이히 하-배 다스 라욱핸 아우프게게-밴.

- 흡연은 건강에 나빠요.

  Rauchen schadet der Gesundheit!
  라욱핸 샤-데트 데어 게준트하이트!

VI. 일상생활에 관한 표현 **467**

- 제가 당신이라면 담배를 끊을텐데요.

  An Ihrer Stelle würde ich das Rauchen aufgeben.
  안 이어러 슈텔래 뷰르대 이히 다스 라욱핸 아우프게-밴.

- 내가 저라면 당장에 체중을 뺄거야.

  Ich an deiner Stelle würde ich dringend abnehmen.
  이히 안 다이너 슈텔래 뷰르대 이히 드링앤트 압네-맨.

- 몸에 이상이 있는 것 같아요.

  Ich fürchte, es geht mir nicht gut.
  이히 퓌르흐태, 앳스 게-트 미어 니힡트 구-트.

- 스트레스를 받으면 이가 나빠져요.

  Stress macht die Zähne kaputt.
  스트레쓰 막흐트 디 채-내 카푸트.

- 시금치가 몸에 좋습니다.

  Spinat ist gesund.
  슈피-나트 이스트 게준트.

- 그게 맞아요, 저도 어렸을 때 시금치를 많이 먹었어요.

  Das stimmt sicher, ich habe als Kind viel Spinat bekommen.
  다스 슈팀트 찧혀, 이히 하-배 알스 킨트 피-ㄹ 슈피-나트 베콤맨.

컨디션에 대해서

- 기분이 어떠세요?

  Wie fühlen Sie sich?
  비- 퓌-ㄹ랜 지- 찧히?

- 힘이 없어 보이네요.

  Sie sehen nicht sehr gut aus.
  지- 제-앤 니힡트 제어 구-트 아우스.

- 괜찮아요?

  Sind Sie in Ordnung?
  진트 지- 인 오르드눙?

- 오늘 컨디션은 어떻습니까?

  Wie fühlen Sie sich heute?
  비- 퓌-ㄹ랜 지- 찧히 호이테?

- 어제보다는 훨씬 컨디션이 좋아요.

  Ich fühle mich viel besser als gestern.
  이히 퓌-ㄹ래 밓히 피-ㄹ 배써 알스 게스턴.

- 기분은 좀 좋아졌니?

  Fühlst du dich besser?
  퓌-르스트 두- 딯히 배써?

- 안색이 참 좋습니다.

  Ihr Gesicht hat eine gesunde Farbe.
  이어 게짙히트 하트 아이내 게준대 파르배.

- 안색이 참 좋아 보이네요.

  Sie haben eine gesunde Gesichtsfarbe.
  지- 하-밴 아이내 게준대 게짙히츠파르베.

- 안색이 안 좋아 보인다.

  Du siehst blass aus.
  두- 지-스트 블랏스 아웃스.

- 안색이 안 좋구나.

  Du hast eine blasse Gesichtsfarbe.
  두- 하스트 아이내 블랏새 게짙히츠파르배.

- 잠시 쉬는 게 어떻겠어요?

  Wie wäre es, eine kurze Ruhepause einzulegen?
  비- 봬-래 앳스, 아이내 쿠르채 루-에파우재 아인추-레-갠?

- 너는 좀 푹 쉬어야해.

  Du musst ein wenig ausruhen!
  두- 뭇스트 아인 베-니히 아웃스루-앤!

- 피로를 좀 푸세요.

  Ruhen Sie sich mal aus!
  루-엔 지- 짙히 마-ㄹ 아웃스!

- 약은 먹었니?

  Hast du Medikamente eingenommen?
  하스트 두- 메디카멘태 아인게놈맨?

- 요즘은 쉽게 피로해져요.

  Ich werde heutzutage leicht müde.
  이히 베르대 호이트추타-게 라이히트 뮈-대.

- 나는 자주 피곤해.

  Ich fühle mich oft müde.
  이히 퓌-ㄹ래 미히 오프트 뮈-대.

- 자주 피곤을 느끼면, 건강식을 섭취해야해.

  Wenn du dich oft müde fühlst, musst du dich gesund ernähren.
  밴 두- 딯히 오프트 뮈-대 퓌-르스트, 뭇스트 두- 딯히 게준트 애어내-랜.

- 최고의 컨디션입니다.

  Ich erfreue mich bester Gesundheit.
  이히 애어프로이애 미히 베스터 게준트하이트.

- 스테레스를 느끼시죠?

  Sie fühlen sich gestresst?
  지- 퓌-ㄹ랜 짛히 게스트레쓰트?

- 오이팩을 해보세요.

  Machen Sie eine Gurkenmaske!
  막핸 지- 아이내 구어켄마스캔!

- 그것은 얼굴의 긴장을 푸는데 좋아요.

  Das ist gut für die Entspannung des Gesichts.
  다스 이스트 구-ㅌ 퓨어 디 앤트슈판눙 데스 게짛히츠.

다이어트에 대해서

- 저는 다이어트 중입니다.

  Ich mache eine Schlankheitskur.
  이히 막해 아이내 슐랑크하이츠쿠-어.

- 저는 다이어트 처방을 받았어요.

  Mir wurde eine Diät verordnet.
  미어 부르대 아이내 디애-트 페어오르드내트.

- 다이어트를 할까 해요.

  Ich habe vor, Diät zu halten.
  이히 하-배 포-어, 디애-트 추- 할탠.

- 다이어트를 하기로 결심했어요.

  Ich habe mich entschieden, eine Diät zu halten.
  이히 하-배 밎히 앤트쉬-댄   아이내 디애-트 추- 할탠.

- 난 즉시 살을 빼야만 해요.

  Ich muss dringend abnehmen.
  이히 뭇스 드링앤트 압네-맨.

- 그 사이에 3킬로가 늘었어요.

  Ich habe dazwischen drei Kilo zugenommen.
  이히 하-배 다-츠빗샌   드라이 킬-로 추-게놈맨.

- 제대로 된 다이어트 방법을 찾는 것은 늘 간단하지 않아요.

  Die richtige Diät zu finden, ist nicht immer einfach.
  디 리히티개 디애-트 추- 핀댄, 이스트 니힡트 임머 아인팍흐.

- 나는 어떤 다이어트가 제게 맞는지 몰라요.

  Ich weiß nicht, welche Diät für mich die Richtige ist?
  이히 봐이쓰 니힡트, 밸혜 디애-트 퓨어 미히 디 리히티개 이스트?

- 나는 체중이 많이 나가서 줄이고 싶어요.

  Ich wiege zu viel und möchte abnehmen.
  이히 봐이개 추- 피-ㄹ 운트 뫼히태 압네맨.

- 나는 체중을 계속 유지하고 싶어요.

  Ich möchte mein Wunschgewicht dauerhaft halten.
  이히 뫼히태 마인 분쉬게뷔히트 다우어하프트 핱탠.

- 당신은 엄격하게 다이어트식을 해야 합니다.

  Sie müssen streng Diät essen!
  지- 뮤쌘 슈트렝 디애-트 앳샌!

- 어떻게 성공적으로 체중을 줄일 수 있는지 아니?

  Weißt du, wie man erfolgreich Gewicht verlieren kann?
  봐이쓰트 두-, 비- 만 애어폴크라이히 게뷔히트 페얼리-랜 칸?

- 체중 조절을 할 때는 목표로 삼은 근육훈련이 도움이 되요.

  Ein gezieltes Muskeltraining hilft Ihnen beim Gewichtaufbau.
  아인 게치-ㄹ태스 무스켈트레이닝 힐프트 이-낸 바임 게뷔히트아우프바우.

- 운동을 할 때 충분히 물을 마시는 것을 잊지 마세요.

  Vergessen Sie bei sportlichen Aktivitäten nicht, ausreichend zu trinken.
  페어겟샌 지- 바이 슈포-틀릿핸 악티비태-탠 니힡트, 아우스라이핸트 추- 트링캔.

- 저는 자전거를 타고 출근해요.

  Ich fahre mit dem Fahrrad zur Arbeit.
  이히 파-래 미트 뎀 파-라트 추어 아르바이트.

- 저는 계단을 자주 이용합니다.

  Ich nehme häufiger die Treppe.
  이히 네-매 호이피거 디 트레패.

- 저는 엘리베이터를 절대로 이용하지 않고, 항상 계단을 걸어서 올라갑니다.

  Ich nehme nie den Lift, sondern ich gehe immer die Treppe rauf.
  이히 네-매 니- 덴 리프트, 존더른 이히 게-애 임머 디 트레패 라우프.

- 정원에서 일을 하면서 또는 힘차게 단거리 산책을 하면서 열심히 땀을 내세요.

  Bringen Sie sich mit Gartenarbeit oder zügigen kleinen Spaziergängen
  브링앤 지- 짛히 미트 가르텐아르바이트 오-더 취-기갠 클라이낸 슈파치어갱앤
  tüchtig ins Schwitzen!
  튓히티히 인스 슈빗챈!

- 좀 더 엄격한 다이어트를 할 거야.

    Ich will eine strengere Diät einhalten.
    이히 빌 아이내 슈트렝어래 다애-트 아인할탠.

- 다이어트 좀 해야겠어.

    Ich finde, ich sollte Diät leben.
    이히 핀대, 이히 졸태 디애-트 레-밴.

- 무리한 다이어트는 건강에 좋지 않아.

    Zwangsmäßige Diät ist schädlich für die Gesundheit.
    츠방스매-씨게 디애-트 이스트 섀들리히 퓨어 디 게준트하이트.

- 규칙적인 운동은 살을 빼기 위한 좋은 방법이야.

    Regelmäßige Bewegung ist eine gute Methode, damit man Gewicht
    레겔매-씨게 베베-궁 이스트 아이내 구-태 메토-대, 다-미트 만 게뷔히트

    abnehmen kann.
    압네-맨 칸.

- 다이어트를 계속하고 운동을 많이 해요.

    Ich halte dauerhaft Diät und treibe viel Sport.
    이히 할태 다우어하프트 디애-트 운트 트라이베 피-ㄹ 슈포-트.

- 당신은 참 날씬하세요.

    Sie sind sehr schlank.
    지- 진트 제어 슐랑크.

- 나는 너무 많이 먹고 너무 조금 밖에 움직이질 않아.

    Du isst zu viel und bewegst dich zu wenig.
    두- 이쓰트 추- 피-ㄹ 운트 배벡스트 딯히 추- 베-니히.

 ## 음주와 흡연

사교를 위해 술을 마실 때 주량에 대해서 또는 술 습관이나 흡연에 대해 언급하는 표현을 익혀두면 유용하게 일상독일어를 구사하는데 유익할 것이다. "Wie viel trinken Sie normalerweise?"(보통 어느 정도 마십니까?), "Wie oft trinken Sie in der Woche?"(일주일에 얼마나 자주 술을 마시나요?) "Ich trinke nicht so viel."(저는 술을 그다지 많이 하지는 않아요.) "Ich kann nicht trinken."(저는 술 마실 줄 몰라요.) "Hier darf man nicht rauchen."(여기는 금연입니다.)

주량에 대해서

- 평소에 어느 정도 마십니까?
  Wie viel trinken Sie normalerweise?
  비- 피-ㄹ 트링캔 지- 노-마-르러바이재?

- 저는 술고래입니다.
  Ich bin starker Trinker.
  이히 빈 슈타르커 트링커.

- 저는 술 잘 못해요.
  Ich trinke nicht so viel.
  이히 트링캐 니힡트 조- 피-ㄹ.

- 저는 술을 전혀 못합니다.
  Ich trinke gar nicht.
  이히 트링캐 가- 니힡트.

 Ich trinke keinen Alkohol.(트링캐 카이넨 알코홀.)

- 저는 술 마실 줄 모릅니다.
  Ich kann nicht trinken.
  이히 칸 니힡트 트링캔.

- 저는 와인 한 잔만 마셔도 얼굴이 빨개져요.
  Ein Glas Wein lässt mich erröten.
  아인 글라스 봐인 랫스트 미히 애어뢰-탠.

- 저는 술 한 잔만 마셔도 얼굴이 빨개지는걸요.

  Ein Glas Alkohol lässt mich erröten.
  아인 글라스 알코올   래쓰트 미히   애어뢰-탠.

- 나는 술을 천천히 마시는 편입니다.

  Ich trinke Alkohol immer langsam.
  이히 트링캐 알코홀   임머   랑잠.

> **Tipp** 같은 표현 : Ich genieße meinen Alkohol in Maßen.(이히 게니-쎄 마이넨 알코홀 인 마-쎈.)

- 얼마나 자주 술을 마시러 가십니까?

  Wie oft gehen Sie trinken?
  비- 오프트 게-앤 지- 트링캔?

- 일주일에 두 번 정도요.

  Zwei mal in der Woche.
  츠바이 마-ㄹ- 인 데어 복해.

- 거의 매일 저녁에 술을 마시러 갑니다.

  Fast jeden Abend gehe ich trinken.
  파스트 예-댄 아-벤트 게-애 이히 트링캐.

- 우리는 하루 밤을 술로 지새우죠.

  Wir trinken die ganze Nacht hindurch.
  뷔어 트링캔   디 간채   낙흩   힌두르히.

- 그는 술이라면 무엇이든 가리지 않아요.

  Er trinkt alle Arten von Alkohol.
  애어 트링크트 알래 아르탠 폰   알코호-ㄹ.

- 숙취는 없습니까?

  Haben Sie keinen Kater?
  하-밴   지- 카이낸   카-터?

> **Tipp** einen Kater haben(아이낸 카터 하-밴) 숙취가 있다. einen üblen Kater loswerden(아이낸 위블렌 카터 로스베르댄) 숙취를 풀다

- 술이 셉니까?

  Können Sie viel vertragen?
  쾐낸   지- 피-ㄹ 페어트라-갠?

- 저는 술이 약합니다.

  Ich bin ein schlechter Trinker.
  이히 빈 아인 슐레히터   트링커.

- 저는 술에 약해요.

  Ich bin im Trinken schlecht.
  이히 빈 임 트링캔 슐래힡트.

- 나는 독한 술을 좋아해.

  Ich mag starken Schnaps.
  이히 막 슈타르캔 슈납스.

- 그에게 음주문제가 있었습니까?

  Hatte er ein Trinkproblem?
  하테 애어 아인 트링크프로블램?

- 그 사람 음주벽이 있나요?

  Ist er Alkoholiker?
  이스트 애어 아코홀리커?

- 그 사람 오래전부터 음주에 빠져들었어요.

  Er hat seit langem dauerhaft getrunken.
  애어 하트 자이트 랑앰 다우어하프트 게트룽캔.

- 카이는 음주운전으로 경찰서에 잡혀 있어.

  Kai ist wegen Trunkenheit am Steuer von der Polizei geschnappt
  카이 이스트 베갠 트룽켄하이트 암 슈토이어 폰 데어 폴리차이 게슈납프트
  worden.
  보르덴.

- 이 와인 마실만한데요.

  Der Wein lässt sich gut trinken!
  데어 봐인 랫스트 짚히 구-트 트링캔!

- 그것은 술김에 한 소리였어요.

  Ich sagte es nur unter dem Einfluss des Alkohols.
  이히 작태 앳스 누어 운터 뎀 아인플루쓰 데스 알코홀스.

- 그는 술을 밑 빠진 독처럼 마셔요.

  Er säuft wie ein Loch.
  애어 조이프트 비- 아인 롱흐.

- 나는 그가 술 취하지 않은 모습을 본 적이 없어.

  Ich habe ihn nie gesehen, ohne dass er nicht betrunken war.
  이히 하-배 인- 니- 게제-앤, 오-네 다스 애어 니힡트 배트룽캔 봐.

- 음주 운전하지 마.

  Sezt dich nicht betrunken an das Steuer!
  제츠 딯히 니힡트 배트룽캔 안 다스 슈토이어!

금주에 대해서

- 알콜은 입에 대지 않기로 했습니다.
  Ich habe mich entschlossen, keinen Alkohol zu trinken.
  이히 하-배 밑히 앤트슐로쌘, 카이낸 알코호-ㄹ 추 트링캔.

- 의사가 술을 마시면 안 된다고 했어요.
  Der Arzt hat gesagt, ich soll keinen Alkohol trinken.
  데어 아르츠트 하트 게작트, 이히 졸 카이낸 알코호-ㄹ 트링캔.

- 술을 끊는 것이 좋겠습니다.
  Ich rate Ihnen, das Trinken aufzugeben.
  이히 라-태 이-낸, 다스 트링캔 아우프추게-밴.

- 술을 끊었습니다.
  Ich habe das Trinken aufgegeben.
  이히 하-배 다스 트링캔 아우프게게-밴.

- 내가 술을 입에 한 번만 더 댄다면 성을 간다.
  Wenn ich noch weiter Alkohol trinken würde, würde ich ....
  밴 이히 녹흐 봐이터 알코호-ㄹ 트링캔 뷰데, 뷰르대 이히 ...

- 저는 지금 금주 중입니다.
  Ich trinke jetzt keinen Alkohol.
  이히 트링캐 예츠트 카이넨 알코호-ㄹ.

- 저는 요즘 술을 금하고 있습니다.
  In letzter Zeit enthalte ich mich des Trinkens.
  인 레츠터 차이트 엔트할태 이히 밑히 데스 트링캔스.

> **Tipp** sich enthalten(짙히 앤트할탠) 2격 명사. …을 그만두다 / 억제하다

- 나는 금주론자야.
  Ich bin Antialkoholiker.
  이히 빈 안티알코홀리커.

- 당신은 음주를 금해야 합니다.
  Sie sollten sich das Trinken abgewöhnen!
  지- 졸탠 짙히 다스 트링캔 압게뵈-낸!

흡연에 대해서

- 담배를 피우고 싶어 죽겠어요.

  Ich sterbe fast vor Lust nach einer Zigarette.
  이히 슈테르배 파스트 포-어 루스트 낙흐 아이너 치가레태.

> **Tipp** vor Hunger sterben(포-어 훙어 슈테르밴) 배고파 죽을 것 같다; vor Durst sterben(포-어 두어스 슈테르벤) 목말라 죽을 것 같다; fast sterben vor Lachen(파스트 슈페르밴 포-어 랗헨) 하마터면 웃겨 죽을 뻔하다.

- 저는 애연가입니다.

  Ich bin starker Raucher.
  이히 빈 슈타르커 라욱허.

- 하루에 어느 정도 피웁니까?

  Wie oft rauchen Sie täglich?
  비- 오프트 라욱흔 지- 태-클리히?

- 식후에 피우는 담배는 정말 맛있습니다.

  Nach dem Essen zu rauchen ist wirklich ein Genuss.
  낙흐 뎀 앳샌 추 라욱흔 이스트 뷔르클리히 아인 게누쓰.

- 담배 없이는 하루도 못 살 것 같아요.

  Ich denke, ich kann keinen Tag ohne Zigaretten leben.
  이히 뎅캐, 이히 칸 카이낸 타-ㅋ 오-네 치가레탠 레-밴.

- 흡연은 건강에 나빠요.

  Rauchen ist schlecht für Ihre Gesundheit!
  라욱핸 이스트 슐래힡트 퓨어 이어래 게준트하이트!

- 흡연은 당신에게 해롭습니다.

  Rauchen schadet Ihrer Gesundheit!
  라욱핸 샤데트 이어러 게준트하이트!

- 지나친 흡연은 몸에 해로워요.

  Starkes Rauchen schadet Ihrer Gesundheit!
  슈타르케스 라욱흔 샤데트 이어러 게준트하이트!

담배를 피울 때

- 혹시 담뱃불 좀 빌릴수 있을까요?

  Haben Sie vielleicht Feuer?
  하-밴 지- 필라이히트 포이어?

- 불 있습니까?

  Haben Sie Feuer?
  하-밴 지- 포이어?

- 담배 좀 한 대 빌릴까요?

  Darf ich Sie um eine Zigarette bitten?
  다르프 이히 지- 움 아이내 치가레테 비탠?

- 담배 좀 한 대 빌릴까요?

  Darf ich eine Zigarette schnorren?
  다르프 이히 아이내 치가레테 슈노랜?

- 담배 한 대 피우시겠습니까?

  Wollen Sie eine Zigarette rauchen?
  볼랜 지- 아이내 치가레테 라욱흔?

- 재떨이를 집어 주시겠습니까?

  Würden Sie mir den Aschenbecher reichen?
  뷰르댄 지- 미어 덴 앗쉔밧허 라이핸?

- 담배를 피워도 되겠습니까?

  Darf ich rauchen?
  다르프 이히 라욱흔?

- 여기서 담배를 피울 수 있습니까?

  Kann ich hier rauchen?
  칸 이히 히어 라욱흔?

- 어디서 담배를 피워야 됩니까?

  Wo kann ich rauchen?
  보- 칸 이히 라욱흔?

- 담배 좀 있어?

  Hast du was zu rauchen?
  하스트 두- 밧스 추- 라욱흔?

- 담배 피울래?

  Willst du rauchen?
  빌스트 두- 라욱흔?

- 나가서 한 대 피울까?

  Kommst du mit raus eine rauchen?
  콤스트 두- 미트 라우스 아이내 라욱흔?

- 담배 피워도 됩니까?

  Darf ich rauchen?
  다르프 이히 라욱흔?

- 이곳은 금연석입니까?

  Ist das ein Nichtrauchersitz?
  이스트 다스 아인 니힡트라우허짙츠?

- 이곳은 금연실입니까?

  Ist das ein Nichtraucherzimmer?
  이스트 다스 아인 니힡트라우허침머?

 금연구역 ein Nichtraucherbereich, eine Nichtraucherzone, ein Nichtraucherabteil
(니힡트라우허배라이히, 아이내 니힡트라우허초-내, 아인 니힡트라우허압타일)

- 흡연석 있습니까?

  Haben Sie einen Rauchersitz?
  하-밴 지- 아이낸 라욱허지츠?

- 흡연석을 원하십니까? 아니면 금연석을 원하십니까?

  Möchten Sie einen Raucher- oder ein Nichtrauchersitz?
  뫼히탠   지- 아이낸 라욱허- 오-더 어안 나히트라욱허짙츠?

- 금연석으로 바꿀 수 있습니까?

  Kann ich ihn gegen einen Nichtrauchersitz wechseln?
  칸   이히 인- 게-갠 아이낸 니힡트라욱허짙츠   백셀른?

- 담뱃불 좀 꺼주세요.

  Rauchen ist verboten!
  라욱흔   이스트 페어보-탠!

- 이곳에서 담배 피우면 안 돼요.

  Hier darf man nicht rauchen!
  히어 다르프 만   니힡트 라욱흔!

- 담배꽁초를 함부로 버리지 마세요.

  Werfen Sie bitte keine Zigarettenstummel weg!
  베르팬   지- 비태 카이내 치가레텐슈툼멜   벡!

- 너 너구리 잡는 것 같다.

  Du qualmst wie ein Schlot!
  두- 크발름스트 비- 아인 슐로-트!

- 넌 연달아 담배를 피우는구나.

  Du rauchst eine Zigarette nach der anderen.
  두- 라욱흐스트 아이네 치가레태   낙흐 데어 안더랜.

 der Schlot 굴뚝, qualmen 연기를 내뿜다

금연에 대해서

- 담배 끊었나요?

  Haben Sie das Rauchen aufgegeben?
  하-밴   지- 다스 라우흔   아우프게게-밴?

- 담배 끊었나요?

  Haben Sie mit dem Rauchen aufgehört?
  하-밴   지- 미트 뎀   라우흔   아우프게회르트?

- 여전히 담배를 피우십니까?

  Rauchen Sie noch?
  라우흔   지- 녹흐?

- 담배를 끊으셔야 해요.

  Sie müssen das Rauchen aufgeben!
  지- 뮤쌘   다스 라우흔   아우프게-밴!

- 담배를 줄여야 해요.

  Sie müssen das Rauchen einschränken!
  지- 뮤쌘   다스 라우흔   아인슈랭칸!

- 1년 전에 담배를 끊었어요.

  Ich habe vor einem Jahr das Rauchen aufgegeben.
  이히 하-베 포-어 아이냄 야-   다스 라우흔   아우프게게-밴.

- 당신이 담배를 끊으면 좋겠어요.

  Es wäre schön, wenn Sie mit dem Rauchen aufhören würden!
  앳스 봬-래 쇠-ㄴ,   벤   지- 미트 뎀   라우흔   아우프회-랜 뷰르댄!

- 담배를 끊었어.

  Ich habe mit dem Rauchen aufgehört.
  이히 하-베 미트 뎀   라우흔   아우프게회르트.

- 난 네가 담배 피우는 걸 허용할 수 없어.

  Ich kann dich nicht rauchen lassen.
  이히 칸   디히 니힡트 라우흔   랏샌.

- 담배를 끊는다면 그게 제일이야.

  Es wäre am besten, wenn du das Rauchen aufgeben würdest.
  앳스 봬-래 암 배스탠,   벤   두- 다스 라우흔   아우프게-밴 뷰르대스트.

취미와 여가

취미가 무엇인지 물을 때 "Was ist Ihr Hobby?"(취미가 무엇입니까?) 또는 "Haben Sie ein besonderes Hobby?"(특별한 취미가 있습니까?)라고 하면 되고, "Meine Interessen sind verschieden."(제 취미는 다양합니다.) "Mein Hobby ist Musik hören."(제 취미는 음악감상입니다.)라고 말하면 된다. 여가에 대해서는 "Wie verbringen Sie Ihre Freizeit?"(여가를 어떻게 보내십니까?) 또는 "Was wollen Sie am Feiertag machen?"(휴일에는 무엇을 할 겁니까?) 등으로 물어보면 된다.

취미에 대해서

- 취미가 무엇입니까?

  Was ist Ihr Hobby?
  밧스 이스트 이어 호비?

- 무엇에 흥미가 있습니까?

  Wofür interessieren Sie sich denn?
  보-퓨어 인터레씨-랜 지- 지히 덴?

- 특별한 취미가 있습니까?

  Haben Sie ein besonderes Hobby?
  하-밴 지- 아인 배존더렌스 호비?

- 취미삼아 하는 겁니까? 먹고 살기 위해 하는 겁니까?

  Ist das ein Hobby oder machen Sie das zum Leben?
  이스트 다스 아인 호비 오-더 막핸 지- 다스 춤 레-밴?

- 제 취미는 음악 감상입니다.

  Mein Hobby ist Musik hören.
  마인 호비 이스트 무직 회-랜.

- 우리는 취미가 같군요.

  Wir haben die gleichen Interessen.
  뷔어 하-밴 디 글라이헨 인터레쌘.

- 우리는 취미가 달라요.

  Wir haben verschiedene Geschmäcker.
  뷔어 하-밴 페어쉬-데내 게슈매커.

- 당신은 영화에 취미가 없는 것 같군요.

  Sie scheinen keinen Sinn für Filme zu haben.
  지- 샤이낸 카이낸 진 퓨어 필르메 추- 하-밴.

- 저는 취미로 우표를 수집합니다.

  Ich sammele als Hobby Briefmarken.
  이히 자믈래 알스 호비 브리-프마르캔.

- 제 취미는 등산입니다.

  Mein Hobby ist Bergsteigen.
  마인 호비 이스트 베르크슈타이갠.

- 사진은 그냥 제 취미일 뿐입니다.

  Fotografieren ist nur mein Hobby.
  포토그라피-랜 이스트 누어 마인 호비.

- 독서가 나의 유일한 취미야.

  Bücher lesen ist mein einziges Hobby.
  뷧혀 레-잰 이스트 마인 아인치게스 호비.

- 그림은 내가 가장 좋아하는 취미 중 하나야.

  Malen ist eins meiner Lieblingshobbys.
  마-ㄹ-렌 이스트 아인스 마이너 리-블링스호비스.

- 저의 취미는 다양합니다.

  Meine Interessen sind verschieden.
  마이내 인터레쌘 진트 페어쉬-댄.

- 저는 그런 일에는 별로 취미가 없습니다.

  An jenen Sachen habe ich wenig Interesse.
  안 예-낸 작핸 하-배 이히 베-니히 인터레쌔.

- 나는 이렇다할만한 취미가 없어.

  Ich habe keine Hobbys, die der Erwähnung wert sind.
  이히 하-배 카이내 호비스, 디 데어 애어배-눙 베르트 진트.

- 나는 특별한 취미가 없어.

  Ich habe kein besonderes Hobby.
  이히 하-배 카인 배존더래스 호비.

- 제 취향에 맞지 않습니다.

  Das passt mir nicht in den Geschmack.
  다스 파쓰트 미어 니힡트 인 덴 게슈막.

- 그것은 제 취향에 안 맞아요.

  Das entspricht nicht meinem Geschmack.
  다스 앤트슈프리히트 니힡트 마이냄 게슈막.

- 취미도 가지가지야.

  Über den Geschmack lässt sich nicht streiten.
  위-버 덴 게슈막 랫스트 지히 니힡트 슈트라이탠.

- 우리 두 사람은 취미에 있어 공통점이 많아요.

  Wir beide haben unter unseren Hobbys viele gemeinsame Interessen.
  뷔어 바이대 하-밴 운터 운저랜 호비스 피-ㄹ래 게마인자메 인터레쌘.

여가 활동에 대해서

- 여가 시간에 어떤 일을 하는 것을 좋아합니까?

  Was möchten Sie gern in Ihrer Freizeit machen?
  밧스뫼히탠 지- 게른 인 이어러 프라이차이트 막핸?

- 여가를 어떻게 보내십니까?

  Wie verbringen Sie Ihre Freizeit?
  비- 페어브링앤 지- 이어래 프라이차이트?

- 주말에는 주로 무엇을 하십니까?

  Was machen Sie meistens am Wochenende?
  밧스 막핸 지- 마이스텐스 암 복핸앤대?

- 여가시간에 무엇을 하십니까?

  Was machen Sie in Ihrer Freizeit?
  밧스 막핸 지- 인 이어러 프라이차이트?

- 기분전환으로 무엇을 하십니까?

  Was machen Sie zur Entspannung?
  밧스 막핸 지- 추어 앤트슈판눙?

- 주말에 무슨 계획이 있으세요?

  Haben Sie am Wochenende etwas vor?
  하-밴 지- 암 복핸앤대 애트밧스 포-어?

- 일과 후에 무엇을 하세요?

  Was machen Sie außerhalb der Arbeitszeit?
  밧스 막핸 지- 아우써할프 데어 아르바이츠차이트?

- 퇴근 후에 무엇을 하십니까?

  Was machen Sie nach Feierabend?
  밧스 막핸 지- 낙흐 파이어아-벤트?

- 휴일에는 무엇을 하실 겁니까?

  Was wollen Sie am Feiertag machen?
  밧스 볼랜 지 암 프라이타-크 막핸?

- 이제 난 여가 활동을 할 시간이 훨씬 더 많아졌어요.

  Jetzt habe ich viel Zeit für Freizeitaktivitäten.
  예츠트 하-베 이히 피-ㄹ 차이트 퓨어 프라이치아트악티비태-텐.

여행에 대해서

- 나는 여행을 좋아합니다.

  Ich mag reisen.
  이히 막 라이잰.

- 우리는 여행을 좋아합니다.

  Wir machen gern eine Reise.
  뷔어 막핸 게른 아이내 라이재.

- 여행은 즐거우셨어요?

  Haben Sie eine gute Reise gehabt?
  하-밴 지- 아이내 구-태 라이재 게합트?

- 어디로 휴가를 다녀오셨어요?

  Wohin sind Sie im Urlaub gefahren?
  보-힌 진트 지- 임 우얼라웁 게파-랜?

- 휴가를 어디서 보내셨어요?

  Wo haben Sie Ihren Urlaub gemacht?
  보- 하-밴 지- 이어랜 우얼라웁 게막흐트?

- 우리는 해변으로 휴가를 다녀왔어요.

  Wir haben einen Badeurlaub gemacht.
  뷔어 하-밴 아이낸 바-데우얼라웁 게막흐트.

- 나는 이번 겨울에 스키 휴가를 갈 거야.

  In diesem Winter fahre ich in den Skiurlaub.
  인 디-젬 빈터 파-랜 이히 인 덴 쉬-우얼라웁.

- 해외여행을 가신 적이 있습니까?

  Haben Sie schon eine Auslandsreise gemacht?
  하-밴 지- 쇼-ㄴ 아이내 아우스란츠라이재 게막흐트?

- 당신은 오랫동안 여행을 해본 적이 있나요?

  Haben Sie schon eine lange Reise gemacht?
  하-밴 지- 쇼-ㄴ 아이내 랑애 라이재 게막흐트?

- 미국에 가본 적이 있어요?

  Waren Sie in Amerika?
  봐-렌 지- 인 아메-리카?

- 그곳에서 얼마나 머무셨나요?

  Wie lange sind Sie da geblieben?
  비- 랑애   진트   지- 다- 게블리-밴?

- 언젠가 세계 일주를 하고 싶어요.

  Irgendwann möchte ich um die Welt reisen.
  이르겐트반   뫼히태   이히 움   디 벨트   라이잰.

- 여행은 어땠어요?

  Wie war Ihre Reise?
  비- 봐- 이어래 라이재?

- 스위스에서의 휴가는 어땠습니까?

  Wie war Ihr Urlaub in der Schweiz?
  비- 봐- 이어 우얼라웁 인 데어 슈바이츠?

- 거기 어디에 가보셨나요?

  Wo waren Sie da?
  보- 봐-랜   지- 다-?

- 저는 산에 가보았습니다.

  Ich war in den Bergen.
  이히 봐- 인 덴   배르갠.

- 우리는 나폴리에서 바닷가에 갔었어요.

  Wir waren in Neapel am Meer.
  뷔어 봐-랜   인 네아펠   암 메-어.

- 우리는 호수에서 목욕했어요.

  Wir haben im See gebadet.
  뷔어 하-밴   임 제- 게바-데트.

 # 오락과 유흥

오락과 유흥에는 여러 가지가 있겠지만, 그러한 것에 대해서 아래와 같이 물어보거나 대답하는 일상 독일어 표현을 익혀두는 것이 좋다. "Ich gehe gerne in die Spielhallen."(나는 오락실에 가는 걸 좋아해요.) "Was für eine Show ist das?"(이것은 무슨 쇼입니까?), "Wollen Sie mit mir tanzen?"(같이 춤을 출까요?) 처럼 말이다.

오락에 대해서

- 나는 오락실에 가는 것을 좋아해.
  Ich gehe gern in die Spielhallen.
  이히 게-에 게른 인 디 슈피-ㄹ할랜.

- 이 호텔에는 카지노가 있습니까?
  Gibt es in diesem Hotel ein Kasino?
  깁트 앳스 인 디-젬 호텔 아인 카지-노?

- 갬블을 하고 싶습니다.
  Ich möchte ein Glücksspiel machen.
  이히 뫼히태 아인 글뤽스슈피-ㄹ 막핸.

- 쉬운 게임 있습니까?
  Gibt es ein leichtes Spiel?
  깁트 앳스 아인 라이히테스 슈피-ㄹ?

- 좋은 카지노를 소개해주시겠어요?
  Würden Sie uns ein gutes Kasino empfehlen?
  뷰르댄 지- 운스 아인 구-태스 카지-노 엠페-ㄹ랜?

- 카지노는 아무나 들어갈 수 있습니까?
  Darf jeder Spielkasinos betreten?
  다르프 예-더 슈피-ㄹ카지-노스 배트레탠?

- 와, 잭팟이 터졌네요.
  Oh, ich habe den Jackpot gewonnen.
  오-, 이히 하-배 덴 잭포트 게본낸.

- 카드놀이 합시다.

    Machen wir bitte ein Kartenspiel!
    막핸 뷔어 비태 아인 카르텐슈피-ㄹ!

- 넌 패가 좋구나.

    Du hast gute Karten auf der Hand.
    두- 하스트 구-태 카르탠 아우프 데어 한트.

- 나는 도박에 관심이 없어요.

    Ich interessiere mich nicht fürs Glücksspiel.
    이히 인터레씨에래 미히 니휠트 퓨어스 글뤽스슈피-ㄹ.

- 나는 도박꾼이 아니에요.

    Ich habe keine Spielsucht.
    이히 하-배 카이내 슈피-ㄹ주-ㅎ트.

유흥에 대해서

- 이 근처에 클럽이나 바가 있습니까?

    Gibt es Klubs oder Bars in der Nähe von hier?
    깁트 앳스 클룹스 오-더 바-스 인 데어 내-애 폰   히어?

- 근처에 유흥업소가 있습니까?

    Gibt es Vergnügungsgewerbe in der Nähe?
    깁트 앳스 페어그뉘-궁스게베르배   인 데어 내-애?

- 좋은 나이트클럽을 알고 있나요?

    Kennen Sie einen guten Nachtklub?
    캔낸   지- 아이낸 구-탠 낙흐트클룹?

- 저는 나이트클럽에 가는 걸 꺼리는 편입니다.

    Ich schäme mich, in einen Nachtklub zu gehen.
    이히 섀-매   미히, 인 아이낸 낙흐트클룹 추- 게-앤.

- 저는 나이트클럽에 가는 걸 부끄럼으로 압니다.

    Ich halte den Nachtklub für eine Schande.
    이히 할태 댄   낙흐트클룹   퓨어 아이내 샨대.

- 쇼를 보고 싶습니다.

    Ich möchte mir eine Show ansehen.
    이히 뫼히태   미어 아이내 쇼- 안제-앤.

> **Tipp** die Show, die Schau, die Vorstellung(디 쇼 디 샤우, 디 포어슈텔룽) 쇼

- 이건 무슨 쇼입니까?

Was für eine Show ist das?
밧스 퓨어 아이내 쇼우 이스트 다스?

- 함께 춤추시겠어요?

Wollen Sie mit mir tanzen?
볼랜 지- 미트 미어 탄챈?

- 인기가 있는 디스코텍은 어디입니까?

Wo ist eine beliebte Discothek?
보- 이스트 아이내 벨리-ㅂ태 디스코텍?

- 네가 괜찮다면 디스코텍에 가고 싶어.

Ich möchte in die Disco gehen, wenn du nichts dagegen hast.
이히 뫼히태 인 디 디스코 게-앤, 벤 두- 니힡츠 다게-갠 하스트.

- 이것이 최신 유행의 디스코야.

Diese Disco ist gerade angesagt.
디-제 디스코 이스트 게라대 안게작트.

 angesagt는 "유행 중인"이란 뜻의 입말(구어)이다. 대신 in Mode라고도 한다.

- 정말로 나이트클럽에서 일하고 있어요?

Arbeiten Sie wirklich im Nachtklub?
아르바이탠 지- 뷔르클리히 임 낙흩크클롭?

- 내일 댄스파티에 오시겠어요?

Wollen Sie morgen zur Tanzparty kommen?
볼랜 지- 모르갠 추어 탄첸파-티 콤맨?

 문화생활

　독일어권에서 문화생활의 범위는 연극이나 오페라 관람에만 국한 되지 않는다. 우리나라처럼 책, 신문, 잡지, 텔레비전, 라디오, 음악, 영화 등 다양한 분야에 걸쳐 즐기고 있다. "**Lesen Sie gern?**"(독서를 좋아하십니까?), "**Was für Bücher lesen Sie gern?**"(무슨 책을 즐겨 읽으십니까?) "**Welche Zeitung lesen Sie?**"(어떤 신문을 읽습니까?) "**Ich mag Musik sehr gern.**"(저는 음악을 매우 좋아합니다.) "**Interessieren Sie sich für Malerei?**"(그림에 관심이 있습니까?) "**Welches Programm mögen Sie?**"(어떤 프로그램을 좋아하세요?) 같은 표현을 익힌다.

책에 대해서

- 어떤 책을 즐겨 읽으십니까?

  Was für Bücher lesen Sie gern?
  밧스 퓨어 뷧혀　레-잰 지- 게른?

- 어떤 책을 가장 즐겨 읽으십니까?

  Was für Bücher lesen Sie am liebsten?
  밧스 퓨어 뷧혀　레-잰 지- 암 리-브스탠?

 '즐겨' 대신에 '주로' 란 말을 넣으려면 am meisten.(암 마이스텐)

- 저는 손에 잡히는 대로 다 읽습니다.

  Ich lese alles, was mir unter die Hände kommt.
  이히 레-재 알랫스, 밧스 미어 운터 디 핸대 콤트.

- 한 달에 책을 몇 권정도 읽습니까?

  Wie viele Bücher lesen Sie im Monat?
  비- 피-ㄹ레 뷧혀　레-잰 지- 임 모-나트?

- 책을 많이 읽으십니까?

  Lesen Sie viel?
  레-잰 지- 피-ㄹ?

VI. 일상생활에 관한 표현 **489**

- 나는 독서를 좋아합니다.

  Ich lese Bücher sehr gern.
  이히 레-재 뷧혀 제어 게른.

- 저는 독서를 아주 좋아해요.

  Ich lese sehr gern.
  이히 레-재 제어 게른.

- 이 책은 재미있어요.

  Dieses Buch ist spannend.
  디-재스 북흐 이스트 슈판넨트.

- 저는 이 책에 깊은 감명을 받았습니다.

  Dieses Buch hat mich tief beeindruckt.
  디-재스 북흐 하트 미히 티-프 베아인드룩크트.

- 이 책은 지루해요.

  Dieses Buch ist langweilig.
  디-재스 북흐 이스트 랑바일리히.

- 한 번 훑어 봤어요.

  Ich habe es durchgelesen.
  이히 하-배 앳스 두르히겔레-잰.

- 그 책은 처음부터 끝까지 다 읽었어요.

  Ich habe das Buch von vorne bis hinten gelesen.
  이히 하-배 다스 북흐 폰 포르내 비스 힌탠 겔레-잰.

- 그 작가의 작품은 거의 다 읽었습니다.

  Ich habe fast alle Werke des Dichters gelesen.
  이히 하-배 파스트 알레 베르캐 데스 디히터스 겔레-잰.

- 그녀는 책벌레입니다.

  Sie ist eine Leseratte.
  지- 이스트 아이내 레-저라태.

- 그는 책벌레예요.

  Er ist ein Bücherwurm.
  애어 이스트 아인 뷩혀부름.

- 저는 항상 책을 가지고 다닙니다.

  Ich habe immer ein Buch dabei.
  이히 하-배 임머 아인 북흐 다바이.

- 좋아하는 작가는 누구입니까?

  Wer ist Ihr Lieblingsdichter?
  베어 이스트 이어 리-블링스디히터?

- 베스트셀러 작가는 누구입니까?

  Wer ist der Bestsellerautor?
  베어 이스트 데어 베스트셀러아우토어?

- 요즘 베스트셀러는 무엇입니까?

  Wie heißt der derzeitige Bestseller?
  비- 하이쓰트 데어 데어차이티게 베스트셀러?

- 요즘 좋은 책 읽는 게 있습니까?

  Lesen Sie zurzeit ein lesenswertes Buch?
  레-잰 지- 추어차이트 아인 레-젠스베르테스 북흐?

- 요즘 읽을 만한 책을 갖고 있습니까?

  Haben Sie Bücher, die zurzeit lesenswert sind?
  하-밴 지- 뷧혀, 디 추어차이트 레-젠스베르트 진트?

- 나는 수필보다 소설을 좋아해요.

  Ich ziehe den Essays die Romane vor.
  이히 치-애 덴 앳새이스 디 로마-내 포-어.

- 이 책은 잘 읽히는 책이야.

  Dieses Buch liest sich gut.
  디-제스 북흐 리스트 짛히 구-트.

- 한국에서 가을은 독서의 계절입니다.

  Der Herbst ist die Lesesaison in Korea.
  데어 헤릅스트 이스트 디 레-제제종 인 코레-아.

- 독서는 마음의 양식입니다.

  Lesen ist Nahrung für die Seele.
  레-젠 이스트 나-룽 퓨어 디 제-르래.

신문과 잡지에 대해서

- 무슨 신문을 읽으십니까?

  Welche Zeitung lesen Sie?
  밸해 차이퉁 레-잰 지-?

- 오늘 신문 보셨어요?

  Haben Sie die heutige Zeitung gelesen?
  하-밴 지- 디 호이티개 차이퉁 게레-잰?

- 신문 다 읽으셨어요?

  Haben Sie die Zeitung fertig gelesen?
  하-밴 지- 디 차이퉁 페르트히 게레-잰?

- 어제 신문 보셨어요?

  Haben Sie gestern die Zeitung gelesen?
  하-밴 지- 게스턴 디 차이퉁 게레-잰?

- 그 사건은 일면에 났어요.

  Das Ereignis stand auf der Titelseite.
  다스 애어게-프니스 슈탄트 아우프 데어 티-텔자이태.

- 그 사람 신문에 났더군요.

  Er stand in der Zeitung.
  애어 슈탄트 인 데어 차이퉁.

- 오늘 아침 신문기사 제목이 내 눈을 사로잡았습니다.

  Die Schlagzeile von heute Morgen fiel mir auf.
  디 슐락차일래 폰 호이태 모르갠 피-ㄹ 미어 아우프.

- 저는 기사제목만 봐요.

  Ich lese nur die Schlagzeilen.
  이히 레-재 누어 디 슐락차일랜.

- 저는 스포츠 면을 먼저 봅니다.

  Ich lese zuerst den Sportabschnitt.
  이히 레-재 추애어스트 덴 슈포-트압슈니트.

- 저는 아르바이트로 신문배달을 하고 있습니다.

  Als Teilzeitarbeit trage ich Zeitungen aus.
  알스 타일차이트아르바이트 트라-개 이히 차이퉁앤 아웃스.

- 오늘 신문 배달이 안 왔습니다.

  Die Zeitung ist heute nicht ausgetragen worden.
  디 차이퉁 이스트 호이태 니힐트 아우스게트라-갠 보르댄.

- 어떤 잡지를 좋아하십니까?

  Was für eine Zeitschrift mögen Sie?
  밧스 퓨어 아이내 차이트슈리프트 뫼-갠 지-?

- 자동차 잡지를 구독합니다.

  Ich abonniere eine Automobilzeitschrift.
  이히 아보니-래 아이내 아우토모빌차이트슈리프트.

- 저는 쥐트도이췌 차이퉁을 구독합니다.

  Ich erhalte die Süddeutsche Zeitung.
  이히 애어할태 디 쥐-트도이채 차이퉁.

- 이 잡지는 날개 돋친 듯 팔려요.

  Diese Zeitschrift findet reißenden Absatz.
  디-재 차이트슈리프트 핀댓 라이쎈댄 압자츠.

- 이 잡지는 날개 돋친 듯 팔려요.

  Diese Zeitschrift verkauft sich reißend.
  디-재 차이트슈리츠트 페어카우프트 지히 라이쎈트.

- 잡지 같은 것 좀 있을까요?

  Könnte ich mal eine Zeitschrift oder sowas haben?
  쾬태 이히 마-ㄹ- 아이내 차이트슈리프트 오-더 조-밧스 하-밴?

- 읽을거리를 좀 주시겠어요?

  Würden Sie mir etwas zu lesen geben?
  뷰르댄 지- 미어 애트밧스 추- 레-잰 게-밴?

- 스포츠 잡지 좀 볼 수 있을까요?

  Darf ich eine Sportzeitschrift haben?
  다르프 이히 아이내 슈포-트차이트슈리프트 하-밴?

- 스포츠 잡지 좀 빌려주시겠어요?

  Könnten Sie mir eine Sportzeitschrift leihen?
  쾬탠 지- 미어 아이내 슈포-트차이트슈리프트 라이앤?

음악에 대해서

- 저는 음악을 매우 좋아합니다.

  Ich mag Musik sehr gern.
  아하 막 무지-ㅋ 제어 게른.

- 어떤 음악을 좋아하세요?

  Was für eine Musik mögen Sie?
  밧스 퓨어 아이내 무지-ㅋ 뫼-갠 지-?

- 어떤 음악을 가장 좋아하세요?

  Was für eine Musik mögen Sie am liebsten?
  밧스 퓨어 아이내 무지-ㅋ 뫼-갠 지- 암 리-ㅂ스탠?

- 음악을 즐겨 들으십니까?

  Hören Sie gern Musik?
  회-랜 지- 게른 무지-ㅋ?

- 어떤 종류의 음악을 즐겨 들으세요?

  Was für eine Musik hören Sie gern?
  밧스 퓨어 아이내 무지-ㅋ 회-랜 지- 게른?

- 제 취미는 음악 감상입니다.

  Mein Hobby ist Musik hören.
  마인 호비 이스트 무지-ㅋ 회-랜.

- 음악 듣는 것을 즐깁니다.
  Ich höre gern Musik.
  이히 회-래 게른 무지-크.

- 저는 클래식을 즐겨 듣습니다.
  Ich höre gern klassische Musik.
  이히 회-래 게른 클라시섀 무지-크.

- 저는 음악을 잘 몰라요.
  Ich habe ein schlechtes musikalisches Gehör.
  이히 하-배 아인 슐레히테스 무지칼리섀스 게회-어.

- 그녀는 음악에 조예가 깊습니다.
  Sie hat gute Kenntnisse in Musik.
  지- 하트 구-태 클라시섀 인 무지-크.

- 나는 기분이 우울할 때 모차르트 음악을 종종 들어요.
  Ich höre oft Mozart, wenn ich betrübt bin.
  이히 하트 오프트 모-차르트, 벤 이히 배트륖트 빈.

- 나는 기분이 우울할 때면 언제나 모차르트 음악을 들어요.
  Ich höre immer Mozart, wenn ich mich sehr trostlos fühle.
  이히 회-래 임머 모-차르트, 벤 이히 미히 제어 트로스틀로-스 퓌-래.

- 베토벤 음악을 좋아합니까?
  Mögen Sie die Musik von Beethoven?
  뫼-갠 지- 디 무지-크 폰 베-토팬?

> **Tipp** Hören Sie gern Beethoven?(회-랜 지- 게른 베-토펜?) "베토벤 음악을 즐겨 듣습니까?"

- 나는 음악에 별 소질이 없는 것 같아.
  Ich glaube, ich habe keine guten Anlagen zur Musik.
  이히 글라우배, 이히 하-배 카이내 구-탠 안라-갠 추어 무지-크.

- 나는 음악 듣는 것보다 노래하는 것을 더 좋아해.
  Ich singe viel lieber, als ich Musik höre.
  이히 징애 피-르 리-버, 알스 이히 무지-크 회-래.

- 전 음악 없이는 못 살아요.
  Ich lebe von Musik.
  이히 레-베 폰 무지-크.

> **Tipp** leben von 3격 "…으로 살아가다"

- 대중음악과 클래식 증 어느 것을 더 좋아합니까?
  Was mögen Sie lieber, Schlager oder Klassik?
  밧스 뫼-갠 지- 리-버, 슐라-거 오-더 클라식?

- 고전 음악을 좋아해요.
  Ich mag Klassik.
  이히 막 클라식.

- 좋아하는 가수가 누구입니까?
  Wer ist Ihr Lieblingssänger?
  베어 이스트 이어 리-블링스쟁어?

- 가장 좋아하는 노래는 무엇입니까?
  Welches Lied mögen Sie am liebsten?
  뱔해스 리-트 뫼-갠 지- 암 리-ㅂ스탠?

- 그 음악은 내 취향이 아니야.
  Diese Musik ist nicht mein Geschmack.
  디-재 무지-ㅋ 이스트 니힡트 마인 게슈막.

- 어떤 악기를 연주하세요?
  Welches Instrument spielen Sie?
  뱔해스 인스트루멘트 슈피-ㄹ랜 지-?

- 저는 음치입니다.
  Ich bin unmusikalisch.
  이히 빈 운무지칼-리쉬.

- 그는 음치입니다.
  Er ist ohne musikalisches Gehör.
  애어 이스트 오-네 무지칼-리쉐스 게회-어.

- 노래 한 곡 불러주시겠어요?
  Könnten Sie ein Lied singen?
  쾬탠 지- 아인 리-트 징앤?

- 노래 부르는 것을 좋아하세요?
  Macht es Ihnen Spaß, Lieder zu singen?
  막흐트 앳스 이-낸 슈파-쓰, 리-더 추 징앤?

- 저는 노래를 못해요.
  Ich kann nicht singen.
  이히 칸 니힡트 징앤.

VI. 일상생활에 관한 표현

그림에 대해서

- 그림에 관심이 있습니까?
  Interessieren Sie sich für Malerei?
  인터레씨–랜 지– 짙히 퓨어 마–ㄹ–러라이?

- 저 그림들이 마음에 들어요.
  Die Bilder gefallen mir gut.
  디 빌더 게팔렌 미어 구–트.

- 저는 정말 그림을 그릴 줄 몰라요.
  Ich kann ja wirklich nicht malen.
  이히 칸 야 비르클리히 니힡트 마–ㄹ랜.

- 이 그림들을 어떻게 생각하세요?
  Wie finden Sie die Bilder?
  비– 핀댄 지– 디 빌더?

- 먼저 그것들을 자세히 봐야만 합니다.
  Ich muss sie mir erst mal genauer ansehen.
  이히 뭇스 지 미어 에어스트 마–ㄹ– 게나우어 안제–앤.

- 저는 그림 그리기를 좋아합니다.
  Ich male gern.
  이히 마–ㄹ–레 게른.

- 저는 미술품 감상을 좋아합니다.
  Es macht mir Spaß, Kunstsammlungen anzusehen.
  앳스 막흐트 미어 슈파–쓰, 쿤스트자믈룽앤 안추제–앤.

- 그것은 누구 작품이지요?
  Wessen Gemälde ist das?
  베쎈 게맬–대 이스트 다스?

- 그것은 누가 그린 것인가요?
  Von wem ist das gemalt worden?
  폰 벰 이스트 다스 게마–ㄹ트 보르댄?

- 저는 추상화에 흥미가 없습니다.
  Ich habe kein Interesse an abstrakter Malerei.
  이히 하–배 카인 인터레쌔 안 압슈트락터 마–ㄹ–러라이.

- 저는 풍경화를 아주 좋아합니다.
  Ich mag Landschaftsmalerei sehr gern.
  이히 막 란트샤프츠마–ㄹ–러라이 제어 게른.

- 저는 수채화를 즐깁니다.

  Ich genieße Aquarelle.
  이히 게니-쌔   아크바렐래.

- 저는 수채화를 즐깁니다.

  Ich finde Freude an der Aquarellmalerei.
  이히 핀대   프로이대 안 데어 아크바렐마-르-러라이.

- 유화를 그리십니까?

  Malen Sie in Öl?
  마-ㄹ랜 지- 인 외-ㄹ?

- 미술관에 자주 갑니다.

  Ich gehe oft in die Galerien.
  이히 게-에 오프트 인 디 갈러리-엔.

- 어떻게 그림을 그리게 되셨나요?

  Wie haben Sie angefangen, zu malen?
  비- 하-밴 지- 안게팡앤,   추- 마-ㄹ랜?

- 정말 아름다운 작품입니다.

  Das ist ja ein schönes Stück.
  다스 이스트 야- 아인 쇠-네스 슈튁.

- 저는 미술품 수집을 좋아합니다.

  Ich sammele gern Kunstwerke.
  이히 자믈래   게른 쿤스트베르캐.

- 좋아하는 화가는 누구입니까?

  Wer ist Ihr Lieblingsmaler?
  베어 이스트 이어 리-블링스마-ㄹ러?

- 그림을 아주 잘 그리시는군요.

  Sie malen ziemlich gut.
  지- 마-ㄹ랜 치임리히   구-ㅌ.

- 나는 그림에 소질이 있어.

  Ich habe gute Anlagen zum Malen.
  이히 하-배 구-태 안라-갠   춤   마-ㄹ랜.

- 그녀는 그림에 안목이 있어요.

  Sie hat ein Auge für Malerei.
  지- 하트 아인 아우게 퓨어 마-ㄹ러라이.

- 그 그림을 보고 있으면 나는 기분이 좋아져요.

  Dieses Bild törnt mich an.
  디-제스 빌트 퇴른트 미히 안.

- 나는 그림이 더 이상 마음에 들지 않아서 그것을 팔았어요.

  Ich verkaufte das Bild, weil es mir nicht mehr gefiel.
  이히 페어카우프태 다스 빌트, 봐일 앳스 미어 니힡트 메-어 게피-ㄹ.

- 그림의 떡이야.

  Das sind nur verrückte Ideen.
  다스 진트 누어 페어뤼크태 이데-앤.

> **Tipp** Das ist eine unrealistische Hoffnung(다스 이스트 아이내 운레알리스디쉐 호프눙.)이라고도 하고 Das sind leere Versprechungen(다스 진트 레-래 페어슈프렣훙앤)이라고도 한다.

라디오에 대해서

- 라디오 켜도 괜찮지?

  Macht es Ihnen etwas aus, wenn ich das Radio anstelle?
  막흐트 앳스 이-낸 애트밧스 아웃스, 벤 이히 다스 라-디오 안슈텔래?

- 라디오 있습니까?

  Haben Sie ein Radio?
  하-밴 지- 아인 라-디오?

- 저는 라디오가 없습니다.

  Ich habe kein Radio.
  이히 하-배 카인 라-디오.

- 라디오 수신료가 얼마입니까?

  Wie hoch ist die Rundfunkgebühr?
  비- 혹흐 이스트 디 룬트풍크게비-어?

- 대학생이면 무료입니다.

  Wenn Sie Student sind, ist sie kostenlos.
  벤 지- 슈투덴트 진트, 이스트 지- 코스텐로-스.

- 저는 라디오 방송국에 전화를 걸었어요.

  Ich habe den Radiosender angerufen.
  이히 하-배 덴 라-디오젠더 안게루-팬.

- 그 음악회는 라디오 방송으로 직접 중계됩니다.

  Das Konzert wird vom Radiosender direkt übertragen.
  다스 콘체르트 비르트 폼 라-디오젠더 디렉트 위-버트라-갠.

- 그 노래는 라디오에서 자주 나왔던 겁니다.

  Das Lied ist im Radio oft gespielt worden.
  다스 리-트 이스트 임 라-디오 오프트 게슈피-ㄹ트 보르댄.

- 나는 라디오에 나왔습니다.
  Ich war im Radio zu hören.
  이히 봐- 임 라-디오 추- 회-랜.

- 그는 라디오에 자주 나오는 사람입니다.
  Er ist im Radio oft zu hören.
  애어 이스트 임 라-디오 오프트 추- 회-랜.

- 그녀는 국영 라디오 방송국에 근무합니다.
  Sie arbeitet beim staatlichen Radiosender.
  지- 아르바이테트 바임 슈타-틀릿핸 라-디오젠더.

- 라디오에서 그것을 들었어요.
  Ich habe es im Radio gehört.
  이히 하-배 앳스 임 라-디오 게회르트.

- 라디오를 듣고 그것을 알았어요.
  Ich habe es im Radio erfahren.
  이히 하-배 앳스 임 라-디오 애어파-랜.

- 라디오 소리 좀 줄여줄래요?
  Könnten Sie das Radio bitte leiser stellen?
  쾐탠 지- 다스 라-디오 비태 라이저 슈텔랜?

- 라디오 소리 좀 줄여주세요.
  Stellen Sie das Radio etwa leiser!
  슈텔랜 지- 다스 라-디오 애트봐 라이저!

- 저 라디오 소리를 즉시 줄여주세요.
  Stellen Sie das Radio sofort leiser!
  슈텔랜 지- 다스 라-디오 조포르트 라이저!

- 라디오 소리를 더 줄여주세요.
  Stellen Sie das Radio noch leiser bitte!
  슈텔랜 지- 다스 라-디오 녹흐 라이저 비태!

- 라디오 좀 꺼.
  Stell doch das Radio ab!
  슈텔 독흐 다스 라-디오 압!

- 라디오 소리 좀 크게 해줄래요?
  Würden Sie das Radio lauter stellen?
  뷰르댄 지- 다스 라-디오 라우터 슈텔랜?

- 당신은 어떤 라디오 프로그램을 가장 좋아하세요?
  Welches Radioprogramm mögen Sie am liebsten?
  밸햬스 라-디오프로그람 뫼-갠 지 암 리-브스탠?

- 좋아하는 라디오 프로그램은 무엇입니까?

    Was ist Ihr Lieblingsradioprogramm?
    밧스 이스트 이어 리-블링스라-디오프로그람?

- 이게 내가 가장 좋아하는 라디오 채널이야.

    Das ist meine Lieblingsradiostation.
    다스 이스트 마이내 리-블링스라-디오슈타치온.

- 이 라디오는 고장 났습니다.

    Das Radio ist kaputt.
    다스 라-디오 이스트 카푸트.

- 이 라디오를 고치는데 얼마나 걸립니까?

    Wie lange dauert es, bis das Radio repariert wird?
    비- 랑애 다우어트 앳스, 비스 다스 라-디오 레파리어트 비르트?

텔레비전에 대해서

- 텔레비전을 자주 보세요?

    Sehen Sie oft fern?
    제-앤 지- 오프트 페른?

> Tipp Sitzen Sie oft vor dem Fernseher?(지챈 지- 오프트 포-어 뎀 페른제-어?)라고 해도 된다.

- 텔레비전을 얼마나 자주 보십니까?

    Wie oft sehen Sie fern?
    비- 오프트 제-앤 지- 페른?

- 어떤 텔레비전 프로그램을 좋아하십니까?

    Welches Programm mögen Sie?
    밸해스 프로그람 뫼갠 지-?

- 어떤 프로그램을 가장 즐겨보십니까?

    Was sehen Sie am liebsten im Fernsehen?
    밧스 제-앤 지- 암 리-ㅂ스탠 임 페른제-앤?

- 그 게임은 텔레비전으로 나옵니다.

    Das Spiel wird vom Fernsehen aufgezeichnet.
    다스 슈피-ㄹ 비르트 폰 페른제-앤 아우프게차이히네트.

- 그게 언제 방송되죠?

    Wann läuft es denn?
    반 로이프트 앳스 덴?

- 그것을 텔레비전으로 중계하나요?

  Wird es im Fernsehen übertragen?
  비르트 앳스 임 페른제-앤 위-버트라-갠?

- 몇 게임이나 텔레비전으로 중계됩니까?

  Wie viele Spiele werden im Fernsehen übertragen?
  비- 피-래 슈피-래 베르댄 임 페른제-앤 위-버트라-갠?

- 지금 텔레비전에서 무엇을 하지요?

  Was gibt es im Fernsehen?
  밧스 깁트 앳스 임 페른제-앤?

> Tipp Was läuft jetzt im Fernsehen?
> 밧스 로이프트 예츠트 임 페른제-앤?

- 다음 프로가 무엇입니까?

  Was ist das nächste Programm?
  밧스 이스트 다스 낵스태 프로그람?

- 텔레비전을 끌까요?

  Soll ich den Fernseher ausschalten?
  졸 이히 덴 페른제-어 아우스샬탠?

- 리모컨이 어디 있지?

  Wo ist die Fernbedienung?
  보- 이스트 디 페른베디-눙?

- 텔레비전을 꺼주면 고맙겠어.

  Ich wäre dir dankbar, wenn du den Fernseher ausschalten würdest.
  이히 뵈-래 디어 당크바-, 벤 두- 덴 페른제-어 아우스샬탠 뷰르대스트.

- 저는 텔레비전을 많이 보지 않습니다.

  Ich sehe nicht viel fern.
  이히 제-에 니힡트 피-ㄹ 페른.

- 제가 텔레비전에 나왔어요.

  Ich bin im Fernsehen aufgetreten.
  이히 빈 임 페른제-앤   아우프게트레-탠.

- 나는 저녁 내내 텔레비전만 봤어요.

  Ich habe den ganzen Abend ferngesehen.
  이히 하-배 덴 간챈   아-벤트 페른게제-앤.

- 저는 뉴스를 즐겨봅니다.

  Ich sehe gern die Tagesschau.
  이히 제-에 게른 디 타-게스샤우.

- 우리 집에서 축구시합을 함께 시청하지요.
  Sehen wir uns das Fußballspiel bei mir im Fernsehen an!
  제-앤 뷔어 운스 다스 푸-쓰발슈피-ㄹ 바이 미어 임 페른제-앤 안!

비디오에 대해서

- 비디오 테이프를 얼마나 자주 빌려보세요.
  Wie oft leihen Sie sich Videofilme?
  비- 오프트 라이앤 지- 지히 비데오필메?

- 내가 비디오가게에서 빌려온 DVD를 돌려줄 수 있니?
  Kannst du die DVD zurückbringen, die ich in der Videothek ausgeliehen habe?
  칸스트 두 디 데파우데 추뤽브링앤, 디 이히 인 데어 비데오텍
  아우스겔리-앤 하-배?

- 비디오기가 고장 났어요.
  Mein Videorekorder ist kaputt!
  마인 비-데오레코-더 이스트 카푸트!

- 비디오기 작동을 하지 않아요.
  Mein Videorekorder funktioniert nicht!
  마인 비-데오레코-더 풍치오니어트 니힡트!

- 어제 내가 비디오가게에 주문한 영화 좀 찾아올래?
  Holst du bitte den Film ab, den ich gestern in der Videothek bestellt habe?
  홀스트 두 비태 덴 필름 압, 덴 이히 게스턴 인 데어 비-데오텍 배슈텔트 하-배?

- 내가 가장 좋아하는 여가활동은 집에서 비디오 보는 거야.
  Mein Lieblingszeitvertreib ist Videos zu Hause zu sehen.
  마인 리-블링스차이트페어트라입 이스트 비-데오스 추 하우제 추- 제-앤.

- 나는 집에서 DVD를 즐겨 봅니다.
  Ich sehe mir zu Hause eine DVD an.
  이히 제-에 미어 추 하우재 아이내 데파우데 안.

- 이게 바로 모두들 좋다고 하는 그 DVD입니다.
  Das ist die DVD, die alle gut finden.
  다스 이스트 디 데파우데, 디 알레 구-ㅌ 핀댄.

공연관람에 대해서

- 극장 이름이 뭡니까?

  Wie heißt das Theater?
  비- 하이쓰트 다스 테아-터?

- 오늘 밤에는 무엇을 공연합니까?

  Was ist heute Abend los?
  밧스 이스트 호이태 아-벤트 로-스?

- 8시부터 뮤지컬을 공연합니다.

  Von 20 Uhr an wird ein Musical aufgeführt.
  폰 츠반치히 우-어 안 비르트 아인 뮤-지칼 아우프게퓌르트.

- 재미있습니까?

  Ist es spannend?
  이스트 앳스 슈판넨트?

- 누가 뮤지컬에 출연합니까?

  Wer tritt im Musical auf?
  베어 트리프트 임 뮤-지칼 아웃프?

- 오늘 표는 아직 있습니까?

  Gibt es noch Eintrittskarten für heute?
  깁트 앳스 녹흐 아인트리츠카르탠 퓨어 호이태?

- 좋은 좌석 있습니까?

  Gibt es noch gute Plätze?
  깁트 앳스 녹흐 구-태 플랫채?

- 입장권을 어디서 살 수 있나요?

  Wo kann ich Karten bekommen?
  보- 칸 이히 카르탠 배콤맨?

- 몇 시에 시작됩니까?

  Um wie viel Uhr fängt es an?
  움 비- 피-ㄹ 우-어 팽트 앳스 안?

- 뮤지컬을 보고 싶은데요.

  Ich möchte mir ein Musical ansehen.
  이히 뫼히태 미어 아인 뮤-지칼 안제-앤.

- 그 콘서트는 라이브 공연이었어.

  Das Konzert war eine live Aufführung.
  다스 콘체르트 봐 아이내 라이프 아우프퓌-룽.

> Tipp live의 발음은 [laif]〈라이프〉이다.

- 수요일 저녁에 나는 콘서트에 가요.

Am Mittwoch Abend gehe ich ins Konzert.
암 미트복흐 아-벤트 게-애 이히 인스 콘체르트.

연극 관람에 대해서

- 연극을 좋아합니까?

Mögen Sie Theater?
뫼-갠 지- 테아-터?

- 저는 연극을 아주 좋아해요.

Ich mag Theater sehr gern.
이히 막 테아-타 제어 게른.

- 오늘 저녁에 무엇이 공연됩니까?

Was wird heute Abend gespielt?
밧스 뷔르트 호이태 아-벤트 게슈피-르트?

> Tipp Was gibt es denn heute Abend?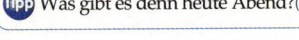라고 해도 된다.

- 오늘 공연 프로그램에 무엇이 있죠?

Was steht heute auf dem Spielplan?
밧스 슈테-트 호이태 아우프 뎀 슈피-ㄹ플란?

- 연극이 언제 시작됩니까?

Wann beginnt die Theatervorstellung?
반 베긴트 디 테아-터포어슈텔룽?

- 내일 저녁 표를 예약할 수 있습니까?

Kann ich für morgen Abend Karten reservieren?
칸 이히 퓨어 모르갠 아-벤트 카르탠 레저비-랜?

- 저는 어제 연극이 마음에 들었어요.

Das Theaterstück gestern hat mir gefallen.
다스 테아-터스튁 게스턴 하트 미어 게팔랜.

- 그 연극작품이 괜찮았어?

Hat dir das Theaterstück gefallen?
하트 디어 다스 테아-터스튁 게팔랜?

- 너희들 극장에 가려고?

  Wollt ihr ins Theater gehen?
  볼트   이어 인스 테아터   게-앤?

- 어떻게 그런 생각을 했지?

  Wie stellt ihr euch das vor?
  비-   슈텔트 이어 오이히 다스 포-어?

- 오늘 극장에 가실 거죠?

  Sie gehen heute Abend ins Theater?
  지- 게-앤   호이태 아-벤트   인스 테아-터?

- 예, 저는 오랫동안 영화관에 가지 못했습니다.

  Ja, ich bin lange nicht mehr ins Theater gegangen.
  야-, 이히 빈 랑애   니힡트 메-어   인스 테아-터   게강앤.

- 분명히 표가 더 이상 없을 텐데.

  Es gibt doch sicher keine Karten mehr.
  앳스 깁트 독흐 짗허   카이내 카르탠   메-어.

- 공연표가 매진됐어요.

  Die Vorstellung ist ausverkauft.
  디   포-어슈텔룽   이스트 아우스페어카우프트.

- 난 1주일 전에 극장에 갔다 왔어.

  Vor einer Woche war ich im Theater.
  포-어 아이너 복해   봐- 이히 임   테아-터.

- 그 극장에서는 무엇이 공연되고 있습니까?

  Was wird im Theater gespielt?
  밧스 뷔르트 임   테아-타   게슈피-ㄹ트?

- 괴테의 파우스트요.

  Goethes Faust.
  괴-테스   파우스트.

- 매일 연극이 공연되나요?

  Wird jeden Tag ein Theaterstück aufgeführt?
  뷔르트 예-댄   타-ㅋ 아인 테아-터슈튁   아우프게퓌르트?

- 다음 공연은 몇 시에 시작됩니까?

  Um wie viel Uhr beginnt die nächste Aufführung?
  움   비- 피-ㄹ 우-어 배긴트   디   낵스태   아우프퓌-룽?

- 7시 반에 시작됩니다.

  Sie beginnt um halb acht.
  지 베긴트   움   할프 악흐트.

Teil VI

문화생활

- 오늘 밤 공연 티켓 2장 주세요.

  Zwei Tickets für heute Abend, bitte.
  츠바이 티켓츠 퓨어 호이태 아-벤트, 비태.

- 상영시간은 얼마나 걸립니까?

  Wie lange dauert die Vorstellung?
  비- 랑애 다우어트 디 포-어슈텔룽?

영화 관람에 대해서

- 오늘 저녁 영화관에서 무엇을 합니까?

  Was gibt es heute Abend im Kino?
  밧스 깁트 앳스 호이태 아-벤트 임 키-노?

- 예매는 언제 시작합니까?

  Wann beginnt der Vorverkauf?
  반 베긴트 데어 포-어페아카우프?

- 저는 영화광입니다.

  Ich bin Filmfan.
  이히 빈 필름팬.

> **Tipp** Ich bin ein großer Liebhaber vom Film.(이히 빈 아인 그로-써 리-ㅂ하-버 폼 필름.)이라는 말과 같다. 여성은 eine große Liebhaberin.(아이내 그로-쎄 리-ㅂ하-버린)

- 어떤 영화를 좋아하세요?

  Was für Filme mögen Sie?
  밧스 퓨어 필르메 뫼-갠 지-?

- 어떤 종류의 영화를 즐겨봅니까?

  Was für einen Film sehen Sie sich gern an?
  밧스 퓨어 아이낸 필름 제-앤 지- 짙히 게른 압?

- 저는 영화관에 자주 갑니다.

  Ich gehe oft ins Kino.
  이히 게-애 오프트 인스 키-노.

- 오늘 아들러 영화관에서 어떤 작품이 상영되나요?

  Was wird heute im Kino "Adler" gespielt?
  밧스 뷔르트 호이태 임 키-노 "아들러" 게슈피-ㄹ트?

- 이 영화는 지금 영화관에서 상영 중입니다.

  Dieser Film läuft jetzt in den Kinos.
  디-저 필름 로이프트 예츠트 인 덴 키노스.

- 티켓을 예약할 수 있습니까?

  Kann ich Karten reservieren lassen?
  칸   이히 카르탠   레저비-랜   랏샌?

- 중간에 있는 자리를 맡고 싶은데요.

  Ich hätte gern einen Platz in der Mitte.
  이히 해태   게른   아이낸   플랏츠 인 데어 밑태.

- 이 영화를 전부터 한 번 꼭 보고 싶었습니다.

  Diesen Film wollte ich immer schon einmal sehen.
  디-잰   필름   볼태   이히 임머   쇼-ㄴ   아인마-ㄹ 제-앤.

- 상영 시간이 얼마나 걸립니까?

  Wie lange dauert die Vorstellung?
  비-   랑애   다우어트 디   포-어슈텔룽?

- 영화배우 중에서 누구를 가장 좋아합니까?

  Wen von den Filmschauspielern mögen Sie am liebsten?
  밴 폰   덴   필름샤우슈피-ㄹ러른   뫼-갠   지- 암 리-브스탠?

- 영화를 자주 보러갑니까?

  Gehen Sie oft ins Kino?
  게-앤   지- 오프트 인스 키-노?

- 나는 영화관에 갔었어.

  Ich war im Kino.
  이히 봐-   임   키-노.

- 그 영화의 주연은 누구입니까?

  Wer spielt die Hauptrolle in dem Film?
  베어   슈피-르트 디 하우프트롤래   인 뎀   필름?

- 배우들이 연기를 참 잘했어요.

  Die Schauspieler haben sehr gut gespielt.
  디   샤유슈피-르러   하-밴   제어   구-트 개슈피-르트.

- 최근에 본 영화는 무엇입니까?

  Welchen Film haben Sie sich in letzter Zeit angesehen?
  밸햄   필름   하-밴   지- 짙히 이 레츠터   차이트 안개제-앤?

- 영화 보러 가실래요?

  Wollen Sie ins Kino gehen?
  볼랜   지- 인스 키-노 게-앤?

- 영화 보러 함께 갈래요?

  Kommen Sie mit ins Kino?
  콤맨   지- 미트 인스 키-노?

- 오늘 저녁 영화 보러 갑시다.
  Gehen wir heute Abend ins Kino!
  게-앤 뷔어 호이태 아-벤트 인스 키노!

- 난 더 이상 영화관에 안 갈 거야.
  Ich will nicht mehr ins Kino gehen.
  이히 빌 니힡트 메-어 인스 키-노 게-앤.

- 한 달 전에 나는 마지막으로 영화관에 갔다 왔어.
  Vor einem Monat war ich zuletzt im Kino.
  포-어 아이냄 모-나트 봐 이히 추-렛츠트 임 키-노.

- 영화관에 가는 게 더 좋은 가요, 아니면 극장에 가는 게 더 좋으신가요?
  Gehen Sie lieber ins Kino oder ins Theater?
  게-앤 지- 리-버 인스 키-노 오-더 인스 테아-터?

- 나는 극장에 가는 것을 좋아하지만, 영화관에 가는 걸 더 좋아합니다.
  Ich gehe gern ins Theater, aber noch lieber gehe ich ins Kino.
  이히 게-애 게른 인스 테아-터, 아-버 녹흐 리-버 게-애 이히 인스 키-노.

- "춤 슐로쓰" 영화관에서 내가 보고 싶어 하는 영화가 상영 중입니다.
  Im Kino "Zum Schloss" gibt es einen Film, den ich mir gern ansehen möchte.
  임 키-노 "춤 슐로쓰" 깁트 앳스 아이넨 필름, 덴 이히 미어 게른 안제-앤 뫼히태.

- 영화가 너무 슬펐어요.
  Der Film war ziemlich traurig.
  데어 필름 봐- 치-ㅁ리히 트라우리히.

- 난 그 영화가 너무 지루한 것 같아.
  Den Film finde ich ziemlich langweilig.
  데어 필름 핀대 이히 치-ㅁ리히 랑바일리히.

- 어떻게 그런 영화만 만들 수 있는 거죠?
  Wie kann man nur so einen Film machen?
  비- 칸 만 누어 조- 아이낸 필름 막핸?

- 지루하다고요? 그 반대죠. 그것은 진짜 흥미진진하고 실제로 멋져요.
  Langweilig? Im Gegenteil, er ist echt spannend und wirklich super.
  랑바일리히? 임 게-겐타일, 애어 이스트 에히트 슈판넨트 운트 뷔르클리히 주-퍼.

- 슐롯스-영화관에서 상영하는 영화 봤니?
  Hast du den Film im Schloss-Kino noch gesehen?
  하스트 두- 덴 필름 임 슐로쓰-키-노 녹흐 게제-앤?

- 아니, 유감스럽게도 그 영화를 놓쳤어.
  Nein, den habe ich leider verpasst.
  나인, 덴 하-배 이히 라이더 페어파쓰트.

- 저는 집에 있는 게 편해도 영화 보러 가는 걸 더 좋아해요.

  Obwohl es zu Hause gemütlich ist, gehe ich lieber ins Kino.
  오프보올 앳츠 추 하우재   게뮈틀리히   이스트, 게-애 이히 리-버 인스 키-노.

- 저는 영화관에 자주 가지는 않아요.

  Ich gehe nicht oft ins Kino.
  이히 게-애 니힡트 오프트 인스 키-노.

- 저는 집에서 DVD 보는 것을 더 좋아해요. 집이 쾌적하니까요.

  Ich sehe mir zu Hause gern eine DVD an, weil es zu Hause gemütlich ist.
  이히 제-애 미어 추 하우재 게른 아이내 데파우데 안, 봐일 앳츠 추- 하우제 게뮈틀리히 이스트.

- 모두들 그 영화가 좋다고 합니다.

  Alle finden den Film gut.
  알레 핀댄   댄   필름 구-트.

- 이게 바로 모두들 좋다고 하는 그 영화입니다.

  Das ist der Film, den alle gut finden.
  다스 이스트 데어 필름, 댄   알레 구-트 핀댄.

> **Tipp** den은 관계대명사 남성 4격. 관계문에서 동사는 문장 맨 뒤에 위치한다.

- 이 영화는 페스티벌에서 대부분의 상을 탔습니다.

  Der Film hat auf dem Festival die meisten Preise gewonnen.
  데어 필름 하트 아우프 뎀 페스티-발 디 마이스탠   프라이재 게본낸.

- 오스카상을 받은 그 여배우 알아요?

  Kennen Sie die Schauspielerin, die einen Oscar bekommen hat.
  캔낸   지- 디 샤우슈피-러린,   디 아이낸 오스카 배콤맨   하트.

> **Tipp** die einen Oscar...에서 die는 관계대명사 여성 1격이다.

⑬ 요리

상대방과 대화하면서 요리에 대해 말하거나 식성이나 음식의 맛 등에 대해 말하는 것은 매우 즐거운 대화법이다. 이럴 때 "Ich koche gern."(나는 요리하는 것을 좋아해.) "Was kochst du denn?"(무슨 요리를 하는 거니?) "Ich esse fast alles."(난 식욕이 좋아요.) "Wie schmeckt es?"(맛이 어때?) "Es schmeckt sehr gut."(아주 맛있어.) 식으로 말한다.

요리에 대해서

- 나는 요리하는 것을 좋아해.
  Ich koche gerne.
  이히 콕해   게른.

- 나는 요리하는 게 재미있어요.
  Kochen macht mir Spaß.
  콕흔   막흐트   미어 슈파-쓰.

- 나는 요리를 잘 해.
  Ich koche vorzüglich.
  이히 콕해   포어취-클리히.

- 저는 어머니한테 요리하는 걸 배웠어요.
  Ich habe bei meiner Mutter kochen gelernt.
  이히 하-배 바이 마이너   무터   콕흔   겔레른트.

- 저의 어머니는 요리를 아주 잘 하세요.
  Meine Mutter versteht sich aufs Kochen.
  마이내 무터   페어슈테-트 짙히 아우프스 콕흔.

- 저의 어머니는 요리솜씨가 뛰어납니다.
  Meine Mutter versteht, gut zu kochen.
  마이내 무터   페어슈테-트, 구-ㅌ 추- 콕흔.

- 넌 너무 기름지게 요리했어.
  Du hast zu fett gekocht.
  두- 하스트 추- 페트 게콕흐트.

- 나는 요리를 할 줄 몰라.
  Ich kann nicht kochen.
  이히 칸   니힡트 콕흔.

- 나는 요리를 못 해.
  Ich koche schlecht.
  이히 콕해   슐래힡트.

- 나는 모든 종류의 음식을 요리할 수 있어.
  Ich kann alle Arten von Speisen kochen.
  이히 칸   알레 아르탠 폰   슈파이젠   콕흔.

- 나는 그것을 요리하는 방법을 잘 알고 있어.
  Ich weiß, wie man es kocht.
  이히 봐이쓰, 비- 만   앳스 콕흐트.

- 나는 생선 요리를 잘 해.
  Ich koche gut Fischgerichte.
  이히 콕해   구-트 피쉬게리히태.

- 무슨 요리를 하고 있니?
  Was kochst du denn?
  밧스   코흐스트 두- 덴?

- 나는 요리강습을 받았어.
  Ich habe an einem Kochkurs teilgenommen.
  이히 하-배 안 아이냄   콕흐쿠어스   타일게놈맨.

식성과 식욕에 대해서

- 저는 뭐든지 잘 먹어요.
  Ich esse fast alles.
  이히 앳새 파스트 알랫스.

- 저는 먹는 걸 안 가려요.
  Ich bin beim Essen nicht wählerisch.
  이히 빈   바임   앳샌   니힡트 밸-러시쉬.

- 나는 식성이 좀 까다로워.
  Ich habe meinen eigenen Geschmack.
  이히 하-배 마이낸   아이게낸   게슈막.

- 나는 음식을 가려먹어.
  Ich bin im Essen wählerisch.
  이히 빈 임 앳샌   밸-러리쉬.

- 저는 돼지고기를 못 먹어요.

  Schweinefleisch bekommt mir nicht.
  슈바이네플라이쉬 베콤트 미어 니힐트.

- 그녀는 커피를 못 마셔요.

  Kaffee bekommt ihr nicht.
  카페 베콤트 이어 니힐트.

- 이걸 먹으면 속이 좋지 않습니다.

  Es kotzt mich an!
  앳스 코츠트 미히 안!

- 그것을 먹으면 식욕을 돋웁니다.

  Das regt den Appetit an!
  다스 렉트 덴 아페티-트 안!

- 저는 매운 음식을 좋아하지 않습니다.

  Ich mag kein scharfes Essen.
  이히 막 카인 샤르페스 앳샌.

- 저는 단 것을 잘 먹습니다.

  Ich bin eine Naschkatze.
  이히 빈 아이내 나쉬캇채.

- 이것은 별로 좋아하지 않아요.

  Das mag ich ganz einfach nicht.
  다스 막 이히 간츠 아인팍흐 니힐트.

- 저는 기름기 있는 음식을 안 좋아해요.

  Ich mag kein fettiges Essen.
  이히 막 카인 페티게스 앳샌.

- 저는 찬 음식을 싫어해요.

  Ich hasse es, kalt zu essen.
  이히 하쌔 앳스, 칼트 추- 앳샌.

- 저는 찬 음식을 안 좋아해요.

  Ich mag keine kalten Speisen.
  이히 막 카이내 칼탠 슈파이잰.

- 배가 고파요.

  Ich habe Hunger.
  이히 하-배 훙어.

- 배고파 죽겠어.

  Ich sterbe vor Hunger.
  이히 슈테르배 포-어 훙어.

- 배가 불러요.
  Ich bin satt.
  이히 빈 쟡트.

- 저는 식욕이 왕성해요.
  Ich habe einen großen Appetit.
  이히 하-배 아이낸 그로-쌘 아페티-트.

- 먹고 싶은 생각이 없어요.
  Ich habe keine Lust, etwas zu essen.
  이히 하-배 카이낸 루스트, 애트밧스 추- 앳샌.

- 저는 그 음식을 먹지 못했어요.
  Das Essen ist mir nicht bekommen.
  다스 앳샌 이스트 미어 니힡트 배콤맨.

- 저는 그 음식이 맞지 않았어요.
  Das Essen ist mir schlecht bekommen.
  다스 앳샌 이스트 미어 슐래힡트 배콤맨.

- 항상 그렇게 빨리 먹으세요?
  Essen Sie immer so schnell?
  앳샌 지- 임머 조- 슈넬?

- 당신은 대식가군요.
  Sie sind ein guter Esser.
  지- 진트 아인 구-터 엣서.

- 제가 과식을 했나 봐요.
  Ich fürchte, ich habe zu viel gegessen.
  이히 퓌르흐태, 이히 하-배 추- 피-ㄹ 게게-쌘.

- 과일 먹는 것은 건강에 좋습니다.
  Obst essen ist gesund.
  오-옵스트 앳샌 이스트 게준트.

- 저는 다이어트 중이예요.
  Ich halte Diät.
  이히 할태 디애-트.

- 저는 별로 식욕이 없어요.
  Ich habe keinen Appetit.
  이히 하-배 카이낸 아페티-트.

- 이걸 먹으면 식욕이 없어져요.
  Das wird Ihnen den Appetit verderben.
  다스 뷔르트 이-낸 덴 아페티-트 페어데르밴.

- 저는 조금 밖에 안 먹어요.

  Ich esse nur so wenig.
  이히 앳새 누어 조- 베-니히.

- 식욕이 사라졌어요.

  Der Appetit ist mir vergangen.
  데어 아페티-트 이스트 미어 페어강앤.

맛에 대해서

- 맛이 어떻습니까?

  Wie schmeckt es?
  비- 슈메크트 앳스?

- 맛있어요?

  Schmeckt es Ihnen?
  슈메크트 앳스 이-낸?

- 아주 맛있어요.

  Es schmeckt sehr gut.
  앳스 슈메크트 제어 구-트.

- 음식이 아주 맛있었습니다.

  Es hat mir sehr gut geschmeckt.
  앳스 하트 미어 제어 구-트 게슈메크트.

- 이 수프가 오늘 아주 맛있습니다.

  Die Suppe schmeckt mir heute sehr gut.
  디 주페 슈메크트 미어 호이테 제어 구-트.

- 이 수프가 오늘 아무 맛이 안 나는군요.

  Die Suppe schmeckt heute nach gar nichts.
  디 주페 슈메크트 호이태 낙흐 가- 니힡츠.

- 이 음식은 향이 강해요.

  Dieses Essen ist zu würzig.
  디-재스 앳샌 이스트 추- 뷔르치히.

- 음식이 아주 맛있어 보이네요.

  Das Essen sieht sehr appetitanregend aus.
  닷스 앳샌 지-트 제어 아페티-트안레겐트 아웃스.

- 군침이 도는군요.

  Das Wasser läuft in meinem Mund zusammen.
  다스 베터 로이프트 인 마이냄 문트 추잠맨.

- 생각보다 맛있네요.

  Es schmeckt mir viel besser, als ich erwartet habe.
  앳스 슈메크트 미어 피-르 베써, 알스 이히 애어바르테테 하-배.

- 이건 별로 맛이 없네요.

  Das schmeckt mir nicht.
  다스 슈메크트 미어 니힡트.

- 이건 제 입맛에 안 맞아요.

  Dieses Essen schmeckt mir nicht.
  디-제스 앳샌 슈메크트 미어 니힡트.

- 아주 맛있어요.

  Es ist köstlich.
  앳스 이스트 쾨스틀리히.

- 음식이 아주 맛있었습니다.

  Das Essen war einfach köstlich.
  다스 앳샌 봐- 아인팍흐 쾨스틀리히.

- 고기는 탄 맛이 나네요.

  Das Fleisch schmeckt angebrannt.
  다스 플라이쉬 슈메크트 안게브란트.

- 이 초콜릿은 맛있어요.

  Die Schokolade ist lecker.
  디 쇼콜라-데 이스트 렉커.

- 달콤해요.

  Es ist süß.
  앳스 이스트 쥐-쓰.

- 그녀는 단 것을 잘 먹어요.

  Sie isst gern Süßes.
  지- 이쓰트 게른 쥐-쎄스.

- 맛이 별로 없어요.

  Es ist geschmacklos.
  앳스 이스트 게슈막로-스.

- 싱거워요.

  Es schmeckt nach nichts.
  앳스 슈메크트 낙히 니힡츠.

- 이 수프는 싱거워요.

  Diese Suppe braucht ein bisschen Salz.
  디-재 주페 브라욱흐트 아인 비쓰핸 잘츠.

- 순해요.
  Es ist sanft.
  앳스 이스트 잔프트.

- 순한 커피를 마시고 싶어요.
  Ich möchte einen milden Kaffee.
  이히 뫼히태 아이낸 밀댄 카페.

- 이 음식은 비린내가 나요.
  Diese Speise riecht nach Fisch.
  디-재 슈파이재 리-히트 낙흐 피쉬.

- 이 음식은 약간 짭니다.
  Dieses Essen ist leicht gesalzen.
  디-재스 앳샌 이스트 라이히트 게잘챈.

- 짜요.
  Es ist salzig.
  앳스 이스트 잘치히.

- 짠맛이 도는데요.
  Ich habe einen salzigen Geschmack auf der Zunge.
  이히 하-배 아이낸 잘치갠 게슈막 아우프 데어 충애.

- 수프에 소금 간이 너무 됐어요.
  Die Suppe ist stark gesalzen.
  디 주페 이스트 슈타르크 게잘챈.

- 매워요.
  Es ist heiß.
  앳스 이스트 하이쓰.

- 시큼해요.
  Es ist sauer.
  앳스 이스트 자우어.

- 음식이 시큼해졌어요.
  Das Essen ist sauer geworden.
  다스 앳샌 이스트 자우어 게보르댄.

- 이 야채는 신선하지 않아요.
  Das Gemüse ist alt.
  다스 게뮤-재 이스트 알트.

- 연해요.
  Es ist zart.
  앳스 이스트 차르트.

- 스테이크는 아주 연했어요.

  Das Steak war sehr schön zart.
  다스 슈텍 봐- 제어 쇠-ㄴ 차르트.

- 질겨요.

  Es ist zäh.
  앳스 이스트 채-.

- 스테이크가 가죽처럼 너무 질겨요.

  Das Steak ist ja zäh wie Leder.
  다스 슈텍 이스트 야- 채- 비- 레-더.

- 끈적끈적해요.

  Es ist klebrig.
  앳스 이스트 클레브리히.

- 사탕이 끈적끈적합니다.

  Bonbons sind klebrig.
  봉봉스 진트 클레브리히.

- 기름기가 많아요.

  Es ist fettig.
  앳스 이스트 페티히.

- 여기 이 버터는 지방이 적어요.

  Die Butter hier ist fettarm.
  디 붓터 히어 이스트 페트아름.

- 기름기가 없어요.

  Es ist mager.
  앳스 이스트 마-거.

- 나는 기름기가 없는 음식을 즐겨먹어요.

  Ich esse gern mager.
  이히 엣세 게른 마-거.

> **Tipp** mager(마-거) 대신에 fettfrei(페트프라이)라고도 말한다.

14 스포츠와 레저

상대방과 친해질수록 스포츠나 레저를 함께 즐기기 마련이다. 독일에서는 교제를 할 때 흔히 관심이 비슷해야 친해지기가 쉽다. 이럴 때 "Was ist Ihr Lieblingssport?"(좋아하는 스포츠가 무엇인가요?) "Was für einen Sport treiben Sie?"(어떤 운동을 하시나요?) "Fahren Sie gern Ski?"(스키를 즐겨 타십니까?) "Gehen Sie regelmäßig spazieren?"(산책을 규칙적으로 하세요?)라고 말한다.

스포츠에 대해서

- 여기에는 어떤 스포츠 시설들이 있습니까?

  Welche Sportmöglichkeiten gibt es hier?
  밸해   슈포트뫼-클리히카이텐   깁트 앳스 히어?

- 좋아하는 스포츠가 무엇인가요?

  Was ist Ihr Lieblingssport?
  밧스 이스트 이어 리-블링스슈포트

- 운동하는 것을 좋아하세요?

  Trainieren Sie gern?
  트래니-랜   지- 게른?

- 무슨 스포츠를 잘하세요?

  In welchem Sport sind Sie gut?
  인 밸햄   슈포트 진트 지- 구-트?

- 저는 스포츠 광입니다.

  Ich bin Sportfreund.
  이히 빈 슈포트프로인트.

- 그는 스포츠에 미쳤어요.

  Er ist verrückt nach Sport.
  애어 이스트 페어뤼크트 낙흐 슈포-트.

- 저는 움직이는 것을 싫어합니다.

  Ich hasse, mich zu bewegen.
  이히 핫쎄,   미히   추- 배베-갠.

- 얼마나 자주 운동을 하세요?

  Wie oft treiben Sie Sport?
  비- 오프트 트라이벤 지- 슈포트?

- 좋아하는 스포츠를 여쭤 봐도 되나요?

  Darf ich mal fragen, was Ihr Lieblingssport ist?
  다르프 이히 마-ㄹ 프라-갠, 밧스 이어 리-블링슈포트 이스트?

- 무엇에 가장 관심이 있는지 말씀 좀 해주시겠습니까?

  Würden Sie mir sagen, wofür Sie sich am meisten interessieren?
  뷰르댄 지- 미어 자갠, 보-퓨어 지- 지히 암 마이스탠 인터레씨-랜?

- 스포츠에 관심이 있나요?

  Interessieren Sie sich für Sport?
  인터레씨-랜 지- 지히 퓨어 슈포-트?

- 나는 스포츠에 관심이 없어요.

  Ich interessiere mich nicht für Sport.
  이히 인터레씨에래 미히 니힡트 퓨어 슈포-트.

- 나는 그것에 관심이 없어요.

  Dafür interessiere ich mich nicht.
  다퓨어 인터레씨에래 이히 미히 니힡트.

- 스포츠 뉴스에 관심 있어요?

  Interessieren Sie sich für die Sportnachrichten?
  인터레씨-랜 지- 지히 퓨어 디 슈포트낙흐리히텐?

- 예, 그럼요. 특히 축구결과에 관심이 있어요.

  Ja, eigentlich schon, besonders für die Fußballergebnisse.
  야, 아이겐틀리히 쇼-ㄴ, 배존더스 퓨어 디 푸-쓰발애어게-프니쌔.

- 아니요, 전혀 없습니다.

  Nein, überhaupt nicht.
  나인, 위-버하우프트 니힡트.

- 겨울 스포츠를 좋아합니다.

  Ich mag Wintersport.
  이히 막 뷘터슈포트.

- 저는 겨울에 자주 스키를 탑니다.

  Ich fahre oft Ski im Winter.
  이히 파-래 오프트 쉬- 임 뷘터.

- 스포츠를 좋아하세요?

  Mögen Sie Sport?
  뫼-갠 지- 슈포-트?

- 예, 그렇지만 저는 초보자입니다.
  Ja, aber ich bin Anfänger.
  야, 아-버 이히 빈   안팽어.

- 저는 중급자입니다.
  Ich bin Fortgeschrittene.
  이히 빈   포르트게슈리테네.

> Fortgeschrittener(포르트게슈리테너) 중급자(남성),
> Fortgeschrittene(포르트게슈리테네) 중급자(여성).

- 어떤 스포츠를 하십니까?
  Was für einen Sport treiben Sie?
  밧스   퓨어 아이낸   슈포트   트라이밴   지-?

- 운동하세요?
  Treiben Sie Sport?
  트라이밴   지- 슈포트?

- 저는 매일 조깅을 합니다.
  Ich jogge jeden Tag.
  이히 조개   예-댄   타-ㄱ.

- 저는 일주일에 한두 번 조깅을 해요.
  Ich jogge ein- oder zweimal in der Woche.
  이히 조개   아인- 오-더 츠바이마-ㄹ 인 데어 복해.

- 스포츠라면 뭐든지 좋아합니다.
  Ich mag alle Sportarten.
  이히 막   알래 슈포트아르탠.

- 여기 실내수영장이 있습니까?
  Gibt es ein Hallenbad?
  깁트   앳스 아인 할렌바-트?

- 여기 야외수영장이 있습니까?
  Gibt es ein Freibad?
  깁트   앳스 아인 프라이바-트?

스포츠를 관전할 때

- 저는 운동을 잘 못하지만, 보는 것은 좋아합니다.
  Ich bin nicht gut im Sport, aber ich sehe ihn mir gern an.
  이히 빈   니흩트 구-트 임 슈포-트, 아버 이히 제-애 인- 미어 게른   안.

- 경기장에서 직접 관람하는 것이 더 흥미진진한 것 같아요.

  Ich glaube, ein Livespiel zu beobachten ist viel aufregender.
  이히 글라우배, 아인 라이프슈피-ㄹ 추- 배옵악흐텐 이스트 피-ㄹ 아우프레갠더.

- 시합이 언제 열리지요?

  Wann beginnt der Wettkampf?
  반 배긴트 데어 베트캄프?

- 언제 시합이 열립니까?

  Wann findet das Spiel statt?
  반 핀대트 다스 슈피-ㄹ 슈탙트?

- 어느 팀이 이길 것 같습니까?

  Welche Mannschaft wird wahrscheinlich gewinnen?
  밸해 만샤프트 뷔르트 바-샤인리히 게빈낸?

- 경기 상황이 어떻죠?

  Wie steht das Spiel?
  비- 슈테-트 다스 슈피-ㄹ?

- 점수가 어떻게 되었어요?

  Was ist das Spielergebnis?
  밧스 이스트 다스 슈피-ㄹ애어게-프니스?

- 누가 이기고 있죠?

  Wer gewinnt denn?
  베어 게빈트 덴?

- 현재 1:0 입니다.

  Das Spiel steht eins zu null.
  다스 슈피-ㄹ 슈테-트 아인스 추- 눌.

- 그 경기 누가 이겼죠?

  Wer hat das Spiel gewonnen?
  붸어 하트 다스 슈피-ㄹ 게본낸?

- 그 경기는 무승부로 끝났어요.

  Das Spiel endet unentschieden.
  다스 슈피-ㄹ 앤대트 운엔트쉬-댄.

- 그 축구경기 보셨어요?

  Haben Sie sich das Fußballspiel angesehen?
  하-밴 지- 짙히 다스 푸-쓰발슈피-ㄹ 안게제-앤?

- 그 시합 볼만 하던가요?

  War das Spiel sehenswert?
  봐- 다스 슈피-ㄹ 제-앤스베르트?

- 시합결과는 어떻게 되었나요?

  Wie war das Ergebnis des Spiels?
  비- 바- 다스 애어게-프니스 데스 슈피-ㄹ스?

- 우리는 1:2로 패했어요.

  Wir haben es eins zu zwei verloren.
  뷔어 하-밴 앳스 아인스 추- 츠바이 페어로-랜.

- 스코어는 3:3으로 비겼어요.

  Das Spielergebnis war unentschieden, drei zu drei.
  다스 슈피-ㄹ애어게프니스 봐 운엔트쉬-댄, 드라이 추- 드라이.

- 막상막하의 경기였어요.

  Das war ein ausgeglichener Wettkampf.
  다스 봐- 아인 아우스게글리헤너 베트캄프.

- 오늘 경기는 참패였어요.

  Das heutige Spiel war eine schwere Niederlage.
  다스 호이티개 슈피-ㄹ 봐 아이내 슈베어래 니-더라-개.

- 손에 땀을 쥐게 하는 경기야.

  Das ist ein Spiel mit voller Spannung.
  다스 이스트 아인 슈피-ㄹ 미트 폴러 슈판눙.

- 숨이 막힐 듯이 긴장되는 경기야.

  Das ist ein Spiel mit atemberaubender Spannung.
  다스 이스트 아인 슈피-ㄹ 미트 아템배라우밴더 슈판눙.

- 우리 팀이 역전승을 거뒀어요.

  Wir entrissen dem Gegner den Sieg.
  뷔어 앤트릿센 뎀 게그너 덴 지-크.

스포츠 중계를 볼 때

- 텔레비전 경기 중계를 보러 집에 일찍 왔어.

  Ich bin früh nach Hause gekommen, um das Spiel im Fernsehen anzuschauen.
  이히 빈 프뤼- 낙흐 하우재 게콤맨, 움 다스 슈피-ㄹ 임 페른제-앤 안추샤우앤.

- 나는 텔레비전으로 프로야구 경기를 보는 걸 좋아해요.

  Ich sehe mir gern Profi-Baseball im Fernsehen an.
  이히 제-애 미어 게른 프로피-베이스볼- 임 페른제-앤 안.

- 오늘 밤 그 경기가 텔레비전으로 중계됩니까?

  Wird das Spiel heute Nacht im Fernsehen übertragen?
  뷔르트 다스 슈피-ㄹ 호이태 낙흩 임 페른제-앤 위-버트라-갠?

- 언제 중계됩니까?

  Wann wird das Spiel übertragen?
  반 뷔르트 다스 슈피-ㄹ 위-버트라-갠?

- 이 게임은 생중계입니까?

  Ist das Spiel live?
  이스트 다스 슈피-ㄹ 라이프?

- 당신은 어느 팀을 응원하고 있나요?

  Welche Mannschaft feuern Sie an?
  뱉해 만샤프트 포이어른 지- 안?

여러 가지 경기에 대해서

- 저는 축구를 합니다.

  Ich spiele Fußball.
  이히 슈피-ㄹ래 푸-쓰발.

- 축구하는 거 좋아합니까?

  Spielen Sie gern Fußball?
  슈피-ㄹ랜 지- 게른 푸-쓰발?

- 축구 좋아합니까?

  Mögen Sie Fußball?
  뫼-갠 지- 푸-쓰발?

- 그 축구 경기를 보셨나요?

  Haben Sie sich das Fußballspiel angesehen?
  하-밴 지- 짙히 다스 푸-쓰발슈피-ㄹ 안게제-앤?

- 저는 학창시절에 축구선수였어요.

  Ich war in meiner Schulzeit Fußballspieler.
  이히 봐 인 마이너 슐-차이트 푸-쓰발슈피-러러.

- 난 축구에 관심 없어.

  Ich interessiere mich nicht für Fußball.
  이히 인터레씨에래 미히 니흩트 퓨어 푸-쓰발.

- 모든 핸드볼을 가장 좋아해.

  Ich mag am liebsten Handball.
  이히 막 암 리-ㅂ스텐 한트발.

- 나는 골프 치는 것을 좋아해요.

  Ich spiele gern Golf.
  이히 슈피-래 게른 골프.

- 테니스 칠 줄 아세요?

  Können Sie Tennis spielen?
  쾬낸   지- 테니스   슈피-ㄹ랜?

- 농구할까?

  Spielen wir Basketball?
  슈피-ㄹ랜 뷔어 바-스케트발?

- 우리 함께 조깅할까?

  Joggen wir zusammen?
  조갠   뷔어 추잠맨?

- 흥미 있는 소리야.

  Das klingt interessant.
  다스 클링트   인터레싼트.

기타 운동에 대해서

- 수영하러 가자.

  Gehen wir schwimmen!
  게-앤   뷔어 슈빔맨?

- 너는 수영을 배워야 해.

  Du solltest schwimmen lernen!
  두- 졸태스트 슈빔맴   레르낸!

- 어떤 형의 수영을 좋아하세요?

  Welchen Schwimmstil mögen Sie?
  밸해   슈빔슈티-ㄹ   뫼-갠   지?

- 난 배영을 가장 좋아해.

  Ich schwimme am liebsten auf dem Rücken.
  이히 슈빔매   암 리-ㅂ스탠 아우프 뎀   뤽캔.

- 얼마나 멀리 수영할 수 있습니까?

  Wie weit können Sie schwimmen?
  비-   바이트 쾬낸   지- 슈빔맨?

- 저는 수영을 잘 못합니다.

  Ich schwimme nur schlecht.
  이히 슈빔매   누어 슐래힐트.

- 저는 수영이 아주 서툴러요.
  Ich schwimme wie eine bleierne Ente.
  이히 슈빔매 비- 아이내 브라이에르내 앤태.

- 스키를 즐겨 타십니까?
  Fahren Sie gern Ski?
  파-랜 지- 게른 쉬-?

- 저는 스키를 잘 탑니다.
  Ich laufe Ski gut.
  이히 라우패 쉬- 구-트.

- 조깅은 건강에 좋아요.
  Das Jogging ist gut für Ihre Gesundheit.
  다스 조깅 이스트 구-트 퓨어 이어래 게준트하이트.

- 저는 매일 아침 5 킬로미터를 조깅합니다.
  Ich jogge jeden Morgen fünf Kilometer.
  이히 조게 예-덴 모르겐 퓐프 킬로메터.

- 저는 헬스클럽에서 1주일에 3번 운동해요.
  Im Fitnesscenter treibe ich drei mal in der Woche Sport.
  임 피트네스센터 트라이배 이히 드라이 마-ㄹ- 인 데어 복해 슈포-트.

- 저는 체조에 흥미가 없습니다.
  Ich habe keine Lust auf Gymnastik.
  이히 하-배 카이내 루스트 아우프 귐나스틱.

- 그것을 할 마음이 내키지 않아요.
  Ich habe keine Lust darauf.
  이히 하-배 카이내 루스트 다라우프.

- 체조요? 저는 그것을 할 마음이 내키지 않아요.
  Gymnastik? Darauf habe ich keine Lust!
  귐나스틱? 다라우프 하-배 이히 카이내 루스트!

- 그러면 당신은 무엇을 하고 싶은데요? 테니스 하고 싶어요?
  Worauf haben Sie denn Lust? Auf Tennis?
  보라우프 하-밴 지- 덴 루스트? 아우프 테니스?

- 그것도 할 마음이 내키지 않아.
  Darauf habe ich auch keine Lust!
  다라우프 하-배 이히 아욱흐 카이내 루스트!

- 산책을 규칙적으로 하십니까?
  Gehen Sie regelmäßig spazieren?
  게-앤 지- 레겔매-씨히 슈파치-랜?

- 솔직히 말해서 저는 그것에 관심이 없습니다.
  Ehrlich gesagt, dafür interessiere ich mich nicht.
  애-얼리히 게작트, 다퓨어 인터레씨에래 이히 밑히 니힡트.

- 저는 주중에 출퇴근할 때 많이 걷습니다.
  Wochentags gehe ich viel zu Fuß an die Arbeit und wieder nach Hause.
  복헨탄-크스 게-애 이히 피-ㄹ 추- 푸-쓰 안 디 아르바이트 운트 비-더 낙흐 하우재.

- 사무실에서 저는 엘리베이터를 이용하지 않습니다.
  Im Büro benutze ich nie den Aufzug.
  임 뷔로- 배눗채 이히 니- 덴 아우프추크.

- 저는 항상 계단을 걸어서 올라갑니다.
  Ich gehe immer die Treppe zu Fuß hoch.
  이히 게-애 임머 디 트래패 추- 푸-쓰 혹흐.

- 주말에는 보통 멀리 산책을 합니다.
  Am Wochenende mache ich normalerweise lange Spaziergänge.
  암 복핸앤대 막해 이히 노-마-러바이재 랑애 슈파치어갱애.

- 엘리베이터가 고장 나면, 계단을 단순히 그냥 걸어 올라가는 가기만 하지는 마십시오.
  Gehen Sie die Treppen nicht nur zu Fuß hoch, wenn der Aufzug außer Betrieb ist.
  게-앤 지- 디 트래팬 니힡트 누어 추- 푸-쓰 혹흐, 벤 데어 아우프추크 아우쎄 배트리-입 이스트.

- 아침마다 일어난 후에 체조를 하세요.
  Machen Sie morgens nach dem Aufstehen Gymnastik!
  막핸 지- 모르갠스 낙흐 뎀 아우프슈테-앤 큄나스틱?

- 팔굽혀펴기 열 번과 쪼그려 앉기 자세 다섯 번이면 충분해요.
  10 Liegestützen und fünf Kniebeugen reichen schon.
  첸엔 리-게슈튜첸 운트 퓐트 크니보이갠 라이핸 쇼-ㄴ.

- 여기 테니스장이 있습니까?
  Gibt es hier einen Tennisplatz?
  깁트 앳스 히어 아이낸 테니스플랏츠?

- 라켓 있습니까?
  Haben Sie Schläger?
  하-밴 지- 슐래-거?

스포츠와 레저

우정과 이성교제

남자에게 애인 있어요?라고 말할 때 "Haben Sie eine Freundin?"이라고 하고, 사귀는 사람이 있습니까?라고 할 때는 "Haben Sie eine Partnerin?" 또는 "Haben Sie einen Partner?"라고 한다. 데이트를 신청할 때는 "Darf ich mich mit Ihnen verabreden?"(데이트를 청해도 될까요?)라고 한다. 우정에 대해서는 "Wir sind alte Freunde."(우리는 죽마고우입니다.) "Wir sind Freunde von Kindheit an."(우리는 어릴 때부터 친구입니다.)라고 한다.

친구에 대해서

- 우리는 오래 전부터 친구랍니다.

  Wir kennen uns seit langem.
  뷔어 캔낸 운스 자이트 랑앰.

- 그는 나의 가장 좋은 친구입니다.

  Er ist mein bester Freund.
  애어 이스트 마인 배스터 프로인트.

- 그녀는 나의 가장 친한 친구입니다.

  Sie ist meine befreundeteste Freundin.
  지- 이스트 마이내 배프로인데테스태 프로인딘.

- 우리는 아주 친해요.

  Wir sind eng befreundet.
  뷔어 진트 앵 배프로인데트.

- 우리는 죽마고우입니다.

  Wir sind alte Feunde.
  뷔어 진트 알테 프로인대.

- 우리는 어릴 적부터 친구입니다.

  Wir sind Freunde von Kindheit an.
  뷔어 진트 프로인대 폰 킨트하이트 안.

- 나는 펜팔친구가 있어.

  Ich habe eine Brieffreundin.
  이히 하-배 아이내 브리-프프로인딘.

- 어려울 때 도와주는 친구가 진정한 친구야.
  In der Not erkennt man seinen Freund.
  인 데어 노트 애어켄트 만 자이낸 프로인트.

- 너만큼 좋은 친구도 없어.
  Es gibt keinen besseren Freund als dich.
  앳스 깁트 카이낸 배써랜 프로인트 알스 디히.

- 친구들이 저에게 술꾼이라고 합니다.
  Meine Freunde sagen, dass ich Alkoholiker bin.
  마이내 프로인대 자-갠, 다스 이히 알코홀리커 빈.

- 그는 저의 술친구입니다.
  Er ist mein Zechbruder.
  애어 이스트 마인 체히브루-더.

- 그는 내 친구의 친구입니다.
  Ich habe ihn durch einen Freund kennen gelernt.
  이히 하-배 인- 드르히 아이낸 프로인트 캔낸 게레른트.

- 친구 좋다는 게 뭐야.
  Das ist es, was gute Freunde ausmacht.
  다스 이스트 앳스, 밧스 구-태 프로인대 아우스막흐트.

- 우리의 우정은 평생 지속될 것입니다.
  Unsere Freundschaft wird ein Leben lang andauern.
  운저래 프로인트샤프트 뷔르트 아인 레-밴 랑 안다우어른.

- 우리의 우정 변치 맙시다.
  Lassen wir unsere Frundschaft ewig aufrechterhalten!
  랏샌 뷔어 운저래 프로인트샤프트 에-비히 아우프래힡트에어할탠!

- 당신의 호의와 우정에 깊은 감사를 드립니다.
  Ich bedanke mich für Ihre Gastfreundschaft und weiß Ihre
  이히 배당캐 미히 퓨어 이어래 가스트프로인트샤프트 운트 봐이쓰 이어래
  Freundschaft zu schätzen.
  프로인트샤프트 추- 섀챈.

이성교제에 대해

- 사귀는 사람 있나요?
  Haben Sie einen Partner? / eine Partnerin?
  하-밴 지- 아이낸 파-트너? / 아이내 파-트너린?

- 여자친구 있으세요?

  Haben Sie eine feste Freundin?
  하-밴 지- 아이내 페스태 프로인딘?

- 남자친구 있니?

  Hast du einen festen Freund?
  하스트 두- 아이낸 페스탠 프로인트?

- 누구 생각해둔 사람 있어요?

  Tragen Sie jemanden mit sich im Herzen?
  트라-갠 지- 예-만댄 미트 짚히 임 헤르챈?

- 어떤 타입의 여자가 좋습니까?

  Auf welchen Typ Frau stehen Sie?
  아우프 뱉핸 튀-프 프라우 슈테-앤 지-?

- 어떤 타입의 여자가 좋습니까?

  Auf was für eine Art Frauen stehst du?
  아우프 밧스 퓨어 아이내 아르트 프라우앤 슈테-스트 두-?

- 어떤 여자가 당신 타입입니까?

  Was für eine Frau ist Ihr Typ?
  밧스 퓨어 아이내 프라우 이스트 이어 튀-프?

- 그는 내 타입이 아니야.

  Er ist nicht mein Typ.
  에어 이스트 니힡트 튀-프.

- 저는 성실한 사람이 좋습니다.

  Ich mag jemanden, der aufrichtig ist.
  이히 막 예-만댄, 데어 아우프리히티히 이스트.

- 남자 친구가 어떤 사람인지 말해줘.

  Sag mir doch bitte, wie dein Freund ist.
  자-ㄱ 미어 독흐 비태, 비- 다인 프로인트 이스트.

- 그녀는 제 애인입니다.

  Sie ist meine Geliebte.
  지- 이스트 마이내 겔리-브태.

- 여자 친구와 잘 되어 가고 있니?

  Kommst du mit deiner Freundin zurecht?
  콤스트 두- 미트 다이너 프로인트 추-래힡트?

- 여자친구와 의견이 잘 통하니?

  Verstehst du dich gut mit deiner Freundin?
  페어스테-스트 두- 딯히 구-트 미트 다이너 프로인딘?

- 우리는 단지 친구사이입니다.

  Wir sind nur Freunde.
  뷔어 진트 누어 프로인데.

- 나 여자 친구 생겼어.

  Ich habe eine feste Freundin.
  이히 하-배 아이내 페스트 프로인딘.

- 우리는 서로 사귀는 중이예요.

  Wir gehen miteinander um.
  뷔어 게-앤 미트아인안더 움.

- 그 여자를 알게 된 지는 얼마나 되었지요?

  Wie lange kennen Sie sie schon?
  비- 랑애 캔낸 지- 지 쇼-ㄴ?

- 그 여자를 어떻게 알게 되었나요?

  Wie haben Sie sie kennen gelernt?
  비- 하-밴 지- 지- 캔낸 게레른트?

- 그 여자가 마음에 드세요?

  Gefällt sie Ihnen gut?
  게팰트 지 이-낸 구-ㅌ?

- 저 여자는 저에게 정말 의미 있는 여자예요.

  Diese Frau bedeutet mir sehr viel.
  디-제 프라우 배도이테트 미어 제어 피-ㄹ.

- 우리는 서로에게 미쳐있어요.

  Wir sind ganz verrückt aufeinander.
  뷔어 진트 간츠 페어뤼크트 아우프아인안더.

- 그 여자를 차버렸어요.

  Ich ließ sie fallen.
  이히 리-쓰 지- 팔랜.

- 저는 그 여자에게 차였어요.

  Sie hat mich fallen lassen.
  지- 하트 밎히 팔랜 랏샌.

- 우리는 작년 겨울에 헤어졌어요.

  Wir haben uns im letzten Winter getrennt.
  뷔어 하-밴 운스 임 레츠탠 뷘터 게트렌트.

데이트를 신청할 때

- 데이트를 청해도 될까요?

  Darf ich mich mit Ihnen verabreden?
  다르프 이히 밑히 미트 이-낸 페어아프레-댄?

- 이번 토요일에 데이트할까요?

  Wollen Sie sich am Samstag mit mir verabreden?
  볼랜 지- 짙히 암 잠스타-ㅋ 미트 미어 페아프레-댄?

- 저와 데이트해주시겠어요?

  Möchten Sie sich mit mir verabreden?
  뫼히탠 지- 짙히 미트 미어 페어아프레-댄?

- 저와 함께 저녁식사를 하시겠어요?

  Wollen Sie mit mir zu Abend essen?
  볼랜 지- 미트 미어 추- 아-벤트 앳샌?

- 파티에 함께 갈 파트너가 없어요.

  Ich habe keine Begleitung für die Party.
  이히 하-배 카이내 배글라이퉁 퓨어 디 파-티.

- 파티에 함께 갈 파트너가 없어요.

  Ich habe keine Partnerin, mit der ich zur Party gehen kann.
  이히 하-배 카이내 파-트너린, 미트 데어 이히 추어 파-티 게-앤 칸.

- 다음에 하지요.

  Vielleicht ein andermal!
  피-ㄹ라이히트 아인 안더마-ㄹ!

- 바람맞히지 마세요.

  Versetzen Sie mich nicht!
  페어젤챈 지- 미히 니힡트!

- 바람맞히지 마.

  Versetze mich bitte nicht!
  페어젤챈 미히 비태 니힡트!

데이트를 즐길 때

- 왜 이렇게 가슴이 두근거리지?

  Warum bin ich so aufgeregt?
  봐룸 빈 이히 조- 아우프게렉트?

VI. 일상생활에 관한 표현 531

- 당신과 함께 있어서 기뻐요.

  Ich freue mich, dass Sie hier sind.
  이히 프로이애 미히, 다스 지- 히어 진트.

- 다음에는 뭘 하지요?

  Was sollen wir als nächstes tun?
  밧스 졸랜 뷔어 알스 낵스태스 투운?

- 집까지 바래다줄게요.

  Ich begleite Sie nach Hause.
  이히 배글라이태 지- 낙흐 하우재.

- 집까지 태워다드려도 될까요?

  Darf ich Sie nach Hause begleiten?
  다르프 이히 지- 낙흐 하우재 배글라이탠?

 이때 동사 bringen을 쓸 수도 있다.

- 또 만나주시겠어요?

  Wollen Sie mich wieder sehen?
  볼랜 지- 미히 비-더 제-앤?

- 우리 다시 만날 수 있을까요?

  Können wir uns wieder sehen?
  캔낸 뷔어 운스 비-더 제-앤?

- 언제 우리 다시 만날 수 있을까요?

  Wann können wir uns wieder treffen?
  반 캔낸 뷔어 운스 비-더 제-앤?

- 어머, 늦었어요. 집에 가야해요.

  Oh, es ist schon spät. Ich muss nach Hause.
  오-, 앳스 이스트 쇼-ㄴ 추- 슈패-트. 이히 뭇스 낙흐 하우재.

 이 말은 Ich muss nach Hause gehen.(이히 뭇스 낙흐 하우재 게-앤)과 같은 말이다.

- 오늘 아주 재미있었습니다.

  Ich habe mich heute sehr amüsiert.
  이히 하-배 미히 호이태 제어 아뮤지어트.

- 오늘 아주 즐거웠어요.

  Das war ein schöner Tag mit Ihnen.
  다스 봐- 아인 쇠-너 타-ㅋ 미트 이-낸.

• 저는 오늘 만남이 즐거웠어요.

Unser Treffen hat mir heute große Freude bereitet.
운저   트래팬   하트 미어 호이태 그로-쌔 프로이대 배라이테트.

애정을 표현할 때

 애정을 표현할 정도의 사이는 '친숙한 사이'이다. 따라서 상대방을 Sie라고 하기 보다는 du라고 부르는 게 바른 표현이다.

• 당신은 나에게 무척 소중해요.

Du bist sehr wichtig für mich!
두- 비스트 제어 뷔히티히 퓨어 밑히!

• 당신은 나에게 무척 소중해요.

Du bist mein Schatz!
두- 비스트 마인 샤츠!

 der Schatz 보물, 여기서는 '소중한 사람' ; Schatz! 여보.

• 당신은 아름다워요.

Du bist wunderschön!
두- 비스트 분더쇠-ㄴ!

• 당신 정말 예뻐요.

Du bist wirklich wunderschön!
두- 비스트 뷔르클리히 분더쇠-ㄴ!

• 당신이 최고예요.

Du bist Spitze!
두- 비스트 슈핏채!

• 난 네가 너무 좋아.

Ich mag dich sehr gerne.
이히 막   디히 제어 게르내.

• 나는 당신이 너무 보고 싶어요.

Ich vermisse dich sehr.
이히 페어미쌔   디히 제어.

• 언제나 당신을 생각하고 있어요.

Ich denke immer an dich.
이히 뎅캐   임머   안 딯히.

- 나는 내내 당신을 생각하고 있어요.

  Ich denke die ganze Zeit an dich.
  이히 뎅캐 디 간채 차이트 안 딯히.

- 당신이 곁에 없으면 불안해요.

  Ich fühle mich nicht wohl, wenn du nicht an meiner Seite bist.
  이히 퓌-ㄹ레 밓히 니힡트 보올, 벤 두- 니힡트 안 마이너 자이태 비스트.

- 나는 당신에게 빠진 것 같아요.

  Ich glaube, ich habe mich in dich verliebt.
  이히 글라우배, 이히 하-배 미히 인 딯히 페어리-브트.

- 나는 그녀와 사랑에 빠졌어요.

  Ich bin in sie verliebt.
  이히 빈 인 이인 페어리-브트.

- 나는 그 남자와 사랑에 빠졌어요.

  Ich bin in ihn verliebt.
  이히 빈 인 이인 페어리-브트.

- 난 너에게 반했어.

  Ich habe mich in dich verknallt.
  이히 하-배 미히 인 딯히 페어크날트.

- 첫눈에 그녀에게 반했어요.

  Auf den ersten Blick habe ich mich in sie verliebt.
  아우프 덴 애어스탠 블릭 하-배 이히 미히 인 지- 페어리-브트.

- 나는 그 여자를 짝사랑하고 있어요.

  Meine Liebe zu ihr bleibt unerwidert.
  마이네 리-베 추 이어 블라입트 운에어비데르트.

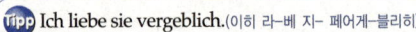

Tipp Ich liebe sie vergeblich.(이히 리-베 지- 페어게-블리히)

- 당신을 알게 되어 정말 행운이에요.

  Ich bin sehr glücklich, dass ich Sie kennen gelernt habe.
  이히 빈 제어 글뤼클리히, 다스 이히 지- 캔낸 게레른트 하-배.

사랑을 고백할 때

- 당신에게 아주 반했습니다.

  Du bist mir sehr sympathisch.
  두- 비스트 미어 제어 쥠파티쉬.

Ich habe ein Faible für dich.(이히 하-베 아인 페-블 퓨어 딯히)라고 할 수 있지만 이것보다는 위 표현이 더 정확하다.

- 난 너에게 미쳤어.

    Ich bin verrückt nach dir.
    이히 빈 페어뤼크트 낙흐 디어.

- 당신과 사귀고 싶어요.

    Ich möchte Sie gerne kennen lernen.
    이히 뫼히태 지- 게르내 캔낸 레르낸.

- 당신과 만날 약속을 하고 싶어요.

    Ich möchte mich mit Ihnen verabreden.
    이히 뫼히태 미히 미트 이-낸 페어아프레-댄.

- 당신의 모든 걸 사랑해요.

    Ich liebe dich über alles.
    이히 리-베 딯히 위-버 알랫스.

- 당신을 진심으로 사랑합니다.

    Ich liebe dich von ganzem Herzen.
    이히 리-베 딯히 폰 간챔 헤르챈.

- 당신을 사랑해.

    Ich liebe dich!
    이히 리-베 딯히!

- 당신을 누구보다 사랑합니다.

    Ich liebe nur dich.
    이히 리-배 누어 딯히!

- 당신과 함께 있고 싶어요.

    Ich möchte mit dir zusammen sein.
    이히 뫼히태 미트 디어 추잠맨 자인.

- 영원히 당신을 사랑할거예요.

    Ich werde dich ewig lieben.
    이히 베르대 딯히 에-비히 리-밴

절교를 표현할 때

- 이제 네가 싫증이 나.

    Du langweilst mich!
    두- 랑바일스트 밑히!

VI. 일상생활에 관한 표현 **535**

- 네가 미워.

  Ich hasse dich!
  이히 핫쌔 디히!

- 깨끗이 헤어지자.

  Trennen wir uns!
  트렌낸 뷔어 운스!

- 너와 끝이야.

  Ich bin mit dir fertig!
  이히 빈 미트 디어 페르티히!

- 이것으로 끝이야.

  Es ist aus!
  앳스 이스트 아웃스!

- 우리 헤어져야겠어.

  Wir sollten uns trennen.
  뷔어 졸탠 운스 트렌낸.

- 언젠가 이렇게 될 줄 알았어.

  Ich wusste schon, dass so etwas kommen würde.
  이히 부쓰태 쇼-ㄴ, 다스 조- 애트밧스 콤맨 뷰르대.

- 이제 쫓아다니지 마.

  Lauf mir nicht nach!
  라우프 미어 니힡트 낙히!

- 너와 헤어지고 싶지 않아.

  Ich möchte mich nicht von dir trennen.
  이히 뫼히태 미히 니힡트 폰 디어 트렌낸.

- 처음부터 다시 시작해.

  Fangen wir wieder von vorne an!
  프라-겐 뷔어 비-더 폰 포르내 안!

- 그냥 친구로 있는 게 더 좋겠어.

  Es wäre viel besser, wenn wir nur Freunde wären.
  앳스 배-래 피-ㄹ 베써, 밴 뷔어 누어 프로인대 배-랜.

- 나를 제발 포기하지 마.

  Gib mich doch nicht auf!
  깁 미히 독흐 니힡트 아웃프!

결혼과 출산

교제를 하다가 상대방에게 청혼을 할 때 "Willst du mich heiraten?"(나와 결혼해 줄래요?)라고 하고, 청혼을 받아들일 때는 "Ich nehme deinen Heiratsantrag an." (당신의 청혼을 받아들일게요.)라고 한다. 그 외에 "Sind Sie verheiratet?"(결혼하셨어요?) "Ich bin verheiratet."(결혼했습니다.) "Ich bin ledig."(저는 미혼입니다.)라고 말한다.

청혼할 때

- 안드레아스가 나에게 청혼해어.

    Andreas hat mir einen Heiratsantrag gemacht.
    안드레아스 하트 미어 아이낸 하이라츠안트락 게막흐트.

- 저와 결혼해주시겠어요?

    Willst du mich heiraten?
    빌스트 두- 미히 하이라-탠?

- 우리 결혼할까요?

    Lass uns heiraten!
    나쓰 운스 하이라-탠!

- 당신과 결혼하고 싶습니다.

    Ich möchte dich heiraten.
    이히 뫼히태 디히 하이라-탠.

- 내 아내가 되어 줄래요?

    Willst du meine Frau werden?
    빌스트 두- 마이내 프라우 베르댄?

- 당신과 인생을 함께 하고 싶어요.

    Ich möchte mit dir mein Leben teilen.
    이히 뫼히태 미트 디어 마인 레-밴 타일랜.

- 저에게 지금 청혼하는 거예요?

    Machen Sie mir jetzt einen Heiratsantrag?
    막핸 지- 미어 예츠트 아이낸 하이라츠안트락?

VI. 일상생활에 관한 표현 **537**

- 당신의 청혼을 받아들일게요.

  Ich nehme deinen Heiratsantrag an.
  이히 네-매   다이낸   하이라츠안트락   안.

- 저도 당신을 영원히 사랑할게요.

  Ich will mit dir für immer zusammen bleiben.
  이히 빌   미트 디어 퓨어 임머   추잠맨   블라이밴.

약혼에 대해서

- 우리는 이번 달에 약혼합니다.

  Wir verloben uns in diesem Monat.
  뷔어 페어로-벤   운스 인 디-잼   모-나트.

- 우리는 이번 달에 약혼했습니다.

  Wir haben uns in diesem Monat verlobt.
  뷔어 하-밴   운스 인 디-잼   모-나트 페어롭트.

- 저는 레나테와 약혼한 사이입니다.

  Ich bin mit Renate verlobt.
  이히 빈   미트 레나-테   페어롭트.

- 저는 그와 약혼한 사이입니다.

  Ich bin mit ihm verlobt.
  이히 빈   미트 이-임 페어롭트.

- 저 여자는 임자가 있어요?

  Ist sie schon vergeben?
  이스트 지- 쇼-ㄴ 페어게-밴?

- 그럼요, 벌써 약혼했어요.

  Ja, sie ist schon verlobt.
  야-, 지- 이스트 쇼-ㄴ 페어롭트.

- 그는 내가 약혼한 줄 알아요.

  Er glaubt, dass ich schon verlobt bin.
  애어 글라웁트, 다스 이히 쇼-ㄴ   페어롭트 빈.

- 그는 로만 양의 약혼자입니다.

  Er ist der Verlobte von Frau Lohmann.
  애어 이스트 데어 페어롭태 폰   프라우 로-만.

결혼에 대해서

- 결혼하셨어요?

  Sind Sie verheiratet?
  진트 지- 페어하이라태트?

- 언제 결혼하셨습니까?

  Seit wann sind Sie verheiratet?
  자이트 반 진트 지- 페어하이라태트?

- 결혼한 지 얼마나 됐습니까?

  Wie lange sind Sie schon verheiratet?
  비- 랑애 진트 지- 쇼-ㄴ 페어하이라태트?

- 신혼부부시군요.

  Sie sind ein frischvermähltes Ehepaar.
  지- 진트 아인 프리쉬페어매-르태스 에-애파-.

- 우리는 중매 결혼했어요.

  Wir haben uns durch eine Ehevermittlung geheiratet.
  뷔어 하-밴 운스 두르히 아이내 에-애페어미틀룽 게하이라태트.

- 당신은 기혼입니까? 아니면 미혼입니까?

  Sind Sie verheiratet oder ledig?
  진트 지- 페어하이라태트 오-더 레-디히?

- 저는 아직 결혼하지 않았습니다.

  Ich bin noch nicht verheiratet.
  이히 빈 녹흐 니힡트 페어하이라태트.

- 독신입니다.

  Ich bin ledig.
  이히 빈 레-디히.

- 결혼했습니다.

  Ich bin verheiratet.
  이히 빈 페어하이라태트.

- 저는 결혼했습니다.

  Ich habe geheiratet.
  이히 하-배 게하이라태트.

- 결혼은 안했지만, 행복합니다.

  Ich bin nicht verheiratet, aber glücklich.
  이히 빈 니힡트 페어하이라태트, 아-버 글뤼클리히.

- 저는 결혼은 안했어도 불만은 없어요.
  Ich bin ledig und glücklich damit.
  이히 빈 레-디히 운트 글뤼클리히 다미트.

- 이 사람이 제 아내입니다.
  Das ist meine Ehefrau.
  다스 이스트 마이네 에-애프라우.

- 이 사람은 제 남편입니다.
  Das ist mein Ehemann.
  다스 이스트 마인 에-애만.

- 아직 결정하지 않았습니다.
  Ich habe mich noch nicht entschieden.
  이히 하-배 미히 녹흐 니힡트 엔트쉬-댄.

- 언제 결혼할 예정입니까?
  Wann wollen Sie heiraten?
  반 볼랜 지- 하이라-탠?

- 우리는 다음 달에 결혼할 겁니다.
  Wir werden nächsten Monat die Ehe schließen.
  뷔어 베르댄 낵스탠 모-나트 디 에-애 슐리-쌘.

- 내년에 결혼하려고 합니다.
  Wir haben vor, uns nächstes Jahr zu vermählen.
  뷔어 하-밴 포-어, 운스 낵스태스 야- 추 페어매-르랜.

- 누구 생각해둔 사람 있어요?
  Haben Sie jemanden ins Herz geschlossen?
  하-밴 지- 예-만댄 인스 헤르츠 게슐로쌘?

- 나는 그와 결혼하기로 결심했어.
  Ich habe mich entschieden, ihn zu heiraten.
  이히 하-배 미히 엔트쉬-댄, 이-ㄴ 추- 하이라-탠.

- 그녀는 연하의 사람과 결혼했어요.
  Sie hat einen jüngeren Mann geheiratet.
  지- 하트 아이낸 융어랜 만 게하이라테트.

- 크리스티나는 그의 신부입니다.
  Christina ist seine Braut.
  크리스티나 이스트 자이네 브라우트.

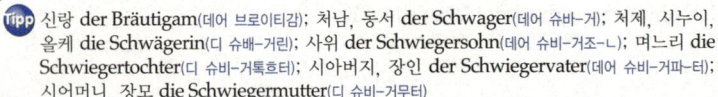

Tipp 신랑 der Bräutigam(데어 브로이티감); 처남, 동서 der Schwager(데어 슈바-거); 처제, 시누이, 올케 die Schwägerin(디 슈배-거린); 사위 der Schwiegersohn(데어 슈비-거조-ㄴ); 며느리 die Schwiegertochter(디 슈비-거톡흐터); 시아버지, 장인 der Schwiegervater(데어 슈비-거파-터); 시어머니, 장모 die Schwiegermutter(디 슈비-거무터)

결혼식에 대해서

- 그들은 결혼식 날짜를 정했나요?

  Haben sie den Hochzeitstag schon anberaumt?
  하-밴 지- 덴 혹흐차이츠타-ㅋ 쇼-ㄴ 안배라움트?

  > Tipp anberaumen, festsetzen(안베라움트 펫트젤챈) 어떤 날짜를 정하다, 날을 잡다.

- 미스터 박의 결혼날짜가 언제지요?

  Wann ist der Hochzeitstag von Herrn Park?
  반 이스트 데어 혹흐차이츠타-ㅋ 폰 해른 박?

- 당신은 언제 결혼식을 올리지요?

  Wann feiern Sie Ihre Hochzeit?
  반 파이어른 지- 이어래 혹흐차이트?

- 그녀는 결혼하고 독일에 갔어요?

  Sie hat nach Deutschland geheiratet.
  지- 하트 낙호 도이칠란트 게하이라태트.

- 그들은 수백 장의 결혼식 초대장을 보냈어요.

  Sie haben Hunderte von Einladungskarten zu ihrer Hochzeitsfeier geschickt.
  지- 하-밴 훈데르태 폰 아인라-둥스카르탠 추- 이어러 혹흐차이츠파이어 게쉬크트.

- 우리는 결혼식에 모든 친척들을 초대했어요.

  Wir haben alle unsere Verwandten zur Hochzeit eingeladen.
  뷔어 하-밴 알래 운저래 페어반탠 추어 혹흐차이트 아인겔라-댄.

- 행복한 결혼생활을 하시길 바래요.

  Ich wünsche Ihnen, dass Sie in glücklicher Ehe leben.
  이히 뷘샤 이-낸, 다스 지- 인 클뤼클리허 에-애 레-밴.

- 행복하길 바랍니다.

  Wir hoffen, dass Sie glücklich leben werden.
  뷔어 호팬, 다스 지- 글뤼클리히 레-밴 베르댄.

- 두 분 정말 멋있네요.

  Sie beide passen wirklich gut zueinander.
  지- 바이대 파쌘 뷔르클리히 구-ㅌ 추-아인안더.

- 이 부부는 잘 어울리는군요.

  Diese Eheleute passen gut zueinander.
  디-재 에-애로이태 파쌘 구-ㅌ 추-아인안더.

- 신부가 정말 아름답습니다.

  Die Braut ist wirklich wunderschön.
  디- 브라우트 이스트 뷔르클리히 분더쇠-ㄴ.

- 신혼여행은 어디로 가실 겁니까?

  Wohin wollen Sie Ihre Hochzeitsreise machen?
  보-힌 볼랜 지- 이어래 혹흐차이츠라이재 막핸?

- 대단한 결혼식이었습니다.

  Es war eine herrliche Hochzeitszeremonie.
  앳스 봐- 아이내 해얼릿해 혹흐차이츠체레모니에.

임신과 출산에 대해서

- 나 임신했어.

  Ich bin schwanger.
  이히 빈 슈방어.

- 그녀는 임신 중이야.

  Sie ist in anderen Umständen.
  지- 이스트 인 안더랜 움슈탠댄.

- 그녀가 벌써 임신했어?

  Ist sie schon schwanger?
  이스트 지- 쇼-ㄴ 슈방어?

- 당신 임신하셨군요.

  Sie sind schwanger.
  지- 진트 슈방어.

 Sie bekommen ein Kind; Sie erwarten ein Baby; Sie sind guter Hoffnung(지- 베콤맨 아인 킨트; 지- 애어바르탠 아인 베비; 지- 진트 구-터 호프눙)도 같은 뜻이다.

- 제 아내가 임신 중이라는 사실을 여의사가 제게 넌지시 알려주었어요.

  Die Ärztin hatte mir anvertraut, dass meine Frau guter Hoffnung sei.
  디- 애르츠틴 하태 미어 안페어트라우트, 다스 마이내 프라우 구-터 호프눙   자이.

 guter Hoffnung sein, in der Hoffnung sein "임신 중이다." sei는 간접화법일 때 사용되는 sein동사. 단수1인칭과 3인칭의 sein동사는 sei이다.

- 그녀는 임신 6개월입니다.

  Sie ist im sechsten Monat.
  지- 이스트 임 젝스탠   모-나트.

- 출산 예정일이 언제입니까?

  Wann ist der erwartete Tag der Geburt?
  반   이스트 데어 애어바르테태 타-ㅋ 데어 게부어트?

- 축하합니다. 임신했다고 들었습니다.

  Gratuliere! Ich habe gehört, dass Sie ein Kind erwarten.
  그라툴리-래!   이히 하-배 게회르트, 다스 지- 아인 킨트   애어바르태.

- 그녀는 아이를 분만하러 병원으로 갔어요.

  Sie ist ins Krankenhaus gegangen, um ein Kind zu gebären.
  지- 이스트 인스 크랑캔하우스   게강앤,   움   아인 킨트   추- 게배-랜.

- 남자아이입니까, 여자아이입니까?

  Ist Ihr Baby ein Junge oder ein Mädchen?
  이스트 이어 베비 아인 융얘   오-더 아인 매챈?

- 아기가 누구를 닮았나요?

  Wem sieht das Kind ähnlich?
  벰   지-트 다스 킨트   애-ㄴ리히?

별거와 이혼에 대해서

- 별거중입니다.

  Ich lebe getrennt.
  이히 레-배 게트렌트.

- 우리 부모는 별거중이야.

  Meine Eltern leben von einander getrennt.
  마이내 엘터른 레-밴 폰 아인안더   게트렌트.

- 우리 부모님은 이혼하셨어.

  Meine Eltern haben sich scheiden lassen.
  마이내 엘터른 하-밴 짚히 샤이댄   랏샌.

- 이혼합시다.

  Lassen wir uns scheiden!
  랏샌   뷔어 운스 샤이댄!

- 당신이 싫은 건 아니지만, …

  Ich habe das Interesse für dich nicht verloren, aber ...
  이히 하-배 다스 인터레쌔   퓨어 딯히   니힡트 페어로-렌,   아-버 ...

- 우리 관계는 어디서 잘 못 되었나요?

  Wo ist unsere Beziehung in die Brüche gegangen?
  보- 이스트 운저래 배치-웅   인 디   브륑헤   게강앤?

- 이혼했습니다.

  Ich bin geschieden.
  이히 빈   게쉬-댄.

- 우리 결혼생활은 재미가 없어요.

  Unser Eheleben ist langweilig.
  운저   에-애레-벤   이스트 랑바일리히.

- 우리는 곧 이혼할 예정입니다.

  Wir haben vor, uns bald scheiden zu lassen.
  뷔어 하-밴   포-어, 운스 발트   샤이댄   추- 랏샌.

- 저는 지난겨울에 그녀와 헤어졌어요.

  Ich habe mich im letzten Winter von ihr scheiden lassen.
  이히 하-배 미히 임 레츠탠 뷘터   폰 이어 샤이댄   랏샌.

- 그들은 결국 서로 이혼했어요.

  Sie haben sich endlich scheiden lassen.
  지- 하-밴   지히 엔틀리히 샤이댄   랏샌.

- 그는 최근에 재혼했습니다.

  Neulich hat er zum zweiten Mal geheiratet.
  노일리히   하트 애어 춤   츠바이탠   마-ㄹ- 게하이라태트.

# 17 직업과 직장생활

상대방과 친할 때 직업에 대해 직접 물어볼 수 있다. "Was sind Sie von Beruf?"(직업이 무엇입니까?) "Wo arbeiten Sie?"(어디서 근무하세요?)라고 물으며, "Ich bin Angestellte."(저는 회사원입니다.) "Ich bin Geschäftsmann."(저는 사업가입니다.)라고 대답한다. 사업에 대해서는 "Wie läuft Ihr Geschäft?"(사업은 잘 되어갑니까?) "In welcher Firma arbeiten Sie?"(어느 회사에서 근무하십니까?)라고 한다.

직업을 물을 때

- 직업이 무엇인지 여쭈어 봐도 될까요?

Was machen Sie beruflich, wenn man fragen darf?
밧스 막핸 지- 배루-플리히, 벤 만 프라-갠 다르프?

- 직업이 무엇입니까?

Was sind Sie von Beruf?
밧스 진트 지- 폰 배루-프?

- 어떤 일에 종사하십니까?

Womit beschäftigen Sie sich?
보미트 배샤프티갠 지- 짖히?

- 어떤 업종에 종사하십니까?

In welcher Branche sind Sie tätig?
이 밸혀 브랑쉐 진트 지- 태-티히?

- 어떤 일을 하고 계십니까?

Was für eine Arbeit haben Sie?
밧스 퓨어 아이내 아르바이트 하-밴 지-?

- 실례지만, 지금 어떤 일을 하고 계십니까?

Entschuldigen Sie, was machen Sie beruflich?
앤트슐디갠 지-, 밧스 막핸 지- 배루-플리히?

- 당신 직업은 무엇입니까?

Was ist Ihr Beruf, wenn man fragen darf?
밧스 이스트 이어 배루-프, 벤 만 프라-갠 다르프?

- 직업을 알려주시겠습니까?

  Könnten Sie mir mitteilen, was Sie von Beruf sind?
  쾐탠 지- 미어 미트타일랜, 밧스 지- 폰 배루-프 진트?

- 어떤 직업을 갖고 계십니까?

  Was ist Ihr Beruf?
  밧스 이스트 이어 배루-프

- 거기서 무슨 일을 하십니까?

  Was machen Sie da?
  밧스 막핸 지- 다-?

- 직업이 뭐라고 하셨지요?

  Was sind Sie von Beruf?
  밧스 진트 지- 폰 배루-프?

- 어디서 근무하십니까?

  Wo arbeiten Sie?
  보- 아르바이탠 지-?

- 하시는 일은 마음에 듭니까?

  Gefällt Ihnen Ihr Beruf?
  게팰트 이-낸 이어 배루-프?

직업을 말할 때

- 출판업에 종사하고 있습니다.

  Ich beschäftige mich mit dem Verlagsgeschäft.
  이히 배섀프티개 미히 미트 뎀 페어락스게섀프트.

- 증권 분석가입니다.

  Ich bin Börsenanalytiker.
  이히 빈 뵈르잰아날뤼-티커.

- 저는 증권중개인으로 일하고 있습니다.

  Ich bin als Börsenmakler tätig.
  이히 빈 알스 뵈르잰마클러 태-티히.

- 저는 프로그래머로 일하고 있습니다.

  Ich arbeite als Programmiererin.
  이히 아르바이태 알스 프로그라미어러린.

- 저는 회사원입니다.

  Ich bin Angestellte.
  이히 빈 안게슈텔태.

- 저는 기자입니다.

  Ich bin Reporter.
  이히 빈 레포-터

- 저의 어머니는 주부입니다.

  Meine Mutter ist Hausfrau.
  마이내 무터   이스트 하우스프라우.

- 언니는 교사예요.

  Meine Schwester ist Lehrerin.
  마이내 슈베슈터   이스트 레-러린.

- 누나는 유치원 선생님입니다.

  Meine Schwester ist Kindergärtnerin.
  마이내 슈베슈터   이스트 킨더개르트너린.

- 저는 스튜어디스입니다.

  Ich bin Flugbegleiterin.
  이히 빈 플룩배글라이터린.

- 저의 아버지는 자영업자입니다.

  Mein Vater ist Selbständiger.
  마인 파-터 이스트 젤프스탠디거.

> **Tipp** selbständig(잽스탠디히)라고도 한다.

- 저는 봉급생활자입니다.

  Ich bin Gehaltsempfänger.
  이히 빈 게할츠엠팽어.

- 그는 지금 실업자입니다.

  Er ist im Moment Arbeitsloser.
  애어 이스트 임 모-멘트 아르바이츠로-저.

- 저는 보험사에 다니고 있습니다.

  Ich bin in der Versicherungsbranche.
  이히 빈 인 데어 페어짙허룽스브랑쉐.

- 부업으로 보험 영업을 하고 있습니다.

  Ich mache das Versicherungsgeschäft als Nebenbeschäftigung.
  이히 막해   다스 페어짙허룽스게섀프트   알스 네-밴배섀프티궁

- 저는 부업으로 자동차 영업을 하고 있습니다.

  Ich bin Autoverkäufer im Nebenjob.
  이히 빈 아우토페어코이퍼   임 네-밴좁.

- 저는 사업가입니다.

    Ich bin Geschäftsmann.
    이히 빈   게섀프츠만.

- 저의 형은 공무원입니다.

    Mein Bruder ist Beamter.
    마인   브루-더   이스트 배암터.

- 그녀는 공무원입니다.

    Sie ist Beamtin.
    지- 이스트 배암틴.

- 저는 기술자입니다.

    Ich bin Ingenieur.
    이히 빈   인제뉴-어.

- 그는 정비사입니다.

    Er ist Mechaniker.
    애어 이스트 멧햐-니커.

- 저는 프리랜서입니다.

    Ich bin Freiberufler.
    이히 빈   프라이배루플러.

- 저는 요리사입니다.

    Ich bin Koch.
    이히 빈   코흐.

 der Koch(데어 코프) 요리사, die Köchin(디 쾻힌) 여자 요리사

- 저는 회사 소장입니다.

    Ich bin Direktor bei einer Firma.
    이히 빈   디렉토-어   바이 아이너   피르마.

- 저는 대학생입니다.

    Ich bin Student.
    이히 빈   슈투덴트.

- 제 오빠는 통역사입니다.

    Mein Bruder ist Dolmetscher.
    마인   브루-더   이스트 돌메쳐.

- 저의 아버지는 은행에서 근무하십니다.

    Mein Vater arbeitet bei einer Bank.
    마인   파-터   아르바이테트 바이 아이너 방크.

- 저의 아버지는 작은 사업체를 운영하십니다.
  Er führt einen kleinen Betrieb.
  애어 퓨-르트 아이넨 클라이낸 배트리입.

- 저는 대기업에서 일하고 싶습니다.
  Ich möchte bei einem großen Unternehmen arbeiten.
  이히 뫼히태 바이 아이냄 그로-쌘 운터네-맨 아르바이탠.

- 어느 회사에서 근무하는데요?
  Bei welcher Firma arbeiten Sie?
  바이 밸혀 피르마 아르바이탠 지-?

- 벤츠에서 다녀요.
  Bei Mercedes-Benz.
  바이 메르체데스-벤츠.

- 저는 약국에서 시간제로 일합니다.
  Ich arbeite Teilzeit in einer Apotheke.
  이히 아르바이태 타일차이트 인 아이너 아포테-캐.

- 저는 방학 중에 사간제로 일하고 싶습니다.
  Ich möchte in den Ferien stundenweise arbeiten.
  이히 뫼히태 인 덴 페-리엔 슈툰덴바이재 아르바이탠.

사업을 물을 때

- 당신은 직업에 만족하십니까?
  Sind Sie mit Ihrem Beruf zufrieden?
  진트 지- 미트 이어램 배루-프 추프리-댄?

- 사업이 어떻습니까?
  Wie geht Ihr Geschäft?
  비- 게-트 이어 게섀프트?

- 컴퓨터 업계는 어떻습니까?
  Wie läuft das Computergeschäft?
  비- 로이프트 다스 컴퓨터게섀프트?

- 사업은 잘 되어갑니까?
  Wie läuft Ihr Geschäft?
  비- 로이프트 이어 게섀프트?

- 사업은 잘 되어갑니까?
  Was macht Ihr Geschäft?
  밧스 막흐트 이어 게섀프트?

- 새로 시작한 사업은 어떻습니까?
  Wie geht Ihr neues Geschäft?
  비- 게트 이어 노이앳스 게섀프트?

- 당신의 회사에 대해 말씀해 주십시오.
  Erzählen Sie mir bitte von Ihrer Firma!
  애어채-ㄹ랜 지- 미어 비태 폰 이어러 피르마!

사업에 대해 말할 때

- 당신은 마치 이 사업을 위해 태어난 사람 같습니다.
  Sie sind wie geschaffen für dieses Geschäft.
  지- 진트 비- 게샤펜 퓨어 디-제스 게섀프트.

> geschaffen은 schaffen의 완료분사형. 원래 "만들어진"이란 뜻이다.

- 그리 나쁘지 않습니다.
  Das Geschäft ist nicht so schlecht.
  다스 게섀프트 이스트 니힡트 조- 슐래힡트.

- 그렇게 좋지 않습니다.
  Das Geschäft ist sehr flau.
  다스 게섀프트 이스트 제어 플라우.

- 사업이 잘 됩니다.
  Mein Geschäft ist lebhaft.
  마인 게섀프트 이스트 레-ㅂ하프트

- 사업이 호황입니다.
  Mein Geschäft ist im Hochbetrieb.
  마인 게섀프트 이스트 임 혹흐배트리-입.

- 사업이 잘 안됩니다.
  Mein Geschäft läuft nicht gut.
  마인 게섀프트 로이프트 니힡트 구-ㅌ.

- 최근에 적자를 보고 있습니다.
  Wir schreiben in letzter Zeit rote Zahlen.
  뷔어 슈라이벤 인 레츠터 차이트 로-태 차-ㄹ랜.

- 늘 어렵습니다.
  Das Geschäft ist in der Klemme.
  다스 게섀프트 이스트 인 데어 클레매.

- 그의 회사는 위험에 처했습니다.
  Seine Firma ist in Schwierigkeiten geraten.
  자이내 피르마 이스트 인 슈비-리히카이탠   게라-탠.

- 그럭저럭 버텨 나가고 있습니다.
  Ich komme über die Runden.
  이히 콤매   위-버 디 룬댄.

- 그럭저럭요.
  So leidlich.
  조- 라이틀리히.

- 그는 재정적인 곤란을 겪고 있습니다.
  Er ist in finanzielle Schwierigkeiten geraten.
  애어 이스트 인 피난치엘레 슈비-리히카이탠   게라-탠.

- 그의 사업은 파산상태입니다.
  Sein Geschäft steht vor dem Bankrott.
  자인 게섀프트   슈테-트 포-어 뎀 방크로트.

- 장사가 안 되어서 큰일입니다.
  Mein Geschäft ist in der Klemme.
  마인   게섀프트   이스트 인 데어 클레매.

- 제 사업은 활황입니다.
  Mein Geschäft ist rege.
  마인   게섀프트   이스트 레-개.

직장에 대해

- 어디서 근무합니까?
  Wo arbeiten Sie?
  보- 아르바이탠 지-?

- 어느 회사에 근무하십니까?
  In welcher Firma arbeiten Sie?
  인 밸혀   피르마 아르바이탠 지-?

- 회사는 어디 있습니까?
  Wo liegt Ihre Firma?
  보- 리-ㄱ트 이어래 피르마?

- 사무실은 어디죠?
  Wo liegt Ihr Büro?
  보- 리-ㄱ트 이어 뷔로-?

- 직책이 무엇입니까?

  Welche Position haben Sie?
  밸해 포지치오-ㄴ 하-밴 지-?

- 그 회사에서 어떤 일을 하십니까?

  Was machen Sie in der Firma?
  밧스 막핸 지- 인 데어 피르마?

- 무슨 일을 담당하시지요?

  Wofür sind Sie zuständig?
  보-퓨어 진트 지- 추슈탠디히?

- 저는 수출부 담당입니다.

  Ich bin für die Exportabteilung zuständig.
  이히 빈 퓨어 디 엑스포트압타일룽 추슈탠디히.

- 저는 기획부에서 근무합니다.

  Ich arbeite in der Planungsabteilung.
  이히 아르바이태 인 데어 플라-눙스압타일룽.

- 저는 무역회사에 근무하고 있습니다.

  Ich arbeite in einer Handelsfirma.
  이히 아르바이태 인 아이너 한델스피르마.

- 영업부에서 근무 중입니다.

  Ich bin in der Verkaufsabteilung tätig.
  이히 빈 인 데어 페어카우프스압타일룽 태-티히.

- 하시는 일 중에 무엇이 마음에 드세요?

  Was gefällt Ihnen an Ihrer Arbeit?
  밧스 게팰트 이-낸 안 이어러 아르바이트?

출퇴근에 대해서

- 무엇을 이용해서 출근하십니까?

  Womit fahren Sie zur Arbeit?
  보-미트 파-랜 지- 추어 아르바이트?

- 대개 지하철을 이용해서 출근합니다.

  Ich fahre meistens mit der U-Bahn zur Arbeit.
  이히 파-래 마이스탠스 미트 데어 우-바안 추어 아르바이트.

- 몇 시에 출근합니까

  Um wie viel Uhr gehen Sie in die Firma?
  움 비 피-ㄹ 우-어 게-앤 지- 인 디 피르마?

- 7시 반에 출근합니다.

  Um halb acht gehe ich zur Arbeit.
  움   할프   악흐트 게-에 이히 추어 아르바이트.

- 몇 시까지 출근입니까?

  Um wie viel Uhr müssen Sie anwesend sein?
  움   비   피-르 우-어 뮈쌘   지- 안베젠트   자인?

- 9시까지 회사에 도착해야만 합니다.

  Bis 9 Uhr muss man in der Firma sein.
  비스 노인 우-어 뭇스 만   인 데어 피르마   자인.

- 몇 시에 직장 일이 시작되나요?

  Um wie viel Uhr beginnt Ihre Arbeit?
  움   비-   피-르 우-어 배긴트   이어래 아르바이트?

- 아파서 직장에 지각했어요.

  Ich bin spät zum Dienst gekommen, weil ich krank bin.
  이히 빈 슈패-트 춤   딘-스트 게콤맨,   봐일 이히 크랑크   빈.

- 사무실이 집에서 가깝습니다.

  Das Büro liegt in der Nähe von meiner Wohnung.
  다스 뷔로- 리-그트 인 데어 내-애 폰   마이너   보-눙.

- 지각한 적은 없습니까?

  Sind Sie nie zu spät zur Arbeit gekommen?
  진트   지- 니- 추 슈패-트 추어 아르바이크 게콤맨?

- 몇 시에 퇴근하십니까?

  Um wie viel Uhr haben Sie Feierabend?
  움   비-   피-르 우-어 하-밴   지- 파이어아-벤트?

근무에 대해서

- 거기서 근무하신 지는 얼마나 됐습니까?

  Wie lange haben Sie da gearbeitet?
  비-   랑애   하-밴   지- 다- 게아르바이태트?

- 회사는 언제 입사했습니까?

  Wann sind Sie in die Firma eingetreten?
  반   진트 지- 인 디 피르마   아인게트레-탠?

- 근무시간이 어떻게 됩니까?

  Wie sind Ihre Geschäftszeiten?
  비-   진트 이어래 게섀프츠차이탠?

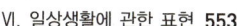

- 9시부터 5시까지 근무합니다.

  Ich arbeite von 9 Uhr vormittags bis 5 Uhr nachmittags.
  이히 아르바이태 폰 노인 우-어 포어미타-크스 비스 퓐트 우-어 낙호미타-크스.

- 우리는 3교대로 근무합니다.

  Wir arbeiten in drei Schichten.
  뷔어 아르바이탠 인 드라이 쉬히탠.

- 다음 달부터 격주제로 근무합니다.

  Ich arbeite ab dem nächsten Monat alle 14 Tage.
  이히 아르바이태 압 뎀 낵스탠 모-나트 알래 피어첸- 타-개.

- 토요일에는 쉽니다.

  Am Samstag ruhe ich mich von der Arbeit aus.
  암 잠스타-ㅋ 루-애 이히 미히 폰 데어 아르바이트 아웃스.

- 주말에는 쉽니다.

  Am Wochenende haben wir keine Arbeit.
  암 복핸앤대 하-밴 뷔어 카이내 아르바이트.

- 저는 오늘 야근입니다.

  Ich habe heute Nachtdienst.
  이히 하-배 호이태 낙흐트디-ㄴ스트.

상사와 부하 직원에 대해

- 상사가 누구입니까?

  Wer ist Ihr Vorgesetzter?
  붸어 이스트 이어 포-어게제츠터?

- 당신은 상사와의 사이가 어떠세요?

  Wie treten Sie mit Ihrem Vorgesetzten in Verbindung?
  비- 트레-탠 지- 미트 이어램 포-어게체츠탠 인 페어빈둥?

- 저는 제 상사를 존경합니다.

  Ich respektiere meinen Chef.
  이히 레스펙티에래 마이낸 쉐프.

- 그분은 매우 관대합니다.

  Er ist sehr großzügig.
  애어 이스트 제어 그로-쓰아르티히.

- 그는 잔소리가 심해요.

  Er nörgelt stets.
  애어 뇌르겔트 슈테츠.

- 그는 변덕이 심한 사람입니다.

  Er ist ein wahres Chamäleon.
  애어 이스트 아인 봐-래스 카맬-레온.

 ein wahres Chamäleon '진짜 카멜레온'이란 말은 "변덕이 심한 사람"이란 의미다.

- 그는 정말 괜찮은 분입니다.

  Er ist sehr nett.
  애어 이스트 제어 내트.

- 이 문제는 상사와 상의해봐야 합니다.

  Darüber muss ich mich mit dem Chef besprechen.
  다뤼-버 뭇스 이히 미히 미트 뎀 쉐프 배슈프렣핸.

- 제가 보증하건데 저의 사장님은 믿을만한 분입니다.

  Mein Chef ist zuverlässig, für ihn lege ich meine Hand ins Feuer.
  마인 쉐프 이스트 추페어래씨히, 퓨어 이-ㄴ 레-개 이히 마이내 한트 인스 포이어.

 für jn. die Hand/seine Hand ins Feuer legen 보증하다, 맹세하다. 원뜻: ···를 위하여 자기의 손을 불에 넣다.

- 새 지점장은 매우 활동적이어서 모든 일에 간섭합니다.

  Der neue Filialleiter ist äußerst bedeutend und hat überall seine Hand
  데어 노이애 필리알-라이터 이스트 오이써어스트 배도이텐트 운트 하트 위-버랄 자이내 한트
  im Spiel.
  임 슈피-ㄹ.

 überall die Hand/seine Hand im Spiel haben 만사에 간섭하다.

- 그 팀장과는 도저히 지내기 어려워서 저는 그 프로젝트에서 빠지겠습니다.

  Ich springe von dem Projekt ab, denn mit dem Leiter ist einfach kein
  이히 슈프링애 폰 뎀 프로엑트 압, 덴 미트 뎀 라이터 이스트 아인팍흐 카인
  Auskommen.
  아우스콤맨.

 mit jm. ist kein Auskommen "···와 사귀기 어렵다"

- 나도 그와 사이가 나빠져서 다른 사람과 상의해야 해요.

 Ich muss mich an jemanden anderen wenden, denn bei ihm habe ich
 이히 뭇스 미히 안 예-만댐   안더랜   벤댄, 덴   바이 이-ㅁ 하-배 이히
 auch ausgespielt.
 아욱흐 아우스게슈피-르트.

> bei jm. ausgespielt haben "…와 사이가 벌어지다"

- 모두들 빠짐없이 다 협조해야 합니다.

 Alle durch die Bank müssen mithelfen.
 알레 두르히 디 방크 뮛샌   미트헬팬.

> durch die Bank "빠짐없이"라는 뜻의 구어(口語)이다.

- 우리는 이 프로젝트를 9월 30일까지 마무리해야 합니다.

 Wir müssen das Projekt bis zum dreißigsten September unter Dach
 뷔어 뮛샌   다스 프로옉트 비스 춤   드라이씨히스탠 젭템버   운터 닿흐
 und Fach bringen.
 운트 팍흐 브링앤.

> etwas unter Dach und Fach bringen "…을 마무리하다"/"완결 짓다"

승진에 대해서

- 내년에는 승진하시길 바랍니다.

 Ich hoffe, dass Sie im nächsten Jahr befördert werden.
 이히 호패, 다스 지- 임 낵스탠   야- 배푀르데르트 베르댄.

- 저는 과장으로 승진했습니다.

 Ich bin zum Abteilungsleiter befördert worden.
 이히 빈 춤   압타일룽스라이터   배푀르데르트 보르댄.

- 저는 부장으로 승진했어요.

 Ich bin zum Leiter befördert worden.
 이히 빈 춤   라이터 배푀르데르트 보르댄.

- 저희 회사에서는 승진하기가 어려워요.

 In meiner Firma ist es schwer, befördert zu werden.
 인 마이너   피르마 이스트 앳스 슈베어, 배푀르데르트 추 베르댄.

- 저에게는 강력한 후원자가 있습니다.
  Ich habe einen tatkräftigen Unterstützer.
  이히 하-배 아이낸 타-트크래프티갠 운터슈튜처.

- 그의 승진은 이례적이었습니다.
  Seine Beförderung war unüblich.
  자이내 배푀르더룽 봐 운위-플리히.

- 승진은 성적에 달렸어요.
  Die Beförderung ist von der Leistung abhängig.
  디 배푀르더룽 이스트 폰 데어 라이스퉁 압행이히.

- 당신이 다음 승진대상자입니다.
  Sie sind der Nächste in der Reihe.
  지- 진트 데어 낵스태 인 데어 라이애.

- 그는 승진을 위해서는 노력을 아끼지 않는 여자입니다.
  Sie scheut keine Mühe, befördert zu werden.
  지- 쇼이트 카이네 뮤-애, 배푀르데르트 추 베르댄.

- 그는 목표를 달성하기 위해 노력을 아끼지 않았습니다.
  Er scheute keine Mühe, sein Ziel zu erreichen.
  애어 쇼이트 카이네 뮤-애, 자인 치-ㄹ 추 애어라잇핸.

- 승진을 축하드립니다.
  Ich gratuliere Ihnen zur Beförderung!
  이히 그라툴리-래 이-낸 추어 배푀르더룽!

휴가에 대해서

- 휴가를 어디로 가실 겁니까?
  Wohin wollen Sie in Urlaub fahren?
  보힌 볼랜 지- 임 우얼라웁 파-랜?

- 휴가 때 이탈리아에 가실 겁니까?
  Würden Sie nach Italien in den Urlaub fahren?
  뷰르댄 지- 낙흐 이탈-리엔 인 덴 우얼라웁 파-랜?

- 어디로 휴가를 다녀오셨어요?
  Wohin sind Sie in den Urlaub gefahren?
  보-힌 진트 지- 인 덴 우얼라웁 게파-랜?

- 휴가는 며칠이나 됩니까?
  Wie lange ist Ihr Urlaub?
  비- 랑애 이스트 이어 우얼라웁?

- 휴가 기간은 얼마나 됩니까?

  Wie lange dauert Ihr Urlaub?
  비- 랑애 다우어트 이어 우얼라웁?

- 실제로 일 년에 휴가를 몇 번이나 받습니까?

  Wie viel Urlaub im Jahr bekommt man eigentlich?
  비- 피-ㄹ 우얼라웁 임 야- 배콤트 만 아이겐틀리히?

- 휴가를 신청하였습니까?

  Haben Sie Ihren Urlaubsantrag gestellt?
  하-밴 지- 이어랜 우얼라웁스안트락 게슈텔트?

> **Tipp** einen Antrag stellen(아이넨 안트락 슈텔랜) 신청서를 제출하다.

- 휴가를 신청하고 싶습니다.

  Ich möchte um Urlaub bitten.
  이히 뫼히태 움 우얼라웁 비탠.

- 당신의 휴가는 언제 시작됩니까?

  Wann beginnt Ihr Urlaub?
  반 배긴트 이어 우얼라웁?

- 저는 할 일이 너무 많아서 휴가를 못갑니다.

  Ich fahre nicht in den Urlaub, denn ich habe zu viel zu tun.
  이히 파래 니힡트 인 덴 우얼라웁, 덴 이히 하-배 추- 피-ㄹ 추 툰.

- 너무 바빠서 휴가를 가질 여유가 없어요.

  Ich habe zu viel zu tun, um mir freizunehmen.
  이히 하-배 추- 피-ㄹ 추 툰, 움 미어 프라이추-네-맨.

- 너무 바빠서 휴가를 갈 여유가 없어요.

  Ich habe zu viel zu tun, um in den Urlaub zu fahren.
  이히 하-배 추- 피-ㄹ 추 툰, 움 인 덴 우얼라웁 추- 파-랜.

- 휴가 계획을 세우셨습니까?

  Haben Sie Ihren Urlaub geplant?
  하-밴 지- 이어랜 우얼라웁 게플란트?

- 휴가 중에 무엇을 할 것인지 생각해보셨습니까?

  Haben Sie sich schon überlegt, was Sie im Urlaub machen wollen?
  하-밴 지- 지히 쇼-ㄴ 위-버렉트, 봣스 지- 임 우얼라웁 막핸 볼랜?

- 휴가 때요? 아니오, 저는 아직 생각해보지 않았습니다.

  Im Urlaub? Nein, das habe ich mir noch nicht überlegt.
  임 우얼라웁? 나인, 다스 하-배 이히 미어 녹흐 니힡트 위-버렉트.

- 저는 제대로 휴식을 취하고 싶습니다.
  Ich möchte mich richtig erholen.
  이히 뫼히태 미히 리히티히 애어홀-렌.

- 저는 오랫동안 휴가를 더 이상 얻지 못했습니다.
  Ich habe lange keinen Urlaub mehr gehabt.
  이히 하-배 랑애 카이낸 우얼라웁 메-어 게합트.

- 그녀는 지금 병가 중입니다.
  Sie ist im Krankenurlaub.
  지- 이스트 임 크랑켄우얼라웁.

- 그녀는 지금 출산 휴가 중입니다.
  Sie ist im Mutterschaftsurlaub.
  지- 이스트 임 무터샤프츠우얼라웁.

- 휴가 재미있게 보내세요.
  Ich wünsche Ihnen einen guten Urlaub.
  이히 뷘섀   이-낸 아이낸 구-탠   우얼라웁.

> **Tipp** 그 외에 Viel Vergnügen im Urlaub! Gute Fahrt! Gute Reise!(피-ㄹ페어그뉘-갠 임 우얼라웁! 구-태 파-르트! 구-태 라이재!)

- 휴가를 어디서 보낼 겁니까?
  Wo wollen Sie Ihren Urlaub verbrigen?
  보- 볼랜 지- 이어랜 우얼라웁 페어브링앤?

- 휴가를 어디로 가고 싶으세요?
  Wohin wollen Sie in den Urlaub fahren?
  보-힌 볼랜 지- 인 덴 우얼라웁 파-랜?

- 저는 벌써 휴가가 기대됩니다.
  Ich freue mich schon auf die Ferien.
  이히 프로이애 미히 쇼-ㄴ 아우프 디 페-리엔.

사직과 퇴직에 대해서

- 도대체 왜 사직했어요?
  Warum sind Sie abgetreten?
  봐룸   진트 지- 압게트레-탠?

- 나는 사표를 내겠습니다.
  Ich will die Kündigung einreichen.
  이히 빌 디 퀸디궁   아인라잉핸.

- 당신 회사는 정년이 몇 살입니까?

  Was ist das Pensionsalter in Ihrer Firma?
  밧스 이스트 다스 팡지온스알터 인 이어러 피르마?

- 그만두기로 결심했어요.

  Ich habe mich entschieden, meine Stelle aufzugeben.
  이히 하-배 미히 앤트쉬-댄, 마이내 슈텔래 아우프추게-밴.

- 이 일에는 안 맞는 것 같아요.

  Ich glaube, ich bin nicht geeignet für diese Art von Arbeit.
  이히 글라우배, 이히 빈 니힡트 게아이그네트 퓨어 디-재 아르트 폰 아르바이트.

- 언제 퇴직하십니까?

  Wann treten Sie in den Ruhestand?
  반 트레-탠 지- 인 덴 루-에슈탄트?

- 저는 지금 놀고 있습니다.

  Ich bin zurzeit arbeitslos.
  이히 빈 추어차이트 아르바이츠로-스.

- 그는 해고됐어요.

  Er wurde entlassen.
  애어 부르대 앤틀랏샌.

- 그 사람 해고 됐어요?

  Ist er entlassen?
  이스트 애어 앤틀랏샌.

- 많은 사람들이 작년에 면직되었습니다.

  Viele Angestellte wurden im letzten Jahr entlassen.
  피-르레 안게슈텔태 부르댄 임 레츠탠 야- 앤틀랏샌.

구직과 취업

일자리를 구할 때는 "Ich suche eine Arbeit."(저는 일을 찾고 있습니다.) "Ich suche eine Stelle."(저는 일자리를 찾고 있는 중입니다.) "Haben Sie eine freie Stelle?"(일자리가 있습니까?)라고 말하자. 인터뷰에서도 "Was wissen Sie über uns?"(우리 회사에 대해 무엇을 알고 있습니까?) "Was haben Sie denn bisher gemacht?"(지금까지 무슨 일을 하셨습니까?)라고 물어보니까, 아래에 있는 표현들을 응용해서 대답할 수 있어야 한다.

일자리를 구할 때

- 저는 일을 찾고 있습니다.
  Ich suche eine Arbeit.
  이히 주-ㄱ해 아이내 아르바이트.

- 일자리를 찾고 계세요?
  Suchen Sie eine Stelle?
  주-ㄱ핸 지- 아이내 슈텔래?

- 저는 일자리를 찾고 있습니다.
  Ich suche eine Stelle.
  이히 주-ㄱ해 아이내 슈텔래.

- 요즘 일자리 구하기가 너무 힘들어요.
  Es ist zurzeit schwer, eine Arbeitsstelle zu finden.
  앳스 이스트 추어차이트 슈베어, 아이내 아르바이츠슈텔래 추- 핀댄.

- 아르바이트 일자리 찾기가 쉽지 않아요.
  Es ist nicht so leicht, eine Teilzeitstelle zu finden.
  앳스 이스트 니휕트 조- 라이히트, 아이내 타일차이트슈텔래 추- 핀댄.

- 나는 도서관에 아르바이트 자리 하나 구했어.
  Ich habe eine Halbtagsarbeit in der Bibliothek gefunden.
  이히 하-배 아이내 할프타-ㄱ스아르바이트 인 데어 비블리오텍 게푼댄.

- 그는 드디어 회사에 일자리를 구했습니다.
  Endlich hat er eine Stelle in einer Firma bekommen.
  앤틀리히 하트 애어 아이내 슈텔래 인 아이너 피르마 배콤맨.

- 그는 종종 일자리를 바꾸었습니다.
  Er hat häufig seine Anstellung gewechselt.
  애어 하트 호이피히 자이내 안슈텔룽 게벡셀트.

- 당신이 일자리를 얻게 될 가능성은 충분합니다.
  Ihre Chancen stehen gut.
  이어래 샹샌 슈테앤 구-트.

- 저는 취직면접을 준비하고 있습니다.
  Ich bereite mich auf das Bewerbungsgespräch vor.
  이히 배라이태 미히 아우프 다스 배베르붕스게슈프랭히 포-어

- 그녀는 일자리를 잃었어요.
  Sie ist arbeitslos.
  지- 이스트 아르바이츠로-스.

- 일자리를 잡도록 노력하십시오.
  Versuchen Sie eine Stelle zu finden!
  페어주-ㄱ핸 지- 아이내 슈텔래 추- 핀댄!

- 취직만 되면 좋겠습니다.
  Ich wünschte, ich hätte einen Job bekommen.
  이히 뷘쉬태, 이히 해태 아이낸 좁 배콤맨.

- 올해는 취직을 할 겁니다.
  Dieses Jahr will ich eine Stellung antreten.
  디-재스 야- 빌 이히 아이내 슈텔룽 안트레-탠.

- 제가 운전을 할 줄 알아야 합니까?
  Muss ich fahren können?
  뭇스 이히 파-랜 쾐낸?

- 예, 우리는 운전을 할 줄 아는 사람이 하나 필요합니다.
  Ja, wir brauchen einen, der fahren kann.
  야-, 뷔어 브라욱핸 아이낸, 데어 파-랜 칸.

> **Tipp** einen은 불특정대명사 남성4격이고, der는 관계대명사 남성1격이다. 관계문에서는 동사가 문장의 맨 뒤에 위치한다.

- 당신은 무엇으로써 일하고 싶습니까?
  Als was möchten Sie arbeiten?
  알스 밧스 뫼히탠 지- 아르바이탠?

- 저는 운전사로 일하고 싶습니다.
  Ich möchte als Fahrer arbeiten.
  이히 뫼히태 알스 파-러 아르바이탠.

- 제가 조립공 일자리를 얻을 수 있는지 알고 싶습니다.

  Ich möchte wissen, ob ich die Stelle als Montagearbeiter bekommen kann.
  이히 뫼히태 비쌘, 옵 이히 디 슈텔래 알스 몽타제아르바이터 배콤맨 칸.

면접에 응할 때

- 귀사에 일자리가 있습니까?

  Haben Sie eine freie Stelle?
  하-밴 지- 아이내 프라이애 슈텔래?

- 귀사에 지원하고 싶습니다.

  Ich möchte mich um eine Stelle in Ihrer Firma bewerben.
  이히 뫼히태 미히 움 아이내 슈텔래 인 이어러 피르마 배베르벤.

- 어떻게 지원하면 되지요?

  Wie kann ich mich um eine Stelle bei Ihnen bewerben?
  비- 칸 이히 미히 움 아이내 슈텔래 바이 이-낸 배베르밴?

- 우리 회사를 어떻게 아셨습니까?

  Woher haben Sie von uns gehört?
  보-해어 하-밴 지- 폰 운스 게회르트?

- 신문에 난 구인광고를 보았습니다.

  Ich habe Ihr Stellenangebot in der Zeitung gelesen.
  이히 하-배 이어 슈텔랜안게보-트 인 데어 차이퉁 겔레-잰.

- 내일 면접 보러 올 수 있습니까?

  Können Sie morgen zum Vorstellungsgespräch kommen?
  쾬낸 지- 모르갠 춤 포어슈텔룽스게슈프랭히 콤맨?

- 나는 회사에서 내일 면접이 있습니다.

  Ich habe morgen ein Vorstellungsgespräch bei einer Firma.
  이히 하배 모르갠 아인 포어슈텔룽스게슈프랭히 바이 아이너 피르마.

- 어떻게 하면 제가 면접을 볼 수 있습니까?

  Wie kann ich das Vorstellungsgespräch führen?
  비- 칸 이히 다스 포어슈텔룽스게슈프랭히 퓨-랜?

- 이력서를 보내주십시오.

  Schicken Sie uns Ihren Lebenslauf!
  쉬캔 지- 운스 이어랜 레-밴스라우프!

- 오늘 오셔서 면접을 받을 수 있습니까?

  Könnten Sie heute zu uns kommen und an dem Vorstellungsgespräch
  쾬탠 지- 호이태 추- 운스 콤맨 운트 안 뎀 포어슈텔룽스게슈프랭히

  teilnehmen?
  타일네-맨?

- 면접 날짜와 시간이 정해졌나요?

  Haben Sie schon einen Vorstellungstermin?
  하밴 지- 쇼-ㄴ 아이낸 포어슈텔룽스테르민?

- 면접 때문에 아주 초조해요.

  Ich bin so nervös beim Vorstellungsgespräch.
  이히 빈 조- 네르뵈-스 바임 포어슈텔룽스게슈프랭히.

- 면접할 때 손을 어디 두어야 할지 모르겠어요.

  Ich weiß nicht wohin mit meinen Händen beim Gespräch.
  이해 바이쓰 니히트 보-힌 미트 마이낸 핸댄 바임 게슈프랭히.

- 오늘 아침에 면접이 있었어요.

  Ich hatte heute morgen ein Vorstellungsgespräch.
  이히 하태 호이태 모르갠 아인 포어슈텔룽스게슈프랭히.

- 저는 면접을 잘 보았어요.

  Mein Vorstellungsgespräch ist gut gelaufen.
  마인 포어슈텔룽스게슈프랭히 이스트 구-트 겔라우팬.

- 지금 집에 오니까 제가 회사에 물어봤어야할 한 가지 중요한 질문을 빼먹은 게 생각났습니다.

  Leider ist mir erst zu Hause eine wichtige Frage eingefallen, die ich die
  라이더 이스트 미어 애어스트 추 하우재 아이내 빙히티개 프라-개 아인게팔랜, 디- 이히 디-

  Firma gerne gefragt hätte.
  피르마 게르내 게프락트 해태.

- 언제 쯤 저에 대한 면접결과를 알 수 있을까요?

  Wann kann ich erfahren, wie die Entscheidung gefallen ist?
  반 칸 이히 애어파-랜, 비- 디 앤트샤이둥 게팔랜 이스트?

면접을 할 때

- 왜 우리 회사에 지원했습니까?

  Warum haben Sie sich bei uns beworben?
  봐-룸 하-밴 지- 지히 바이 운스 배보르밴?

- 왜 이 직장에 관심을 가지시는지 먼저 물어봐도 될까요?

  Darf ich Sie zu Beginn fragen, warum Sie sich für diese Stelle
  다르프 이히 지- 추- 배긴 프라-갠, 봐-룸 지- 지히 퓨어 디-재 슈탤래

  interessieren?
  인터레씨-랜?

- 어떤 자격증을 가지고 계십니까?

  Was sind Ihre Qualifikationen?
  봐스 진트 이어래 크봘리피카치오-낸?

- 어떤 경력을 가지고 계십니까?

  Welche Erfahrungen haben Sie?
  밸해 애어파-룽앤 하-밴 지-?

- 이 직종에 경력이 좀 있습니까?

  Haben Sie Erfahrungen in diesem Geschäft?
  하-밴 지- 애어파-룽앤 인 디-잼 게섀프트?

- 직업경력이나 실습 경험이 있습니까?

  Haben Sie Berufserfahrungen gesammelt oder Praktika gemacht?
  하-밴 지- 배루-프스애어파-룽앤 게잠멜트 오-더 프락티카 게막흐트?

> **Tipp** das Praktikum의 복수형 die Praktika "실습"

- 다른 지식이 또 있습니까? 예를 들면 컴퓨터나 어학실력 같은 거 있습니까?

  Haben Sie noch andere Kenntnisse? Zum Beispiel: Computer-oder
  하-밴 지- 녹흐 안데래 켄트니쌔? 춤 바이슈피-르: 컴퓨-터 오-더

  Sprachkenntnisse?
  슈프랗흐켄트니쌔?

- 다른 회사에 지원해본 적 있습니까?

  Haben Sie sich schon irgendwo beworben?
  하-밴 지- 지히 쇼-ㄴ 이르겐트보- 배보르밴?

- 지금까지 무슨 일을 하셨습니까?

  Was haben Sie denn bisher gemacht?
  봐스 하-밴 지- 덴 빗스해어 게막흐트?

- 노동허가서는 있습니까?

  Haben Sie eine Arbeitsgenehmigung?
  하-밴 지- 아이내 아르바이츠게네-미궁?

- 우리 회사에 대해 무엇을 알고 계십니까?

  Was wissen Sie über uns?
  봐스 빗샌 지- 위-버 운스?

- 직장을 옮길 생각을 한 번도 해본 적이 없습니까?

  Haben Sie nie daran gedacht, die Stelle zu wechseln?
  하-밴   지- 니- 다란   게닥흐트,   디   슈텔래   추- 백셀른?

- 본인에 대해 설명해보십시오.

  Erzählen Sie bitte etwas über sich selbst!
  애어챌-랜   지- 비태   애트밧스 위-버   지히 젤프스트!

- 당신의 강점들과 약점들 중 어떤 것을 당신의 아버지께서는 언급하실까요?

  Welche Ihrer Stärken und Schwächen würde Ihr Vater benennen?
  밸해   이어러 슈태르캔   운트 슈뱅핸   뷰르대   이어 파-터 배낸낸?

- 어떤 일을 하고 싶습니까?

  Welche Tätigkeit möchten Sie machen?
  밸해   태티히카이트 뫼히탠   지- 막핸?

- 어떤 활동을 좋아하지 않습니까?

  Welche Tätigkeiten mögen Sie nicht?
  밸해   태티히카이탠   뫼-갠   지- 니히트?

- 어떤 종류의 활동분야에서 일을 시작하고 싶습니까?

  In welche Tätigkeit möchten Sie sich einarbeiten?
  인 밸해   태티히카이트 뫼히탠   지- 지히 아인아르바이탠?

- 왜 직장을 바꾸시려고 합니까?

  Warum wollen Sie Ihren Arbeitsplatz wechseln?
  봐룸   볼랜   지- 이어랜 아르바이츠플랏츠 백셀른?

- 왜 직장을 바꾸기로 생각하셨습니까?

  Warum haben Sie daran gedacht, die Stelle zu wechseln?
  봐룸   하-밴   지- 다란   게닥흐트,   디 슈텔레 추- 백셀른?

- 왜 현재의 회사를 떠나려고 합니까?

  Warum wollen Sie Ihre derzeitige Firma verlassen?
  봐룸   볼랜   지- 이어래 데어차이티게 피르마 페어랏샌?

- 지금껏 결정해야만 했던 가장 어려운 결정은 무엇이었습니까?

  Was war die schwierigste Entscheidung, die Sie je treffen mussten?
  밧스 봐 디 슈비-리히스태   앤트샤이둥,   디 지- 예 트래팬 뭇스탠?

- 시간 압박을 받으면서 일할 수 있습니까?

  Können Sie unter Termindruck arbeiten?
  쾐낸   지- 운터   테르미-ㄴ드룩   아르바이탠?

- 계속 교육을 받기 위해 무엇을 읽고 있습니까?

  Was lesen Sie, um sich weiterzubilden?
  밧스 레-잰   지-, 움 질히 바이터추-빌댄?

- 여가시간을 어떻게 보내십니까?

  Wie verbringen Sie Ihre Freizeit?
  비- 페어브링앤   지- 이어래 프라이차이트?

- 팀에서 일하고 싶습니까?

  Möchten Sie im Team arbeiten?
  뫼히탠   지- 인 팀   아르바이탠?

- 팀에서 생긴 갈등을 어떻게 해결합니까?

  Wie lösen Sie Konflikte im Team?
  비- 뢰-잰 지- 콘플릭태   임 팀?

- 파트타임으로 일할 수 있습니까?

  Können Sie Teilzeit arbeiten?
  쾐낸   지- 타일차이트 아르바이탠?

- 수작업 하는 일을 할 수 있나요?

  Können Sie etwas mit den Händen machen?
  쾐낸   지- 애트밧스 미트 덴   핸댄   막핸?

- 주말에도 일할 수 있습니까?

  Können Sie auch am Wochenende arbeiten?
  쾐낸   지- 아욱흐 암   복헨앤대   아르바이탠?

- 월급을 얼마나 받고 싶으십니까?

  Was würden Sie gerne verdienen?
  밧스 뷰르댄   지- 게르내 페어디-낸?

- 급료를 어느 정도 생각하고 계십니까?

  Wie viel Gehalt wollen Sie?
  비- 피-르 게할트   볼랜   지-?

- 5년 후, 10년 후 또는 15년 후에는 무엇이 되고자 합니까?

  Was wollen Sie in fünf, zehn oder fünfzehn Jahren sein?
  밧스 볼랜   지- 인 퓐프, 체-ㄴ 오-더 퓐프체-ㄴ 야-랜   자인?

- 당신의 강점들 중 3가지와 약점 중 3가지를 말씀해보십시오.

  Sagen Sie mir drei Ihrer Stärken und sagen Sie mir drei Ihrer Schwächen!
  자-갠   지- 미어 드라이 이어러 슈태르캔   운트 자-갠   지 미어 드라이 이어러 슈봼핸!

- 제가 당신을 왜 채용해야하죠? 세 가지 근거를 대보십시오.

  Warum soll ich Sie einstellen? Sagen Sie mir drei Gründe!
  봐룸   졸   이히 지- 아인슈텔랜?   자-갠   지 미어 드라이 그륀대!

- 우리 회사에서 직장생활을 시작한다면, 먼저 무엇을 할 겁니까?

  Was tun Sie zuerst, wenn Sie bei uns anfangen?
  밧스 투-ㄴ 지- 추애으스트, 벤   지- 바이 운스 안팡앤?

- 그럼 근무 조건을 말씀드리겠습니다.
  Dann sage ich Ihnen die Arbeitsbedingungen.
  단   자-게 이히 이-낸   디   아르바이츠베딩웅앤.

- 언제 시작할 수 있습니까?
  Wann können Sie anfangen?
  반   쾬낸   지- 안팡앤?

- 괜찮으시다면 오늘 즉시 할 수 있습니다.
  Gleich heute, wenn es Ihnen recht ist.
  글라이히 호이태, 벤 지 앳스 이-낸 레히트 이스트.

면접장에서 대답하거나 질문할 때

- 저는 현재 작은 회사에 다니고 있는데, 그곳에서는 승진기회가 상당히 제한되어 있습니다.
  Ich bin zurzeit bei einer kleinen Firma beschäftigt und da sind die
  이히 빈 추어차이트 바이 아이너 클라이낸 피르마 배섀프틱트   운트 다- 진트 디
  Aufstiegsmöglichkeiten ziemlich begrenzt.
  아우프스티익스뫼-클리히카이탠   치임리히   배그렌츠트..

- 저는 이 회사에 다닌 지 5년 되었습니다.
  Ich bin bei dieser Firma jetzt schon fünf Jahre.
  이히 빈   바이 디-저   피르마   예츠트 쇼-ㄴ 퓐프 야-래.

- 제가 비록 처음에 일이 재미있다고 생각했지만, 이제는 저를 더 강력히 요구하고 더 많은 변화를 제공해주는 직장을 원합니다.
  Obwohl ich die Arbeit anfangs interessant gefunden habe, möchte ich
  오프보올   이히 디 아르바이트 안팡스   인터레쌴트   개푼댄   하-배, 뫼히태 이히
  nun eine Stelle, in der ich stärker gefordert werde und die mehr
  눈- 아이내 슈텔래, 이 데어 이히 슈타르커 게포르데르트 베르대 운트 디 메-어
  Abwechslung bietet.
  압벡슬룽   비-테트.

- 귀 회사는 큰 회사이고 확장 중에 있습니다.
  Ihre Firma ist groß und befindet sich in der Expansion.
  이-래 피르마 이스트 그로-쓰 운트 배핀대트 지히 인 데어 엑스판지오온.

> (Tipp) 또는 in Begriffen sein zu expandieren(인 배그리팬 자인 추 엑스판디-랜) …확장 중에 있다

- 제가 근무하고자하는 부서는 저에게 더 많은 활동여지를 제공할 것 같습니다.

  Die Abteilung, in der ich arbeiten würde, gäbe mir viel mehr Spielraum.

  디 압타일룽, 인 데어 이히 아르바이텐 뷰르대, 개-베 미어 피-ㄹ 메어 슈피-ㄹ라움.

- 취업비자 없이 일할 수 있습니까?

  Kann ich ohne Arbeitsvisum arbeiten?

  칸 이히 오-네 아르바이츠비지움 아르바이탠?

- 1주일에 몇 시간 일합니까?

  Wie viele Stunden arbeiten Sie pro Woche?

  비- 피-ㄹ래 슈툰댄 아르바이탠 지- 프로 복해?

- 일을 많이 해야 합니까?

  Muss ich so viel arbeiten?

  뭇스 이히 조- 피-ㄹ 아르바이탠?

- 초과 근무를 많이 해야 합니까?

  Muss ich so viele Überstunden machen?

  뭇스 이히 조- 피-ㄹ래 위-버슈툰댄 막핸?

- 초과근무 수당은 있습니까?

  Bezahlen Sie die Überstunden?

  배차-ㄹ랜 지- 디 위-버슈툰댄?

- 보수는 얼마나 됩니까?

  Wie hoch ist das Gehalt?

  비- 혹흐 이스트 다스 게할트?

- 유급휴가는 몇 번 있습니까?

  Wie viel bezahlten Urlaub kann ich machen?

  비- 피-ㄹ 배차-ㄹ탠 우얼라웁 칸 이히 막핸?

- 직원 복지제도가 있습니까?

  Haben Sie Sozialleistungen für Ihre Mitarbeiter?

  하-밴 지- 조치알라이스퉁앤 퓨어 이어래 미트아르바이터?

- 연수교육을 받을 프로그램이 있습니까?

  Haben Sie ein Fortbildungsprogramm?

  하-밴 지- 아인 포르트빌둥스프로그람?

- 제 선임자가 여기서 얼마동안 일을 했습니까?

  Wie lange hat mein Vorgänger hier gearbeitet?

  비- 량애 하트 마인 포-어갱어 히어 게아르바이테트?

- 직급제도는 어떻게 되어 있습니까?

  Was für ein Führungssystem haben Sie?

  밧스 퓨어 아인 퓨룽스쥐스템 하-밴 지-?

취직을 했을 때

- 저는 1년 동안 취업 준비를 했습니다.

  Ich habe mich ein Jahr lang darauf vorbereitet, um eine Stelle zu finden.
  이히 하-배 미히 아인 야- 랑 다라우프 포-어배라이태트, 움 아이내 슈텔래 추- 핀댄.

- 그녀는 비서로 취직했습니다.

  Sie hat eine Stelle als Sekretärin erhalten.
  지- 하트 아이내 슈텔래 알스 재크레태-린 애어할탠.

- 저는 취업했습니다.

  Ich bin angestellt.
  이히 빈 안게슈텔트.

- 저는 인턴으로 취업했어요.

  Ich bin zur Probe angestellt.
  이히 빈 추어 프로-베 안게슈텔트.

- 저는 병원에 정규직으로 취직됐습니다.

  Ich bin fest im Krankenhaus angestellt.
  이히 빈 페스트 임 크랑캔하우스 안게슈텔트.

Teil VII

전화와 메일 그리고 팩스에 대한 표현

01 전화통화
02 이메일과 팩스 사용
03 복사와 컴퓨터 사용

01 전화통화

음식점이나 공공장소에서 전화를 사용할 때는 정해진 공간에서만 사용해야 한다. 통화를 할 때는 간단하고 명확하게 발음을 하여야 의사전달이 잘 된다. 전화를 사용할 때 말할 수 있는 상황들과 표현들을 아래에 나열하였으니 충분히 연습해서 사용하면 된다.

전화를 걸기 전에

- 전화를 사용해도 되나요?

Darf ich Ihr Telefon benutzen?
다르프 이히 이어 테-르폰 배누챈?

- 여기서 핸드폰 좀 사용해도 되나요?

Darf ich hier mal mein Handy benutzen?
다르프 이히 히어 마-ㄹ 마인 핸디 배누챈?

- 제가 핸드폰을 사용하면 방해가 될까요?

Störe ich Sie, wenn ich hier mein Handy benutze?
슈퇴레 이히 지-, 벤 이히 히어 마인 핸디 배누채?

- 당신의 전화 좀 써도 될까요?

Könnte ich mal Ihr Telefon benutzen?
쾐태 이히 마-ㄹ 이어 테-르폰 배누챈?

- 이 전화 좀 써도 될까요?

Könnte ich mal dieses Telefon benutzen?
쾐태 이히 마-ㄹ 디-제스 테-르폰 배누챈?

- 이 전화 좀 써도 될까요?

Darf ich dieses Telefon benutzen?
다르프 이히 디-제스 테-르폰 배누챈?

- 제 핸드폰을 한 번 써 보세요!

Benutzen Sie bitte mein Handy!
배누챈 지- 비태 마인 핸디!

- 공중전화 박스는 어디 있습니까?

  Wo liegt die Telefonzelle?
  보- 리-ㄱ트 디 테-ㄹ레폰쵤래?

- 공중전화는 어디 있는지 말씀 좀 해주실래요?

  Können Sie mir sagen, wo die Telefonzelle liegt?
  쾬낸 지- 미어 자-갠, 보- 디 테-ㄹ레폰쵤래 리-ㄱ트?

- 이 근처에 공중전화가 있습니까?

  Gibt es eine Telefonzelle in der Nähe?
  깁트 앳스 아이내 테-ㄹ레폰쵤래 인 데어 내-애?

- 실례합니다. 저것이 공중전화입니까?

  Entschuldigen Sie. Ist das eine Telefonzelle?
  앤트슈-ㄹ디갠 지-. 이스트 다스 아이내 테-ㄹ레폰쵤래?

- 가까운 공중전화 박스는 어디 있습니까?

  Wo ist die nächste Telefonzelle?
  보- 이스트 디 낵스태 테-ㄹ레폰쵤래?

- 전화카드를 어디서 구입하지요?

  Wo bekomme ich die Telefonkarte?
  보- 배콤매 이히 디 테-ㄹ레폰카르태?

- 전화번호부가 있습니까?

  Haben Sie ein Telefonbuch?
  하-밴 지- 아인 테-ㄹ레폰북흐?

- 베를린의 지역번호는 몇 번 입니까?

  Wie ist die Vorwahl von Berlin?
  비- 이스트 디 포-어봐-ㄹ 폰 배얼리-ㄴ?

- 장거리 전화 부탁합니다.

  Ein Ferngespräch, bitte.
  아인 페른게슈프랯히, 비태.

- 어디서 전화를 걸 수 있습니까?

  Wo kann man telefonieren?
  보- 칸 만 텔레포니-랜?

- 저 앞 길 모퉁이에 있어요.

  Davorn um die Ecke.
  다포른 움 디 액캐.

- 전화박스는 저 뒤 왼쪽길모퉁이에 있어요.

  Die ist dahinten links um die Ecke.
  디- 이스트 다힌탠 링크스 움 디 액캐.

- 전화박스는 바로 저기 오른쪽에 있어요.

  Die ist gleich dadrüben rechts.

  디- 이스트 글라잏히 다르뤼-밴 렣히츠.

전화를 걸 때

- 거기가 2017638입니까?

  Ist da 2017638?(zwei null eins sieben sechs drei acht)?

  이스트 다-   츠바이 눌   아인스 지-밴   잭스   드라이 악흐트

- 여보세요. 저는 박입니다.

  Hallo! Hier spricht Park.

  할로-! 히어   슈프맇히트 박.

- 저는 파울젠입니다.

  Hier ist Paulsen.

  히어 이스트 파울젠.

- 저는 호른입니다.

  Hier Horn.

  히어 호른.

- 서울에서 온 이 라고 입니다.

  Hier Lee aus Seoul.

  히어   리- 아우스 서울.

- 서울에서 온 김입니다.

  Hier spricht Kim aus Seoul.

  히어 슈프맇히트 킴   아우스 서울.

- 교환 47번 부탁합니다.

  Ich möchte bitte Apparat 47.

  이히 뫼히태   비태 아파라-트 지밴운트피어칯히.

- 켐퍼씨는 방에 계신가요?

  Ist Herr Kemper in seinem Zimmer?

  이스트 해어 켐퍼   인 자이냄   침머?

- 켐퍼씨 자리에 계십니까?

  Ist Herr Kemper an seinem Platz?

  이스트 해어 켐퍼   안 자이냄   플랏츠?

- 마이어 씨 좀 바꿔주시겠습니까?

  Ist Herr Meyer zu sprechen?

  이스트 해어 마이어 추- 슈프렣핸?

- 마이어 씨 좀 바꿔주시겠습니까?
  Würden Sie mich bitte mit Herrn Wolf verbinden?
  뷰르댄 지- 미히 비태 미트 해른 볼프 페어빈댄?

- 슈타이너 씨를 좀 바꿔주십시오.
  Verbinden Sie mich bitte mit Herrn Steiner!
  페어빈댄 지- 미히 비태 미트 해른 슈타이너!

- 멜라니 좀 바꿔주세요.
  Ist Melanie zu sprechen?
  이스트 멜라니- 추- 슈프렣핸?

- 멜라니와 통화를 하고 싶습니다.
  Ich möchte gerne Monika sprechen.
  이히 뫼히태 게르내 모-니카 슈프렣핸.

- 멜라니와 통화를 하고 싶습니다.
  Ich möchte mit Monika sprechen.
  이히 뫼히태 미트 모-니카 슈프렣핸.

- 파울젠 씨와 통화를 하고 싶습니다.
  Ich hätte gern mit Herrn Paulsen gesprochen.
  이히 해태 게른 미트 해른 파울젠 게슈프롷핸.

- 쾨르너 씨와 통화하고 싶은데 가능할까요?
  Ich möchte gerne Herrn Körner sprechen. Geht das wohl?
  이히 뫼히태 게르내 해른 쾨르너 슈프렣핸. 게-트 다스 보-올?

- 볼프 부인이십니까?
  Spreche ich mit Frau Wolf?
  슈프렣해 이히 미트 프라우 볼프?

- 여보세요, 미스 강?
  Hallo, Frau Kang?
  할로-, 프라우 강?

- 슈나이더 씨 거기 계십니까?
  Ist Herr Schneider da?
  이스트 해어 슈나이더 다-?

전화가 걸려왔을 때

- 전화 왔어요.
  Telefon!
  테-레폰!

- 당신 찾는 전화 왔어요.

  Telefon für Sie!
  테-ㄹ레폰 퓨어 지-!

- 전화 왔어.

  Telefon für dich!
  테-ㄹ레폰 퓨어 딯히!

- 내가 전화 받을게.

  Ich gehe ans Telefon.
  이히 게-애 안스 테-ㄹ레폰.

- 전화 좀 받아주세요.

  Gehen Sie bitte ans Telefon!
  게-앤 지- 비태 안스 테-ㄹ레폰!

- 전화 좀 받아주실래요?

  Würden Sie den Anruf annehmen?
  뷰르댄 지- 덴 안루-프 안네-맨?

- 전화한 사람은 누구십니까?

  Wer ist am Apparat?
  베-어 이스트 암 아파라-트?

- 누구십니까?

  Wer spricht, bitte?
  베-어 슈피링히트, 비태?

- 누구십니까?

  Wer ist am Apparat bitte?
  베-어 이스트 암 아파라-트 비태?

- 전화하신 분 누구시지요?

  Mit wem spreche ich, bitte?
  미트 벰 슈프렣해 이히, 비태?

전화를 받을 때

- 내가 전화를 받을게.

  Ich nehme den Hörer ab.
  이히 네-매 덴 회-러 압.

- 내가 전화를 받을게.

  Ich komme ans Telefon.
  이히 콤매 안스 테-ㄹ레폰.

- 여보세요.
  Hallo.
  할로-.

- 김입니다.
  Kim.
  킴.

- 김입니다. 뭘 도와드릴까요?
  Kim am Apparat. Wie kann ich Ihnen helfen?
  킴 암 아파라-트. 비- 칸 이히 이-넨 헬팬?

- 전데요.
  Am Apparat.
  암 아파라-트.

- 전데요.
  Selbst am Apparat.
  젤프스트 암 아파라-트.

- 전데요.
  Ja, bitte?
  야-, 비태?

- 전화 주셔서 감사합니다.
  Vielen Dank für den Anruf.
  피-ㄹ랜 당크 퓨어 덴 안루-프.

- 전화하시는 분은 누구시지요?
  Mit wem spreche ich bitte?
  미트 벰 슈프렣해 이히 비태?

- 전화하시는 분은 누구시지요?
  Wer ist am Apparat?
  베-어 이스트 암 아파라-트?

- 마이어입니다. 전화하시는 분은 누구시지요?
  Meier, wer spricht da bitte?
  마이어, 베어 슈프릫히트 다- 비태?

- 실례합니다만, 누구시지요?
  Entschuldigung, wer spricht?
  앤트슈-ㄹ디궁, 베-어 슈프릫히트?

- 성함이 어떻게 되십니까?
  Darf ich um Ihren Namen bitten?
  다르프 이히 움 이어랜 나-맨 비탠?

VII. 전화와 메일 그리고 팩스에 대한 표현 **577**

- 성함이 어떻게 되시지요?
  Wie ist Ihr Name, bitte?
  비- 이스트 이어 나-매, 비태?

- 죄송합니다, 성함이 뭐라고 하셨지요?
  Entschuldigung, wie war der Name, bitte?
  앤트슈-ㄹ디궁, 비- 바- 데어 나-매, 비태?

- 당신의 성함이 뭐라고 하셨지요?
  Wie war Ihr Name, bitte?
  비- 봐- 이어 나-매, 비태?

- 성함을 알려주시겠습니까?
  Wie heißen Sie, bitte?
  비- 하이쌘 지-, 비태?

- 죄송합니다만 성함을 잘 못 들었습니다.
  Tut mir Leid, ich habe Ihren Namen nicht verstanden.
  투-트 미어 라이트, 이히 하-배 이어랜 나-맨 니힐트 페어슈탄댄.

- 성함의 철자를 불러주시겠습니까?
  Würden Sie Ihren Namen buchstabieren?
  뷰르댄 지- 이어랜 나-맨 북흐슈타비-랜?

- 누구에게 전화를 하셨습니까?
  Wen haben Sie angerufen?
  벤 하-밴 지- 안게루-팬?

- 누구에게 전화를 하셨습니까?
  Mit wem möchten Sie sprechen?
  미트 벰 뫼히탠 지 슈프렣핸?

- 무슨 용건인지 여쭤 봐도 될까요?
  In welcher Angelegenheit, wenn man fragen darf?
  인 벨혀 안겔레-갠하이트, 벤 만 프라-갠 다르프?

- 무슨 용건입니까?
  Worum handelt es sich, bitte?
  보-룸 한델트 앳스 짛히, 비태?

- 문의하신 일에 관한 것입니다.
  Es geht um eine Anfrage.
  앳스 게-트 움 아이내 안프라-개.

- 아주 급합니다.
  Es ist dringend.
  앳스 이스트 드링엔트.

- 무엇을 도와드릴까요?

  Was kann ich für Sie tun?
  밧스 칸   이히 퓨어 지- 투은?

- 무엇을 도와드릴까요?

  Wie kann ich Ihnen helfen?
  비- 칸   이히 이-낸   헬팬?

- 무엇을 도와드릴까요?

  Kann ich Ihnen behilflich sein?
  칸   이히 이낸   배힐플리히 자인?

- 제 전화번호를 드리겠습니다.

  Ich gebe Ihnen mal meine Nummer.
  이히 게-배 이-낸   마-ㄹ 마이내 눔머.

- 그는 어느 부서에 근무합니까?

  In welcher Abteilung arbeitet er?
  인 벨혀   압타일룽   아르바이테트 애어?

- 어느 부서로 전화를 하셨습니까?

  Welche Abteilung haben Sie denn angerufen?
  벨해   압타일룽   하-밴   지- 덴   안게루-팬?

- 다시 한 번 말씀해주시겠어요?

  Ich muss doch sehr bitten!
  이히 뭇스 독흐 제-어 비탠!

- 다시 한 번 말씀해주시겠어요?

  Erlauben Sie mal!
  애어라우밴   지- 마-ㄹ!

- 뭐라고 말씀하셨지요?

  Wie bitte?
  비- 비태?

- 죄송합니다. 다시 한 번 말씀해주시겠어요?

  Entschuldigung. Könnten Sie das bitte wiederholen?
  앤트슈-ㄹ디궁.   쾐탠   지- 다스 비태   비-더호-ㄹ랜?

- 죄송합니다. 좀 더 크게 말씀해주시겠어요?

  Entschuldigung. Könnten Sie bitte lauter sprechen?
  앤트슈-ㄹ디궁.   쾐탠   지- 비태 라우터   슈프렣핸?

- 잘 안 들리는 데 좀 더 크게 말씀해주시겠어요?

  Ich kann Sie nicht gut hören. Könnten Sie bitte lauter sprechen?
  이히 칸   지- 니힐트 구-ㅌ 회-랜. 쾐탠   지- 비태 라우터   슈프렣핸?

- 조금만 더 천천히 말씀해주십시오.

  Könnten Sie bitte langsamer sprechen?
  쾬탠 지- 비태 랑자-머 슈프렣핸?

- 그렇게 빨리 말씀하시면 알아듣기가 좀 어렵습니다.

  Es ist für mich schwer, Sie zu verstehen, wenn Sie so schnell sprechen.
  앳스 이스트 퓨어 미히 슈베어, 지- 추 페어슈테-앤, 밴 지- 조- 슈넬 슈프렣핸.

- 죄송합니다. 제가 마지막 부분을 잘 듣지 못했습니다.

  Entschuldigung. Was sagten Sie? Ich habe den letzten Teil nicht
  앤트슈-르디궁. 밧스 작탠 지-? 이히 하-배 댄 래츠탠 타일 니흩트
  verstanden.
  페어슈탄댄.

전화를 바꿔줄 때

- 누구를 바꿔드릴까요?

  Wen soll ich melden, bitte?
  밴 졸 이히 멜댄, 비태?

- 누구를 바꿔드릴까요?

  Wen möchten Sie sprechen?
  밴 뫼히탠 지- 슈프렣핸?

- 잠깐만요.

  Einen Moment.
  아이낸 모-멘트.

- 잠깐만요.

  Kleinen Moment, bitte.
  클라이낸 모-멘트, 비태.

- 연결해 드리겠습니다.

  Ich verbinde Sie.
  이히 페어빈대 지-.

- 잠깐만요. 바꿔드리겠습니다.

  Moment, ich verbinde!
  모-멘트, 이히 페어빈대!

- 잠깐만요. 바꿔드리겠습니다.

  Kleinen Moment, ich verbinde Sie!
  클라이낸 모-멘트, 이히 페어빈대 지-!

- 그에게 돌려드리겠습니다.

    Ich stelle Sie zu ihm durch.
    이히 슈텔래 지- 추 이임 두르히.

- 잠깐만요, 제 동료를 대 드릴게요.

    Moment, ich gebe Ihnen meinen Kollegen.
    모-멘트, 이히 게-배 이-낸 마이낸 콜레-갠..

- 제 여자 동료를 대 드릴게요.

    Ich gebe Ihnen meine Kollegin.
    이히 게-배 이-낸 마이내 콜레-긴.

- 봐이글 씨에게 전화를 돌려드리겠습니다.

    Ich stelle Sie zu Herrn Waigl durch.
    이히 슈텔래 지- 추- 해를 봐이글 두르히.

- 봐이글 씨, 전화입니다.

    Herr Waigl, Telefon für Sie!
    해어 봐이글, 테-ㄹ레폰 퓨어 지-!

- 당신에게 전화 왔습니다.

    Hier ist ein Anruf für Sie.
    히어 이스트 아인 안루-프 퓨어 지-.

- 바꿔달라는데요?

    Sie werden am Telefon verlangt.
    지- 베르댄 암 테-ㄹ레폰 페얼랑트.

- 쾨르너씨 전화입니다.

    Frau Körner ist am Telefon.
    프라우 쾨르너 이스트 암 테-ㄹ레폰.

- 쾨르너씨 전화입니다.

    Ein Anruf von Frau Körner für Sie.
    아인 안루-프 폰 프라우 쾨르너 퓨어 지-.

- 그대로 기다려주시겠어요?

    Bleiben Sie bitte am Apparat!
    블라이밴 지- 비태 암 아파라-트.

- 그분에게 전화 받으라고 할게요.

    Ich rufe ihn ans Telefon.
    이히 루-패 이인 안스 테-ㄹ레폰.

- 이쪽에서 전화할 때까지 끊고 기다려주십시오.

    Legen Sie bitte auf und warten Sie, bis ich Sie zurückrufe.
    레-갠 지- 비태 아우프 운트 봐르탠 지-, 비스 이히 지- 추뤽루-패.

VII. 전화와 메일 그리고 팩스에 대한 표현 **581**

- 기다리게 해서 죄송해요.

  Es tut mir Leid, Sie warten zu lassen.
  앳스 투-트 미어 라이트, 지- 봐르탠 추- 랏샌.

- 기다려주셔서 감사합니다.

  Vielen Dank für Ihre Geduld.
  피-ㄹ랜 당크 퓨어 이어 게둘트.

- 그녀에게 전화 좀 받으라고 해주세요.

  Sie soll mal eben ans Telefon kommen.
  지- 졸 마-ㄹ 에밴 안스 테-ㄹ레폰 콤맨.

전화를 받을 수 없을 때

- 통화중입니다.

  Die Leitung ist besetzt.
  디 라이퉁 이스트 배제츠트.

- 통화중입니다.

  Die Leitung ist leider nicht frei.
  디 라이퉁 이스트 라이더 니힡트 프라이.

- 통화중입니다.

  Der Apparat ist belegt.
  데어 아파라-트 이스트 밸렉트.

- 그는 통화중입니다.

  Seine Nummer ist besetzt.
  자이내 눔머 이스트 배제츠트.

- 그는 여전히 통화중입니다.

  Seine Nummer ist immer noch belegt.
  자이내 눔머 이스트 임머 녹흐 밸렉트.

- 미안합니다. 그녀는 아직 통화중입니다

  Es tut mir Leid. Sie hängt noch am Telefon.
  앳스 투트 미어 라이트. 지- 행트 녹흐 암 테-ㄹ레폰.

- 나중에 그에게 다시 전화를 주시겠어요?

  Könnten Sie ihn später noch einmal anrufen?
  쾐탠 지- 이인 슈패-터 녹흐 아인 마-ㄹ 안루-팬?

- 누군가 다른 사람에게 돌려드릴까요?

  Soll ich Sie zu jemandem durchstellen?
  졸 이히 지- 추 예-만댐 두르히슈탤랜?

- 그는 바빠서 전화를 받을 수 없어요.

  Er ist nicht zu sprechen.
  애어 이스트 니힡트 추 슈프렠핸.

- 지금 자리에 안 계세요.

  Er ist momentan / im Moment nicht an seinem Platz.
  애어 이스트 모멘탄/ 임 모-멘트 니힡트 안 자이냄 플랏츠.

- 그녀는 지금 연락이 안 됩니다.

  Sie ist im Moment nicht zu erreichen.
  지- 이스트 임 모-멘트 니힡트 추 애어라잉핸.

- 볼프씨는 출장 가셨는데요.

  Herr Wolf ist leider verreist.
  해어 볼프 이스트 라이더 페어라이스트.

- 문제 있으면 전화 드리겠습니다.

  Ich rufe Sie an, wenn es Probleme gibt.
  이히 루-패 지- 안, 벤 앳스 프로블레-메 깁트.

- 미안합니다. 슈바르츠씨는 지금 식사하러 가셨어요.

  Es tut mir Leid. Herr Schwarz ist gerade zu Tisch.
  앳스 투트 미어 라이트. 해어 슈바르츠 이스트 게라데 추- 팃쉬.

- 30분 후에 그분이 돌아옵니다.

  In einer halben Stunde kommt er zurück.
  인 아이너 할밴 슈툰데 콤트 애어 추뤽.

- 30분 후에 그분하고 다시 연락할 수 있습니다.

  In einer halben Stunde ist er wieder zu erreichen.
  이 아이너 할밴 슈툰데 이스트 애어 비-더 추- 애어라잉핸.

- 그분은 지금 연락이 안 됩니다.

  Er ist zurzeit nicht erreichbar.
  애어 이스트 추어차이트 니힡트 애어라이히바-.

- 그분이 전화를 받지 않습니다.

  Er meldet sich nicht.
  애어 멜데트 짛히 니힡트.

- 아무도 전화를 안 받아요.

  Da meldet sich niemand.
  다- 멜데트 짛히 니-만트.

- 아무도 전화를 안 받아요.

  Der Teilnehmer meldet sich nicht.
  데어 타일네-머 멜데트 짛히 니힡트.

- 지금 그는 전화를 받을 수 없을 것 같은 데요.

  Ich fürchte, er kann sich jetzt nicht melden.
  이히 퓨르히테, 애어 칸 짙히 예츠트 니힡트 멜댄.

- 미안합니다. 그는 지금 몹시 바빠요.

  Tut mir Leid. Er ist im Moment sehr beschäftigt.
  투-트 미어 라이트. 애어 이스트 임 모-멘트 제어 배섀프틱트.

- 그녀는 지금 외출중입니다. 곧 돌아올 겁니다.

  Sie ist jetzt draußen. Sie kommt bald zurück.
  지- 이스트 예츠트 드라우쌘. 지- 콤트 발트 추뤽.

- 그녀는 점심 식사하러 나갔습니다.

  Sie ist zu Mittag essen gegangen.
  지- 이스트 추 미타-ㅋ 앳샌 게강앤.

- 그분은 내일 오후에야 돌아옵니다.

  Er kommt erst morgen Nachmittag zurück.
  애어 콤트 애어스트 모르갠 낙흐미타-ㅋ 추뤽.

- 그녀가 지금 잠시 자리를 비웠습니다.

  Sie ist leider im Moment nicht hier.
  지- 이스트 라이더 임 모-멘트 니힡트 히어.

- 그녀는 지금 집에 없어요.

  Sie ist jetzt nicht zu Hause.
  지- 이스트 예츠트 니힡트 추 하우재.

- 그녀는 아직도 자리에 없습니다.

  Sie ist noch nicht da.
  지- 이스트 녹흐 니힡트 다-

- 그는 지금 회사 내에 없습니다.

  Sie ist jetzt nicht im Hause.
  지- 이스트 예츠트 니힡트 임 하우재.

- 지금 회의 중입니다.

  Er ist im Gespräch.
  애어 이스트 임 게슈프랫히.

- 그는 상담(商談) 중입니다.

  Er ist in einer Besprechung.
  애어 이스트 인 아이너 배슈프렛훙.

- 그는 휴가 중입니다.

  Er ist in Urlaub.
  애어 이스트 임 우얼라웁.

- 그는 지금 외출 중입니다.

  Er ist im Moment draußen.
  애어 이스트 임 모-멘트 드라우쌘.

- 그는 여기 없습니다.

  Er ist nicht da.
  애어 이스트 니힡트 다-

- 그는 지금 사무실에 없습니다.

  Er ist im Moment nicht im Büro.
  애어 이스트 임 모-멘트 니힡트 임 뷰로-.

- 그는 오늘 쉽니다.

  Er macht heute einen Ruhetag.
  애어 막흐트 호이태 아이내 루-에타-ㅋ.

- 죄송합니다만, 그는 지금 쾰른으로 출장 중입니다.

  Es tut mir Leid. Er ist gerade auf Geschäftsreise nach Köln.
  앳스 투-트 미어 라이트. 애어 이스트 게라데 아우프 게섀프츠라이재 낙흐 쾰른.

- 그는 퇴근했습니다.

  Er hat Feierabend gemacht.
  애어 하트 파이어아-벤트 게막흐트!

- 그는 출장 중입니다.

  Er ist auf Geschäftsreise.
  애어 이스트 아우프 게섀프츠라이재.

- 그는 출장 갔습니다.

  Er ist verreist.
  애어 이스트 페어라이스트.

- 그는 지금 다른 전화를 받고 있습니다.

  Er telefoniert gerade an einem arderen Apparat.
  애어 테-르레포니어트 게라대 안 아이냄 안더램 아파라-트.

- 그분은 이제 여기서 일하지 않습니다.

  Er arbeitet hier nicht mehr.
  애어 아르바이테트 히어 니힡트 메-어.

- 아주 급한 문제인데요, 그분 혹시 핸드폰 있나요?

  Es geht um ein dringendes Problem, hat er vielleicht ein Handy?
  앳스 게-트 움 아인 드링앤대스 프로블렘, 하트 애어 피-르라이히트 아인 핸디?

- 어떻게 해야 그분과 전화 연결이 됩니까?

  Wie kann ich ihn telefonisch erreichen.
  비- 칸 이히 이-ㄴ 텔-레포니쉬 애어라잏핸?

VII. 전화와 메일 그리고 팩스에 대한 표현 **585**

- 당신과 통화하려면 어떻게 해야지요?

  Wie kann ich Sie telefonisch erreichen?
  비- 칸 이히 지- 텔-레포니쉬 애어라이핸?

- 나중에 제게 한 번 더 전화해 주시겠습니까?

  Können Sie mich später noch einmal anrufen?
  쾬낸 지- 미히 슈패-터 녹흐 아인마-ㄹ 안루-팬?

- 나중에 다시 전화해 주실 수 있습니까?

  Können Sie später zurückrufen?
  쾬낸 지- 슈패-터 추뤽루-팬?

- 나중에 다시 전화해 주실 수 있습니까?

  Könnten Sie später noch einmal anrufen?
  쾬낸 지- 슈패-터 녹흐 아인마-ㄹ 안루-팬?

- 나중에 한 번 더 전화 주십시오.

  Rufen Sie später noch einmal an!
  루-팬 지- 슈패-터 녹흐 아인마-ㄹ 안!

- 내일 아침에 다시 전화해 보세요.

  Rufen Sie bitte morgen früh wieder an!
  루-팬 지- 비태 모르갠 프뤼- 비-더 안!

- 10분 후에 다시 전화해 보십시오.

  Rufen Sie bitte in 10 Minuten wieder an.
  루-팬 지- 비태 인 체-ㄴ 미누-탠 비-더 안.

- 9시 이후에 다시 전화해 주시겠습니까?

  Können Sie nach 9 Uhr noch einmal anrufen?
  쾬낸 지- 낙흐 노인 우-어 녹흐 아인마-ㄹ 안루-팬?

- 나중에 한 번 더 전화해 주시겠습니까?

  Können Sie später noch einmal anrufen?
  쾬낸 지- 슈패-터 녹흐 아인마-ㄹ 안루-팬?

- 언제 그녀와 통화할 수 있습니까?

  Wann kann ich ihn anrufen?
  반 칸 이히 이-ㄴ 안루-팬?

- 언제 당신의 동료와 통화할 수 있습니까?

  Wann kann ich mit Ihrem Kollegen sprechen?
  반 칸 이히 미트 이어렘 콜레-갠 슈프렣핸?

- 언제쯤 그와 통화할 수 있겠습니까?

  Wann kann ich ihn wohl sprechen?
  반 칸 이히 이-ㄴ 보-올 슈프렣핸?

다시 전화할 때

- 다시 전화하겠습니다.

  Ich rufe Sie zurück.
  이히 루-패 지- 추뤽.

- 나중에 다시 전화하겠습니다.

  Ich rufe Sie später wieder zurück.
  이히 루-패 지- 슈패-터 비-더 추뤽.

- 예, 나중에 한 번 더 전화하겠습니다.

  Ja, ich probiere es später nochmal.
  야-, 이히 프로비-래 앳스 슈패-터 녹흐마-르.

- 알았어요. 20분 후에 다시 전화하겠습니다. 고맙습니다.

  O.K. Ich will es in 20 Minuten nochmal versuchen. Danke!
  오케이. 이히 빌 앳스 인 츠반치히 미누-태 녹흐마-르 페어주-ㄱ핸. 당케!

- 3시간 후에 다시 전화하겠어요.

  Ich rufe Sie in 3 Stunden zurück.
  이히 루-패 지- 인 드라이 슈툰댄 추뤽.

- 로만씨께서 전화해 달라는 부탁을 받았습니다.

  Ich sollte Herrn Lohmann anrufen.
  이히 졸태 해른 로-만 안루-팬.

- 그분과 직접 통화하고 싶습니다.

  Ich möchte ihn persönlich sprechen.
  이히 뫼히태 이인 페르죄-ㄴ리히 슈프렣핸.

- Mrs. 폴만과 통화하려고 제가 이미 전화를 드렸었습니다.

  Ich hatte vorhin schon mal vergeblich angerufen, um mit Frau
  이히 하태 포어힌 쇼-ㄴ 마-ㄹ 페어게블리히 안게루-팬, 움 미트 프라우

  Pohlmann zu sprechen.
  폴-만 추 슈프렣핸.

- 이제 그녀와 통화할 수 있나요?

  Kann ich sie jetzt wohl sprechen?
  칸 이히 지- 예츠트 보-올 슈프렣핸?

- 급합니다. 언제 돌아옵니까?

  Es ist aber sehr dringend. Wann ist sie denn zu sprechen?
  앳스 이스트 아-버 제어 드링엔트. 반 이스트 지- 덴 추- 슈프렣핸?

- 죄송합니다만, 모르겠습니다.

  Das weiß ich leider nicht.
  다스 봐이쓰 이히 라이더 니힡트.

- 당신께 전화를 드리라고 폴만 씨께 전할까요?

  Soll Frau Polmann Sie zurückrufen?
  졸 프라우 폴만 지- 추뤽루-팬?

- 그러십시오. 그렇다면 제 번호를 알려드리죠.

  Ja, bitte. Ich gebe Ihnen meine Nummer.
  야-, 비태. 이히 게-배 이-낸 마이내 눔머.

메시지를 받을 때

- 전할 말씀이 있습니까?

  Haben Sie eine Nachricht?
  하-밴 지- 아이내 낙흐리히트?

- 그렇다면 제가 그것을 기록해 놓겠습니다.

  Dann schreibe ich sie auf.
  단 슈라이베 이히 지- 아웃프.

- 제가 전해드릴 말씀이 있습니까?

  Kann ich etwas ausrichten?
  칸 이히 애트밧스 아웃스리히탠?

- 그에게 메시지를 전달해 드릴까요?

  Kann ich ihm Ihre Nachricht ausrichten?
  칸 이히 이-ㅁ 이어래 낙흐리히트 아웃스리히탠?

- 그에게 뭐 좀 전달해 드릴까요?

  Kann ich ihm etwas ausrichten?
  칸 이히 이-ㅁ 애트밧스 아웃스리히탠?

- 그녀에게 뭔가 전해주어야 합니까?

  Soll ich ihr etwas ausrichten?
  졸 이히 이-어 애트밧스 아웃스리히탠?

- 제가 그들에게 뭐 좀 말해줘야 하나요?

  Soll ich ihm etwas sagen?
  졸 이히 이-ㅁ 애트밧스 자-갠?

- 제가 그녀에게 뭐라고 전할까요?

  Was kann ich ihr ausrichten?
  밧스 칸 이히 이-어 아웃스리히탠?

- 제가 그에게 뭐라고 전할까요?

  Was kann ich ihm ausrichten?
  밧스 칸 이히 이-ㅁ 아웃스리히탠?

- 제가 저의 사장님께 뭐라고 전할까요?

  Was kann ich meinem Chef ausrichten?
  밧스 칸   이히 마이넴   셰프   아웃스리히탠?

- 그녀에게 당신의 메시지를 전해드릴까요?

  Soll ich ihr etwas von Ihnen ausrichten?
  졸   이히 이-어 애트밧스 폰   이-낸   아웃스리히탠?

- 그에게 전할 말씀이 있습니까?

  Soll ich ihm etwas ausrichten?
  졸   이히 이-ㅁ 애트밧스 아웃스리히탠?

- 그녀에게 전할 말씀이 있습니까?

  Soll ich ihr etwas ausrichten?
  졸   이히 이-어 애트밧스 아웃스리히탠?

- 그녀에게 메시지를 전해드릴까요?

  Soll ich ihr eine Nachricht ausrichten?
  졸   이히 이-어 아이내 낙흐리히트   아웃스리히탠?

- 메시지를 남기시겠습니까?

  Möchten Sie eine Nachricht hinterlassen?
  뫼히탠   지- 아이내 낙흐리히트   힌터랏샌?

- 그에게 메시지를 남겨도 될까요?

  Kann ich ihm eine Nachricht hinterlassen?
  칸   이히 이-ㅁ 아이내 낙흐리히트   힌터랏샌?

- 메시지를 받아둘까요?

  Werde ich eine Nachricht von Ihnen erhalten?
  베르대   이히 아이내 낙흐리티트   폰   이-낸   애어할탠?

- 당신이 다시 전화할 거라고 그에게 말할까요?

  Soll ich ihm sagen, dass Sie zurückrufen?
  졸   이히 이-ㅁ 자-갠,   다스   지- 추뤽루-팬?

- 그녀에게 전화 하라고 할까요?

  Soll ich ihr sagen, dass sie zurückrufen soll?
  졸   이히 이어 자-갠,   다스   지- 추뤼루-팬   졸?

- 댁의 전화번호를 가르쳐주실래요?

  Darf ich Ihre Telefonnummer haben?
  다르프 이히 이어래 테-르레폰눔머   하-밴?

- 전화번호는 어떻게 됩니까?

  Wie ist Ihre Telefonnummer?
  비-   이스트 이어래 테-르레폰눔머?

메시지를 부탁할 때

- 그에게 메시지를 남기고 싶은데요.
  Ich möchte ihm gerne eine Nachricht hinterlassen.
  이히 뫼히태   이-ㅁ 게르내 아이내 낙흐리히트   힌터랏샌.

- 그에게 메시지를 전해주시겠습니까?
  Können Sie ihm etwas ausrichten?
  쾐낸   지- 이-ㅁ 애트밧스 아웃스리히텐?

- 저에게 전화 달라고 그녀에게 전해주시겠습니까?
  Könnten Sie ihr sagen, dass sie mich zurückrufen soll?
  쾐탠   지- 이어 자갠,   다스   지- 미히   추뤽루-팬   졸?

- 저에게 전화 달라고 그녀에게 전해주십시오.
  Richten Sie ihr aus, dass sie mich heute noch anrufen soll.
  리히텐   지- 이어 아웃스, 다스 지- 미히   호이테 녹흐   안루-팬   졸.

- 제가 전화했었다고 그에게 좀 전해주십시오.
  Sagen Sie ihm bitte, dass ich ihn angerufen habe.
  자-갠   지- 이-ㅁ 비태,   다스   이히 이-ㄴ 안게루-팬   하-배.

- 그가 저의 전화번호를 알고 있습니다.
  Er hat meine Nummer.
  애어 하트 마이내   눔머.

- 그에게 제가 다시 전화하겠다고 좀 전해주십시오.
  Richten Sie ihm aus, dass ich ihn zurückrufen möchte.
  리히텐   지- 이-ㅁ 아웃스, 다스 이히 이-ㄴ 추뤽루-팬   뫼히태.

- 그냥 전화했다고 전해주십시오.
  Sagen Sie ihm nur, dass ich angerufen habe.
  자-갠   지- 이-ㄴ 누-어, 다스 이히 이-ㄴ 안게루-팬 하-배.

메시지를 전해주겠다고 할 때

- 예, 그러지요.
  Ja, gern.
  야-, 게른.

- 좋습니다. 그렇게 하겠습니다.
  Gut, mache ich.
  구-트, 막해   이히.

- 그에게 직접 전하겠습니다.
  Gut, das werde ich ihm ausrichten.
  구-트, 다스 베르대 이히 이-ㅁ 아웃스리히텐.

- 그럼요. 그녀에게 직접 말하겠습니다.
  In Ordnung. Das werde ich ihr sagen.
  인 오르드눙.   다스 베르대 이히 이어 자-갠.

- 알았습니다. 말씀 전해드리겠습니다.
  In Ordnung. Das werde ich ausrichten.
  인 오르드눙.   다스 베르대 이히 아웃스리히텐.

- 좋습니다. 파첵씨께 그것을 알려드리겠습니다.
  Gut, ich werde es Herrn Patzeck ausrichten.
  구-트. 이히 베르대 앳스 해른 파첵   아웃스리히텐.

- 전화 왔었다고 그에게 말씀드리겠습니다.
  Ich sage ihm, dass Sie angerufen haben.
  이히 자개 이-ㅁ, 다스 지- 안게루-팬 하-밴.

- 그에게 당신의 메시지를 전하겠습니다.
  Ja, ich richte ihm Ihre Nachricht aus.
  야-, 이히 리히테 이-ㅁ 이어래 낙흐리히트 아웃스.

- 제가 그에게 곧 알려드리겠습니다.
  Ich werde ihn gleich benachrichtigen.
  이히 베르대 이-ㄴ 글라이히 배낙흐리히티갠.

- 제가 그녀에게 곧 알려드리겠습니다.
  Ich werde sie gleich informieren.
  이히 베르대 지- 글라이히 인포미-랜.

- 제가 동료에게 나중에 알려주겠습니다.
  Ich werde meinen Kollegen später verständigen.
  이히 베르대 마이낸   콜레-갠   슈패-터 페어슈탠디갠.

전화를 잘 못 걸었을 때

- 죄송합니다. 전화를 잘 못 거셨습니다.
  Es tut mir Leid. Sie haben die falsche Nummer gewählt.
  앳스 투-트 미어 라이트. 지- 하-밴 디 팔섀   눔머   게밸-트.

- 죄송합니다. 전화 잘못 거셨습니다.
  Tut mir Leid, Sie sind falsch verbunden.
  투-트 미어 라이트, 지- 진트 팔쉬   페어분댄.

- 전화 잘 못 거셨습니다.
  Sie sind falsch verbunden.
  지- 진트 팔쉬 페어분댄.

- 전화번호가 틀립니다.
  Sie haben die falsche Nummer.
  지- 하-밴 디 팔새 눔머.

- 전화 잘못 거셨습니다.
  Falsch verbunden!
  팔쉬 페어분댄!

- 죄송합니다. 제가 잘못 걸었습니다.
  Entschuldigen Sie, ich bin falsch verbunden.
  앤트슐-디갠 지-, 이히 빈 팔쉬 페어분댄.

- 제가 번호를 잘못 돌렸습니다.
  Entschuldigung, ich habe mich verwählt.
  앤트슐-디궁, 이히 하-배 미히 페어밸-트.

- 몇 번에 거셨습니까?
  Welche Nummer haben Sie gewählt?
  밸해 눔머 하-밴 지 게밸-트?

- 전화번호를 다시 확인해보세요.
  Überprüfen Sie die Nummer!
  위버프뤼-팬 지- 디 눔머!

- 미안합니다. 여기는 로만이라는 사람이 없는데요.
  Tut mir Leid. Hier gibt es niemanden namens Lohmann.
  투-트 미어 라이트. 히어 깁트 앳스 니-만댄 나-멘스 로-만.

- 여기 그런 이름 가진 사람 없는데요.
  Es gibt hier niemanden mit diesem Namen.
  앳스 깁트 히어 니-만댄 미트 디-잼 나-맨.

교환을 이용할 때

- 교환에게 걸려면 어떻게 해야 합니까?
  Wie kann ich die Telefonauskunft erreichen?
  비- 칸 이히 디 테-ㄹ레폰아우스쿤프트 애어라잋핸?

- 교환입니다. 무얼 도와드릴까요?
  Telefonauskunft. Wie kann ich Ihnen helfen?
  테-ㄹ레폰아우스쿤프트. 비- 칸 이히 이-낸 헬팬?

- 수화기를 놓고 기다리십시오.

  Legen Sie den Hörer auf und warten Sie, bitte!
  레-갠 지- 덴 회-러 아우프 운트 바르탠 지- 비태!

- 끊지 말고 그대로 계십시오.

  Bleiben Sie am Apparat, bitte!
  블라이밴 지- 암 아파라-트, 비태!

- 교환, 잘못 연결되었습니다.

  Auskunft, ich bin falsch verbunden worden.
  아우스쿤프트, 이히 빈 팔쉬 페어분댄 보르댄.

- 기다려주시겠습니까?

  Wollen Sie am Apparat bleiben?
  볼랜 지- 암 아파라-트 블라이밴?

- 상대방이 연결되었습니다. 통화하십시오.

  Sie sind verbunden. Sprechen Sie bitte!
  지- 진트 페어분댄, 슈프렛핸 지- 비태!

- 한국에서 수신인 지불통화 요청이 들어왔는데요.

  Wir haben ein R-Gespräch aus Korea.
  뷔어 하-밴 아인 애르-게슈프렛히 아우스 코레-아.

- 수화기를 받으시겠습니까?

  Würden Sie den Hörer abnehmen?
  뷰르댄 지- 덴 회-러 압네-맨?

- 요금을 부담하시겠습니까?

  Wollen Sie die Gebühr übernehmen?
  볼랜 지- 디 게뷰-어 위버네-맨?

통화에 문제가 있을 때

- 잘 안 들립니다.

  Ich höre Sie nicht gut.
  이히 회-레 지- 니힐트 구-트.

- 거의 들리지 않습니다.

  Ich kann Sie kaum hören.
  이히 칸 지- 카움 회-랜.

- 회선상태가 안 좋습니다.

  Wir haben eine schlechte Verbindung.
  뷔어 하-밴 아이내 슐레히테 페어빈둥.

- 회선 장해가 있는데요.
  Die Leitung ist gestört.
  디 라이퉁 이스트 게슈퇴르트.

- 혼선입니다.
  Jemand spricht dazwischen.
  예-만트 슈프리히트 다츠빗쉔.

- 잘못된 번호를 주셨습니다.
  Sie haben mir die falsche Nummer gegeben.
  지- 하-밴 미어 디 팔쌔 눔머 게게-밴.

- 잘못된 번호로 연결되었습니다.
  Sie haben mich falsch verbunden.
  지- 하-밴 밎히 팔쉬 페어분댄.

- 연결이 잘못된 것같습니다.
  Ich glaube, die Verbindung ist gestört.
  이히 글라우배, 디 페어빈둥 이스트 게슈퇴르트.

국제전화를 이용할 때

- 이 전화로 한국에 걸 수 있습니까?
  Kann ich mit diesem Telefon nach Korea anrufen?
  칸 이히 미트 디-잼 테-르레폰 낙흐 코레-아 안루-팬?

- 한국에 전화하고 싶은데요.
  Ich möchte nach Korea telefonieren.
  이히 뫼히태 낙흐 코레-아 텔-레포니-랜.

- 프랑스로 전화를 걸고 싶습니다.
  Ich möchte nach Frankreich anrufen.
  이히 뫼히태 낙흐 프랑크라이히 안루-팬.

- 나는 스위스로 전화를 걸고 싶습니다.
  Ich möchte in die Schweiz telefonieren.
  이히 뫼히태 인 디 슈바이츠 텔-레포니-랜.

- 미국으로 전화를 걸고 싶습니다.
  Ich möchte in die USA telefonieren.
  이히 뫼히태 인 디 우앳스야 텔-레포니-랜.

- 콜렉트 콜로 부탁합니다.
  Ein R-Gespräch, bitte!
  아인 애르-게슈프뢩히, 비태!

- 수신자 부담 통화를 하고 싶은데요.

  Ich möchte ein R-Gespräch führen.
  이히 뫼히태   아인 애르-게슈프렣히 퓌-랜.

- 직접 걸 수 있습니까?

  Kann ich die Telefonnummer direkt wählen?
  칸   이히 디 텔-레폰눔머   디렉트 밸-랜?

- 신용카드로 전화 걸고 싶습니다.

  Ich möchte gern mit der Telefonkarte anrufen.
  이히 뫼히태   게른 미트 데어 텔-레폰카르태   안루-팬.

- 제가 한국으로 직접 전화를 할 수 있습니까?

  Kann ich ein Telefongespräch mit Durchwahl nach Korea führen?
  칸   이히 아인 텔-레폰게슈프렣히   미트 두르히봐알   낙흐 코레-아 퓌-랜?

- 통화 후 요금을 알려주십시오.

  Teilen Sie mir die Gebühr nach dem Telefongespräch mit!
  타일렌 지- 미어 디 게뷰-어 낙흐 뎀 텔-레폰게슈프렣히   미트!

- 통화 후 요금을 알려주십시오.

  Teilen Sie mir die Gebühr später mit!
  타일랜 지- 미어 디 게뷰-어 슈패-터 미트!

- 통화가 안 됩니다. 한국 가는 전화선이 계속 통화중입니다.

  Ich komme nicht durch. Die Leitung nach Korea ist dauernd belegt.
  이히 콤매   니힡트 두르히. 디 라이퉁   낙흐 코레-아 이스트 다우어른트 밸렉트.

- 전화요금은 얼마입니까?

  Wie hoch ist die Telefongebühr?
  비- 혹흐 이스트 디 텔-레폰게뷰-어.

- 통화료가 얼마였지요?

  Wie hoch war die Gebühr für den Anruf?
  비- 혹흐 봐 디 게뷰-어 퓨어 덴 안루-프?

- 통화료가 얼마입니까?

  Wie hoch ist die Gebühreneinheit?
  비- 혹흐 이스트 디 게뷰-렌아인하이트?

- 한국으로 5분간 전화를 하면 얼마입니까?

  Wie hoch ist die Gebühr, wenn ich fünf Minuten nach Korea
  비- 혹흐 이스트 디 게뷰-어,   벤   이히 퓐프 미누-탠   낙흐 코레-아
  telefoniere?
  텔-레포니-레?

전화를 끊을 때

- 이만 전화를 끊어야겠어요.

  Ich muss den Hörer auflegen.
  이히 뭇스 덴 회-러 아우프레-갠.

- 통화를 마쳐야겠습니다.

  Ich muss das Telefongespräch beenden.
  이히 뭇스 다스 텔-레폰게슈프렣히 배엔댄.

- 다른 전화가 왔어요.

  Ich werde am anderen Apparat verlangt.
  이히 베르대 암 안더랜 아파라-트 페얼랑트.

- 전화 주셔서 감사합니다.

  Vielen Dank für Ihren Anruf.
  피-랜 당크 퓨어 이어랜 안루-프.

- 너무 많은 시간 빼앗아서 죄송해요.

  Tut mir Leid. Ich habe viel Zeit in Anspruch genommen.
  투-트 미어 라이트. 이히 하-배 피-ㄹ 차이트 인 안슈프룩흐 게놈맨.

- 미안합니다. 긴 이야기는 못하겠습니다.

  Es tut mir Leid. Ich kann nicht so lange sprechen.
  앳스 투-트 미어 라이트. 이히 칸 니힡트 조- 랑애 슈프렣핸.

- 빨리 얘기해.

  Mach fix!
  막흐 픽스!

- 그가 전화를 끊었어요.

  Er legte den Telefonhörer einfach auf.
  애어 렉태 덴 텔-레폰회-러 아인팍흐 아웃프.

- 안녕히 계십시오.

  Auf Wiederhören!
  아우프 비-더회-랜!

 이메일과 팩스 사용

이메일이나 팩스를 사용할 때 나올 수 있는 표현들을 익히도록 하자. 용어들을 암기하거나 즉시 사용할 수 있으면 일상 독일어를 구사하는데 많은 도움이 된다. "Kann ich hier mal eine E-Mail abrufen?"(여기서 이메일을 확인할 수 있나요?) "Haben Sie ein Faxgerät?"(팩스가 있습니까?) "Darf ich bitte Ihr Faxgerät benutzen?"(팩스를 사용해도 됩니까?) 등을 구사하면 된다.

E-Mail 주소나 팩스번호를 물을 때

- E-Mail 주소를 가지고 있습니까?

  Haben Sie eine E-Mailadresse?
  하-밴 지- 아이내 이메일 아드레쌔?

- 이 메일 주소가 어떻게 됩니까?

  Wie ist Ihre E-Mail-Adresse?
  비- 이스트 이어래 이-메일-아드레쌔?

- 리멕스 사의 이 메일 주소를 알고 계십니까?

  Kennen Sie die E-Mailadresse der Firma LIMEX?
  캔낸 지- 디 이-메일아드레쌔 데어 피르마 리멕스?

- 팩스 있습니까?

  Haben Sie ein Faxgerät?
  하-밴 지- 아인 팍스게래-트?

- 팩스 좀 사용할 있습니까?

  Darf ich bitte Ihr Faxgerät benutzen?
  다르프 이히 비태 이-어 팍스게래-트 배누챈?

- 팩스번호가 몇 번 입니까?

  Wie ist Ihre Faxnummer?
  비- 이스트 이어래 팍스눔머?

- 그 회사의 팩스번호를 갖고 계세요?

  Haben Sie die Faxnummer der Firma?
  하-밴 지- 디 팍스눔머 데어 피르마?

VII. 전화와 메일 그리고 팩스에 대한 표현 **597**

이메일이나 팩스를 발송할 때

- 지금 인터넷에 접속되어 있습니까?

  Sind Sie jetzt am Internet angeschlossen?
  진트 지- 예츠트 암 인터넷 안게슐로쌘?

- 당신은 인터넷을 할 수 있습니까?

  Können Sie im Internet surfen?
  쾬낸 지- 임 인터넷 써팬?

- 인터넷에 접속하는 데 시간이 많이 걸립니다.

  Es dauert zu lang, ans Internet angeschlossen zu werden.
  앳스 다우어트 추- 랑, 안스 인터넷 안게슐로쌘 추- 베르댄.

- 요즘의 일상은 인터넷-접속 없이는 거의 생각할 수가 없습니다.

  Der Alltag ist heutzutage ohne Internet-Zugang kaum noch denkbar.
  데어 알타-ㅋ 이스트 호이트추타-게 오-내 인터넷-추-강 카움 녹흐 뎅크바-.

- 이메일 주소가 어떻게 됩니까?

  Wie ist Ihre E-Mailadresse?
  비- 이스트 이어래 이-메일아드레쌔?

- 이메일 글씨가 깨졌어요.

  Ihre E-Mail war unleserlich.
  이어래 이-메일 바 운레절리히.

- 보내 주신 이메일에 감사드립니다.

  Ich danke Ihnen für Ihre neueste E-Mail.
  이히 당캐 이-낸 퓨어 이어래 노이애스태 이-메일.

- 정보자료를 제게 좀 메일로 보내주실 수 있습니까?

  Könnten Sie mir bitte Informationsmaterial zumailen?
  쾬탠 지- 미어 비태 인포마치온스마테-리알 추-메일랜?

- 정보자료를 제게 좀 메일로 보내주실 수 있습니까?

  Können Sie mir bitte Informationsmaterial zumailen?
  쾬낸 지- 미어 비태 인포마치온스마테-리알 추-메일랜?

- 이 메일을 좀 보내주시겠습니까?

  Können Sie mir eine E-Mail schicken?
  쾬낸 지- 미어 아이내 이-메일 쉬캔?

- 그 정보를 이 메일로 보내시겠습니까?

  Würden Sie mir die Information per E-Mail schicken?
  뷰르댄 지- 미어 디 인포마치오-ㄴ 페어 이-메일 쉬캔?

- 팩스를 사용해도 됩니까?

    Darf ich bitte Ihr Faxgerät benutzen?
    다르프 이히 비태 이어 팍스게래-트 배누챈?

- 예, 물론입니다.

    Ja, selbstverständlich.
    야-, 젤프스트페어슈탠틀리히.

- 이 복사본을 팩스로 보내줄 수 있습니까?

    Können Sie diese Kopie per Fax senden?
    쾬낸 지- 디-제 코피- 페어 팍스 젠댄?

- 이 서류를 팩스로 보내줄 수 있습니까?

    Können Sie dieses Papier per Fax senden?
    쾬낸 지- 디-제스 파피-어 페어 팍스 젠댄?

- 팩스가 깨끗하게 잘 나왔습니까?

    Haben Sie meine Faxkopie erhalten?
    하-밴 지- 마이내 팍스코피- 애어할탠?

- 팩스로 받아보고 있는 중입니다.

    Ich bekomme gerade Ihr Fax.
    이히 배콤매 게라-데 이어 팍스.

- 저의 주문 건을 팩스로 확인해주십시오.

    Bestätigen Sie meine Bestellung per Fax!
    배슈태티-갠 지- 마이내 배슈텔룽 페어 팍스!

- 제게 지금 즉시 팩스를 보내주십시오.

    Faxen Sie mich gleich an!
    팍슨 지- 미히 글라이히 안!

- 가능한 한 빨리 저에게 팩스를 보내주십시오.

    Faxen Sie es mir so schnell wie möglich zu!
    팍슨 지- 앳스 미어 조- 슈넬 비- 뫼-클리히 추-!

- 전화 스위치를 팩스로 바꾸세요.

    Schalten Sie das Telefon auf das Fax um!
    샬탠 지- 다스 테-ㄹ레폰 아우프 다스 팍스 움!

- 지금 그 서류를 팩스로 보내드리겠습니다.

    Ich will Ihnen gerade das Dokument zufaxen.
    이히 빌 이-낸 게라-데 다스 도쿠멘트 추팍슨.

- 저희에게 신청서를 팩스로도 보내실 수 있습니다.

    Sie können uns Ihre Anmeldung auch zufaxen.
    지- 쾬낸 운스 이어래 안멜둥 아욱흐 추팍슨.

- 저에게 팩스 번호를 메일로 보내주세요. 그러면 관련 서류들을 팩스로 보내드리죠.

    Mailen Sie mir Ihre Fax-Nummer, dann würde ich Ihnen die Unterlagen zufaxen.
    메일랜 지- 미어 이어래 팍스-눔머, 단 뷰르대 이히 이-낸 디 운터라-갠 추-팍샌.

- 여기서 이메일을 확인할 있나요?

    Kann ich hier mal eine E-Mail abrufen?
    칸 이히 히어 마-르 아이내 이-메일 압루-팬?

- 이메일로 당신에게 초대장을 보내드리겠습니다.

    Ich will Ihnen eine Einladungskarte per E-Mail schicken.
    이히 빌 이-낸 아이내 아인라-둥스카르태 페어 이-메일 쉬캔.

- 저희가 이사를 했기 때문에 팩스 번호가 바뀌었습니다.

    Die Faxnummer hat sich geändert, weil wir umgezogen sind.
    디 팍스눔머 하트 짙히 게앤더르트, 바일 비-어 움게초-갠 진트.

- 저는 그쪽 팩스 번호가 바뀐 것을 전혀 몰랐습니다.

    Ich wusste nicht, dass sich die Rufnummer Ihres Faxes geändert hat.
    이히 부쓰테 니힡트, 다스 짙히 디 루-프눔머 이어래스 팍세스 게앤더르트 하트.

- 더 일찍 메일에 대한 답장을 못 드려 죄송합니다.

    Entschuldigen Sie, dass ich keine Zeit gehabt habe, Ihnen auf die E-Mail zu antworten.
    앤트슐-디갠 지, 다스 이히 카이내 차이트 게핲트 하-배, 이-낸 아우프 디 이-메일 추 안트보르탠.

팩스 수신 상태가 나쁠 때

- 보내신 팩스를 읽을 수가 없습니다.

    Ihr Fax ist unlesbar.
    이어 팍스 이스트 운레-스바-.

- 보내신 팩스를 읽기가 힘듭니다.

    Ihr Fax ist schwer zu lesen.
    이어 팍스 이스트 슈베어 추 레-잰.

- 팩스 인쇄상태가 흐립니다.

    Ihr Fax ist schlecht gedruckt.
    이어 팍스 이스트 슐래힡트 게드룩트.

- 팩스가 선명하지 않습니다.

    Das Fax ist undeutlich.
    다스 팍스 이스트 운도이틀리히.

- 다시 보내주시겠습니까?

  Könnten Sie mich noch einmal anfaxen?
  쾬탠 지- 미히 녹흐 아인마-ㄹ 안팍슨?

이메일이나 팩스가 도착하지 않았을 때

- 팩스를 받지 못했습니다.

  Ich habe Ihr Fax nicht bekommen.
  이히 하-배 이어 팍스 니힐트 배콤맨.

- 보내신 팩스를 일부만 받았습니다.

  Ich habe nur einen Teil Ihres Faxes bekommen.
  아하 하-배 누어 아이낸 타일 이어레스 팍세스 배콤맨.

- 한 페이지가 빠졌습니다.

  Eine Seite davon ist verloren gegangen.
  아이내 자이태 다폰 이스트 페어로-랜 게강앤.

- 어느 페이지가 빠졌나요?

  Welche Seite davon ist verloren gegangen?
  벨해 자이태 다폰 이스트 페어로-랜 게강앤?

- 보내신 팩스의 첫 페이지를 읽을 수가 없습니다.

  Die erste Seite Ihres Faxes ist unlesbar.
  디 애어스태 자이태 이어레스 팍세스 이스트 운레-스바.

- 이쪽 팩스가 고장 났습니다.

  Das Faxgerät hier ist leider kaputt.
  다스 팍스게래-트 히어 이스트 라이더 카푸트.

이메일이나 팩스 내용에 대해 말할 때

- 팩스를 받은 후에 즉시 전화 드리겠습니다.

  Nach Eingang Ihres Faxes rufe ich Sie gleich an.
  낙흐 아인강 이어레스 팍세스 루-패 이히 지- 글라이히 안.

- 보내주신 팩스 내용에 대해 말씀 드리고 싶습니다.

  Ich möchte über den Inhalt Ihres Faxes sprechen.
  이히 뫼히태 위-버 덴 인할트 이어레스 팍세스 슈프렐핸.

- 보내주신 팩스와 관련하여 질문을 드리고 싶습니다.

  Ich möchte Sie nach Ihrem Fax fragen.
  이히 뫼히태 지- 낙흐 이어렘 팍스 프라-갠.

- 지원서를 3월 31일까지 이메일 eurocity@euro.de.로 보내주세요.

    Schicken Sie bitte Ihre Bewerbung bis zum einunddreißigsten März an
    쉬캔   지- 비태 이어래 배베르붕   비스 춤   아인운트드라이씨히스탠   매르츠 안
    eurocity@euro.de.
    오이로시티 에트 오이로 풍크트 데에.

    > 독일어로 @를 [et](에트)로 읽는다. 또는 At-Zeichen (영어. at sign)이나 간단히 At, 또는 Affenschwanz(원숭이 꼬리), Affenohr(원숭이 귀), Affenschaukel(원숭이 그네), Klammeraffe(괄호속의 원숭이)라는 이름으로 부르기도 한다.

- 어제 받은 이메일에 대해 말씀 드리고 싶습니다.

    Ich möchte über die E-Mail, die ich gestern von Ihnen bekommen habe,
    이히 뫼히태   위버 디 이-메일, 디 이히 게스턴   폰 이-낸   배콤맨   하-배,
    sprechen.
    슈프렣핸.

- 제가 보내드린 이메일을 확인해보셨습니까?

    Haben Sie schon meine E-Mail abgerufen?
    하-밴   지- 쇼-ㄴ   마이내 이-메일 압게루-팬?

03 복사와 컴퓨터 사용

사무실을 이용할 때는 복사를 하거나 컴퓨터를 사용해야 할 경우가 생긴다. "Ich muss ein paar Fotokopien machen."(복사를 몇 장해야 하는데요.)처럼 아래의 표현들을 연습하여 구사할 수 있도록 하자.

복사

- 저는 복사를 몇 장 좀 해야 합니다.
  Ich muss ein paar Photokopien machen.
  이히 무스 아인 파- 포-토코피-앤 막헨.

- 여기서도 그것을 하실 수 있습니다.
  Das können Sie auch bei uns.
  다스 쾬낸   지- 아욱흐 바이 운스.

- 이 자료를 복사 좀 해주시겠습니까?
  Könnten Sie bitte dieses Material für mich kopieren?
  쾬탠   지- 비태 디-제스 마테리아-ㄹ 퓨어 미히 코피-랜?

- 이 서류 좀 복사해주시겠습니까?
  Würden Sie bitte eine Kopie dieser Urkunde anfertigen?
  뷰르댄   지- 비태 아이내 코피- 디-저 우어쿤대   안페르티-갠?

- 복사가 흐리게 나왔어요.
  Die Kopie ist nicht gut.
  디 코피- 이스트 니힡트 구-트.

- 종이가 복사기에 끼었습니다.
  Das Kopiergerät hat einen Papierstau.
  다스 코피어게래-트   하트 아이낸 파피-어슈타우.

- 40 부를 복사해 주겠습니까?.
  Würden Sie bitte 40 Exemplare für mich kopieren?
  뷰르댄   지- 비태 피어치히 엑셈플라-래 퓨어 미히 코피-랜?

- 이것을 20장만 복사해주십시오.

  Können Sie bitte 20 Kopien von diesem Papier machen?
  뷰르낸 지- 비태 츠반치히 코피-앤 폰 디-젬 파피-어 막핸?

- 정말 친절하십니다. 그러면 1시간 후에 들리겠습니다.

  Das ist nett. Dann komme ich in einer Stunde vorbei.
  다스 이스트 내트. 단 콤매 이히 인 아이너 슈툰대 포-어바이.

컴퓨터

- 이 자료를 컴퓨터에 입력해주세요.

  Geben Sie diese Daten in den Computer ein!
  게-밴 지 디-제 다-탠 인 덴 콤퓨-터 아인!

- 데이터를 어떻게 불러옵니까?

  Wie kann ich die Daten abrufen?
  비- 칸 이히 디 다-탠 압루-팬?

- 파일 이름을 뭐라고 지정했습니까?

  Wie haben Sie die Datei bezeichnet?
  비- 하-밴 지- 디 다타이 배차이히내트?

- 데이터가 다 없어졌어요.

  Alle Daten sind verschwunden.
  알레 다-텐 진트 페어슈분댄.

- 제 컴퓨터가 고장 났습니다.

  Mein Computer ist kaputt.
  마인 콤퓨-터 이스트 카푸트.

- 저는 컴퓨터를 어떻게 작동시키는지 모릅니다.

  Ich weiß nicht, wie ich den Computer verwenden soll.
  이히 바이쓰 니힡트, 비- 이히 덴 콤퓨-터 페어밴댄 졸.

- 컴퓨터에 대해서 좀 아십니까?

  Kennen Sie sich mit Computern aus?
  캔낸 지- 지히 미트 콤퓨-터른 아웃스?

- 제 컴퓨터는 CIH 바이러스에 감염되었습니다.

  Mein Computer ist mit CIH infiziert.
  마인 콤퓨-터 이스트 미트 체이하 인피치어트.

- 만약 당신의 컴퓨터가 이미 트로얀 바이러스에 감염되었다면, 제거 프로그램을 실행하십시오.

  Wenn Ihr Computer bereits mit dem Trojaner infiziert ist, führen Sie
  벤   이어 콤퓨-터   베라이츠 미트 뎀   트로야-너   인피치어트 이스트, 퓌-랜 지-

  das Antivirenprogramm aus!
  다스 안티비-렌프로그람   아웃스!

- MP3 파일을 어떻게 다운로드 하지요?

  Wie kann man mp3-Daten herunterladen?
  비-   칸   만   엠페드라이-다-탠 헤룬터라-댄?

Teil VIII

비즈니스를 위한 표현

01 업무의 위임과 진행
02 회사 방문
03 회의
04 상담
05 납품과 클레임

01 업무의 위임과 진행

비즈니스나 직장생활을 할 때 업무를 타인에게 위임하거나 자신이 처리해야 할 경우가 생긴다. "Können Sie meine Tätigkeit übernehmen?"(제 업무를 맡아줄 수 있습니까?) "Ich möchte Ihnen diese Arbeit überlassen."(당신에게 이 일을 맡기고 싶습니다.) "Wie läuft die Angelegenheit?"(그 건은 어떻게 진행되고 있습니까?) 등의 표현을 사용하면 된다.

업무를 맡길 때

- 제 업무를 맡아주시겠어요?
 Können Sie meine Tätigkeit übernehmen?
 쾬낸 지 마이내 태-티히카이트 위버네-맨?

- 당신이 해야 할 일이 좀 있습니다.
 Ich habe etwas, was Sie zu erledigen haben.
 이히 하-배 애트밧스, 밧스 지- 추 애어레-디갠 하-밴.

- 지금 무슨 일을 하고 계세요?
 Was bearbeiten Sie jetzt?
 밧스 배아르바이탠 지- 예츠트?

- 오늘은 아주 바빠요.
 Heute bin ich sehr beschäftigt.
 호이테 빈 이히 제어 배섀프틱트.

- 밀린 일이 많습니다.
 Ich habe viel Arbeit, die sich angehäuft hat.
 이히 하-배 피-르 아르바이트, 디 지히 안게호이프트 하트.

- 너무 바빠서 그것을 할 시간이 없습니다.
 Ich bin so beschäftigt, dass ich keine Zeit habe, es zu erledigen.
 이히 빈 조- 배섀프틱트, 다스 이히 카이내 차이트 하-배, 앳스 추 애어레-디갠.

- 할 일이 많습니다.
 Ich habe viel zu tun.
 이히 하-배 피-르 추 투-ㄴ.

- 왜 그렇게 일이 밀렸습니까?

  Warum sind Sie mit der Arbeit im Rückstand?
  봐룸   진트   지- 미트 데어 아르바이트 임 뤽슈탄트?

- 당신께 이 일을 맡기고 싶습니다.

  Ich möchte Ihnen diese Arbeit überlassen.
  이히 뫼히태   이-낸   디-재 아르바이트 위-버랏샌.

업무 진행과 확인

- 그 건은 어떻게 되고 있습니까?

  Wie läuft die Angelegenheit?
  비- 로이프트 디 안게레-갠하이트?

- 그게 얼마나 있으면 끝날까요?

  Wann werden Sie mit der Arbeit fertig sein?
  반   베르댄   지- 미트 데어 아르바이트 페르티히 자인?

- 그 일은 이미 처리했습니다.

  Die Arbeit habe ich schon erledigt.
  디- 아르바이트 하-배 이히 쇼-ㄴ   애어레딕트.

 die는 die Arbeit를 가리키는 지시대명사이다. 4격

- 아직 반도 안 끝났어요.

  Sie ist erst halbfertig.
  지- 이스트 애어스트 할프페르티히.

 sie는 die Arbeit를 나타내는 인칭대명사

- 그 일을 어서 끝냅시다.

  Schauen wir, dass wir's hinter uns kriegen!
  샤우앤   비어, 다스 비어스 힌터   운스 크리-갠!

- 마감시간에 맞춰해야 해요.

  Sie müssen den Termin einhalten.
  지- 뮤쌘   덴   데어미-ㄴ 아인할탠.

- 내일까지 이 보고서를 끝내십시오.

  Fertigen Sie diesen Bericht bis morgen an!
  페르티갠   지- 디-잰   배리히트 비스 모르갠   안!

- 내일까지 이 서류를 제출하십시오.

  Legen Sie mir das Papier bis morgen vor!
  레-갠 지 미어 다스 파피-어 비스 모르갠 포어!

- 당장 이 서류를 작성하세요.

  Setzen Sie doch gleich das Schriftstück auf!
  젤챈 지 독흐 글라이히 다스 슈리프트슈튁 아웃프!

- 마감일이 얼마 남지 않았습니다.

  Es ist nicht mehr lang bis zur Fälligkeit.
  앳스 이스트 니힡트 메-어 랑 비스 추어 팰리히카이트.

- 그 일은 당신이 맡으십시오.

  Erledigen Sie diese Angelegenheit!.
  애어레-디갠 지- 디-재 안게레-갠하이트!

- 제가 알아서 하겠습니다.

  Lassen Sie mich die Arbeit allein machen.
  랏샌 지- 미히 디 아르바이트 알라인 막핸.

- 할 수 있는 사람이 하도록 합시다.

  Mag es tun, wer will.
  막 앳스 투운, 베어 빌.

- 점심 먹고 합시다.

  Machen wir es nach dem Essen weiter!
  막핸 비어 앳스 낙흐 뎀 앳샌 바이터!

- 한숨 돌립시다.

  Machen wir eine Ruhepause!
  막핸 비어 아이내 루-에파우재!

> **Tipp** Machen wir eine Verschnaufpause!
> 막핸 비어 아이내 페어슈나우프파우제!

- 이제 퇴근합시다.

  Machen wir Feierabend!
  막핸 비-어 파이어아-벤트!

- 드디어 끝냈어요.

  Die Klappe fällt endlich.
  디 클라패 팰트 엔틀리히.

- 이제 모두 끝났습니다.

  Die Sache ist gelaufen.
  디 작해 이스트 겔라우팬.

- 우선 그 서류 좀 봐도 될까요?

  Darf ich mir mal zuerst das Dokument ansehen?
  다르프 이히 미어 마-ㄹ- 추애어스트 다스 도쿠멘트 안제-앤?

- 이것 좀 서명해주십시오.

  Würden Sie das bitte unterschreiben?
  뷰르댄 지- 다스 비태 운터슈라이밴?

- 이제 할 일이 무엇입니까?

  Was soll ich nun tun?
  밧스 졸 이히 눈 투운?

그 외에 할 수 있는 말들

- 저녁에 집에 가실 때, 컴퓨터를 끄십시오.

  Wenn Sie abends nach Hause gehen, schalten Sie bitte Ihren Computer aus!
  밴 지- 아벤츠 낙흐 하우재 게-앤, 샬탠 지- 비태 이어랜 콤퓨-터 아웃스!

- 사무실 문 닫는 것 잊지 마세요.

  Vergessen Sie bitte nicht, das Büro abzuschließen!
  페어게쌘 지- 비태 니힡트, 다스 뷰로- 압추슐리-쌘!

- 사무실에서는 담배를 피우면 안 됩니다.

  Sie dürfen im Büro nicht rauchen!
  지- 듀르팬 임 뷰로- 니힡트 라욱핸!

- 컴퓨터 사용에 도움이 필요하시면, 저에게 물어보십시오.

  Fragen Sie mich, wenn Sie Hilfe am Computer brauchen!
  프라-갠 지- 미히, 밴 지- 힐페 암 콤퓨-터 브라욱핸!

- 사무실에 뭐가 고장 나면, 관리인과 말하세요.

  Sprechen Sie bitte mit dem Hausmeister, wenn im Büro etwas kaputt ist!
  슈프렉핸 지- 비태 미트 댐 하우스마이스터, 밴 임 뷰로- 애트밧스 카푸트 이스트!

- 제가 오늘은 오후 3시에 집에 좀 가도 될까요?

  Kann ich heute schon um 15 Uhr nach Hause gehen?
  칸 이히 호이테 쇼-ㄴ 움 퓐프첸 우-어 낙흐 하우재 게-앤?

- 예, 일을 마치셨으면 가도 됩니다.

  Ja, Sie dürfen gehen, wenn Sie mit Ihrer Arbeit fertig sind.
  야-, 지- 듀르팬 게-앤, 밴 지- 미트 이어러 아르바이트 페르티히 진트.

- 제가 내일 10시에 의원에 가야하는데, 그래도 괜찮을까요?

  Ich muss morgen um 10 Uhr zum Arzt gehen. Geht das?
  이히 뭇스   모르갠   움   체-ㄴ 우-어 춤 아르츁트 게-앤.   게-트 다스?

- 10분 전에 어떤 분이 당신을 바꿔달라는 전화를 했습니다.

  Vor zehn Minuten hat jemand für Sie angerufen.
  포-어 체-ㄴ 미누-탠   하트 예-만트   퓨어 지- 안게루-팬.

- Wohlfahrt 씨라는 분이던가 그와 비슷한 이름이었던 것 같아요.

  Ein Herr Wohlfahrt oder so ähnlich.
  아인 해어   볼-파르트   오-더 조- 앤-리히.

- 볼파르트요? 그런 이름 가진 사람을 저는 모르는데요.

  Wohlfahrt? Ich kenne niemanden mit dem Namen.
  볼-파르트?   이히 캔내   니-만댄   미트 뎀   나-맨.

- 제가 누구에게 문의할 수 있습니까?

  An wen kann ich mich wenden?
  안   벤   칸   이히 미히   벤댄?

회사 방문

거래처를 방문할 때는 미리 전화나 이메일로 예약을 한다. "Haben Sie morgen Nachmittag Zeit?"(내일 오후에 시간이 있습니까?) "Kennen Sie unsere Firma?" (저희 회사를 아십니까?). 이제 회사를 방문하면 인사말이 끝난 후 용건을 물어본다. "Was kann ich für Sie tun?"(무슨 용건입니까?) "Haben Sie einen Termin?"(약속은 하셨습니까?) "Kommen Sie hierher bitte!"(이쪽으로 오십시오.) 등등의 표현을 흔히 쓰게 된다.

전화로 방문을 예약할 때

- 저는 서울 하나 멀티테크사에서 온 김입니다.

  Hier spricht Kim von der Firma Hana Multitech in Seoul, Korea.
  히어 슈프맇히트 킴 폰 데어 피르마 하나 멀티테크 인 서울, 코레-아.

- 질문이 있는데요. 볼프씨가 모레 오후에 시간이 있습니까?

  Ich habe eine Frage. Hat Herr Wolf übermorgen Nachmittag Zeit?
  이히 하-배 아이내 프라-개. 하트 해어 볼프 위-버모르갠 낙흐미타-ㅋ 차이트?

- 잠시만 기다리세요. 한 번 보고요.

  Moment, ich schaue mal nach.
  모-멘트, 이히 샤우애 마-ㄹ- 낙흐.

- 아니오, 미안합니다만 그분 그 때 시간이 비지 않습니다.

  Nein, das tut mir Leid, er hat da keine Zeit.
  나인, 다스 투-트 미어 라이트, 애어 하트 다 카이내 차이트.

- 시간약속이 언제 필요하신데요?

  Wann brauchen Sie denn einen Termin?
  반 브라욱핸 지- 덴 아이낸 테어미-ㄴ?

- 모레요, 그분이 언제 시간이 납니까?

  Übermorgen, wann ist er denn frei?
  위-버모르갠, 반 이스트 애어 덴 프라이?

- 모레 오전은 어떻습니까?

  Wie ist es übermorgen am Vormittag?
  비- 이스트 앳스 위-버모르갠 암 포-어미타-ㅋ?

- 좋습니다. 그러면 제가 모레 오전에 귀사에 방문하겠습니다.

    Gut, dann besuche ich Ihre Firma übermorgen vormittags.
    구-트, 단 배주-ㅎ해 이히 이어래 피르마 위버모르갠 포-어미타-크스.

- 자, 손님 상담시간은 10시입니다.

    Also dann, Ihr Termin ist um 10 Uhr.
    알조- 단, 이-어 테어미-ㄴ 이스트 움 체-ㄴ 우어.

- 저희 회사를 아십니까?

    Kennen Sie unsere Firma?
    캔낸 지- 운저래 피르마?

- 문제없습니다. 택시를 타고 갈 겁니다.

    Das ist kein Problem, ich fahre mit einem Taxi.
    다스 이스트 카인 프로블렘, 이히 파-래 미트 아이넴 타-ㅋ시.

- 지금 어디에 머물고 계십니까?

    Wo bleiben Sie jetzt, bitte?
    보- 블라이밴 지- 예츠트, 비태?

- 저는 플라자 호텔에 있습니다. 왜 그러시죠?

    Ich bleibe im Hotel Plaza. Warum?
    이히 블라이배 임 호텔 플라자, 봐룸?

- 그러면 제 동료에게 선생님을 모셔오라고 부탁하겠습니다.

    Dann bitte ich meinen Kollegen darum, Sie abzuholen.
    단 비태 이히 마이낸 콜레-갠 다룸, 지- 압추호-ㄹ랜.

- 제 동료가 모레 9시 15분에 안내 데스크 앞에 기다릴 겁니다.

    Üermorgen um Viertel nach Neun wird mein Kollege vor der
    위버모르겐 움 피어텔 낙호 노인 뷔르트 마인 콜레개 포-어 데어

    Rezeption auf Sie warten!
    레쳅치오-ㄴ 아우프 지- 봐르탠!

방문객을 접수할 때

- 안녕하십니까?

    Guten Morgen?
    구-탠   모르갠?

- 누구십니까?

    Darf ich fragen, wie Sie heißen?
    다르프 이히 프라-갠, 비- 지- 하이쌘?

- 어느 회사에서 오셨습니까?

  Von welcher Firma sind Sie?
  폰   벨혀   피르마 진트 지-?

- 무슨 용건입니까?

  Was kann ich für Sie tun?
  밧스 칸 이히 퓨어 지- 투은?

- 무슨 용건입니까?

  Kann ich Ihnen helfen?
  칸   이히 이-낸   헬팬?

- 무슨 용건입니까?

  Wegen welcher Angelegenheit wollen Sie mich sprechen?
  베-갠   벨혀   안게레-갠하이트   볼랜   지- 미히 슈프렡핸?

   Aus welchem Grund?(아우스 벨햄 그룬트)라고도 한다.

- 약속은 하셨습니까?

  Haben Sie einen Termin?
  하-밴 지- 아이낸 테어미-ㄴ?

- 우리 오늘 약속이 있었어요. 어서 들어오십시오.

  Wir hatten heute einen Termin. Bitte kommen Sie rein!
  뷔어 하탠 호이테 아이낸 테어미-ㄴ. 비태 콤맨   지- 라인!

- 제가 금방 전화해 보겠습니다. 잠시 만요.

  Ich rufe mal eben an. Einen Moment, bitte!
  이히 루-패 마-ㄹ 에-벤 안. 아이낸 모-멘트,   비태!

- 제가 잠간 전화로 한 번 여쭤볼게요.

  Ich rufe nur kurz durch.
  이히 루-패 누어 쿠어츠 두르히.

- 안녕하세요, 여기 안내데스크입니다.

  Rezeption, guten Morgen.
  레첵치오-ㄴ,   구-탠   모르갠.

- 한국 CYN 사에서 오신 류 씨라는 분이 계신데요.

  Hier ist ein Herr Ryu von der Firma CYN.
  히-어 이스트 아인 해어 류 폰 데어 피르마 씨와이엔.

- 그분이 10시로 당신과 약속이 있답니다. 맞습니까?

  Er hat für zehn Uhr einen Termin mit Ihnen. Geht das klar?
  애어 하트 퓨어 체-ㄴ 우어 아이낸 테어미-ㄴ 미트 이-낸.   게-트 다스 클라?

- 그러시군요. 제가 그분을 올려 보내드리겠습니다.

  Ja, gut. Ich schicke ihn rauf.
  야-, 구-트. 이히 쉬캐 이-ㄴ 라우프.

- 침머만 씨께서 당신을 기다리고 계십니다.

  Herr Zimmermann erwartet Sie.
  해어 침머만 애어봐르테트 지-.

- 잠시 기다리십시오.

  Bitte warten Sie einen Moment!
  비태 봐르탠 지- 아이낸 모-멘트!

- 잠시 기다리시겠습니까?

  Würden Sie bitte einen Moment warten?
  뷰르댄 지- 비태 아이낸 모-멘트 봐르탠?

- 앉으십시오.

  Nehmen Sie Platz, bitte!
  네-맨 지- 플라츠, 비태!

- 자리에 앉아 계시겠습니까?

  Darf ich Sie bitten, Platz zu nehmen?
  다르프 이히 지- 비탠, 플라츠 추 네-맨?

- 잠시만 자리에 앉아계시겠습니까?

  Könnten Sie noch einen kleinen Moment Platz nehmen?
  쾐탠 지- 녹흐 아이낸 클라이냄 모-멘트 플라츠 네-맨?

- 여비서가 곧 모시러 올겁니다.

  Sie werden gleich von der Sekretärin abgeholt.
  지- 베르댄 글라이히 폰 데어 제크레태-린 압게홀트.

- 예, 제가 그분께 알려드리지요.

  Ja, ich gebe ihm Bescheid.
  야-, 이히 게-배 이-ㅁ 배샤이트.

- 기다려주셔서 감사합니다. 그분은 곧 나오십니다.

  Vielen Dank für Ihre Wartung. Er kommt gleich.
  피-ㄹ랜 당크 퓨어 이어 바르퉁. 애어 콤트 글라이히.

- 그분은 곧 이리 오실 겁니다.

  Er wird bald hierher kommen.
  애어 뷔르트 발트 히어헤어 콤맨.

- 예, 김씨, 방문하실 거라는 연락을 받았습니다.

  Ja, Herr Kim. Ich wurde schon informiert, dass Sie zu Besuch kommen.
  야-, 해어 킴. 이히 부르대 쇼-ㄴ 인포미어트, 다스 지- 추 배주-ㄱ흐 콤맨.

- 그와 약속을 하셨습니까?

  Haben Sie sich mit ihm verabredet?
  하-밴 지- 지히 미트 이-ㅁ 페어아프레데트?

- 그분의 사무실로 안내해드리겠습니다.

  Ich will Sie in sein Büro begleiten.
  이히 빌 지- 인 자인 뷰로- 배글라이탠.

- 이쪽으로 오십시오.

  Kommen Sie hierher, bitte!
  콤맨 지- 히어헤어, 비태!

- 죄송합니다. 외출중입니다.

  Tut mir Leid. Er ist im Moment nicht da.
  투-트 미어 라이트. 애어 이스트 임 모-멘트 니힡트 다-.

- 10분 정도면 오십니다.

  Er kommt etwa in zehn Minuten.
  애어 콤트 애트바 인 체-ㄴ 미누탠.

- 정확히 오셨군요.

  Sie sind aber pünktlich!
  지- 진트 아-버 퓡크틀리히!

- 그는 지금 회의 중입니다.

  Er ist im Moment in einer Besprechung.
  애어 이스트 임 모-멘트 인 아이너 배슈프렣훙.

- 죄송합니다. Rupp 씨는 지금 회의 중입니다.

  Es tut mir leid. Herr Rupp ist gerade in einer Besprechung.
  앳스 투-트 미어 라이트. 해어 룹 이스트 게라-대 인 아이너 배슈프렣훙.

- 잠시 기다리시겠습니까?

  Möchten Sie einen Moment warten?
  뫼히탠 지- 아이낸 모-멘트 바르탠?

- 그러죠.

  Ja, bitte.
  야-, 비태.

- 아, 저기 침머만씨란 분이 지금 오십니다.

  Oh, da kommt gerade der Herr Zimmermann.
  오-, 다- 콤트 게라-대 데어 해어 침머만.

- 그분에게 (손님께서 오셨다고) 즉시 알려드리겠습니다.

  Ich sage ihm gleich Bescheid.
  이히 자-개 이-임 글라이히 배샤이트.

- 바쁘시면, 내일 오십시오.
  Wenn Sie beschäftigt sind, kommen Sie morgen wieder!
  벤 지 배섀프티히트 진트, 콤맨 지- 모르갠 비-더!

거래처를 방문했을 때

- 저는 M 사의 박입니다.
  Ich heiße Park von der Firma M.
  이히 하이쌔 박 폰 데어 피르마 엠.

- 저는 M 사의 박입니다. 저는 서울의 IK 은행에서 왔습니다.
  Mein Name ist Lee. Ich komme von der IK Bank in Seoul.
  마인 나-매 이스트 리. 이히 콤매 폰 데어 아이케이 방크 인 서울.

- 저는 서울에서 온 CYN 사의 류입니다.
  Ich bin Herr Ryu von der Firma CYN aus Seoul.
  이히 빈 해어 류 폰 데어 피르마 씨와이엔 아우스 서울.

- 바이골트씨 계십니까?
  Ist Herr Weihgold da?
  이스트 해어 봐이골트 다-?

- 저는 Rupp 씨를 좀 뵈었으면 합니다.
  Ich würde gern Herrn Rupp sprechen.
  이히 뷰르대 게른 해른 룹 슈프렣핸.

- 3시에 그분과 만나기로 약속했습니다.
  Ich habe eine Verabredung mit ihm um 15 Uhr.
  이히 하-배 아이내 페어아프레-둥 미트 이-임 움 퓐프첸 우-어.

- 저는 오늘 아침 10시 Sieg씨와 약속이 있는데요.
  Ich habe für heute Morgen, zehn Uhr, einen Termin mit Herrn Berger.
  이히 하-배 퓨어 호이테 모르갠, 체-ㄴ 우-어, 아이내 테어미-ㄴ 미트 해른 베르거.

- 그분 좀 뵐 수 있나요?
  Kann ich ihn sprechen?
  칸 이히 이인 슈프렣핸?

- 미스 Berger씨와 약속이 있습니다.
  Ich habe einen Termin bei Frau Berger.
  이히 하-배 아이낸 테어미-ㄴ 바이 프라우 배르거.

- 혹시 그분을 뵐 수 있나요?
  Kann ich sie vielleicht sprechen?
  칸 이히 지 피-ㄹ라이히트 슈프렣핸?

- 침머만 씨를 뵙고 싶은데요.

  Ich möchte zu Herrn Zimmermann.
  이히 뫼히태   추- 해른   침머만.

- 그분 방 번호 좀 알려주시겠습니까?

  Können Sie mir seine Zimmernummer sagen?
  쾬낸   지- 미어 자이내 침머눔머   자-갠?

- 302호입니다.

  Zimmer 302.
  침머   드라이 눌 츠바이.

- 3층입니다.

  Das ist der dritte Stock.
  다스 이스트 데어 드리태 슈톡.

- 그런 다음 오른쪽 두 번째 문까지 가십시오.

  Und dann gehen Sie zur zweiten Tür auf der rechten Seite.
  운트 단   게-앤   지- 추어 츠바이탠   튀-어 아우프 데어 레히탠   자이태.

- 그러시면 엘리베이터를 이용하십시오.

  Wenn das so ist, würden Sie dann bitte den Aufzug benutzen?
  벤   다스 조- 이스트, 뷰르댄   지- 단   비태   덴   아우프추-ㄱ 배누챈?

- 엘리베이터를 이용하시는 게 제일 좋습니다.

  Sie benutzen am besten den Aufzug!
  지- 배누챈   암   배스탠   덴   아우프추-ㄱ!

- 알았습니다. 3층, 302호라고요?

  O.K. Dritter Stock. Zimmer 302?
  오케이. 드리터 슈톡.   침머   드라이 눌 츠바이?

- 거기 2층으로 가서서 복도 왼쪽을 따라 가십시오.

  Fahren Sie in die zweite Etage und gehen Sie dann links den Korridor
  파-랜   지- 인 디 츠바이태 에타-제 운트 게-앤   지- 단   링크스 덴   코리도어
  entlang!
  엔트랑!

- 그러면 네 번째 문입니다.

  Es ist dann die vierte Tür.
  앳스 이스트 단 디 피어태   튀-어.

- 아, 그러니까 지금 엘리베이터를 타고 3층으로…?

  Aha, also jetzt mit dem Aufzug und dann in die dritte Etage ...?
  아하-, 알조- 예츠트 미트 뎀   아우프추-ㄱ 운트 단   인 디 드리태 에타-제...?

- 아니오, 2층으로요.

  Nein, in die zweite.
  나인, 인 디 츠바이태.

- 고맙습니다.

  Danke.
  당케.

- 별 말씀을요.

  Bitte sehr.
  비태 제-어.

- 수출부를 방문하고 싶습니다.

  Ich möchte die Exportabteilung besuchen.
  이히 뫼히태 디 엑스포-트압타일룽 배주-ㄱ핸.

- 수출부가 어디 있습니까?

  Wo ist die Exportabteilung?
  보- 이스트 디 엑스포-트압타일룽?

- 책임자를 만날 수 있습니까?

  Kann ich den Zuständigen treffen?
  칸 이히 덴 추슈탠디갠 트래팬?

방문객과 인사 나눌 때

- 안녕하십니까?

  Guten Morgen!
  구-탠 모르갠!

- 잘 오셨습니다.

  Herzlich Willkommen!
  헤르츨리히 빌콤맨!

- 안녕하세요. 바이골트씨. 만나서 반갑습니다.

  Guten Tag, Herr Weihgold. Freut mich!
  구-탠 타-ㄱ, 해어 봐이골트. 프로이트 미히!

- 처음 뵙겠습니다.

  Sehr angenehm!
  제-어 안게네-ㅁ!

- 성함이 뭐라 하셨지요?

  Wie war Ihr Name doch gleich?
  비- 바 이어 나-매 독흐 글라이히?

- 저는 은행에서 근무합니다.

  Ich arbeite bei der Bank.
  이히 아르바이태 바이 데어 방크.

- 여기 제 명함입니다.

  Hier ist meine Karte.
  히어   이스트 마이내 카르태.

- 저도 명함을 드리겠습니다.

  Ich gebe Ihnen gerne auch meine Karte.
  이히 게-배 이-낸   게르내 아욱흐 마이내   카르태.

- 고맙습니다.

  Danke, schön.
  당케,   쇠-ㄴ.

- 여행은 어땠습니까?

  Wie war Ihre Reise?
  비- 바   이어래 라이재?

- 먼 여행을 하셨지요?

  Sie hatten ja sicher eine weite Reise?
  지- 하탠   야- 짖혀   아이내 봐이태 라이재?

- 예, 저는 어제 출발했습니다.

  Ja, ich bin gestern gestartet.
  야-, 이히 빈 게스턴   게슈타-태트.

- 저는 당신과 함께 우리 제품들에 대해 말씀을 나누고자 여기로 온 겁니다.

  Ich bin hierher gekommen, um mit Ihnen über unsere Produkte zu
  이히 빈 히어헤어 게콤맨,   움 미트 이-낸 위-버 운저래   프로둑태   추-
  sprechen.
  슈프렣핸.

- 이 번호로 제게 연락할 수 있습니다.

  Sie können mich unter dieser Nummer erreichen.
  지- 쾐낸   미히 운터 디-저 눔머   애어라잏핸.

- 여기서는 어디서 묵으셨습니까?

  Wo sind Sie hier untergebracht?
  보- 진트 지- 히어 운터게브락흐트?

- 저는 M 호텔에 묵고 있습니다.

  Ich bin im Hotel M.
  이히 빈 임 호텔   엠.

- 좋은 호텔인 것 같습니다.

  Das ist ein gutes Hotel, glaube ich.
  다스 이스트 아인 구-태스 호텔, 글라우배 이히.

- 당신의 서신에서 저는 당신이 회사에서 어떤 역할을 하시는지 알 수가 없었습니다.

  Aus Ihrer Anmeldung konnte ich nicht ersehen, welche Funktion Sie in Ihrer Firma haben.
  아우스 이어러 안멜둥 콘태 이히 니힡트 에어제-앤, 벨해 풍치온 지-인 이어러 피르마 하-밴.

- 저는 생산부장입니다.

  Ich bin der Produktmanager.
  이히 빈 데어 프로둑트매니저.

- 이것은 제 직통번호입니다.

  Das ist meine direkte Nummer.
  다스 이스트 마이내 디렉태 눔머.

- 저는 영업부장으로 일하고 있습니다.

  Ich bin beschäftigt als Verkaufsleiter.
  이히 빈 배섀프틱트 알스 페어카우프스라이터.

- 외투를 벗어놓으시겠습니까?

  Möchten Sie Ihren Mantel ablegen?
  뫼히탠 지- 이어랜 만텔 압레-갠?

- 커피 좀 한 잔 드릴까요?

  Kann ich Ihnen eine Tasse Kaffee anbieten?
  칸 이히 이-낸 아이내 타쎄 카페 안비-탠?

- 아 예. 그러십시오.

  Oh ja, bitte.
  오- 야-, 비태.

- 프림과 설탕을 넣습니까?

  Nehmen Sie Milch und Zucker?
  네-맨 지- 밀히 운-더 추커?

- 아니오. 저는 블랙으로 마십니다.

  Nein, ich trinke ihn schwarz.
  나인, 이히 트링캐 인- 슈바르츠.

- 여기 있습니다.

  Hier bitte.
  히어 비태.

- 뭐, 마실 것 좀 드릴까요?

  Darf ich Ihnen etwas zu trinken anbieten?
  다르프 이히 이-낸 애트밧스 추 트링캔 안비-탠?

- 무엇을 드시고 싶습니까?

  Was hätten Sie denn gern?
  밧스 해탠 지- 덴 게른?

- 혹시 커피 좀 마실 수 있을까요?

  Einen Kaffee, vielleicht?
  아이낸 카페, 피-ㄹ라이히트?

- 커피를 어떻게 드십니까?

  Wie nehmen Sie ihn?
  비- 네-맨 지- 이인?

- 가능하다면, 우유와 설탕을 넣어서 주십시오.

  Mit Milch und Zucker, wenn es möglich ist, bitte!
  미트 밀히 운트 추커, 벤 앳스 뫼-클리히 이스트, 비태!

- 그렇게 주문하겠습니다.

  Ich werde den Kaffee so bestellen.
  이히 베르대 덴 카페 조- 배스텔랜.

- 커피 곧 나올 겁니다.

  Kaffee kommt sofort.
  카페 콤트 조포르트.

- 그 사이에 우리 사업 문제 이야기를 시작해볼까요?

  Können wir in der Zwischenzeit schon mit den geschäftlichen Dingen
  캔낸 비어 인 데어 츠빗쉔차이트 쇼-ㄴ 미트 덴 게섀프트리햰 딩앤
  anfangen?
  안팡앤?

- 이번이 독일에 처음입니까?

  Ist das Ihr erster Besuch in Deutschland?
  이스트 다스 이-어 애어스터 배주-ㄱ흐 인 도이췰란트?

- 저는 독일에 자주 옵니다.

  Ich bin öfters in Deutschland.
  이히 빈 외프터스 인 도이췰란트.

- Hattingen에 오신 적도 있습니까?

  Waren Sie denn auch schon mal in Hattingen?
  봐-랜 지- 덴 아욱흐 쇼-ㄴ 마-ㄹ 인 하팅앤?

VIII. 비즈니스를 위한 표현 **623**

- 아니오, 저는 오늘 처음 이 회사에 왔습니다.
  Nein, ich bin heute zum ersten Mal bei Ihnen hier.
  나인, 이히 빈 호이테 춤 애어스탠 마-ㄹ 바이 이-낸 히어.

- 그런데 맘에 드십니까?
  Und wie gefällt es Ihnen?
  운트 비- 게팰트 앳스 이-낸?

- 아주 좋습니다.
  Ich muss sagen, sehr gut.
  이히 뭇스 자-갠, 제어 구-ㅌ.

- 다행입니다.
  Das ist schön.
  다스 이스트 쇠-ㄴ.

회사를 안내할 때

- 자, 같이 가시지요.
  Kommen Sie dann bitte mit!
  콤맨 지- 단 비태 미트!

- 그러죠.
  Gerne.
  게르내.

- 저희 회사를 찾아주셔서 감사합니다.
  Vielen Dank für den Besuch in unserer Firma.
  피-ㄹ랜 당크 퓨어 덴 배주-ㄱ흐 인 운저러 피르마.

- 저희 회사를 찾아주셔서 감사합니다.
  Ich danke Ihnen dafür, dass Sie unsere Firma besuchen.
  이히 당케 이-낸 다퓨-어, 다스 지- 운저래 피르마 배주-ㄱ핸.

- 제가 안내드릴까요?
  Darf ich Sie den Weg zeigen?
  다르프 이히 지- 덴 베-ㄱ 차이갠?

- 회의실로 모시겠습니다.
  Ich möchte Sie zum Sitzungszimmer führen.
  이히 뫼히태 지- 춤 짙충스침머 퓨-랜.

 Tipp der Sitzungssaal(데어 짙충스자알) 대회의실, der Konferenzraum(데어 콘퍼렌츠라움) 대회의실

- 이쪽으로 오십시오.

  Kommen Sie bitte hierher!
  콤맨   지- 비태 히어해어!

- 화장실은 엘리베이터 옆에 있습니다.

  Die Toilette liegt neben dem Aufzug.
  디   토일레테 리-ㄱ트 네-밴   뎀   아우프추-ㅋ.

- 여기가 저희 본사입니다.

  Hier ist unsere Zentrale.
  히어 이스트 운저래 첸트랄-래.

> das Hauptbüro, die Hauptgesellschaft (본사)
> 다스 하우프트뷰로-, 디 하우프트게젤샤프트

- 우리 회사는 수원에 본사가 있습니다.

  Unser Unternehmen hat seinen Sitz in Suwon.
  운저   운터네-맨   하트 자이낸   짙츠 인 수원.

- 저희 회사는 1965년에 설립되었습니다.

  Unsere Firma ist im Jahr 1965 gegründet worden.
  운저래   피르마 이스트 임 야- 노인첸훈데르트퓐프운트젝히치히 게그륀대트 보르댄.

- 잠깐 쉴까요?

  Wollen wir eine Pause machen?
  볼랜   비-어 아이내 파우재 막핸?

03 회의

직장생활에서 회의를 할 때 준비해 놓은 정보와 지식을 충분히 활용하려면 이럴 때 구사할 수 있는 표현을 배우고 연습해 놓아야 한다. 그밖에 토론을 할 때 사용하는 표현들과 요약하여 간략히 말하는 기술도 연습해두면 효과를 거둘 수 있다.

회의 준비

- 회의는 언제 열립니까?

Wann wird die Versammlung abgehalten?
반   뷔르트 디   페어자믈룽   압게할텐?

- 회의는 언제입니까?

Wann ist die Versammlung?
반   이스트 디 페어자믈룽?

- 몇 시에 회의합니까?

Um wie viel Uhr ist die Besprechung?
움   비- 피-ㄹ 우어 이스트 디 배슈프렣훙?

- 회의는 내일 오전 9시에 있습니다.

Wir haben eine Besprechung morgen um 9 Uhr.
비어 하-밴   아이네 배슈프렣훙   모르갠   움 노인 우어.

- 회의 시간이 오전 9시에서 8시로 앞당겨졌습니다.

Die Versammlungszeit ist von 9 Uhr morgens auf acht vorverlegt
디   페어자믈룽스차이트   이스트 폰 노인 우어 모르갠스   아우프 악흐트 포-어페어렉트
worden.
보르댄.

- 회의를 몇 시에 시작할까요?

Um wie viel Uhr sollen wir die Sitzung abhalten?
움   비- 피-ㄹ 우어 졸랜   비어 디 짙충   압할텐?

- 이 일을 마치고 곧 회의가 있습니다.

Ich habe eine Besprechung gleich nach dieser Angelegenheit.
이히 하-배 아이내 배슈프레훙   글라이히 낙흐   디-저   안게레-갠하이트.

- 회의에 늦지 마십시오.

  Kommen Sie nicht zu spät zur Besprechung!
  콤맨   지- 니휼트 추 슈패-트 추어 배슈프레훙!

- 쾨넨 씨, 우리가 이번 주에 잡아놓은 일정을 한 번 말해볼 수 있습니까?

  Frau Köhnen, können wir mal die Termine besprechen, die wir diese
  프라우 쾨-넨,   쾐낸   비어 마-르 디 테어미-네   배슈프렝핸,   디 비어 디-제
  Woche haben?
  복해 하-밴?

- 월요일 10시에 영업부직원들과 회의가 있습니다.

  Für Montag haben wir um 10 Uhr die Besprechung mit den
  퓨어 몬타-ㄱ   하-밴 비어 움 체-ㄴ 우어 디 배슈프레훙   미트 뎀
  Außendienstmitarbeitern.
  아우쎈디-ㄴ스트미트아르바이터른.

- 12시에는 라이센스 문제로 독일에서 로트씨가 옵니다.

  Um 12 Uhr haben wir den Besuch von Herrn Roth aus Deutschland
  움   츠뵐프 우어 하-밴 비-어 덴 배주-ㄱ호 폰 해른   로트 아우스 도이칠란트
  wegen der Lizenz.
  베-겐   데어 리첸츠.

- 로트 씨를 누가 마중나갈 겁니까?

  Wer holt Herrn Roth ab?
  베-어 홀트 해른   로트 압?

- 원하신다면, 제가 그 일을 맡을 수 있습니다.

  Das kann ich übernehmen, wenn Sie möchten.
  다스 칸   이히 위버네-맨,   벤   지- 뫼히탠.

- 로트 씨가 정시에 옵니까?

  Ist Herr Roth pünktlich?
  이스트 해어 로트 퓡크틀리히?

- 그분이 어느 비행기를 타고 오는 지 아십니까?

  Wissen Sie, mit welcher Maschine er kommt?
  비쌘   지-, 미트 벨혀   마쉬-내   애어 콤트?

- 보통은 비행기가 정확히 도착하는 거 같아요.

  Gewöhnlich kommt die Maschine pünktlich an, denke ich.
  게뵈-ㄴ리히   콤트   디 마쉬-내   퓡크틀리히 안, 뎅캐 이히.

- 화요일에는 아침 8시에 부서회의 가 있습니다.

  Am Dienstag haben wir um 8 Uhr die Abteilungsbesprechung.
  암   디-ㄴ스타-ㄱ 하-밴 비-어 움 악흐트 우어 디 압타일룽스배슈프렝훙.

- 그리고 오후 3시에는 임원진과 연례계획 때문에 회의가 계획되어있습니다.

  Und um 15 Uhr ist die Besprechung mit der Geschäftsführung wegen
  운트 움 퓐프첸 우어 이스트 디 배슈프렣훙 미트 데어 게섀프츠퓌-룽 베-갠

  der Jahresplanung vorgesehen.
  데어 야-레스플라-눙 포-어게제-앤.

회의 진행할 때

- 여기를 주목해주시겠습니까?

  Darf ich um Ihre Aufmerksamkeit bitten?
  다르프 이히 움 이어래 아우프메르크잠카이트 비탠?

- 지금부터 회의를 시작하겠습니다.

  Nun fängt die Sitzung an.
  눈 팽트 디 짙충 안.

- 오늘의 의제로 돌아가 볼까요?

  Wollen wir zur heutigen Tagesordnung zurückkehren?
  볼랜 비어 추어 호이티갠 타-게스오르드눙 추뤽케-랜?

- 그럼 그 계획에 대해 최종 검토를 시작하겠습니다.

  Wir fangen dann damit an, den Plan gründlich zu prüfen.
  비어 프랑갠 단 다미트 안, 덴 플란 그륀틀리히 추- 프뤼-팬.

- 토의를 시작합시다.

  Lass uns losgehen!
  랏스 운스 로-스게-앤!

- 본 의제로 들어가겠습니다.

  Nun kommen wir zur Sache.
  눈 콤맨 비-어 추어 작해.

- 다음 주제로 넘어가겠습니다.

  Ich will zum nächsten Thema kommen.
  이히 빌 춤 낵스탠 테-마 콤맨.

- 실례합니다. 그것을 좀 더 구체적으로 말씀해주시겠습니까?

  Entschuldigen Sie, können Sie das mal etwas konkreter sagen?
  엔트슐-디갠 지-, 쾬낸 지- 다스 마-ㄹ 애트밧스 콘크레터 자-갠?

- 여기서 잠시 말씀 좀 끊어도 될까요?

  Darf ich hier mal kurz unterbrechen?
  다르프 이히 히어 마-ㄹ 쿠어츠 운터브렣핸?

- 지금 간단한 중간 질문을 드릴 수 있을까요?

  Kann ich gerade mal eine kurze Zwischenfrage stellen?
  칸   이히 게라-데   마-르 아이내 쿠르채 츠빗섄프라-개   슈텔랜?

- 말씀을 막았다면 용서하십시오, 하지만…

  Entschuldigen Sie, wenn ich Sie unterbreche, aber ...
  엔트슐-디갠   지-, 벤   이히 지- 운터브렣헤,   아-버 …

- 실례합니다. 저는 아직 말을 다 하지 않았는데요.

  Entschuldigung, aber ich habe noch nicht ausgeredet.
  엔트슐-디궁,   아-버 이히 하-배 녹흐 니힡트 아우스게레-댙트.

- 잠깐, 저는 그것을 지금 끝내고 싶거든요.

  Moment, ich möchte das gerade noch abschließen.
  모-멘트,   이히 뫼히태   다스 게라-데   녹흐   압슐리-쌘.

- 한 마디만 더 하고요.

  Nur noch einen Satz.
  누어 녹흐   아이낸   잣츠.

- 제 말은 곧 끝납니다.

  Ich bin gleich fertig.
  이히 빈   글라이히 페르티히.

- 잠깐만요, 제가 이 말을 지금 마무리해도 될까요?

  Einen Augenblick, darf ich das gerade noch zu Ende bringen?
  아이낸 아우겐블릭,   다르프 이히 다스 게라-데 녹흐   추- 앤데   브링앤?

- 그의 설명에 대해 어떻게 생각하십니까?

  Was halten Sie von seiner Erklärung?
  밧스 핡탠   지- 폰   자이너   에어클래-룽?

- 이 특정 문제에 대해 질문 있습니까?

  Haben Sie Fragen zu diesem besonderen Thema?
  하-밴   지- 프라-갠   추- 디-젬   배존더랜   테-마?

- 잠깐만요, 한 사람씩 말씀하십시오.

  Moment, bitte einer nach dem anderen!
  모-멘트,   비태 아이너 낙흐 뎀   안더랜!

- 모두들 한꺼번에 말씀하시지 마십시오.

  Bitte nicht alle auf einmal!
  비태   니힡트 알레 아우프 아인마-ㄹ!

- 모두 동시에 말하면, 아무 것도 알아듣지 못합니다.

  Wenn alle gleichzeitig sprechen, versteht man gar nichts.
  벤   알레 글라이히차이틓히 슈프틓핸,   페어슈테-트 만   가- 니힡츠.

- 말하는 사이에 끼어들지 않도록 노력해 보십시오.

  Versuchen Sie doch bitte, nicht dazwischenzureden.
  페어주주-ㄱ핸   지- 독흐   비테, 니힡트 다츠빗섄추레-댄.

- 그러니까 먼저 그로스피츠 씨, 그 다음 미스터 김 그리고 난 후에 미스 로테가 말하세요.

  Herr Grospitz, dann Herr Kim und danach Frau Rotte.
  해어 그로스피츠, 단   해어 킴 운트 다낙흐   프라우 로테.

- 가능한 한 간략히 요약 좀 해주십시오.

  Können Sie sich möglichst kurz fassen?
  쾬낸   지- 짖히 뫼-클리히스트 쿠어츠 파쌘?

- 그러니까 제가 생각한 것은, 사실 다음과 같은 것입니다.

  Also was ich gemeint habe, ist eigentlich folgendes…
  알조- 밧스 이히 게마인트   하-베, 이스트 아이겐틀리히 폴겐데스 …

- 그것에 대해 투표를 합시다.

  Stimmen wir mal darüber ab!
  슈팀맨   비-어 마-ㄹ 다뤼-버 압!

- 이 일에 대한 결정은 다수결로 정하겠습니다.

  Die Entscheidung über diese Sache treffen wir mit Mehrheitsentschluss.
  디 엔트샤이퉁   위-버 디-제 작해 트래팬   비어 미트 메-어하이츠엔트슐루쓰.

- 찬성하시는 분은 손을 들어주십시오.

  Wer dafür ist, hebt die Hand!
  베어 다퓨어 이스트, 헵트 디 한트!

- 반대하시는 분은 손을 들어주십시오.

  Wer dagegen ist, hebt die Hand!
  베어 다게-갠   이스트, 헵트 디 한트!

- 남은 문제는 다음 번 회의에서 토론하도록 합시다.

  Lass uns eine Diskussion über die restliche Thematik in der nächsten
  랏스 운스 아이네 디스쿠씨오-ㄴ 위-버 디 레스틀릿해 테마-틱   인 데어 낵스탠

  Sitzung führen!
  짙충   퓨-랜!

- 내일 여기에서 계속합시다.

  Setzen wir hier morgen fort!
  젵챈   비-어 히어 모르겐스   포르트!

 fortsetzen(포르트젵챈) (끊어진 이야기나 회의를) 다시 시작하다

회의를 종료할 때

- 회의를 끝내야할 것 같습니다.

  Ich glaube, wir müssen die Sitzung schließen.
  이히 글라우배, 비-어 뮤쌘 디 짙충 슐리-쌘.

- 토의를 끝내야할 것 같습니다.

  Ich glaube, wir müssen die Besprechung beenden.
  이히 글라우배, 비-어 뮤쌘 디 배슈프렝훙 배엔댄.

- 그러면 우리 서서히 끝내야할 것 같습니다.

  Ich glaube, wir sollten langsam zum Ende kommen.
  이히 글라우배, 비-어 졸탠 랑잠 춤 앤대 콤맨.

- 시간이 지났습니다.

  Die Zeit läuft uns davon.
  디 차이트 로이프트 운스 다폰.

- 우리가 더 이상 시간이 충분치 않은 것 같은데요.

  Ich fürchte, wir haben nicht mehr genug Zeit.
  이히 퓌르흐태, 비-어 하-밴 니힡트 메-어 게눅흐 차이트.

- 오늘은 그만 합시다.

  Machen wir Schluss für heute!
  막핸 비-어 슐루쓰 퓨어 호이테!

- 그러면 우리 토의를 마쳐야겠다고 생각합니다.

  Ich meine, wir sollten dann langsam unsere Diskussion abschließen.
  이히 마이내, 비-어 졸탠 단 랑잠 운저래 디스쿠씨오-ㄴ 압슐리-쌘.

- 이것으로 오늘 토의를 마치고자 합니다.

  Damit wollen wir für heute die Diskussion beenden.
  다미트 볼랜 비-어 퓨어 호이테 디 디스쿠씨오-ㄴ 배엔댄.

- 새로운 일정을 2주 후로 잡는 게 어떻겠습니까?

  Wie sieht es mit einem neuen Termin in vierzehn Tagen aus?
  비- 지-트 앳스 미트 아이냄 노이앤 테어미-ㄴ 인 피어체-ㄴ 타-갠 아웃스?

- 같은 요일, 같은 시각으로요.

  Gleicher Tag, gleiche Uhrzeit.
  글라이허 타-ㅋ, 글라잇해 우-어차이트.

- 그래도 괜찮겠습니까?

  Würde das gehen?
  뷰르대 다스 게-앤?

- 제 경우는 안 될 것 같습니다..

  Nein, bei mir würde das nicht gehen.
  나인, 바이 미어 뷰르대 다스 니힡트 게-앤.

- 저는 외부 약속이 있습니다.

  Ich habe einen auswärtigen Termin.
  이히 하-배 아이낸 아우스배르티갠 테어미-ㄴ.

- Schmidt씨는 요?

  Herr Schmidt?
  해어 슈미트?

- 여기 회사로 고객이 방문하는데요.

  Ich habe einen Kundenbesuch hier im Haus.
  이히 하-배 아이낸 쿤댄배주-ㄱ흐 히어 임 하우스.

> **Tipp** im Haus 본사에, 회사내에

- 그러면 다음 주는 어떻겠습니까?

  Wie sieht es denn die nächste Woche aus?
  비- 지-트 앳스 덴 디 낵스태 복해 아웃스?

- 안됩니다. 그때는 저도 약속이 있습니다.

  Nee, da habe ich auch einen Termin.
  네-, 다- 하-배 이히 아우흐 아이낸 테어미-ㄴ.

- 그러면 3월 첫 주가 어떨까요?

  Wie sieht es denn in der ersten Märzwoche aus?
  비- 지-트 앳스 덴 인 데어 애어스탠 매르츠복해 아웃스?

- 제 경우는 괜찮습니다.

  Das geht bei mir in Ordnung.
  다스 게-트 바이 미어 인 오르드눙.

- 저도 괜찮을 것 같은데요.

  Bei mir würde es auch passen.
  바이 미어 뷰르대 앳스 아욱흐 파쌘.

- 저도 괜찮습니다.

  Das geht bei mir auch in Ordnung.
  다스 게-트 바이 미어 아욱흐 인 오르드눙.

- 좋습니다. 잘 됐네요. 그러면 그 때 만납시다.

  Prima, schön. Also, treffen wir uns dann.
  프리-마, 쇠-ㄴ. 알조- 트레-팬 비-어 운스 단.

- 일정은 아직 정해지지 않았습니다.

    Der Termin steht noch nicht genau fest.
    데어 테어미-ㄴ 슈테-트 녹흐   니힡트 게나우   페스트.

- 회의 결과가 어떻게 되었습니까?

    Wie ist die Sitzung ausgegangen?
    비-   이스트 디 짙충   아웃스게강앤?

04 상담

비즈니스를 할 때 바이어에게 회사에 대해 설명하고, 상품을 구매할 수 있게 구체적으로 설명하고, 가격을 협상하고, 구매 결정을 유도할 때 사용할 수 있는 아래의 표현들을 익혀서 현장에서 적절히 구사하도록 응용하는 연습을 해두면 된다.

바이어를 맞이할 때

- 저희 회사에 와 주셔서 감사합니다.

Ich danke Ihnen für Ihren Besuch in unserer Firma.
이히 당케   이-낸   퓨어 이어랜 배주-ㄱ흐 인 운저러   피르마.

- 비행은 어땠습니까?

Wie war Ihr Flug?
비- 바- 이어 애어플크?

- 장시간의 비행으로 피곤하시겠습니다.

Sie müssen nach Ihrem Fernflug sehr müde sein!
지- 뮤쌘   낙흐 이어램   페른플룩   제-어 뮤-대 자인!

- 따뜻하게 맞아주셔서 감사합니다.

Vielen Dank für Ihre herzliche Begrüßung!
피-ㄹ랜 당크   퓨어 이어래 헤르츨링해   배그뤼-쑹!

- 만나 뵙게 되어 반갑습니다.

Freut mich, Sie kennen zu lernen!
프로이트 미히, 지- 캔낸   추 레르낸!

- 저는 HEXA 사의 기술부에서 근무하고 있습니다.

Ich bin in der Technikabteilung bei der HEXA beschäftigt.
이히 빈 인 데어 테히닉압타일룽   바이 데어 헥사   배섀프틱트.

- 명함을 받으십시오.

Hier ist meine Visitenkarte.
히어   이스트 마이내 피지-텐카르태.

- 우리 회사에는 여러 생산부서들을 담당하는 여러 직원들이 있습니다.

  In unserem Hause sind für die verschiedenen Produktgruppen
  인 운저램   하우재 진트 퓨어 디 페어쉬-데낸   프로둑트그룹팬

  verschiedene Angestellte zuständig.
  페어쉬-데내   안게슈텔태   추슈탠디히.

- 저는 Neumann씨에게 오늘 우리 상담에 참석하라고 당부했습니다.

  Ich habe Herrn Neumann gebeten, an unserem Gespräch heute
  이히 하-배 해른   노이만   게베-탠, 안 운저램   게슈프랳히 호이테

  teilzunehmen.
  타일추네-맨.

- 그가 당신께 자신을 간단히 소개할 겁니다.

  Er wird sich Ihnen jetzt selbst kurz vorstellen.
  애어 뷔르트 지히 이-낸 옐츠트 젤프스트 쿠어츠 포-어슈텔랜.

- 고맙습니다.

  Ja, danke.
  야-, 당캐.

- 안녕하십니까? 제 이름은 마이어입니다.

  Guten Tag, ich heiße Meyer.
  구-탠   타-ㄱ, 이히 하이쌔   마이어.

- 저는 생산라인을 책임 맡고 있습니다.

  Ich bin verantwortlich für die Produktionslinie Edelstahlarmaturen.
  이히 빈   페어안트보르틀리히 퓨어 디   프로둑치온스리-니에   에델슈탈아-마투-랜.

- 안녕하십니까. 저는 부산의 Vision 사에서 왔고 조립기계 전체 분야 구매부장입니다.

  Guten Tag. Ich komme von der Firma Vision aus Busan und bin dort
  구-탠   타-ㄱ. 이히 콤매   폰   데어 피르마   비젼   아우스 부산   운트 빈 도르트

  Verkaufsleiter für den ganzen Bereich von Armaturen.
  페어카우프스라이터 퓨어 덴   간챈   배라읳히   폰   아-마투-랜.

- 예, Roth 씨가 우리에게 미리 알려주셨습니다.

  Ja, Herr Roth hat uns vorab informiert.
  야-, 해어 로트   하트 운스 포어랍 인포미어트.

- 그러시면 아주 잘 아시겠군요.

  Dann wissen Sie ja Bescheid.
  단   비쌘   지- 야- 베샤이트.

회사를 설명할 때

- 저희 회사는 업무용 소프트웨어를 전문으로 하고 있습니다.

  Unsere Firma ist auf geschäftliche Software spezialisiert.
  운저래 피르마 이스트 아우프 게샤프틀맇해 소프트웨어 슈페치알리지어트.

- 우리는 15년 전부터 이 품목의 수출을 전문으로 하고 있습니다.

  Wir sind seit 15 Jahren auf den Export dieser Artikel spezialisiert.
  비어 진트 자이트 퓐프첸 야-랜 아우프 덴 엑스포-트 디-저   아-티캘   슈페치알리지어트.

- 그래서 우리는 안전하게 서비스를 제공해 드릴 수가 있습니다.

  Daher können wir Ihnen sicherlich unsere Dienste anbieten.
  다헤어 쾐낸   비어 이-낸   짛헐리히   운저래 디-ㄴ스태 안비-탠.

- 우리 회사는 전자수첩 생산회사입니다.

  Wir produzieren elektronische Taschenrechner.
  비어 프로두치-랜   엘레트로닛섀   탓쉔레히너.

- 저희 회사는 각종 혁신적인 서비스로 전세계적으로 알려져 있습니다.

  Wir sind weltweit bekannt für die Vielfalt unserer innovativen
  비어 진트 벨트바이트 배칸트   퓨어 디   피-ㄹ팔트 운저러   인노바티밴
  Dienstleistungen.
  디인스트라이스퉁앤.

- 우리의 가격은 세계시장에서 경쟁력을 갖추고 있습니다.

  Unsere Preise sind auf dem Weltmarkt wettbewerbsfähig.
  운저래   프라이재 진트 아우프 뎀   벨트마르크트   배트배베릅스패-이히.

- 그리고 품질에 관해서 말하자면, 우리 제품은 귀사 측에도 잘 알려진 바입니다.

  Und was die Qualität betrifft, sind unsere Produkte sicherlich auch
  운트 밧스 디 크발리태-트 배트리프트, 진트 운저래   프로둑태   짛헐리히   아욱흐
  Ihnen bekannt.
  이-낸 배칸트.

- 우리는 직원이 200명입니다. 그중에서 70명은 관리부 소속입니다.

  Wir haben insgesamt 200 Mitarbeiter. Davon sind 70 in der Verwaltung.
  비어 하-밴   인스게잠트   츠바이훈데르트 미트아르바이터. 다폰 진트 집-치히 인 데어 페어발퉁.

- 나머지는 제품을 생산하는 노동자들입니다.

  Der Rest sind Arbeitnehmer, die die Produkte fertigen.
  데어 레스트 진트 아르바이트네-머,   디- 디 프로둑태   페르티갠.

- 그 중 70명은 관리부에서 근무합니다.

  Davon arbeiten 70 in der Verwaltung.
  다-폰   아르바이탠 집-치히 인 데어 페어발퉁.

- 130명은 생산부에서 일합니다.

  130 sind in der Produktion beschäftigt.
  훈데르트드라이씨히 진트 인 데어 프로둑치온 배섀프틱트.

- 우리와 거래하는데 관심이 있습니까?

  Sind Sie daran interessiert, mit uns ins Geschäft zu kommen?
  진트 지- 다란 인터레씨어트, 미트 운스 인스 게섀프트 추 콤맨?

제품을 설명할 때

- 이것이 저희 회사의 신제품입니다.

  Das ist unser neuestes Produkt.
  다스 이스트 운저 노이앳스태스 프로둑트.

- 아마 저희 제품을 들어보셨을 것으로 생각됩니다.

  Vielleicht haben Sie von unserem Erzeugnis gehört.
  피-ㄹ라이히트 하-밴 지- 폰 운저램 에어게프니스 게회르트.

- 이 제품은 지난주에 발매되었습니다.

  Diese Ware ist in der letzten Woche auf den Markt gebracht worden.
  디-제 바-래 이스트 인 데어 레츁탠 복해 아우프 덴 마르크트 게브락흐트 보르댄.

- 우리는 최근에 일련의 신제품들을 시장에 내놓았습니다.

  Wir haben in der letzten Zeit eine Reihe neuer Erzeugnisse auf den Markt gebracht.
  비어 하-밴 인 데어 레츁탠 차이트 아이내 라이애 노이어 에어초이그니쌔 아우프 덴 마르트트 게브락흐트.

- 이 제품은 현재 시장에서 쉽게 찾을 수 있는 성능이 좋고 저렴한 기구들입니다.

  Sie sind die leistungsfähigsten und preisgünstigsten Geräte, die man derzeit auf dem Markt finden kann.
  지- 진트 디 라이스퉁스홰-이히스탠 운트 프라이스퀸스티히스탠 게래-태, 디- 만 데어차이트 아우프 뎀 마르크트 핀댄 칸.

- 이것이 제품 카탈로그입니다.

  Das hier ist der Produktkatalog.
  다스 히어 이스트 데어 프로둑트카탈로-크.

- 우리는 독일 파트너와 사업할 기회를 찾고 있는 중입니다.

  Wir suchen eine Chance, mit deutschen Partnern ins Geschäft zu kommen.
  비-어 주-ㄱ핸 아이내 샹새, 미트 도이챈 파-트너른 인스 게섀프트 추- 콤맨.

구입을 희망할 때

- 이 제품의 특징에 대해 설명해 드리겠습니다.
  Ich möchte Ihnen die Merkmale dieses Produktes erklären.
  이히 뫼히태   이-낸   디   메르크마-ㄹ-래 디-재스 프로둑태스   에어클래-랜.

- 이것은 혁신적인 제품입니다.
  Das ist ein neu entwickeltes Produkt.
  다스 이스트 아인 노이 엔트비켈태스   프로둑트.

- 상당한 수요가 예상됩니다.
  Eine große Herausforderung lässt auf sich warten.
  아이네 그로-쌔 헤라우스포-더룽   랫스트 아우프 짛히 바르탠.

- 이것은 시장에서 수요가 많은 제품입니다.
  Dieses Produkt ist auf dem Markt sehr begehrt.
  디-재스   프로둑트   이스트 아우프 뎀 마르크트 제-어 배게-르트.

- 다양한 연령층이 사용할 수 있습니다.
  Leute jeden Alters können es verwenden.
  로이테 예-댄   알터스   쾐낸   앳스 페어벤댄.

- 조작은 매우 간단합니다.
  Die Bedienung ist ganz einfach.
  디- 배디-눙   이스트 간츠 아인팍흐.

- 놀라울 정도로 효율이 높습니다.
  Das ist erstaunlich effizient.
  다스 이스트 애어슈타운리히 에피치엔트.

- 분명 만족하실 겁니다.
  Ich bin sicher, dass Sie damit zufrieden sein werden.
  이히 빈 짛혀,   다스 지- 다미트 추프리-댄   자인 베르댄.

- 우리는 충실한 AS를 제공합니다.
  Wir bieten einen umfangreichen Kundendienst an.
  비어 비-탠   아이낸   움팡스라읳핸   쿤덴디-ㄴ스트   안.

가격을 협상할 때

- 가격에 대해 말씀드리고 싶습니다.
  Wir möchten den Preis besprechen.
  비어   뫼히탠   덴   프라이스 배슈프렣핸.

- 가격에 대해서 어느 정도 생각하십니까?
  Wie viel haben Sie im Sinn?
  비- 피-ㄹ 하-밴 지- 임 진?

- 귀사의 최저가격을 제시해보십시오.
  Bitte nennen Sie Ihren besten Preis!
  비태 넨낸 지- 이어랜 배스탠 프라이스!

- 지금 가격이 어떻게 됩니까?
  Wie ist denn jetzt bitte der Preis?
  비- 이스트 덴 예츠트 비태 데어 프라이스?

- 견적을 내 주십시오.
  Wir möchten einen Voranschlag haben.
  비어 뫼히탠 아이낸 포-어안슐락- 하-밴.

- 견적과 관련하여 질문이 있습니까?
  Haben Sie bezüglich des Voranschlags Fragen?
  하-밴 지- 배취클리히 데스 포-어안슐락스 프라-갠?

- 단가는 얼마입니까?
  Wie viel kostet der Einheitspreis?
  비- 피-ㄹ 코스테트 데어 아인하이츠프라이스?

- 그 가격으로는 받아들일 수 없습니다.
  Ich fürchte, wir können den Preis nicht annehmen.
  이히 퓌르흐태, 비-어 쾐낸 덴 프라이스 니힡트 안네-맨.

- 순수가격은 개당 35유로입니다.
  Der Bruttopreis beträgt 35 Euro pro Stück.
  데어 브루토프라이스 배트랙트 퓐프운트드라이씨히 오이로 프로 슈튁.

- 부가가치세가 가격에 포함되어 있습니까?
  Ist die Mehrwertsteuer im Preis enthalten?
  이스트 디 메-어베르트슈토이어 임 프라이스 엔트할탠?

- 아니오, 그것을 추가해야합니다.
  Nein, die müssen Sie bitte noch dazu addieren.
  나인, 디 뮤쌘 지- 비태 녹흐 다추- 아디-랜.

할인을 요청할 때

- 할인 좀 해주실 수 있습니까?
  Können Sie den Preis ein bisschen ermäßigen?
  쾐낸 지- 덴 프라이스 아인 빗스햰 에어매-씨갠?

VIII. 비즈니스를 위한 표현 **639**

- 가격을 깎아 줄 수 있습니까?
  Können Sie den Preis herabsetzen?
  쾬낸   지- 덴   프라이스 헤랍젯챈?

- 할인을 부탁드립니다.
  Wir wünschen uns, dass Sie einen Preisnachlass gewähren.
  비어 뷴섄   운스, 다스 지- 아이낸 프라이스낙흐랏스 게배-랜.

- 물품을 할인을 적용하여 제공해주시겠습니까?
  Können Sie uns die Waren mit einem Rabatt anbieten?
  쾬낸   지- 운스 디 봐-랜   미트 아이냄 라-바트 안비-탠?

- 지난 번 주문과 같은 조건으로 해주십시오.
  Geben Sie uns bitte die gleichen Bedingungen wie beim letzten Mal!
  게-밴 지- 운스 비태 디 글라잏핸 배딩웅앤   비- 바임 레츹탠   마-ㄹ!

- 현금할인은 얼마나 해줍니까?
  Wie viel Skonto räumen Sie uns ein, bitte?
  비- 피-ㄹ 스콘토 로이맨   지- 운스 아인, 비태?

- 귀하께서 저에게 특별할인을 양허해 준다는데 근거를 두고 말씀드립니다.
  Ich gehe davon aus, dass Sie mir einen Sonderrabatt einräumen.
  이히 게-애 다-폰 아우스, 다스 지- 미어 아이낸 존더라-바트   아인로이맨.

할인을 허용할 때

- 한 달 이내에 지불할 경우 우리는 2,5%의 현금할인을 보장합니다.
  Bei Zahlung innerhalb eines Monats gewähren wir zwei komma fünf
  바이 차-ㄹ룽   인너할프 아이내스 모-나츠 게배-랜   비-어 츠바이 콤마 퓐프
  Prozent Skonto.
  프로첸트 스콘토.

> 2,5%는 zwei einhalb Prozent(츠바이 아인할프 프로첸트)라고도 읽는다.

- 만약 귀사가 나중에 우리에게 주문을 하신다면, 우리는 5%의 할인을 보장해 드릴 것입니다.
  Falls Sie uns später einen Auftrag erteilen, werden wir Ihnen den
  팔스 지- 운스 슈패-터 아이낸 아우프트락 애어타일랜, 베르댄   비-어 이-낸 덴
  Abzug von 5 Prozent Skonto versichern.
  압추크 폰 퓐프 프로첸트 스콘토 페어짛혀른.

- 주문건당 최소 250개의 주문을 수령할 경우 귀사 측에 최고 10%의 할인을 해드릴 수 있습니다.

  Wir können Ihnen bei Abnahme von mindestens 250
  비-어 쾐낸   이-낸 바이 압나-메 폰 민데스텐스   츠바이훈데르트퓐프치히
  Einheiten pro Bestellung einen Rabatt in Höhe von 10% gewähren.
  아인하이텐 프로 배슈텔룽   아이낸 라-바트 인 회-에 폰 체-ㄴ 프로첸트 게배-랜.

- 우리의 가격표에 표시된 수량할인은 주문량에 따라 변합니다.

  Die in unserer Preisliste angegebenen Mengenrabatte richten sich nach
  디   인 운저러   프라이스리스테 안게게-베낸   맹앤라-바트   리히탠   지히 낙흐
  der Größe der Bestellung.
  데어 그뢰-쎄 데어 배슈텔룽.

- 우리의 카탈로그 가격에서 우리는 귀하께 33%의 특별할인을 보장합니다.

  Auf unsere Katalogpreise gewähren wir Ihnen einen Sonderrabatt von
  아우프 운재래 카탈로크프라이재 게배-랜   비-어 이-낸 아이낸 존더라-바트   폰
  33%.
  드라이운트드라이씨히 프로첸트.

- 우리는 귀하께 목록가격에서 5%의 특별할인을 허용해 드립니다.

  Wir räumen Ihnen 5% Sonderrabatt auf unsere Listenpreise ein.
  비-어 로이맨   이-낸 퓐프 프로첸트 존더라-바트 아우프 운재래 리스텐프라이재 아인.

- 만약에 귀사의 연간 매상이 5,000 유로를 넘기면, 귀사는 3%의 추가 거래할인을 받게 됩니다.

  Wenn Ihr Jahresumsatz 5.000 Euro übersteigt, erhalten Sie einen
  벤   이어 야-레스움자츠   퓐프타우젠트 오이로 위-버슈타익트, 에어할탠 지- 아이낸
  zusätzlichen Mengenrabatt von 3%.
  추-재츨리햰   맹앤라-바트 폰 드라이 프로첸트.

- 저는 1만개를 주문하고 싶습니다. 가격은 어떻습니까?

  Ich möchte gerne 10.000 Stück bestellen. Wie sieht das mit dem Preis
  이히 뫼히테 게르네 첸타우젠트 슈튁 배슈텔랜.   비- 지-트 다스 미트 뎀 프라이스
  aus?
  아우스?

- 이 조건이라면 제게 할인을 잘 해주셔야합니다.

  Unter dieser Bedingung müssten Sie mir einen guten Rabatt
  운터 디-저   베딩웅   뮤쓰탠   지- 미어 아이낸 구-탠   라-바트
  einräumen.
  아인로이메.

- 좋습니다. 고객이시니까요. 10 % 할인해드리죠.

  Na gut. Weil Sie es sind. 10 Prozent.
  나 구-ㅌ. 바일 지- 앳스 진트. 체-ㄴ 프로첸트.

- 그것은 좀 적습니다.

    Das ist mir ein bisschen wenig.
    다스 이스트 미어 아인 빗스햰 베-니히.

- 추가로 현찰할인을 2%에서 3%로 올려드릴 수 있을 겁니다.

    Zusätzlich könnte ich noch das Skonto von zwei auf drei Prozent
    추-재츨리히 쾐태 이히 녹흐 다스 스콘토 폰 츠바이 아우프 드라이 프로첸트
    erhöhen.
    애어회-앤.

- 이 조건이라면 그것에 동의합니다.

    Unter diesen Bedingungen bin ich damit einverstanden.
    운터 디-젠 배딩웅앤 빈 이히 다미트 아인페어슈탄댄.

> Tipp mit etw. einverstanden sein ...에 동의하다. damit는 mit dem Preis라는 말이다.

- 납품기간은 어떻습니까?

    Wie sieht das mit den Lieferfristen aus?
    비- 지-트 다스 미트 덴 리-퍼프리스탠 아웃스?

- 7주는 생각하셔야 합니다.

    Mit sieben Wochen müssen Sie rechnen.
    미트 지-밴 복핸 뮤쌘 지- 레히낸.

- 알았습니다.

    Einverstanden.
    아인페어슈탄댄.

- 지불조건이 어떻게 됩니까?

    Wie sieht das mit den Zahlungsbedingungen aus?
    비- 지-트 다스 미트 덴 차-룽스배딩웅앤 아웃스?

- 예, 이미 말씀드렸듯이 공장인도조건, 포장포함, 10일 이내 지불시 3% 현찰할인입니다.

    Ja, wie gesagt, Lieferung ab Werk, einschließlich Verpackung,
    야-, 비- 게작트, 리-퍼룽 압 베르크, 아인슐리-쓸리히 패어파쿵,

    3% Skonto bei Zahlung innerhalb von 10 Tagen.
    드라이 프로첸트 스콘토 바이 차-룽 인너할프 폰 첸 타-갠.

> Tipp ab Werk(압 베르크) 공장인도 조건, 물품을 공장에서부터 인도할 때 비용을 모두 납품업자가 지불하는 조건.

- 배송료는 어느 쪽이 부담합니까?

  Wer übernimmt die Anlieferungskosten?
  베-어 위버님트   디   안리-퍼룽스코스탠?

- 납품은 언제까지 되겠습니까?

  Wann erfolgt die Lieferung der Ware?
  반   애어폴크트 디 리-퍼룽   데어 봐-래?

- 납품은 어느 정도 시간이 걸립니까?

  Wie lange wird es dauern, bis die Lieferung erfolgt?
  비-   랑애   뷔르트 앳스 다우어른, 비스 디   리-퍼룽   애어폴크트?

결정을 유보할 때

- 죄송하지만 저는 결정할 수 없습니다.

  Es tut mir Leid, aber ich kann mich nicht entscheiden.
  앳스 투-트 미어 라이트, 아-버 이히 칸   미히   니힡트 앤트샤이댄.

- 그 문제는 다음 회의로 넘기기로 합시다.

  Überlassen wir die Entscheidung der nächsten Sitzung!
  위버랏샌   비-어 디 엔트샤이둥   데어 낵스탠   짙충!

- 남은 세부사항들은 다음 회의에서 다루기로 합시다.

  Lass uns die übrigen Einzelheiten nächstes Mal behandeln!
  랏스 운스 디 위브리갠   아인첼하이탠   낵스테스   마-ㄹ 배한델른!

- 확인을 받고 나서 다시 만납시다.

  Treffen wir uns nach der Bestätigung wieder!
  트래팬   비-어 운스 낙흐 데어 배스태-티궁   비-더!

- 다음 협상에서는 더 진전되리라 믿습니다.

  Ich bin der Meinung, dass wir in der nächsten Besprechung vortwärts
  이히 빈   데어 마이눙,   다스 비어 인 데어 낵스탠   배슈프렝훙   포어배르츠
  kommen können.
  콤맨 쾬낸.

- 좀 더 검토할 필요한 점이 있습니다.

  Wir haben einige Punkte, die wir weiter zu untersuchen haben.
  비-어 하-밴   아이니개 풍크태,   디   비-어 바이터 추- 운터주-ㄱ핸   하-밴.

- 그것에 대해 생각해 보겠습니다.

  Ich werde es mir überlegen.
  이히 베르대   앳스 미어 위버레-갠.

- 그럼, 그것에 대해 생각해봅시다.
  Naja, überlegen wir es uns doch noch eimal!
  나야-, 위버레-갠 비-어 앳스 운스 독흐 녹흐 아인마-ㄹ!

- 부장님의 지시를 받을 때까지 기다려주십시오.
  Bitte warten Sie, bis ich eine Anweisung von meinem Betriebsleiter bekomme!
  비태 바르탠 지-, 비스 이히 아이내 안바이중 폰 마이냄 배트리-ㅂ스라이터 배콤매!

- 가격을 검토하려면 좀 더 시간이 필요합니다.
  Ich brauche noch etwas Zeit, um über den Preis nachzudenken.
  이히 브라욱해 녹흐 애트밧스 차이트, 움 위버 덴 프라이스 낙흐추뎅캔.

조건에 합의할 때

- 좋습니다.
  Also gut.
  알조- 구-ㅌ.

- 좋은 것 같군요.
  Es scheint in Ordnung zu sein.
  앳스 샤인트 인 오르드눙 추- 자인.

- 동의합니다.
  Ich stimme mit Ihnen überein.
  이히 슈팀매 미트 이-낸 위버아인.

- 우리는 몇 가지 조건을 받아들일 수 있다고 생각합니다.
  Ich glaube, wir können einige Bedingungen annehmen.
  이히 글라우배, 비-어 쾐낸 아이니개 베딩웅앤 안네-맨.

- 대충 합의가 되었군요.
  Wir stimmen im Großen und Ganzen überein.
  비-어 슈팀맨 임 그로-쌘 운트 간챈 위버아인.

- 모든 점에서 합의가 된 것 같습니다.
  Ich glaube, wir haben in jeder Hinsicht eine Übereinstimmung.
  이히 글라우배, 비-어 하-밴 인 예-더 힌지히트 아이내 위버아인슈팀뭉.

- 이 계약은 3년간 유효합니다.
  Dieser Vertrag ist 3 Jahre lang gültig.
  디-저 페어트락 이스트 드라이 야-레 랑 귤티히.

- 이 조항에 몇 가지 첨가하고 싶은 게 있습니다.
  Ich habe etwas, diesem Artikel hinzufügen.
  이히 하-배 애트밧스, 디-잼 아-티켈 힌추퓨-갠.

- 이 조항은 합의한 내용과 다른 것 같습니다.
  Ich glaube, dieser Artikel weicht etwas von den einzelnen Punkten des
  이히 글라우배, 디-저 아-티캘 바일히트 애트밧스 폰 덴 아인첼낸 풍크탠 데스
  Vertrags ab.
  페어트락스 압.

- 이제 계약에 사인할 수 있을 것 같습니다.
  Ich finde, ich kann jetzt den Vertrag unterschreiben.
  이히 핀대, 이히 칸 예츠트 덴 퍼어트락 운터슈라이밴.

- 귀사와 계약을 맺게 되어서 매우 기쁩니다.
  Wir freuen uns, mit Ihnen einen Vertrag zu schließen.
  비-어 프로이앤 운스, 미트 이-낸 아이낸 페어트락 추- 슐리-쌘.

조건을 거부할 때

- 그것은 동의할 수 없습니다.
  Dazu kann ich nicht zustimmen.
  다추- 칸 이히 니힐트 추-슈팀맨.

- 미안하지만 할 수 없습니다.
  Ich fürchte, ich kann nicht.
  이히 퓨르흐태, 이히 칸 니힐트.

- 저는 그 조건에 동의할 수 없습니다.
  Der Bedingung kann ich nicht zustimmen.
  데어 배딩웅 칸 이히 니힐트 추-슈팀맨.

- 유감입니다만, 그것은 불가능합니다.
  Es ist leider unmöglich.
  앳스 이스트 라이더 운뫼-클리히.

- 현 단계에서는 긍정적인 답을 드릴 수가 없습니다.
  Momentan kann ich nicht „Ja" sagen.
  모멘탄 칸 이히 니힐트 야- 자-갠.

- 동의할 수 없는 몇 가지 점이 있습니다.
  Es gibt einige Punkte, mit denen wir nicht übereinstimmen können.
  앳스 깁트 아이니개 프로둑태, 미트 데-낸 비-어 니힐트 위버아인슈팀맨 캔낸.

VIII. 비즈니스를 위한 표현 645

- 당신이 말씀하신 것에 동의하지 않습니다.
  Ich bin darüber nicht mit Ihnen einig.
  이히 빈 다뤼-버 니힡트 미트 이-낸 아이니히.

  > Ich stimme damit nicht überein.(이히 슈팀매 다미트 니힡트 위버아인.)이라고도 한다.

- 그 점은 당신과 뜻을 함께 할 수 없습니다.
  Da kann ich Ihnen nicht zustimmen.
  다- 칸 이히 이-낸 니힡트 추-슈팀맨.

- 그 점에서 당신의 말에 전적으로 동의하지 않습니다.
  Darin stimme ich mit Ihnen nicht völlig überein.
  다린 슈팀매 이히 미트 이-낸 니힡트 푈리히 위버아인.

- 그 점에 있어서 모두들 의견이 일치하지 않습니다.
  Darin stimmen alle Leute nicht überein.
  다린 슈팀멘 알레 로이테 니힡트 위버아인.

- 당신 혼동하신 것 같습니다.
  Ich glaube, Sie irren sich.
  이히 글라우배, 지- 이랜 지히.

- 당신 의견에 찬성할 수가 없습니다.
  Ich kann Ihnen da nicht zustimmen.
  이히 칸 이-낸 다 니힡트 추-슈팀맨.

- 그 문제에 있어 나는 당신과 의견이 다릅니다.
  Darüber bin ich anderer Meinung.
  다뤼-버 빈 이히 안더러 마이눙.

- 죄송하지만, 당신의 요구에 응할 수 없습니다.
  Es tut uns Leid, wir können Ihrer Anfrage nicht nachkommen.
  앳스 투-트 미어 라이트, 비-어 쾐낸 이어러 안프라-개 니힡트 낙흐콤맨.

- 글쎄요, 그것은 어려운 문제입니다.
  Nun ja, das ist ein schwieriges Problem.
  누-ㄴ 야-, 다스 이스트 아인 슈비-리게스 프로블레-ㅁ.

- 타협점을 찾도록 노력해봅시다.
  Versuchen wir mal eine Übereinkunft zu erzielen!
  페어주-ㄱ핸 비-어 마-ㄹ 아이내 위버아인쿤프트 추- 애어치-ㄹ랜!

 # 납품과 클레임

독일어권 바이어와 계약을 체결하고 주문, 납품, 배송, 선적, 확인할 때 생길 수 있는 클레임 문제를 제기하거나 거기에 응할 때 그리고 클레임을 거부할 때 쓸 수 있는 기본 표현을 익혀두도록 한다. 이미 위에 나와 있는 전화 기본 표현들도 잘 연습해서 이럴 때 요긴하게 사용하도록 한다.

납품할 때

- 귀사의 제품에 대해 여쭤어 보고 싶습니다.

  Ich möchte bezüglich Ihres Produkts anfragen.
  이히 뫼히태 배취글리히 이어래스 프로둑테스 안프라-갠.

- AF-101은 재고가 있습니까?

  Haben Sie Artikel AF-103 auf Lager?
  하-밴 지- 아-티캘 아에프-아인스 눌 드라이 아우프 라거?

- 목요일까지 10대 납품해 줄 수 있습니까?

  Können Sie uns 10 Einheiten bis Donnerstag liefern?
  쾐낸 지- 운스 첸 아인하이텐 비스 돈너스타-ㅋ 리-퍼른?

- 언제 납품받을 수 있나요?

  Wann können Sie sie ausliefern?
  반 쾐낸 지- 지 아우스리-퍼른?

- 언제 납품할 수 있나요?

  Wann können Sie liefern?
  반 쾐낸 지- 리-퍼른?

- 가능하면 빨리 받아보았으면 하는데요.

  Wir möchten sie so schnell wie möglich bekommen.
  비-어 뫼히탠 지- 조- 슈낼 비- 뫼클리히 베콤맨.

- 다음 주에 입하할 예정입니다.

  Wir rechnen damit, dass Sie sie nächste Woche empfangen werden.
  비-어 레히낸 다미트, 다스 지- 지 낵스태 복해 엠팡앤 베르댄.

VIII. 비즈니스를 위한 표현 647

- 우리가 부품들을 월요일에 납품하겠습니다.

  Wir liefern die Ersatzteile am Montag.
  비-어 리-퍼른 디 애어자츠타일 암 모-ㄴ타-ㅋ.

- 우리는 3주안에 납품할 수 있습니다.

  Wir können innerhalb von drei Wochen liefern.
  비-어 쾐낸 인너할프 폰 드라이 복핸 리-퍼른.

- 오래 걸리는군요. 좀 단축할 가능성은 있습니까?

  Das ist mir doch etwas zu lang. Besteht die Möglichkeit, es abzukürzen?
  다스 이스트 미어 독흐 애트밧스 추- 랑. 배슈테-트 디 뫼-클리히카이트, 앳스 압추퀴르챈?

- 제가 제공할 수 있는 최대한 기간은 14일입니다.

  Das Schnellste, was ich anbieten kann, wären 14 Tage.
  다스 슈넬스태, 밧스 이히 안비-탠 칸, 배-렌 피어첸 타-개.

클레임을 제기할 때

- 클레임이 있습니다.

  Ich möchte eine Beschwerde vorbringen.
  이히 뫼히태 아이내 배슈베르대 포-어브링앤.

- 클레임을 담당자는 누구입니까?

  Wer bearbeitet die Beschwerde?
  베-어 베아르바이테트 디 배슈베르대?

- 귀사의 제품에 문제가 있습니다.

  Wir haben ein Problem mit Ihrem Produkt.
  비-어 하-밴 아인 프로블렘 미트 이어램 프로둑트.

- 책임자와 이야기를 하고 싶습니다.

  Ich möchte mit dem Sachbearbeiter sprechen.
  이히 뫼히태 미트 뎀 잣흐베아르바이터 슈프렣핸.

- 주문한 상품이 아직 도착하지 않았습니다.

  Wir haben die Ware, die wir bestellt haben, noch nicht erhalten.
  비-어 하-밴 디 봐-래, 디 비어 베슈텔트 하-밴, 녹흐 니힡트 애어할탠.

- 발송하신 상품이 아직 못 받았습니다.

  Wir haben die versandte Ware noch nicht erhalten.
  비-어 하-밴 디 페어잔태 봐-래 녹흐 니힡트 애어할탠.

- 우리는 그 물품을 지금까지 인수하지 못했습니다.

  Wir haben die Ware bisher nicht bekommen.
  비-어 하-밴 디 봐-래 빗스해어 니힡트 배콤맨.

- 상품의 일부가 운송 중에 손상되었습니다.

  Ein Teil der Waren ist auf dem Transport beschädigt worden.
  아인 타일 데어 봐–랜   이스트 아우프 뎀 프란스포–트   배섀–딕트   보르댄.

- 귀사가 우리에게 발송한 상품의 품질이 좋지 않아 사용할 수 가 없습니다.

  Wir haben für die schlechte Qualität, die Sie an uns gesendet haben,
  비–어 하–밴 퓨어 디 슐레히태   크발리태–트, 디 – 지– 안 운스 게젠데트   하–밴,

  keine Verwendung.
  카이내 페어벤둥.

- 이 사안에 대해 어떻게 할 생각인지 말씀 좀 해주시겠습니까?

  Würden Sie uns sagen, was Sie in dieser Angelegenheit zu tun gedenken?
  뷰르댄   지– 운스 자–갠, 밧스 지– 인 디–저   안게레갠하이트   추– 투운 게뎅캔?

- 앞으로 우리의 주문 건에 더 많은 주의를 기울여주십시오.

  Führen Sie bitte unsere Aufträge künftig mit größerer Sorgfalt aus!
  퓨–랜   지– 비태   운저래   아우프트래–개 퀸프티히 미트 그뢰–써러   조륵팔트   아웃스!

- 앞으로 비슷한 일이 일어나지 않도록 노력 좀 해주십시오.

  Bemühen Sie sich bitte, ähnliche Vorkommnisse in Zukunft zu
  배뮤–앤   지– 지히 비태, 애–ㄴ링해 포–어콤니쌔   인 추쿤프트 추–

  vermeiden!
  페어마이댄!

클레임에 응할 때

- 저희에게 그 상품들에 대한 귀하의 경험을 보고해주셔서 대단히 고맙습니다.

  Vielen Dank, dass Sie uns über Ihre Erfahrung mit den Waren berichtet
  피–ㄹ랜 당크,   다스 지– 운스 위버 이어래 애어파–룽 미트 덴   봐–랜   배리히태트

  haben.
  하–밴.

- 귀하께서 우리에게 이번 실수를 주목하도록 해주셔서 감사드립니다.

  Vielen Dank, dass Sie uns auf dieses Versehen aufmerksam gemacht
  피–ㄹ랜 당크,   다스 지– 운스 아우프 디–재스 페어제–앤 아우프메르크잠   게막흐트

  haben.
  하–밴.

- 결함이 있는 상품들은 흠 없는 것으로 교환해드리겠습니다.

  Die mangelhaften Waren werden gegen einwandfreie umgetauscht.
  디   망엘하프탠   봐–랜   베르댄   게–갠   아인반트프라이애   움게타우쉬트.

- 그 상품들을 저희 비용부담으로 되돌려 보내주십시오.

  Bitte senden Sie die Waren auf unsere Kosten gegen Gutschrift zurück.
  비태 젠댄 지- 디 봐-랜 아우프 운저랜 코스탠 게-갠 구-트슈리프트 추뤽.

- 그러한 실수가 반복되지 않도록 모든 조처를 취하겠습니다.

  Wir werden alles tun, damit sich ein solcher Fehler nicht wiederholt.
  비-어 베르댄 알랫스 투운, 다미트 짖히 아인 졸혀 펠-러 니힡트 비-더홀트.

- 이번 실수로 귀하께 불쾌함을 야기시켜 사과드립니다.

  Bitte entschuldigen Sie die Unannehmlichkeiten, die Ihnen durch
  비태 엔트슐-디갠 지- 디 운안네-ㅁ리히카이탠, 디- 이-낸 두르히

  dieses Versehen entstanden sind.
  디-재스 페어제-앤 엔트슈탄댄 진트.

- 폐를 끼쳐드려 죄송합니다.

  Ich muss mich bei Ihnen für die Unannehmlichkeiten entschuldigen.
  이히 뭇스 미히 바이 이-낸 퓨어 디 운안네-ㅁ리히카이탠 엔트슐-디갠.

- 그것은 저희의 불찰이었습니다.

  Das war unser Versehen.
  다스 봐 운저 페어제-앤.

클레임을 거부할 때

- 이 경우에 저희가 그 물품들을 돌려받을 수 없어 유감입니다.

  Wir bedauern, dass wir in diesem Fall die Waren nicht zurücknehmen
  비-어 배다우어른, 다스 비-어 인 디-잼 팔 디 봐-랜 니힡트 추뤽네-맨

  können.
  괜낸.

- 조사한 결과 재료에 오류가 없기 때문에, 귀사의 제안대로 이 안건을 다룰 수는 없습니다.

  Da die Prüfung keine Materialfehler ergab, ist es uns unmöglich,
  다- 디 프뤼-풍 카이내 마테리알펠-러 애어갑, 이스트 앳스 운스 운뫼-클리히,

  die Angelegenheit gemäß Ihrem Vorschlag zu regeln.
  디 안게레갠하이트 게매-쓰 이어램 포-어슐락 추- 레-겔른.

- 저희가 이러한 환경 하에서 손실에 대한 책임을 질 수가 없음을 인정하셔야 할 겁니다.

  Sie werden zugeben müssen, dass wir unter diesen Umständen für den
  지- 베르댄 추게-밴 뮤쌘, 다스 뷔어 운터 디-잰 움슈탠댄 퓨어 덴

  Verlust nicht verantwortlich gemacht werden können.
  페어루스트 니힡트 페어안트보르틀리히 게막흐트 베르댄 괜낸.

- 이 경우에 있어 저희는 책임을 떠맡을 수가 없습니다.

  Wir können in diesem Fall keine Haftung übernehmen.
  비-어 쾐낸   인 디-잼 팔 카이내 하프퉁   위버네-맨.

- 귀하께서 보험사에 손상 상태를 신청하실 것을 제안 드리고 싶습니다.

  Wir möchten vorschlagen, dass Sie den Schaden der
  비-어 뫼히탠   포-어슐라-갠,   다스 지- 덴   샤-댄   데어

  Versicherungsgesellschaft melden.
  페어짙허룽스게젤샤프트   멜댄.

- 저희는 분쟁조정을 법원에 맡길 준비가 되어있습니다.

  Wir sind bereit, uns einem Schiedsverfahren zu unterwerfen.
  비-어 진트 베라이트, 운스 아이냄 쉬-츠페어파-랜   추- 운터베르팬.

- 가능한 한 즉시 분쟁 판정에 대해 귀하게 알려드리겠습니다.

  Wir werden Sie so bald wie möglich über den Schiedsspruch informieren.
  비-어 베르댄   지- 조- 발트 비- 뫼-클리히 위버 덴   쉬-츠슈프룩흐   인포미-랜.

Teil IX

독일에서의 여행을 위한 표현

01 비행기
02 공항
03 호텔
04 관광과 기념사진
05 쇼핑
06 귀국

 비행기

독일 비행기를 타고 여행할 때 한국인 승무원이 있지만 독일인 승무원과 대화할 때 사용할 수 있는 기본 표현들을 정리하였으니 익혀두도록 한다. 독일에서 항공사에 전화걸 때 "Ich möchte einen Flug reservieren."(비행기 예약을 부탁합니다.)라고 하고, 비행기에서는 "Wo ist mein Sitz?"(제 자리는 어디입니까?)라고 물어보고, 승무원이 말하는 "Ihr Platz ist 12C."(손님 좌석은 12C입니다.) "Würden Sie sich jetzt anschnallen?"(지금 벨트를 매십시오.) 그리고 "Bitte sagen Sie mir, wenn Sie Hilfe brauchen!"(도움이 필요하면 제게 말씀하십시오.) 등의 기본 표현을 익혀둔다.

항공기를 이용할 때

- 비행기 예약을 부탁합니다.
  Ich möchte einen Flug reservieren.
  이히 뫼히태 아이낸 플루-크 레저비-랜.

- 마일리지 프로그램을 제공합니까?
  Bieten Sie ein Meilenprogramm an?
  비-탠 지- 아인 마일렌프로그람   안?

- 저는 루프트한자 마일리지가 있습니다.
  Ich habe Meilen von der Lufthansa bekommen.
  이히 하-배 마일렌 폰 데어 루프트한자 배콤맨.

- 한국행 왕복 비행기표를 주십시오.
  Ich möchte ein Hin-und Rückflug-Ticket nach Korea.
  이히 뫼히태 아인 힌- 운트 뤽플루-크-티케트 낙흐 코레-아.

- 베를린행 좌석을 두개 예약하고 싶습니다.
  Ich möchte zwei Plätze nach Berlin buchen.
  이히 뫼히태 츠바이 플랫채 낙흐 베를리-인 북핸.

- 이 노선의 비행기가 언제 출발합니까?
  Wann verkehren die Maschinen auf dieser Linie?
  반   페어케-랜   디 마쉬-낸   아우프 디-저 리니-에?

- 매일 오후 6시입니다.

  Täglich um 18 Uhr.
  태클리히 움 악흐첸 우-어.

- 내일 로마행 비행기 있습니까?

  Haben Sie morgen eine Maschine nach Rom?
  하-밴 지- 모르갠 아이내 마쉬-내 낙흐 로-옴.

- 일찍 가는 비행기로 부탁합니다.

  Ich möchte einen früheren Flug.
  이히 뫼히태 아이낸 프뤼-어랜 플루-크.

- 늦게 가는 비행기로 부탁합니다.

  Ich möchte einen späteren Flug.
  이히 뫼히태 아이낸 슈패-터랜 플루-크.

- 토요일 오전 것으로 예약할 수 있습니까?

  Kann ich einen Platz für Samstag Vormittag buchen?
  칸 이히 아이낸 플랏츠 퓨어 잠스타-ㄱ 포-어미타-ㄱ 북핸?

- 미안합니다만 다 예매되었습니다.

  Leider ist schon alles ausgebucht.
  라이더 이스트 쇼-ㄴ 알랫스 아우스게북흐트.

- 그러나 손님에게 월요일 것을 예약해 드릴 수 있습니다.

  Aber für Montag kann ich Ihnen einen Platz reservieren.
  아-버 퓨-어 모-ㄴ타-ㄱ 칸 이히 이-낸 아이낸 플랏츠 레저비-랜.

- 아니오, 그것은 너무 늦습니다.

  Nein, das ist leider zu spät.
  나인, 다스 이스트 라이더 추- 슈패-트.

- 그러면 대한항공에 문의해보십시오.

  Dann versuchen Sie es bei der KAL!
  단 퍼어주-ㄱ핸 지- 앳스 바이 칼!

- 며칠에 출발하실 겁니까?

  An welchem Tag wollen Sie fliegen?
  안 벨햄 타-ㄱ 볼랜 지- 플리-갠?

- 5월 7일입니다.

  Am siebten Mai.
  암 지-ㅂ탠 마이.

- 12월 5일이 될 겁니다.

  Es wäre am fünften Dezember etwas frei.
  앳스 봬-래 암 퓐프탠 데쳄버 앳트바스 프라이.

- 아직 빈 좌석이 있습니다.

  Wir haben noch Plätze frei.
  비-어 하-밴   녹흐   플랫체   프라이.

- 비행기 좌석이 거의 다 찼습니다.

  Die Maschine ist fast voll.
  디   마쉬-내   이스트 파스트 폴.

- 아직 몇 자리만 남아있습니다.

  Es sind nur noch vereinzelt Sitze frei.
  앳스 진트 누어 녹흐   페어안인첼트   짙체   프라이.

- 그날은 좌석이 이미 다 찼습니다.

  Leider ist die Maschine an dem Tag schon ausgebucht.
  라이더   이스트 디 마쉬-내   안 뎀   타-크 쇼-ㄴ   아우스게북흐트.

- 대기자 명단에 올려드릴까요?

  Soll ich Sie auf die Warteliste setzen?
  졸   이히 지- 아우프 디 바르테리스태 젵챈?

- 가망은 있나요?

  Wie stehen die Chancen?
  비- 슈테-앤 디 샹샌?

- 손님은 대기 순서 5번째입니다.

  Sie sind an der fünften Stelle auf der Warteliste.
  지- 진트 안 데어 퓐프탠   슈텔래   아우프 데어 바르테리스태.

- 간혹 행운이 따를 수도 있습니다.

  Manchmal hat man Glück.
  만히마-ㄹ-   하트 만   글뤼크.

- 통로 쪽 좌석으로 하겠습니다.

  Ich nehme einen Platz am Gang.
  이히 네-매   아이낸   플라츠 암   강.

- 뉴욕으로 가는 다른 비행사가 있습니까?

  Gibt es andere Fluggesellschaften, die nach New York fliegen?
  깁트 앳스 안더래   플룩게젤샤프탠,   디   낙흐   뉴욕   플리-갠?

- 그날 서울행 다른 비행기가 있습니까?

  Gibst es eine andere Maschine, die an dem Tag nach Seoul fliegt?
  깁트   앳스 아이내 안더래   마쉬-내,   디 안 뎀   타-크 낙흐 서울   플리-ㄱ트?

- 아마 모든 비행기가 자리가 없을 겁니다.

  Wahrscheinlich sind alle Maschinen ausgebucht.
  봐-샤인리히   진트 알래 마쉬-낸   아우스게북흐트..

- 아시다시피 지금 성수기라서요.

  Wie Sie wissen, haben wir jetzt Hochsaison.
  비- 지- 비쌘,   하-밴   비-어 예츠트 혹흐제-종.

- 출발 전에 다시 예약을 확인해야합니까?

  Muss ich vor dem Abflug nochmal die Reservierung bestätigen lassen?
  뭇스   이히 포어 뎀   압플루-크 녹흐마-ㄹ   디   레저비-룽   배슈태-티갠   랏샌?

- 출발 3일 전에 전화 주십시오.

  Rufen Sie uns bitte drei Tage vor dem Abflug an!
  루-팬   지- 운스 비태   드라이 타-게 포어 뎀   압플루-크 안!

- 그러면 확인해드리겠습니다.

  Dann sagen wir Ihnen Bescheid.
  단   자-갠   비-어 이-낸   배샤이트.

- 제가 비행을 확인해야 합니까?

  Muss ich meinen Flug rückbestätigen?
  뭇스   이히 마이낸   플루-크 뤽배슈태-티갠?

- 출발시간을 확인하고 싶은데요.

  Ich möchte die Abflugzeit bestätigen lassen.
  이히 뫼히태   디   압플룩차이트   배슈태-티갠   랏샌.

- 제 이름은 박입니다. 예약했는데요.

  Ich heiße Park. Ich habe den Flug gebucht.
  이히 하이쌔   팍.   이히 하-배 덴   플루-크 게북흐트.

- 확인해주시겠어요?

  Können Sie ihn bestätigen?
  쾬낸   지- 이인   배슈태-티갠?

- 제 이름이 서울행 승객 명단에 있습니까?

  Steht mein Name auf der Passagierliste nach Seoul?
  슈테-트 마인   나-매   아우프 데어 파싸지어리스테   낙흐   서울?

- 그 비행기를 4월 달에 예약했습니다.

  Den Flug habe ich im April gebucht.
  덴   플루-크 하-배 이히 임   아프리-일 게북흐트.

- 예, 비행번호 937. 11시 15분 출발입니다.

  Ja, das ist die Flugnummer neun drei sieben. Abflug Viertel nach elf.
  야-, 다스 이스트 디 플룩눔머   노인   드라이 지-밴.   압플루-크 피어텔   낙흐   엘프.

- 늦어도 출발 2시간 전에 나와 주셔야합니다.

  Sie müssen spätestens zwei Stunden vor Abflug da sein.
  지- 뮤쌘   슈패-테스텐스 츠바이 슈툰댄   포어 압플루-크 다- 자인.

IX. 독일에서의 여행을 위한 표현 **657**

- 루프트한자 항공 카운터는 어디입니까?

  Wo ist der Schalter von Lufthansa?
  보- 이스트 데어 샬터   폰   루프트한자?

- 면세점은 어디 있습니까?

  Wo ist der Duty-Free-Shop?
  보- 이스 데어 듀티-프리-숍?

- 면세점에서 물건 좀 사고 싶습니다.

  Ich möchte im Duty-Free-Shop etwas einkaufen.
  이히 뫼히태   임 듀티-프리-숍   앳트바스 아인카우팬.

- 면세점에서 쇼핑할 시간이 되나요?

  Reicht die Zeit, um im Duty-Free-Shop etwas zu kaufen?
  라이히트 디   차이트, 움 임 듀티-프리-숍   앳트바스 추- 카우팬?

짐을 부칠 때

- 수하물 수속은 어디서 합니까?

  Wo wird das Gepäck abgefertigt?
  보- 뷔르트 다스 게팩   압페르틱트?

- 수하물 수속을 어디서 할 수 있습니까?

  Wo kann ich das Gepäck abfertigen lassen.
  보- 칸   이히 다스 게팩   압페르티갠   랏샌?

- 수속은 얼마나 오래 걸립니까?

  Wie lange dauert die Abfertigung?
  비- 랑애   다우어트 디 압페르티-궁?

- 지금 체크인 할 수 있습니까?

  Kann ich jetzt einchecken?
  칸   이히 예츠트 아인첵캔?

- 10시부터 수속을 밟을 수 있습니다.

  Ab 10 Uhr können Sie einchecken.
  압 첸 우어 쾬낸   지- 아인첵캔.

- 체크인하기 위해서는 무엇이 필요합니까?

  Was braucht man zum Einchecken?
  밧스 브라욱흐트 만   춤   아인첵캔?

- 체크인을 하기 위해서는 손님의 비행기표, 신분증 또는 여권이 필요합니다.

  Zum Einchecken benötigen Sie Ihr Flugticket, Ihren Personalausweis
  춤   아인첵캔   배뇨-티갠   지- 이어 플룩티케트,   이어랜 페르조-날아우스바이스
  oder Reisepass.
  오-더 라이제파쓰.

- 수하물은 저울에 접수되고 자동으로 비행기로 보내집니다.

  Das Reisegepäck wird nach dem Wiegen eingecheckt und automatisch
  다스 라이제게팩   뷔르트 낙흐 뎀   비-갠   아인게체크트   운트 아우토마티쉬
  zu Ihrer Maschine befördert.
  추- 이어러 마쉬-내   배푀르더트.

- 기내수하물은 물론 가지고 있어도 됩니다.

  Ihr Handgepäck dürfen Sie selbstverständlich behalten.
  이어 한트게팩   듀르팬   지- 젤프스트페어슈탠틀리히   배할탠.

- 이 짐을 맡길게요.

  Ich will dieses Gepäck aufgeben.
  이히 빌   디-제스 게팩   아우프게-밴.

- 이 짐을 부칠 수 있습니까?

  Kann ich mein Gepäck aufgeben?
  칸   이히 디-제스 게팩   아우프게-밴?

- 항공권을 가지고 있습니까?

  Haben Sie Ihr Ticket dabei?
  하-밴   지- 이어 티케트   다바이?

- 수하물을 위해 표 번호가 필요합니다.

  Ich brauche Ihre Ticketnummer für das Gepäck.
  이히 브라욱해   이어래 티케트눔머   퓨어 다스 게팩.

- 짐은 얼마나 많이 허용됩니까?

  Wie viel Gepäck ist erlaubt?
  비-   피-ㄹ 게팩   이스트 에얼라웁트?

- 부치지 않는 짐을 얼마나 가지고 탈수 있습니까?

  Wie viel Freigepäck kann ich mitnehmen?
  비-   피-ㄹ 프라이게팩   칸   이히 미트네-맨?

- 수하물은 몇 킬로 들고 들어갈 수 있나요?

  Wie viel Kilo Handgepäck kann ich mitnehmen?
  비-   피-ㄹ 킬-로 한트게팩   칸   이히 미트네-맨?

- 1인당 20킬로까지입니다.

  Bis zwanzig Kilogramm je Person.
  비스 츠반치히   킬로그람   예 페르조온.

- 짐을 저울에 올려놓으십시오.
  Stellen Sie bitte Ihr Gepäck auf die Waage!
  슈텔랜 지- 비태 이어 게팩 아우프 디 비-게!

- 이 수하물을 기내로 가지고 가도 됩니까?
  Kann ich dieses Handgepäck an Bord mitnehmen?
  칸 이히 디-제스 한트게팩 안 보르트 미트네-맨?

- 이 짐은 기내로 가지고 갑니다.
  Das ist eine Tragetasche.
  다스 이스트 아이내 트라-개탓쉐.

- 이것을 기내에 가지고 들어갈 수 있습니까?
  Kann ich diese Tasche in die Kabine mitnehmen?
  칸 이히 디-제 탓쉐 인 디 카비-내 미트네-맨?

- 이 짐은 휴대용품입니다.
  Das ist Handgepäck.
  다스 이스트 한트게팩.

- 여기 손님의 탑승카드가 있습니다.
  Hier ist Ihre Bordkarte.
  히-어 이스트 이어 보르트카르테.

- 몇 번 출구로 나가면 됩니까?
  Welchen Flugsteig soll ich nehmen?
  벨햰 플룩슈타익 졸 이히 네-맨?

- 비행은 예정대로 출발합니까?
  Ist der Flug pünktlich?
  이스트 데어 플루-크 퓽크틀리히?

- 비행은 정시에 출발합니까?
  Fliegt die Maschine pünktlich ab?
  플리-ㄱ트 디 마쉬-네 퓽크틀리히 압?

- 탑승이 시작되었나요?
  Hat das Boarding begonnen?
  하트 다스 보-딩 배곤낸?

- 출발 게시판에 뭐라고 쓰여 있나요?
  Was steht auf der Abflugtafel?
  밧스 슈테-트 아우프 데어 압플룩타-펠?

- 비행기가 연착됐습니다.
  Die Maschine hat Verspätung.
  디 마쉬-네 하트 페어슈패-퉁.

- 눈이 내리면 이륙이 연착됩니까?

  Verspätet sich der Abflug bei Schnee?
  페어슈패태트 지히 데어 압플루-크 바이 슈네-?

- 비행기는 약 1시간 연착되어 15시에 출발합니다.

  Der Flieger startet mit fast einer Stunde Verspätung um 15 Uhr.
  데어 플리-거 슈타-테트 미트 파스트 아이너 슈툰데 페어슈패-퉁 움 퓐프첸 우-어.

- 비행기 이륙이 약간 연착됩니다.

  Die Maschine hat eine leichte Verspätung beim Abflug.
  디 마쉬-내 하트 아이내 라이히테 페어슈패-퉁 바임 압플루크.

공항 대합실에서

- 여기 이 자리 비었습니까?

  Ist der Sitz hier noch frei?
  이스트 데어 짙츠 히어 녹흐 프라이?

- 예, 앉으시지요.

  Bitte sehr.
  비태 제-어.

- 제 이름은 롤란트 뮐러입니다.

  Mein Name ist Roland Müller.
  마인 나-매 이스트 롤란트 뮐러.

- 반갑습니다. 저는 김 미라입니다.

  Angenehm. Ich heiße Mira Kim.
  안게네-ㅁ. 이히 하이쌔 미라 킴.

- 당신도 런던으로 가십니까?

  Guten Tag, fliegen Sie auch nach London?
  구-탠 타-크, 플리-갠 지- 아우흐 낙흐 론돈?

- 예, 저도 런던으로 갑니다.

  Ja, ich fliege auch nach London.
  야-, 이히 플리-개 아욱흐 낙흐 론돈.

- 아니오, 저는 런던에서 계속해서 글래스고우로 갑니다.

  Nein, ich fliege von London weiter nach Glasgow.
  나인, 이히 플리-개 폰 론돈 바이터 낙흐 글래스고우.

- 독일에 처음이십니까?

  Sind Sie das erste Mal in Deutschland?
  진트 지- 다스 에어스태 마-ㄹ 인 도이칠란트?

- 아니오, 저는 3년 전부터 매년 정기적으로 독일에 옵니다.
  Nein, ich fliege seit vier Jahren regelmäßig nach Deutschland.
  나인, 이히 플리-게 자이트 피어 야-랜 레겔매씨히 낙흐 도이칠란트.

- 그런데 여기 독일에서 무엇을 하십니까?
  Und was machen Sie hier?
  운트 밧스 막핸 지- 히어?

- 저는 비즈니스맨입니다.
  Ich bin Kaufmann.
  이히 빈 카우프만.

- 저는 컴퓨터 프로그램을 판매합니다.
  Ich verkaufe Computerprogramme.
  이히 페어카우패 콤퓨터프로그라매.

좌석을 찾을 때

- 제 자리는 어디입니까?
  Wo ist mein Sitz?
  보- 이스트 마인 짙츠?

- 이 자리가 어디 있지요?
  Wo ist dieser Platz?
  보- 이스트 디-저 플랏츠?

- 이 좌석 번호는 어디 있지요?
  Wo finde ich diese Sitznummer?
  보- 핀대 이히 디-제 짙츠눔머?

- 제 자리가 어디인지 말씀해 주시겠습니까?
  Würden Sie mir sagen, wo mein Platz ist?
  뷰르댄 지- 미어 자-갠, 보- 마인 플라츠 이스트?

- 좌석번호 31 A를 찾는 중입니다.
  Ich suche die Sitznummer 31 A.
  이히 주-ㄱ해 디 짙츠눔머 아인운트드라이씨히 아.

- 저기 오른 쪽 창가입니다.
  Das ist da rechts am Fenster.
  다스 이스트 다- 레히츠 암 펜스터.

- 탑승권을 보여주십시오.
  Zeigen Sie mir Ihr Flugticket, bitte?
  차이갠 지- 미어 이어 플룩티케트, 비태?

- 탑승권을 보여주시겠습니까?

  Darf ich Ihr Flugticket sehen?
  다르프 이히 이어 플룩티케트 제-앤?

- 여기 있습니다.

  Hier ist es.
  히어 이스트 앳스.

- 손님 좌석은 12C입니다.

  Ihr Platz ist zwölf C.
  이어 플랏츠 이스트 츠뵐프 체.

- 왼쪽 창가입니다.

  Links am Fenster.
  링크스 암 펜스터.

- 손님 좌석은 통로 쪽입니다.

  Ihr Platz ist an der Gangseite.
  이어 플랏츠 이스트 안 데어 강자이태.

- 손님 좌석은 다른 쪽입니다.

  Ihr Sitz ist auf der anderen Seite.
  이어 짙츠 이스트 아우프 데어 안더랜 자이태.

- 이쪽으로 오십시오.

  Kommen Sie bitte hierher!
  콤맨 지- 비태 히어해어!

- 미안합니다. 좀 지나갈까요?

  Entschuldigung, darf ich mal durch?
  엔트슐-디궁, 다르프 이히 마-ㄹ- 두르히?

- 여기 제 자리입니다.

  Hier ist mein Sitz.
  히어 이스트 마인 짙츠.

- 내 소형 수하물을 어디에 놓을 수 있나요?

  Wo kann ich mein kleines Handgepäck hinstellen?
  보- 칸 이히 마인 클라이내스 한트게팩 힌슈텔랜?

- 좌석 아래에 놓으십시오.

  Stellen Sie es unter den Sitz hin!
  슈텔랜 지- 앳스 운터 덴 짙츠 힌!

- 그것을 좌석 위 보관함에 넣지 마십시오.

  Legen Sie es bitte nicht in die Ablage über dem Sitz!
  레-갠 지- 앳스 비태 니힡트 인 디 아플라-개 위버 뎀 짙츠!

IX. 독일에서의 여행을 위한 표현 **663**

- 그것은 외투와 상의만을 위한 곳입니다.
  Sie ist nur für Mäntel und Jacken.
  지- 이스트 누어 퓨어 맨텔 운트 약캔.

- 휴대용 수하물을 좌석 위 화물함에 올려놓으십시오.
  Legen Sie Ihr Handgepäck in den Stauraum oberhalb des Sitzes!
  레-갠 지- 이어 한트게팩 인 덴 슈타우라움 오버할프 데스 짙체스!

- 휴대용 수하물을 화물함에다 보관하실 수 있습니다.
  Bewahren Sie das Bordgepäck im Stauraum auf!
  배봐-랜 지- 다스 보르트게팩 임 슈타우라움 아우프!

- 안전벨트를 착용하십시오.
  Legen Sie bitte Ihren Sicherheitsgurt an!
  레-갠 지- 비태 이어랜 짙혀하이츠구어트 안!

- 지금 벨트를 매십시오.
  Würden Sie sich jetzt anschnallen?
  뷰르댄 지- 지히 예츠트 안슈날랜?

- 자리를 좀 앞으로 당겨주십시오.
  Stellen Sie bitte den Sitz aufrechts nach vorne!
  슈텔랜 지- 비태 덴 짙츠 아우프레히츠 낙흐 포르네!

- 자리를 뒤로 눕혀도 될까요?
  Darf ich den Sitz nach hinten verstellen?
  다르프 이히 덴 짙츠 낙흐 힌탠 페어슈텔랜?

기내서비스를 받을 때

- 도움이 필요하시면 제게 말씀하십시오.
  Bitte sagen Sie mir, wenn Sie Hilfe brauchen!
  비태 자-갠 지- 미어, 벤 지- 힐페 브라욱핸!

- 무엇을 마시고 싶으십니까?
  Was möchten Sie trinken?
  밧스 뫼히탠 지- 트링캔?

- 무엇을 좀 마시겠습니까?
  Möchten Sie etwas trinken?
  뫼히탠 지- 앳트바스 트링캔?

- 실례합니다. 음료수 좀 줄 수 있습니까?
  Entschuldigung. Kann ich mal eine Erfrischung bekommen?
  엔트슐-디궁. 칸 이히 마-르 아이내 에어프리슝 배콤맨?

- 어떤 음료가 있습니까?

  Was für Getränke haben Sie?
  밧스 퓨어 게트랭케 하-밴 지-?

- 레몬주스 있습니까?

  Haben Sie Limonade?
  하-밴 지- 리모나-데?

- 레몬주스 없습니까?

  Haben Sie keine Limonade?
  하-밴 지- 카이내 리모나-데?

- 콜라 있습니까?

  Haben Sie Cola?
  하-밴 지- 콜-라?

- 콜라 한잔 마셨으면 합니다.

  Ich hätte gerne ein Glas Cola.
  이히 해태 게르내 아인 글라-스 콜-라.

- 맥주를 주시겠습니까?

  Können Sie mir ein Bier geben?
  쾬낸 지- 미어 아인 비-어 게-밴?

- 커피를 한잔 하고 싶습니다.

  Ich möchte gern eine Tasse Kaffee.
  이히 뫼히태 게른 아이내 탓쌔 카페.

- 맥주와 오렌지 주스 한잔 주십시오.

  Bringen Sie uns ein Bier und einen Orangensaft!
  브링앤 지- 운스 아인 비-어 운트 아이낸 오랑젠자프트!

- 베게와 모포를 주시겠습니까?

  Können Sie mir ein Kopfkissen und eine Wolldecke bringen?
  쾬낸 지- 미어 아인 코프키쌘 운트 아이내 볼덱캐 브링앤?

- 덮개 하나 주십시오.

  Ich möchte eine Decke haben.
  이히 뫼히태 아이내 덱캐 하-밴.

- 한국신문 있습니까?

  Haben Sie eine koreanische Zeitung?
  하-밴 지- 아이내 코레아니쉐 차이퉁?

- 혹시 한국신문 있습니까?

  Haben Sie vielleicht eine koreanische Zeitung?
  하-밴 지- 필라이히트 아이내 코레아니쉐 차이퉁?

- 죄송합니다. 독일신문과 영자신문만 있습니다.

  Tut mir Leid. Wir haben nur deutsche und englische Zeitungen.
  투-트 미어 라이트. 뷔어 하-밴 누어 도이체 운트 앵글리쉐 차이퉁앤.

- 좋습니다. 독일신문 좀 하나 가져다주시겠습니까?

  Gut. Würden Sie mir bitte eine deutsche Zeitung bringen?
  쿠-트. 뷰르댄 지- 미어 비태 아이내 도이체 차이퉁 브링앤?

- 멀미봉지 하나 주십시오.

  Geben Sie mir eine Spucktüte!
  게-밴 지- 미어 아이내 슈푹튜-테!

- 기내에 멀미약도 있습니까?

  Haben Sie auch Mittel gegen Übelkeit an Bord?
  하-밴 지- 아욱흐 미텔 게-갠 위-벨카이트 안 보르트!

- 몸이 좋지 않습니다.

  Ich fühle mich nicht wohl.
  이히 퓨-르래 밓히 니힡트 보올.

- 몸이 좀 불편합니다.

  Mir ist übel.
  미어 이스트 위-벨.

- 구토가 납니다.

  Es ist mir übel.
  앳스 이스트 미어 위-벨.

- 저는 비행멀미가 있습니다.

  Ich leide an der Luftkrankheit.
  이히 라이대 안 데어 루프트크랑크하이트.

- 비행멀미약 좀 주세요.

  Geben Sie mir ein Mittel gegen Luftkrankheit.
  게-밴 지- 미어 아인 미텔 게-갠 루프트크랑크하이트.

- 이제 좀 낫습니다.

  Jetzt geht es mir besser.
  예츠트 게-트 앳스 미어 배써.

기내식을 주문할 때

- 식사시간은 몇 번 있습니까?

  Wie viele Mahlzeiten bekommen wir?
  비- 피-래 마-르차이탠 배콤맨 뷔어?

- 따뜻한 음식은 두 번 나옵니다.

  Sie bekommen 2 warme Mahlzeiten.
  지- 배콤맨 츠바이 봐르매 마-ㄹ차이탠.

- 이 비행기는 한 번만 제공하고 스낵을 한 번 줍니다.

  Diese Maschine gibt nur eine aus sowie einen kalten Snack.
  디-제 마쉬-내 깁트 누어 아이내 아우스 조비- 아이낸 칼탠 스낵.

- 식사는 언제 나옵니까?

  Wann bringen Sie das Essen?
  반 브링앤 지- 다스 앳샌?

- 먹을 만한 게 뭐 있습니까?

  Was gibt es zu essen?
  밧스 깁트 앳스 추- 앳샌?

- 치킨이나 파스타를 선택할 수 있습니다.

  Es gibt Hähnchen oder Pasta zur Auswahl.
  앳스 깁트 핸핸 오-더 파스타 추어 아웃스봐-ㄹ.

- 무엇을 드시겠습니까?

  Was möchten Sie gern essen?
  밧스 뫼히탠 지- 게른 앳샌?

- 닭고기를 드릴까요, 아니면 소고기로 드릴까요?

  Wollen Sie Hähnchen oder Rindfleisch?
  볼랜 지- 핸핸 오-더 린터플라이쉬?

- 닭고기를 먹겠습니다.

  Ich will Hähnchen.
  이히 빌 핸핸.

- 빵을 줄 수 있습니까?

  Können Sie mir ein Brot bringen?
  쾐낸 지- 미어 아인 브로-트 브링앤?

- 식사는 필요 없습니다.

  Ich brauche kein Essen.
  이히 브라욱해 카인 앳샌.

- 식사를 다 하셨습니까?

  Sind Sie mit dem Essen fertig?
  진트 지- 미트 뎀 앳샌 페르티히?

- 예, 다 했습니다.

  Ja, ich bin fertig.
  야-, 이히 빈 페르티히.

IX. 독일에서의 여행을 위한 표현

기내 면세품을 구입할 때

- 기내에서 면세품을 판매합니까?

  Verkaufen Sie zollfreie Waren an Bord?
  페어카우팬 지- 촐프라이애 봐-랜 안 보르트?

- 기내 면세품 있습니까?

  Gibt es in der Maschine auch Duty Free?
  깁트 앳스 인 데어 마쉬-내 아욱흐 듀티 프리?

- 어떤 담배가 있습니까?

  Was für Zigaretten haben Sie?
  밧스 퓨어 치가레탠 하-밴 지-?

- 어떤 종류의 화장품이 있습니까?

  Was für Kosmetikartikel haben Sie?
  밧스 퓨어 코즈메틱아-티켈 하-밴 지-?

- 여성용 화장품 있습니까?

  Gibt es Kosmetik für Frauen?
  깁트 앳스 코즈메틱 퓨어 프라우앤?

- 여기 이것은 있습니까?

  Haben Sie das hier?
  하-밴 지- 다스 히어?

- 어떤 상표를 원하십니까?

  Welche Marke wollen Sie?
  벨해 마르캐 볼랜 지-?

- 한국 돈 받습니까?

  Nehmen Sie koreanisches Geld an?
  네-맨 지- 코레아니쉐스 겔트 안?

- 한국 돈으로 지불해도 되나요?

  Darf ich mit koreanischer Währung bezahlen?
  다르프 이히 미트 코레아니셔 봬-룽 배차-ㄹ랜?

- 우리나라 돈으로 계산할 수 있습니까?

  Kann ich in meiner Währung zahlen?
  칸 이히 인 마이너 봬-룽 차-ㄹ랜?

입국카드를 작성할 때

- 이것은 입국카드입니까?

  Ist das ein Immigrationsformular?
  이스트 다스 아인 이미그라치온스포-물라-?

- 이 서류 작성법을 가르쳐주십시오.

  Könnten Sie mir sagen, wie ich es ausfüllen muss?
  쾐탠 지- 미어 자-갠, 비- 이히 앳스 아우스퓔랜 뭇스?

- 손님의 인적사항과 여권 사항을 기입하셔야합니다.

  Sie müssen Ihre Personalien und Passangaben eintragen.
  지- 뮤쌘 이어래 페르조날리앤 운트 파쓰안가-밴 아인트라-갠.

- 손님께서 주소에 고향의 주소나 호텔을 꼭 기입하셔야함을 주의하십시오.

  Achten Sie bitte darauf, dass Sie bei der Adresse Ihre Heimatadresse
  악흐탠 지- 비태 다라우프, 닷스 지- 바이 데어 아드레쌔 이어래 하이마트아드레쌔

  oder Ihr Hotel eintragen müssen.
  오-더 이어 호텔 아인트라-갠 뮤쌘.

몸이 불편할 때

- 비행기 멀미약 있습니까?

  Haben Sie ein Mittel gegen Luftkrankheit?
  하-밴 지- 아인 미텔 게-갠 루프트크랑크하이트?

- 몸이 좀 불편합니다. 약을 주시겠어요?

  Ich fühle mich nicht wohl. Kann ich ein Medikament bekommen?
  히히 퓔래 미히 니힡트 보-ㄹ. 칸 이히 아인 메디카멘트 배콤맨?

- 비행은 예정대로 입니까?

  Ist der Flug planmäßig?
  이스트 데어 플루크 플란맷씨히?

- 현지시간으로 지금 몇 시입니까?

  Wie viel Uhr Ortszeit ist es jetzt?
  비- 피-ㄹ 우어 오르츠차이트 이스트 앳스 예츠트?

통과·환승할 때

- 환승은 가능합니까?

  Ist ein Stopover möglich?
  이스트 스톱오-버 뫼-클리히?

   die Zwischenlandung(디 츠빗셴란둥)이라고도 한다.

- 이 공항에서 어느 정도 머뭅니까?

  Wie lange halten wir hier?
  비- 랑애 할탠 비-어 히어?

- 환승 카운터는 어디입니까?

  Wo ist der Transfer-Schalter?
  보- 이스트 데어 프란스퍼-샬터?

- 탑승수속은 어디서 합니까?

  Wo kann ich einchecken?
  보- 칸 이히 아인첵캔?

- 환승까지 시간은 어느 정도 있습니까?

  Wie lange habe ich Zeit bis zum Umsteigen?
  비- 랑애 하-배 이히 차이트 빗스 춤 움슈타이갠?

- 환승 연결이 될 때까지는 얼마나 걸립니까?

  Wie lange dauert es, bis man auf die Umsteigeverbindung wartet?
  비- 랑애 다우어트 앳스, 빗스 만 아우프 디 움슈타이게페어빈둥 봐르데트?

- 탑승은 몇 시부터 시작합니까?

  Wann beginnt das Boarding?
  반 배긴트 다스 보-딩?

- 환승을 편하게 하기 위해서 쾰른-본 공항에는 세 개의 특별 환승 카운터가 설치되어있습니다.

  Um das Umsteigen zu erleichtern, wurden am Köln-Bonner Flughafen
  움 다스 움슈타이갠 추 애어라이히터른, 부르댄 암 쾰른-보너 플룩하-팬
  drei spezielle Transfer-Schalter eingerichtet.
  드라이 슈페치엘래 트랜스퍼-샬터 아인게리히테트.

- 먼저 도착한 승객들은 그곳에서 짐을 부치고 계속 비행을 체크인 할 수 있습니다.

  Angekommene Fluggäste können dort ihr Gepäck aufgeben und für
  안게콤매네 플룩개스태 쾐낸 도르트 이어 게팩 아우프게-밴 운트 퓨어
  den Weiterflug einchecken.
  덴 봐이터플루크 아인첵캔.

공항

독일 공항에서 짐을 찾을 때, 세관을 통과할 때 그리고 공항 안내소에서 숙소나 여행 등에 대한 정보를 얻을 때 사용하는 기본 표현을 익혀 사용하면 된다. 어느 나라 공항이나 마찬가지로 독일 공항에도 1~2시간 미리 도착하여 비행탑승 대기를 한다.

짐을 찾을 때

- 짐 찾는 곳은 어디입니까?

  Wo ist die Gepäckausgabe?
  보- 이스트 디 게팩아우스가-배?

- 짐은 어디서 찾습니까?

  Wo kann ich mein Gepäck bekommen?
  보- 칸 이히 마인 게팩 배콤맨?

- 여기가 712편 짐 찾는 곳인가요?

  Ist das hier das Gepäckausgabeband für den Flug 712?
  이스트 다스 히어 다스 게팩아우스가-베반트 퓨어 덴 플룩 지벤 아인스 츠바이?

- 짐이 도착했습니까?

  Ist das Gepäck angekommen?
  이스트 다스 게팩 안게콤맨?

- 저 빨강색 가방이 제 것입니다.

  Die rote Tasche ist meine.
  디 로-태 탓쉐 이스트 마이내.

- 제 짐을 찾을 수가 없습니다.

  Ich kann mein Gepäck nicht finden.
  이히 칸 마인 게팩 니힡트 핀댄.

- 제 짐이 보이지 않습니다.

  Ich finde mein Gepäck nicht.
  이히 핀대 마인 게팩 니힡트.

- 제 짐을 더 이상 찾을 수가 없습니다.
  Ich kann mein Gepäck nicht mehr finden.
  이히 칸 마인 게팩 니힡트 메어 핀댄.

- 제 짐을 찾을 수 있게 도와주십시오.
  Helfen Sie mir bei meinem Gepäck!
  헬팬 지 미어 바이 마이넴 게팩!

- 여기 제 수하물인환증입니다.
  Hier ist mein Gepäckschein.
  히어 이스트 마인 게팩샤인.

- 수하물인환증을 보여주십시오.
  Zeigen Sie mir Ihren Gepäckschein!
  차이갠 지- 미어 이어랜 게팩샤인!

- 찾으면 이 주소로 좀 보내주십시오.
  Liefern Sie es zu dieser Adresse, wenn Sie es finden!
  리-퍼른 지- 앳스 추어 디-저 아드레쌔, 벤 지- 앳스 핀댄.

입국심사를 받을 때

- 여권을 보여주시겠습니까?
  Darf ich mir mal Ihren Pass sehen?
  다르프 이히 미어 마-ㄹ 이어랜 파쓰 제-앤?

- 여권을 보여주십시오.
  Zeigen Sie mir bitte Ihren Pass!
  차이갠 지- 미어 비태 이어랜 파쓰!

- 여권, 부탁합니다!
  Ihren Pass, bitte!
  이어랜 파쓰, 비태!

- 여기 제 여권입니다.
  Hier ist mein Pass.
  히어 이스트 마인 파쓰.

- 제 여권 여기 있습니다.
  Hier ist mein Reisepass.
  히어 이스트 마인 라이제파쓰.

- 여기 있습니다.
  Hier bitte.
  히어 비태.

- 여행목적이 무엇입니까?

  Was ist der Zweck Ihrer Reise?
  밧스 이스트 데어 츠벡   이어러 라이재?

- 나는 사업차 여기 왔습니다.

  Ich bin geschäftlich hier.
  이히 빈 게섀프틀리히   히어.

- 나는 사업차 여행 중입니다.

  Ich mache eine Geschäftsreise.
  이히 막해   아이내 게섀프츠라이재.

- 나는 어학과정에 다닐 겁니다.

  Ich will einen Sprachkurs machen.
  이히 빌   아이낸 슈프랗흐쿠어스 막핸.

- 여행할 겁니다.

  Ich will reisen.
  이히 빌   라이잰.

- 여기서 휴가를 보낼 겁니다.

  Ich mache hier Urlaub.
  이히 막해   히어 우얼라웁.

- 저의 삼촌을 방문하는 것입니다.

  Ich besuche meinen Onkel.
  이히 배주-ㄱ해   마이낸   옹켈.

- 저는 단지 이곳을 경유해 갈 뿐입니다.

  Ich bin nur auf der Durchreise.
  이히 빈 누어 아우프 데어 두르히라이재.

- 이곳에 얼마나 체류하실 겁니까?

  Wie lange bleiben Sie hier?
  비- 랑애   블라이밴   지- 히어?

- 3주 동안 머물 겁니다.

  Ich bleibe drei Wochen.
  이히 블라이배 드라이 복핸.

- 한 달간 머물 겁니다.

  Ich bleibe einen Monat.
  이히 블라이배 아이낸 모-나트.

- 세 달간 머물 겁니다.

  Ich bleibe drei Monate.
  이히 블라이배 드라이 모-나태.

IX. 독일에서의 여행을 위한 표현

- 독일 어디에서 머무십니까?

  Wo bleiben Sie in Deutschland?
  보- 블라이밴 지- 인 도이췰란트?

- 뒤셀도르프입니다.

  In Düsseldorf.
  인 뒤쎌도르프.

- 뒤셀도르프 어디에서 머무실 겁니까?

  Wo bleiben Sie in Düsseldorf?
  보- 블라이밴 지- 인 뒤쎌도르프?

- 노보텔호텔에 머물 겁니다.

  Im Hotel Novotel.
  임 호텔 노보-텔.

- 펜션에서 머물 겁니다.

  In einer Pension.
  인 아이너 팡지온.

- 저의 고모 집에서 있을 건데요.

  Bei meiner Tante.
  바이 마이너 탄테.

- 관광객이십니까?

  Sind Sie Tourist?
  진트 지- 투어리스트?

- 단체여행입니까?

  Sind Sie ein Mitglied einer Reisegruppe?
  진트 지- 아인 미트글리-트 아이너 라이제그룹패?

- 아니오, 학생입니다.

  Nein, ich bin Student.
  나인, 이히 빈 슈투-덴트.

- 여기 당신의 여권이 있습니다.

  Hier ist Ihr Pass.
  히어 이스트 이어 파쓰.

- 즐거운 체류가 되길 바랍니다.

  Ich wünsche Ihnen einen angenehmen Aufenthalt.
  이히 뷴섀 이-낸 아이낸 안게네-맨 아우프엔트할트.

세관을 통과할 때

- 여권과 세관검사는 어디서 합니까?

  Wo ist die Pass- und Zollkontrolle?
  보- 이스트 디 파쓰- 운트 촐콘트롤레?

- 세관원이 검사를 언제 시작하지요?

  Wann fängt der Beamte mit der Zollkontrolle an?
  반 팽트 데어 배암태 미트 데어 촐콘트롤레 안?

- 과세품을 가지고 계십니까?

  Haben Sie etwas zu verzollen?
  하-밴 지- 앳스밧스 추 페어촐랜?

- 아니오, 저는 과세품이 없습니다.

  Nein, ich habe nichts zu verzollen.
  나인, 이히 하-배 니힡츠 추- 페어촐랜.

- 저는 관세를 낼 물건이 없습니다.

  Ich habe nichts zu deklarieren.
  이히 하-배 니힡츠 추 데클라리-랜.

- 개인용품뿐입니다.

  Ich habe nur persönliche Habe.
  이히 하-배 누어 페르죈-릿해 하-배.

- 저는 개인용 물건만 가지고 있습니다.

  Ich habe nur Sachen für den persönlichen Bedarf.
  이히 하-배 누어 작핸 퓨어 덴 페르죈리핸 배다르프.

- 이것은 내 개인적인 용도를 위한 것입니다.

  Das ist für meinen persönlichen Gebrauch.
  다스 이스트 퓨어 마이낸 페르죈릿핸 게브라욱흐.

- 제 짐을 검사할 겁니까?

  Wollen Sie mein Gepäck prüfen?
  볼랜 지- 마인 게팩 프뤼-팬?

- 제 가방을 열어야 합니까?

  Soll ich meinen Koffer aufmachen?
  졸 이히 마이낸 코퍼 아우프막핸?

- 짐을 모두 열어야 합니까?

  Muss ich alles aufmachen?
  뭇스 이히 알랫스 아우프막핸?

- 당신의 가방을 열어보십시오.
  Bitte öffnen Sie Ihren Koffer!
  비태 외프낸 지- 이어랜 코퍼!

- 이 가방을 열어보십시오.
  Bitte machen Sie diesen Koffer auf!
  비태 막핸 지- 디-젠 코퍼 아우프!

- 그 안에는 책들만 있습니다.
  Darin gibt es nur Bücher.
  다린 깁트 앳스 누어 뷧혀.

- 이거 관세품목인가요?
  Ist das zollpflichtig?
  이스트 다스 촐플리히티히?

- 아니오, 비과세품목입니다.
  Nein, das ist zollfrei.
  나인, 다스 이스트 촐프라이.

- 아니오, 그것은 신고할 필요가 없습니다.
  Nein, das brauchen Sie nicht zu deklarieren.
  나인, 다스 브라욱핸 지- 니힡트 추- 데클라리-랜.

- 그중에서 관세를 낼만한 것은 아무 것도 없습니다.
  Es ist nichts Verzollbares darunter.
  앳스 이스트 니힡츠 페어촐바래스 다-룬터.

- 이것은 과세대상입니다.
  Das ist zollpflichtig.
  다스 이스트 촐플리히티히.

- 세관으로 가십시오.
  Gehen Sie bitte zum Zollamt!
  게-앤 지- 비태 춤 촐암트!

- 얼마를 지불해야합니까?
  Wie viel muss ich zahlen?
  비- 필 뭇스 이히 차-ㄹ랜?

- 이것은 내 개인적인 용도를 위한 것입니다.
  Das ist für meinen persönlichen Gebrauch.
  다스 이스트 퓨어 마이낸 페르죈릿핸 게브라욱흐.

- 개인 소지품입니다.
  Das ist meine Privatsache.
  다스 이스트 마이내 프라바트작해.

- 이것은 무엇입니까?

  Was ist das?
  밧스 이스트 다스?

- 제 여자친구에게 줄 선물입니다.

  Das ist ein Geschenk für meine Freundin.
  다스 이스트 아인 게솅크 퓨어 마이내 프로인딘.

- 이것은 제 어머니에게 드릴 손목시계입니다.

  Das ist eine Armbanduhr für meine Mutter.
  다스 이스트 아이내 아름반트우-어 퓨어 마이내 무터.

- 그 시계는 160 유로입니다.

  Die Uhr kostet 160 Euro.
  디 우-어 코스태트 아인훈데르트젝히치히 오이로.

 독일에서는 175유로 이하의 선물은 비과세품목이다.

- 저는 포도주 한 병을 갖고 있습니다.

  Ich habe eine Flasche Wein.
  이히 하-배 아이내 플라쉐   봐인.

- 담배 한 벌 갖고 있는데요.

  Ich habe eine Stange Zigaretten.
  이히 하-배 아이내 슈탕에 치가레탠.

- 다 끝났습니까?

  Sind Sie fertig?
  진트 지- 페르티히?

- 당신의 짐은 검색이 끝났습니다.

  Ihr Gepäck ist schon kontrolliert.
  이어 게팩   이스트 쇼-ㄴ 콘트롤리어트.

- 카트는 어디 있습니까?

  Wo ist der Gepäckhandwagen?
  보- 이스트 데어 게팩한트봐-갠?

공항 안내소에서

- 관광 안내소는 어디 있습니까?

  Wo ist das Fremdenverkehrsbüro?
  보- 이스트 다스 프렘덴페어케어스뷰로-?

- 그것은 저 쪽에 있습니다.
  Das ist da drüben.
  다스 이스트 다- 드뤼-밴.

- 그것은 입구 옆에 있습니다.
  Das liegt neben dem Eingang.
  다스 리-ㄱ트 네-밴 뎀 아인강.

- 시가지도와 관광 팜플렛을 주십시오.
  Bitte geben Sie mir einen Stadtplan und einen Reiseführer!
  비태 게-밴 지- 미어 아이낸 슈탙트플란 운트 아이낸 라이제퓨-러!

- 매표소는 어디 있습니까?
  Wo ist der Fahrkartenschalter?
  보- 이스트 데어 파-카르텐샬터?

- 여기서 호텔 예약을 할 수 있나요?
  Kann ich hier eine Hotelreservierung vornehmen?
  칸 이히 히어 아이내 호텔레저비-룽 포어네-맨?

- 여기서 호텔방을 예약을 할 수 있나요?
  Kann ich hier ein Hotelzimmer reservieren?
  칸 이히 히어 아인 호텔침머 레저비-랜?

- 호텔 목록 있습니까?
  Haben Sie eine Hotelliste?
  하-밴 지- 아이내 호텔리스트?

- 그 호텔은 어디 있나요?
  Wo liegt das Hotel?
  보- 리-ㄱ트 다스 호텔?

- 제게 그것을 예약해 주시겠습니까?
  Können Sie es mir reservieren?
  쾐낸 지- 앳스 미어 레저비-랜?

- 당신의 호텔은 어디입니까?
  Wo ist Ihr Hotel, bitte?
  보- 이스트 이어 호텔, 비태?

- 그 호텔은 어디 있습니까?
  Wo liegt denn das Hotel?
  보- 리-ㄱ트 덴 다스 호텔?

- 중앙역 맞은편에 있습니다.
  Es liegt gegenüber dem Hauptbahnhof.
  앳스 리-ㄱ트 게-갠위-버 뎀 하우프트반-호프.

- 중앙역에서 멀지 않습니다.

  Es ist nicht weit vom Hauptbahnhof.
  앳스 이스트 니힐트 봐이트 폼 하우프트반-호프.

- 공항에서 그다지 멀지 않습니다.

  Es ist nicht so weit vom Flughafen.
  앳스 이스트 니힐트 조- 봐이트 폼 플룩하-팬.

- 그곳에서 그다지 멀지 않아요.

  Es ist nicht so weit von dort.
  앳스 이스트 니힐트 조- 봐이트 폰 도르트.

- 그곳에서부터 걸어서 단 5분 거리입니다.

  Es sind nur 5 Minuten zu Fuß von dort.
  앳스 진트 누어 퓐프 미누-탠 추 푸-쓰 폰 도르트.

- 지하철역에서부터 걸어서 10분 거리입니다.

  10 Minuten zu Fuß von der U-Bahnstation.
  첸- 미누-탠 추- 푸-쓰 폰 데어 우-반슈타치오온.

- 공항에서부터 택시로 20분 거리입니다.

  20 Minuten mit dem Taxi vom Flughafen.
  츠반치히 미누-탠 미트 뎀 타-ㅋ시 폼 플룩하-팬.

- 다른 호텔을 추천해주십시오.

  Können Sie mir ein anderes Hotel empfehlen?
  쾐낸 지- 미어 아인 안더래스 호텔 엠페-ㄹ랜?

- 저는 시내 중심부에 있기를 원합니다.

  Ich möchte im Zentrum der Stadt sein.
  이히 뫼히태 임 첸트룸 데어 슈탓트 자인.

- 저는 상업지역에 머무는 것을 원치 않습니다.

  Ich möchte nicht im Geschäftsviertel sein.
  이히 뫼히태 니힐트 임 게섀프츠피어텔 자인.

- 저는 시내에서 너무 멀리 떨어져 있고 싶지는 않습니다.

  Ich möchte nicht zu weit außerhalb der Stadt sein.
  이히 뫼히태 니힐트 추- 봐이트 아우써할프 데어 슈탓트 자인.

- 여기서 렌터카를 예약할 수 있습니까?

  Kann ich hier ein Mietauto buchen?
  칸 이히 히어 아인 미-트아우토 북핸?

- 포터를 불러 주십시오.

  Bitte rufen Sie mir einen Träger!
  비태 루-팬 지- 미어 아이낸 트래-거!

- 이 짐을 택시 승차장까지 옮겨주십시오.

Bringen Sie dieses Gepäck bis zum Taxistand!
브링앤   지- 디-제스 개팩   비스 춤   타-크시슈탄트!

- 카트는 어디 있습니까?

Wo sind Kofferkulis?
보- 진트 코퍼쿨-리스?

 der Kofferkuli 카트

- 짐을 호텔로 보내주십시오.

Bitte liefern Sie das Gepäck zu meinem Hotel!
비태 리-퍼른 지- 다스 개팩   추- 마이넴   호텔!

- 제 짐을 역에서부터 가져가 주십시오.

Lassen Sie mein Gepäck vom Bahnhof holen!
랏샌   지- 마인 개팩   폼   바-ㄴ호프 호-렌!

- 누군가 마중 나오나요?

Wird Sie jemand abholen?
뷔르트 지- 예-만트 압홀-렌?

- 누가 공항에 당신을 마중을 나오지요?

Wer holt Sie vom Flughafen ab?
베-어 홀트 지- 폼   플룩-하펜   압?

- 내일 아침에 마중 나와 줄 수 있습니까?

Können Sie mich morgen früh abholen?
쾐낸   지- 미히 모르갠   프뤼 압호-렌?

- 마중 나와 주셔서 정말 고맙습니다.

Vielen Dank, dass Sie mich abholen!
피-ㄹ랜 당크,   다스 지- 밓히   압호-렌!

호텔

현지의 어느 곳에서든 숙박할 호텔을 찾거나 예약하기, 방의 종류와 방 안의 시설, 숙박기간, 요금, 체크인, 숙박부 작성, 방 확인, 물품 보관, 시설물 이용, 체크아웃 등에 필요한 아래의 기본표현을 충분히 연습하고 익혀둔다.

호텔을 찾을 때

- 여기 호텔은 어디 있습니까?

  Wo ist hier ein Hotel?
  보- 이스트 히어 아인 호텔?

- 호텔을 찾고 있습니다.

  Ich suche ein Hotel.
  이히 주-ㄱ해 아인 호텔.

- 당신네 호텔은 어디 있습니까?

  Wo liegt Ihr Hotel?
  보- 리-ㄱ트 이어 호텔?

- 공항에서 저를 데려갈 수 있습니까?

  Können Sie mich vom Flughafen abholen?
  쾐낸 자- 밎히 폼 플룩하-팬 압호-ㄹ랜?

- 역까지 데리러 오시겠습니까?

  Können Sie mich am Bahnhof abholen?
  쾐낸 자- 밎히 암 바-ㄴ호프 압호-ㄹ랜?

- 슈타인베르크 호텔까지 갑시다.

  Zum Hotel Steinberg, bitte!
  춤 호텔 슈타인베르크, 비태!

- 저는 방을 예약했습니다.

  Ich habe ein Zimmer vorbestellt.
  이히 하-배 아인 침머 포-어배슈텔트.

- 여기서 호텔 예약을 할 수 있나요?

    Kann ich hier eine Hotelreservierung vornehmen?
    칸   이히 히어 아이내 호텔레저비-룽   포-어네-맨?

- 여기서 호텔방을 예약을 할 수 있나요?

    Kann ich hier ein Hotelzimmer reservieren?
    칸   이히 히어 아인 호텔침머   레저비-랜?

호텔을 예약할 때

- 안녕하세요, 뭘 원하시죠?

    Guten Tag, Sie wünschen bitte?
    구-텐   타-ㅋ, 지- 뷴섄   비태?

- 안녕하세요, 뭘 원하시죠?

    Guten Tag. Was wünschen Sie, bitte?
    구-탠   타-ㅋ, 밧스 뷴섄   지-, 비태?

- 뭘 원하시죠?

    Bitte schön?
    비태   쇠-ㄴ?

- 방을 하나 구했으면 합니다.

    Ich hätte gern ein Zimmer.
    이히 해태   게른   아인 침머.

- 바다를 전망으로 하는 방을 원합니다.

    Ich möchte ein Zimmer mit Blick aufs Meer.
    이히 뫼히태   아인 침머   미트 블릭 아우프스 메-어.

- 호텔 뒤쪽으로 나 있는 방을 원합니다.

    Ich möchte ein Zimmer, nach hinten gelegen.
    이히 뫼히태   아니 침머,   낙흐 힌탠   게레-갠.

> **Tipp** 반면에 zur Straße hin gelegen(추어 슈트라-쎄 힌 게레-갠)는 "길쪽으로 나 있는/길쪽으로 놓여있는" 이란 뜻이다.

- 빈 방 있습니까?

    Haben Sie ein Zimmer frei?
    하-밴   지- 아인 침머   프라이?

- 아직 빈방이 있나요?

    Haben Sie noch ein Zimmer frei?
    하-밴   지- 녹흐 아인 침머   프라이?

- 어떤 종류의 방을 원하십니까?

  Was für ein Zimmer möchten Sie?
  밧스 퓨어 아인 침머 뫼히탠 지-?

- (이중에서) 어떤 방을 원하십니까?

  Welches Zimmer möchten Sie?
  벨해스 침머 뫼히탠 지-?

- 싱글 룸인가요 아니면 더블 룸인가요?

  Ein Einzelzimmer oder ein Doppelzimmer?
  아인 아인첼침머 오-더 아인 도펠침머?

- 욕실이 있는 싱글 룸을 원합니다.

  Ich möchte ein Einzelzimmer mit Bad.
  이히 뫼히태 아인 아인첼침머 미트 바-트.

- 샤워기가 있는 더블 룸을 원합니다.

  Ich möchte ein Doppelzimmer mit Dusche.
  이히 뫼히태 아인 도펠침머 미트 두쉐.

- 욕실과 샤워기가 있는 더블 룸을 원해요.

  Ich möchte ein Doppelzimmer mit Bad und Dusche.
  이히 뫼히태 아인 도펠침머 미트 바-트 운트 두쉐.

- 욕실이 없는 싱글 룸을 원합니다.

  Ich möchte ein Einzelzimmer ohne Bad.
  이히 뫼히태 아인 아인첼침머 오-네 바-트.

- 샤워기나 욕실이 있는 싱글 룸을 원해요.

  Ich möchte ein Einzelzimmer mit Dusche oder Bad.
  이히 뫼히태 아인 아인첼침머 미트 두쉐 오-더 바-트.

- 예, 아직 비어있습니다.

  Ja, es ist noch frei.
  야-, 앳스 이스트 녹흐 프라이.

- 운이 좋군요, 아직 비어있습니다.

  Sie haben Glück, es ist noch frei.
  지- 하-밴 글뤽, 앳스 이스트 녹흐 프라이.

- 예, 정말 운이 좋군요.

  Ja, da haben Sie aber Glück.
  야-, 다스 하-밴 지 아-버 글뤽.

- 예, 됩니다.

  Ja, es geht.
  야-, 앳스 게-트.

IX. 독일에서의 여행을 위한 표현

- 잠깐이오, 한번 찾아보겠습니다.

  Einen Moment, ich sehe mal nach.
  아이낸 모-멘트, 이히 제- 마-ㄹ 낙흐.

- 예, 샤워기가 있는 방이요. 그것은 됩니다.

  Ja, mit Dusche, das geht.
  야-, 미트 두쉐, 다스 게-트.

- 우리는 4층에 샤워만 되는 방이 하나 더 있습니다.

  Wir haben noch ein Zimmer mit Dusche im dritten Stock.
  뷔어 하-밴 녹흐 아인 침머 미트 두쉐 임 드리탠 슈톡.

- 예, 그것은 가능합니다.

  Ja, das ist möglich.
  야-, 다스 이스트 뫼-클리히.

- 예, 아직까지도.

  Ja, bis jetzt noch.
  야-, 비스 예츠트 녹흐.

- 유감이네요. 벌써 찼습니다.

  Es tut mir Leid. Es ist schon besetzt.
  앳스 투트 미어 라이트. 앳스 이스트 쇼-ㄴ 배젯츠트.

- 이미 찼습니다.

  Es ist schon belegt.
  앳스 이스트 쇼-ㄴ 밸렉트.

- 이미 모두 다 찼습니다.

  Es ist schon alles belegt.
  앳스 이스트 쇼-ㄴ 알랫스 밸렉트.

- 이미 예약되었습니다.

  Schon reserviert.
  쇼-ㄴ 레저비어트.

- 유감입니다만, 더 이상 없습니다.

  Nein, leider nicht mehr.
  나인, 라이더 니힐트 메어.

- 샤워기가 있는 독방만 비어있습니다.

  Wir haben nur ein Einzelzimmer mit Dusche frei.
  뷔어 하-밴 누어 아인 아인첼침머 미트 두쉐 프라이.

- 유감스럽게도 그 방은 예약되었습니다.

  Leider ist das Zimmer ausgebucht.
  라이더 이스트 다스 침머 아우스게북흐트.

- 방이 모두 찼습니다.

  Leider sind die Zimmer voll belegt.
  라이더 진트 디 침머 폴 밸렉트.

- 완전히 찼습니다.

  Leider sind die Zimmer völlig ausgebucht.
  라이더 진트 디 침머 푈릿히 아우스게북흐트.

- 유감입니다만 우리 호텔은 다 찼습니다.

  Leider sind wir voll belegt.
  라이더 진트 비-어 폴 밸렉트.

- 죄송합니다만 우리 호텔은 이미 예약이 다 됐습니다.

  Leider ist das Hotel völlig ausgebucht.
  라이더 이스트 다스 호텔 푈릿히 아우스게북흐트.

- 유감입니다만 우리는 더 이상 빈방이 없습니다.

  Wir haben leider kein Zimmer mehr frei.
  비-어 하-밴 라이더 카인 침머 메어 프라이.

숙박기간을 말할 때

- 어느 날로 예약해 드릴까요?

  Für wann soll ich das Zimmer reservieren?
  퓨어 반 졸 이히 다스 침머 레저비-랜?

- 금요일 날로 해주십시오.

  Für Freitag.
  퓨어 프라이타-ㅋ.

- 17일날로 해주세요.

  Für den siebzehnten, bitte!
  퓨어 덴 자-ㅂ첸탠, 비태

- 여기서 얼마동안 머무실 겁니까?

  Wie lange wollen Sie hier bleiben?
  비- 랑애 볼랜 자- 히어 블라이밴?

- 얼마동안 숙박하시고 싶습니까?

  Wie lange möchten Sie übernachten?
  비- 랑애 뫼히탠 자- 위-버낙흐탠?

- 얼마동안 머무시려고 합니까?

  Wie lange möchten Sie bleiben?
  비- 랑애 뫼히탠 자- 블라이밴?

- 얼마동안 저희 호텔에서 머무실겁니까?

  Wie lange möchten Sie bei uns bleiben?
  비- 랑애 뫼히탠 지- 바이 운스 블라이밴?

- 저희 호텔에서 며칠 묵으실 건가요?

  Wie viel Nächte möchten Sie bei uns bleiben?
  비- 피-ㄹ 내히태 뫼히탠 지- 바이 운스 블라이밴?

- 이틀밤이요.

  Zwei Nächte.
  츠바이 내히태.

- 얼마간 그 방을 사용하시고 싶습니까?

  Wie lange möchten Sie das Zimmer?
  비- 랑애 뫼히탠 지- 다스 침머?

- 여기서 며칠 동안 머무실 겁니까?

  Wie viel Tage bleiben Sie hier?
  비- 피-ㄹ 타-개 블라이밴 지- 히어?

- 며칠 동안이요?

  Für wie viele Nächte, bitte?
  퓨어 비- 피-ㄹ래 내히태, 비태?

- 얼마동안 머무실 겁니까?

  Wie lange bleiben Sie?
  비- 랑애 블라이밴 지-?

- 그런데 얼마동안이요?

  Und für wie lange?
  운트 퓨어 비- 랑애?

- 언제부터 언제까지 여기서 묵으실 겁니까?

  Von wann bis wann wollen Sie hier übernachten?
  폰 반 비스 반 볼랜 지- 히어 위-버낙흐탠?

> **Tipp** 같은 뜻의 동사로 bleiben, wohnen을 쓴다.

- 언제까지 머무시고 싶습니까?

  Bis wann möchten Sie bleiben?
  빗스 반 뫼히탠 지- 블라이밴?

- 언제까지 그 방을 사용하고 싶습니까?

  Bis wann möchten Sie das Zimmer denn?
  빗스 반 뫼히탠 지- 다스 침머 덴?

- 저는 하루 밤을 머무를 겁니다.
  Ich bleibe eine Nacht.
  이히 블라이배 아이내 낙흩트.

- 저는 하루 밤만 묵고 싶습니다.
  Ich möchte eine Nacht bleiben.
  이히 뫼히태 아이내 낙흩트 블라이밴.

- 일주일간이요, 어쩌면 더 머물 겁니다.
  Für eine Woche, vielleicht länger.
  퓨어 아이내 복해, 필라이히트 랭어.

- 10월 3일까지 머물 겁니다.
  Ich bleibe bis zum 3. Oktober.
  이히 블라이배 비스 춤 드리탠 옥토버.

- 저는 9월 10일부터 13일 기간에 그곳에 머물고 싶습니다.
  Ich möchte für die Zeit vom 10. bis 13. September da bleiben.
  이히 뫼히태 퓨어 디 차이트 폼 첸탠 빗스 드라이첸탠 젭템버 다 블라이밴.

- 우리는 월말까지 머물 겁니다.
  Wir bleiben bis Ende des Monats.
  뷔어 블라이밴 빗스 앤대 데스 모-나츠.

- 5월말까지 머물 겁니다.
  Wir bleiben hier bis Ende Mai.
  뷔어 블라이밴 히어 빗스 앤대 마이.

- 오늘 밤 만이요.
  Nur diese Nacht.
  누어 디-제 낙흩트.

- 3박 4일이요.
  Drei Nächte.
  드라이 내히태.

- 6박 7일입니다.
  Für sechs Nächte.
  퓨어 젝스 내히태.

- 1주일간이요.
  Für eine Woche.
  퓨어 아이내 복해.

- 6일 동안이요.
  Sechs Tage.
  젝스 타-개.

- 예, 이틀간입니다.
  Ja, zwei Tage.
  야-, 츠바이 타-개.

- 아직 잘 모르겠습니다.
  Ich weiß noch nicht.
  이히 봐이쓰 녹흐   니힡트.

- 아마도 토요일까지 일 겁니다.
  Vielleicht bis Samstag.
  필라이히트   빗스 잠스타-ㅋ.

- 저는 수요일에 떠날 겁니다.
  Ich reise am Mittwoch ab.
  이히 라이제 암   미트복흐   압.

- 저는 토요일 오전에 체크아웃 할 겁니다.
  Ich reise am Samstagvormittag ab.
  이히 라이제 암   잠스타-ㅋ포-어미타-ㅋ   압.

- 저는 14일 날 떠날 겁니다.
  Ich werde am vierzehnten (14.) abreisen.
  이히 베르대 암   피어첸탠   아프라이잰.

숙박비를 말할 때

- 하루 숙박하는 데 얼마입니까?
  Was kostet eine Übernachtung?
  밧스   코스테트 아이내 위-버나흐퉁?

- 하루 숙박하는 데 얼마입니까?
  Wie teuer ist eine Übernachtung?
  비-   토이어 이스트 아이내 위-버나흐퉁?

- 방 값은 얼마인가요?
  Wie viel kostet das Zimmer?
  비-   피-ㄹ 코스태트 다스 침머?

- 방 값은 얼마입니까?
  Was kostet das Zimmer denn?
  밧스 코스태트 다스 침머   덴?

- 방 값은 얼마입니까?
  Wie teuer ist das Zimmer denn?
  비-   토이어 이스트 다스 침머   덴?

- 아침식사를 포함한 숙박비는 얼마입니까?

  Was kostet das Zimmer mit Frühstück?
  밧스 코스태트 다스 침머 미트 프뤼슈튁?

- 요금에 조식이 포함되어 있나요?

  Ist das Frühstück in der Rechnung inbegriffen?
  이스트 다스 프뤼슈튁 인 데어 레히눙 인배그리팬?

- 아침식사를 포함해서 그 방은 얼마입니까?

  Was kostet das Zimmer mit Frühstück?
  밧스 코스태트 다스 침머 미트 프뤼슈튁?

- 요금에 조식이 포함되어 있나요?

  Ist das Frühstück in der Rechnung inbegriffen?
  이스트 다스 프뤼슈튁 인 데어 레히눙 인배그리팬?

- 욕실이 있는 독방은 얼마입니까?

  Was kostet das Einzelzimmer mit Bad?
  밧스 코스태트 다스 아인첼침머 미트 바-트?

- 아침식사를 포함해서 105 유로입니다.

  Es kostet 105 Euro mit Frühstück.
  앳스 코스태트 훈데르트퓐프 오이로 미트 프뤼슈튁.

- 아침식사를 포함해서 98 유로입니다.

  Mit Frühstück 98 Euro.
  미트 프뤼슈튁 악흐트운트노인치히 오이로.

- 아침식사를 포함해서 85 유로입니다.

  Inklusive Frühstück 85 Euro.
  인클루지-배 프뤼슈튁 퓐프운트악흐치히 오이로.

- 아침식사를 포함해서 하루에 80 유로입니다.

  80 Euro pro Nacht, inklusive Frühstück.
  악흐치히 오이로 프로 낙흐트, 인클루지-배 프뤼슈튁.

체크인 할 때

- 손님께서는 이미 신청하셨나요?

  Sind Sie schon angemeldet?
  진트 지- 쇼-ㄴ 안게멜대트?

- 손님께서는 전화로 신청하셨나요?

  Sind Sie telefonisch angemeldet?
  진트 지- 텔레포-니쉬 안게멜대트?

- 손님께서 그것[방]을 주문하셨습니까?

  Haben Sie es schon bestellt?
  하-밴   지- 앳스 쇼-ㄴ   배슈텔트?

- 손님께서 방을 예약하셨습니까?

  Haben Sie es reserviert?
  하-밴   지- 앳스 레저비어트?

- 손님께서 혹시 방을 예약하셨나요?

  Haben Sie es vielleicht gebucht?
  하-밴   지- 앳스 필라이히트   게북흐트?

- 어떤 이름으로 예약하셨습니까?

  Auf welchen Namen, bitte?
  아우프 벨헴   나-맨   비태?

- 김입니다.

  Der Name ist Kim.
  데어 나-매   이스트 킴.

- 한 번 조사해 보겠습니다.

  Ich schaue mal nach.
  이히 샤우애   마-ㄹ 낙흐.

- 혼자 쓰시는 방이었지요?

  Das war ein Einzelzimmer?
  다스 봐   아인 아인첼침머?

- 1박이시죠?

  Für eine Nacht?
  퓨어 아이내 낙흐트?

- 예, 맞아요.

  Ja, richtig.
  야-, 리히티히.

- 예, 지난주에 전화로 예약했습니다.

  Ja, ich habe es letzte Woche telefonisch gebucht.
  야-, 이히 하-배 앳스 레츠태 복해   텔레포-니쉬   게북흐트.

- 그저께 방을 예약했습니다.

  Das habe ich vorgestern bestellt.
  다스 하-배 이히 포-어게스터른   배슈텔트.

- 저는 지난주에 욕실이 있는 방을 예약했습니다.

  Ich habe vorherige Woche ein Einzelzimmer mit Bad reserviert.
  이히 하-배 포-어헤리게 복해   아인 아인첼침머   미트 바-트 레저비어트.

- 확인서는 여기 있습니다.

  Hier ist meine Buchungsbestätigung.
  히어 이스트 마이내 북훙스배슈태-티궁.

- 아직 예약을 하지 않았습니다.

  Ich habe noch nicht reserviert.
  이히 하-배 녹히 니힐트 레저비어트.

- 아침식사 시간은 몇 시입니까?

  Wann ist die Frühstückszeit?
  반 이스트 디 프뤼슈튁스차이트?

- 호텔은 밤새 개방되어 있습니까?

  Ist das Hotel die ganze Nacht geöffnet?
  이스트 다스 호텔 디 간채 낙흐트 게외프네트?

숙박부를 작성할 때

- 지금 기록해 주시겠습니까?

  Wollen Sie sich gleich eintragen?
  볼랜 지- 지히 글라이히 아인트라-갠?

- 여기 이 서류를 좀 작성해 주십시오.

  Füllen Sie bitte das Formular aus!
  퓰랜 지- 비태 다스 포-물라- 아웃스!

- 신고서 좀 기입해 주시겠습니까?

  Füllen Sie doch bitte den Meldeschein hier aus!
  퓰랜 지- 독흐 비태 덴 멜데샤인 히어 아웃스!

- 신고서 좀 기입해 주시겠습니까?

  Können Sie vielleicht noch den Meldeschein ausfüllen?
  쾐낸 지- 필라이히 녹흐 덴 멜데샤인 아웃스퓰랜?

- 신고서 좀 기입해 주시겠습니까?

  Würden Sie bitte die Anmeldung ausfüllen?
  뷰르댄 지- 비태 디 안멜둥 아웃스퓰랜?

- 여기 기입 좀 해주시겠습니까?

  Würden Sie sich bitte hier eintragen?
  뷰르댄 지- 지히 비태 히어 아인트라-갠?

- 여기에다 좀 작성해 주십시오.

  Tragen Sie sich hier ein!
  트라-갠 지- 지히 히어 아인!

- 여기 이 목록에 성함과 주소를 적어주세요.

  Schreiben Sie bitte Ihren Namen und Ihre Adresse hier in diese Liste.
  슈라이밴 지- 비태 이어랜 나-맨 운트 이어래 아드레쌔 히어 인 디-제 리스태.

- 여기에 서명 좀 해 주십시오.

  Unterschreiben Sie hier bitte!
  운터슈라이밴 지- 히어 비태!

- 그리고 나서 여기 아래 서명을 하나 더 해주시겠습니까?

  Dann brauchte ich hier unten noch eine Unterschrift, bitte!
  단 브라우흐태 이히 히어 운탠 녹흐 아이내 운터슈리프트, 비태!

- 신분증 좀 주십시오.

  Ihren Ausweis, bitte!
  이어랜 아우스바이스, 비태!

- 신분증 좀 볼까요?

  Kann ich bitte Ihren Ausweis haben?
  칸 이히 비태 이어랜 아우스바이스 하-밴?

- 손님의 신분증 좀 볼까요?

  Kann ich noch Ihren Ausweis haben?
  칸 이히 녹흐 이어랜 아우스바이스 하-밴?

- 손님의 신분증을 제게 좀 보여주실 수 있습니까?

  Können Sie mir noch einmal Ihren Ausweis zeigen?
  쾐낸 지- 미어 녹흐 아인마-ㄹ 이어랜 아우스바이스 차이갠?

- 손님의 신분증을 봐도 될까요?

  Darf ich mir mal Ihren Ausweis ansehen?
  다르프 이히 미어 마-ㄹ 이어랜 아우스바이스 안제-앤?

- 저 좀 도와주실 수 있나요?

  Können Sie mir vielleicht helfen?
  쾐낸 지- 미어 필라이히트 헬팬?

- 저는 독일어를 잘 하지 못합니다.

  Ich kann nicht gut Deutsch.
  이히 칸 니흩트 구-ㅌ 도이춰.

- 여기에는 성(姓)을 기입하는 겁니다.

  Hier wird der Nachname eingetragen.
  히-어 뷔르트 데어 낙흐나-매 아인게트라-갠.

- 예, 그 다음 이름은 여기에 씁니다.

  Ja, dann kommt hier der Vorname hin.
  야-, 단 콤트 히어 데어 포-어나-매 힌.

- 여기에는 손님의 직업을 기입하십시오.

  Tragen Sie hier Ihren Beruf ein.
  트라-갠 지- 히어 이어랜 배루-프 아인.

- 그리고 여기는 완전한 주소를 쓰십시오. 도시를 먼저 쓰기 시작합니다.

  Und hier die vollständige Adresse. Das fängt an mit der Stadt.
  운트 히어 디 폴슈탠디개 아드레쎄. 다스 팽트 안 미트 데어 슈닷트.

- 그리고 우편번호를 쓰세요.

  Und die Postleitzahl.
  운트 디 포스트라이트차-ㄹ.

- 예, 그 다음은 길 이름과 번지.

  Ja, und dann die Straße und die Hausnummer.
  야-, 운트 단 디 슈트라-쌔 운트 디 하우스눔머.

- 그리고 여기는 국적이 옵니다.

  Und hier kommt die Nationalität hin.
  운트 히어 콤트 디 나치오날리태-트 힌.

- 그리고 나서 여기 아래에 생년월일을 기입하십시오.

  Und dann tragen Sie hier unten das Geburtsdatum ein.
  운트 단 트라-갠 지- 히어 운탠 다스 게부어츠다-툼 아인.

- 그리고 손님께서 부인과 함께 여행하시는 지 아닌지를 쓰시고요.

  Und ob Sie mit oder ohne Ehefrau anreisen.
  운트 옵 지- 미트 오-더 오-네 애-에프라우 안라이잰.

- 아내와 함께 온 게 아닙니다.

  Ohne Ehefrau.
  오-네 애-에프라우.

- 그러면 여기 아래에 싸인을 해주셨으면 좋겠습니다.

  Dann hätte ich gerne noch hier unten eine Unterschrift.
  단 해태 이히 게르내 녹흐 히어 운탠 아이내 운터슈리프트.

- 고맙습니다.

  Danke sehr.
  당케 제어.

- 그거 조용한 방입니까?

  Ist das ein ruhiges Zimmer?
  이스트 다스 아인 루이게스 침머?

- 그 방은 조용합니다. 예, 그러니까 공원 쪽을 향하고 있습니다.

  Das Zimmer ist ruhig. Ja, das geht zum Park raus.
  다스 침머 이스트 루이히. 야- 다스 게-트 춤 파-크 라우스.

- 이게 방 열쇠입니다.
  Das ist Ihr Zimmerschlüssel.
  다스 이스트 이어 침머슐뤼쌜.

- 이것은 방 열쇠입니다.
  Das ist der Zimmerschlüssel.
  다스 이스트 데어 침머슐뤼쌜.

- 방 열쇠를 받으십시오.
  Bitte, nehmen Sie den Zimmerschlüssel!
  비태, 네-맨 지- 덴 침머슐뤼쌜!

- 여기 열쇠가 있습니다. 72호입니다.
  Hier ist der Schlüssel, Zimmernummer 72.
  히어 이스트 데어 슐뤼쌜, 침머눔머 츠바이운트집치히.

- 엘리베이터는 바로 손님 뒤편에 있습니다.
  Der Aufzug ist direkt hinter Ihnen.
  데어 아우프추-크 이스트 디렉트 힌터 이-낸.

- 편히 머무시기를 바랍니다.
  Wir wünschen Ihnen einen angenehmen Aufenthalt!
  비-어 뷴샌 이-낸 아이낸 안게네-맨 아우프앤트할트.

- 손님께서 편히 머무시기를 바랍니다.
  Ich wünsche Ihnen einen angenehmen Aufenthalt!
  이히 뷴셰 이-낸 아이낸 안겐-맨 아우프앤트할트.

물건을 보관 맡길 때

- 이것을 보관하고 싶습니다.
  Ich möchte dies im Safe hinterlegen.
  이히 뫼히태 디-스 임 세이프 힌터레-갠.

- 귀중품을 보관해주시겠어요?
  Können Sie meine Wertsachen aufbewahren?
  퀀낸 지- 마이내 붸르트작핸 아우프배봐-랜?

- 귀중품은 보관하십시오.
  Legen Sie bitte Ihre Wertsachen in den Safe!
  레-갠 지- 비태 이어래 붸르트작핸 인 덴 세이프!

- 서류가방을 보관하실 겁니까?
  Möchten Sie eine Mappe im Safe lassen?
  뫼히탠 지- 아이내 마패 임 세이프 랏샌?

- 당신의 트렁크를 서류가방을 보관하실 겁니까?

    Möchten Sie Ihren Koffer im Safe lassen?
    뫼히탠   지- 이어랜   코퍼   임 세이프 랏샌?

- 당신의 짐을 보관하실 겁니까?

    Wollen Sie Ihr Gepäck aufbewahren lassen?
    볼랜   지- 이어 게팩   아우프배봐-랜   랏샌?

- 우리의 이 서류가방을 좀 보관해 주실 수 있습니까?

    Können Sie diese Mappe für uns im Safe aufbewahren?
    쾐낸   지- 디-제 마패   퓨어 운스 임 세이프 아우프배봐-랜?

- 저의 이 트렁크를 좀 보관해 주실 수 있습니까?

    Können Sie diesen Koffer für mich im Safe aufbewahren?
    쾐낸   지- 디-잰   코퍼   퓨어 미히   임 세이프 아부프배봐-랜?

- 우리의 이 케이스를 여기에 보관해 주실 수 있습니까?

    Können Sie das Etui für uns hier aufbewahren?
    쾐낸   지- 다스 에투이 퓨어 운스 히어 아우프배봐-랜?

- 물론이지요.

    Selbstverständlich.
    젤프스트퍼어슈탠틀리히.

- 그럼요.

    Aber sicher.
    아-버 찟혀.

- 예, 그럼요.

    Ja, gern.
    야-, 게른.

체크인에 문제가 있을 때

- 9시에야 도착할 것 같습니다.

    Ich könnte erst um 9 Uhr im Hotel ankommen.
    이히 쾐태   에어스트 움 노인 우어 임 호텔   안콤맨.

- 예약을 취소하지 마십시오.

    Bitte kündigen Sie meine Reservierung nicht!
    비태 퀸디갠   지- 마이내   레저비-룽   니힡트!

- 방을 취소하지 않았습니다.

    Ich habe das Zimmer nicht gekündigt.
    이히 하-배 다스 침머   니힡트 게퀸디히트.

IX. 독일에서의 여행을 위한 표현 **695**

- 다시 한 번 제 예약을 확인해주세요.

Bestätigen Sie erneut meine Reservierung, bitte!
배슈태-티갠 지- 애어노이트 마이내 레저비-룽, 비태!

- 다른 호텔을 찾으시겠습니까?

Wollen Sie ein anderes Hotel suchen?
볼랜 지- 아인 안더래스 호텔 주-ㄱ핸?

방의 위치를 확인할 때

- 방이 도로 쪽으로 나있습니까?

Geht das Zimmer zur Straße?
게-트 다스 침머 추어 슈트라-쌔?

- 방이 안마당 쪽으로 나있습니까?

Geht das Fenster zum Innenhof?
게-트 다스 펜스터 춤 인넨호-프?

- 예, 방은 안마당 쪽으로 나있습니다.

Ja, es geht zum Innenhof.
야-, 앳스 게-트 춤 인넨호-프

- 아니오, 뒤쪽으로 나 있습니다.

Nein, nach hinten raus.
나인, 낙흐 힌탠 라우스.

- 방은 공원쪽을 바라보고 있습니다.

Das Zimmer geht zum Park raus.
다스 침머 게-트 춤 파-크 라우스.

방을 확인할 때

- 그 방 좀 볼 수 있습니까?

Kann ich mir das Zimmer mal ansehen?
칸 이히 미어 다스 침머 마-ㄹ 안제-앤?

- 혹시 그 방 좀 봐도 됩니까?

Darf ich mir das Zimmer vielleicht mal ansehen?
다르프 이히 미어 다스 침머 필라이히트 마-ㄹ 안제-앤?

- 그 방 좀 한번 보여주실 수 있습니까?

Können Sie mir wohl das Zimmer mal zeigen?
쾌낸 지- 미어 보-ㄹ 다스 침머 마-ㄹ 차이갠?

- 이리 오시지요, 방은 2층에 있습니다.

  Kommen Sie, es ist im ersten Stock.
  콤맨   지-, 앳스 이스트 임 애어스탠 슈톡.

- 방은 4층입니다.

  Es ist im dritten Stock.
  앳스 이스트 임 드리탠 슈톡.

- 방은 11층에 있습니다.

  Es ist im zehnten Stock.
  앳스 이스트 임 첸탠   슈톡.

- 승강기를 타십시오.

  Nehmen Sie bitte den Lift hier!
  네-맨   지- 비태 덴   리프트 히어!

- 그러시면 제가 지금 방을 보여드리지요.

  Dann zeige ich Ihnen jetzt mal das Zimmer.
  단   차이개 이히 이-낸 예츠트 마-ㄹ 다스 침머.

- 방은 51호입니다. 여기는 6층입니다.

  Es ist das Zimmer 51. Wir sind hier im fünften Stock.
  앳스 이스트 다스 침머   아인운트퓐프치히. 뷔어 진트 히어 임 퓐프탠 슈톡.

- 한 번 들어가 보실까요?

  Wenn Sie bitte mal eintreten möchten?
  벤   지- 비태 마-ㄹ 아인트레-탠 뫼히탠?

- 자, 여기가 욕실입니다.

  Bitte, hier ist das Badezimmer.
  비태,   히어 이스트 다스 바-데침머.

- 그리고 이 앞에 있는 게 욕실입니다.

  Dann ist das hier vorne das Badezimmer.
  단   이스트 다스 히어 포르네 다스 바-데침머.

- 저기에 냉장고가 있고 T.V는 여기에 있습니다.

  Da haben Sie einen Kühlschrank und hier ist der Fernsehapparat.
  다- 하-밴   지- 아이낸 퀼-스랑크   운트 히어 이스트 데어 페른제-아파라트.

- 방은 아주 안락합니다.

  Das Zimmer ist sehr gemütlich.
  다스 침머   이스트 제어 게뮈틀리히.

- 방이 아주 좋아 보입니다. 좋습니다.

  Das sieht ja prima aus. Gut.
  다스 지-트 야- 프리마 아웃스. 구-트.

IX. 독일에서의 여행을 위한 표현 **697**

- 방이 너무 작습니다.
  Das ist zu klein.
  다스 이스트 추- 클라인.

- 그럼 좋습니다.
  Also gut.
  알조- 구-트.

- 좋군요.
  Ist gut.
  이스트 구-트.

- 이 방으로 하겠습니다.
  Ich nehme dieses Zimmer.
  이히 네-매 디제스 침머.

- 이 방으로 하겠습니다.
  Ich nehme das Zimmer.
  이히 네-매 다스 침머.

- 예, 그렇다면 이 방으로 하지요.
  Ja, dann nehme ich das Zimmer.
  야-, 단 네-매 이히 다스 침머.

- 좋아요, 이 방으로 정하겠습니다.
  Gut, das nehme ich.
  구-트, 다스 네-매 이히.

- 방이 너무 작습니다.
  Das ist zu klein.
  다스 이스트 추- 클라인.

- 방이 맘에 안 듭니다.
  Das Zimmer gefällt mir nicht.
  다스 침머 게팰트 미어 니힡트.

- 오, 그것은 사실 제게 너무 비쌉니다.
  Oh, das ist mir eigentlich etwas zu teuer.
  오-, 다스 이스트 미어 아이겐틀리히 애트밧스 추- 토이어.

- 너무 비쌉니다.
  Das ist zu teuer.
  다스 이스트 추- 토이어.

- 다른 방은 없습니까?
  Haben Sie kein anderes?
  하-밴 지- 카인 안더래스?

- 더 싼 방은 없습니까?

  Haben Sie kein billigeres?
  하-밴   지- 카인 빌리거래스?

- 더 싼 방 있습니까?

  Haben Sie ein billigeres?
  하-밴   지- 아인 빌리거래스?

- 혹시 다른 방 있습니까?

  Hätten Sie vielleicht noch ein anderes?
  해탠   지- 필라이히트 녹흐 아인 안더래스?

- 다른 방 좀 보여줄 수 있습니까?

  Können Sie mir noch ein anderes Zimmer zeigen?
  쾐낸   지- 미어 녹흐 아인 안더래스 침머   차이갠?

- 이 방은 조용합니까?

  Ist das ein ruhiges Zimmer?
  이스트 다스 아인 루-이개스 침머?

짐을 옮겨달라고 할 때

- 짐을 가지고 계신가요?

  Haben Sie Gepäck?
  하-밴   지- 게팩?

- 트렁크를 가지고 계신가요?

  Haben Sie Koffer?
  하-밴   지- 코퍼?

- 가방들을 가지고 계신가요?

  Haben Sie Taschen?
  하-밴   지- 탓쉔?

- 짐꾼이 필요합니까?

  Brauchen Sie einen Gepäckträger?
  브라욱핸   지- 아이낸 게팩트래-거?

- 예, 그래주시면 고맙겠습니다.

  Ja, ich wäre Ihnen dankbar dafür.
  야-, 이히 봬-래 이-낸 당크바- 다퓨어.

- 아니오, 트렁크들은 제가 직접 들고 갈 수 있습니다.

  Nein, die Koffer kann ich selbst tragen.
  나인, 덴 코퍼 칸   이히 젤스트 트라-갠.

- 짐꾼을 방으로 보내드릴까요?

Soll ich das Gepäck aufs Zimmer bringen lassen.
졸 이히 다스 게팩 아우프스 침머 브링앤 랏샌?

- 트렁크를 위로 보내드릴까요?

Soll ich den Koffer nach oben bringen lassen?
졸 이히 다스 코퍼 낙흐 오-밴 브링앤 랏샌?

- 짐이 없습니까?

Haben Sie kein Gepäck?
하-밴 지- 카인 게팩?

- 짐을 가지고 계시는군요.

Sie haben Gepäck, nicht wahr?
지- 하-밴 게팩, 니힡트 봐-?

- 저는 짐을 가지고 있습니다.

Ich habe Gepäck.
이히 하-배 게팩.

- 제 짐을 올려다 주세요.

Lassen Sie mein Gepäck heraufbringen!
랏샌 지- 마인 게팩 헤라우프브링앤!

- 제 짐을 방으로 가져다주십시오.

Bringen Sie bitte mein Gepäck aufs Zimmer!
브링앤 지- 비태 마인 게팩 아우프스 침머!

- 보이가 손님의 짐을 즉시 방으로 가져다 줄 겁니다.

Der Träger bringt Ihr Gepäck sofort aufs Zimmer.
데어 트래-거 브링트 이어 게팩 조포르트 아우프스 침머.

- 제 트렁크들을 방으로 가져다주십시오.

Würden Sie bitte meine Koffer aufs Zimmer bringen?
뷰르댄 지- 비태 마이내 코퍼 아우프스 침머 브링앤?

- 제 트렁크들을 방으로 가져다주시겠습니까?

Würden Sie bitte meine Koffer aufs Zimmer bringen lassen?
뷰르댄 지- 비태 마이내 코퍼 아우프스 침머 브링앤 랏샌?

- 트렁크가 하나 더 있습니다.

Ja, ich habe noch einen Koffer.
야-, 이히 하-배 녹흐 아이낸 코퍼.

- 제 짐은 아래층 안내 앞에 있습니다.

Mein Gepäck ist unten an der Rezeption.
마인 게팩 이스트 운탠 안 데어 레젭치오-ㄴ.

- 아니오, 자동차에 큰 가방이 하나 있어요.
  Doch, ich habe eine große Tasche im Auto.
  도-, 이히 하-배 아이내 그로-쌔 탓쉐 임 아우토.

- 제가 즉시 포터를 보내드리겠습니다.
  Ich schicke Ihnen sofort einen Träger.
  이히 쉭캐 이-낸 조포르트 아이낸 트래-거.

- 물건을 여기다 놓아두십시오, 짐을 방으로 가져다 드리겠습니다.
  Lassen Sie bitte Ihre Sachen hier liegen, wir bringen sie in Ihr Zimmer.
  랏쌘 지- 비태 이어래 작핸 히어 리-갠, 비-어 브링앤 지- 인 이어 침머.

- 가방은 제가 직접 들 수 있습니다.
  Die Tasche kann ich selbst tragen.
  디 탓쉐 칸 이히 젤프스트 트라-갠.

- 트렁크는 제가 직접 들 수 있습니다.
  Den Koffer will ich selbst tragen.
  덴 코퍼 빌 이이 젤프스트 트라-갠.

룸서비스를 이용할 때

- 룸서비스를 부탁합니다.
  Zimmerservice bitte!
  침머서-비스 비태!

- 여기는 708호입니다.
  Hier ist Zimmer 708.
  히어 이스트 침머 지벤훈데르트아흐트.

- 무엇을 도와드릴까요?
  Kann ich Ihnen helfen?
  칸 이히 이-낸 헬팬?

- 방이 다 준비되었습니까?
  Ist das Zimmer schon fertig?
  이스트 다스 침머 쇼-ㄴ 페르티히.

- 베개를 하나 더 주십시오.
  Ich möchte noch ein Kopfkissen.
  이히 뫼히태 녹흐 아인 코프키쌘.

- 저에게 보온병 하나를 가져다 줄 수 있습니까?
  Können Sie mir eine Wärmflasche bringen?
  쾐낸 지- 미어 아이내 배름플랏섀 브링앤?

IX. 독일에서의 여행을 위한 표현 **701**

- 아침 식사를 방으로 가져다주시겠습니까?

  Können Sie das Frühstück auf mein Zimmer bringen?
  쾐낸   지- 다스 프뤼슈튁   아우프 마인 침머   브링앤?

- 여기서 이 편지들을 부칠 수 있나요?

  Kann ich diesen Brief hier senden?
  칸   이히 디-잰   브리-프 히어 젠댄?

- 우리가 인터넷과 이메일에 접속할 수 있습니까?

  Haben wir einen Zugang zum Internet und zu den E-Mails?
  하-밴   비-어 아이낸 추-강   춤   인터넷   운트 추 덴   이-메일스?

- 예 그리고 무료입니다.

  Ja und er ist kostenlos.
  야- 운트 애어 이스트 코스텐로-스.

- 여기서 이메일을 확인할 있나요?

  Kann ich hier mal eine E-Mail abrufen?
  칸   이히 히어   마-르 아이내 이-메일 압루-팬?

- 이메일을 좀 쓸 수 있습니까?

  Kann ich eine E-Mail schreiben?
  칸   이히 아이내 이-메일 슈라이밴?

- 팩스 있습니까?

  Haben Sie ein Faxgerät?
  하-밴   지- 아인 팍스게래-트?

- 팩스 좀 사용할 있습니까?

  Darf ich bitte Ihr Faxgerät benutzen?
  다르프 이히 비태 이어 팍스게래-트 배누챈?

- 예, 그럼요.

  Ja, selbstverständlich.
  야-, 젤프스트페어슈탠틀리히.

- 그렇다면 복사 좀 해야 하거든요.

  Dann muss ich ein paar Photokopien machen.
  단   뭇스 이히 아인 파-   포토코피-엔   막핸.

- 여기 저희들한테 하실 수 있습니다.

  Das können Sie auch bei uns.
  다스 쾐낸   지- 아욱흐 바이 운스.

- 제 구두를 닦아오도록 해주십시오.

  Lassen Sie meine Schuhe putzen!
  랏샌   지- 마이내 슈-애   푸챈!

- 제 옷들을 다림질 좀 해 주었으면 좋겠는데요.

  Ich möchte meine Kleider gebügelt haben.
  이히 뫼히태 마이내 클라이더 게뷔-겔트 하-밴.

- 제 옷들을 다림질 맡기고 싶습니다.

  Ich möchte meine Kleider bügeln lassen.
  이히 뫼히태 마이내 클라이더 뷔-겔른 랏샌.

- 빨래가 좀 있는데요.

  Ich möchte etwas in die Wäscherei geben.
  이히 뫼히태 애트밧스 인 디 뱃쉐라이 게-밴.

- 그것들을 세탁소에 맡겨 주시겠어요?

  Können Sie das zur Reinigung bringen?
  쾬낸 지- 다스 추어 라이니궁 브링앤?

- 제 양복 좀 가져다주십시오.

  Bitte, bringen Sie mir meinen Anzug!
  비태, 브링앤 지- 미어 마이낸 안추-ㄱ!

- 내일 아침 6시에 저를 깨워줄 수 있습니까?

  Können Sie mich morgen um sechs Uhr wecken?
  쾬낸 지- 밓히 모르갠 움 젝스 우-어 벡캔?

- 내일 아침 5시 반에 저를 좀 깨워주세요.

  Würden Sie mich bitte morgen um halb sechs wecken?
  뷰르댄 지- 미히 비태 모르갠 움 할프 젝스 벡캔?

- 저는 내일 아침 8시에 일어나고 싶습니다.

  Ich bitte Sie, mich morgen um sieben Uhr zu wecken.
  이히 비태 지-, 미히 모르갠 움 지-밴 우어 추- 벡캔.

- 저는 내일 아침 8시에 일어나고 싶습니다.

  Ich möchte morgen um 8 Uhr geweckt werden.
  이히 뫼히태 모르갠 움 아흐트 우-어 게벡크트 베르댄.

- 7시에 저를 좀 깨워주세요.

  Wecken Sie mich bitte um 7 Uhr!
  벡캔 지- 미히 비태 움 지-밴 우-어!

- 예, 그러지요. 그런데 성함이 어떻게 됩니까?

  Ja, gern. Wie ist denn Ihr Name?
  야- 게른. 비- 이스트 덴 이어 나-메?

- 예, 손님의 방 번호와 성함은 어떻게 됩니까?

  Ja, Ihre Zimmernummer und Ihren Namen, bitte?
  야-, 이어래 침머눔머 운트 이어랜 나-맨, 비태?

- 안녕하세요. 6시에 깨워달라고 하셨지요.

  Guten Morgen. Sie wollten doch um sechs Uhr geweckt werden!
  구-탠   모르갠.   지- 볼탠   독흐 움 젝스 우-어 게벡크트 베르댄!

- 안녕하세요, 김 선생님. 벌써 5시입니다.

  Guten Morgen, Herr Kim. Es ist schon fünf Uhr!
  구-탠   모르갠,   해어 킴. 앳스 이스트 쇼-ㄴ 퓐프 우-어!

- 그밖에 또 궁금하신 것이 있다면 물어보셔도 됩니다.

  Wenn Sie sonst noch etwas wissen möchten, können Sie gerne fragen.
  밴   지- 존스트 녹흐   애트밧스 뷔쌘   뫼히탠,   쾬낸   지- 게르네 프라-갠.

- 물어보실 말씀이 또 있으시거나 교통시간표 또는 팜플렛이 필요하시면 언제든지 제게 문의하십시오.

  Wenn Sie weitere Fragen haben und Fahrpläne oder Prospek brauchen,
  밴   지- 바이터래 프라-갠   하-밴 운트 파-플래-내 오-더 프로스펙트 브라욱핸,
  können Sie mich jederzeit fragen.
  쾬낸   지- 미히 예-더차이트 프라-갠.

시설물을 이용할 때

- 전화는 어떻게 사용할 수 있습니까?

  Wie kann ich telefonieren?
  비- 칸   이히 텔레포니-랜?

- 1번을 누르시기만 하면 됩니다.

  Sie brauchen nur die Nummer 1 zu wählen.
  지- 브라욱핸   누어 디 눔머   아인스 추- 뺄-랜.

- 바는 어디입니까?

  Wo ist die Bar?
  보- 이스 디 바-?

- 사우나를 하고 싶은데요.

  Ich möchte eine Sauna nehmen.
  이히 뫼히태   아이내 사우나 네-맨.

- 외부로 전화를 어떻게 합니까?

  Wie kann ich nach außerhalb telefonieren?
  비- 칸   이히 낙호 아우써할프   텔레포니-랜?

- 어디에서 먹을 것을 살 수 있습니까?

  Wo kann man sich etwas zu essen kaufen?
  보- 칸   만 지히 애트밧스 추- 앳샌 카우팬?

- 여기에 레스토랑이 있습니까?

  Gibt es hier ein Restaurant?
  깁트 앳스 히-어 아인 레스토랑?

- 여기 호텔에서 뭐 좀 먹을 수 있습니까?

  Kann man hier im Hotel irgendwie was essen?
  칸 만 히-어 임 호텔 이르겐트비- 밧스 앳샌?

- 우리가 방에서 저녁식사를 할 수 있나요?

  Können wir das Abendessen im Zimmer haben?
  쾬낸 뷔어 다스 아-벤트앳샌 임 침머 하-밴?

- 언제 아침식사를 할 수 있나요?

  Wann kann man frühstücken?
  반 칸 만 프뤼슈튁캔?

- 몇 시부터 아침식사를 할 수 있나요?

  Ab wann kann man frühstücken?
  압 반 칸 만 프뤼슈튁캔?

- 몇 시에 아침식사를 들 수 있나요?

  Um wie viel Uhr kann man das Frühstück nehmen?
  움 비- 피-ㄹ 우-어 칸 만 다스 프뤼슈튁 네-맨?

- 얼마동안 아침식사를 할 수 있나요?

  Wie lange kann man frühstücken?
  비- 랑애 칸 만 프뤼슈튁캔?

- 8시 15분까지요.

  Bis Viertel nach acht.
  비스 피어텔 낙흐 아흐트.

- 예, 여기에는 레스토랑이 있습니다.

  Ja, hier ist ein Restaurant.
  야-, 히어 이스트 아인 레스토랑.

- 아침식사는 7시부터 9시까지 드실 수 있습니다.

  Frühstücken können Sie von sieben bis neun Uhr.
  프뤼슈튁캔 쾬낸 지- 폰 지-밴 빗스 노인 우-어.

- 내일 아침 7시부터 아침식사를 드실 수 있습니다.

  Morgen früh ab sieben können Sie Frühstück bekommen.
  모르갠 프뤼 압 지-밴 쾬낸 지- 프뤼슈튁 배콤맨.

- 레스토랑은 몇 시까지 영업하나요?

  Wie lange ist das Restaurant offen?
  비- 랑애 이스트 다스 레스토랑 오팬?

- 아침 6시부터 저녁 열 시까지입니다.

  Von sechs Uhr bis zweiundzwanzig Uhr.
  폰 젝스 우-어 빗스 츠바이운트츠반치히 우-어.

숙박 이용에 문제가 있을 때

- 열쇠를 방에 두고 나왔습니다.

  Ich habe meinen Schlüssel im Zimmer vergessen.
  이히 하-배 마이낸 슐뤼쌜 임 침머 페어겟샌.

- 방 열쇠가 잘 안 듣습니다.

  Der Schlüssel schließt etwas schwer.
  데어 슐뤼쌜 슐리-쓰트 애트밧스 슈베어.

- 이 열쇠로 방문이 열리지 않습니다.

  Ich kann mit diesem Schlüssel mein Zimmer nicht öffnen.
  이히 칸 미트 디-젬 슐뤼쌜 마인 침머 니힐트 외프낸.

- 방 번호를 잊었습니다.

  Ich habe meine Zimmernummer vergessen.
  이히 하-배 마인 침머눔머 페어겟샌.

- 옆방이 너무 시끄럽습니다.

  Das Zimmer nebenan ist zu laut.
  다스 침머 네-벤안 이스트 추- 라우트.

- 다른 방으로 바꾸어주시겠어요?

  Könnten Sie mir ein anderes Zimmer geben?
  쾬낸 지- 미어 아인 안더래스 침머 게-밴?

- 사람 좀 올려 보내주시겠어요?

  Können Sie jemanden hinaufschicken?
  쾬낸 지- 예-만댄 힌아우프쉬캔?

- 화장실 물이 내려가지 않습니다.

  Das Klosett spült nicht hinunter.
  다스 클로스터 슈퓰트 니힐트 힌운터.

- 텔레비전이 고장 났습니다.

  Der Fernseher ist defekt.
  데어 페른제-어 이스트 데펙트.

- 뜨거운 물이 나오지 않아요.

  Das Zimmer hat kein Warmwasser.
  다스 침머 하트 카인 봠밧서.

- 지금 고쳐주시겠어요?

 Könnten Sie es jetzt reparieren?
 쾬낸 지- 앳츠 예츠트 레파리-랜?

- 백열등이 나갔어요.

 Die Glühbirne ist kaputt.
 디 글뤼-비어내 이스트 카푸트.

- 등이 고장났습니다.

 Das Licht ist kaputt.
 다스 리히트 이스트 카푸트.

- 난방기가 작동하지 않습니다.

 Die Heizung funktioniert nicht.
 디 하이충 풍치오니어트 니힡트.

- 물이 안 나옵니다.

 Das Wasser läuft nicht.
 다스 밧서 로이프트 니힡트.

- 세면대가 막혔어요.

 Das Waschbecken ist verstopft.
 다스 밧서벡캔 이스트 페어슈토프트.

- 수건이 없습니다.

 Es fehlen Handtücher.
 앳스 페-ㄹ랜 한트튓혀.

- 창문이 잘 열리지 않아요.

 Das Fenster klemmt.
 다스 펜스터 클렘트.

(Tipp) klemmen 삐꺽거리다.

- 수도꼭지에서 물이 샙니다.

 Der Wasserhahn tropft.
 데어 밧서하안 트롭프트.

체크아웃을 할 때

- 체크아웃은 몇 시입니까?

 Wann kann ich auschecken?
 반 칸 이히 아웃스체캔?

- 체크아웃은 몇 시입니까?

  Wann kann ich abreisen?
  반   칸   이히 아프라이잰?

- 몇 시에 떠날 겁니까?

  Um wie viel Uhr wollen Sie uns verlassen?
  움   비- 필   우-어 볼랜   지- 운스 페어랏샌?

- 저는 정오경에 체크아웃할 겁니다.

  Ich reise gegen Mittag ab.
  이히 라이재 게-갠   미타-ㅋ 아프.

- 하루 일찍 떠나고 싶습니다.

  Ich möchte einen Tag früher abreisen.
  이히 뫼히태   아이낸   타-ㅋ 프뤼어 아프라이잰.

- 오후까지 방을 쓸 수 있을까요?

  Darf ich das Zimmer bis zum Nachmittag benutzen?
  다르프 이히 다스 침머   빗스 춤   낙흐미타-ㅋ   배누챈?

- 오늘 떠날 겁니다. 보관한 물건을 찾아야겠습니다.

  Ich reise heute ab und muss meine Sachen aus dem Safe holen.
  이히 라이재 호이태 압 운트 뭇스   마이내 작핸   아우스 뎀   세이프 홀-랜.

- 물론이지요. 곧 올라가겠습니다.

  Selbstverständlich. Ich komme sofort.
  젤프스트페어슈탠틀리히.   이히 콤매   조포르트.

- 내일 체크아웃할 겁니다. 계산서를 작성해 주십시오.

  Ich reise morgen ab. Machen Sie bitte die Rechnung fertig!
  이히 라이재 모르갠   압. 막핸   지- 비태 디 레히눙   페르티히!

- 계산서를 준비해주십시오.

  Können Sie bitte die Rechnung fertig machen?
  쾐낸   지- 비태 디 레히눙   페르티히 막핸?

- 내일 9시에 출발할건데, 계산서를 내일 아침까지 작성해주시겠어요?

  Ich fahre morgen um 9 Uhr ab. Können Sie bitte meine Rechnung bis
  이히 파-래 모르갠   움 노인 우-어 압. 쾐낸   지- 비태 마이내 레히눙   빗스
  morgen früh fertigmachen?
  모르갠   프뤼- 페르티히막핸?

- 체크아웃하시기 전에 우리는 손님의 싸인이 필요합니다.

  Bevor Sie abreisen, brauchen wir noch eine Unterschrift von Ihnen.
  배포-어 지- 아프라이잰,   브라욱핸   비-어 녹흐 아이내 운터슈리프트   폰   이-낸.

- 몇 시까지 방을 비워주어야 합니까?

  Bis wann muss ich das Zimmer räumen?
  빗스 반   뭇스   이히 다스 침머   로이맨?

- 몇 시까지 우리가 방을 비워주어야 합니까?

  Bis wie viel Uhr müssen wir das Zimmer räumen?
  빗스 비 필 우-어 뮤쌘   비-어 다스 침머   로이맨?

- 12시까지 방을 비워주시길 부탁드립니다.

  Wir bitten darum, das Zimmer bis 12 Uhr freizugeben.
  뷔어 비탠   다룸,   다스 침머   빗스 츠뷜프 우-어 프라이추게-밴?

- 손님께서는 12시 전까지 체크아웃하셔야 합니다.

  Sie müssen vor 12 Uhr auschecken!
  지- 뮤쌘   포-어 츠뷜프 우-어 아웃스체캔!

- 포터를 부탁합니다.

  Einen Träger, bitte!
  아이낸   트래-거, 비태!

- 저희 호텔에서 편히 쉬셨습니까?

  Haben Sie sich bei uns wohl gefühlt?
  하-밴   지- 지히 바이 운스 보-올 게퓌-르트?

- 저희 호텔에서 편히 지내셨기를 바랍니다.

  Hoffentlich hatten Sie eine schöne Zeit bei uns!
  호펜틀리히   하탠   지- 아이내 쇠-내 차이트 바이 운스!

- 저희 호텔이 마음에 드셨기를 바랍니다.

  Hoffentlich hat es Ihnen bei uns gefallen!
  호펜틀리히   하트 앳스 이-낸 바이 운스 게팔랜!

- 저희 호텔이 마음에 드셨기를 바랍니다.

  Wir hoffen, dass es Ihnen hier gut gefallen hat!
  뷔어 호팬,   다스 앳스 이-낸 히어 구-트 게팔랜   하트!

- 아주 잘 보냈습니다.

  Ja, sehr.
  야-, 제어.

- 예, 아주 좋았습니다. 방만 좀 시끄러웠습니다.

  Ja, es war sehr angenehm. Nur das Zimmer war ein bisschen zu laut.
  야-, 앳스 봐 제어 안게네엠.   누어 다스 침머   봐 아인 비쓰핸   추- 라우트.

- 택시를 불러드릴까요?

  Soll ich ein Taxi für Sie bestellen?
  졸   이히 아인 타-ㅋ시 퓨어 지- 배슈텔랜?

- 예, 2시 반에 공항으로 갈 택시가 필요합니다.
  Ja, um halb drei brauche ich ein Taxi zum Flughafen.
  야-, 움 할프 드라이 브라욱해 이히 아인 타-ㅋ시 춤 플룩하-팬.

- 우리 짐 가방들을 방에서 좀 가져오도록 해주시겠습니까?
  Können Sie unsere Koffer vom Zimmer holen lassen?
  쾬낸 지- 운저래 코퍼 폼 침머 호-ㄹ랜 랏샌?

- 제 짐을 아래로 내려 주시겠습니까?
  Würden Sie mein Gepäck herunter bringen lassen?
  뷰르댄 지- 마인 게팩 헤룬터 브링앤 랏샌?

- 저에게 택시 좀 불러 주시겠습니까?
  Könnten Sie mir ein Taxi bestellen?
  쾬탠 지- 미어 아인 타-ㅋ시 배슈텔랜?

- 우리들에게 택시 좀 불러 주십시오.
  Holen Sie uns ein Taxi, bitte!
  호-ㄹ랜 지- 운스 아인 타-ㅋ시, 비태?

- 택시 좀 불러 주십시오.
  Ich möchte ein Taxi haben.
  이히 뫼히태 아인 타-ㅋ시 하-밴.

- 그럼요. 택시는 불러났습니다.
  Selbstverständlich. Ihr Taxi ist schon bestellt.
  젤프스페어슈탠틀리히. 이어 타-ㅋ시 이스트 쇼-ㄴ 배슈텔트.

- 여기 호텔버스 있습니까?
  Gibt es einen Autobus vom Hotel?
  깁트 앳스 아이낸 아우토부스 폼 호텔?

숙박비를 계산할 때

- 계산을 부탁합니다.
  Die Rechnung, bitte!
  디 레히눙, 비태!

- 계산을 부탁합니다.
  Ich hätte gern meine Rechnung.
  이히 해태 게른 마이내 레히눙.

- 계산서 이미 준비됐습니까?
  Ist meine Rechnung schon fertig?
  이스트 마이내 레히눙 쇼-ㄴ 페르티히?

- 예, 여기 있습니다.

  Ja, hier. Bitte schön.
  야-, 히어. 비태 쇠-ㄴ.

- 신용카드도 됩니까?

  Nehmen Sie auch Kreditkarten an?
  네-맨 지- 아욱흐 크레디트카르탠 안?

- 여행자수표도 받습니까?

  Nehmen Sie auch Reiseschecks an?
  네-맨 지- 아욱흐 라이제쉑스 안?

- 현금으로 할 겁니까, 신용카드로 할 겁니까?

  Bezahlen Sie in bar oder mit Karte?
  배차-랜 지- 인 바- 오-더 미트 카르태?

- 전부 포함된 겁니까?

  Ist alles inklusive?
  이스트 알랫스 인클루씨-배.

- 모두 것이 계산서에 포함된 건가요?

  Ist alles in der Rechnung inbegriffen?
  이스트 알랫스 인 데어 레히눙 인배그리팬?

- 팩스와 전화사용료로 25유로 78센트를 계산했습니다.

  Für das Fax und Telefongespräch haben wir Ihnen 25 Euro 78 berechnet.
  퓨어 다스 팍스 운트 텔레폰게슈프렣히 하-밴 뷔어 이-낸 퓐프운트츠반치히 오이로 악흐트운트집치히 배레히내트.

- 여기 345 유로입니다.

  Das sind also 345 Euro. Bitte schön.
  다스 진트 알조 드라이훈데르트퓐프운트피어치히 오이로. 비태 쇠-ㄴ.

- 가격이 345 유로입니다.

  Der Preis beträgt 345 Euro.
  데어 프라이스 배트랙트 345 오이로.

- 모두 합쳐서 345 유로입니다.

  Das macht 345 Euro alles inbegriffen.
  다스 막흐트 345 오이로 알랫스 인배그리팬.

- 모두 합쳐서 345 유로입니다.

  Das macht zusammen 345 Euro.
  다스 막흐트 추잠맨 345 오이로.

- 영수증이 필요합니까?

  Brauchen Sie eine Quittung?
  브라욱핸　　지- 아이내 크비퉁?

- 계산 착오를 하신 것 같습니다.

  Ich glaube, Sie haben sich verrechnet!
  이히 글라우배,　지-　하-밴　　지히　페어레히내트!

- 실례합니다. 여기가 좀 정확하지 않군요.

  Entschuldigen Sie. Hier stimmt etwas nicht!
  엔트슐-디갠　　　　지-.　히어　슈팀트　애트밧스 니힡트!

- 제게 전화비를 과다하게 작성하셨네요.

  Sie haben mir ein Telefongespräch zu viel berechnet.
  지- 하-밴　미어 아인 텔레폰게슈프랳히　　추- 피-르 배레히내트.

- 12일에 저는 전화를 한 통도 쓰지 않았습니다.

  Am zwölften habe ich gar nicht telefoniert.
  암　　츠뵐프탠　　하-배 이히 가- 니힡트 텔레포니어트.

- 저는 온종일 외출했었습니다.

  Ich war den ganzen Tag weg.
  이히 봐-　덴　간챈　타-ㅋ 벡.

- 한밤 중에야 돌아왔습니다.

  Ich bin erst in der Nacht zurückgekommen.
  이히 빈　애어스트 인 데어 낙흐트 추뤽게콤맨.

- 즉시 조사해 볼 수 있습니다.

  Das kann man sofort nachprüfen.
  다스 칸　　만　　조포르트 낙흐프뤼-팬.

- 계산서 좀 보여주시겠습니까?

  Können Sie mir die Rechnung zeigen, bitte?
  쾬낸　　　지- 미어 디　레히눙　　차이갠,　비태?

- 12일이라. 718호. 잠시만 기다리십시오.

  Also, am zwölften. Zimmer Nummer 718. Einen Moment, bitte.
  알조, 암 츠뵐프탠.　침머　눔머　지벤 아인스 악흐트. 아이낸 모-멘트 비태.

- 손님 말씀이 맞습니다. 손님께서 방을 바꾸셨습니다.

  Sie haben Recht. Sie haben das Zimmer gewechselt.
  지- 하-밴　래힡트. 지- 하-밴　다스 침머　　게벡셀트.

- 그래서 우리가 실수한 겁니다. 그러시면 15유로 78센트를 뺍니다.

  Und dadurch ist uns der Fehler unterlaufen. Das sind dann 15 Euro
  운트　다두르히　이스트 운스 데어 펠-러 운타라우팬.　　다스 진트　단　퓐프챈 오이로

  78 weniger.
  악흐트운트집치히 베-니거.

- 제가 이날 전화 안한 게 확실했거든요.

  Ich war ganz sicher, dass ich an diesem Tag nicht telefoniert hatte.
  이히 봐 간츠 지혀, 다스 이히 안 디-잼 타-ㅋ 니힡트 텔레포니어트 하태.

- 용서하십시오.

  Ich bitte Sie um Entschuldigung.
  이히 비태 지- 움 앤트슐-디궁.

- 됐습니다. 그럴 수도 있는 걸요.

  Bitte, bitte! Das kann mal passieren.
  비태, 비태! 다스 칸 마-르 파씨-랜.

- 고향에 잘 돌아가시기를 바랍니다.

  Ich wünsche Ihnen eine schöne Heimreise!
  이히 뷘셰 이-낸 아이내 쇠-내 하임라이재!

휴가지의 숙소에서

- 이제 모든 것을 보여드렸습니다. 질문이 또 있습니까?

  Nun habe ich Ihnen alles gezeigt. Haben Sie noch Fragen?
  눈 하-배 이히 이-낸 알랫스 게차익트. 하-밴 지- 녹흐 프라-갠?

- 쓰레기는 언제 치우나요?

  Wann wird der Müll abgeholt?
  반 뷔르트 데어 뮐 압게홀트?

- 매주 화요일입니다. 쓰레기통을 전날 저녁에 길가에 내 놓으십시오.

  Jeden Dienstag. Bitte stellen Sie die Tonne am Vorabend auf die Straße.
  예-댄 딘스타-ㅋ. 비태 슈텔랜 지- 디 톤내 암 포-어아-밴트 아우프 디 슈트라-쌔.

- 벽난로를 사용해도 됩니까?

  Dürfen wir den Kamin benutzen?
  듀르팬 비어 덴 카민 배누챈?

- 그럼요. 장작은 헛간에 있습니다.

  Selbstverständlich. Holz ist im Schuppen.
  젤프스트페어슈탠틀리히. 홀츠 이스트 임 슈팬.

>  der Schuppen 헛간, 광

- 그밖에 문제가 있으면 당신께 꼭 여쭈어봐야겠군요.

  Wenn es sonst noch Probleme gibt, dürfen wir uns sicher an Sie wenden?
  벤 앳스 존스트 녹흐 프로블레메 깁트, 듀르팬 뷔어 운스 지허 안 지- 벤댄?

- 물론이지요. 만약에 제가 여기에 없을 경우, 쪽지를 하나 남겨두십시오.
  Natürlich. Falls ich einmal nicht da sein sollte, hinterlassen Sie einen Zettel!
  나튀얼리히. 팔스 이히 아인마-ㄹ 니히 다- 자인 졸태, 힌터랏샌 지- 아이낸 체텔!

- 전기 사용료가 가격에 포함된 것인가요?
  Ist der Stromverbrauch im Preis enthalten?
  이스트 데어 슈트로-ㅁ페어브라욱흐 임 프라이스 앤트할탠?

- 우리가 떠나기 전에 청소를 해놓아야 합니까?
  Müssen wir die Endreinigung übernehmen?
  뮤쌘 비어 디 엔트라이니궁 위버네-맨?

- 애완용동물을 허용합니까?
  Sind Haustiere erlaubt?
  진트 하우스티-래 애얼라웁트?

- 인근에 생필품가게가 있습니까?
  Gibt es einen Lebensmittelladen in der Nähe?
  깁트 앳스 아이낸 레-벤스미텔라-댄 인 데어 내-애?

캠핑장에서

- 캠핑카를 세워놓을 자리 있습니까?
  Haben Sie noch Platz für einen Wohnwagen?
  하-밴 지- 녹흐 플랏츠 퓨어 아이낸 보-ㄴ봐-갠?

- 1인당 하루에 얼마입니까?
  Was kostet es pro Person und Tag?
  밧스 코스테트 앳스 프로 페로존- 운트 타-ㅋ?

- 우리는 4일간 머물 겁니다.
  Wir bleiben vier Tage.
  비어 블라이밴 피어 타-개.

- 텐트를 어디다 칠 수 있습니까?
  Wo können wir unser Zelt aufstellen?
  보- 쾐낸 뷔어 운저 첼트 아우프슈텔랜?

- 그늘진 곳에 있는 자리를 원합니다.
  Wir möchten einen Platz im Schatten.
  비어 뫼히탠 아이낸 플랏츠 임 샤탠.

- 캠핑카도 임대하십니까?

    Vermieten Sie auch Wohnwagen?
    페어미-탠   지- 아욱흐 보-ㄴ봐-갠?

- 이곳에 식료품가게가 있습니까?

    Gibt es hier einen Lebensmittelladen?
    깁트 앳스 히어 아이낸 레-벤스미텔라-댄?

- 세탁실들은 어디 있습니까?

    Wo sind die Waschräume?
    보- 진트 디   봣쉬로이매?

- 온수 샤워비용은 별도로 냅니까?

    Kosten die Warmwasserduschen extra?
    코스탠   디   봠밧서두쉔   엑스트라?

- 여기 전기 콘센트 있습니까?

    Gibt es hier Stromanschluss?
    깁트 앳스 히어 슈트롬안슐루쓰?

- 변기를 어디서 비울 수 있습니까?

    Wo kann ich das Chemieklo entsorgen?
    보- 칸   이히 다스 헤미클로   앤트조르갠?

- 망치 좀 빌려주시겠습니까?

    Können Sie mir einen Hammer leihen?
    캔낸   지- 미어 아이낸 하머   라이앤?

- 병에 든 가스를 어디서 얻을 수 있습니까?

    Wo bekomme ich Gasflaschen?
    보- 배콤매   이히 가스플라쉔?

- 우리는 가스가 떨어졌는데요. 어디서 그것을 살 수 있나요?

    Uns ist das Gas ausgegangen. Wo können wir welches bekommen?
    운스 이스트 다스 가스 아우스게강앤.   보- 캔낸   비어 벨해스   배콤맨?

- 안내소 옆에 있는 가게에 가스가 있습니다.

    Der Laden neben der Rezeption hat Gas.
    데어 라-댄   네-밴   데어 레쳅치오온   하트 가스.

- 그러나 그 가게가 이미 문을 닫았을 거 같은데요.

    Aber ich fürchte, der ist schon geschlossen.
    아-버 이히 퓨르흐테, 데어 이스트 쇼-ㄴ 게쉬로쌘.

- 다른 가능성은 있나요?

    Gibt es noch eine andere Möglichkeit?
    깁트 앳스 녹흐 아이내 안더래   뫼-클리히카이트?

- 유감이지만 이곳에 있는 가게들도 이미 문을 닫았습니다.

  Leider haben auch die Laden im Ort schon zu.
  라이더 하-뱀 아욱흐 디 라-댄 임 오르트 쇼-ㄴ 추-.

- 제가 가스를 드릴 수는 없지만 우리 함께 요리를 할 수 있을 겁니다.

  Ich kann Ihnen leider auch kein Gas geben, aber wir können zusammen
  이히 칸 이-낸 라이더 아욱흐 카인 가스 게-밴, 아-버 뷔어 쾐낸 추잠맨
  kochen.
  콕핸.

- 기꺼이 이 제안에 응하겠습니다.

  Dieses Angebot nehmen wir gerne an.
  디-제스 안게보-트 네-맨 뷔어 게르네 안.

유스호스텔에서

- 아직 빈자리 있습니까?

  Haben Sie noch etwas frei?
  하-뱀 지- 녹흐 애트밧스 프라이?

- 숙박비가 얼마입니까?

  Wie viel kostet die Übernachtung?
  비- 피-ㄹ 코스태트 디 위-버낙흐퉁?

- 식사시간은 언제입니까?

  Wann sind die Essenszeiten?
  반 진트 디 앳샌차이탠?

- 여기 보관함이 있습니까?

  Gibt es hier Schließfächer?
  깁트 앳스 히어 슐리-쓰퐹혀?

- 제 남편과 함께 방을 나누어 쓸 수 있나요?

  Kann ich ein Zimmer mit meinem Mann teilen?
  칸 이히 아인 침머 미트 마이냄 만 타일랜?

- 저녁 몇 시까지 입장이 허용됩니까?

  Bis wie viel Uhr abends ist Einlass?
  빗스 비- 피-ㄹ 우-어 아벤츠 이스트 아인랏스?

- 밤 11시까지입니다.

  Bis 23 Uhr, bitte.
  빗스 드라이운트츠반치히 우-어, 비태.

- 시내로 가는 가장 적합한 길은 어떻게 됩니까?

  Wie kommt man am günstigsten ins Zentrum?
  비- 콤트 만 암 귄스티히스탠 인스 첸트룸?

- 시트를 빌릴 수 있습니까?

  Kann ich ein Bettlaken ausleihen?
  칸 이히 아인 배트라캔 아우스라이앤?

> Tipp das Bettlaken, die Bettwäsche 침구, 시트

- 가족용 방이 있습니까?

  Gibt es ein Familienzimmer?
  깁트 앳스 아인 파밀리엔침머?

- 저는 회원카드가 있습니다.

  Ich habe eine Mitgliedskarte.
  이히 하-배 아이내 미트글리츠카르태.

- 저희는 유스호스텔 카드가 있습니다.

  Wir haben einen Jugendherbergsausweis.
  뷔어 하-밴 아이낸 유겐트해어베르크스아우스바이스.

- 식당은 어디 있습니까?

  Wo ist der Speisesaal?
  보- 이스트 데어 슈파이제자-ㄹ?

- 아침식사로는 무엇이 있나요?

  Was gibt es zum Frühstück?
  밧스 깁트 앳스 춤 프뤼슈튁?

- 뷔페에서 고르실 수 있습니다.

  Sie können sich am Buffet etwas aussuchen.
  지- 쾬낸 지히 암 부페트 앳트밧스 아우스주-ㄱ핸.

- 거기에는 전형적인 독일 아침식사도 있습니까?

  Gibt es dort auch typisch deutsches Frühstück?
  깁트 앳스 도르트 아우흐 튀-피쉬 도이췌스 프뤼슈튁?

- 그럼요, 그것은 가격에 포함되어 있습니다.

  Natürlich, es ist im Preis enthalten.
  나튀얼리히, 앳스 이스트 임 프라이스 앤트할탠.

- 그냥 그리로 가면 됩니까?

  Kann man einfach so hingehen?
  칸 만 아이팍흐 조- 힌게-앤?

IX. 독일에서의 여행을 위한 표현

- 도착했을 때 안내대에서 받은 아침식사 쿠폰만 가져가면 됩니다.

  Sie müssen nur die Frühstücksmarken mitnehmen, die Sie bei der Ankunft an der Rezeption erhalten haben.
  지- 뮤쌘 누어 디 프뤼슈튁스마르캔 미트네-맨, 디 지- 바이 데어 안쿤프트 안 데어 레쳅치오온 애어할탠 하-밴.

- 알려주셔서 고맙습니다.

  Vielen Dank für die Auskunft.
  피-ㄹ랜 당크 퓨어 디 아우스쿤프트.

 관광과 기념사진

공항 안내소나 시내의 중앙역에 위치한 안내소에서는 관광명소와 교통노선 등에 대한 정보를 제공하고 있다. 이러한 정보는 무료로 제공하는 것이기 때문에 기차, 지하철 및 버스노선 등에 대한 정보를 유용하게 수집하도록 한다. 관광지에서 관람할 때나 사진을 촬영할 때 구사할 수 있는 기본 표현들을 연습하여 즐거운 여행이 되도록 한다.

관광안내소에서

- 관광안내소는 어디에 있습니까?

  Wo ist das Fremdenverkehrsbüro?
  보- 이스트 다스 프렘덴페어케-어스뷰로-?

- 중앙역 옆에 있습니다.

  Das ist am Hauptbahnhof.
  닷스 이스트 암 하우프트반-호프.

- 관광안내 책자를 하나 주시겠습니까?

  Kann ich eine Touristenbroschüre bekommen?
  칸 이히 아이내 투어리스탠브로슈-래 배콤맨?

- 관광 안내서는 있습니까?

  Haben Sie einen Reiseführer?
  하-밴 지- 아이낸 라이제퓨-러?

- 시내 안내책자를 어디서 얻을 수 있습니까?

  Wo kann ich einen Reiseführer über die Stadt bekommen?
  보- 칸 이히 아이낸 라이제퓨-러 위-버 디 슈탙트 배콤맨?

- 시내지도와 이 도시에 관한 안내책자를 받았으면 합니다.

  Ich möchte gern einen Stadtplan und eine Informationsbroschüre über die Stadt haben?
  이히 뫼히태 게른 아이낸 슈탙츠플란 운트 아이내 인포-마치온스브로슈-래 위버 디 슈탙트 하-밴?

IX. 독일에서의 여행을 위한 표현 **719**

- 책자는 저쪽 진열대에서 직접 가져가시면 됩니다.

  Sie können die Broschüre dort selbst aus dem Ständer holen.
  지 캰낸 디 브로슈-래 도르트 젤스트 아우스 뎀 슈탠더 홀-랜.

- 무료 시내지도 있습니까?

  Haben Sie einen kostenfreien Stadtplan?
  하-밴 지- 아이낸 코스텐프라이앤 슈탙트플란?

- 여기 시내지도 있습니다.

  Hier haben Sie einen Stadtplan.
  히어 하-밴 지- 아이낸 슈탙트플란.

- 관광지도 좀 주시겠어요?

  Können Sie mir eine Besichtigungskarte geben?
  쾬낸 지- 미어 아이내 배지히티궁스카르태 게-밴?

- 관광지도 좀 주시겠어요?

  Könnten Sie mir eine Landkarte für Touristen geben?
  쾬탠 지- 미어 아이내 란트카르태 퓨어 투-어리스탠 게-밴?

- 시내 관광에는 어떤 것들이 있나요?

  Was ist in der Stadtrundfahrt inbegriffen?
  밧스 이스트 인 데어 슈탙트룬트파-르트 인배그리팬?

- 여기서 볼 만한 곳을 가르쳐주시겠어요?

  Könnten Sie mir die Sehenswürdigkeiten empfehlen?
  쾬낸 지- 미어 디 젠-스뷰르디히카이탠 엠펠-랜?

- 관광 안내책자 좀 제게 추천해 줄 수 있습니까?

  Können Sie mir einen guten Reiseführer über die Sehenswürdigkeiten empfehlen?
  쾬낸 지- 미어 아이낸 구-탠 라이제퓨-러 위버 디 젠-스뷰르디히카이탠 엠펠-랜?

- 여기 이 도시의 안내책자가 있습니다.

  Hier ist ein Reiseführer dieser Stadt.
  히어 이스트 아인 라이제퓨-러 디-저 슈탙트.

- 어느 곳을 구경하고 싶습니까?

  Was möchten Sie sich ansehen?
  밧스 뫼히탠 지- 지히 안제-앤?

- 무엇을 구경하고 싶습니까?

  Was wünschen Sie zu sehen?
  밧스 뷴샌 지- 추- 제-앤?

- 구경하고 싶은 곳을 선택하십시오.

  Bitte, wählen Sie aus, was Sie sehen wollen.
  비태,　밸-랜　　지- 아웃스, 밧스 지- 제-앤　볼랜.

- 저는 볼만한 것을 모두 구경하고 싶습니다.

  Ich möchte alles sehen, was sehenswert ist.
  이히 뫼히태　알랫스 제-앤,　밧스 젠-스베-어트　이스트.

- 그렇다면 시내 일주관광을 추천하고 싶습니다.

  Dann möchte ich Ihnen eine Stadtrundfahrt empfehlen.
  단　　뫼히태　이히 이-낸　아이내 슈탙트룬트파-르트　엠펠-랜.

- 일주관광은 언제 시작됩니까?

  Wann beginnt die Rundfahrt?
  반　　배긴트　디　룬트파-르트?

- 어디서 출발하지요?

  Von wo fahren wir denn ab?
  폰　보　파-랜　뷔어 덴　압?

- 시청에서부터 시작하는데요, 버스가 호텔 앞으로 태우러 갑니다.

  Vom Rathaus. Aber der Bus holt Sie vor Ihrem Hotel ab.
  폼　　라-트하우스. 아-버 데-에 부스 홀트 지-　포어 이어렘　호텔　압.

- 어느 것이 가장 볼만한 것들입니까?

  Welches sind die bedeutendsten Sehenswürdigkeiten?
  밸해스　진트　디　배도이텐트스탠　　　젠-스뷰르디히카이탠?

- 구경하기에 재미있는 장소들은 어느 것입니까?

  Welches sind die interessantesten Sehenswürdigkeiten?
  밸해스　진트　디　인터레싼테스탠　　　젠-스뷰르디히카이탠?

- 저는 가장 유명한 곳들을 구경하고 싶습니다.

  Ich möchte die berühmtesten Sehenswürdigkeiten sehen!
  이히 뫼히태　디　배뤼-ㅁ테스탠　　　젠-스뷰르디히카이탠　　제-앤?

- 이곳에 특별히 볼만한 박물관 있습니까?

  Gibt es hier ein besonders sehenswertes Museum?
  깁트　앳스 히어 이인 배존더스　　젠-스베-어태스　무제-움?

- 박물관은 매일 개관합니까?

  Ist das Museum täglich offen?
  이스트 다스 무제-움　태-클리히 오팬?

- 박물관은 월요일에 문을 엽니까?

  Ist das Museum montags geöffnet?
  이스트 다스 무제-움　몬타-ㅋ스　게외프내트?

- 입장은 무료입니까?

  Ist der Eintritt frei?
  이스트 데어 아인트리트 프라이?

- 식물원은 언제 문을 엽니까?

  Wann öffnet der botanische Graten?
  반   외프내트 데어 보타-니쉐   가르탠?

- 미술관은 언제 문을 닫습니까?

  Wann schließt die Kunstgalerie?
  반   슐리-쓰트 디 쿤스트갈러리-?

투어를 이용할 때

- 어떤 관광이 있습니까?

  Was für Touren bieten Sie an?
  밧스 퓨어 투-랜   비-탠   지- 안?

- 관광버스 투어도 있습니까?

  Haben Sie auch eine Tour mit dem Bus?
  하-밴   지- 아욱흐 아이내 투-어 미트 뎀   부스?

- 가이드 관광을 하고 싶습니다.

  Ich möchte eine geführte Tour machen.
  이히 뫼히태   아이내 게퓨-르태   투-어 막핸.

- 주요 관광명소로는 무엇이 있습니까?

  Was sind die Hauptsehenswürdigkeiten?
  밧스 진트 디 하우프트젠-스뷰르디히카이탠?

- 우리는 이 도시의 명소들을 보고 싶습니다.

  Wir möchten die Sehenswürdigkeiten dieser Stadt besuchen.
  뷔어 뫼히탠   디   젠-스뷰르디히카이탠   디-저   슈타트 배주-ㄱ핸.

- 진짜 독일다운 것을 보고(알고) 싶습니다.

  Ich möchte das echte Deutschland kennen lernen.
  이히 뫼히태   다스 애히태 도이췰란트   캔낸레르낸.

- 성을 구경할 수 있습니까?

  Kann man das Schloss besichtigen?
  칸   만   다스 슐로쓰   배지히티갠?

- 우리가 안내원의 인도를 받아야만 합니까?

  Müssen wir einen Führer haben?
  뮤쌘   뷔어 아이낸 퓨-러 하-밴?

- 독일어로 하는 가이드가 있습니까?

  Gibt es Führungen auf Deutsch?
  깁트 앳스 퓨-룽앤   아우프 도이취?

- 가이드 안내는 언제 시작됩니까?

  Wann beginnt die Führung?
  반   배긴트 디 퓨-룽?

- 안내는 얼마나 걸립니까?

  Wie lange dauert die Führung?
  비- 랑애 다우어트 디 퓨-룽?

- 안내원에게 얼마나 주어야 합니까?

  Wie viel muss ich dem Führer geben?
  비- 필 뭇스 이히 뎀 퓨-러 게-밴?

- 오전 코스는 있습니까?

  Gibt es eine Vormittagstour?
  깁트 앳스 아이내 포-어미타-ㅋ스투어?

- 패키지여행을 하고 싶습니다.

  Wir möchten eine Pauschalreise machen.
  뷔어 뫼히탠   아이내 파우샬라이재   막핸?

- 야간관광은 있습니까?

  Haben Sie eine Nachttour?
  하-밴   지- 아이내 낙흩트투-어

- 일주관광을 하는데 얼마입니까?

  Was kostet die Rundfahrt?
  밧스 코스태트 디   룬트파-르트?

- 일주관광은 얼마입니까?

  Was kostet die Rundfahrt?
  밧스 코스태트 디   룬트파-르트?

- 53 유로입니다.

  Dreiundfünfzig Euro.
  드라이운트퓬프치히   오이로.

- 식사도 나옵니까?

  Ist das Essen inbegriffen?
  이스트 다스 앳샌 인배그리팬?

- 이 가격에 점심식사가 포함되어 있습니다.

  In diesem Preis ist das Mittagessen inbegriffen.
  인 디-젬   프라이스 이스트 다스 미타-ㅋ앳샌 인배그리팬.

- 몇 시에 관광이 시작됩니까?

  Um wie viel Uhr beginnt die Rundfahrt?
  움 비- 피-르 우-어 배긴트 디 룬트파-르트?

- 시내관광 버스는 어디서 출발합니까?

  Wo startet ein Bus zur Stadtrundfahrt?
  보- 슈타테트 아인 부스 추어 슈탓트룬트파-르트?

- 우리는 어디서 출발합니까?

  Von wo fahren wir ab?
  폰 보- 파-랜 뷔어 압?

- 우리는 언제 돌아오게 됩니까?

  Wann werden wir zurückkommen?
  반 베르댄 뷔어 추뤽콤맨?

- 언제 출발하고 우리는 언제 돌아옵니까?

  Wann geht es los und wann kommen wir zurück?
  반 게-트 앳스 로-스 운트 반 콤맨 뷔어 추뤽?

- 한 명당 비용은 얼마입니까?

  Wie viel kostet die Fahrt pro Person?
  비- 피-르 코스태트 디 파-르트 프로 페르조온?

- 우리는 자동차를 렌트하고 싶습니다.

  Wir möchten ein Auto mieten.
  뷔어 뫼히탠 아인 아우토 미-탠.

- 우리는 무엇을 타고 갑니까?

  Womit fahren wir?
  보미트 파-랜 뷔어?

- 어떤 버스를 우리가 타야합니까?

  Welchen Bus müssen wir nehmen?
  밸핸 부스 뮤쌘 뷔어 네-맨?

입장권을 살 때

- 입장권은 어디서 받습니까?

  Wo bekommt man die Eintrittskarte?
  보- 베콤트 만 디 아인트릿츠카르태?

- 티켓은 어디서 삽니까?

  Wo kann ich eine Karte kaufen?
  보- 칸 이히 아이내 카르태 카우팬?

- 입장권은 얼마입니까?

    Was kostet die Eintrittskarte?
    바스 코스태트 디 아인트릿츠카르태?

- 입장료는 유로입니까?

    Ist der Eintritt gebührenpflichtig?
    이스트 데어 아인트리트 게뷰-렌플리히티히?

- 입장료는 얼마입니까?

    Wie viel kostet die Eintrittsgebühr?
    비- 피-ㄹ 코스태트 디 아인트릿츠게뷰-어?

- 어른 2장 주십시오.

    Zwei Erwachsene, bitte!
    츠바이 에어박세네, 비태!

- 어린이 한 장이요.

    Ein Kind, bitte!
    아인 킨트, 비태!

- 청소년 2장이요.

    Zwei Jugendliche, bitte!
    츠바이 유겐틀릿헤, 비태!

- 단체할인 가능합니까?

    Ist eine Gruppenermäßigung möglich?
    이스트 아이내 그룹펜에어매-씨궁 뫼-클리히?

- 단체할인 해줍니까?

    Haben Sie eine Gruppenermäßigung?
    하-밴 지- 아이내 그룹펜에어매-씨궁?

- 관광지에서 자유시간이 있습니까?

    Haben wir im Ort Zeit zur freien Verfügung?
    하-밴 뷔어 임 오르트 차이트 추어 프라이앤 페어퓨-궁?

관광지에서

- 안내서를 갖고 싶은데요.

    Ich hätte gerne einen Führer.
    이히 하태 게르네 아이낸 퓨-러.

- 카탈로그는 얼마입니까?

    Was kostet der Katalog?
    바스 코스태트 데어 카탈로-크?

- 나는 기념물들에 흥미가 있습니다.

  Ich interessiere mich für Denkmale.
  이히 인터레씨에래 미히 퓨어 뎅크마-ㄹ래.

- 특히 볼만한 게 무엇입니까?

  Was ist besonders sehenswert?
  밧스 이스트 배죤더스 젠-스베-어트?

- 수도원은 어디입니까?

  Wo ist das Kloster?
  보- 이스트 다스 클로-스터?

- 나는 먼저 성당을 구경하고 싶습니다.

  Ich möchte mir zuerst den Dom ansehen.
  이히 뫼히태 미어 추애어스트 덴 도옴 안제-앤.

- 이 성당이 들어 있는 그림엽서를 사고 싶습니다.

  Ich möchte die Ansichtskarte mit dem Dom kaufen.
  이히 뫼히태 디 안지히츠카르태 미트 뎀 돔 카우팬.

- 그림엽서는 어디서 살 수 있습니까?

  Wo kann man die Ansichtskarten kaufen?
  보- 칸 만 디 안지히츠카르탠 카우팬?

- 저 성의 이름은 무엇입니까?

  Wie heißt das Schloss?
  비- 하이쓰트 다스 슐로쓰?

- 이 거리의 이름은 무엇입니까?

  Wie heißt diese Straße?
  비- 하이쓰트 디제 슈트라-쌔?

- 하이네슈트라쎄라고 합니다.

  Sie heißt Heinestraße.
  지- 하이쓰트 하이네슈트라-쌔.

- 저것은 무슨 건물입니까?

  Was für ein Gebäude ist das?
  밧스 퓨어 아인 게보이대 이스트 다스?

- 이 건물은 언제 지어진 겁니까?

  Wann wurde dieses Gebäude aufgebaut?
  반 부르대 디제스 게보이대 아우프게바우트?

- 쇼핑구역은 어디 있습니까?

  Wo ist das Geschäftsviertel?
  보- 이스트 다스 게섀프츠피어텔?

- 지금 어디로 갑니까?

    Wohin gehen wir jetzt?
    보-힌   게-앤   뷔어 예츠트?

- 여기서 얼마나 머뭅니까?

    Wie lange bleiben wir hier?
    비-   랑애   블라이밴   뷔어 히어?

- 시간은 어느 정도 있습니까?

    Wie lange haben wir hier Zeit?
    비-   랑애   하-밴   뷔어 히어 차이트?

- 자유시간은 있습니까?

    Haben Sie Zeit zur freien Verfügung?
    하-밴   지-차이트 추어 프라이앤 페어퓨-궁앤?

- 몇 시에 버스로 돌아오면 됩니까?

    Wann soll ich zurückkommen?
    반   졸   이히 추뤽콤맨?

관람할 때

- 이 티켓으로 모든 전시를 볼 수 있습니까?

    Kann ich mir alles mit dieser Karte ansehen?
    칸   이히 미어 알랫스 미트 디-저   카르태 안제-앤?

- 무료 팜플렛은 어디 있습니까?

    Wo ist die kostenlose Broschüre?
    보-   이스트 디 코스탠로-제   브루슈-래?

- 짐을 어디다 보관할 수 있나요?

    Wo kann ich mein Gepäck aufbewahren?
    보-   칸   이히 마인   게팩   아웃프배봐-랜?

- 관내를 안내할 가이드는 있습니까?

    Ist da jemand, der mich durchführen kann?
    이스트 다 예만트,   데어 미히   두르히퓨-랜   칸?

- 안내해 줄 가이드가 필요한데요.

    Wir brauchen einen, der uns durchführen kann.
    뷔어 브라우핸   아이낸,   데어 운스 두르히퓨-랜   칸.

- 안내해 줄 가이드가 필요한데요.

    Wir brauchen eine, die uns durchführen kann.
    뷔어 브라욱핸   아이내, 디 운스 두르히퓨-랜   칸.

- 그 박물관은 오늘 엽니까?

    Ist das Museum heute geöffnet?
    이스트 다스 무제-움 호이태 게외프내트?

- 개관시간이 어떻게 됩니까?

    Wie sind die Öffnungszeiten?
    비- 진트 디 외프눙스차이탠?

- 재입관할 수 있나요?

    Kann ich wieder eintreten?
    칸 이히 비-더 아인트레-탠?

- 입장료를 환불해줄 수 있습니까?

    Können Sie mir die Gebühr zurückgeben?
    쾬낸 지- 미어 디 게뷰-어 추뤽게-밴?

- 이 그림은 누가 그린 건가요?

    Wer hat das Bild gemalt?
    베어 하트 다스 빌트 게마-ㄹ트?

- 베토벤 생가는 어디 있습니까?

    Wo ist das Beethovenhaus?
    보- 이스트 다스 베-토펜하우스?

기념촬영을 할 때

- 여기서 사진 찍어도 됩니까?

    Darf ich hier fotografieren?
    다르프 이히 히-어 포토그라피-랜?

- 여기서 사진 한 장 찍어도 됩니까?

    Darf ich hier eine Aufnahme machen?
    다르프 이히 히어 아이내 아웃프나-매 막핸?

- 여기서 플래쉬를 터뜨려도 됩니까?

    Darf ich hier einen Blitz benutzen?
    다르프 이히 히어 아이낸 블릿츠 배눝챈?

- 비디오 촬영을 해도 됩니까?

    Darf ich hier auf Video aufnehmen?
    다르프 이히 히어 아우프 비-데오 아웃프네-맨?

- 당신 사진을 찍어도 될까요?

    Darf ich Sie fotografieren?
    다르프 이히 지- 포토그라피-랜?

- 제가 당신 사진 찍어도 됩니까?

  Darf ich ein Foto von Ihnen machen?
  다르프 이히 아인 포-토 폰   이-낸   막핸?

- 함께 사진을 찍으시겠습니까?

  Wollen Sie sich mit mir fotografieren lassen?
  볼랜   지- 지히 미트 미어 포토그라피-랜   랏샌?

- 저기 함께 정렬하십시오.

  Stellen Sie sich da zusammen auf!
  슈텔랜   지- 지히 다 추잠맨   아웃프!

- 제 사진을 좀 찍어 주시겠습니까?

  Könnten Sie mich bitte fotografieren?
  쾬탠   지- 미히 비태 포토그라피-랜?

- 저희들 사진 좀 찍어주시겠어요?

  Könnten Sie uns bitte fotografieren?
  쾬탠   지- 운스 비태 포토그라피-랜?

- 저희들 사진 좀 하나 찍어 주시겠습니까?

  Könnten Sie ein Foto von uns machen?
  쾬탠   지- 아인 포-토 폰   운스 막핸?

- 사진 좀 찍고 싶습니다.

  Ich möchte mich fotografieren lassen.
  이히 뫼히태   미히 포토그라피-랜   랏샌.

- 여권사진을 찍고 싶습니다.

  Ich möchte Passbilder machen lassen.
  이히 뫼히태 파쓰빌터 막핸   랏샌.

- 기념으로 단체사진을 찍겠습니다.

  Zum Andenken möchte ich eine Gruppenaufnahme machen.
  춤   안뎅캔   뫼히태 이히 아이내 그루-팬아우프나-매   막핸.

- 움직이지 마십시오.

  Keine Bewegung, bitte!
  카이네 배베궁   비태!

- 웃으십시오.

  Bitte lächeln!
  비태 랫핼른!

- 자 얼굴표정 다정하게 해주십시오.

  Bitte recht freundlich!
  비태 래힡트 프로인틀리히!

- 한 장 더 부탁합니다.

  Noch eine Aufnahme, bitte!
  녹흐 아이내 아웃프나-매, 비태!

- 나중에 사진을 보내드리겠습니다.

  Ich will Ihnen später das Foto schicken.
  이히 빌 이-낸 슈패-터 다스 포-토 쉭캔.

- 여기 이메일 주소를 적어주시겠어요?

  Könnten Sie hier Ihre E-Mailadresse aufschreiben?
  쾐탠 지- 히어 이어래 이-메일아드레쌔 아우프슈라이밴?

- 이것을 현상해주시겠어요?

  Könnten Sie diesen Film entwickeln?
  쾐탠 지- 디-잰 필름 앤트비켈른?

- 인화도 해주시겠습니까?

  Können Sie auch kopieren?
  쾐낸 지- 아욱흐 코피-랜?

- 30분 후면 다 됩니다.

  Die Bilder können Sie in einer halben Stunde abholen.
  디 빌더 쾐낸 지- 인 아이너 할밴 슈툰대 아프홀-랜.

- 손님의 사진은 월요일에 끝납니다.

  Ihre Bilder sind am Montag fertig.
  이어래 빌더 진트 암 몬타-크 페르티히.

- 이 카메라용 저장카드 있습니까?

  Haben Sie eine Speicherkarte für diese Kamera?
  하-밴 지- 아이내 슈파이혀카르태 퓨어 디-재 카메라?

- 8기가바이트 저장카드 하나 사고 싶습니다.

  Ich möchte eine Speicherkarte mit 8GB kaufen.
  이히 뫼히태 아이내 슈파이혀카르태 미트 악흐트 기가비트 카우팬.

- 이 필름을 현상해 주시겠습니까?

  Können Sie diesen Film entwickeln?
  쾐낸 지- 디-잰 필름 앤트빌켈른?

- 테두리 없이 해주세요.

  Ohne Rand, bitte!
  오-내 란트, 비태!

- 반짝이는 사진으로 해주십시오.

  Hochglanz, bitte!
  혹흐글란츠, 비태!

- 광이 나지 않는 것으로 해주십시오.

  Matt, bitte!
  마트, 비태!

- 필름 원판당 2장씩 인화해주십시오.

  Ich möchte 2 Abzüge von jedem Negativ.
  이히 뫼히태   츠바이 압취-게 폰   예댐   네가티-프.

- 나는 이 싸이즈를 좋아합니다.

  Ich hätte gern dieses Format.
  이히 해태   게른   디-재스   포-마트.

- 이것을 확대해 주시겠습니까?

  Können Sie bitte dieses vergrößern?
  쾬낸   지- 비태   디-재스   페어그뢰-써른?

- 어느 사이즈를 원하십니까?

  Welches Format wünschen Sie, bitte?
  뱄해스   포-마트   뷴샌   지-, 비태?

- 이 필름의 경우 6x9 싸이즈가 제일 좋습니다.

  6 mal 9 ist bei diesem Film das beste Format.
  젝스 마-ㄹ 노인 이스트 바이 디-잼 필름 다스 배스태 포-마트.

- 각각 한 장 씩 현상해 주십시오.

  Von jedem eins, bitte!
  폰   예댐   아인스, 비태!

- 좋은 것만 현상하십시오.

  Machen Sie nur die, die wirlich gut sind.
  막핸   지- 누어 디-, 디- 뷔르클리히 구-ㅌ 진트.

- 언제 인화가 끝납니까?

  Wann sind die Abzüge fertig?
  반   진트 디 압취-개   페르티히?

- 사진을 언제 찾을 수 있습니까?

  Wann kann ich das Foto abholen?
  반   칸   이히 다스 포-토   아프홀-랜?

- 한 시간 내로 필름을 현상할 수 있습니다.

  Wir können den Film innerhalb einer Stunde entwickeln.
  뷔어 쾬낸   덴   필름   인너할프   아이너 슈툰대   앤트비켈른.

- 이 카메라용 배터리를 주십시오.

  Ich brauche eine Batterie für diesen Apparat.
  이히 브라욱해   아이내 바테리-   퓨어 디-잰   아파라-트.

- 제 카메라 좀 수리해줄 수 있습니까?

Können Sie mir meinen Fotoapparat reparieren?
쾬낸   지- 미어 마이낸   포-토아파라-트 레파리-랜?

- 셔터가 작동하지 않습니다.

Der Auslöser funktioniert nicht.
데어 아우스뢰-저 풍치오니어트   니힡트.

 쇼핑

독일에서 쇼핑할 때는 영업시간이 정해져 있으니 영업시간에 대해 미리 정보를 얻어 두도록 한다. 토요일에는 일찍 폐점하며, 일요일에는 문을 열지 않는 곳이 많다. 물건을 고를 때, 품질을 고려할 때, 사이즈나 색상을 고를 때, 계산할 때를 고려한 기본 표현을 역시 소리 내어 읽으며 연습해서 실제로 구사하도록 한다. 쇼핑할 때 받아둔 부가가치세(Mehrwertsteuer) 면제용 영수증을 챙겨둔다.

쇼핑센터를 찾을 때

- 쇼핑센터는 어디 있나요?

  Wo liegt das Einkaufszentrum?
  보- 리-ㄱ트 다스 아인카우프스첸트룸?

- 이 도시의 쇼핑가는 어디 있습니까?

  Wo ist das Einkaufsviertel in dieser Stadt?
  보- 이스트 다스 아인카우프스첸트룸 인 디-저 슈타트?

- 선물은 어디서 살 수 있습니까?

  Wo kann ich Geschenke kaufen?
  보- 칸 이히 게쉥캐 카우팬?

- 백화점은 어디 있습니까?

  Wo liegt das Kaufhaus?
  보- 리-ㄱ트 다스 카우프하우스?

- 편의점을 찾고 있습니다.

  Ich suche eine Drogerie.
  이히 주-ㄱ해 아이내 드로게리-

- 이 주변에 할인점은 있습니까?

  Gibt es einen Laden, der Waren zu reduzierten Preisen verkauft?
  깁트 앳스 아이낸 라-댄, 데어 봐-랜 추- 레두치어탠 프라이잰 페어카우프트?

- 저와 함께 쇼핑하러 가지 않겠습니까?

  Wollen Sie mit mir zusammen einkaufen gehen?
  볼랜 지- 미트 미어 추잠맨 아인카우팬 게-앤?

매장을 찾을 때

- 가장 가까운 백화점이 어디입니까?

  Wo ist das nächste Kaufhaus?
  보- 이스트 다스 넥스태 카우프하우스?

- 가장 가까운 식료품점은 어디에 있습니까?

  Wo ist der nächste Lebensmittelladen?
  보- 이스트 데어 넥스태 레-벤스미텔라-댄?

- 이 근처에 좋은 슈퍼마켓이 어디 있습니까?

  Wo ist ein guter Supermarkt hier in der Nähe?
  보- 이스트 아인 구-터 주퍼마르크트 히어 인 데어 내-애?

- 남성복은 몇 층에 있습니까?

  Welcher Stock ist für Herrenanzüge?
  밸허 슈톡 이스트 퓨어 해랜안취-개?

- 여성복 매장은 몇 층에 있습니까?

  Im wie vielten Stock ist die Abteilung für Damenbekleidung?
  임 비- 피-ㄹ탠 슈톡 이스트 디 압타일룽 퓨어 다-멘배클라이둥?

- 화장품 코너는 어디에 있습니까?

  Wo ist die Kosmetikabteilung?
  보- 이스트 디 코스메-틱압타일룽?

- 1층에 있습니다.

  Im Erdgeschoss.
  임 애어트게쇼쓰.

- 세일은 어디서 하고 있습니까?

  Wo ist der Verkauf von Sonderangeboten?
  보- 이스트 데어 페어카우프 폰 존더안게보-탠?

- 그것은 지금 특별세일 중입니다.

  Das ist zurzeit ein Sonderangebot.
  다스 이스트 추어차이트 아인 존더안게보-트.

가게로 가려고 할 때

- 그것은 어디서 살 수 있습니까?

  Wo kann man es kaufen?
  보- 칸 만 앳스 카우팬?

- 몇 시에 문을 엽니까?

    Um wie viel Uhr öffnen Sie das Geschäft?
    움 비- 피-르 우-어 외프낸 지- 다스 게섀프트?

- 여기 가게들이 언제 문을 엽니까?

    Wann öffnen hier die Läden?
    반   외프낸 히어 디 래-댄?

- 여기 가게들이 언제 문을 닫습니까?

    Wann ist hier Ladenschluss?
    반 이스 히어 라-댄슐루-쓰?

- 몇 시까지 합니까?

    Bis wann ist der Laden geöffnet?
    빗스 반   이스트 데어 라-댄 게외프넷?

- 쇼핑 좀 갔다 오겠어요.

    Ich gehe mal einkaufen.
    이히 게-애 마-ㄹ 아인카우팬.

- 과일 좀 사러 갔다 오겠어요.

    Ich gehe mal schnell Obst holen.
    이히 게-애 마-ㄹ 슈넬   오옵스트 홀-랜.

- 잠간 담배 좀 사러 갔다 오겠어요.

    Ich gehe mal schnell Zigaretten holen.
    히이 게-애 마-ㄹ 슈넬   차가레탠   홀-랜.

가게에 들어서 말할 때

- 무엇을 도와드릴까요?

    Womit kann ich Ihnen dienen?
    보-미트 칸 이히 이-낸 디-낸?

- 무엇을 찾으시지요?

    Kann ich Ihnen helfen?
    칸 이히 이-낸 헬팬?

- 무엇을 찾으십니까?

    Was suchen Sie, bitte?
    빗스 주-ㄱ핸   지-, 비태?

- 무엇을 드릴까요?

    Sie wünschen?
    지- 뷴섄?

- 무엇을 드릴까요?

  Was darf es sein?
  밧스 다르프 앳스 자인?

- 무엇을 드릴까요?

  Bitte schön?
  비태 쇠-ㄴ?

- 특별히 원하시는 것이 있나요?

  Haben Sie einen bestimmten Wunsch?
  하-밴 지- 아이낸 배슈팀탠 분쉬?

- 특별한 것을 찾으십니까?

  Suchen Sie etwas Bestimmtes?
  주-ㄱ핸 지- 애트밧스 배슈팀태스?

- 다음 분 누구시죠?

  Wer ist der Nächste, bitte?
  베어 이스트 데어 낵스태, 비태?

- 다음 순서는 누구십니까?

  Wer ist dran?
  베어 이스트 드란?

- 그냥 둘러보고 있는 중입니다.

  Ich sehe mich nur um.
  이히 제-애 미히 누어 움.

- 고마워요 그냥 구경하고 있는 중입니다.

  Ich schaue mich nur um, danke!
  이히 샤유애 미흐 누어 움, 당케!

- 그냥 둘러보겠습니다.

  Ich möchte mich nur umschauen.
  이히 뫼히태 미히 누어 움샤우앤.

- 둘러만 볼게요.

  Ich möchte nur gucken.
  이히 뫼히태 누어 구캔.

- 원하시는 것이 있으면 저를 불러주십시오.

  Sie können mich rufen, wenn Sie einen Wunsch haben.
  지- 쾬낸 미히 루-팬, 벤 지- 아이낸 분쉬 하-밴.

물건을 찾을 때

- 디지털 카메라를 찾고 있습니다.

  Ich suche eine Digitalkamera.
  이히 주-ㄱ해 아이내 디기타알카-메라.

- 이 카메라가 어떻습니까?

  Wie finden Sie diese hier?
  비- 핀댄 지 디-제 히어?

- 이것은 1200만 화소와 디지털 10배 줌을 갖추고 있어요.

  Sie hat 12 Megapixel und zehnfachen Digitalzoom.
  지 하트 츠뵐프 메가픽셀 운트 체-ㄴ팍핸 디기타알주-움.

- 저장 카드도 취급하십니까?

  Führen Sie auch Speicherkarte?
  퓨-랜 지- 아욱흐 슈파이혀카르태?

- 이 카메라에도 보증기간이 있습니까?

  Ist auf der Kamera auch Garantie?
  이스트 아우프 데어 카-메라 아욱흐 가란티-?

- 예, 2년간 입니다.

  Ja, zwei Jahre.
  야-, 츠바이 야-레.

- 외투를 샀으면 해서요.

  Ich hätte gern einen Mantel.
  이히 해태 게른 아이낸 만텔.

- 오늘 세일 중인 상품은 무엇입니까?

  Was ist heute im Angebot?
  밧스 이스트 호이태 임 안게보-트?

- 기념품을 하나 사고 싶습니다.

  Ich möchte ein Andenken kaufen.
  이히 뫼히태 아인 안뎅캔 카우팬.

- 예쁜 선물을 찾는데요.

  Ich suche ein hübsches Geschenk.
  이히 주-ㄱ해 아인 휩섀스 게쉥크.

- 이 지역의 전형적인 기념품을 사고 싶습니다.

  Ich suche nach einem typischen Andenken aus dieser Gegend.
  이히 주-ㄱ해 아욱흐 아이냄 튜-피샌 안뎅캔 아우스 디-저 게-겐트.

IX. 독일에서의 여행을 위한 표현

- 이 지역에 전형적인 것을 좀 사고 싶습니다.

  Ich hätte gern etwas, das typisch für diese Gegend ist.
  히이 해태 게른 애트밧스, 다스 튀-피쉬 퓨어 디-제 게-겐트   이스트.

- 제게 몇 가지 좀 보여주시겠습니까?

  Würden Sie mir einige zeigen?
  뷰르댄   지- 미어 아이니게 차이갠?

- 이 귀걸이가 참 예쁘군요.

  Diese Ohrringe sind sehr schön.
  디-제 오-어링애   진트 제어 쇠-ㄴ.

- 커플반지를 좀 사고 싶습니다.

  Ich hätte gerne Partnerringe.
  이히 해태   게르내 파-트너링애.

- 금 함량이 얼마나 됩니까?

  Wie hoch ist der Goldanteil?
  비- 혹호   이스트 데어 골트안타일?

- 은 함량이 얼마나 됩니까?

  Wie hoch ist der Silberanteil?
  비- 혹호   이스트 데어 질버안타일?

- 실크 스타킹을 찾는데요.

  Ich suche Strümpfe aus Seide.
  이히 주-ㄱ해 슈트륌페   아우스 자이대.

> **Tipp** der Strumpf(데어 슈트룸프) 스타킹, Strümpfe aus Wolle(슈트륌페 아우스 볼래) 면 스타킹, die Strumpfhose(디 슈트룸프호-재) 팬티스타킹, ein Wollstrumpf(아인 볼슈트룸프) 울스타킹

- 양말 몇 켤레를 사려고 합니다.

  Ich hätte gern ein paar Socken.
  이히 해태 게른 아인 파-   조캔.

> **Tipp** 〈ein paar +복수명사〉 몇 몇의 ..., die Socke, -n 양말, ein Paar Socken 양말 한 켤레.

- 브라우스를 찾고 있습니다.

  Ich suche eine Bluse.
  이히 주-ㄱ해 아이내 블루-재.

- 치수 43짜리 재킷을 원합니다.

  Ich möchte eine Jacke, Größe 43.
  이히 뫼히태   아이내 약캐, 그뢰-쌔 드라이운트피어치히.

- 셔츠를 하나 사고 싶습니다.

  Ich möchte ein Hemd.
  이히 뫼히태   아인 헴트.

- 손질하기 쉬운 셔츠를 하나 사고 싶습니다.

  Ich möchte gern ein pflegeleichtes Hemd kaufen.
  이히 뫼히태   게른 아인 플레게라이히태스   헴트   카우팬.

- 여기 스웨터는 어디 있습니까?

  Wo haben Sie hier Pullover?
  보- 하-밴   지- 히어 풀로-버?

- 저는 빨강색 스웨터를 찾는데요.

  Ich suche einen Pullover in Rot.
  이히 주-ㅎ해 아이낸 풀로-버   인 로-트.

- 캐주얼한 것을 찾고 있습니다.

  Ich suche eine Freizeitkleidung.
  이히 주-ㅎ해 아이내 프라이차이트클라이둥.

- 캐주얼 복을 찾는 중입니다.

  Ich suche eine Freizeitbekleidung.
  이히 주-ㅎ해 아이내 프라이차이트배클라이둥.

- 스포티한 셔츠를 찾고 있습니다.

  Ich suche ein sportliches Hemd.
  이히 주-ㅎ해 아인 슈포-틀릿해스   헴트.

- 선물로 적당한 것은 없습니까?

  Können Sie mir etwas für ein Geschenk empfehlen?
  쾐낸   지- 미어 애트밧스 퓨어 아인 게쉥크   엠페-ㄹ랜?

- 면으로 된 것이 필요합니다.

  Ich brauche etwas aus Baumwolle.
  이히 브라욱해   애트밧스 아웃스 바움볼래.

- 브레이저를 찾는데요.

  Ich suche einen BH.
  이히 주-ㅎ해 아이낸   베하.

> BH.는 der Büstenhalter(데어 뷰스탠할터)의 줄임말.

- 푸쉬업 브라를 사고 싶습니다.

  Ich möchte einen Push-Up-BH.
  이히 뫼히태   아이내 푸쉬-업-베하.

- 팬티를 찾고 있는 중입니다.

  Ich suche ein Höschen.

  이히 주-ㄱ해 아인 횟샌.

> das Höschen(다스 회-쉔) 여성용 팬티, Seidenhöschen(자이덴회-쉔) 실크팬티, Baumwollhöschen(바움볼회-쉔) 면팬티, ein Höschen in Rot(아인 회-쉔 인 로-트) 빨강색 팬티, die Unterhose(디 운터호-제) 팬티

물건을 고를 때

- 저 블라우스를 보여주세요.

  Bitte zeigen Sie mir die Bluse da?

  비태 차이갠 지- 미어 디 블루-재 다?

- 좀 더 예쁜 것을 보여주세요.

  Bitte zeigen Sie mir eine schönere!

  비태 차이갠 지- 미어 아이내 쇠-너래?

- 좀 더 예쁜 것은 없습니까?

  Haben Sie keine schönere?

  하-밴 지- 카이내 쇠-너래?

- 진열장에 있는 저 양복을 볼 수 있을까요?

  Kann ich mir mal den Anzug im Schaufenster ansehen?

  칸 이히 미어 마-ㄹ 덴 안추크 임 샤우펜스터 안제-앤?

- 다른 양복 있습니까?

  Haben Sie einen anderen?

  하-밴 지- 아이낸 안더랜?

- 곧 갖다드리겠습니다.

  Den bringe ich Ihnen sofort.

  덴 브링애 이히 이-낸 조포르트.

- 이게 마음에 드네요.

  Der gefällt mir!

  데어 게팰트 미어!

- 다른 양복은 없습니까?

  Haben Sie keinen anderen?

  하-밴 지- 카이낸 안더랜?

- 이 원피스가 마음에 듭니다.

  Dieses Kleid gefällt mir gut.

  디-재스 클라이트 게팰트 미어 구-트.

- 잠깐 다른 것을 좀 보겠습니다.

  Ich versuche mal, mir etwas anderes anzusehen.
  이히 페어주-ㄱ해 마-ㄹ, 미어 애트밧스 안더래스 안추제-앤.

- 저희 신상품들을 보여드릴까요?

  Darf ich Ihnen unsere neuen Waren zeigen?
  다르프 이히 이-낸 운저래 노이앤   봐-랜   차이갠?

- 마음에 드는 게 없습니다.

  Ich finde nichts, was mir gefällt.
  이히 핀대   니휱츠,   밧스 미어 게팰트

- 이 양복 어떻습니까?

  Wie wär's mit diesem Anzug?
  비- 뵈-래'스 미트 디-젬   안추크?

- 그것은 제가 찾는 것이 아닙니다.

  Er ist nicht das, wonach ich suche.
  애어 이스트 니휱트 다스, 보-낙흐 이히 주-ㄱ해.

- 이 재킷은 어떻습니까?

  Wie wäre es mit dieser Jacke?
  비- 봬-래 앳스 미트 디-저   약캐?

- 어떤 상표를 원하십니까?

  Welche Marke möchten Sie?
  뱉해   마르캐   뫼히탠   지-?

- 이거 손으로 만든 건가요?

  Ist das Handarbeit?
  이스트 다스 한트아르바이트?

 handgemalt(한트게마-ㄹ트) 손으로 그린, handgeschnitzt(한트게슈니츠트) 손으로 깎은, handgestrickt(한트게슈트릭트) 손으로 짠, handgeknüpft(한트게크뉘프트) 손으로 매듭을 뜬

정할 때

- 좋습니다. 그것을 사겠습니다.

  Gut, das nehme ich.
  구-트, 다스 네-매   이히.

 지시대명사는 성에 따라(남성, 여성, 중성) 주격은 der, die, das(단수)와 die(복수), 그리고 목적격(4격) 지시대명사로는 위의 성에 따라 각각 den, die, das, die이다.

- 그것을 사겠습니다.

  Die/Den nehme ich.
  디/ 덴 네-매 이히.

- 이게 내게 잘 맞네요.

  Die passt mir gut.
  디 파쓰트 미어 구-트.

- 포장해 줄 수 있습니까?

  Können Sie es einpacken?
  쾬낸 지- 엣스 아인팍캔?

색상을 고를 때

- 무슨 색이 있습니까?

  Was für Farben haben Sie?
  밧스 퓨어 파르밴 하-밴 지-?

- 이것은 너무 화려합니다.

  Das ist zu glitzernd.
  다스 이스트 추- 글리천트.

- 이것은 제가 입기에는 너무 눈에 띕니다.

  Das ist für mich zu auffällig.
  다스 이스트 퓨어 미히 추- 아우프팰릿히.

- 이 블라우스는 너무 수수하네요.

  Diese Bluse ist zu uni.
  디-제 블루-재 이스트 추- 유니.

(tipp) uni[yuni](유니), einfarbig(아인파르비히) (색상이) 수수한

- 더 화려한 것 있습니까?

  Haben Sie eine glitzerndere?
  하-밴 지- 아이내 글리천더래?

- 이 색은 좋아하지 않습니다.

  Ich mag diese Farbe nicht.
  이히 막 디-제 파르배 니힡트.

- 갈색으로 된 것을 좀 보여주세요.

  Zeigen Sie mir eine braune, bitte!
  차이갠 지- 미어 아이내 브라우내, 비태!

- 무지인 것은 없습니까?

  Haben Sie keine einfarbige?
  하-밴   지- 카이내 아인파르비개?

- 푸른 색 외투를 찾습니다.

  Ich suche einen blauen Mantel.
  이히 주-ㄱ해 아이낸 블라우앤 만텔.

- 푸른 색 외투를 찾습니다.

  Ich suche einen Mantel in Blau.
  이히 주-ㄱ해 아이낸 만텔   인 블라우.

- 노란색 바지 있습니까?

  Haben Sie eine Hose in Gelb?
  하-밴   지- 아이내 호-재 인 겔프?

- 노란색 바지를 찾아요.

  Ich suche eine gelbe Hose.
  이히 주-ㄱ해 아이내 겔배 호-재.

- 색상이 마음에 안 드십니까??

  Gefällt die Farbe Ihnen nicht?
  게팰트   디 파르배 이-낸   니힡트?

- 요란한 색상이 지금 유행중이예요.

  Schreiende Farben sind zurzeit in Mode.
  슈라이앤대   파르밴 진트 추어차이트 인 모-데.

- 이 모델은 지금 크게 유행중이예요.

  Dieses Modell ist gerade in Mode.
  디-재스 모델   이스트 게라데 인 모-데.

- 더 밝은 색상은 없습니까?

  Haben Sie keine helleren?
  하-밴   지- 카이내 헬러랜?

- 더 밝은 색 원피스 있어요?

  Haben Sie ein helleres Kleid?
  하-밴   지- 아인 헬러래스 클라이트?

- 이런 종류로 다른 색상 있습니까?

  Haben Sie dieses in anderen Farben?
  하-밴   지- 디-재스 인 안더랜   파르밴?

- 색깔이 마음에 안 들어요.

  Die Farbe gefällt mir nicht.
  디 파르배 게팰트 미어 니힡트.

- 사이즈와 색상은 어떤 것을 원하십니까?

  Welche Größe und Farbe hätten Sie gern?
  밸해   그뢰-쌔 운트 파르배 해탠   지- 게른?

- 저는 빨강색을 좋아하지 않아요.

  Ich mag Rot nicht.
  이히 막   로-트 니힡트.

- 그것은 너무 야해요, 저는 아주 단순한 것을 원해요.

  Das ist zu schik, ich will etwas ganz Einfaches.
  다스 이스트 추- 쉬크, 이히 빌   애트밧스 간츠   아인팍해스.

- 무늬가 마음에 안 들어요.

  Das Muster gefällt mir nicht.
  다스 무스터   게팰트   미어 니힡트.

- 색깔이 손님에게 잘 어울립니다.

  Die Farbe steht Ihnen sehr gut.
  디   파르배 슈테트 이-낸   제어   구-트.

- 재단이 별로 맘에 들지 않아요.

  Der Schnitt gefällt mir nicht besonders.
  데어   슈니트   게팰트   미어 니힡트 배존더스.

사이즈를 고를 때

- 치수가 얼마입니까?

  Welche Größe haben Sie?
  밸해   그뢰-쌔 하-밴   지-?

- 치수가 얼마입니까?

  Welche Kragenweite haben Sie?
  밸해   크라겐봐이태   하-밴   지-?

- 치수 43입니다.

  Größe dreiundvierzig.
  그뢰-쌔 드라이운트피어치히.

- 정확히 모릅니다.

  Ich weiß es nicht genau.
  이히 봐이쓰 앳스 니힡트 게나우.

- 저는 독일 치수를 모릅니다.

  Ich kenne die deutsche Größe nicht.
  이히 캔내   디   도이췌   그뢰-쌔   니힡트.

- 치수를 재어주십시오.

  Bitte, nehmen Sie Maß.
  비태, 네-맨 지- 마-쓰.

- 치수를 재어주시겠어요?

  Können Sie mich messen?
  쾐낸 지- 미히 메쌘?

- 저의 치수를 재어주십시오.

  Nehmen Sie bei mir Maß, bitte!
  네-맨 지- 바이 미어 마-쓰, 비태!

- 제 치수를 재어주십시오.

  Ich möchte meine Maße nehmen lassen.
  이히 뫼히태 마이내 마-쌔 네-맨 랏샌.

- 치수를 재겠습니다.

  Gestatten Sie, dass ich Maß nehme!
  게슈타탠 지-, 다스 이히 마-쓰 네-매!

- 이것이 손님께 잘 맞을 것 같습니다.

  Ich glaube, dieser ist gerade richtig.
  이히 글라우배, 디-저 이스트 게라데 리히티히.

- 이것은 제게 안 맞습니다.

  Das passt mir nicht.
  다스 파쓰트 미어 니힐트.

- 이것은 제 치수가 아닙니다.

  Das ist nicht meine Größe.
  다스 이스트 니힐트 마이내 그뢰-쌔.

- 이것은 나에게 너무 큽니다.

  Das ist mir zu groß.
  다스 이스트 미어 추- 그로-쓰.

- 같은 것으로 작은 사이즈가 있습니까?

  Haben Sie das Gleiche in kleiner Größe?
  하-밴 지- 다스 글라이해 인 클라이너 그뢰-쌔?

- 사이즈 47짜리 치마도 있습니까?

  Haben Sie den Rock auch in Größe 47?
  하-밴 지- 덴 록 아욱흐 인 그뢰-쌔 지-밴운트피어치히?

- 너무 헐렁해요.

  Das ist mir zu breit.
  다스 이스트 미어 추- 브라이트.

- 셔츠가 너무 좁아요.

    Das Hemd ist zu eng.
    다스 헴트 이스트 추- 앵.

- 더 큰 것은 없습니까?

    Haben Sie nichts Größeres?
    하-밴 지- 니힣츠 그뢰-써래스?

- 더 작은 것 있습니까?

    Haben Sie ein kleineres?
    하-밴 지- 아인 클라이너래스?

- 다른 것들 좀 보여주시겠습니까?

    Würden Sie mir noch andere zeigen?
    뷰르댄 지- 미어 녹흐 안더래 차이갠?

- 이 재킷은 어깨부분 있는 데가 너무 꽉 낍니다.

    Diese Jacke ist in der Schulter zu schmal.
    디-제 약캐 이스트 인 데어 슐터 추- 슈마-ㄹ.

- (재킷의) 흉부와 어깨부위가 잘 맞습니다.

    Sie sitzt an der Büste und an den Schultern gut.
    지- 짓츠트 안 데어 뷰스태 운트 안 덴 슐터른 구-트.

> **Tipp** 여기서 sie는 위 문장의 die Jacke를 가리키는 인칭대명사.

- 더 작은 것 있습니까?

    Haben Sie eine kleinere?
    하-밴 지- 아이내 클라이너래?

- 어깨부분이 너무 넓어요.

    Die Schultern sind zu breit.
    디 슐터른 진트 추- 브라이트.

- 치마가 너무 길어요.

    Der Rock ist zu lang.
    데어 록 이스트 추- 랑.

- 좀 더 짧은 것으로 부탁합니다.

    Einen kürzeren, bitte!
    아이낸 퀴르처랜, 비태!

> **Tipp** 치마(der Rock)가 남성이므로 '다른 것을' 이라고 할 때는 여기서 처럼 목적격을 쓴다.

- 그렇지만 손님께 잘 어울리는데요.

  Der steht Ihnen aber sehr gut!
  데어 슈테-트 이-낸 아-버 제-어 구-트!

- 그렇지만 손님의 블라우스와 잘 어울립니다.

  Aber der passt gut zu Ihrer Bluse!
  아-버 에어 파쓰트 구-트 추 이어러 블루-재!

- 이 치마를 입어 봐도 될까요?

  Kann ich den mal anprobieren?
  칸 이히 덴 마-ㄹ 안프로비-랜?

> **Tipp** 이미 치마를 보고 있는 중이니까 den Rock을 쓸 필요가 없고, 대신 지시대명사를 쓴다.

- 여기 이 블라우스는 어떻습니까?

  Wie wäre es mit der Bluse hier?
  비- 배-래 앳스 미트 데어 블루-재 히어?

- 그것 좀 입어 봐도 될까요?

  Kann ich die mal anprobieren?
  칸 이히 디 마-ㄹ 안프로비-랜?

- 그것 좀 입어 봐도 될까요?

  Darf ich die vielleicht mal anprobieren?
  다르프 이히 디 필라이히트 마-ㄹ 안프로비-랜?

- 그것 좀 입어 봐도 될까요?

  Kann ich die mal überziehen?
  칸 이히 디 마-ㄹ 위버치-앤?

- 예, 저쪽에 옷 갈아입는 곳이 있습니다.

  Ja, da drüben sind die Kabinen.
  야-, 다 드뤼-벤 진트 디 카비-낸.

- 스웨터가 제게 너무 커요. 더 작은 것 있습니까?

  Der Pullover ist mir zu lang. Haben Sie einen kleineren?
  데어 풀오버 이스트 미어 추- 랑. 하-밴 지- 아이낸 클라이너랜?

- 더 작은 것 없습니까?

  Haben Sie keinen kleineren?
  하-밴 지- 카이낸 클라이너랜?

- 이 스웨터 하나 더 없습니까?

  Haben Sie den nicht noch einmal da?
  하-밴 지- 덴 니힡트 녹흐 아인마-ㄹ 다-?

- 아니오, 유감스럽게도 44치수만 있어요.

  Nein, leider nur noch in Größe vierundzierzig.
  나인, 라이더 누어 녹흐 인 그뢰-쌔 피어운트피어치히.

- 혹시 이거 하나 더 있어요?

  Haben Sie davon vielleicht noch einen?
  하-밴 지- 다폰 필라이히트 녹흐 아이낸?

- 아니오, 그게 마지막입니다.

  Nein, das ist der letzte.
  나인, 다스 이스트 데어 랱츠태.

> 말하는 것이 여성명사일 경우 das ist die letzte; 중성명사일 경우 das ist das letzte.

- 한 번 더 생각해볼게요.

  Ich überlege es mir noch einmal.
  이히 위버레-개 앳스 미어 녹흐 아인마-ㄹ.

- 그거 보러 다시 오겠습니다.

  Ich komme vielleicht darauf zurück.
  이히 콤매 필라이히트 다라우프 추뤽.

디자인을 고를 때

- 어떤 디자인이 유행하고 있습니까?

  Was für ein Schnitt ist jetzt in Mode?
  밧스 퓨어 아인 슈니트 이스트 예츠트 인 모-데?

>  der Schnitt 패션의 디자인

- 다른 디자인은 있습니까?

  Haben Sie einen anderen Schnitt?
  하-밴 지- 아이낸 안더랜 슈니트?

- 다른 디자인은 있습니까?

  Haben Sie andere Modelle?
  하-밴 지- 안더래 모델레?

- 다른 스타일로 된 것들을 좀 보여주십시오.

  Darf ich die anderen Modelle sehen?
  다르프 이히 디 안더랜 모델래 제-앤?

품질을 물을 때

- 질 좋은 물건 있습니까?

  Haben Sie ein qualitativ gutes Sortiment?
  하-밴 지- 아인 크봘리타티프 구-태스 조-티멘트?

- 재질은 무엇입니까?

  Woraus ist das gemacht?
  보-라우스 이스트 다스 게막흐트?

- 독일제품입니까?

  Ist das ein deutsches Produkt?
  이스트 다스 아인 도이췌스 프로둑트?

- 독일에서 생산된 제품입니까?

  Ist das ein in Deutschland hergestelltes Produkt?
  이스트 다스 아인 인 도이췰란트 해어게슈텔태스 프로둑트?

- 질은 괜찮습니까?

  Ist das von guter Qualität?
  이스트 다스 폰 구-터 크봘리태-트?

- 이 원피스의 질은 좋은 건가요?

  Hat dieses Kleid eine gute Qualität?
  해트 디-재스 클라이트 아이내 구-터 크봘리태-트?

- 이것은 실크 100%입니까?

  Ist das hundertprozentige Seide?
  이스트 다스 훈데르트프로첸티개 자이대?

- 이것은 수제품입니까?

  Ist das in Handarbeit hergestellt?
  이스트 다스 임 한트아르바이트 해어게슈텔트?

- 이것은 진짜 가죽입니까?

  Ist das echtes Leder?
  이스트 다스 애히태스 레-더?

- 더 좋은 품질을 원합니다.

  Ich möchte eine bessere Qualität.
  이히 뫼히태 아이내 배써래 크봘리태-트.

- 더 싼 것은 없습니까?

  Haben Sie nichts Billigeres?
  하-밴 지- 니힡츠 빌리거래스?

IX. 독일에서의 여행을 위한 표현

- 아니오, 그것은 마음에 안 들어요.

  Nein, das gefällt mir nicht!
  나인, 다스 게팰트 미어 니힡트!

- 그것은 내가 원하는 게 아닙니다.

  Das ist nicht, was ich will.
  다스 이스트 니힡트, 밧스 이히 빌.

가격을 물을 때

- 얼마입니까?

  Was kostet das?
  밧스 코스태트 다스?

- 이것은 얼마입니까?

  Wie viel kostet das hier?
  비- 피-ㄹ 코스태트 다스 히어?

- 46 유로입니다.

  Es kostet sechsundvierzig Euro.
  앳스 코스태트 젝스운트피어치히 오이로.

- 그것 좀 써 주십시오.

  Schreiben Sie es bitte auf!
  슈라이밴 지- 앳스 비태 아우프!

- 현찰로 계산할 겁니까 아니면 신용카드로 계산할 겁니까?

  Zahlen Sie bar oder mit Karte?
  차-ㄹ랜 지- 바- 오-더 미트 카르태?

- 신용카드를 받습니까?

  Nehmen Sie Kreditkarten an?
  네-맨 지- 크레디트카르탠 안?

- 이 신용카드로 계산할 수 있습니까?

  Kann ich mit dieser Kreditkarte zahlen?
  칸 이히 미트 디-저 크레디트가르태 차-ㄹ랜?

- 이것으로 계산할 수 있나요?

  Kann ich hiermit bezahlen?
  칸 이히 히어미트 배차-ㄹ랜?

- 부가가치세를 공제 받을 수 있습니까?

  Kann die Mehrwertsteuer abgezogen werden?
  칸 디 메-어베어트슈토이어 압게초-갠 베어댄?

- 값을 조금 깎아 줄 수 있습니까?

    Können Sie es mir bitte etwas billiger geben?
    쾐낸 지- 앳스 미어 비테 애트밧스 빌리거 게-밴?

- 값을 조금 깎아 줄 수 있습니까?

    Können Sie den Preis etwas ermäßigen?
    쾐낸 지- 덴 프라이스 애트밧스 애어매-씨갠?

- 죄송합니다만 깎아드릴 수가 없습니다.

    Es tut mir Leid, ich kann nichts nachlassen.
    앳스 투-트 미어 라이트, 이히 칸 니힡츠 낙흐랏샌.

- 여기는 정찰제입니다.

    Wir haben feste Preise.
    뷔어 하-밴 페스태 프라이재.

- 우리는 정찰제로 판매합니다.

    Wir verkaufen zu festen Preisen.
    뷔어 페어카우팬 추- 페스탠 프라이잰.

- 좀 더 생각해 봐야겠습니다.

    Ich muss es mir noch überlegen.
    이히 뭇스 앳스 미어 녹흐 위버레-갠.

- 현금으로 지불하면 더 싸게 됩니까?

    Gewähren Sie ein Skonto für Barzahlung?
    게봬-랜 지- 아인 스콘토 퓨어 바-차-ㄹ룽?

- 현금으로 지불하면 더 싸게 됩니까?

    Ziehen Sie ein Skonto ab?
    치-앤 지- 아인 스콘토 압?

- 현금으로 지불하면 몇 퍼센트 더 싸게 됩니까?

    Wie viel Prozent ziehen Sie als Skonto ab?
    비- 피-ㄹ 프로첸트 치-앤 지- 알스 스콘토 압?

- 제가 예상했던 것보다 더 비싸군요.

    Das ist viel teurer als ich gedacht habe.
    다스 이스트 피-ㄹ 토이러 알스 이히 게닥흐트 하-배.

포장을 부탁할 때

- 봉지를 주시겠어요?

    Könnte ich eine Tüte haben?
    쾐태 이히 아이내 튜-태 하-밴?

IX. 독일에서의 여행을 위한 표현 **751**

- 따로따로 포장해주세요.

  Packen Sie es bitte getrennt ein!
  팍캔 지- 앳스 비테 게트렌트 아인!

- 이것을 포장할 수 있습니까?

  Können Sie es einpacken?
  쾬낸 지- 앳스 아인팍캔?

- 그것을 선물용으로 포장 좀 해주시겠습니까?

  Könnten Sie es für mich als Geschenk einpacken?
  쾬탠 지- 앳스 퓨어 미히 알스 게팩 아인팍캔?

- 이것을 우편으로 보내고 싶거든요.

  Ich möchte es mit Postversand schicken.
  이히 뫼히테 앳스 미트 포스트페어슈탄트 쉭캔.

- 제가 이 바지를 그냥 입고 가도 돼죠?

  Kann ich diese Hose gleich anbehalten?
  칸 이히 디-제 호-재 글라이히 안배할탠?

- 그럼요. 헌 바지를 포장해드리겠습니다.

  Natürlich. Ich packe Ihre alte Hose ein.
  나튀얼리히. 이히 팍캐 이어래 알태 호-재 아인.

- 이것을 넣을 만한 박스 좀 얻을 수 있나요?

  Kann ich ein Kästchen dafür haben?
  칸 이히 아인 캐스챈 다퓨어 하-밴?

배달과 배송을 부탁할 때

- 언제 배달해줄 수 있습니까?

  Wann können Sie es liefern?
  반 쾬낸 지 앳스 리-퍼른?

- 이것을 이 주소로 갖다 주시겠습니까?

  Können Sie es zu dieser Adresse bringen?
  쾬낸 지- 앳스 추- 디저 아드레쌔 브링앤?

- 별도로 요금이 듭니까?

  Gibt es einen Zuschlag dafür?
  깁트 앳스 아이낸 추-슐락 다퓨어?

- 별도로 요금을 지불해야합니까?

  Muss ich etwas zusätzlich zahlen?
  뭇스 이히 애트밧스 추-재츨리히 차-ㄹ랜?

- 이 카드와 함께 보내주십시오.

  Liefern Sie es mit dieser Karte!
  리-퍼른 지- 앳스 미트 디저 카르태!

- 이 가게에서 한국으로 발송해주시겠습니까?

  Könnten Sie es von hier nach Korea schicken?
  쾬탠 지- 앳스 폰 히어 낙흐 코레-아 쉬캔?

- 한국 제 주소지로 보내주시겠습니까?

  Könnten Sie es zu meiner Adresse in Korea schicken?
  쾬탠 지- 앳스 추- 마이너 아드레쌔 인 코레-아 쉬캔?

- 배달이 얼마나 걸리죠?

  Wie lange dauert wohl die Lieferung?
  비- 랑애 다우어트 보-올 디 리-퍼룽?

물건을 교환하거나 환불받을 때

- 이것을 교환해주시겠습니까?

  Können Sie es umtauschen?
  쾬낸 지- 앳스 움타우샌?

- 다른 것으로 바꾸어주시겠습니까?

  Kann ich es gegen ein anderes umtauschen?
  칸 이히 앳스 게-갠 아인 안더래스 움타우샌?

- 이것을 무르고 싶습니다.

  Ich möchte das zurückgeben.
  이히 뫼히태 다스 추뤽게-밴.

- 이 가방을 바꾸어 주시겠습니까?

  Kann ich diese Tasche bitte umtauschen?
  칸 이히 디제 탓섀 비태 움타우샌?

- 돈을 환불받고 싶습니다.

  Ich möchte das Geld zurückerstattet haben.
  이히 뫼히태 다스 겔트 추뤽애어슈타태트 하-밴.

- 이 접시가 깨져 있습니다.

  Dieser Teller ist zerbrochen.
  디-저 텔러 이스트 체어브록핸.

- 이 원피스가 여기 찢겨 있습니다.

  Dieses Kleid ist hier gerissen.
  디-제스 클라이트 이스트 히어 게릿샌.

- 이것은 제 치수가 아닙니다.
  Das ist nicht meine Größe.
  다스 이스트 니힡트 마이내 그뢰–쌔.

- 그것은 제게 안 맞습니다.
  Das passt mir nicht.
  다스 파쓰 미어 니힡트.

- 여기 얼룩이 있어요.
  Hier steht ein Fleck.
  히어 슈테–트 아인 플렉.

- 어디로 가면 됩니까?
  Wohin soll ich gehen?
  보–힌 졸 이히 게–앤?

- 반품하고 싶은데요.
  Ich möchte Ihnen diese Ware zurückschicken.
  이히 뫼히태 이–낸 디–재 봐–래 추뤽쉭캔.

- 반품하고 싶습니다.
  Ich möchte dieses Produkt zurückgeben.
  이히 뫼히태 디–제스 프로둑트 추뤽게–밴.

- 아직 쓰지 않았습니다.
  Ich habe die Ware gar nicht benutzt.
  이히 하–배 디– 봐–래 가– 니힡트 배눗츠트.

- 영수증은 여기 있습니다.
  Hier ist die Quittung.
  히어 이스트 디 크비–퉁.

- 수리해주든지 아니면 환불해주세요.
  Reparieren Sie es oder erstatten Sie das Geld zurück!
  레파리–랜 지– 앳스 오–더 애어슈타탠 지– 다스 겔트 추뤽!

06 귀국

이제 한국으로 돌아올 때 공항에 2시간 정도 일찍 도착하도록 하고, 예약을 확인한다. 그리고 쇼핑을 하고 받아둔 부가세 면제용 영수증을 공항 안내소에서 안내받아 환급받도록 한다. 독일은 20%가 부가세이니 환급액이 상당히 많을 것이다. 짐을 부칠 때 무게를 초과하면 많은 비용을 부담하므로 미리 공항에 도착해서 기내로 들고갈 짐과 화물로 부칠 짐을 체크한다.

귀국편을 예약할 때

- 예약은 어디서 합니까?

  Wo kann ich eine Reservierung machen?
  보- 칸 이히 아이내 레저비-룽 막핸?

- 내일 비행편을 예약할 수 있나요?

  Können Sie einen Flug für morgen für uns buchen?
  쾐낸 지- 아이낸 플룩 퓨어 모르갠 퓨어 운스 북핸?

- 첫 번째 줄에 있는 자리를 하나 예약할 수 있을까요? 제가 애들하고 가기 때문에 그렇거든요.

  Kann ich einen Platz in der ersten Reihe reservieren, weil ich mit den Kindern fliege?
  칸 이히 아이낸 플랏츠 인 데어 애어스탠 라이에 레저비-랜, 바일 이히 미트 덴 킨더른 플리-개?

- 서울행 편도 비행기표 한 장 사고 싶습니다.

  Ich möchte ein Hinflugticket nach Seoul.
  이히 뫼히태 아인 힌플룩티케트 낙흐 서울.

- 가능한 빠른 편이 좋겠습니다.

  Ich möchte so schnell wie möglich fliegen.
  이히 뫼히태 조- 슈넬 비- 뫼-클리히 플리-갠.

- 서울행 비행기편이 언제 있습니까?

  Wann gibt es einen Flug nach Seoul?
  반 깁트 앳스 아이낸 플루크 낙흐 서울?

- 다음 비행기편은 내일 오후 6시입니다.

  Der nächste Flug ist morgen um 18 Uhr.
  데어 낵스태 플루크 이스트 모르갠 움   악호첸 우-어.

- 다음 비행기편은 월요일입니다.

  Der nächste Flug ist am Montag.
  데어 낵스태 플루크 이스트 암 몬-타-크

- 다른 비행편은 없습니까?

  Haben Sie keine anderen Maschinen?
  하-밴   지- 카이내 안더랜   마쉬-낸?

- 직항편입니까?

  Ist das ein direkter Flug?
  이스트 다스 아인 디렉터   플룩?

- 직항편입니까?

  Ist es ein Direktflug?
  이스트 앳스 아인 디렉트플룩?

- 한 자리 예약할 수 있습니까?

  Kann ich einen Platz reservieren lassen?
  칸   이히 아이낸 플라츠 레저비-랜   랏샌?

- 비행기 번호가 어떻게 됩니까?

  Welche Flugnummer ist es?
  밸혜   플룩눔머   이스트 앳스?

- 환승해야합니까?

  Muss ich umsteigen?
  뭇스   이히 움슈타이갠?

- 서울행 비행기편과 언제 연결됩니까?

  Wann gibt es einen Anschluss nach Seoul?
  반   깁트 앳스 아이낸 안슐루쓰   낙흐   서울?

- 연결 비행기는 얼마나 기다려야합니까?

  Wie lange muss man auf den Weiterflug warten?
  비- 랑애 무스   만   아우프 덴   바이터플룩   바르탠?

- 이 비행기는 정시에 출발합니까?

  Fliegt die Maschine pünktlich ab?
  플리익트 디 마쉬-내   퓽크틀리히   압?

- 인천에는 몇 시에 도착합니까?

  Um wie viel Uhr werden wir in Incheon ankommen?
  움   비- 피-ㄹ 우-어 베어댄   뷔어 인 인천   안콤맨?

예약을 재확인할 때

• 예약 재확인을 하고 싶습니다.

Ich möchte meinen Flug rückbestätigen.
이히 뫼히태   마이낸   플룩   뤽베슈태-티갠.

• 몇 시에 출발하는지 확인하고 싶은데요.

Ich möchte bestätigen, um wie viel Uhr die Maschine abfliegt.
이히 뫼히테   배슈태-티갠,   움 비- 피-ㄹ 우-어 디 마쉬-내   압플리-ㄱ트.

• 예약을 재확인했어요.

Sie sind rückbestätigt.
지- 진트   뤽배슈태-틱히트.

• 당신의 비행기표는 여기 있습니다.

Ihr Ticket ist hier.
이어 티케트   이스트 히어.

• 제시간에 공항에 오셔야합니다.

Sie müssen rechtzeitig am Flughafen sein.
지- 뮤쌘   레히츠차이티히 암   플룩하-팬   자인.

• 출발 2시간 전에 공항에 도착하시는 것이 좋겠습니다.

Sie sollten 2 Stunden vor dem Abflug am Flughafen sein.
지- 졸탠   츠바이 슈툰댄 포어 뎀   압플룩   암   플룩하-팬   자인.

항공편을 변경하거나 취소할 때

• 일정을 변경하고 싶습니다.

Ich möchte das Datum verändern.
이히 뫼히태   다스 다-툼   페어앤더른.

• 예약을 변경할 수 있습니까?

Kann ich meine Reservierung umbuchen?
칸   이히 마이내   레저비-룽   움북핸?

• 비행기편을 변경하고 싶습니다.

Ich möchte meinen Flug umbuchen.
이히 뫼히태   마이낸   플룩   움북핸.

• 오후 비행기로 변경하고 싶습니다.

Ich möchte gerne den Flug mit dem Flug am Nachmittag tauschen.
이히 뫼히태   게르네 덴   플룩   미트 뎀   플룩 암   낙흐미타-ㄱ   타웃샌.

IX. 독일에서의 여행을 위한 표현 **757**

- 미안합니다. 그 편은 다 찼습니다.
  Tut mir Leid, der Flug ist total ausgebucht.
  투-트 미어 라이트, 데어 플룩 이스트 토탈- 아우스게북흐트.

- 대기자로 해주십시오.
  Könnten Sie meinen Namen auf die Warteliste setzen?
  쾬탠 지- 마이낸 나-맨 아우프 디 바르테리스태 젯챈?

- 어느 정도까지 기다려야합니까?
  Wie lange soll ich denn warten?
  비- 랑애 졸 이히 덴 바르탠?

- 비행예약을 취소하고 싶은데요.
  Ich möchte meine Flugreservierung zurücknehmen.
  이히 뫼히태 마이내 플룩레저비-룽 추뤽네-맨.

- 예약을 취소하고 싶은데요.
  Ich möchte meine Reservierung annullieren.
  이히 뫼히태 마이내 레저비-룽 아눌리-랜.

공항으로 갈 때

- 공항까지 부탁합니다.
  Zum Flughafen, bitte!
  춤 플룩하-팬, 비태!

- 짐은 몇 개입니까?
  Wie viel Gepäck haben Sie denn?
  비- 피-르 게팩 하-밴 지- 덴?

- 공항까지 어느 정도 걸립니까?
  Wie lange dauert es zum Flughafen?
  비- 랑애 다우어트 앳스 춤 플룩하-펜?

- 빨리 가주십시오. 늦었습니다.
  Fahren Sie bitte schnell. Ich fürchte, ich bin spät.
  파-랜 지- 비태 슈넬. 이히 퓨르흐태, 이히 빈 슈패-트.

- 어느 항공사입니까?
  Welche Fluggesellschaft?
  밸해 플룩게젤샤프트?

- 호텔로 돌아가 주시겠습니까?
  Wollen Sie zum Hotel zurückfahren?
  볼랜 지- 춤 호텔 추뤽파-랜?

- 여권을 호텔에 두고 왔습니다.

  Ich habe meinen Pass im Hotel liegen lassen.
  이히 하-배 마이낸 파쓰 임 호텔 리-갠 랏샌.

- 중요한 것을 놓고 왔습니다.

  Ich habe etwas Wichtiges da vergessen.
  이히 하-배 애트밧스 뷔히티게스 다 페어겟샌.

- 어디에 두고 왔는지 기억하고 있습니까?

  Erinnern Sie sich, wo Sie es haben liegen lassen?
  애어인너른 지- 지히, 보- 지- 앳스 하-밴 리-갠 랏샌?

탑승 수속을 할 때

- 대한항공 카운터는 어디입니까?

  Wo ist der Schalter von Korean Airlines?
  보- 이스트 데어 샬터 폰 코리언 애어라인즈?

- 여기서 체크인 할 수 있습니까?

  Kann ich hier einchecken?
  칸 이히 히어 아인체캔?

- 언제 체크인 해야 합니까?

  Wann muss ich einchecken?
  반 뭇스 이히 아인체캔?

- 통로 쪽 좌석을 주십시오.

  Einen Sitz am Gang, bitte!
  아이낸 지츠 암 강, 비태!

- 탑승개시는 몇 시부터입니까?

  Wann beginnt das Boarding?
  반 배긴트 다스 보-딩?

- 탑승카드는 어디서 받습니까?

  Wo kann ich die Bordkarte bekommen?
  보- 칸 이히 디 보-드카르태 배콤맨?

- 꼭 그 비행기를 타야 합니다.

  Ich muss die Maschine erreichen.
  이히 뭇스 디 마쉬-내 애어라잇핸.

- 공항세는 있습니까?

  Gibt es eine Flughafengebühr?
  깁트 앳스 아이내 플룩하팬게뷰-어?

- 짐 수속은 어디서 합니까?

  Wo wird das Gepäck abgefertigt?
  보- 뷔어트 다스 게팩   압게페르틱트?

- 중량초과 수하물은 별도로 계산합니다.

  Übergepäck wird extra berechnet.
  위-버게팩   뷔어트 엑스트라 배레히내트.

- 짐의 초과중량 요금은 얼마입니까?

  Wie viele Gebühren muss ich für das Übergewicht zahlen?
  비- 피-래 게뷔-랜   뭇스   이히 퓨어 다스 위-버게뷔히트   차-ㄹ랜?

- 예를 들어 스포츠용 가방 같은 특별한 짐을 반드시 신고해야합니까?

  Muss ich Sondergepäck, wie beispielsweise Sportgepäck, anmelden?
  뭇스 이히 존더게팩,   비- 바이슈피-ㄹ스바이재 슈포-트게팩,   안멜댄?

- 이 가방은 기내에 가지고 들어갈 수 있습니까?

  Kann ich diese Tasche an Bord mitnehmen?
  칸   이히 디-제 탓섀   안 보-드 미트네-맨?

- 이 수하물을 기내로 가지고 타도됩니까?

  Darf ich dieses Handgepäck behalten?
  다르프 이히 디-제스 한트게팩   배할탠?

- 어떤 통로를 통해서 탑승합니까?

  Durch welches Gate gehen wir an Bord?
  두르히 뷀햐스   게이트 게-앤   뷔어 안 보르트?

- 712편 탑승게이트는 여기입니까?

  Ist das der Flugsteig für die Maschine 712?
  이스트 다스 데어 플룩슈타익 퓨어 디   마슈-내   지-밴 아인스 츠바이?

- 탑승카드는 항공보안검사대에서 검사를 받습니다.

  Ihre Bordkarte wird am Eingang zur Luftsicherheitskontrolle geprüft.
  이어래 보-트카르태 뷔어트 암   아인강   추어 루프트짓허하이츠콘트롤래   게프뤼프트.

비행기 안에서

- 탑승권을 보여주세요.

  Darf ich Ihr Flugticket sehen?
  다르프 이히 이어 플룩티케트   제-앤?

- 이제 비행기가 움직입니다.

  Die Maschine ist jetzt in Bewegung.
  디   마슈-내   이스트 예츠트 인 배베-궁.

- 입국카드는 가지고 계십니까?

  Haben Sie eine Einwanderungskarte?
  하-밴 지- 아이내 아인반더룽스카르태?

- 이것이 세관신고서입니다.

  Das ist die Zollerklärung.
  다스 이스트 디 쫄애어클래-룽.

- 인천에 언제 도착합니까?

  Wann landen wir in Incheon?
  반 란댄 뷔어 인 인천?

- 제 시간에 도착합니까?

  Kommen wir zur rechten Zeit an?
  콤맨 뷔어 추어 레히탠 차이트 안?

- 목적지는 인천입니까?

  Ist Incheon Ihr Flugziel?
  이스트 인천 이어 플룩치일?

- 비행기 여행은 어땠습니까?

  Wie war Ihr Flug?
  비- 봐- 이어 플룩?

- 여행은 어땠습니까?

  Wie war Ihre Reise?
  비- 봐- 이어래 라이재?

Teil X

독일에서의 생활을 위한 표현

01 길 안내
02 대중교통
03 자동차 이용
04 관공서
05 은행
06 주택임대
07 우체국
08 세탁소
09 이발소와 미용실
10 시장보기
11 병원
12 약국에서

 길 안내

여행 중이거나 낯선 곳에서 길을 찾는 일은 흔히 일어난다. "Wie komme ich zum Bahnhof?"(역으로 가려면 어떻게 가죠?) "Wie komme ich ins Zentrum?"(시내로 어떻게 갑니까?) "Ist das die Straße nach Heidelberg?"(이 길이 하이델베르크로 가는 길입니까?) 등으로 묻고, "Fahren Sie immer geradeaus!"(곧장 가십시오.) "Gehen Sie um die Ecke!"(모퉁이를 돌아가십시오.)라는 말도 듣게 된다.

길을 물을 때

- 실례합니다.
  Entschuldigen Sie, bitte!
  앤트슐디갠   지-, 비태!

- 시내로 가는 길을 아십니까?
  Wissen Sie, wie man zur Stadt fährt?
  비쌘   지, 비 만   추어 슈타트 패르트?

- 이 길이 기차역으로 가는 길인가요?
  Ist das die Straße zum Bahnhof?
  이스트 다스 디 슈트랏새 춤   바-ㄴ호프?

- 이 길이 대학병원으로 가는 길 맞나요?
  Ist das der richtige Weg zur Uni-Klinik?
  이스트 다스 데어 리히티개 벡   추어 우니-클리닉?

- 이 길이 보쿰으로 가는 길인가요?
  Ist das die Straße nach Bochum?
  이스트 다스 디 슈트랏새 낙흐 보쿰?

- 이 전차는 어디로 갑니까?
  Wohin fährt diese Straßenbahn?
  보힌   패르트 디-제 슈트랏샌바-ㄴ?

- 이 길이 라이프치히로 가는 길 맞습니까?
  Komme ich auf diesem Weg nach Leipzig?
  콤매   이히 아우프 디젬   벡   낙흐 라이프치히?

- 이 길은 어디로 가는 길입니까?

    Wohin führt diese Straße?
    보힌   퓨르트 디-제 슈트랏새?

- 도르트문트로 가는 길을 알려주십시오.

    Würden Sie mir den Weg nach Dortmund erklären?
    뷰르댄   지- 미어 덴 베-ㄱ 낙흐   도르트문트   애어클래랜?

- 에쎈으로 가는 가장 빠른 길이 어느 것입니까?

    Welcher ist der beste Weg nach Essen?
    밸혀   이스트 데어 배스태 베-ㄱ 낙흐   앳샌?

- 부탁이 있는데요, 하겐으로 가는 길을 알려주시겠어요?

    Würden Sie so gut sein und mir den Weg nach Hagen zeigen?
    뷰르댄   지- 조- 구-ㅌ 자인 운트 미어 덴 베-ㄱ 낙흐 하-겐   차이갠?

- 제가 어디에 있는지 지도에 표시 좀 해주실래요?

    Können Sie mir auf der Karte zeigen, wo ich bin?
    쾐낸   지- 미어 아우프 데어 카르태 차이갠,   보- 이히 빈?

장소를 물을 때

- 여기 역이 어디 있습니까?

    Wo ist hier der Bahnhof?
    보- 이스트 히어 데어 바-ㄴ호프?

- 역을 찾고 있습니다.

    Ich suche den Bahnhof.
    이히 주-ㄱ해 덴   바-ㄴ호프.

- 역이 어디 있습니까?

    Wo finde ich den Bahnhof?
    보- 핀대   이히 덴   바-ㄴ호프?

- 역으로 가려고 하는데요.

    Ich möchte zum Bahnhof.
    이히 뫼히태   춤   바-ㄴ호프.

- 역으로 어떻게 가면 됩니까?

    Wie komme ich zum Bahnhof?
    비- 콤매   이히 춤   바-ㄴ호프?

- 여기서 역으로 가는 길이 어떻게 되는지 말씀 좀 해주시겠습니까?

    Können Sie mir vielleicht sagen, wie ich von hier zum Bahnhof komme?
    쾐낸   지- 미어 필라이히트 자갠,   비- 이히 폰 히어 춤   바-ㄴ호프 콤매?

- 시청으로 가는 길이 어디입니까?

  Wie komme ich zum Rathaus?
  비- 콤매   이히 춤   라-트하우스?

- 시청으로 가는 길을 알려주실 수 있습니까?

  Können Sie mir sagen, wie ich zum Rathaus komme?
  쾬낸   지- 미어 자-갠,   비- 이히 춤   라-트하우스 콤매?

- 시내로 가려면 어떻게 가는 게 가장 좋지요?

  Wie komme ich am besten zur Stadtmitte?
  비- 콤매   이히 암 배스탠   추어 슈타트미태?

- 어느 버스가 대학교로 갑니까?

  Welcher Bus fährt zur Universität?
  밸혀   부스 패르트 추어 우니버지태-트?

- 어떤 전차가 Johannesplatz로 갑니까?

  Welche Straßenbahn fährt zum Johannesplatz?
  밸해   슈트라-쎈바-ㄴ   패르트 춤 요하네스플랏츠?

- 시내로 어떻게 갑니까?

  Wie komme ich ins Zentrum?
  비- 콤매   이히 인스 첸트룸?

- 박물관에는 어떻게 가면 됩니까?

  Wie kommt man zum Museum?
  비- 콤트   만   춤   무제-움?

- 우체국이 어디 있습니까?

  Wo ist die Post?
  보- 이스트 디 포스트?

- 우체국은 중앙역 근처에 있습니까?

  Ist die Post in der Nähe vom Hauptbahnhof?
  이스트 디 포스트 인 데어 내-애 폼   하우프트바-ㄴ호프?

- 은행은 호텔 근처에 있나요?

  Ist die Bank in der Nähe vom Hotel?
  이스트 디 방크 인 데어 내-애 폼   호텔?

- 호텔에서 멀리 멀어요?

  Ist es weit vom Hotel?
  이스트 앳스 봐이트 폼 호텔?

- 아니오, 호텔 아주 가까이에 있습니다.

  Nein, es ist ganz in der Nähe des Hotels.
  나인,   앳스 이스트 간츠 인 데어 내-애 데스 호텔스.

- 이 주위에 지하철역이 있습니까?

  Ist hier in der Gegend eine U-Bahn-Station?
  이스트 히어 인 데어 게-겐트 아이내- 우-반-슈타치온?

- 근처에 서점이 있습니까?

  Ist hier in der Nähe eine Buchhandlung?
  이스트 히어 인 데어 내-애 아이내 북흐한들룽?

- 여기 서점이 어디 있나요?

  Wo ist hier die Buchhandlung?
  보- 이스 히어 디 북흐한들룽?

- 여기 하이네 가(街)가 어디지요?

  Wo ist hier die Heinestraße?
  보- 이스트 히어 디 하이네슈트라-쌔?

- 이 근처 어디인데, 어디더라?

  Die ist hier irgendwo, aber wo?
  디- 이스트 히어 이르겐트보-, 아-버 보-?

- 그것을 지도에 표시해 주시겠습니까?

  Könnten Sie es mir auf der Karte zeigen?
  쾐탠   지- 앳스 미어 아우프 데어 카르태 차이갠?

- PC방은 몇 번지에 있습니까?

  In welcher Straße ist das Internetcafé?
  인 밸혀   슈트라-쌔 이스트 다스 인터넷까페?

- PC방은 133번지입니다.

  Das Internetcafé hat die Hausnummer 101.
  다스 인터넷까페   하트 디 하우스눔머   아인훈데르트 아인스.

걸리는 시간과 거리를 말할 때

- 역까지 가는데 10분 걸립니다.

  Zum Bahnhof brauchen Sie zehn Minuten.
  춤   바-ㄴ호프 브라욱핸   지- 체-ㄴ 미누-탠.

- 공항까지는 거리가 얼마나 됩니까?

  Wie weit ist es zum Flughafen?
  비-   봐이트 이스트 앳스 춤 플룩하-팬?

- 공항까지는 몇 분 거리입니까?

  Wie viel Minuten sind es zum Flughafen?
  비- 피-ㄹ 미누-탠   진트 앳스 춤   플룩하-팬?

- 버스로 30분 거리입니다.

  Es dauert eine halbe Stunde mit dem Bus.
  앳스 다우어트 아이내 할배 슈툰대 미트 뎀 붓스.

- 거리가 얼마나 됩니까?

  Wie weit ist es?
  비- 봐이트 이스트 앳스?

- 여기서 아직 먼가요?

  Sind wir noch weit von dort entfernt?
  진트 뷔어 녹흐 봐이트 폰 도르트 앤트페른트?

- 걸어서 갈 수 있습니까?

  Kann ich zu Fuß gehen?
  칸 이히 추- 푸-쓰 게-앤?

- 예, 여기서 멀지 않아요.

  Ja, es ist nicht weit von hier.
  야-, 앳스 이스트 니힡트 봐이트 폰 히어.

- 아니오, 버스를 타고 가야합니다.

  Nein, Sie müssen mit dem Bus fahren.
  나인, 지- 뮤쌘 미트 뎀 붓스 파-랜.

- 버스로 약 15분 거리입니다.

  Es sind etwa 15 Minuten mit dem Bus.
  앳스 진트 애트봐 퓐프첸 미누-탠 미트 뎀 붓스.

- 지하철로 단 5분 거리입니다.

  Mit der U-Bahn sind es nur 5 Minuten.
  미트 데어 우-반 진트 앳스 누어 퓐프 미누-탠.

- 자동차로 반시간 거리입니다.

  Mit dem Auto ist es eine halbe Stunde.
  미트 뎀 아우토 이스트 앳스 아이내 할배 슈툰대.

- 걸어서 10분 거리입니다.

  Es sind etwa 10 Minuten zu Fuß.
  앳스 진트 애트봐 체-ㄴ 미누-탠 추 푸-쓰

- 걸어 갈 수 있나요, 아니면 차를 타야하나요?

  Kann ich zu Fuß gehen oder muss ich einen Wagen nehmen?
  칸 이히 추 푸-쓰 게-앤 오-더 뭇스 이히 아이낸 봐-갠 네-맨?

- 택시를 타십시오, 여기서 너무 멉니다.

  Nehmen Sie ein Taxi, es ist sehr weit von hier.
  네-맨 지- 아인 타-ㅋ시, 앳스 이스트 제어 봐이트 폰 히어.

- 그게 몇 정거장입니까?
  Wie viele Stationen sind das?
  비- 피-ㄹ래 슈타치오-낸 진트 다스?

- 정확히 모르는데, 아마 세, 네 정거장일겁니다.
  Das weiß ich nicht genau, vielleicht drei oder vier.
  다스 봐이쓰 이히 니힡트 게나우, 필라이히트 드라이 오-더 피-어.

- 그리 많이 걸리지는 않아요.
  Es dauert nicht zu lang.
  앳스 다우어트 니힡트 추- 랑.

- 드레스덴까지 가는데 얼마나 걸립니까?
  Wie lange braucht man nach Dresden?
  비- 랑애 브라욱흐트 만 낙흐 드레스댄?

길을 알려줄 때

- 어디 가시려고 합니까?
  Wohin wollen Sie gehen?(/fahren?)
  보힌 볼랜 지- 게-앤/파-랜?

- 무엇을 찾고 계십니까?
  Was suchen Sie?
  밧스 주-ㄱ핸 지-?

- 저는 박물관으로 가려고 합니다.
  Ich möchte zum Museum.
  이히 뫼히태 춤 무제-움.

- 정류장에서 3번 노선을 타시고 중앙역 방향으로 가십시오.
  Nehmen Sie an der Haltestelle die Linie 3 in Richtung Hauptbahnhof!
  네-맨 지- 안 데어 할태슈텔래 디 리니에 드라이 인 리히퉁 하우프트반-호프!

- 시청 앞에서 갈아타세요. 거기서도 7번 노선이 섭니다.
  Steigen Sie am Rathaus um! Dort hält auch die Linie 7.
  슈타이갠 지- 암 라-트하우스 움! 도르트 핼트 아욱흐 디- 리니에 지-밴.

- 그 노선이 박물관으로 직접 갑니다.
  Die fährt dann direkt zum Museum.
  디- 패-르트 단 디렉트 춤 무제-움.

- 지커 미테 역 다음에 마이엔 광장이 나옵니다. 거기가 박물관입니다.
  Nach der Sieker Mitte kommt der Marienplatz, wo das Museum ist.
  낙흐 데어 지-커 미태 콤트 데어 마르크트플랏츠, 보- 다스 무제-움 이스트.

- 길을 건너십시오.

  Gehen Sie über die Straße!
  게-앤   지- 위버 디 슈트라-쌔!

- 곧장 가십시오.

  Fahren Sie immer geradeaus!
  파-랜   지- 임머   게라데아우스!

- 곧장 가십시오.

  Gehen Sie immer geradeaus!
  게-앤   지- 임머   게라데아우스!

- 모퉁이를 돌아가십시오.

  Gehen Sie um die Ecke!
  게-앤   지- 움 디 엑캐!

- 문제없습니다. 저 앞 네거리 보이시죠?

  Kein Problem! Sehen Sie die Kreuzung da vorn?
  카인 프로블렘! 제-앤 지- 디 크로이충   다 포른?

- 거기서 모퉁이 왼쪽으로 가세요.

  Da gehen Sie links um die Ecke!
  다 게-앤   지- 링크스 움 디 엑캐!

- 거기에 교회가 보일 겁니다. 거기가 하이네 가(街)입니다.

  Da sehen Sie eine Kirche. Da ist die Heinestraße.
  다 제-앤   지- 아이내 키르해.   다 이스트 디 하이네슈트라-쌔.

- 그러면 큰 광장에 닿을 겁니다.

  Und dann kommen Sie auf einen großen Platz.
  운트 단   콤맨   지- 아우프 아이낸 그로-쌘   플랏츠.

- 이 광장에서 오른쪽으로 가십시오.

  An diesem Platz gehen Sie rechts!
  안 디젬   플랏츠 게-앤   지- 레히츠!

- 그런 다음 좀 더 가시면 왼쪽에 우체국이 있어요.

  Und dann etwas weiter auf der linken Seite ist das Postamt.
  운트 단   애트밧스 봐이터 아우프 데어 링캔   자이태 이스트 다스 포스트암트.

- 그 오른쪽에 시청이 있습니다.

  Da rechts ist das Rathaus.
  다 레히츠 이스트 다스 라-트하우스.

- 오른쪽에 시청이 있습니다.

  Auf der rechten Seite ist das Rathaus.
  아우프 데어 레히탠   자이태 이스트 다스 라-트하우스.

- 예, 지금 여기서 시청광장을 가로질러 가면 그 길에 닿을 겁니다.

  Ja, Sie gehen jetzt hier über den Rathausplatz, dann kommen Sie auf
  야-, 지- 게-앤 옐츠트 히어 위버 덴 라-트하우스, 단 콤맨 지- 아우프
  die Straße!
  디 슈트라-쌔!

- 지금 여기서 시청광장을 건너세요. 그러면 중앙역로가 나옵니다.

  Sie gehen jetzt hier über den Rathausplatz, dann kommen Sie auf die
  지- 게-앤 예츠트 히어 위버 덴 라-트하우스플랏츠, 단 콤맨 지- 아우프 디
  Bahnhofstraße!
  반-호프슈트라-쌔!

- 그것은 보행지역입니다. 그 길을 400미터 정도 왼쪽으로 내려가세요.

  Das ist eine Fußgängerzone. Die gehen Sie etwa 400 Meter links runter!
  다스 이스트 아이내 푸-쓰갱어초-내. 디 게-앤 지- 에트봐 피어훈데르트 메-터 링크스 룬터!

- 그러면 당신은 곧바로 중앙역으로 가게 됩니다.

  Sie laufen dann direkt zum Hauptbahnhof.
  지 라우팬 단 디렉트 춤 하우프트반-호프.

- 먼저 곧장 가셔서 첫 번째 길에서 즉시 오른쪽으로 가십시오.

  Also zuerst gehen Sie immer geradeaus und dann gleich die erste
  알조- 주애어스트 게-앤 지- 임머 게라데아우스 운트 단 글라잍히 디 애어스태
  Straße rechts!
  슈트라-쌔 레히츠!

- 그렇다면 여기 이 길을 따라 가는 게 제일 좋습니다.

  Da gehen Sie am besten hier diese Straße entlang!
  다 게-앤 지- 암 배스탠 히어 디제 슈트라-쌔 엔트랑!

- 오른 쪽 차도를 타고 가십시오.

  Halten Sie sich rechts!
  할탠 지- 지히 레히츠!

- 저 광장을 건너가세요.

  Gehen Sie über den Platz!
  게-앤 지- 위버 덴 플랏츠!

- 그러면 중앙우체국 앞을 지나가고, 그 다음 중앙역에 직접 닿게 됩니다.

  Sie kommen dann an der Hauptpost vorbei und laufen dann direkt auf
  지- 콤맨 단 안 데어 하우프트포스트 포어바이 운트 라우팬 단 디렉트 아우프
  den Hauptbahnhof zu.
  덴 하우프트반호프 추-.

- 우회 할 만한가요?

  Lohnt es sich, einen Umweg zu machen?
  로-ㄴ트 앳스 지히, 아이낸 움베-ㄱ 추- 막핸?

- 첫 번째 길에서 우회전하십시오.

  Biegen Sie die erste Straße rechts ab!
  비-갠 지- 디 애어스태 슈트라-쌔 레히츠 압!

- 첫 번째 신호등에서 좌회전하십시오.

  An der ersten Ampel links.
  안 데어 애어스탠 암펠 링크스.

- 다음 번 신호등에서 직진하십시오.

  Fahren Sie an der nächsten Ampel geradeaus!
  파-랜 지- 안 데어 낵스탠 암펠 게라데아우스!

- 교회 앞에서 우회전하십시오.

  An der Kirche rechts.
  안 데어 키르해 레히츠.

- 다리를 건너가십시오.

  Fahren Sie über die Brücke!
  파-랜 지- 위버 디 브뤽캐!

- 네거리까지 이 방향으로 되돌아가십시오.

  Fahren Sie in diese Richtung zurück bis zur Kreuzung!
  파-랜 지- 인 디제 리히퉁 추뤽 빗스 추어 크로이충!

- 되돌아가십시오.

  Fahren Sie doch mal zurück!
  파-랜 지- 독흐 마-ㄹ 추뤽!

- 두 블록 더 되돌아가십시오.

  Fahren Sie doch mal zwei Straßen zurück!
  파-랜 지- 독흐 마-ㄹ 츠바이 슈트라-쌔 추뤽!

자신도 모를 때

- 모르겠는데요.

  Ich weiß nicht.
  이히 봐이쓰 니힐트.

- 저는 여기 초행길입니다.

  Ich bin fremd hier.
  이히 빈 프렘트 히어.

- 미안합니다. 저도 이곳에 낯선 사람입니다.

  Tut mir Leid, ich bin auch fremd hier.
  투-트 미어 라이트, 이히 빈 아욱흐 프렘트 히어.

- 저는 이곳 사람이 아닙니다.
  Ich bin nicht von hier.
  이히 빈 니휠트 폰 히어.

- 저는 이곳 지리를 잘 모릅니다.
  Ich kenne mich hier nicht aus.
  이히 캔내 미히 히어 니휠트 아우스.

- 저는 여행자입니다.
  Ich bin Tourist.
  이히 빈 투리스트.

- 저도 모릅니다.
  Ich weiß es auch nicht.
  이히 봐이쓰 앳스 아욱흐 니휠트.

- 지도를 가지고 계십니까?
  Haben Sie einen Stadtplan?
  하-밴 지- 아이낸 슈타트플란?

- 저기 경찰관에게 물어보세요.
  Fragen Sie doch mal den Polizisten da!
  프라-갠 지- 독흐 마-ㄹ 덴 폴리치스탠 다-!

- 어쩌면 그가 당신에게 정보를 줄 겁니다.
  Vielleicht kann er Ihnen eine Auskunft geben.
  필라이히트 칸 애어 이-낸 아이내 아우스쿤프트 게-밴.

- 하이네가(街)요? 모르겠네요.
  Heinestraße? Kenne ich nicht.
  하이네슈트라-쌔? 캔내 이히 니휠트.

길을 잃었을 때

- 길을 잘못 들었습니다.
  Sie sind in die falsche Richtung gegangen.
  지- 진트 인 디 팔쉐 리히퉁 게강앤.

- 이 길이 아닙니다.
  Das ist der falsche Weg!
  다스 이스트 데어 팔쉐 베-ㄱ!

- 저는 길을 잃었습니다.
  Ich habe mich verlaufen.
  이히 하-배 미히 페얼라우팬.

X. 독일에서의 생활을 위한 표현 773

- 운전 중 길을 잃었습니다.

  Ich habe mich verfahren.
  이히 하-베 미히 페어파-랜.

- 여기 지도에 표시해주십시오.

  Zeigen Sie es mir hier auf dem Stadtplan!
  차이갠 지- 앳스 미어 히어 아우프 뎀 슈타트플란!

- 나는 길을 잃어버릴지도 모릅니다.

  Ich könnte den Weg verfehlen.
  이히 쾐테 덴 베-ㄱ 페어펠-랜.

- 길을 잃었는데요, 당신은 이 지역을 잘 아십니까?

  Ich habe mich verirrt. Kennen Sie sich hier aus?
  이히 하-베 미히 페어이르트. 캔낸 지- 지히 히어 아우스?

- 이 길이 아닙니까?

  Bin ich auf dem falschen Weg?
  빈 이히 아우프 뎀 팔쉔 베-ㄱ?

- 여기가 무슨 거리입니까?

  Wie heißt diese Straße?
  비- 하이쓰트 디제 슈트라-쎄?

Teil X

길안내

 대중교통

여행 중에 택시를 이용할 경우가 있다. 또한 시내버스는 거의 운행 시간 간격이 길기 때문에 시간을 잘 알아서 타야 한다. 지하철과 열차를 이용할 때 사용할 수 있는 표현들을 여기서 익히도록 한다. 택시와 초특급 ICE 열차를 제외하고는 구간과 상관없이 차표가 환승이 되니까, 표를 구매할 때도 거리와 시간 등을 염두에 두고 구입해야 한다.

택시를 이용할 때

- 택시 승차장은 어디입니까?

  Wo ist der Taxistand?
  보- 이스트 데어 타-ㅋ시슈탄트?

- 택시를 탑시다.

  Nehmen wir ein Taxi!
  네-맨 뷔어 아인 타-ㅋ시!

- 어디서 택시를 탈 수 있습니까?

  Wo kann man ein Taxi nehmen?
  보- 칸 만 아인 타-ㅋ시 네-맨?

- 택시를 좀 불러주시겠습니까?

  Könnten Sie mir ein Taxi bestellen?
  쾐낸 지- 미어 아인 타-ㅋ시 배슈텔랜?

- 저에게 택시 한 대 좀 주선해주십시오.

  Besorgen Sie mir bitte ein Taxi!
  배조르갠 지- 미어 비태 아인 타-ㅋ시!

- 역으로 갈 택시 한 대가 즉시 필요합니다.

  Ich möchte sofort ein Taxi zum Bahnhof!
  이히 뫼히태 조포르트 아인 타-ㅋ시 춤 바-ㄴ호프!

- 한자슈트라쎄 11번지로 택시 좀 보내주세요.

  Schicken Sie mir bitte ein Taxi in die Hansastraße 11!
  쉬캔 지- 미어 비태 아인 타-ㅋ시 인 디 한자슈트라-쌔 엘프!

- 어디서 기다리고 있으면 됩니까?

  Wo soll ich denn warten?
  보- 졸   이히 덴   봐르탠?

- 공항까지 요금이 얼마나 됩니까?

  Wie viel kostet es bis zum Flughafen?
  비-   피-ㄹ 코스태트 앳스 비스 춤   플룩하-팬?

- 택시로 가면 얼마나 걸립니까?

  Wie lange dauert es mit dem Taxi?
  비- 랑애   다우어트 앳스 미트 뎀   타-ㅋ시?

- 얼마나 걸릴까요?

  Wie lange wird es wohl dauern?
  비- 랑애   뷔르트 앳스 보-올 다우어언?

- 택시를 부르려고 해요.

  Ich will ein Taxi bestellen.
  이히 빌   아인 타-ㅋ시 배슈텔랜.

- 밤에는 요금이 더 드나요?

  Ist der Tarif in der Nacht viel teurer?
  이스 데어 타리프 인 데어 낙흩트   피-ㄹ 토이러?

- 택시!

  Taxi!
  타-ㅋ시!

- 우리들 모두 탈 수 있습니까?

  Können wir alle ins Taxi einsteigen?
  쾬낸   뷔어 알래 인스 타-ㅋ시 아인슈타이갠?

- 트렁크를 열어주시겠습니까?

  Würden Sie mal bitte den Kofferraum aufmachen?
  뷔르댄   지- 마-ㄹ 비태 덴   코퍼라움   아우프막핸?

- 어디까지 가십니까?

  Wohin bitte?
  보-힌   비태?

- 어디로 모실까요?

  Wohin kann ich Sie bringen?
  보-힌   칸   이히 지- 브링앤?

- 역으로 가주세요.

  Zum Bahnhof, bitte!
  춤   바-ㄴ호프, 비태!

- 이 주소로 데려다주십시오.

  Zu dieser Adresse bitte!
  추- 디저 아드레쌔 비태!

- 저를 이 주소로 좀 태워다 주십시오.

  Bringen Sie mich zu dieser Adresse!
  브링앤 지- 미히 추- 디저 아드레쌔!

- 빨리 가 주세요.

  Beeilen Sie sich, bitte!
  배아일랜 지- 지히, 비태!

- 9시까지 거기 도착할 수 있을까요?

  Können wir bis 9 Uhr da sein?
  쾐낸 뷔어 빗스 노인 우어 다 자인?

- 9시까지 역에 도착해야하는데 가능해요?

  Ich muss bis 9 Uhr am Bahnhof sein. Geht das?
  이히 뭇스 빗스 노인 우어 암 바-ㄴ호프 자인. 게-트 다스?

- 공항까지 얼마나 더 오래 가야하지요?

  Wie lange fahren wir noch bis zum Flughafen?
  비- 랑애 파-랜 뷔어 녹흐 비스 춤 플룩하-팬?

- 20분 더 가야합니다.

  Noch 20 Minuten.
  녹흐 츠반치히 미누-탠.

- 가장 가까운 길로 가 주세요.

  Nehmen Sie bitte den kürzesten Weg!
  네-맨 지- 비태 덴 큐르체스탠 베-ㄱ!

- 좀 더 천천히 가 주실래요?

  Fahren Sie bitte langsamer!
  파-랜 지- 비태 랑자머!

- 다 왔습니다. 손님.

  Bitte schön, der Herr.
  비태 쇠-ㄴ 데어 해어.

- 여기서 세워주세요.

  Halten Sie hier, bitte!
  할탠 지- 히어 비태!

- 여기서 세워주시겠습니까?

  Können Sie hier halten?
  쾐낸 지- 히어 할탠?

- 다음 신호에서 세워주세요.

  Halten Sie bitte an der nächsten Ampel!
  할탠   지- 비태 안 데어 낵스탠   암펠!

- 이 근처 아무 곳에서나 세워주세요.

  Halten Sie irgendwo in der Nähe von hier!
  할탠   지- 이르겐트보- 인 데어 내-애 폰   히어!

- 이 근처 아무데나 내려주세요.

  Lassen Sie mich irgendwo in der Nähe von hier aussteigen!
  랏샌   지- 지히 이르겐트보- 인 데어 내-애 폰   히어 아우스슈타이갠!

- 다음 모퉁이에서 왼쪽으로 가주세요.

  Biegen Sie an der nächsten Ecke links ab!
  브링앤   지- 안 데어 낵스탠   엑캐 링크스 압!

- 여기서 정차하면 안 됩니다.

  Hier darf man nicht halten!
  히어 다르프 만   니힐트 할탠!

- 좀 더 앞까지 가 주세요.

  Könnten Sie noch ein bisschen weiter weg anhalten?
  쾐탠   지- 녹호 아인 비쓰핸   봐이터   벡   안할탠?

- 제 가방을 내려주시겠습니까?

  Würden Sie bitte meine Taschen herunternehmen?
  뷰르댄   지- 비태 마이내 탓샌   해룬터네-맨?

- 요금은 얼마입니까?

  Wie viel kostet es?
  비-   피-ㄹ 코스태트 앳스?

- 요금이 잘 못된 것 같아요.

  Ich glaube, die Fahrkosten stimmen nicht!
  이히 글라우배, 디   파-코스탠   슈팀트   니힐트!

- 감사합니다. 잔돈은 가지세요.

  Danke. Das Kleingeld ist für Sie.
  당케.   다스 클라인겔트   이스트 퓨어 지-.

- 잔돈은 가지십시오.

  Der Rest ist für Sie.
  디   레스트 이스트 퓨어 지-.

- (잔돈을 받지 않으면서) 이거면 됐죠?

  Stimmt so.
  슈팀트   조-.

- 여기서 기다려 주시겠어요?

  Würden Sie hier auf mich warten?
  뷰르댄   지- 히어 아으프 미히 봐르탠?

- 5분 후에 돌아오겠습니다.

  Ich bin in 5 Minuten zurück.
  히이 빈   인 퓐프 미누-탠   추뤽.

시내버스를 이용할 때

- 버스 정류소는 어디 있습니까?

  Wo ist die Bushaltestelle?
  보- 이스트 디 붓스할태슈텔래?

- 가장 가까운 버스 정류소는 어디 입니까?

  Wo ist die nächste Bushaltestelle?
  보- 이스트 디 넥스태   붓스할태슈텔래?

- 버스 정류소는 저쪽에 있습니다.

  Die Bushaltestelle ist da drüben.
  디   붓스할태슈텔래   이스트 다 드뤼-밴.

- 역으로 가는 버스가 어디서 섭니까?

  Wo hält der Bus, der zum Bahnhof fährt?
  보- 핼트 데어 붓,   데어 춤   바-ㄴ호프 패-르트?

- 어느 버스가 시내로 가지요?

  Welcher Bus fährt ins Stadtzentrum?
  밸혀   붓스 패-르트 인스 슈타트첸트룸?

- 제가 어느 버스를 타야합니까?

  Welchen Bus soll ich nehmen?
  밸핸   붓스 졸   이히 네-맨?

- 표는 어디서 살 수 있습니까?

  Wo kann man die Fahrkarte kaufen?
  보- 칸   만   디 파-르카르태   카우팬?

- 공항으로 가는 버스가 자주 있습니까?

  Wie oft fahren die Busse zum Flughafen?
  비- 오프트 파-랜 디 붓새   춤   플룩하-팬?

- 시험까지 아직 몇 정거장 남았나요?

  Wie viele Haltestellen sind es noch bis zum Rathaus?
  비- 피-ㄹ래 할태슈텔랜   진트   앳스 녹흐 비스 춤   라-트하우스?

- 시청행 입니까?

  Fährt dieser Bus zum Rathaus?
  패-르트 디저 붓스 춤   라-트하우스?

- 이 버스 슈타트파크 앞에서 섭니까?

  Hält dieser Bus am Stadtpark?
  패-르트 디저 붓스 암   슈타트파-크?

- 갈아타야합니까?

  Muss ich umsteigen?
  뭇스   이히 움슈타이갠?

- 시청으로 가려면 어디서 내리지요?

  Wo soll ich aussteigen, wenn ich zum Rathaus gehe?
  보- 졸 이히 아우스슈타이갠, 벤   이히 춤   라-트하우스 게-애?

- 어디서 내리는 지 말씀좀 해주시겠습니까?

  Könnten Sie mir sagen, wo ich aussteigen muss?
  쾬탠   지- 미어 자-갠, 보- 이히 아우스슈타이갠 뭇스?

- 승차권은 자동판매기에서만 살 수 있습니다.

  Fahrkarten gibt es nur am Automaten.
  파-카르탠   깁트 앳스 누어 암 아우토마-탠.

- 다음 정거장이 박물관입니까?

  Ist die nächste Haltestelle das Museum?
  이스트 디 넥스태   할태슈텔래   다스 무제-움?

- 이 표를 가지고 갈아탈 수 있나요?

  Kann ich mit dieser Fahrkarte umsteigen?
  칸   이히 미트 디저   파-카르태   움슈타이갠?

- 몇 번 노선으로 갈아타야 합니까?

  In welche Linie muss ich denn umsteigen?
  인 밸해   리니에 뭇스 이히 덴   움슈타이갠?

- 10번이요.

  In die Linie 10.
  이 디 리니에 체-ㄴ.

지하철을 이용할 때

- 지하철 노선도를 주시겠습니까?

  Kann ich eine U-Bahnkarte haben?
  칸   이히 아이내 우-반카르태   하-밴?

- 이 근처에 지하철역이 있습니까?

  Gibt es eine U-Bahnstation in der Nähe von hier?
  깁트 앳스 아이내 우-반슈타치온 인 데어 내-애 폰 히어?

- 가장 가까운 지하철역이 어디죠?

  Wo ist die nächste U-Bahnstation?
  보- 이스트 디 넥스태 우-반슈타치온?

- 지하철역이 어디죠?

  Wo ist die U-Bahnstation?
  보- 이스트 디 우-반슈타치온?

- 지하철역 가는 길 좀 가르쳐주십시오.

  Wie kommt man zur U-Bahnstation?
  비- 콤트 만 추어 우-반슈타치온?

> **Tipp** Würden Sie mir sagen, wie ich zur U-Bahnstation komme?
> 뷰르댄 지- 미어 자갠, 비- 이히 추어 우-반슈타치온 콤매?

- 지하철역은 저쪽에 있습니다.

  Die U-Bahnstation ist da drüben.
  디 우-반슈타치온 이스트 다 드뤼-밴.

- 입구가 어디지요?

  Wo ist der Eingang, bitte?
  보- 이스트 데어 아인강, 비태?

- 시청으로 가려면 어디로 나가면 됩니까?

  Welchen Ausgang muss ich nehmen, wenn ich zum Rathaus will?
  뱰핸 아우스강 뭇스 이히 네-멘, 밴 이히 춤 라-트하우스 빌?

- 박물관으로 나가는 출구는 어디죠?

  Wo ist der Ausgang zum Museum?
  보- 이스트 데어 아우스강 춤 무제-움?

- 벤더-슈트라세로 나가는 출구가 어디입니까?

  Wo ist der Ausgsang zur Wender-Straße?
  보- 이스트 데어 아우스강 추어 벤더-슈트라-쌔?

- 어느 선이 시청으로 가지요?

  Welche Linie geht zum Rathaus?
  뱰해 리니-에 게-트 춤 라-트하우스?

- 어느 선이 대학으로 가지요?

  Welche Linie geht zur Universität?
  뱰해 리니-에 게-트 추어 우니버지태-트?

Teil X

대중교통

X. 독일에서의 생활을 위한 표현 **781**

- 어디서 갈아탑니까?

  Wo soll ich umsteigen?
  보- 졸   이히 움슈타이갠?

- 제가 몇호선을 타야합니까?

  Welche Linie muss ich nehmen?
  밸해   리니-에 뭇스   이히 네-맨?

- 3호선입니다.

  Die drei.
  디   드라이.

- 표는 어디서 살 수 있습니까?

  Wo kann ich die Fahrkarte kaufen?
  보   칸   이히 디 파-카르태   카우팬?

- 매표소가 어디죠?

  Wo ist der Fahrkartenschalter?
  보- 이스트 데어 파-카르텐샬터?

- 자동매표기는 어디에 있습니까?

  Wo ist der Fahrkartenautomat?
  보- 이스트 데어 파-카르텐아우토마-트?

- 이 지하철은 북부역으로 갑니까?

  Fährt diese U-Bahn zur Nordstation?
  패-르트 디-제 우-바안   추어 노르트슈타치온?

- 다음은 어디입니까?

  Wo ist die nächste Station?
  보- 이스트 디 낵스태   슈타치온?

- 이 노선의 종점은 어디입니까?

  Wo ist die Endstation dieser Linie?
  보- 이스트 디 엔트슈타치온   디-저   리니-에?

- 여기가 어디입니까?

  Wo sind wir jetzt?
  보- 진트   뷔어 예츠트?

- 표를 잃어버렸습니다.

  Ich habe meine Fahrkarte verloren.
  이히 하-배 마이내   파-카르태   페어로-랜.

- 지하철에 가방을 두고 내렸습니다.

  Ich habe meine Tasche in der U-Bahn vergessen.
  이히 하-배 마이내   탓섀   인 데어 우-바-ㄴ 페어겟샌.

- 나는 지하철로 출근합니다.
  Ich fahre mit der U-Bahn zur Arbeit.
  이히 파-래 미트 데어 우-바안 추어 아르바이트.

- 지하철 2호선을 타시고 박물관역에서 내리십시오.
  Nehmen Sie die U-Bahnlinie Nr. 2 und steigen Sie bei der Station Museum aus.
  네-맨 지- 디 우-바안리니-에 눔머 츠바이 운트 슈타이갠 지- 바이 데어 슈타치온 무제-움 아우스.

열차를 이용할 때

- 열차 시간표를 어디서 구할 수 있을까요?
  Wo kann ich einen Fahrplan bekommen?
  보- 칸 이히 아이낸 파-플란 배콤맨?

- 안내소가 어디 있습니까?
  Wo ist die Auskunft?
  보- 이스트 디 아우스쿤프트?

- 매표소가 어디 있습니까?
  Wo ist der Fahrkartenschalter?
  보- 이스트 데어 파-카르텐샬터?

- 좌석예매소가 어디 있지요?
  Wo ist die Platzreservierung?
  보- 이스트 디 플랏츠레저비-룽?

- 베를린까지 편도 1장 주십시오.
  Eine einfache Fahrkarte nach Berlin, bitte!
  아이내 아인팍해 파-카르태 낙흐 베를리인, 비태!

- 베를린행 편도 2장 주십시오.
  Zwei einfache Fahrkarten nach Berlin, bitte!
  츠바이 아인팍해 파-카르탠 낙흐 베를리인, 비태!

- 편도입니까, 왕복입니까?
  Einfach oder Hin und Zurück?
  아인팍흐 오-더 힌 운트 추뤽?

- 왕복입니다.
  Hin und zurück, bitte!
  힌 운트 추뤽, 비태!

X. 독일에서의 생활을 위한 표현 **783**

- 일등석입니까, 이등석입니까?
  Erster Klasse oder zweiter Klasse?
  애어스터 클랏새 오-더 츠바이터 클랏새?

- 일등석 차표는 얼마입니까?
  Wie viel kostet eine Fahrkarte erster Klasse?
  비- 피-ㄹ 코스태트 아이내 파-카르태 애어스터 클랏새.

- 프랑크푸르트행 2등석 표 한 장 주세요.
  Bitte eine Fahrkarte zweiter Klasse nach Frankfurt.
  비태 아이내 파-카르태 츠바이터 클랏새 낙흐 프랑크푸어트.

- 함부르크행 다음 열차는 언제 있나요?
  Wann fährt der nächste Zug nach Hamburg?
  반   패-르트 데어 낵스태 추-크 낙흐 함부르크?

- 11시 15분에 7번 선로에서 이체에 고속열차가 떠납니다.
  Um 11.15 Uhr fährt ein ICE von Gleis 7.
  움   피어텔 낙흐 엘프 패-르트 아인 이체에 폰 글라이스 지-밴.

- 더 이른 열차는 있습니까?
  Haben Sie einen früheren Zug?
  하-밴   지- 아이낸 프류어랜   추-크?

- 2등석 편도 차표 한 장 주십시오.
  Ich möchte gern eine einfache Fahrkarte, zweiter Klasse.
  이히 뫼히태 게른 아이내 아인팍해 파-카르태, 츠바이터 클랏새.

- 이체에 추가요금도 필요한데요.
  Sie brauchen auch einen ICE-Zuschlag.
  지- 브라우핸   아욱흐 아이낸 이체에-추슐락.

- 우리는 바이마르행 왕복표 두 장을 사고 싶습니다.
  Wir möchten zwei Hin - und Rückfahrkarten nach Weimar kaufen.
  뷔어 뫼히탠   츠바이 힌- 운트 뤽파-카르탠   낙흐 바이마르 카우팬.

- 드레스덴으로 가는 연결편이 언제 있습니까?
  Wann gibt es eine Verbindung nach Dresden?
  반   킵트 앳스 아이내 페어빈둥   낙흐 드레스댄?

- 뮌헨행 막차가 언제 있습니까?
  Wann geht der letzte Zug nach München?
  반   깁트 데어 레츠태 추-크 낙흐 뮌핸?

- 마지막 열차를 탈 수 있을까요?
  Kann ich den letzten Zug nehmen?
  칸   이히 덴 렡츠탠   추-크 네-맨?

- 저는 1등석으로 타고 갑니다.

    Ich fahre erster Klasse.
    이히 파-래 애어스터 클랏새.

- 저는 2등석으로 타고 갑니다.

    Ich fahre zweiter Klasse.
    이히 파-래 츠바이터 클랏새.

- 뮌헨에서 오는 기차가 몇 번 홈에 도착합니까?

    Auf welchem Gleis kommt der Zug aus München an?
    아우프 뱉햄 글라이스 콤트 데어 추-크 아우스 뮌핸 안?

- 7번 홈입니다.

    Auf Gleis sieben.
    아우프 글라이스 지-밴.

- 여기 2등석이 어디 있죠?

    Wo ist hier die zweite Klasse?
    보- 이스 히어 디 츠바이태 클랏새?

- 실례합니다만 2등석을 못 찾겠어요.

    Entschuldigen Sie, ich finde die zweite Klasse nicht.
    엔트슐-디갠   지-, 이히 핀대 디 츠바이태 클랏새   니힡트.

- 저 뒤에 있습니다.

    Die ist da hinten.
    디- 이스트 다 힌탠.

- 이 열차는 어느 플렛폼에서 출발합니까?

    Auf welchem Bahnsteig fährt dieser Zug ab?
    아우프 뱉햄   바-ㄴ슈타익 패르트 디-저 추-ㅋ 압?

- 3번 플렛폼에서 출발합니다.

    Ihr Zug fährt auf Bahnsteig drei.
    이어 추크 패-르트 아우프 반슈타인   드라이.

- 라이프치히 행 열차는 몇 번 플랫폼에서 떠납니까?

    Auf welchem Gleis fährt der Zug nach Leipzig?
    아우프 뱉햄   글라이스 패-르트 데어 추크 낙흐 라이프치히?

- 이 열차가 뷔르츠부르크로 가는 것이 맞습니까?

    Ist das der Zug nach Würzburg?
    이스트 다스 데어 추크 낙흐 뷰르츠부르크?

- 하노버에서 오는 열차는 언제 도착하지요?

    Wann kommt der Zug aus Hannover an?
    반   콤트   데어 추크 아우스 하노-퍼   안?

- 10분 후에 도착해요.

  In zehn Minuten.
  인 체-ㄴ 미누-텐.

- 뮌헨까지 얼마나 걸리지요?

  Wie lange fährt der Zug nach München?
  비- 랑애 패-르트 데어 추크 낙흐 뮌핸?

- 대략 3시간 이상 걸립니다.

  Etwas über drei Stunden.
  애트밧스 위버 드라이 슈툰댄.

- 여기서부터 베를린까지 얼마나 걸리지요?

  Wie lange dauert die Fahrt von hier nach Berlin?
  비- 랑애 다우어트 디 파-르트 폰 히어 낙흐 베를리인?

- 3시간 채 안 걸립니다.

  Knapp drei Stunden.
  크납 드라이 슈툰댄.

- 라이프치히까지 시간이 얼마나 걸리지요?

  Wie lange braucht man von hier nach Leipzig?
  비- 랑애 브라욱흐트 만 폰 히어 낙흐 라이프치히?

- 함부르크까지 가는 데는 얼마나 걸리나요?

  Wie lange dauert die Fahrt bis Hamburg?
  비- 랑애 다우어트 디 파-르트 비스 함부르크?

- 약 5시간 걸립니다.

  Etwa fünf Stunden.
  애트바 퓐프 슈툰댄.

- 약 4시간 걸립니다.

  Circa vier Stunden.
  치르카 피어 슈툰덴.

- 열차가 언제 드레스덴에 도착합니까?

  Wann kommt der Zug in Dresden an?
  반 콤트 데어 추-ㄱ 인 드레스댄 안?

- 1시간 후에요.

  In einer Stunde.
  인 아이너 슈툰대.

- 20분 후에 도착합니다.

  In zwanzig Minuten.
  인 츠반치히 미누-텐.

- 6시 정각에 도착해요.

  Um Punkt sechs.
  움   풍크트   잭스.

- 이 열차 예정대로 출발합니까?

  Fährt dieser Zug nach Fahrplan ab?
  패-르트 디-저   추-ㄱ 낙흐 파-플란   압?

- 도중에 하차할 수 있습니까?

  Kann ich unterwegs aussteigen?
  칸   이히 운터벡스   아우스슈타이갠?

- 열차를 놓쳤습니다.

  Ich habe meinen Zug verpasst.
  이히 하-배 마이낸   추-ㄱ 페어파쓰트.

- 다음 출발은 언제입니까?

  Wann fährt der nächste Zug ab?
  반   패-르트 데어 낵스태   추-ㄱ 압?

- 다음 역은 무슨 역입니까?

  Was ist die nächste Station?
  밧스 이스트 디 낵스태   슈타치오-ㄴ?

- 내릴 역을 지나쳤습니다.

  Ich habe die Station verpasst.
  이히 하-배 디   슈타치오-ㄴ 패어파쓰트.

- 이 열차가 바이마르를 경유합니까?

  Fährt dieser Zug über Weimar?
  패-르트 디-저   추-ㄱ 위버   바이마르?

- 라이프치히까지 가는 접속열차가 있습니까?

  Haben wir Anschluss nach Leipzig?
  하-밴   뷔어 안슐루쓰   낙흐 라이프치히?

- 라이프치히행 열차가 어디 있는 거죠?

  Wo bleibt der Zug nach Leipzig?
  보- 블라입트 데어 추-ㄱ 낙흐   라이프치히?

- 그 열차가 연착입니다.

  Er hat leider Verspätung.
  애어 하트 라이더 페어슈패-퉁.

- 지체시간이 얼마나 걸립니까?

  Wie lange dauert die Verzögerung?
  비-   랑애   다우어트 디   페어최-거룽?

X. 독일에서의 생활을 위한 표현 **787**

- 약 20분 걸립니다.
  Etwa zwanzig Minuten.
  애트바- 츠반치히 미누-탠.

- 제가 쾰른에서 연결편 열차를 잡을 수 있을까요?
  Erreiche ich den Anschlusszug in Köln?
  애어라잇해 이히 덴 안슐루쓰   인 쾰른?

- 그 열차가 기다릴 겁니다.
  Der Zug wird warten.
  데어 추크 비르트 봐르탠.

- 짐 보관소가 어디 있습니까? 제 짐을 맡기고 싶은데요.
  Wo ist die Gepäckaufbewahrung? Ich möchte mein Gepäck abgeben.
  보- 이스트 디 게팩아우프배봐-룽?   이히 뫼히태 마인 게팩   압게-밴.

- 짐 보관함은 어디 있지요?
  Wo sind die Schließfächer?
  보- 진트 디 슐리-쓰팩혀?

항공기를 이용할 때

- 비행기 예약을 하려고 합니다.
  Ich möchte einen Flug reservieren.
  이히 뫼히태 아이낸 플루크 레저비-랜.

- 비행기 예약을 부탁합니다.
  Ich möchte einen Flug reservieren lassen.
  이히 뫼히태 아이낸 플루크 레저비-랜 랏샌.

- 내일 서울행 비행기 있습니까?
  Haben Sie morgen einen Flug nach Seoul?
  하-밴 지- 모르갠 아이낸 플루크 낙흐 서울?

- 직항 편을 원합니다.
  Ich möchte einen Direktflug.
  이히 뫼히태 아이낸 디렉트플루크.

- 일찍 가는 비행기로 부탁합니다.
  Ich möchte einen früheren Flug.
  이히 뫼히태 아이낸 프뤼-에랜 플루크.

- 늦게 가는 비행기로 부탁합니다.
  Ich möchte einen späteren Flug.
  이히 뫼히태 아이낸 슈패-터랜 플루크.

- 출발시간을 확인하고 싶은데요.

  Ich möchte die Abflugzeit bestätigen lassen.
  이히 뫼히태   디   압플룩차이트   배슈태-티갠   랏샌.

- 지금 체크인 할 수 있습니까?

  Kann ich jetzt einchecken?
  칸   이히 예츠트 아인체캔?

- 항공권을 가지고 계십니까?

  Haben Sie ein Flugticket dabei?
  하-밴   지- 아인 플룩티케트   다바이?

- 통로 쪽을 부탁합니다.

  Einen Gangplatz, bitte!
  아이낸   강플랏츠,   비태!

- 이 짐은 휴대용 가방입니다.

  Das ist Handgepäck.
  다스 이스트 한트게팩.

- 요금은 어떻게 됩니까?

  Wie hoch ist der Flugpreis?
  비-   혹흐   이스트 데어 플룩프라이스?

- 몇 번 출구로 나가면 됩니까?

  Welchen Ausgang soll ich nehmen?
  밸핸   아우스강   졸   이히 네-맨?

- 이것은 서울행 출구입니까?

  Ist das der Flugsteig nach Seoul?
  이스트 다스 데어 플룩슈타익 낙흐   서울?

- 비행은 예정대로 출발합니까?

  Ist der Abflug planmäßig?
  이스트 데어 압플루크 플란매-씨히?

- 탑승시간은 언제입니까?

  Ab wann kann man einsteigen?
  압   반   칸   만   아인슈타이갠?

- 탑승은 10시입니다.

  Boarding ist um zehn Uhr.
  보-딩   이스트 움 체-ㄴ 우-어.

- 탑승라운지는 어디입니까?

  Wo ist der Warteraum?
  보- 이스트 데어 바르테라움?

X. 독일에서의 생활을 위한 표현 **789**

03 자동차 이용

승용차를 운전하거나 렌터카를 이용할 때, 그리고 주유소나 주차장을 이용할 때를 대비한 기본 표현들을 익혀둔다. 렌터카는 국제면허증이 있으면 빌릴 수 있고, 여행 목적지에서 자동차를 반납할 수도 있다. 시내에서는 주차단속이 심하므로 정확하게 주차구역에 요금을 내고 주차하면 된다. 주유소에서는 본인이 직접 주유하는 경우가 더 많다.

렌터카를 이용할 때

- 이 근처에 렌터카 회사가 있습니까?

  Wo gibt es eine Autovermietung in der Nähe?
  보- 깁트 앳스 아이내 아우토페어미-퉁   인 데어 내-애?

- 저는 3일간 자동차를 빌리고 싶습니다.

  Ich möchte einen Wagen für drei Tage mieten
  이히 뫼히태   아이낸   봐-갠   퓨어 드라이 타-갠 미-탠.

- 렌터카를 한 대 예약하고 싶습니다.

  Ich möchte ein Mietauto buchen.
  이히 뫼히태   아인 미-트아우토 붛-흔.

- 저는 일주일간 차를 한 대 렌트하려고 합니다.

  Ich möchte für eine Woche ein Auto mieten.
  이히 뫼히태   퓨어 아이내 복해   아인 아우토 미-탠.

- 우리는 3일간 자동차를 한 대 렌트하려고 합니다.

  Wir möchten für drei Tage ein Auto mieten.
  뷔어 뫼히탠   퓨어 드라이 타-개 아인 아우토 미-탠.

- 좋아요. 어떤 모델을 원하십니까?

  Gut. Welches Modell hätten Sie gern?
  구-트. 밸해스   모델   해탠   지- 게른?

- 어떤 종류의 차를 원하십니까?

  Was für einen Wagen hätten Sie gern?
  봐스 퓨어 아이낸 봐-갠   해탠   지- 게른

- 차를 언제 쓰실 겁니까?

  Wann brauchen Sie den Wagen?
  반   브라우핸   지- 덴   봐-갠?

- 오늘 필요합니다.

  Den brauche ich heute.
  덴   브라우해   이히 호이태.

- 주말에 필요합니다.

  Den brauche ich am Wochenende.
  덴   브라우해   이히 암   복핸앤대.

- 얼마동안 쓸 겁니까?

  Wie lange brauchen Sie den Wagen?
  비-   랑애   브라우핸   지- 덴   봐-갠?

- 차를 딱 하루만 이용하고 싶습니다.

  Ich möchte den Wagen nur einen Tag mieten.
  이히 뫼히태   덴   봐-갠   누어 아이낸   타-ㅋ 미-탠.

- 3일간 사용할 겁니다.

  Für drei Tage.
  퓨어 드라이 타-개.

- 어떤 차를 원하십니까?

  Was für einen Wagen möchten Sie?
  밧스 퓨어 아이낸   봐-갠   뫼히탠   지-?

- 소형차를 빌리고 싶습니다.

  Ich hätte gern einen Kleinwagen.
  이히 해태   게른   아이낸   클라인봐-갠.

- 자동 변속기가 있는 중형차를 한 대 빌릴 수 있을까요?

  Kann ich einen Mittelklassewagen mit Automatik mieten?
  칸   이히 아이낸   미텔클랏봐-갠   미트 아우토마틱   미-탠?

- 벤츠를 한 대 빌리고 싶습니다.

  Ich möchte gern einen Mercedes-Benz leihen.
  이히 뫼히태   게른   아이낸   메르체데스-벤츠   라이앤.

- 자동변속 차량으로 하고 싶습니다.

  Einen Wagen mit Automatikschaltung.
  아이낸   봐-갠   미트 아우토마틱샬퉁.

- 수동 변속 차량으로 하고 싶습니다.

  Einen Wagen mit manueller Gangschaltung.
  아이낸   봐-갠   미트 마누엘러   강샬퉁.

- 종합보험이 들어있는 차를 한 대 원합니다.

  Ich hätte gern einen Wagen, der vollversichert ist.
  이히 해테 게른 아이낸 봐-갠, 데어 폴페어지혀르트 이스트.

- 하루에 요금이 얼마입니까?

  Wie viel nehmen Sie für einen Tag?
  비- 피-ㄹ 네-맨 지- 퓨어 아이낸 타-ㅋ?

- 일주일간 요금은 얼마입니까?

  Was kostet es pro Woche?
  밧스 코스태트 앳스 프로 복해?

- 이 차는 하루에 70 유로입니다.

  Wir vermieten ihn für 70 Euro pro Tag.
  뷔어 페어미-탠 인 퓨어 집치히 오이로 프로 타-ㅋ.

- 주말 요금은 얼마입니까?

  Wie hoch ist der Wochenendtarif?
  비- 호흐 이스트 데어 복핸엔트타리-프?

- 보증금이 얼마입니까?

  Wie hoch ist die Anzahlung?
  비- 호흐 이스트 디 안차-ㄹ룽?

- 요금에 휘발유 값이 포함됩니까?

  Ist das Benzin im Preis enthalten?
  이스트 다스 벤치인 임 프라이스 앤트할탠?

- 제가 어떤 연료를 주유해야합니까?

  Was muss ich tanken?
  밧스 뭇스 이히 탕캔?

- 제 아내 역시 차를 운전해도 괜찮습니까?

  Darf auch meine Frau den Wagen fahren?
  다르프 아우스 마이내 프라우 덴 봐-갠 파-랜?

- 자동차를 다시 가져오면 누가 있습니까?

  Wer ist da, wenn ich den Wagen zurückbringe?
  베-어 이스트 다, 벤 이히 덴 봐-갠 추뤽브링애?

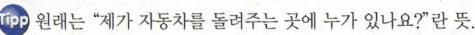 원래는 "제가 자동차를 돌려주는 곳에 누가 있나요?"란 뜻.

- 목적지에 가서 차를 반납해도 되나요?

  Kann ich den Wagen am Ziel zurückgeben?
  칸 이히 덴 봐-갠 암 치-일 추뤽게-밴?

- 공항에서 차를 반납할 수 있나요?

  Kann ich den Wagen am Flughafen zurückgeben?
  칸 이히 덴 봐-갠 암 플룩하-팬 추뤽게-밴?

- 보험을 들고 싶습니다.

  Ich möchte eine Versicherung abschließen.
  이히 뫼히태 아이내 페어지혀룽 압슐리-쎈.

- 그 요금에 보험은 포함되어 있습니까?

  Ist der Preis inklusive Versicherung?
  이스트 데어 프라이스 인클루시배 페어짙혀룽?

- 모든 요금은 보험 포함입니다.

  Alle Preise verstehen sich inklusive Versicherung.
  알래 프라이재 페어슈테앤 지히 인클루시베 페어짙혀룽.

- 모든 요금에는 보험이 포함되어있고 주유는 포함되어 있지 않습니다.

  Alle Preise verstehen sich inklusive Versicherung und exklusive
  알래 프라이제 페어슈테앤 지히 인크루시배 페어짙혀룽 운트 엑스크루시배

  Tankfüllung.
  탕크퓰룽.

- 종합보험이 포함되어있나요?

  Ist eine Vollkaskoversicherung eingeschlossen?
  이스트 아이내 폴카스코페어짙혀룽 아인게슐로쌘?

- 종합보험을 들어주십시오.

  Schließen Sie bitte eine Vollkaskoversicherung ab!
  슐리-쌘 지- 비태 아이내 폴카스코페어짙혀룽 압!

- 보험은 선불입니다.

  Sie müssen Ihre Versicherung im Voraus bezahlen!
  지- 뮤쌘 이어레 페어짙혀룽 임 포-어라우스 다바이?

- 운전면허증을 갖고 계십니까?

  Haben Sie Ihren Führerschein dabei?
  하-밴 지- 이어랜 퓨-러샤인 다바이?

- 예, 저는 국제면허증을 갖고 있습니다.

  Ja, ich habe einen internationalen Führerschein.
  야-, 이히 하-배 아이낸 인터나치오날랜 퓨-러샤인.

차를 운전할 때

- 운전 조심하세요.

  Fahren Sie vorsichtig!
  파-랜 지- 포-어짛히티히!

- 운전할 줄 아십니까?

  Wissen Sie, wie Sie fahren?
  비쌘 지-, 비- 지- 파-랜?

- 운전할 줄 몰라요?

  Ich weiß nicht, wie ich fahren kann.
  이히 봐이쓰 니힡트, 비- 이히 파-랜 칸.

- 운전 면허증 있어요?

  Haben Sie Ihren Führerschein?
  하-밴 지- 이어랜 퓨-러샤인?

- 운전면허 취득한 지 얼마나 되었나요?

  Seit wann haben Sie Ihren Führerschein?
  자이트 반 하-밴 지- 이어랜 퓨-러샤인?

- 5년 됐어요.

  Seit fünf Jahren.
  자이트 퓬프 야-랜.

- 긴급연락처를 알려주시겠어요?

  Wie soll ich Sie notfalls erreichen?
  비- 졸 이히 지- 노트팔스 애어라잏핸?

- 도로지도를 주시겠습니까?

  Würden Sie mir eine Straßenkarte geben?
  뷰르댄 지- 미어 아이내 슈트랏샌카르태 게-밴?

- 본은 어느 길로 가면 됩니까?

  Welche Richtung fährt man nach Bonn?
  뷀해 리히퉁 패-르트 만 낙흐 본?

- 곧장 입니까, 아니면 오른쪽 입니까?

  Immer geradeaus oder nach rechts?
  임머 게라데아웃츠 오-더 낙흐 렣히츠?

- 뷔르츠부르크까지 몇 킬로미터입니까?

  Wie viele Kilometer sind es bis Würzburg?
  비- 피-ㄹ래 킬로메-터 진트 앳스 빗스 뷰르츠부르크?

- 자동차로 부퍼탈까지 어느 정도 걸립니까?

  Wie lange braucht man mit dem Auto bis Wuppertal?
  비- 랑애 브라욱흐트 만 미트 뎀 아우토 빗스 부퍼탈?

- 가장 가까운 교차로는 어디입니까?

  Wo ist die nächste Kreuzung?
  보- 이스트 디 낵스태 크로이충?

- 안전벨트를 매세요.

  Schnallen Sie sich bitte an!
  슈날랜 지- 지히 비태 안!

- 에어컨 좀 켜주세요.

  Schalten Sie bitte die Klimaanlage ein!
  샬탠 지- 비태 디 클리마안라-개 아인!

- 밤에 운전을 잘 못합니다.

  In der Nacht kann ich nicht so gut fahren.
  인 데어 낙흐트 칸 이히 니힡트 조- 구-ㅌ 파-랜.

- 좀 천천히 운전하세요.

  Fahren Sie bitte langsamer!
  파-랜 지- 비태 랑자머!

- 속도를 좀 줄이세요.

  Drosseln Sie das Tempo!
  드로쎌른 지- 다스 템포-!

- 조심하세요!

  Vorsicht!
  포-어지히트!

- 조금 더 빨리 운전해주시겠어요?

  Würden Sie bitte noch schneller fahren?
  뷰르댄 지- 비태 녹흐 슈넬러 파-랜?

- 속도를 좀 내주실래요?

  Würden Sie mal bitte das Tempo erhöhen?
  뷰르댄 지- 마-ㄹ 비태 다스 템포 애어회-앤?

- 우측 차선으로 가 주세요.

  Wechseln Sie bitte auf die rechte Fahrbahn!
  벡셀른 지- 비태 아우프 디 레히태 파-반!

- 우리가 어디에 있는지 알아요?

  Wissen Sie, wo wir sind?
  비쌘 지-, 보- 뷔어 진트?

주유할 때

- 가까운 주유소가 어디 있습니까?

  Wo ist die nächste Tankstelle?
  보- 이스트 디 낵스태   탕크슈텔래?

- 이 근처에 주요소가 있습니까?

  Gibt es eine Tankstelle in der Nähe von hier?
  깁트 앳스 아이내 탕크슈텔래 인 데어 내-애 폰   히어?

- 휘발유는 충분한가요?

  Haben Sie genug Benzin?
  하-밴   지- 게눅흐   벤치인?

- 주유 좀 하고 싶습니다.

  Ich möchte Benzin haben.
  이히 뫼히태   벤치인   하-밴.

- 보통 휘발유 있습니까?

  Haben Sie Normalbenzin?
  하-밴   지- 노-마-ㄹ벤치인?

- 수퍼 20리터 주세요.

  Geben Sie mir bitte 20 Liter Super!
  게-밴   지 미어 비태 츠반치히 리터 수-퍼!

- 40 리터 넣어주십시오.

  Tanken Sie bitte vierzig Liter!
  탕캔   지- 비태 피어치히 리터!

- 제 자동차가 두 가지 다 넣어도 됩니까?

  Kann mein Auto mit beiden fahren?
  칸   마인 아우토 미트 바이댄 파-랜?

- 예, 수퍼 휘발유를 권해드리겠습니다.

  Ja, ich empfehle Ihnen aber Super.
  야-, 이히 엠펠-래   이낸   아-버 주-퍼.

- 30 유로 어치 넣어주십시오.

  Tanken Sie für dreißig Euro!
  탕캔   지- 퓨어 드라이씨히 오이로!

- 디젤 25리터 주세요.

  Ich möchte 52 Liter Diesel.
  이히 뫼히태   츠바이운트퓬프치히 리터 디-젤!

- 가득 채워주세요.

  Tanken Sie bitte voll!
  탕캔 지- 비태 폴!

   Voll tanken, bitte!(폴 탕캔 비태!) 또는 den Tank voll, bitte(덴 탕크 폴, 비태)라고도 한다.

- 세차 좀 해주세요.

  Waschen Sie bitte meinen Wagen!
  밧샌 지- 비태 마이낸 봐-갠!

- 세차를 해주시겠습니까?

  Würden Sie bitte meinen Wagen waschen?
  뷰르댄 지- 비태 마이낸 봐-갠 밧샌?

- 여기 세차기 있나요?

  Gibt es hier eine Autowaschanlage?
  깁트 앳스 히어 아이내 아우토봣쉬안라-개?

- 세차를 맡기고 싶은데요.

  Ich möchte mein Auto waschen lassen.
  이히 뫼히태 마인 아우토 밧샌 랏샌.

- 고급휘발유 가격은 현재 리터당 1유로 17센트 이상 입니다.

  Der Preis für Superbenzin liegt zurzeit bei über einem Euro siebzehn pro Liter.
  데어 프라이스 퓨어 주퍼벤치인 릭트 추어차이트 바이 위버 아이냄 오이로 지-ㅂ체ㅡㄴ 프로 리터.

주차할 때

- 주차장이 어디입니까?

  Wo ist der Parkplatz?
  보- 이스트 데어 파-크플랏츠?

- 근처에 실내주차장이 있나요?

  Gibt es in der Nähe ein Parkhaus?
  깁트 앳스 인 데어 내-애 아인 파-크하우스?

- 자동차를 어디 세워둘 수 있나요?

  Wo kann ich den Wagen lassen?
  보- 칸 이히 덴 봐-갠 랏샌?

- 차를 어디다 주차할 수 있습니까?

  Wo kann ich parken?
  보- 칸   이히 파르캔?

- 여기다 주차해도 됩니까?

  Darf ich hier parken?
  다르프 이히 히어 파르캔?

- 주차장에 감시원이 있나요?

  Ist der Parkplatz bewacht?
  이스트 데어 파-크플랏츠 배봐흐트?

- 여기에 차를 얼마동안 세워 둘 수 있나요?

  Wie lange kann man hier parken?
  비- 랑애   칸   만   히어 파르캔?

- 주차장이 꽉 찼습니다.

  Der Parkplatz ist voll.
  데어 파-크플랏츠   이스트 폴.

- 차를 뒤로 좀 빼주시겠어요?

  Würden Sie etwas rückwärts fahren?
  뷰르댄   지- 애트밧스 뤽배르츠   파-랜?

- 어디에 주차하셨어요?

  Wo haben Sie Ihren Wagen geparkt?
  보- 하-밴   지- 이어랜 봐-갠   게파르크트?

- 당신은 주차권이 필요합니다.

  Sie brauchen einen Parkschein.
  지 브라욱핸   아이낸 파-크샤인.

- 시간당 주차료가 얼마입니까?

  Was kostet die Parkgebühr pro Stunde?
  밧스 코스태트 디 파-크게뷰어 프로 슈툰대?

- 시간당 2 유로입니다.

  Zwei Euro pro Stunde.
  츠바이 오이로 프로 슈툰대.

- 주차미터기에 사용할 잔돈 좀 있습니까?

  Haben Sie etwas Kleingeld für die Parkuhr?
  하-밴   지- 애트밧스 클라인겔트 퓨어 디 파-크우-어?

- 주차권은 자판기에 있습니다.

  Den Parkschein gibt es am Automaten.
  덴   파-크샤인   깁트 앳스 암 아우토마-탠.

관공서

　독일에서 생활하려면 방을 세 얻거나 임대한 주택 계약서와 은행에 개설한 지로 (Giro)통장을 가지고 관공서에서 주민신고를 해야 한다. 6개월 이상 체류할 경우에는 위의 조건 외에 의료보험 가입증을 발부받아 시청의 외국인 등록처에 가서 비자를 연장해야 한다.

- 저는 입주신고 때문에 왔는데요.
  Ich komme wegen der Anmeldung.
  이히 콤매 베-겐 데어 안멜둥.

- 입주신고를 하고 싶습니다.
  Ich möchte mich hier anmelden.
  이히 뫼히태 미히 히어 안멜댄.

- 여기서 입주신고를 할 수 있습니까?
  Kann ich mich hier bei Ihnen anmelden?
  칸 이히 미히 히어 바이 이-낸 안멜댄?

- 여기가 주민등록처입니까?
  Ist hier das Einwohnermeldeamt?
  이스트 히어 다스 아인보-너 멜데암트?

- 담당부서를 가르쳐 주시겠습니까?
  Würden Sie mir die zuständige Abteilung sagen?
  뷰르댄 지 미어 디 추-슈탠디개 압타일룽 자-갠?

- 부서를 바로 찾아오셨습니다.
  Sie sind in die richtige Abteilung gekommen.
  지- 진트 인 디 리히티개 압타일룽 게콤맨.

- 이 일은 어느 분이 담당합니까?
  Wer ist für diese Angelegenheit zuständig?
  베어 이스트 퓨어 디제 안게레-갠하이트 추-슈탠디히?

- 누가 그 일을 담당합니까?
  Wer ist dafür verantwortlich?
  베어 이스트 다퓨어 페어안트보르틀리히?

- 기다리게 해서 죄송합니다.
  Entschuldigen Sie, dass ich Sie habe warten lassen!
  앤트슐-디갠 지-, 다스 이히 지- 하-배 봐르탠 랏샌!

> 부문장 속에서 동사는 문장 맨 뒤에 위치하지만, 〈haben+동사원형+lassen〉은 부문장 안에서 한 단위로 묶여 문장 끝에 위치한다. 여기서 위의 haben을 맨 뒤에 위치시키지 않는다.

- 그 분은 지금 안 계십니다.
  Er ist im Moment nicht da.
  애아 이스트 임 모-멘트 니힡트 다.

- 신속하게 도와드리지 못해 죄송합니다.
  Es tut mir Leid, dass wir Ihnen nicht schnell helfen können.
  앳스 투-트 미어 라이트, 다스 뷔어 이-낸 니힡트 슈넬 헬팬 쾬낸.

- 저는 1주일 전에 독일에 왔습니다.
  Ich bin vor einer Woche in Deutschland angekommen.
  이히 빈 포-어 아이너 복해 인 도이췰란트 안게콤맨.

- 저는 3일 전에 여기로 이사 왔습니다.
  Ich bin vor drei Tagen hier eingezogen.
  이히 빈 포-어 드라이 타-갠 히어 아인게초-갠.

- 체류허가를 연장하려고 합니다.
  Ich möchte meine Aufenthaltserlaubnis verlängern lassen.
  이히 뫼히태 마이내 아우프엔트할츠애어라우프니스 페어랭어른 랏샌.

- 문서를 작성하셔야 합니다.
  Sie müssen die Formulare ausfüllen!
  지- 뮤쌘 디 포-물라-래 아우스퓰랜!

- 우선 신청부터 하셔야합니다.
  Sie müssen sich zuerst darum bewerben!
  지- 뮤쌘 지히 추애어스트 다룸 배베르밴!

- 신청서를 작성만 하면 됩니다.
  Sie brauchen nur ein Anmeldungsformular auszufüllen!
  지- 브라우핸 누어 아인 안멜둥스포-물라- 아우스추퓰랜!

- 제가 작성해야 할 서류가 무엇인가요?
  Was ist das für ein Formular, das ich ausfüllen muss?
  밧스 이스트 다스 퓨어 아인 포-물라-, 다스 이히 아우스퓰랜 뭇스?

- 자리에 앉아서 기다리십시오.
  Bitte nehmen Sie Platz!
  비태, 네-맨 지- 플랏츠!

- 여기 서명하시고 날짜를 쓰십시오.

  Unterschreiben Sie hier und schreiben Sie das Datum!
  운터슈라이밴 지- 히어 운트 슈라이밴 지- 다스 다-툼!

- 다음 손님 오십시오.

  Der nächste, bitte!
  데어 낵스태, 비태!

- 제 여권은 아직 3개월 간 유효합니다.

  Mein Pass ist noch drei Monate gültig.
  마인 파쓰 이스트 녹흐 드라이 모-나태 귤틸히.

- 먼저 여권을 연장해야 합니까?

  Muss ich vorher den Pass verlängern lassen?
  못스 이히 포-어해어 덴 파쓰 페어랭어른 랏샌?

- 이 신청서에 기입하고 여권을 제출하십시오.

  Füllen Sie bitte diesen Antrag aus und legen Sie auch Ihren Reisepass vor!
  퓰랜 지- 비태 디-잰 안트락 아웃스 운트 레-갠 지 아욱흐 이어랜 라이제파쓰 포-어!

- 약 2주 후에 저희들이 서면으로 알려드리겠습니다.

  Nach etwa zwei Wochen bekommen Sie von uns schriftlich Bescheid.
  낙흐 애트봐 츠바이 복핸   배콤맨   지- 폰 운스 슈리프틀리히 배샤이트.

- 주택 임대계약서와 통장 사본 그리고 사진 한 장을 가져오십시오.

  Bringen Sie auch Ihren Mietvertrag, eine Kopie Ihres Kontos und ein
  브링엔   지- 아욱흐 이어랜 미-트페어트락 아이내 코피- 이어래스 콘토스 운트 아인
  Foto mit!
  포-토 미트!

- 저는 독일주재 한국회사에 근무하고 있습니다.

  Ich bin bei einer koreanischen Firma in Deutschland angestellt.
  이히 빈 바이 아이너 코래아-니쉔   피르마 인 도이췰란트   안개슈텔트.

- 그러면 서류를 검사하고 다시 필요한 경우에 서류제출을 요청하겠습니다.

  Wir prüfen Ihre Akte und werden dann noch von Ihnen Unterlagen
  뷔어 프류-팬 이어래 악태 운트 베르댄   단   녹흐 폰 이-넨   운터라-갠
  anfordern, wenn dies erforderlich sein sollte.
  안포-더른,   벤   디스 에어포-더리히 자인 졸태.

- 노동허가를 3년간 발급해줄 수 있습니까?

  Können Sie mir die Arbeitserlaubnis für drei Jahre erteilen?
  쾌낸   지- 미어 디 아르바이츠애어라우프니쓰 퓨어 드라이 야-래 애어타일랜?

- 영주허가를 얻으려면 어떤 조건들을 충족해야합니까?

  Welche Voraussetzungen müssen erfüllt werden, damit man eine
  밸해   포-어라우스젤충앤   뮤쌘   에어퓔트 베르댄,   다미트 만   아이내

  unbefristete Aufenthaltserlaubnis bekommen kann?
  운베프리스테태   아우프엔트할츠애어라우프니스 배콤맨   칸?

- 독일에서 최소 5년간 계속 취업을 했어야 합니다.

  Sie müssen mindestens fünf Jahre in Deutschland gearbeitet haben.
  지 뮤쌘   민네스텐스   퓬프 야-래 인 도이췰란트   게아르바이테트 하-밴.

- 그 밖의 전제조건들은 사람에 따라 다릅니다.

  Sonstige Voraussetzungen sind individuell verschieden.
  존스티개   포-어라우스젤충앤   진트 인디비두엘   페어쉬-댄.

은행

은행을 찾을 때는 "Wo ist die Bank?"(은행은 어디 있습니까?), 유로(Euro)화로 환전할 때는 "Kann ich hier Geld wechseln?"(여기서 환전할 수 있습니까?) "Können Sie mir Dollar in Euro wechseln?"(달러를 유로화로 환전해주실 수 있습니까?), 돈을 내줄 때는 "Wie möchten Sie es haben?"(어떻게 드릴까요?)라고 한다. 그러나 장기간 체류하려면 은행계좌를 개설한다. 이때 "Ich möchte ein Konto eröffnen."(계좌를 개설하고 싶습니다.)라고 한다.

은행을 찾을 때

- 거기 은행이죠?
  Ist da die Bank?
  이스트 다 디 방크?

- 은행은 어디 있습니까?
  Wo ist die Bank?
  보- 이스트 디 방크?

- 가까운 은행이 어디 있습니까?
  Wo ist die nächste Bank?
  보- 이스트 디 낵스태 방크?

- 저는 은행을 찾는 중입니다.
  Ich suche die Bank.
  이히 주-ㄱ해 디 방크.

- 은행은 우체국 바로 건너편에 있습니다.
  Die Bank liegt gegenüber der Post.
  디 방크 리-ㄱ트 게-갠위버 데어 포스트.

- 은행 영업시간을 알려주십시오.
  Sagen Sie mir bitte die Geschäftszeiten Ihrer Bank!
  자-갠 지- 미어 비태 디 게섀프츠차이탠 이어러 방크!

- 은행은 언제 문을 엽니까?
  Wann öffnet die Bank?
  반 외프내트 디 방크?

- 은행은 몇 시에 문을 엽니까?

  Um wie viel Uhr macht die Bank auf?
  움 비- 피-ㄹ 우-어 막흐트 디 방크 아우프?

- 은행은 8시에 문을 엽니까?

  Öffnet die Bank um acht Uhr?
  외프네트 디 방크 움 악흐트 우-어?

- 아니오, 은행은 9시에 문을 엽니다.

  Nein, die Bank öffnet um neun Uhr.
  나인, 디 방크 외프네트 움 노인 우-어.

- 은행은 언제 문을 닫습니까?

  Wann schließt die Bank?
  반 슐리-쓰트 디 방크?

- (은행에서 직접 물어보면서) 언제 문을 닫지요?

  Wann schließen Sie?
  반 슐리-쌘 지-?

환전할 때

- 환전은 어디서 합니까?

  Wo kann man Geld umtauschen?
  보- 칸 만 겔트 움타우섄?

- 여기서 환전할 수 있을까요?

  Kann ich hier Geld wechseln?
  칸 이히 히어 겔트 벡셀른?

- 가까운 은행이 어디 있습니까?

  Wo ist die nächste Bank?
  보- 이스트 디 낵스태 방크?

- 가까운 환전소가 어디 있습니까?

  Wo ist die nächste Wechselstube?
  보- 이스트 디 낵스태 벡셀슈투-배?

- 돈 좀 바꾸고 싶습니다.

  Ich möchte gleich Geld wechseln.
  이히 뫼히태 글라이히 겔트 벡셀른.

- 여기서 그것을 할 수 있나요?

  Kann ich das hier?
  칸 이히 다스 히어?

- 제가 환전창구에 제대로 온 건가요?

  Bin ich bei Ihnen richtig, am Währungsschalter?
  빈   이히 바이 이-낸   리히티히, 암   봬-룽스샬터?

- 여기 당신한테서 돈을 바꿀 수 있습니까?

  Kann ich hier bei Ihnen Geld wechseln?`
  칸   이히 히어 바이 이-낸   겔트   벡셀른?

- 여기서 돈을 찾을 수 있나요?

  Kann ich hier Geld abheben?
  칸   이히 히어 겔트   압헤-밴?

- 이 지폐를 바꿔주시겠습니까?

  Können Sie mir diesen Schein umtauschen?
  쾐낸   지- 미어 디-잰   샤인   움타우샌?

- 저에게 돈 좀 환전해 주시겠습니까?

  Würden Sie mir mal Geld wechseln?
  뷰르댄   지- 미어 마-르 겔트   벡셀른?

- 여행자수표도 환전해줍니까?

  Tauschen Sie auch Reiseschecks?
  타우샌   지- 아욱흐 라이제쉑스?

- 이 여행자 수표를 현금으로 바꾸고 싶어요.

  Ich möchte diesen Reisescheck einlösen.
  이히 뫼히태 디-잰   라이제쉐크   아인뢰-잰.

- 저는 500달러를 유로화로 바꾸고 싶습니다.

  Ich möchte gern für 500 Dollar Euro eintauschen.
  이히 뫼히태 게른 퓨어 퓬프훈데르트 돌라 오이로 아인타우샌.

- 저는 100달러가 있는데요, 그것을 유로화로 바꾸고 싶습니다.

  Ich habe 100 Dollar, die ich gerne in Euro wechseln möchte.
  이히 하-배 아인훈데르트 돌라, 디 이히 게르네 인 오이로 벡셀른   뫼히태.

- 달러를 유로화로 환전해 주실 수 있습니까?

  Können Sie mir Dollar in Euro wechseln?
  쾐낸   지- 미어 돌라   인 오이로 벡셀른?

- 미국 돈을 유로화로 환전할 수 있습니까?

  Kann man hier amerikanisches Geld gegen Euro umtauschen?
  칸   만   히어 아메리카니쉐스   겔트 게-갠 오이로 움타우샌?

환율을 물을 때

- 환율이 어떻게 되나요?
  Wie ist der Kurs?
  비- 이스트 데어 쿠어스?

- 오늘의 환율은 얼마입니까?
  Wie hoch ist der heutige Kurs?
  비- 혹흐 이스트 데어 호이티개 쿠어스?

- 오늘의 환율은 얼마입니까?
  Wie liegt der Wechselkurs heute?
  비- 리-ㄱ트 데어 벡셀쿠어스 호이태?

- 현재 달러 환율이 얼마입니까?
  Wie hoch ist momentan der Dollarkurs?
  비- 혹흐 이스트 모멘탄 데어 돌라쿠어스?

- 오늘의 환율은 1달러에 0,78 Euro 입니다.
  Der Wechselkurs heute ist achtundsiebzig Cent für einen Dollar.
  데어 벡셀쿠어스 호이태 이스트 악흐트운트집치히 센트 퓨어 아이낸 돌라.

- 오늘의 환율은 1유로에 1,465입니다.
  Der Kurs heute ist eins Komma vier sechs fünf Dollar für einen Euro.
  데어 쿠어스 호이태 이스트 아인스 콤마 피어 젝스 퓬프 돌라 퓨어 아이낸 오이로.

- 오늘의 환율은 1유로에 1,46달러입니다.
  Der Kurs heute ist ein Dollar sechsundvierzig Cent für einen Euro.
  데어 쿠어스 호이태 이스트 아인 돌라 젝스운트피어치히 센트 퓨어 아이낸 오이로.

- 오늘 환율에 따라 당신은 1 유로에 1390원을 받습니다.
  Nach dem heutigen Kurs bekommen Sie 1,390 Won für einen Euro.
  낙흐 뎀 호이티갠 쿠어스 배콤맨 지- 아인타우젠트 드라이훈데르트노인치히 원 퓨어 아이낸 오이로.

- 오늘의 환율에 따라 당신은 1달러에 68센트를 받습니다.
  Nach dem heutigen Kurs bekommen Sie für einen Dollar achtundsechzig Cent.
  낙흐 뎀 호이티갠 쿠어스 배콤맨 지 퓨어 아이낸 돌라 아흐트운트잭히치히 센트.

- 여기 외환환산표가 있습니다.
  Hier ist eine Wechselkurstabelle.
  히어 이스트 아이내 벡셀쿠어스타-벨래.

- 어떻게 드릴까요?
  Wie möchten Sie es haben?
  비- 뫼히탠 지- 앳스 하-밴?

- 예, 그럼요. 어떤 통화를 가지고 계신가요?

  Ja, gerne. Welche Währung haben Sie?
  야-, 게르내. 밸해 봐-룽 하-밴 지-?

- 어떤 통화로 돈을 환전하시고 싶은가요?

  In welche Währung wollen Sie Ihr Geld wechseln?
  인 밸해 봐-룽 볼랜 지- 이어 겔트 벡셀른?

- 얼마나 환전하고 싶습니까?

  Wie viel möchten Sie wechseln?
  비- 피-ㄹ 뫼히탠 지- 벡셀른?

- 1000 달러를 유로화로 바꾸고 싶습니다.

  Ich möchte eintausend Dollar in Euro umtauschen.
  이히 뫼히태 아인타우젠드 돌라 인 오이로 움타우샨.

- 당신에게 이 돈을 어떻게 지불해 드릴까요?

  Wie darf ich Ihnen das Geld auszahlen?
  비- 다르프 이히 이-낸 다스 겔트 아우스차-ㄹ랜?

- 이 수표를 어떻게 교환해 드릴까요?

  Wie möchten Sie Ihren Scheck eingelöst haben?
  비- 뫼히탠 지- 이어랜 쉑 아인게뢰스트 하-밴?

- 원하시는 대로 하십시오.

  Wie Sie möchten.
  비- 지- 뫼히탠.

- 어떻게 하든 상관없습니다.

  Das spielt keine Rolle.
  다스 슈피-르트 카이내 롤래.

- 수수료는 얼마입니까?

  Wie hoch sind die Gebühren?
  비- 혹흐 진트 디 게뷰-랜?

잔돈을 바꿀 때

- 근처에 현금인출기가 있습니까?

  Gibt es einen Geldautomaten in der Nähe?
  깁트 앳스 아이낸 겔트아우토마-탠 인 데어 내-애?

- 이것을 잔돈으로 바꿀 수 있습니까?

  Könnte ich dafür Kleingeld haben?
  쾬태 이히 다퓨어 글라인켈트 하-밴?

- 센트로 바꿔 주시겠습니까?

    Können Sie es in Cent wechseln?
    쾐낸 지- 앳 인 센트 벡셀른?

- 100유로짜리로 바꿔주시겠어요?

    Könnten Sie dafür 100 Euro wechseln?
    쾐탠 지- 다퓨어 훈테르트 오이로 벡셀른?

- 10유로 지폐를 5유로 동전으로 바꿔주실 수 있어요?

    Können Sie mir den Zehneuroschein in Fünfeuromünze wechseln?
    쾐탠 지- 미어 덴 체-ㄴ오이로샤인 인 퓬프오이로뮨채 벡셀른?

- 이 수표를 현금으로 바꾸고 싶습니다.

    Ich möchte diesen Scheck einlösen.
    이히 뫼히태 디-잰 쉑 아인뢰-잰.

- 여기서 이 수표를 바꿀 수 있습니까?

    Kann ich hier diesen Scheck einlösen?
    칸 이히 히어 디-잰 쉑 아인뢰-잰?

- 이 지폐를 바꿔주시겠습니까?

    Würden Sie mir diesen Schein wechseln?
    뷰르댄 지- 미어 디-잰 샤인 벡셀른?

- 이 수표를 현금으로 바꾸어 주십시오.

    Würden Sie mir bitte Bargeld für diesen Scheck geben?
    뷰르댄 지- 미어 비태 바-겔트 퓨어 디-잰 쉑 게-밴?

- 얼마나 현금으로 바꾸시겠어요?

    Wie viel möchten Sie in Bargeld wechseln?
    비- 피-ㄹ 뫼히탠 지- 인 바-겔트 벡셀른?

구좌를 개설할 때

- 제가 여기 당신네 은행에 구좌를 개설할 수 있나요?

    Kann ich hier bei Ihnen ein Konto eröffnen?
    칸 이히 히어 바이 이-낸 아인 콘토 애어외프낸?

- 저는 여기서 구좌를 개설하고 싶습니다.

    Ich möchte gern hier ein Konto einrichten lassen.
    이히 뫼히태 게른 히어 아인 콘토 아인리히탠 랏샌.

- 구좌를 개설하고 싶은데요.

    Ich möchte ein Konto eröffnen.
    이히 뫼히태 아인 콘토 애어외프낸.

- 먼저 정보를 좀 얻고 싶습니다.

  Aber ich möchte mich zuerst informieren.
  아-버 이히 뫼히태 미히 추애어스트 인포미-랜.

- 신분증을 가지고 오셨습니까?

  Haben Sie Ihren Ausweis dabei?
  하-밴 지- 이어랜 아우스봐이스 다바이?

- 지로구좌인가요 아니면 저축구좌가 필요한가요?

  Brauchen Sie ein Giro- oder ein Sparkonto?
  브라욱헨 지- 아인 지로- 오-더 아인 슈파-콘토?

- 어떤 구좌가 필요하신가요?

  Was für ein Konto brauchen Sie?
  밧스 퓨어 아인 콘토 브라욱핸 지-?

- 어떤 구좌를 원하십니까?

  Was für ein Konto möchten Sie?
  밧스 퓨어 아인 콘토 뫼히탠 지-?

- 어떤 구좌를 원하시는데요?

  Welches Konto wollen Sie denn?
  밸햬스 콘토 볼랜 지- 덴?

- 지로구좌와 저축구좌 사이의 차이는 무엇입니까?

  Was ist der Unterschied zwischen einem Giro- und einem Sparkonto?
  밧스 이스트 데어 운터쉬-트 츠빗샌 아이냄 지로- 운트 아이냄 슈파-콘토?

- 두 구좌들의 차이점을 설명해주시겠습니까?

  Würden Sie mir mal sagen, was der Unterschied zwischen beiden
  뷰르댄 지- 미어 마-ㄹ 자-갠, 밧스 데어 운터쉬-트 츠빗샌 바이댄
  Kontos ist?
  콘토스 이스트?

- 죄송합니다만 '지로구좌'가 뭔가요?

  Entschuldigung, was bedeutet denn 'Girokonto'?
  앤트슐-디궁, 밧스 배도이테트 덴 '지로콘토'?

- 지로구좌의 의미는 무엇입니까?

  Was versteht man unter einem Girokonto?
  밧스 페어슈테-트 만 운터 아이냄 지로콘토?

- 그것은 최소의 이자가 붙는 구좌입니다.

  Das ist ein Konto mit minimalen Zinsen.
  다스 이스트 아인 콘토 미트 미니마-랜 친잰.

- 지로구좌는 규칙적으로 돈을 이체하고 찾을 수 있는 구좌입니다.

  Ein Girokonto ist ein Konto, mit dem man Geld regelmäßig überweisen
  아인 지로콘토 이스트 아인 콘토, 미트 뎀 만 겔트 레겔매-씨히 위버바이잰

  und abheben kann.
  운트 압헤-밴 칸.

- 지로구좌의 경우 손님께서는 거의 이자를 받지 못합니다.

  Bei einem Girokonto bekommen Sie wenig Zinsen.
  바이 아이넴 지로콘토 배콤맨 지- 베-니히 친잰.

- 저축구좌의 경우 더 많은 이자를 받습니다.

  Bei einem Sparkonto bekommt man mehr Zinsen.
  바이 아이넴 슈파-콘토 배콤트 만 메-어 친잰.

- 어떤 목적으로 구좌가 필요하지요?

  Wozu brauchen Sie ein Konto?
  보추- 브라우핸 지- 아인 콘토?

- 왜 구좌를 개설하시려고 합니까?

  Warum wollen Sie denn ein Konto eröffnen?
  봐룸 볼랜 지- 덴 아인 콘토 애어외프낸?

- 저는 규칙적으로 몇 가지 요금을 이체해야만 합니다.

  Ich muss regelmäßig einige Beträge überweisen.
  이히 뭇스 레겔매-씨히 아이니개 배트래-개 위-버바이잰.

- 규칙적으로 몇 가지 요금을 이체해야 하기 때문입니다.

  Weil ich regelmäßig einige Beträge überweisen muss.
  봐일 이히 레겔매-씨히 아이니게 배트래-개 위-버바이잰 뭇스.

- 제가 규칙적으로 돈을 인출해야 하기 때문입니다.

  Weil ich regelmäßig Geld abheben muss.
  봐일 이히 레겔매-씨히 겔트 압헤-밴 뭇스.

- 저는 의료보험료를 이체하기 위해서 지로구좌가 필요합니다.

  Ich will regelmäßig die Miete überweisen.
  이히 빌 레겔매-시히 디 미-태 위-버바이잰.

- 방세를 정기적으로 이체하려고 합니다.

  Ich möchte die Miete regelmäßig überweisen.
  이히 뫼히태 디 미-태 레겔매-씨히 위-버바이잰.

- 저는 의료보험료를 이체하기 위해서 지로구좌가 필요합니다.

  Zur Überweisung der Beiträge für die Krankenkasse brauche ich ein
  추어 위버바이중 데어 바이트래-개 퓨어 디 크랑켄카쌔 브라우해 이히 아인

  Girokonto.
  지로콘토.

- 그냥 뭐 좀 저축을 하려고요.
  Einfach zum Sparen!
  아인파흐 춤   슈파-랜!

- 돈을 저축하기 위해서요.
  Um Geld zu sparen.
  움 겔츠 추- 슈파-랜.

- 아, 예. 그렇다면 당신에겐 지로구좌가 필요합니다.
  Ah, ja. Dann brauchen Sie ein Girokonto.
  아-, 야-, 단   브라우핸   지- 아인 지로콘토.

- 그렇다면 지로구좌가 당신에게 맞는 겁니다.
  Dann ist ein Girokonto für Sie das Richtige.
  단   이스트 아인 지로콘토   퓨어 지- 다스 리히티개.

- 그렇다면 저축구좌가 당신에게 맞는 겁니다.
  Dann ist ein Sparkonto für Sie das Richtige.
  단   이스트 아인 슈파-콘토   퓨어 지- 다스 리히티개.

- 예, 당신은 그러면 저축구좌가 필요합니다.
  Ja, Sie brauchen dann ein Sparkonto.
  야-, 지- 브라우핸   단   아인 슈파아콘토.

- 어떻게 해야 제가 저축구좌를 개설할 수 있을까요?
  Wie kann ich ein Sparkonto eröffnen?
  비- 칸   이히 아인 슈파-콘토   애어외프낸?

- 어떻게 해야 제가 지로구좌를 개설할 수 있을까요?
  Wie kann ich ein Girokonto eröffnen?
  비- 칸   이히 아인 지로콘토   애어외프낸?

- 지로구좌를 개설하기 위해서 제가 무엇을 해야 합니까?
  Was soll ich machen, um ein Girokonto zu eröffnen?
  밧스 졸 이히 막핸,   움 아인 지로콘토   추- 애어외프낸?

- 여기에 있는 서식에 기입하셔야만 합니다.
  Sie müssen das Formular hier ausfüllen!
  지 뮤쌘   다스 포-물라-   히어 아우스퓰랜!

- 여기 서식에 기입하시기만 하면 됩니다.
  Sie brauchen nur, das Formular hier auszufüllen.
  지- 브라우핸   누어, 다스 포-물라   히어 아우스추퓰랜.

- 서식에 기입해주십시오.
  Füllen Sie bitte das Formular aus!
  퓰랜   지- 비태 다스 포-물라-   아웃스!

- 이 서식에 기입해주십시오.
  Füllen Sie bitte dieses Formular aus!
  퓔랜   지- 비태 디제스 포-물라   아웃스!

- 여기 서식에 기입하시고 그 아래에다 서명을 해 주십시오.
  Bitte, füllen Sie mal das Formular hier aus und unterschreiben Sie darunter!
  비태, 퓔랜   지- 마-ㄹ 다스 포-물라-   히어 아우스 운투 운터슈라이밴   지- 다룬터!

- 여권을 소지하고 계신가요?
  Haben Sie Ihren Pass dabei?
  하-밴   지- 이어랜 파쓰 다바이?

- 신분증을 소지하고 계신가요?
  Haben Sie Ihren Ausweis dabei?
  하-밴   지- 이어랜 아우스봐이스 다바이?

- 여권 좀 보여주십시오.
  Zeigen Sie mir mal bitte Ihren Pass!
  차이갠 지- 미어 마-ㄹ 비태 이어랜 파쓰!

- 신분증 좀 제게 주시겠습니까?
  Würden Sie mir mal Ihren Ausweis geben?
  뷰르댄   지- 미어 마-ㄹ 이어랜 아우스봐이스 게-밴?

- 당신의 여권이 필요한데요, 그리고 나면 제가 선생님을 위해서 서식을 기입하겠습니다.
  Ich brauche Ihren Pass und dann fülle ich das Formular für Sie aus.
  이히 브라욱해 이어랜 파쓰 운트 단   퓔래 이히 다스 포-물라   퓨어 지- 아우스.

입출금과 송금할 때

- 돈을 언제 다시 인출할 수 있지요?
  Wann kann ich das Geld wieder abheben?
  반   칸   이히 다스 겔트 비-더   압헤-밴?

- 언제든지 돈을 인출할 수 있어요.
  Jederzeit kann man das Geld abheben.
  예-더차이트 칸   만   다스 겔트 압헤-밴.

- 여기서 돈을 송금할 수 있습니까?
  Kann ich hier Geld überweisen?
  칸   이히 히어 겔트 위-버바이잰?

- 저는 정기적으로 돈을 이체하고 싶습니다.
  Ich möchte regelmäßig Geld überweisen.
  이히 뫼히태   레겔매-씨히   겔트 위-버바이잰.

- 이 금액을 드레스드너 은행의 구좌에 송금해주십시오.

 Überweisen Sie mal bitte diesen Betrag auf das Konto bei der Dresdner Bank!
 위-버바이잰 지- 마-ㄹ 비태 디-잰 배트락 아우프 다스 콘토 바이 데어 드레스드너 방크!

- 이 수표를 제 구좌에 이체해주시겠습니까?

 Würden Sie mal diesen Scheck auf meinem Konto gutschreiben?
 뷰르댄 지- 마-ㄹ 디-잰 쉑 아우프 마이넴 콘토 구-ㅌ슈라이밴?

- 500 유로를 예금하고 싶습니다.

 Ich möchte 500 Euro einzahlen.
 이히 뫼히태 퓬프훈테르트 오이로 아인차-ㄹ랜.

- 3000 유로를 정기예금하고 싶습니다.

 Ich möchte 3000 Euro fest anlegen.
 이히 뫼히태 드라이타우젠트 오이로 페스트 안레-갠.

- 금리는 얼마입니까?

 Wie hoch ist der Zinssatz?
 비- 혹흐 이스트 데어 친스자츠?

- 확정이자로 3% 받게 됩니다.

 Sie bekommen drei Prozent Festzins.
 지- 배콤맨 드라이 프로첸트 페스트친잰.

- 경우에 따라 구좌를 해약 가능합니까?

 Kann ich mein Konto eventuell früher kündigen?
 칸 이히 마인 콘토 에벤투엘 프류어 퀸디갠?

- 예, 가능합니다.

 Ja, es ist möglich.
 야-, 앳스 이스트 뫼-클리히.

- 2,000 유로를 제 구좌에 예금하고 싶습니다.

 Ich möchte 2,000 Euro auf mein Konto einzahlen.
 이히 뫼히태 츠바이타우젠트 오이로 아우프 마인 콘토 아인차-ㄹ랜.

- 얼마를 예금하시고 싶습니까?

 Wie viel möchten Sie einzahlen?
 비- 피-ㄹ 뫼히탠 지- 아인차-ㄹ랜?

- 얼마를 예금하시려고 합니까?

 Wie viel wollen Sie einzahlen?
 비- 피-ㄹ 볼랜 지- 아인차-ㄹ랜?

- 400 유로를 인출하고 싶습니다.

 Ich möchte 400 Euro abheben.
 이히 뫼히태 피어훈데르트 오이로 압헤-밴.

- 200 유로를 인출할 수 있나요?

  Kann ich 200 Euro abheben?
  칸   이히 츠바이훈데르트 오이로 압헤-밴?

- 송금수수료는 얼마입니까?

  Wie hoch sind die Überweisungsgebühren?
  비- 혹흐 진트 디 위버바이중스게뷰-랜?

- 제 구좌에 돈이 들어왔습니까?

  Ist Geld für mich eingegangen?
  이스트 겔트 퓨어 미히 아인게강앤?

- 은행 마감 시간이 지났습니다.

  Die Bank ist heute geschlossen.
  디   방크   이스트 호이테 게슐로쌘.

- 현금자동인출기에서 돈을 좀 인출해야합니다.

  Ich muss am Geldautomaten etwas abheben.
  이히 뭇스 암   겔트아우토마-탠   애드밧스 압헤-밴.

신용카드

- 저는 현금카드가 필요합니다.

  Ich brauche eine Scheckkarte.
  이히 브라욱해   아이내 쉑카르태.

- 이 카드가 있으면 전 세계 어디서나 수수료 없이 돈을 인출할 수 있습니다.

  Mit dieser Karte kann man an allen Geldautomaten der Welt kostenfrei
  미트 디-저 카르태 칸 만 안 알랜 겔트아우토마-탠   데어 벨트 코스텐프라이
  Bargeld abheben.
  바-겔트 압헤-밴.

- 연간 회비는 얼마입니까?

  Wie hoch ist die Jahresgebühr?
  비- 혹흐 이스트 디 야-레스게뷰-어?

- 손님은 회비를 낼 필요가 없습니다.

  Sie brauchen keine Gebühr bezahlen.
  지- 브라욱핸   카이내 게뷰-어 배차-ㄹ랜.

- 연회비 없는 신용카드는 저희 은행의 마케팅입니다.

  Die Kreditkarte ist ohne Jahresgebühr, weil sie eine Marketing
  디   크레디트카르태 이스트 오-내 야-레스게뷰-어, 봐일 지 아이내 마케팅
  Maßnahme unserer Bank ist.
  마-쓰나-메   운저러   방크   이스트.

- 저는 비자카드를 가지고 있는데 1,500 유로를 찾고 싶습니다.

  Ich habe eine Visa Kreditkarte und möchte gerne 1.500 Euro abheben.
  이히 하-배 아이내 비자 크레디트카르태 운트 뫼히태 게르내 아인타우젠트 퓬프훈데르트 오이로 압해-밴.

- 가능할까요?

  Ist das möglich?
  이스트 다스 뫼-클리히?

- 어떤 신용카드를 가지고 계시지요? 일반카드입니까, 아니면 골드카드입니까?

  Welche Kreditkarte haben Sie? Die normale oder die Goldkarte?
  밸해 크레디트카르태 하-밴 지-? 디 노-마-레 오-더 디 골트카르태?

- 골드카드를 가지고 있습니다.

  Ich habe die Goldkarte.
  이히 하-배 디 골트카르태.

- 그러시면 저는 당신께 1,500 유로를 인출해 드릴 수가 있습니다.

  Dann kann ich 1.500 Euro für Sie abheben.
  단 칸 이히 아인타우젠트 퓬프훈데르트 오이로 퓨어 지- 압해-밴.

- 먼저 프랑크푸르트주재 아메리칸 익스프레스사에 전화만 걸면 됩니다.

  Ich muss nur vorher bei American Express in Frankfurt anrufen.
  이히 무스 누어 포-어헤어 바이 아메리칸 엑스프레스 인 프랑크푸르트 안루-팬.

- 돈을 100 유로짜리로 드릴까요?

  Möchten Sie es in Hundertern?
  뫼히탠 지- 앳스 인 훈데르터른?

 50유로짜리로 in Fünfzigern(인 퓬프치거른), 20유로짜리로 in Zwanzigern(인 츠반치거른), 10유로짜리로 in Zehnern(인 체-너른)

- 500 유로 지폐 4장, 200 유로 지폐 1장 그리고 나머지는 100 유로짜리로 주십시오.

  Geben Sie mir vier Fünfhunderter, einen Zweihunderter und den Rest
  게-밴 지- 미어 피어 퓬프훈데르터, 아이낸 츠바이훈데르터 운트 덴 레스트
  in Hundertern, bitte!
  인 훈데르터른, 비태!

- 여기 있습니다.

  Bitte schön.
  비태 쇠-ㄴ.

주택임대

주택을 임대할 때는 임대계약서를 꼼꼼하게 읽어봐야 한다. 계약서에서 특히 주의할 사항을 잘 읽고 그대로 이행하도록 한다. 보통 임대 보증금은 임대료 1개월분이다. 여기서는 주택이나 아파트를 구할 때, 집구경할 때 그리고 임대료와 임대기간과 입주, 계약할 때와 이사를 하게 될 때 구사할 수 있는 표현들을 수록하였다.

방을 임대할 때

- 방 때문에 왔습니다.
  Ich komme wegen des Zimmers.
  이히 콤매 베-갠 데스 침머스.

- 방을 구하고 있습니다.
  Ich suche ein Zimmer.
  이히 주-ㄱ해 아인 침머.

- 저는 발코니가 있는 방을 원합니다.
  Ich hätte gerne ein Zimmer mit Balkon.
  이히 해태 게르내 아인 침머   미트 발콩.

- 아직 빈 방이 있기를 바랍니다.
  Ich hoffe, es ist noch frei.
  이히 호패, 앳스 이스트 녹흐 프라이.

- 방이 아직 비어 있나요?
  Ist das Zimmer noch frei?
  이스트 다스 침머   녹흐 프라이?

- 방을 받을 수 있을까요?
  Ist das Zimmer noch zu haben?
  이스트 다스 침머   녹흐 추 하-밴?

- 가구 있는 방 세놓는 것 있습니까?
  Haben Sie möblierte Zimmer zu vermieten?
  하-밴   지- 뫼블리어태   침머   추- 페어미-탠?

- 볕이 잘 듭니까?

  Hat das Zimmer viel Sonne?
  하트 다스 침머 피-ㄹ 존내?

- 햇볕이 충분히 드는 방을 원합니다.

  Ich hätte gerne ein sonniges Zimmer.
  이히 해태 게르내 아인 존니개스 침머.

- 지금까지는 비어 있습니다.

  Ja, bis jetzt noch.
  야-, 비스 예츠트 녹흐.

- 예, 아직 비어 있어요.

  Ja, es ist noch frei.
  야-, 앳스 이스트 녹흐 프라이.

- 아니오, 더 이상 없습니다.

  Nein, leider nicht mehr.
  나인, 라이더 니힡트 메-어.

- 이미 나갔습니다.

  Das ist schon vergeben.
  다스 이스트 쇼-ㄴ 페어게-밴.

- 정말 운이 좋으십니다.

  Da haben Sie aber Glück.
  다 하-밴 지 아-버 글뤽.

- 아니오, 없어요. 운이 없으시네요.

  Nein, da haben Sie leider Pech.
  나인, 다 하-밴 지- 라이더 펳히.

- 방을 한 번 볼 수 있을까요?

  Kann ich das Zimmer mal sehen?
  칸 이히 다스 침머 마-ㄹ 제-앤?

- 방을 한 번 봐도 될까요?

  Darf ich mir das Zimmer mal ansehen?
  다르프 이히 미어 다스 침머 마-ㄹ 안제-앤?

- 저에게 그 방을 좀 보여줄 수 있을까요?

  Können Sie mir wohl das Zimmer mal zeigen?
  쾐낸 지- 미어 보-올 다스 침머 마-ㄹ 차이갠?

- 물론입니다.

  Ja, natürlich.
  야- 나튀얼리히.

- 물론이지요. 어서 들어오십시오.
  Gern, kommen Sie doch herein.
  게른, 콤맨 지- 독흐 해라인.

- 바로 이 왼쪽입니다.
  Gleich hier links.
  글라이히 히어 링크스.

- 정말 밝은 방입니다.
  Das ist aber ein helles Zimmer.
  다스 이스트 아-버 아인 헬래스 침머.

- 정말 방이 크네요.
  Das ist ein großes Zimmer.
  다스 이스트 아인 그로쌔스 침머.

- 와, 정말 방이 크군요.
  Oh, das ist aber groß!
  오-, 다스 이스트 아-버 그로-쓰!

- 그리고 가격도 저렴한 방입니다.
  Und es ist auch ein preiswertes Zimmer.
  운트 앳스 이스트 이욱흐 아인 프라이스베르태스 침머.

- 방은 어느 방향으로 놓여 있나요?
  Nach welcher Richtung hin ist das Zimmer gelegen?
  낙흐 벨혀 리히퉁 힌 이스트 다스 침머 겔레-갠?

- 뒤쪽으로 나 있습니다.
  Nach hinten.
  낙히 힌텐.

- 앞쪽으로 나 있습니다.
  Nach vorne hinaus.
  낙흐 포르네 힌아우스.

- 이 방은 비싸지 않아요.
  Es ist nicht teuer.
  앳스 이스트 니힐트 토이어.

- 이 방은 얼마입니까?
  Was kostet das Zimmer?
  밧스 코스테트 다스 침머?

- 임대료가 얼마죠?
  Wie hoch ist die Miete?
  비- 혹흐 이스트 디 미-태?

- 그리고 부수비용은 얼마입니까?

  Und wie hoch sind die Nebenkosten?
  운트 비- 호흐 진트 디 네-밴코스탠?

- 부수비용은 어떤가요?

  Wie ist es mit den Nebenkosten?
  비- 이스트 앳스 미트 덴 네-밴코스탠?

- 180 유로입니다.

  Hundertachtzig Euro.
  훈데르트아흐치히 오이로.

- 부수비용은 이미 포함되어 있습니다.

  Die sind schon inklusive.
  디 진트 쇼-ㄴ 인클루씨배.

- 임대료 200 유로에 부수비용이 더 추가됩니다.

  Zu den 200 Euro Miete kommen noch Nebenkosten dazu.
  추 덴 츠바이 훈데르트 오이로 미-태 콤맨 녹흐 네-벤코스탠 다추-.

- 물, 전기 그리고 난방비로 35 유로 정도입니다.

  Circa fünfunddreißig Euro für Wasser, Strom und Heizung.
  치르카 퓸프운트드라이씨히 오이로 퓨어 밧써, 슈트롬 운트 하이충.

- 30 유로 정도 합니다.

  Etwa dreißig Euro.
  애트바 드라이씨히 오이로.

- 부엌과 욕실 사용이 가능한가요?

  Ist Küchen- und Badbenutzung möglich?
  이스트 퀴헨- 운트 바-트베누충 뫼-클리히?

- 물론이죠.

  Ja, selbstverständlich.
  야-, 젭스트페어슈탠틀리히.

- 유감입니다만 그건 안 됩니다.

  Das geht leider nicht.
  다스 게-트 라이더 니힐트.

- 방이 마음에 듭니다.

  Das Zimmer gefällt mir gut.
  다스 침머 게팰트 미어 구-트.

- 방이 마음에 안 들어요.

  Das Zimmer gefällt mir nicht.
  다스 침머 게팰트 미어 니힐트.

- 방이 너무 비싸요.

  Das Zimmer ist zu teuer.
  다스 침머 이스트 추 토이어.

- 저에게는 너무 비싼 것 같아요.

  Das kommt mir zu teuer vor.
  다스 콤트 미어 추 토이어 포-어.

- 방이 너무 어두워요.

  Das Zimmer ist zu dunkel.
  다스 침머 이스트 추- 둥켈.

- 다른 방은 없어요?

  Haben Sie kein anderes?
  하-밴 지- 카인 안더레스?

- 더 싼 방이 있나요?

  Haben Sie noch ein billigeres?
  하-밴 지- 녹흐 아인 빌리거래스?

- 더 밝은 방 있습니까?

  Haben Sie noch ein helleres?
  하-밴 지- 녹흐 아인 헬러래스?

- 임대계약을 할까요?

  Können wir einen Mietvertrag machen?
  쾐낸 뷔어 아이낸 미-트페어트락 막핸?

- 계약을 하는 게 어떻겠어요?

  Wie ist es mit einem Mietvertrag?
  비- 이스트 앳스 미트 아이냄 미-트페어트락?

- 나중에 하지요.

  Den können wir später machen.
  덴 쾐낸 뷔어 슈패-터 막핸.

아파트나 주택을 구할 때

- 우리는 단독 주택을 구하고 있습니다.

  Wir suchen ein Einzelhaus.
  뷔어 주-ㄱ핸 아인 아인첼하우스.

- 아파트를 빌리고 싶습니다.

  Ich möchte eine Wohnung mieten.
  이히 뫼히태 아이내 보-눙 미-탠.

- 아파트를 빌리려고 하는데요.

  Ich hätte gern eine Wohnung gemietet.
  이히 해태   게른   아이내 보-눙   게미-태트.

- 우리는 집을 구해야 합니다.

  Wir müssen eine Wohnung suchen.
  뷔어 뮤쌘   아이내 보-눙   주-ㄱ핸.

- 집구하는 것을 좀 도와주실 수 있습니까?

  Können Sie mir bei der Wohnungssuche helfen?
  쾐낸   지 미어 바이 데어 보-눙스주-ㄱ해   헬팬?

- 가구가 딸린 아파트를 얻으려고 합니다.

  Ich möchte eine möblierte Wohnung bekommen.
  이히 뫼히태   아이내 뫼블리어태   보-눙   배콤맨?

- 저는 아파트에 관심이 있습니다.

  Ich interessiere mich für die Wohnung.
  이히 인터레씨-래   미히 퓨어 디 보-눙.

- 어떤 아파트를 원하십니까?

  Was für eine Wohnung möchten Sie?
  밧스 퓨어 아이내 보-눙   뫼히탠   지-?

- 침실이 두 개인 아파트를 찾고 있습니다.

  Ich suche eine Zweizimmerwohnung.
  이히 주-ㄱ해 아이내 츠바이침머보-눙.

- 방이 둘인 아파트가 필요합니다.

  Ich brauche eine Zweizimmerwohnung.
  이히 브라욱해   아이내 츠바이침머보-눙.

- 우리는 방 세 개짜리 아파트가 필요합니다.

  Wir benötigen eine Dreizimmerwohnung.
  뷔어 배뇨-티갠   아이내 드라이침머보-눙.

- 우리는 방이 세 개에서 네 개가 필요합니다.

  Wir brauchen drei bis vier Zimmer.
  뷔어 브라욱핸   드라이 비스 피어 침머.

- 아이가 하나이니 방이 둘인 아파트가 필요합니다.

  Wir brauchen eine Zweizimmerwohnung, weil wir ein Kind haben.
  뷔어 브라욱핸   아이내 츠바이침머노-눙,   봐일 뷔어 아인 클라인 킨트 하-밴.

- 아이가 하나이니 방이 둘인 아파트가 필요합니다.

  Wir möchten eine Wohnung mit zwei Zimmern, weil wir ein Kind haben.
  뷔어 뫼히탠   아이내 보-눙   미트 츠바이 침머른,   바일 뷔어 아인 킨트 하-밴.

X. 독일에서의 생활을 위한 표현 **821**

- 현재 살고 있는 아파트는 네 식구가 살기에는 너무 작습니다.

  Die jetzige Wohnung ist für vier Personen zu klein.
  디- 예치개   보-눙   이스트 퓨어 피어 페르조-낸 추- 클라인.

- 그리고 어떤 지역을 원하십니까?

  Und welche Gegend?
  운트 밸해   게-겐트?

- 어떤 지역에 살고 싶으세요?

  In welchem Bezirk möchten Sie wohnen?
  인 밸햄   배치르크 뫼히탠   지- 보-낸?

- 단독주택을 원하십니까, 아니면 아파트를 원하십니까?

  Möchten Sie lieber ein Haus oder eine Wohnung?
  뫼히탠   지- 리-버 아인 하우스 오-더 아이내 보-눙?

- 우리는 정원이 필요하니까, 단독 주택이 더 좋습니다.

  Ein Haus ist schon besser, denn wir brauchen einen Garten.
  아인 하우스 이스트 쇼-ㄴ 배써, 덴   뷔어 브라욱핸   아이낸 가르탠.

- 애들이 셋이나 되거든요.

  Wir haben nämlich drei Kinder.
  뷔어 하-밴 냄릿히   드라이 킨더.

구체적인 내용을 물을 때

- 그 아파트는 몇 평방미터입니까?

  Wie viel Quadratmeter hat die Wohnung?
  비- 피-ㄹ 크바드라트메터   하트 디 보-눙?

- 그 아파트는 욕실이나 샤워시설이 있습니까?

  Hat die Wohnung ein Bad oder eine Dusche?
  하트 디 보-눙   아인 바-트 오-더 아이내 두쉐?

- 그 아파트는 발코니가 있습니까?

  Hat die Wohnung einen Balkon?
  하트 디 보-눙   아이낸 발콩?

- 그 아파트는 어떤 종류의 난방시설을 갖추고 있나요?

  Was für eine Heizung hat die Wohnung?
  밧스 퓨어 아이낸 하이충   하트 디 보-눙?

- 중앙집중식 난방입니다.

  Sie hat eine Zentralheizung.
  지- 하트 아이내 첸트랄하이충.

- 그 아파트는 중앙집중식 난방입니까?

  Hat die Wohnung Zentralheizung?
  하트 디 보-눙   첸트랄하이충?

- 아파트는 개조되었나요?

  Ist die Wohnung renoviert?
  이스트 디 보-눙   레노비어트?

- 그 아파트는 몇 층에 있습니까?

  In welchem Stockwerk ist die Wohnung?
  인 뷀햄   슈톡베르크   이스트 디 보-눙?

- 그 아파트는 어느 지역에 있습니까?

  In welcher Gegend ist die Wohnung?
  인 뷀혀   게-겐트   이스트 디 보-눙?

- 가능하면 시내를 원해요.

  Möglichst Innenstadt.
  뫼-클리히스트 인넨슈타트.

- 대학교 근처를 원합니다.

  In der Nähe der Universität.
  인 데어 내-애 데어 우니버지태-트.

- 아파트는 대학교 근처에 있는 것이라야 합니다.

  Die Wohnung soll in der Nähe der Universität sein.
  디 보-눙 졸 인 테어 내-애 데어 우니버지태-트 자인.

- 중개료는 얼마나 지불해야합니까?

  Wie viel soll ich Vermittlungsgebühr bezahlen?
  비- 피-ㄹ 졸 이히 페어미틀룽스게뷰-어   배차-ㄹ랜?

- 대부분 3개월 치 임대료에 해당하는 금액을 받습니다.

  Meistens drei Monatsmieten.
  마이스텐스 드라이 모-나츠미-탠.

- 신문을 찾아보면 중개료를 지불할 필요가 없습니다.

  In der Zeitung braucht man keine Vermittlungsgebühr zu bezahlen.
  인 데어 차이퉁   브라욱흐트 만   카이내 페어미틀룽스게뷰-어   추- 배차-ㄹ랜.

- 전화를 많이 걸어보셔야만 합니다.

  Aber Sie müssen viel telefonieren.
  아-버 지- 뮤쌘   피-ㄹ 텔레포니-랜.

- 주택과에 가시면 아파트들이 그렇게 비싸지 않습니다.

  Beim Wohnungsamt sind die Wohnungen nicht so teuer.
  바임   보-눙스암트   진트 디 보-눙앤   니힡트 조- 토이어.

- 물론 중개료를 지불할 필요가 없습니다.
  Natürlich braucht man keine Vermittlungsgebühr zu bezahlen.
  나튀얼리히 브라욱흐트 만 카이내 페어미틀룽스게뷰-어   추- 배차-ㄹ랜.

- 거기서는 여러 가지 서류를 작성하여야만 합니다.
  Da müssen Sie viele Formulare ausfüllen!
  다 뮤쌘 지- 피-ㄹ래 포-물라-래 아우프퓰랜!

- 수입이 많으면, 임대아파트를 얻지 못합니다.
  Wenn man viel verdient, bekommt man keine Wohnung.
  벤 만 피-ㄹ 페어디-ㄴ트 배콤트 만 카이내 보-눙.

- 그리고 아주 오랫동안 임대아파트를 기다려야만 합니다.
  Und man muss sehr lang auf die Wohnung warten.
  운트 만 뭇스 제어 랑 아우프 디 보-눙   바르탠.

- 저 사람들이 여기서 왜 이사 나가려고 하는지 아십니까?
  Ist Ihnen bekannt, warum die Leute hier ausziehen wollen?
  이스트 이-낸 베칸트,   봐룸 디 로이태 히-어 아우스치-앤 볼랜?

- 그 아파트는 임대료가 얼마입니까?
  Wie hoch ist denn die Miete?
  비- 호흐 이스트 덴 디 미-태?

- 여기 한 개 더 있는데, 650 유로입니다.
  Hier ist noch eine, die kostet 650 Euro.
  히어 이스트 녹흐 아이내, 디 코스테트 젝스훈테르트퓸프치히 오이로.

- 우리는 그만한 돈을 지불할 능력이 없습니다.
  Das können wir nicht bezahlen.
  다스 쾬낸   뷔어 니힡트 배차-ㄹ랜.

- 여기에 방 네 칸짜리 아파트가 있습니다.
  Hier gibt es noch eine Vierzimmerwohnung.
  히어 깁트 앳스 녹흐 아이내 피어침머보-눙.

- 그 아파트는 시내에서 멀리 떨어진 곳에 있습니다.
  Sie liegt zu weit außerhalb.
  지 리-ㄱ트 추 봐이트 아우쎠할프.

- 그렇지만 그것은 너무 큽니다.
  Das ist aber viel zu groß.
  다스 이스트 아-버 피-ㄹ 추- 그로-쓰.

임대료에 대해서

- 이 지역의 임대료는 얼마나 됩니까?

  Wie hoch ist die Miete in dieser Gegend?
  비- 호흐 이스트 디 미-태 안 디-저 게-갠트?

- 집세는 얼마입니까?

  Wie hoch ist die Miete?
  비- 호흐 이스트 디 미-태?

- 사용료 등은 집세에 포함되어있습니까?

  Sind die Nebenkosten in der Miete inklusive?
  진트 디 네-밴코스탠 인 데어 미-태 인클루씨-배?

- 부수비용은 어떤가요?

  Wie ist es mit den Nebenkosten?
  비- 이스트 앳스 미트 덴 네-밴코스탠?

- 부수비용은 얼마나 됩니까?

  Wie hoch sind die Nebenkosten?
  비- 호흐 진트 디 네-밴코스탠?

- 한 달에 500유로이고 전기료는 별도입니다.

  500 Euro pro Monat und die Stromkosten sind extra.
  퓬프훈데르트 오이로 프로 모-나트 운트 디 슈트롬코스탠 진트 엑스트라.

- 부수비용은 이미 포함되어 있습니다.

  Die sind schon inklusive.
  디 진트 쇼-ㄴ 인클루씨배.

- 물, 전기 그리고 난방비로 약 60 유로 정도합니다.

  Etwa sechzig Euro für Wasser, Strom und Heizung.
  애트봐 잭히치히 오이로 퓨어 봐서, 슈트롬 운트 하이충.

- 난방비는 얼마나 됩니까?

  Wie hoch sind die Heizkosten?
  비- 호흐 진트 디 하이츠코스탠?

- 임대료는 얼마 정도 내시려고 합니까?

  Wie viel wollen Sie bezahlen?
  비- 피-르 볼랜 지- 배차-르랜?

- 대략 600유로 정도요.

  So um die 600 Euro.
  조- 움 디 젝스훈데르트 오이로.

- 최소 600 유로를 낼 수 없다면, 손님께 소개할 아파트는 없습니다.

  Wenn Sie nicht mindestens sechshundert Euro zahlen können, habe ich
  벤   지- 니힡트 민데스텐스   젝스훈데르트   오이로 차-ㄹ랜 쾐낸,   하-배 이히

  für Sie keine Wohnung.
  푸어 지- 카이내 보-눙.

- 좀 더 싼 것은 없습니까?

  Haben Sie keine billigere?
  하-밴 지- 카이내 빌리거래?

- 좀 더 싼 것은 없습니까?

  Haben Sie nicht eine billigere?
  하-밴 지- 니힡트 아이내 빌리거래?

- 여기에 좀 있는데요. 이 아파트는 그렇지만 부엌이 작습니다.

  Ich habe hier etwas. Die Wohnung hat aber eine kleine Küche.
  이히 하-배 히어 애트밧스. 디 보-눙   하트 아-버 아이내 클라이내 퀏해.

- 괜찮습니다.

  Das macht nichts.
  다스 막흐트 니힡츠.

- 그 집은 얼마죠?

  Was kostet die Wohnung?
  밧스 코스태트 디 보-눙?

- 500유로와 관리비가 붙습니다.

  Fünfhundert Euro und Umlagen.
  퓬프훈데르트   오이로 운트 움라-갠.

- 전기요금은 별도로 지불해야 합니다.

  Die Stromrechnung müssen Sie extra bezahlen.
  디 슈트롬레히눙   뮤쌘   지- 엑스트라 배차-ㄹ랜.

- 보증금은 얼마입니까?

  Wie hoch ist die Kaution?
  비- 혹흐 이스트 디 카우치온?

- 보증금을 얼마 지불해야합니까?

  Wie viel muss man Kaution zahlen?
  비- 피-ㄹ 뭇스   만   카우치온 차-ㄹ랜?

- 보증금도 비싸지 않습니다.

  Die Kaution ist nicht hoch.
  디 카우치온 이스트 니힡트 혹흐.

- 보통 1개월 치 임대료입니다.

  Normalerweise eine Monatsmiete.
  노-마-러바이재 아이네 모-나츠미-태.

- 보증금은 3개월분 집세입니다.

  Sie beträgt drei Monatsmieten.
  지- 배트랙트 드라이 모-나츠미-탠.

- 보증금은 나중에 되돌려 받을 수 있나요?

  Ist die Kaution später rückzahlbar?
  이스트 디 카우치온 슈패-터 추뢱차-ㄹ바-?

- 집이 별 하자가 없으면 이사 나갈 때 보증금을 돌려받으십니다.

  Wenn die Wohnung in Ordnung ist, bekommen Sie die Kaution beim
  벤   디 보-눙   인 오르드눙 이스트, 배콤맨   지- 디 카우치온 바임
  Auszug wieder zurück.
  아우스축 비-더 추뤽.

- 보증금은 돌려받을 수 있습니까?

  Kann man die Kaution zurückbekommen?
  칸   만 디 카우치온 추뤽배콤맨?

- 임차인이 이사를 가면, 집주인은 원칙적으로 보증금을 돌려주어야 합니다.

  Der Vermieter muss in der Regel die Kaution zurückzahlen, wenn der
  데어 페어미-터 뭇스 인 데어 레-겔 디 카우치온 추뢱차-ㄹ랜,   벤   데어
  Mieter auszieht.
  미-터 아우스치-트.

- 관리비는 얼마나 듭니까?

  Wie hoch ist die Umlage?
  비- 혹흐 이스트 디 움라-개

- 관리비는 집세에 포함되어 있습니까?

  Sind die Umlagen in der Miete inklusive?
  진트 디 움라-갠   인 데어 미-태 인클루씨배?

- 예, 그것은 이미 포함되어 있습니다.

  Ja, sie sind schon inklusive.
  야-, 지 진트 쇼-ㄴ 인클루씨배.

- 집세는 어떻게 지불합니까?

  Wie bezahlt man die Miete?
  비- 배차-르트 만 디 미-태?

X. 독일에서의 생활을 위한 표현 827

편의 시설과 주변 환경에 대해

- 시설은 어떤가요?

  Wie sind die Einrichtungen?
  비- 진트 디 아인리히퉁앤?

- 저는 교통편이 좋은 조용한 주거지를 원해요.

  Ich hätte gern eine ruhige Wohnlage mit guter Verkehrsanbindung.
  이히 해태 게른 아이내 루이개 보-ㄴ라-개 미트 구-터 페어케어스안빈둥.

- 주변이 조용합니까?

  Ist die Gegend ruhig?
  이스트 디 게-갠트 루이히?

- 집 주변은 조용합니까?

  Liegt die Wohnung ruhig?
  리-ㄱ트 디 보-눙 루-이히?

- 아파트는 조용합니까?

  Ist die Wohnung ruhig?
  이시트 디 보-눙 루-이히?

- 그게 어디 있나요?

  Wo liegt sie denn?
  보- 리-ㄱ트 지 덴?

- 역 근처에 있습니다.

  In der Nähe vom Bahnhof.
  인 데어 내-애 폼 바-ㄴ호프.

- 그것은 백화점 바로 옆에 있습니다.

  Sie liegt beim Kaufhaus.
  지 리-ㄱ트 바임 카우프하우스.

- 거기 시끄럽지 않습니까?

  Ist da nicht viel Lärm?
  이스트 다 니힡트 피-ㄹ 래름?

- 교통은 어떤가요?

  Wie ist die Verkehrsanbindung?
  비- 이스트 디 페어케어스안빈둥?

- 이 마을은 교통접근성이 좋습니다.

  Dieses Dorf ist leicht zugänglich.
  디제스 도르프 이스트 라이히트 추-갱글리히.

- 시내 가는 교통편은 어떻습니까?

  Wie ist die Verkehrsverbindung in die Stadt?
  비- 이스트 디 페어케어스페어빈둥   인 디 슈탙트?

- 근처에 전철역이 있습니까?

  Gibt es eine U-Bahnstation in der Nähe der Wohnung?
  깁트 앳스 아이내 우-바-ㄴ슈타치온 인 데어 내-애 데어 보-눙?

- 여기 어떤 노선이 다니는지도 아세요?

  Wissen Sie auch, welche Linie hier fährt?
  비쌘   지- 아우흐, 밸해   리니-에 히어 패-르트?

- 수위는 몇 시에서 몇 시까지 근무합니까?

  Von wann bis wann arbeitet der Portier?
  폰   반   빗스 반   아르바이테트 데어 포-티어?

- 이 지역은 안전합니까?

  Ist diese Gegend sicher?
  이스트 디 게-겐트 짛혀?

- 근처에 쇼핑센터가 있습니까?

  Gibt es ein Einkaufszentrum in der Nähe?
  깁트 앳스 아인 카우프스첸트룸   인 데어 내-애?

- 유치원은 어디에 있습니까?

  Wo ist der Kindergarten?
  보- 이스트 데어 킨더가르탠?

- 쇼핑센터와 학교는 여기서 얼마나 떨어져 있나요?

  Wie weit sind das Einkaufszentrum und die Schule von hier entfernt?
  비- 봐이트 진트 다스 아인카우프스첸트룸   운트 디 슐-래   폰   히어 앤트페른트?

- 모두 근처에 있습니다.

  Sie liegen in der Nähe.
  지- 리-갠   인 데어 내-애.

- 주차장은 쓸 수 있습니까?

  Kann ich den Parkplatz benutzen?
  칸   이히 덴   파-크플랏츠   배누챈?

- 거주자용 주차장이 있습니까?

  Gibt es einen Parkplatz für die Bewohner?
  깁트 앳스 아이낸 파-크플랏츠 퓨어 디 배보-너?

임대기간과 입주

- 언제 이사할 예정입니까?

  Wann wollen Sie einziehen?
  반   볼랜   지- 아인치-앤?

- 제가 언제 입주할 수 있습니까?

  Wann kann ich einziehen?
  반   칸   이히 아인치-앤?

- 언제 입주할 수 있습니까?

  Wann können wir in die Wohnung einziehen?
  반   쾐낸   뷔어 인 디 보-눙   아인치-앤?

- 언제부터 아파트가 빕니까?

  Ab wann ist die Wohnung frei?
  압 반   이스트 디 보-눙   프라이?

- 이 집은 당장 입주할 수 있습니다.

  Ist die Wohnung sofort beziehbar?
  이스트 디 보-눙   조포르트 배치-바?

- 언제라도 입주할 수 있습니다.

  Sie können zu jeder Zeit einziehen.
  지- 쾐낸   추- 예-더 차이트 아인치-앤.

- 현재 입주자는 아마 9월 30일에 이사갈 것입니다.

  Der jetzige Mieter wird wahrscheinlich am dreißigsten September
  데어 예치개   미-터   뷔르트 봐-샤인리히   암 드라이씨히스탠 젭템버
  ausziehen.
  아우스치-엔.

- 빠르면 빠를수록 좋습니다.

  Je schneller, desto besser.
  예 슈넬러,   데스토 배써.

- 이르면 이를수록 좋습니다.

  Je früher, desto besser.
  예 프뤼어,   데스토 배써.

- 저는 빨라야 5월초에 입주할 겁니다.

  Ich werde frühestens Anfang Februar einziehen.
  이히 베어대   프뤼앳스텐스   안팡   페-부아-   아인치-앤.

- 6월 3일이에요.

  Am dritten Juni.
  암   드리탠   유-니.

- 7월 1일부터요.

  Ab ersten Juni.
  압 애어스탠 유-니.

- 저로서는 좋습니다.

  Das passt mir gut.
  다스 파쓰트 미어 구-트.

집을 구경할 때

- 언제 집을 구경할 수 있을까요?

  Wann kann ich die Wohnung besichtigen?
  반 칸 이히 디 보-눙 배지히티갠?

- 언제 집을 둘러보러 오시겠습니까?

  Wann können Sie unsere Wohnung abnehmen?
  반 쾐낸 지- 운저래 보-눙 압네-맨?

- 아파트 좀 보여주시겠어요?

  Können Sie mir die Wohnung mal zeigen?
  쾐낸 지- 미어 디 보-눙 마-ㄹ 차이갠?

- 지금 그 아파트를 볼 수 있습니까?

  Kann ich die Wohnung jetzt sehen?
  칸 이히 디 보-눙 예츠트 제-앤?

- 그 아파트 좀 볼 수 있을까요?

  Kann ich mal die Wohnung sehen?
  칸 이히 마-ㄹ 디 보-눙 제-앤?

- 그 아파트를 구경할 수 있습니까?

  Kann ich die Wohnung besichtigen?
  칸 이히 디 보-눙 배지히티갠?

- 전망이 참 좋군요.

  Die Wohnung hat eine gute Aussicht.
  디 보-눙 하트 아이내 구-태 아우스지히트.

- 거실이 좀 어둡군요.

  Das Wohnzimmer ist ein bisschen dunkel.
  다스 본-침머 이스트 아인 비쓰핸 둥켈.

- 이 방은 너무 작아요.

  Dieses Zimmer ist zu klein.
  디제스 침머 이스트 추- 클라인.

X. 독일에서의 생활을 위한 표현 **831**

- 커튼을 바꾸어 줄 수 있나요?
  Können Sie die Gardinen wechseln?
  쾬낸 지 디 가르디-낸 벡셀른?

- 빌릴 수 있는 아파트는 이것뿐인가요?
  Ist das die einzige Wohnung, die ich mieten kann?
  이스트 다스 디 아인치개 보-눙, 디 이히 미-탠 칸?

- 먼저 살던 사람이 이사 갈 때 집수리를 했나요?
  Hat der Vorgänger die Wohnung beim Auszug renoviert?
  하트 데어 포-어갱어 디 보-눙 바임 아우스축 레노비어트?

- 아니오, 처음 이사 왔을 때 이 집을 새로 수리했었습니다.
  Nein, als er eingezogen ist, war die Wohnung renoviert.
  나인, 알스 애어 아인게초-갠 이스트, 봐 디 보-눙 레노비어트.

- 이사 나갈 때 다시 수리하셔야 합니다.
  Die Wohnung muss beim Auszug wieder renoviert werden!
  디 보-눙 뭇스 바임 아우스축 비-더 레노비어트 베르댄!

- 이 아파트는 방이 몇 개지요?
  Wie viele Zimmer hat diese Wohnung?
  비- 피-ㄹ래 침머 하트 디-재 보-눙?

계약할 때

- 집이 마음에 들어요.
  Die Wohnung gefällt mir gut.
  디 보-눙 게팰트 미어 구-트.

- 이 집을 택하겠습니다.
  Die nehme ich.
  디 네-매 이히.

- 이 집으로 정하겠습니다.
  Ich möchte sie nehmen.
  이히 뫼히태 지- 네-맨.

- 이 아파트를 임대하겠습니다.
  Ich möchte diese Wohnung mieten.
  이히 뫼히태 디-재 보-눙 미-탠.

- 이 집을 택하겠습니다.
  Ich will die Wohnung nehmen.
  이히 빌 디 보-눙 네-맨.

- 이 아파트로 하겠습니다.

  Ich nehme diese Wohnung.
  이히 네-매   디-재 보-눙.

- 그러면 이 임대계약서 양식을 작성해주십시오.

  Dann füllen Sie bitte das Formular für den Einheitsmietvertrag aus!
  단   퓰랜   지- 비태   다스 포-물라-   퓨어 덴   아인하이츠미-트페어트락   아우스!

- 지금 임대계약을 체결합시다.

  Schließen wir den Mietvertrag gleich ab!
  슐리-쌘   뷔어 덴   미-트에어트락   글라이히 압!

- 임대계약서를 주십시오.

  Geben Sie mir bitte den Mietvertrag!
  게-밴   지- 미어 비태   덴   미-트페어트락!

- 임대계약을 하는 게 어떻겠습니까?

  Wie ist es mit einem Mietvertrag?
  비-   이스 앳스 미트 아이냄 미-트페어드락?

- 임대계약을 할 수 있을까요?

  Können wir einen Mietvertrag machen?
  쾐낸   뷔어 아이낸   미-트페어트락   막핸?

- 임대계약서를 보여주시겠습니까?

  Würden Sie mir den Mietvertrag zeigen?
  뷰르댄   지- 미어 덴   미-트페어트락   차이갠?

- 임대계약은 누구하고 합니까?

  Mit wem mache ich dann den Mietvertrag?
  미트 벰   막해   이히 단   덴   미-트페어트락?

- 임대계약은 누구하고 해야 합니까?

  Mit wem muss ich den Mietvertrag abschließen?
  미트 벰   뭇스   이히 덴   미-트페어트락   압슈리-쌘?

- 저하고 합니다.

  Mit mir.
  미트 미어.

- 집주인하고 하셔야 합니다.

  Den müssen Sie mit dem Hausbesitzer abschließen.
  덴   뮤쌘   지- 미트 뎀   하우스배짙처   압슈리-쌘.

- 임대계약서를 작성해 줄 수 있습니까?

  Können Sie den Mietvertrag anfertigen?
  쾐낸   지- 덴   미-트페어트락   안페르티-갠?

- 이 임대계약에는 특별한 조건이 있습니까?

  Gibt es eine besondere Bedingung in diesem Mietvertrag?
  깁트 앳스 아이내 배존더래 배딩궁 인 디-잼 미-트페어트락?

- 임대 여부를 내일 전화로 알려드리겠습니다.

  Morgen sage ich Ihnen telefonisch Bescheid, ob ich die Wohnung
  모르갠 자-개 이히 이-낸 텔레포-니쉬 배샤이트, 옵 이히 디 노-눙

  mieten will.
  미-탠 빌.

- 제가 한 번 생각해보고 내일 전화 드리겠습니다.

  Ich werde es mal überlegen und rufe Sie morgen an.
  이히 베어대 앳스 마-ㄹ 위버레-갠 운트 루-패 지- 모르갠 안.

- 제가 한 번 생각해보고 내일 알려드리겠습니다.

  Ich werde es mal überlegen und sage Ihnen morgen Bescheid.
  이히 베어대 앳스 마-ㄹ 위버레-갠 운트 자-개 이-낸 모르갠 배샤이트.

이사할 때

- 이사 가세요?

  Ziehen Sie aus?
  치-앤 지- 아우스?

- 오늘 이사 오신다고요?

  Ziehen Sie heute ein?
  치-앤 지- 호이태 아인?

- 이사 갈 준비는 다 됐어요?

  Sind Sie schon bereit, auszuziehen?
  진트 지- 쇼-ㄴ 배라이트, 아우스추-치-앤?

- 언제 이사 들어올 수 있나요?

  Wann kann ich einziehen?
  반 칸 이히 아인치-앤?

- 아파트에 언제 입주하고 싶으세요?

  Wann möchten Sie in die Wohnung einziehen?
  반 뫼히탠 지- 인 디 보-눙 아인치-앤?

- 저는 빨라야 9월 초에 입주할 수 있어요.

  Ich kann frühestens Anfang September einziehen.
  이히 칸 프뤼앳스텐스 안팡 젭템버 아인치-앤.

- 언제 입주할 수 있습니까?

  Wann können wir in die Wohnung einziehen?
  반 쾐낸   뷔어 인 디 보-눙   아인치-앤?

- 우리는 언제라도 준비가 되어 있습니다.

  Wir sind jeder Zeit bereit.
  뷔어 진트 예-더 차이트 배라이트.

- 그러면 내일 오후에 제 물건을 가지고 오겠습니다.

  Dann bringe ich morgen Nachmittag meine Sachen herauf.
  단 브링애 이히 모르갠   낙호미타-ㅋ   마이내 작핸   해라우프.

- 현재의 입주자는 8월 15일에 이사 갈 겁니다.

  Der jetzige Mieter wird am fünfzehnten August ausziehen.
  데어 예치개   미-터 뷔어트 암 퓸프첸탠   아우구스트 아우스치-앤.

- 언제부터 그 방이 비나요?

  Ab wann ist das Zimmer frei?
  압 반   이스트 다스 침머   프라이?

- 언제부터 그 집이 비나요?

  Ab wann ist die Wohnung leer?
  압 반   이스트 디 보-눙   레-어?

- 1일 날 이사 올 수 있을까요?

  Kann ich schon zum Ersten einziehen?
  칸   이히 쇼-ㄴ 춤   애어스탠 아인치-앤?

> **Tipp** 시점을 나타낼 때 전치사 an 대신에, zu를 쓰기도 한다; Das Gesetz tritt zum (am) 1. Januar in Kraft.(다스 게재츠 트리트 춤(암) 애어스탠 야누아르 인 크라프트.) 그 법은 1월1일에 발효된다.

- 이 아파트에 즉시 이사올 수 있나요?

  Ist die Wohnung sofort beziehbar?
  이스트 디 보-눙   조포르트 배치-바?

- 10월 1일일부터요.

  Ab ersten Oktober.
  압 애어스탠 옥토-버.

- 15일에요.

  Am fünfzehnten.
  암   퓸프체-ㄴ탠.

- 아니오, 유감입니다만, 10일에야 이사 올 수 있습니다.

  Nein, leider erst zum zehten.
  나인,   라이더 애어스트 춤 체-ㄴ탠.

 우체국

우체국에서 구사할 수 있는 표현들로서 "Ich möchte diesen Brief nach Korea schicken."(이 편지를 한국으로 부치고 싶습니다.) "Was kostet das?"(얼마죠?) "Was kostet ein Einschreibebrief?"(등기우편 한 통에 얼마죠?) "Wie hoch ist das Porto?"(우표값이 얼마입니까?) "Per Luft Post, bitte!"(항공편으로 부탁합니다.) "Per Eilboten, bitte!"(속달로 부탁합니다.) "Wo ist die Paketannahme?"(소포 부치는 데는 어디죠?)라고 표현한다.

우체국을 찾을 때

- 우체국이 어디 있지요?

  Wo ist die Post?
  보- 이스트 디 포스트?

- 우체국을 찾고 있어요.

  Ich suche eine Post.
  이히 주-ㅎ해 아이내 포스트.

- 우체국으로 가는 길을 알려주시겠어요?

  Können Sie mir zeigen, wie ich zur Post komme?
  쾬낸 지- 미어 차이갠, 비- 이히 추어 포스트 콤매?

- 가장 가까운 우체국은 어디 있지요?

  Wo ist die nächste Post?
  보- 이스트 디 낵스태 포스트?

- 우체국은 다음 교차로 왼쪽에 있습니다.

  Die Post befindet sich in der nächsten Querstraße links.
  디 포스트 배핀대트 지히 인 데어 낵스탠 크베어슈트라-쌔 링크스.

- 우체통이 어디 있습니까?

  Wo liegt der Briefkasten?
  보- 리-ㄱ트 데어 브리-프카스탠?

- 여기 우체통은 어디 있지요?

  Wo ist hier ein Briefkasten?
  보- 이스트 히어 아인 브리-프카스탠?

- 저 맞은편에 있습니다.

  Da gegenüber.
  다 게-갠위-버.

- 우체국은 몇 시에 닫습니까?

  Um wie viel Uhr schließt das Postamt?
  움   비- 피-어 우-어 슐리-쓰트 다스 포스트암트?

편지를 부칠 때

- 이 편지를 뉘른베르크로 보내려고 합니다. 얼마죠?

  Ich möchte diesen Brief nach Nürnberg senden. Was kostet das?
  이히 뫼히태 디-잰 브리-프 낙흐 뉘른베르크 젠댄.   밧스 코스태트 다스?

- 보통 편지 한 통에 얼마입니까?

  Was kostet ein Standardbrief?
  밧스 코스태트 아인 슈탄다르트브리-프?

- 55센트입니다.

  Fünfundfünfzig Cent.
  퓬프운트퓬프치히   센트.

- 이 편지에 1유로짜리 우표를 붙어야하나요?

  Muss ich diesen Brief mit einem Euro frankieren?
  뭇스 이히 디-잰 브리-프 미트 아이냄 오이로 프랑키-랜?

- 아니오, 그러실 필요 없어요. 55센트면 됩니다.

  Nein, das brauchen Sie nicht. Fünfundfünfzig Cent genügen.
  나인, 다스 브라욱핸 지- 니힐트. 퓬프운트퓬프치히   센트 게뉘-갠.

- 그리고 베를린으로 등기우편 한 통 보내는데 얼마죠?

  Und was kostet ein Einschreibebrief nach Berlin?
  운트 밧스 코스태트 아인 아인슈라이베브리-프   낙흐 베를리인?

- 2유로 5센트입니다.

  Zwei Euro fünf.
  츠바이 오이로 퓬프.

- 한국까지 보통우편으로는 얼마입니까?

  Was kostet ein Standardbrief nach Korea?
  밧스 코스태트 아인 슈탄다르트브리-프   낙흐 코레-아?

- 1유로 70센트입니다.

  Einen Euro siebzig.
  아이낸 오이로 지-ㅂ치히.

- 한국까지 엽서 한 장 보내는 데는 얼마입니까?

  Wie viel kostet eine Postkarte nach Korea?
  비- 피-ㄹ 코스태트 아이내 포스트카르태 낙흐 코레-아?

- 1유로입니다.

  Einen Euro, bitte.
  아이낸 오이로, 비태.

- 한국으로 등기우편 한 통 보내는데 얼마죠?

  Was kostet ein Einschreibebrief nach Korea?
  밧스 코스태트 아인 아인슈라이베브리-프 낙흐 코레-아?

- 3유로 75센트입니다.

  Drei Euro fünfundsiebzig.
  드라이 오이로 퓬프운트지-ㅂ치히.

- 이 편지를 항공우편으로 보내고 싶습니다.

  Ich möchte diesen Brief gerne mit Luftpost senden.
  이히 뫼히태 디-잰 브리-프 게르내 미트 루프트포스트 젠댄.

> **Tipp** mit Luftpost(미트 루프트포스트) 또는 per Luftpost(페어 루프트포스트)라고 한다. senden(젠댄) 대신에 verschicken(페어쉬캔)을 쓰기도 한다.

- 이것은 항공우편으로 보낼 겁니다.

  Das soll mit Luftpost gehen.
  다스 졸 미트 루프트포스트 게-앤.

- 이 편지를 속달로 보내고 싶습니다.

  Ich möchte diesen Brief per Eilboten senden.
  이히 뫼히태 디-잰 브리-프 페어 아일보-탠 젠댄.

- 이 편지를 등기로 보내고 싶은데요.

  Ich möchte diesen Brief per Einschreiben senden.
  이히 뫼히태 디-잰 브리-프 페어 아인슈라이밴 젠댄.

- 속달로 보내주세요.

  Per Eilboten, bitte!
  페르 아일보-탠, 비태!

- 항공편으로 부탁합니다.

  Per Luftpost, bitte!
  페어 루프트포스트, 비태!

- 한국에는 언제 도착합니까?

  Wann ist dieser Brief in Korea?
  반 이스트 디-저 브리-프 인 코레-아?

우표를 살 때

- 유표 값이 얼마입니까?

  Wie hoch ist das Porto?
  비- 혹흐 이스트 다스 포르토?

- 55센트짜리 우표 5장 주십시오.

  Fünf Briefmarken zu fünfundfünfzig Cent!
  퓬프 브리-프마르캔 추- 퓬프운트퓬프치히 센트!

- 45센트짜리 우표 3장하고 1유로짜리 2장 주세요.

  Ich möchte drei Briefmarken zu fünfundvierzig Cent und zwei zu
  이히 뫼히태 드라이 브리-프마르켄 추- 퓬프운트피어치히 센트 운트 츠바이 추-
  einem Euro.
  아이냄 오이로.

- 저에게 1유로짜리 우표 다섯 장과 45 센트짜리 우표 두 장 주십시오.

  Geben Sie mir fünf Briefmarken zu einem Euro und zwei zu
  게-밴 지- 미어 퓬프 브리-프마르캔 추- 아이냄 오이로 운트 츠바이 추-
  fünfundvierzig Cent!
  퓬프운트피어치히 센트!

- 모두 합쳐서 5유로 90센트입니다.

  Das macht zusammen fünf Euro neunzig.
  다스 막흐트 추잠맨 퓬프 오이로 노인치히.

- 총 5유로 90입니다.(5,90 Euro)

  Insgesamt fünf Euro neunzig, bitte!
  인스게잠트 퓬프 오이로 노인치히, 비태!

- 그러면 3유로 35입니다.

  Das macht drei Euro fünfunddreißig.
  다스 막흐트 드라이 오이로 퓬프운트드라이씨히.

- 55센트짜리 우표 한 장 주십시오.

  Geben Sie mir bitte eine fünfundfünfzig Cent Briefmarke!
  게-밴 지- 미어 비태 아이내 퓬프운트퓬프치히 센트 브리-프마르케!

- 90센트짜리 우표 2장 주십시오.

  Ich hätte gerne zwei neunzig Cent Briefmarken.
  이히 해태 게르내 츠바이 노인치히 센트 브리-프마르캔.

- 1유로짜리 우표 10장 주십시오.

  Zehn Briefmarken zu einem Euro.
  체-ㄴ 브리-프마르캔 추- 아이냄 오이로.

- 1유로 45센트짜리 우표 7장 주세요.

  Geben Sie mir sieben Briefmarken zu einem Euro fünfundvierzig.
  게-밴   지- 미어 지-밴   브리-프마르캔   추- 아이냄   오이로 퓬프운트피어치히.

- 기념우표를 주시겠습니까?

  Ich hätte gern Erinnerungsbriefmarken.
  이히 해태   게르내 애린너룽스브리-프마르캔.

소포를 부칠 때

- 어디서 소포를 부칩니까?

  Wo ist die Paketannahme?
  보- 이스트 디 파케트안나-매?

- 이 소포를 한국으로 보내고 싶습니다.

  Ich möchte dieses Paket nach Korea schicken.
  이히 뫼히태   디제스 파케트 낙흐 코레-아 쉬캔.

- 이 작은 소포를 우편으로 한국으로 보내고 싶습니다.

  Ich möchte dieses Päckchen per Post nach Korea übersenden.
  이히 뫼히태   디제스 팩핸   페르 포스트 낙흐 코레아 위버젠댄.

> Tipp 작은 소포는 길이 600mm까지, 넓이 300mm까지 그리고 높이 150mm까지의 포장크기와 무게 2Kg까지를 말한다.

- 세관신고 용지에 기입해 주십시오.

  Bitte füllen Sie die Zollpapiere aus!
  비태 퓰랜   지- 디 쫄파피-래   아웃스!

- 소포 안에 무엇이 들어있습니까?

  Was ist in dem Gepäck?
  밧스 이스트 인 뎀   개팩?

- 이 작은 소포에 무엇이 들어 있습니까?

  Was ist in diesem Päckchen?
  밧스 이스트 인 디-잼   팩핸?

- CD 10장이요.

  Zehn CDs.
  체-ㄴ 체데스.

- 책인데요.

  Bücher.
  뷧혀.

우체국

- 이 소포 안에는 책이 몇 권 있습니다.

  In diesem Päckchen sind ein paar Bücher.
  인 디-젬 팩핸 진트 아인 파- 뷧혀.

- 이 소포의 요금은 얼마입니까?

  Wie viel Porto ist für dieses Paket zu bezahlen?
  비- 피-르 포르토 이스트 퓨어 디제스 파케트 추- 배차-ㄹ랜?

- 12유로 90센트입니다.

  Zwölf Euro neunzig.
  츠뵐프 오이로 노인치히.

- 소포 안에 편지는 없습니까?

  Haben Sie keinen Brief in dem Päckchen?
  하-밴 지- 카이낸 브리-프 인 뎀 팩핸?

- 아니오, 없습니다.

  Nein.
  나인.

- 저는 인쇄물이 있습니다.

  Ich habe eine Drucksache.
  이히 하-배 아이내 드룩작해.

- 그러면 이 책들을 인쇄물로 보내면 훨씬 더 저렴할 텐데요.

  Dann ist es günstiger für Sie, wenn Sie Ihre Bücher als Drucksache
  단 이스트 앳스 귄스티거 퓨어 지-, 벤 지- 이어래 뷧혀 알스 드룩작해
  schicken.
  쉬캔.

- 그것은 등기로 얼마입니까?

  Was kostet das per Einschreiben?
  밧스 코스태트 다스 페어 아인슈라이밴?

- 한국으로요?

  Nach Korea?
  낙흐 코레-아?

- 인쇄물을 저울 위에 올려 놔보세요.

  Legen Sie mal die Drucksache auf die Waage!
  레-갠 지- 마-ㄹ 디 드룩작해 아우프 디 봐-개!

- 편지를 이 저울 위에 올려놓아 보십시오.

  Legen Sie Ihren Brief bitte auf die Waage!
  레-갠 지- 이어랜 브리-프 비태 아우프 디 봐-개!

Teil X

우체국

- 이 책을 함부르크로 보내고 싶습니다.

  Ich möchte dieses Buch nach Hamburg schicken.
  이히 뫼히태   디제스 북호   낙흐 함부르크   쉬캔.

- 그러면 85센트입니다.

  Das macht fünfundachtzig Cent.
  다스 막흐트   퓬프운트알치히   센트.

- 편지 값으로 1유로 45센트하고 소포 값으로는 3유로 90입니다.

  1,45 für den Brief und 3,90 für das Päckchen.
  아이낸 오이로 퓬프운트피어치히 퓨어 덴 브리-프 운트 드라이 오이로 노인치히 퓨어 다스 팩핸.

 세탁소

사실 독일의 일상생활에서 세탁소를 찾는 일은 드물다. 역이나 유스호스텔 같은 곳에는 빨래를 할 수 있는 자동 세탁시설들이 갖추어져 있다. 세탁소에서 세탁물을 맡길 때 "Ich möchte diese Kleider reinigen lassen."(이 옷들을 세탁해 주십시오.) "Bitte bügeln Sie diesen Anzug!"(이 양복 좀 다려주십시오.) "Wann kann ich meine Wäsche abholen?"(제 세탁물을 언제 찾아갈 수 있나요?)라고 한다.

세탁물을 맡길 때

- 가까운 세탁소가 어디 있나요?

  Wo ist die nächste chemische Reinigung?
  보- 이스트 디 낵스테 헤미셰 라이니궁?

- 이 옷들 좀 세탁해 주세요.

  Ich möchte diese Kleider reinigen lassen.
  이히 뫼히태 디-재 클라이더 라이니갠 랏샌.

- 이 양복을 세탁해 주십시오.

  Ich möchte diesen Anzug reinigen lassen.
  이히 뫼히태 디-잰 안추-ㅋ 라이니갠 랏샌.

- 양복과 셔츠를 세탁 맡기고 싶습니다.

  Ich möchte einen Anzug und ein Hemd reinigen lassen.
  이히 뫼히태 아이낸 안추-ㅋ 운트 아인 헴트 라이니갠 랏샌.

- 이 블라우스 좀 세탁해 주세요.

  Bitte reinigen Sie diese Bluse!
  비태 라이니갠 지- 디-재 블루-재!

- 제 셔츠 좀 빨아주세요.

  Ich möchte meine Hemden waschen lassen.
  이히 뫼히태 마이내 헴댄 밧샌 랏샌.

- 이 옷을 다려주실 수 있습니까?

  Können Sie dieses Kleid aufbügeln?
  쾬낸 지- 디-재스 클라이트 아우프뷔겔른?

- 이 양복 좀 다려주세요.

    Bitte bügeln Sie diesen Anzug!
    비태 뷰겔른 지- 디-잰 안추-ㄱ!

- 언제 (세탁이) 끝날까요?

    Wann ist sie fertig?
    반 이스트 지 페르티히?

- 저는 그것이 되도록이면 즉시 필요합니다.

    Ich brauche sie möglichst bald.
    이히 브라우헤 지 뫼-클리히스트 발트.

- 저는 양복이 오늘 저녁에 필요합니다.

    Ich brauche den Anzug heute Abend.
    이히 브라우헤 덴 안추-ㅋ 호이태 아-벤트.

- 저는 양복이 내일 오후까지 필요합니다.

    Ich brauche ihn bis morgen Nachmittag.
    이히 브라우헤 이-ㄴ 비스 모르갠 낙흐미타-ㅋ.

- 오후 6시 이전에는 안 되는데요.

    Vor 18 Uhr geht es leider nicht.
    포-어 악호체-ㄴ 우-어 게-트 앳스 라이더 니힡트.

- 이 옷을 내일까지 세탁해주시겠습니까?

    Können Sie das Kleid bis morgen reinigen?
    쾐낸 지- 다스 클라이트 빗스 모르갠 라이니갠?

- 이것 좀 세탁소에 맡겨 주시겠어요?

    Können Sie das zur Reinigung bringen?
    쾐낸 지- 다스 추어 라이니궁 브링앤?

- 옷 한 벌 다림질 하는데 얼마나 걸립니까?

    Wie lange brauchen Sie, um einen Anzug zu bügeln?
    비- 랑애 브라우핸 지-, 움 아이낸 안추-ㅋ 추- 뷰-겔른?

- 이 단추를 달 수 있습니까?

    Können Sie diesen Knopf annähen?
    쾐낸 지- 디-잰 크놉프 안내-랜?

- 여기 얼룩이 있습니다.

    Hier ist ein Fleck.
    히어 이스트 아인 플렉.

- 얼룩 좀 빼 주세요.

    Entfernen Sie bitte diesen Fleck!
    앤트페르낸 지- 비태 디-잰 플렉!

- 이 얼룩 좀 빼 주실 수 있습니까?

  Könnten Sie diesen Fleck entfernen?
  쾬탠   지- 디-잰   플렉   앤트페르낸?

- 시도는 해보겠지만, 약속할 수는 없습니다.

  Ich werde es versuchen, aber ich kann es nicht versprechen.
  이히 베어데 앳스 페어주-ㄱ핸, 아-버 이히 칸   앳스 니힡트 페어슈프렣핸.

- 이 코트를 수선해주시겠어요?

  Könnten Sie diesen Mantel reparieren?
  쾬탠   지- 디-잰   만텔   레파리-랜?

- 이 바지를 좀 줄이고 싶습니다.

  Ich möchte diese Hose kürzen lasssen.
  이히 뫼히태 디-재 호-재 큐르챈 랏샌.

- 이 옷 길이 좀 줄여주세요.

  Verkürzen Sie bitte dieses Kleid!
  페어큐르챈   지 비태 디-제스 클라이트!

- 이것을 좀 늘여줄 수 있습니까?

  Können Sie das etwas länger machen?
  쾬낸   지- 다스 애트밧스 랭어   막핸?

- 얼마나 걸리겠습니까?

  Wie lange wird es wohl dauern?
  비- 랑애   뷔어트 앳스 보-ㄹ 다우어언?

- 옷이 오늘 필요합니까?

  Brauchen Sie das Kleid noch heute?
  브라욱핸   지- 다스 클라이트 녹호 호이태?

- 내일 끝내도 괜찮습니다.

  Es reicht, wenn es morgen fertig ist.
  앳스 라이히트, 벤   앳스 모르갠   페르티히 이스트.

세탁물을 찾을 때

- 세탁물을 언제 찾아갈 수 있지요?

  Wann kann ich meine Wäsche abholen?
  반   칸   이히 마이내   뱃섀   압호-ㄹ랜?

- 언제 다 됩니까?

  Wann wird es fertig sein?
  반   뷔어트 앳스 페르티히 자인?

- 언제 다 찾아갈 수 있습니까?

  Wann kann ich alles abholen?
  반   칸   이히 알랫스 압호-ㄹ랜?

- 이 양복을 내일 오후에 찾아갈 수 있습니까?

  Kann ich den Anzug morgen Nachmittag abholen?
  칸   이히 덴   안추-ㅋ 모르갠   낙흐미타-ㄱ   압호-ㄹ랜.

- 그러면 한 번 시도해 보겠습니다.

  Dann versuche ich es mal.
  단   페어주-ㄱ핸 이히 앳스 마-ㄹ

- 그러면 그 양복을 내일 오후 3시까지 다 끝내 놓을 수 있습니다.

  Dann kann ich den Anzug morgen bis 15 Uhr fertig machen.
  단   칸   이히 덴   안추-ㅋ 모르갠   빗스 퓬프첸 우-어 페르티히 막핸.

- 제가 맡긴 세탁물이 다 됐습니까?

  Ist meine Wäsche schon fertig?
  이스트 마이내 뱃쉐   쇼-ㄴ   페르티히?

- 제 세탁물이 다 됐는지 확인하고 싶습니다.

  Ich möchte nachfragen, ob meine Wäsche schon fertig ist.
  이히 뫼히태   낙흐프라-갠,   옵 마이내   뱃쉐   쇼-ㄴ   페르티히 이스트.

- 세탁물을 찾고 싶습니다.

  Ich möchte meine Wäsche abholen.
  이히 뫼히태   마이내   뱃쉐   압호-ㄹ랜.

- 이 얼룩이 안 빠졌어요.

  Der Fleck ist noch nicht entfernt.
  데어 플렉   이스트 녹흐 니힐트 앤트페른트.

이발소와 미용실

이발소나 미용실을 예약을 하고 간다. 어떤 종류의 이발을 원하는지 말해야 한다. 머리를 감아주거나, 면도 또는 드라이를 하면 요금이 추가된다. "Ich möchte gerne einen Haarschnitt."(이발 좀 하고 싶습니다.) "Wie möchten Sie es haben?"(어떻게 해드릴까요?) "Föhnen?"(드라이 해드릴까요?) "Können Sie mir eine Dauerwelle machen?"(파마 좀 해주실래요?)라고 한다.

- 이발 좀 하고 싶습니다.
  Ich möchte mir die Haare schneiden lassen.
  이히 뫼히태 미어 디 하-래 슈나이댄   랏샌.

- 이발 좀 해주십시오.
  Bitte schneiden Sie mir das Haar!
  비태 슈나이댄   지- 미어 다스 하아-!

- 이발을 하고 싶습니다.
  Ich möchte gerne einen Haarschnitt.
  이히 뫼히태 게르내 아이낸 하아-슈니트.

- 어떻게 자를 까요?
  Wie soll ich sie schneiden?
  비- 졸 이히 지 슈나이댄?

- 어떻게 해드릴까요?
  Wie möchten Sie sie geschnitten haben?
  비- 뫼히탠   지- 지- 게슈니탠   하-밴?

- 어떻게 해드릴까요?
  Wie möchten Sie es haben?
  비- 뫼히탠   지- 앳스 하-밴?

- 조금만 잘라 주세요.
  Nur ein bisschen schneiden, bitte!
  누어 아인 비쓰핸   슈나이댄,   비태!

- 너무 짧지 않게 깎아 주세요.
  Nicht zu kurz.
  니힡트 추- 쿠어츠.

- 양 옆을 좀 쳐주십시오.
  Kurz an den Seiten.
  쿠어츠 안 덴 자이탠.

- 옆은 좀 길게 하고 뒤는 짧게 커트해주십시오.
  Ich möchte es an den Seiten länger und hinten kurz haben.
  이히 뫼히태 앳스 안 덴 자이탠 랭어 운트 힌탠 쿠어츠 하-밴.

- 약간 좀 솎아내 주십시오.
  Könnten Sie es etwas ausdünnen?
  쾬탠 지- 앳스 애트밧스 아웃스뒨낸.

- 아주 짧게 커트해주십시오.
  Ich hätte es gerne sehr viel kürzer.
  이히 해태 앳스 게르내 제어 피-르 퀴르처.

- 여기까지 잘라 주세요.
  Ungefähr bis hier.
  운게패어 비스 히어.

- 귀 윗부분까지요.
  Knapp über den Ohren.
  크납 위버 덴 오-랜.

- 앞머리를 조금 잘라 주세요.
  Schneiden Sie ein bisschen vom Pony ab!
  슈나이댄 지- 아인 비쓰핸 폼 포니 압!

- 머리끝만 잘라주세요.
  Schneiden Sie bitte nur die Spitzen ab!
  슈나이댄 지- 비태 누어 디 슈핏챈 압!

- 뒷머리는 약간 길게 해주세요.
  Hinten etwas länger!
  힌탠 애트밧스 랭어!

- 커트만 해주십시오.
  Nur den Haarschnitt, bitte!
  누어 덴 하-슈니트, 비태!

- 이 사진처럼 내 머리를 좀 잘라 줄 수 있어요?
  Können Sie mein Haar wie auf diesem Bild schneiden?
  쾬낸 지- 마인 하아- 비- 아우프 디-잼 빌트 슈나이댄?

- 머리 스타일을 다르게 하고 싶습니다.
  Ich möchte gerne einen neuen Haarschnitt haben.
  이히 뫼히태 게르내 아이낸 노이앤 하아-슈니트 하-밴.

- 끝부분만 다듬어 주세요.

  Ich möchte gern nur die Spitzen geschnitten haben.
  이히 모히태 게른 누어 디 슈핏챈   게슈니탠   하-밴.

- 커트와 면도를 해주십시오.

  Haarschnitt und Rasieren, bitte!
  하아-슈니트   운트 라지-랜,   비태!

- 면도 해주십시오.

  Bitte, rasieren!
  비태, 라지-랜!

- 면도를 하고 싶습니다.

  Ich möchte mir den Bart rasieren lassen.
  이히 뫼히태 미어 덴 바르트 라지-랜   랏샌.

- 드라이를 하시겠습니까?

  Möchten Sie eine Föhnfrisur?
  뫼히탠   지- 아이내 푀-ㄴ프리주-어?

- 단발머리를 해주세요.

  Ich hätte gerne einen Pagenschnitt.
  이히 해태 게르내 아이넨 파-젠슈니트.

- 파마 좀 해주세요.

  Können Sie mir eine Dauerwelle machen?
  쾬낸   지- 미어 아이내 다우어벨래   막핸?

- 약하게 파마 해주세요.

  Eine leichte Dauerwelle, bitte!
  아이내 라이히태 다우어벨래,   비태!

- 모발보호 파마를 하겠습니다.

  Ich hätte gern eine haarschonende Dauerwelle.
  이히 해태 게른 아이내 하아쇼-넨대   다우어벨래.

- 강한 파마를 하겠습니다.

  Ich hätte gern eine kräftige Dauerwelle.
  이히 해태 게른 아이내 크래프티개 다우어벨래.

- 약한 파마를 하고 싶습니다.

  Ich hätte gern eine leichte Dauerwelle.
  이히 해태 게른 아이내 라이히태 다우어벨래.

- 파마기 없는 머리를 원해요.

  Ich möchte meine Frisur glatt tragen.
  이히 뫼히태   마이내 프리주-어 글라트 트라-갠.

X. 독일에서의 생활을 위한 표현 **849**

- 머리 좀 염색하고 싶어요.

  Ich möchte meine Haare färben lassen.
  이히 뫼히태   미히   하-래   패르밴   랏샌.

- 머리 좀 염색하고 싶어요.

  Ich möchte mich färben lassen.
  이히 뫼히태   미히   패르밴   랏샌.

- 머리를 염색하고 싶습니다.

  Ich hätte gern meine Haare gefärbt.
  이히 해태   게른   마이내   하-래   게패릅트.

- 내 머리를 갈색으로 염색해주실 수 있어요?

  Können Sie mein Haar blondieren?
  쾐낸   지-   마인   하아-   블론디-랜?

- 내 머리를 옅은 갈색으로 염색해주실 수 있어요?

  Können Sie mein Haar hellbraun färben?
  쾐낸   지-   마인   하아-   헬브라운   패르밴?

- 머리를 갈색으로 염색하고 싶어요.

  Ich möchte mir die Haare blond färben lassen.
  이히 뫼히태   미어 디   하-래   블론트   패르밴   랏샌.

- 샴푸를 한 다음 세트 좀 해주세요.

  Waschen und legen, bitte!
  밧샌   운트 레-갠,   비태!

- 머리를 탈색해 주십시오.

  Ich möchte mir gern die Haare bleichen lassen.
  이히 뫼히태   미어 게른 디   하-래   블라잇핸   랏샌.

- 드라이 해드릴까요?

  Föhnen?
  푀-낸?

- 왼쪽으로 가르마를 타 주세요.

  Den Scheitel trage ich links.
  덴   샤이텔   트라-개 이히 링크스.

- 가르마를 오른쪽으로 오게 해주세요.

  Den Scheitel bitte rechts!
  덴   샤이텔   비태   레히츠!

- 가운데 가르마를 타 주세요.

  Ich möchte den Scheitel in der Mitte tragen.
  히이 뫼히태   덴   샤이텔   인 데어 미태   트라-갠.

- 가르마 없게 해주세요.

  Ohne Scheitel, bitte!
  오-네 샤이텔, 비태!

- 머리 좀 감겨주세요.

  Ich möchte mir die Haare waschen lassen.
  이히 뫼히태 미어 디 하-레 밧샌 랏샌.

- 머리를 올려주세요.

  Die Haare aufstecken, bitte!
  디 하-래 아으프슈텍캔, 비태!

- 위를 조금 곱슬머리로 해주세요.

  Bitte, oben etwas toupieren!
  비태, 오-밴 애트밧스 투피-랜!

- 그냥 드라이기로 말려주십시오.

  Ich möchte mir die Haare einfach mit dem Föhn trocknen lassen.
  이히 뫼히태 미어 디 하-래 아인팍흐 미트 뎀 푀-ㄴ 트록캔 랏샌.

- 손님 머리가 정말 건조하시군요.

  Ihre Haare sind wirklich trocken.
  이어래 하-래 진트 뷔르클리히 트로캔.

- 손님한테는 좋은 컨디셔너가 필요해요.

  Sie brauchen eine gute Pflegespülung.
  지- 브라욱헨 아이내 구-태 플레게슈퓌-ㄹ룽.

- 정말 멋진 자연스러운 웨이브를 가지셨군요.

  Sie haben eine wirklich schöne, angeborene Welle.
  지- 하-밴 아이내 뷔르클리히 쇠-내, 안게보레내 벨래.

- 스프레이는 하지 마세요.

  Bitte, kein Haarspray!
  비태, 카인 하-아스프레이!

- 무스는 바르지 마세요.

  Bitte keinen Festiger!
  비태 카이낸 페스티거!

 시장보기

시장이나 쇼핑센터 그리고 양장점이나 서점 혹은 문구점, 야채가게나 생선가게 등에서 물건을 고르고 물건 값을 치르기 위해서 사용하는 기본표현들을 알아두어야 한다. 게다가 수량단위라든가 물건들의 이름들을 암기하고 익혀두도록 한다. "Sie wünschen, bitte?"(뭘 원하세요?) "Was hätten Sie gern?"(무엇을 원하십니까?) "Ich möchte gern ...."(저는 ...을 원해요.) "Haben Sie vielleicht ...?"(혹시 ... 있어요?) "Was kostet das?"(그것 얼마죠?)

쇼핑센터나 시장에서

- 다음 분 누구시죠?
  Wer ist der Nächste, bitte?
  베어 이스트 데어 낵스태, 비태?

- 제 차례입니다.
  Ich bin an der Reihe.
  이히 빈 안 데어 라이애.

- 뭘 도와드릴까요?
  Womit kann ich Ihnen helfen?
  보미트 칸 이히 이-낸 헬팬?

- 뭘 드릴까요?
  Was darf ich Ihnen geben?
  밧스 다르프 이히 이-낸 게-밴?

- 커피 한 팩 주십시오.
  Geben Sie mir bitte eine Packung Kaffee!
  게-밴 지- 미어 비태 아이내 팍쿵 카페!

- 유감스럽게도 다 나갔습니다.
  Er ist leider ausgegangen.
  애어 이스트 라이더 아우스게강앤.

- 치즈도 있습니까?
  Haben Sie auch Käse?
  하-밴 지- 아욱흐 캐-재?

- 슬라이스 식으로 잘라드릴까요, 아니면 덩어리로 드릴까요?

  In Scheiben oder am Stück?
  인 샤이밴   오-더 암 슈튁?

- 자른 것으로 주세요.

  In Scheiben, bitte!
  인 샤이밴,   비태!

- 그것 좀 시식해볼 수 있을까요?

  Kann ich davon etwas probieren?
  칸   이히 다폰   애트밧스 프로비-랜?

> 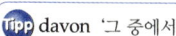 davon '그 중에서'

- 좀 더 드릴까요?

  Darf es ein bisschen mehr sein?
  다르프 앳스 아인 빗스햰   메-어   자인?

- 좀 더 드릴까요?

  Darf es etwas mehr sein?
  다르프 앳스 애트밧스 메-어 자인?

- 예, 좋습니다.

  Ja, o.k.
  야-, 오케이.

- 좀 더 주십시오.

  Etwas mehr, bitte!
  애트밧스 메-어   비태!

- 조금 적게 주세요.

  Etwas weniger, bitte!
  애트밧스 베-니거   비태!

- 이게 다예요?

  War's das?
  봐-'스   다스?

- 예, 그게 다입니다.

  Ja, das war's.
  야-, 다스 봐-'스.

- 고맙습니다. 그게 다입니다.

  Danke, das ist alles.
  당캐,   다스 이스트 알랫스.

- 그게 다에요?
  Ist das alles?
  이스트 다스 알랫스?

- 예, 그게 다인 거 같아요.
  Ja, das wäre es.
  야-, 다스 봬-래 앳스?

- 아니오, 토마토가 더 필요합니다.
  Nein, ich brauche noch Tomaten.
  나인, 이히 브라욱해 녹흐 토마-탠.

- 여기 있습니다.
  Hier bitte.
  히어, 비태.

- 고맙습니다.
  Danke schön.
  당캐 쇠-ㄴ.

- 합쳐서 7유로 80센트입니다.
  Das macht zusammen sieben Euro achtzig.
  다스 마흐트 추잠맨 지-밴 오이로 악흐치히.

- 저는 곡물빵이 필요한데요, 하나 주세요.
  Ich brauche ein Vollkornbrot. Geben Sie mir bitte eins.
  이히 브라욱해 아인 폴코른브로-트. 게-밴 지- 미어 비태 아인스.

- 저는 초콜릿 케이크를 하나 사고 싶습니다. 있습니까?
  Ich hätte gern einen Schokoladenkuchen. Haben Sie einen.
  이히 해태 게른 아이낸 쇼코라-덴쿠핸. 하-밴 지- 아이낸.

- 운이 좋으십니다. 여기 케이크 하나 있습니다.
  Sie haben Glück. Hier ist einer.
  지- 하-밴 글뤽, 히어 이스트 아이너.

- 우리도 그게 없습니다.
  Wir haben auch keinen.
  뷔어 하-밴 아욱호 카이낸.

- 달팽이 모양의 호두 빵을 사고 싶은데요.
  Ich möchte Nussschnecken.
  이히 뫼히태 누쓰슈넥캔.

- 예, 있습니다.
  Ja, wir haben welche.
  야-, 뷔어 하-밴 밸해.

야채, 과일 등을 고를 때

- 저는 감자가 필요합니다.
  Ich brauche Kartoffeln.
  이히 브라우헤 카-토펠른.

- 감자 있습니까?
  Haben Sie Kartoffeln?
  하-밴   지- 카-토펠른?

- 미안합니다. 다 팔렸어요.
  Tut mir Leid, die Kartoffeln sind alle verkauft.
  투-트 미어 라이트, 디 카-토펠른   진트 알래 페어카우프트.

> Tipp Sie sind leider ausgegangen.(지- 진트 라이더 아우스게강앤.) "그것들 다 팔렸습니다."라고 해도 된다.

- 미안합니다. 더 이상 없습니다.
  Tut mir Leid, wir haben keine mehr.
  투-트 미어 라이트, 뷔어 하-밴   카이내 메어.

> Tipp keine는 위의 Kartoffeln을 가리키는 부정의 불특정대명사 복수형 4격.

- 우유가 하나 필요한데요. 하나 있습니까?
  Ich brauche eine Milch. Haben Sie welche?
  이히 브라우헤 아이내 밀히.   하-밴   지- 밸혜?

> Tipp 이 경우 welche가 맞다. 우유가 한 개만 있느냐고 묻는 것은 아니다. 불특정대명사 복수형은 welche이다.

- 아니오, 저희도 없습니다.
  Nein, wir haben auch keine.
  나인,   뷔어 하-밴   아욱흐 카이내.

- 우유 있습니까?
  Haben Sie Milch?
  하-밴   지- 밀히?

- 예, 그럼요.
  Ja, natürlich.
  야-, 나튀얼리히.

- 아니오, 우유는 더 이상 없습니다.

  Nein, wir haben keine Milch mehr.
  나인, 뷔어 하-밴 카이내 밁히 메어.

- 얼마나 원하십니까?

  Wie viel möchten Sie?
  비- 피-ㄹ 뫼히탠 지-?

- 1킬로 주십시오.

  Ein Kilo.
  아인 킬-로.

- 무엇을 또 드릴까요?

  Was möchten Sie noch?
  밧스 뫼히탠 지- 녹흐?

- 토마토 있습니까?

  Haben Sie Tomaten?
  하-밴 지- 토마-탠?

- 토마토가 더 필요합니다.

  Ich brauche noch Tomaten.
  이히 브라욱해 녹흐 토마-탠.

- 1킬로 주십시오.

  Bitte, geben Sie mir ein Kilo!
  비태 게-밴 지- 미어 아인 킬-로!

- 오이가 필요합니다.

  Ich brauche Gurken.
  이히 브라욱해 구어캔.

- 여기 있습니다.

  Hier sind welche.
  히어 진트 뷀해.

> Tipp welche는 불특정대명사 복수형 1격(물론 4격도 welche이다.)

- 사과 1킬로를 주십시오.

  Ich hätte gern ein Kilo Äpfel.
  이히 해태 게른 아인 킬로 앺펠.

- 어떤 종류를 원하십니까?

  Welche Sorte wünschen Sie?
  뷀해 조르태 뷘샌 지-?

• 여기 이것 주세요.

   Diese hier, bitte!
   디-제 히어, 비테!

• 이 사과들은 이 지방 것입니다.

   Diese Äpfel sind von hier.
   디-제 앺펠 진트 폰 히어.

• 싱싱한 과일보다 더 좋은 것은 없습니다.

   Es gibt nichts Besseres als frisches Obst.
   앳스 깁트 니힡츠 배쎈더래스 알스 프리쉐스 오옵스트.

• 또 원하시는 게 있습니까?

   Haben Sie noch einen Wunsch?
   하-밴 지- 녹흐 아이낸 분쉬?

• 이 포도들 달아요?

   Sind die Trauben süß?
   진트 디 트라우밴 쥐-쓰?

• 그럼요. 직접 드셔보십시오.

   Ja, aber probieren Sie selbst.
   야-, 아-버 프로비-랜 지- 젤스트.

• 고맙습니다. … 아주 맛 있네요.

   Vielen Dank. ... Die sind sehr lecker.
   피-ㄹ렌 당크. … 디- 진트 제어 렉커.

• 얼마나 드릴까요?

   Wie viel hätten Sie gern?
   비- 피-ㄹ 해탠 지- 게른?

• 1킬로 정도 주십시오.

   Geben Sie mir ein gutes Kilo!
   게-밴 지- 미어 아인 구-태스 킬-로!

> Tipp ein gutes Kilo "1킬로 정도"

수량이나 단위로 값을 물을 때

• 당근 한 캔에 얼마입니까?

   Was kostet eine Dose Möhren?
   밧스 코스태트 아이내 도-재 뫼-랜?

- 당근 허브 차 한 팩에 얼마입니까?

  Wie viel kostet eine Packung Kräutertee?
  비- 피-ㄹ 코스태트 아이내 팍쿵 크로이터테-?

- 양파 1킬로에 얼마입니까?

  Wie viel kostet ein Kilo Zwiebeln?
  비- 피-ㄹ 코스태트 아인 킬-로 츠비-벨른?

- 양파 1파운드에 얼마입니까?

  Was kostet ein Pfund Zwiebeln?
  밧스 코스태트 아인 푼트 츠비-벨른?

- 밭 딸기 1파운드에 얼마입니까?

  Was kostet ein Pfund Erdbeeren?
  밧스 코스태트 아인 푼트 애어트베-랜?

- 샐러드 한 통은 얼마입니까?

  Wie viel kostet ein Kopf Salat?
  비- 피-ㄹ 코스태트 아인 콥프 잘라-트?

- 치즈 100 그램은 얼마입니까?

  Was kosten hundert Gramm Käse?
  밧스 코스턴 훈데르트 그람 캐-재?

- 쥬스 한 병에 얼마입니까?

  Was kostet eine Flasche Saft?
  밧스 코스태트 아이내 플랏쉐 자프트?

- 79 센트(0,79€)입니다.

  Neunundsiebzig Cent.
  노인운트집치히 센트.

- 달걀 10개에 얼마입니까?

  Wie viel kosten zehn Eier?
  비- 피-ㄹ 코스탠 체-ㄴ 아이어?

- 빵 한 개는 얼마입니까?

  Was kostet ein Brötchen?
  밧스 코스태트 아인 브뢰-챈?

- 바나나 4개는 얼마입니까?

  Was kosten vier Bananen?
  밧스 코스탠 피어 바나-낸?

- 사과 2킬로그램은 얼마입니까?

  Wie viel kosten zwei Kilo Äpfel?
  비- 피-ㄹ 코스탠 츠바이 킬-로 앱펠?

- 소고기 500그램은 얼마죠?

  Was kosten fünfhundert Gramm Rindfleisch?
  밧스 코스탠 퓬프훈테르트 그람 린트플라이쉬?

- 작은 빵 두 개와 오렌지 쥬스 한 병을 사고 싶어요.

  Ich hätte gern zwei Brötchen und eine Flasche Orangensaft.
  이히 해태 게른 츠바이 브뢰-챈 운트 아이네 플랏쉐 오랑줸자프트.

- 치즈 한 덩어리에 3유로 90센트(3,90€)입니다.

  Ein Stück Käse kostet drei Euro neunzig.
  아인 슈튁 캐-재 코스테트 드라이 오이로 노인치히.

- 요구르트 한 개에 단 39센트(0,39€)입니다.

  Ein Becher Joghurt kostet nur neununddreißig Cent.
  아인 뱃혀 요구르트 코스태트 누어 노인운트드라이씨히 센트.

> **Tipp** der Becher 작은 잔, (손잡이가 없는) 작은 컵/떠먹는 요구르트 통

- 살라미는 킬로당 6유로 95센트(6,95€)입니다.

  Eine Salami kostet je Kilogramm sechs Euro fünfundneunzig.
  아이네 잘라-미 코스태트 예 킬로그람 젝스 오이로 퓬프운트노인치히.

- 허브 차 한 팩은 2,39유로(2,39€)입니다.

  Eine Packung Kräuter Tee kostet zwei Euro neununddreißig.
  아이네 팍쿵 크로이터 테- 코스테트 츠바이 오이로 노인운트드라이씨히.

- 빵들은 싱싱한가요?

  Sind die Brötchen frisch?
  진트 디 브뢰-챈 프리쉬?

- 예, 햄 100그램과 치즈 300 그램을 또 사려고 하는데요.

  Ja, ich möchte noch hundert Gramm Schinken und dreihundert
  야-, 이히 뫼히태 녹흐 훈데르트 그람 쉥캔 운트 드라이훈데르트
  Gramm Käse.
  그람 캐-재.

- 예, 맥주 한 병 더 살 겁니다.

  Ja, ich nehme noch eine Flasche Bier.
  야-, 이히 네-매 녹흐 아이내 플랏쉐 비-어.

- 좋아요, 반 파운드 사지요.

  Gut, ich nehme ein halbes Pfund.
  구-트, 이히 네-매 아인 할배스 푼트.

- 좋아요, 반 킬로 주십시오.

  Gut, ich möchte ein halbes Kilo.
  구-트, 이히 뫼히태   아인 할배스   킬-로.

- 파운드에 1유로 40센트입니다.

  Das Pfund ein Euro vierzig.
  다스 푼트   아인 오이로 피어치히.

- 킬로 당 2유로 60센트입니다.

  Das Kilo zwei Euro sechzig.
  다스 킬-로 츠바이 오이로 젝히치히

- 햄 100그램에 3유로 20센트입니다.

  100 Gramm Schinken kosten drei Euro zwanzig.
  훈데르트 그람   슁캔   코스탠   드라이 오이로 츠반치히.

- 햄은 아주 비싸요.

  Der Schinken ist sehr teuer.
  데어 슁캔   이스트 제어 토이어.

- 치즈가 저렴합니다.

  Der Käse ist billig.
  데어 캐-재 이스트 빌리히.

- 샐러드 한 통에 단 1유로입니다.

  Ein Kopf Salat kostet nur einen Euro.
  아인 콥프 잘라-트 코스태트 누어 아이낸 오이로.

- 커피는 1유로 80입니다.

  Kaffee macht eins achtzig.
  카페   막흐트 아인스 악흐치히.

- 죄송해요, 얼마요?

  Entschuldigung, wie viel?
  앤트슐-디궁,   비- 피-ㄹ?

- 1유로하고 80센트요.

  Ein Euro und achtzig Cent.
  아인 오이로 운트 악흐치히   센트.

- 여기 2유로입니다.

  Zwei Euro.
  츠바이 오이로.

- 그러면 20센트 거슬러드리죠, 고맙습니다.

  Und zwanzig Cent zurück, danke.
  운트 츠반치히   센트 추뤽,   당캐.

- 합쳐서 얼마입니까?

  Was macht das zusammen?
  밧스 막흐트 다스 추잠맨?

- 이거 모두 합쳐서 얼마입니까?

  Was kostet das alles zusammen?
  밧스 코스태트 다스 알랫스 추잠맨?

- 합쳐서 24,68입니다.

  24,68 Euro zusammen.
  피어운트츠반치히 오이로 악흐트운트잭치히 추잠맨.

▶ 야채 (Gemüse_게뮤-제)

die Aubergine(디 오베르자-내)	- die Auberginen(디 오베르자-낸)	가지
der Blumenkohl(데어 블루-멘코올)	- die Blumenkohl(디 블루-멘코올)	꽃배추
die Bohne(디 보-내)	- die Bohnen(디 보-낸)	콩
der Brokkoli(데어 브로콜-리)	- die Brokkolis(디 브로콜리-스)	브로콜리
der Champignon(데어 샴피농)	- die Champignons(디 샴피농스)	버섯
der Chinakohl(데어 히나코올)	- die Chinakohle(디 히나콜-래)	배추
die Erbse(디 애릅세)	- die Erbsen(디 애릅센)	완두콩
der Erdnuss(데어 에-어트누쓰)	- die Erdnüsse(디 에-어트뉘쌔)	땅콩
die Gurke(디 구어케)	- die Gurken(디 구어캔)	오이
der Ingwer(데어 잉버-)	- die Ingwer(디 잉버)	생/새앙
die Kartoffel(디 카-토펠)	- die Kartoffeln(디 카-토펠른)	감자
der Kohl(데어 코올)	- die Kohle(디 콜-래)	배추
der Knoblauch(데어 크노블라욱흐)	- die Knoblauch(디 크노블라욱흐)	마늘
der Kopfsalat(데어 콥프잘라-트)	- die Kopfsalate(디 콥프잘라-태)	상치
der Kürbis(데어 퀴르비스)	- die Kürbisse(디 퀴르비쌔)	호박
der Lauch(데어 라욱흐)	- die Lauche(디 라욱해)	파
der Mais(데어 마이스)	- die Mais(디 마이스)	옥수수
die Möhre(디 뫼-래)	- die Möhren(디 뫼-랜)	당근
die Paprika(디 파프리카)	- die Paprikas(디 파프리카스)	고추
das Paprikapulver(다스 파프리카풀-버)	- die Paprikapulver(디 파프리카풀-버)	고추가루

단수	복수	뜻
die Petersilie(디 페터질-리에)	- die Petersilien(디 페터질-리엔)	파슬리
der Pilz(데어 필츠)	- die Pilze(디 필체)	버섯
der Porree(데어 포리)	- die Porrees(디 포리스)	부추
der Rettich(데어 레티히)	- die Rettiche(디 레티헤)	무우
der Sellerie(데어 젤러리)	- die Selleries(디 젤러리스)	샐러리
der Spargel(데어 슈파-겔)	- die Spargel(디 슈파-겔)	아스파라가스
der Spinat(데어 슈피나-트)	- die Spinate(디 슈피나-테)	시금치
die Stangenbohne(디 슈탕엔보-네)	- die Stangenbohnen(디 슈탕엔보-낸)	강낭콩
die Süßkartoffel(디 쥐-쓰카-토펠)	- die Süßkartoffeln(디 쥐-쓰카-토펠른)	고구마
der Weißkohl(데어 봐이쓰코올)	- die Weißkohle(디 봐이쓰콜-래)	양배추
die Zucchini(디 추키-니)	- die Zucchini(디 추키-니)	애호박
die Zwiebel(디 츠비-벨)	- die Zwiebeln(디 츠비-벨른)	양파

▶ 과일(Obst_오옵스트)

단수	복수	뜻
der Apfel(데어 압펠)	- die Äpfel(디 앱펠)	사과
die Ananas(디 아아나스)	- die Annas(디 아나나스)	파인애플
die Aprikose(디 아프리코-재)	- die Aprikosen(디 아프리코-잰)	살구
die Banane(디 바나-내)	- die Bananen(디 바나-낸)	바나나
die Birne(디 비어내)	- die Birnen(디 비어낸)	배
die Erdbeere(디 에-어트베-래)	- die Erdbeeren(디 에-어트베-랜)	딸기
die Kirsche(디 키르쉐)	- die Kirschen(디 키르쉔)	버찌
die Kiwi(디 카위)	- die Kiwis(디 키위스)	키위
die Melone(디 멜로-내)	- die Melonen(디 멜로-낸)	참외
die Orange(디 오랑줴)	- die Orangen(디 오랑줸)	오렌지
die Pflaume(디 플라우매)	- die Pflaumen(디 플라우맨)	자두
der Pfirsich(데어 피르지히)	- die Pfirsiche(디 피르지헤)	복숭아
die Tomate(디 토마-태)	- die Tomaten(디 토마-탠)	토마토

die Traube(디 트라우배)	- die Trauben(디 트라우밴)	포도
die Wassermelone(디 밧서멜로-내)	- die Wassermelonen(디 밧서멜로-낸)	수박
die Zitrone(디 치트로-내)	- die Zitronen(디 치트로-낸)	레몬
das Brötchen(다스 브뢰-챈)	- die Brötchen(디 브뢰-챈)	작은 빵
das Brot(다스 브로-트)	- die Brote(디 브로-태)	빵
das Ei(다스 아이)	- die Eier(디 아이어)	달걀
der Kuchen(데어 쿠헨)	- die Kuchen(디 쿠헨)	케이크

▷ 양념(Gewürze_게뷰르채)

der Essig(데어 에씨히) 식초
der Pfeffer(데어 페퍼) 후추
der Würfelzucker(데어 뷰르펠추커) 각설탕
die Hefe(디 헤-페) 효모
die Sojabohnensoße(디 조야보-넨조-쌔) 간장
die Lorbeerblätter(디 로어베어블래터) 월계수잎
das Ketchup/Ketschup(다스 케첩/케첩) 캐찹
die Margarine(디 마-가리-내) 마가린
der Meerrettich(데어 메-어레티히) 와사비

das Salz(다스 잘츠) 소금
der Zucker(데어 추커) 설탕
das Mehl(다스 메-엘) 밀가루
der Senf(데어 젠프) 겨자
das Olivenöl(다스 올리-벤욀-) 올리브유

die Mayonnaise(디 마요네재) 마요네즈
der Honig(데어 호니히) 꿀

▷ 생선(Fisch_피쉬)

die Auster(디 오-스터) 굴
die Garnele(디 가르넬-래) 새우
der getrocknete Meerlattich(데어 게트로크네테 메-어라티히) 김
der Hering(데어 헤-링) 청어
der Lachs(데어 락스) 연어
der Riementang(데어 리-멘탕) 미역
die Scholle, Thunfisch(디 숄래, 툰피쉬) 참치

die Forelle(디 포렐래) 송어
die Krabben(디 크라밴) 게

die Kreiselschnecke(디 크라이젤슈넥캐) 소라
die Makrele(디 마크렐래) 고등어
die Sardine(디 자르디-내) 정어리
der Tintenfisch(데어 틴텐피쉬) 오징어

▶ 고기류 (Fleisch_플라이쉬)

der Schinken(데어 쉰캔) 햄
das Rippchen(다스 립핸) 갈비
das Hackfleisch(다스 학플라이쉬) 다진고기
das Schnitzel(다스 슈니첼) 돈가스
das Schweinefleisch(다스 슈바이네플라이쉬) 돼지고기
das Hammelfleisch(다스 함멜플라이쉬) 양고기
das Hähnchenfleisch(다스 핸핸플라이쉬) 닭고기
das Steak(다스 스테-크) 스테이크
das Schweineschnitzel(다스 슈바이네슈니첼) 돈가스
das Kalbfleisch(다스 칼프플라이쉬) 송아지고기
die Leber(디 레-버) 간

die Wurst(디 부어스트) 소시지
das Rindfleisch(다스 린트플라이쉬) 소고기
das Brustfleisch(다스 브루스트플라이쉬) 가슴살
der Schweinebauch(데어 슈바이네바욱흐) 삼겹살

der Speck(데어 슈펙) 베이컨

das Lamm(다스 람) (새끼)양고기

1 Kilogramm(킬로그람) = 1000g   1 Pfund(푼트) = 500 g
ein halbes Pfund(아인 할베스 푼트) = 250g

옷을 고를 때

• 여기 담당자입니까?
Sind Sie hier zuständig?
진트 지- 히어 추슈탠티히?

• 예, 무엇을 도와드릴까요?
Ja, kann ich Ihnen helfen?
야-, 칸 이히 이-낸 헬팬?

• 저는 파카를 하나 찾는데요.
Ich suche einen Anorak.
이히 주-ㄱ해 아이낸 아노-락.

• 여기 이것은 어떤가요?
Wie wäre es denn mit diesem hier?
비- 봬-래 앳스 덴 미트 디-잼 히-어?

• 그 천이 별로 맘에 들지 않아요.
Der Stoff gefällt mir nicht besonders.
데어 슈토프 게팰트 미어 니힡트 배존더스.

- 다른 것은 없습니까?

  Haben Sie nicht etwas anderes?
  하-밴   지- 니힡트 애트밧스 안데래스?

- 겨울용으로 찾으시나요?

  Für den Winter?
  퓨어 덴   뷘터?

- 그러시다면 저 뒤를 보십시오.

  Dann schauen Sie mal dahinten!
  단   새우앤   지- 마-ㄹ- 다힌탠!

- 기성복을 찾으십니까, 아니면 사무실 출퇴근용을 찾으십니까?

  Etwas Festliches oder fürs Büro?
  애트밧스 페스틀릿해스 오-더 퓨어스 뷰로-?

- 사무실용 입을 것으로 주세요.

  Eher fürs Büro.
  에-어 퓨어스 뷰로-.

- 손님은 치수가 50 같은데요.

  Größe 50, denke ich.
  그뢰-쎄 퓸프치히, 뎅캐 이히.

- 그러시면 여기 이것을 입어보십시오.

  Dann probieren Sie mal den hier!
  단   프로비-랜   지- 마-ㄹ- 덴 히어!

- 이 치마가 맘에 들어요?

  Wie gefällt Ihnen dieser Rock?
  베- 게팰트 이-낸 디-저 록?

- 아주 좋습니다. 그것으로 하죠.

  Sehr gut. Den nehme ich.
  제어 구-ㅌ. 덴- 네-매   이히.

- 그것은 제게 너무 좁아요.

  Der ist mir zu eng.
  데어 이스트 미어 추- 앵.

- 한 치수 더 큰 게 필요해요.

  Ich brauche eine Nummer größer.
  이히 브라욱해 아이내 눔머   그뢰-써.

- 사이즈 50짜리 치마도 있습니까?

  Gibt es den auch in Größe 50?
  깁트 앳스 덴 아욱흐 인 그뢰-쌔 퓸프치히?

> **Tipp** 여기서 den은 위의 den Rock을 가리키는 지시대명사 4격이다. Haben Sie ihn noch in Größe 50?(하-밴 지- 인- 녹흐 인 그뢰-쎄 퓦프치히?)라고 표현해도 좋다.

- 다른 치수의 치마도 있습니까?

  Haben Sie ihn noch in einer anderen Größe?
  하-밴 지- 인- 녹흐 인 아이너 안데랜   그뢰-쎄?

- 어떤 치마를 사야하지?

  Welchen Rock soll ich kaufen?
  밸핸   록   졸   이히 카우팬?

- 저는 스웨터를 찾고 있습니다.

  Ich suche einen Pullover.
  이히 주-ㄱ해 아이낸 풀로버.

- 밝은 갈색의 스웨터만 있습니다.

  Den gibt es nur in Hellbraun.
  덴   깁트 앳스 누어 인 헬브라운.

- 한 번 입어보십시오.

  Probieren Sie den mal an!
  프로비-랜   지- 덴 마-ㄹ- 안!

- 이게 잘 맞아요.

  Der sitzt sehr gut.
  데어 짙츠트 제어 구-ㅌ.

- 이거 그냥 입어도 될까요?

  Kann ich ihn gleich anbehalten?
  칸   이히 인- 글라이히 안배할탠?

- 바지들은 어디 있습니까?

  Wo haben Sie denn Hosen?
  보- 하-밴 지- 덴 호-잰?

- 저 앞에 있습니다.

  Da vorn.
  다 포른.

- 저는 노랑색이나 갈색 바지를 찾고 있어요.

  Ich suche eine in Gelb oder in Braun.
  이히 주-ㄱ해 아이내 인 겔프 오-더 인 브라운.

- 손님 치수로는 파랑색과 녹색 바지들 밖에 없는데요.

  In Ihrer Größe habe ich nur noch welche in Blau und Grün.
  인 이어러 그뢰-쎄 하-배 이히 누어 녹흐 밸해   인 블라우 운트 그뤼인.

- 뭐 그렇다면 저기 저것을 입어보죠.

  Na gut, ich probiere mal die da.
  나- 구-트, 이히 프로비-래 마-ㄹ- 디- 다.

> 여기서 die는 위의 die Hose를 가리키는 지시대명사이다.

- 이 바지는 제게 안 맞아요. 너무 작아요.

  Die Hose passt mir nicht. Sie ist zu klein.
  디 호-재 파쓰트 미어 니힡트. 지- 이스트 추- 클라인.

- 저는 54 사이즈가 필요합니다.

  Ich brauche Größe 54.
  이히 브라우해 그뢰-쌔 피어운트퓬프치히.

- 이 블라우스가 마음에 듭니까?

  Wie gefällt Ihnen diese Bluse?
  비- 게팰트 이-낸 디-재 블루-재?

- 아주 좋네요. 이것을 사겠어요.

  Sehr gut. Die nehme ich.
  제-어 구-트. 디- 네-매   이히.

- 좋네요. 이것을 한번 입어볼게요.

  Gut. Die probiere ich mal an.
  구-트. 디- 프로비-래 이히 마-ㄹ- 안.

- 카비넷은 여기 앞에 있습니다.

  Die Kabinen sind hier vorne.
  디 카비-낸   진트 히어 포르내.

- 이게 맞네요. 이거 얼마예요?

  Die passt. Was kostet die?
  디- 파쓰트. 밧스 코스테트 디-?

- 이게 정말 손님께 잘 어울립니다.

  Sie steht Ihnen ausgezeichnet.
  지- 슈테-트 이-낸 아우스게차이히네트.

- 이것은 특별세일 중입니다. 단 40유로입니다.

  Sie ist im Sonderangebot. Nur 40 Euro.
  지- 이스트 임 존더안게보-트.   누어 피어치히 오이로.

- 빨강색 블라우스 있습니까?

  Haben Sie die Blusen auch in Rot?
  하-밴   지- 디 블루-잰 아욱흐 인 로-트?

- 아니오, 우리는 파랑색과 흰색으로만 있는데요.

  Nein, die haben wir nur noch in Blau und Weiß.
  나인, 디- 하-밴 뷔어 누어 녹흐 인 블라우 운트 봐이쓰.

- 검정색 블라우스도 있어요?

  Haben Sie die auch in Schwarz?
  하-밴 지- 디- 아욱흐 인 슈봐르츠?

> 여기서 die는 지시대명사이다. 가리키는 대상은 그 위의 die Bluse이다.

- 이 셔츠를 입으니까 금방 훨씬 좋아 보인다.

  Mit dem Hemd siehst du gleich viel besser aus.
  미트 뎀 햄트 지-스트 두- 글라이히 피-ㄹ 배써 아웃스.

- 어떤 셔츠가 내게 더 잘 어울립니까?

  Welches Hemd steht mir besser?
  밸해스 햄트 스테-트 미어 배써?

- 이 셔츠 맘에 듭니까?

  Wie gefällt Ihnen dieses Hemd?
  비- 게팰트 이-낸 디제스 햄트?

- 좋습니다. 이것을 사지요.

  Gut. Das nehme ich.
  구-트. 다스 네-매 이히.

- 이 셔츠를 다른 색으로도 가지고 있습니까?

  Haben Sie das Hemd in einer anderen Farbe?
  하-밴 지- 다스 햄트 인 아이너 안더랜 파르배?

- 그것은 연두색과 청색도 있습니다.

  Das gibt es noch in Grüne und Blau.
  다스 깁트 앳스 녹흐 인 그뤼-내 운트 블라우.

- 이 양말들은 어때요?

  Wie gefallen Ihnen diese Socken?
  비- 게팔랜 이-낸 디-재 조캔?

- 아니오, 그거 안 살래요.

  Nein, die nehme ich nicht.
  나인, 디- 네-매 이히 니힡트.

- 여름에는 어떤 옷을 입으십니까?

  Was tragen Sie im Sommer?
  봣스 트라-갠 지- 임 좀머?

- 저는 여름에 늘 티셔츠를 입어요.

  Im Sommer trage ich immer T-Shirts.
  임 좀머 트라-개 이히 임머 티-셔츠.

- 넥타이는 전혀 안 매시나요?

  Tragen Sie nie eine Krawatte?
  트라-갠 지- 니- 아이내 크라봐태?

- 아뇨, 사무실에서는 매요. 하지만 여가 시간에는 안 하죠.

  Doch, im Büro, aber in der Freizeit nie.
  독흐, 임 뷰로-, 아-버 인 데어 프라이차이트 니-.

- 가끔 치마를 입습니까?

  Tragen Sie manchmal einen Rock?
  트라-갠 지- 많히마-ㄹ- 아이낸 록?

- 예, 저는 거의 치마를 입는 편이에요.

  Ja, ich trage fast immer einen Rock.
  야-, 이히 트라-개 파스트 임머 아이낸 록.

- 바지들을 즐겨 입고 다니십니까?

  Tragen Sie gern Hosen?
  트라-갠 지- 게른 호-잰?

- 아니오, 치마들이나 원피스들을 입는 걸 더 좋아해요.

  Nein, lieber Röcke oder Kleider.
  나인, 리-버 뢰-캐 오-더 클라이더.

---

der Schal(데어 샬) 스카프, 목도리

der Trainingsanzug(데어 트레닝안추-ㅋ-) 트레이닝복

der Pullover(데어 풀로-버) 스웨터

der Anzug(데어 안추-ㅋ) 양복

das T-Shirt(다스 타-셔트) 티셔츠

das Hemd(다스 햄트) 남방, 와이셔츠

der Slip(데어 슬립) 슬립

die Bluse(디 블루-제) 블라우스

der Gürtel(데어 귀어텔) 벨트

die Mütze(디 뮤채) 모자

der Bluson(데어 블루종) 점퍼

der Pullunder(데어 풀언더) (팔없는) 스웨터

der Mantel(데어 만텔) 외투

die Srickjacke(디 슈트릭야캐) 가디간

die Strümpfe(디 슈트륌패) 스타킹

die Jacke(디 야캐) 재킷

das Kostüm(다스 코스튐) 양장

die Jeans(디 진-스) 청바지

die Socken(디 조캔) 양말

die Unterhose(디 운터호-재) 팬티

die Krawatte(디 크라봣테) 넥타이

die Handschuhe(디 한트슈-애) 장갑

der Hut(데어 후-트) 모자

der Anorak(데어 아노-락) 파카

die Weste(디 베스태) 조끼

die Unterwäsche(디 운터뱃쉐) 속옷

das Sakko(다스 자코) 콤비

구두를 살 때

- 나는 구두를 한 켤레 사고 싶습니다.
  Ich möchte ein Paar Schuhe.
  이히 뫼히태 아인 파- 슈-애.

- 어떤 구두를 원하십니까?
  Was für Schuhe wünschen Sie?
  밧스 퓨어 슈-애 뷴샌   지-?

- 어떤 구두를 원하십니까?
  Was für welche möchten Sie?
  밧스 퓨어 뱰해 뫼히탠   지-?

- 검정 구두를 샀으면 합니다.
  Ich hätte gern schwarze Schuhe.
  이히 해태 게른 슈봐르채 슈-애.

- 나는 갈색 구두를 원합니다.
  Ich möchte braune Lederschuhe haben.
  이히 뫼히태 브라우내 레-더슈-애   하-밴.

- 굽이 높은 검정 구두를 원합니다.
  Schwarze Lederschuhe mit hohem Absatz.
  슈봐르채 레-더슈-애   미트 호-앰   압자츠.

- 굽이 낮은 구두를 원합니다.
  Ich wünsche Lederschuhe mit flachem Absatz.
  이히 뷴섀   레-더슈-애   미트 플랏햄 압자츠.

- 이 신발 37 반짜리도 있나요?
  Haben Sie diese Schuhe auch in Größe 37 1/2?
  하-밴 지- 디-재 슈-애 아욱흐 인 그뢰-쎄 37 1/2?

> **tipp** siebenunddreißig einhalb(지-벤운트드라이씨히 아인할프)라고 읽는다.

- 나는 신발 치수 38을 신습니다.
  Ich habe Größe 38.
  이히 하-배 그뢰-쎄 악흐트운트드라이씨히.

- 이 구두가 잘 맞을 겁니다.
  Ich glaube, diese Schuhe passen Ihnen gut.
  이히 글라우배, 디-재 슈-애 파쌘   이-낸 구-트.

- 이 구두를 신어 보십시오.

  Probieren Sie mal bitte diese Schuhe an!
  프로비-랜 지- 마-ㄹ 비태 디-재 슈-애 안!

- 구두 주걱 좀 주십시오.

  Geben Sie mir bitte einen Schuhanzieher!
  게-밴 지- 미어 비태 아이낸 슈-안치-어!

- 너무 꽉 조입니다./작습니다.

  Sie sind zu eng. / klein.
  지- 진트 추- 앵./클라인.

- 이 구두가 훨씬 더 편하네요.

  Diese Schuhe sind viel bequemer.
  디-제 슈-애 진트 피-ㄹ 베크베-머.

- 너무 넓어요.

  Sie sind zu breit.
  지- 진트 추- 브라이트.

- 구두가 여기서 조입니다.

  Die Schuhe drücken hier.
  디- 슈-애 드뤽캔 히어.

- 구두가 발가락을 조입니다.

  Die Schuhe drücken an den Zehen.
  디- 슈-애 드뤽캔 안 덴 체-앤.

- 그것은 제게 안 맞습니다.

  Sie passen mir nicht.
  지- 파쌘 미어 니힡트.

- 한 치수 더 큰 구두 있습니까?

  Haben Sie die Schuhe eine Nummer größer?
  하-밴 지- 디 슈-애 아이내 눔머 그뢰-써?

- 치수는 맞는데, 굽이 좀 높아요.

  Die Größe ist in Ordnung, aber der Absatz ist etwas hoch.
  디 그뢰-쌔 이스트 인 오르드눙, 아-버 디 압자츠 이스트 애트바스 혹흐.

- 이거 진짜 가죽입니까?

  Ist es echtes Leder?
  이스트 앳스 애히태스 레-더?

- 예, 이 구두는 좋은 가죽으로 만든 겁니다.

  Ja, diese Schuhe sind aus gutem Leder gearbeitet.
  야-, 디-재 슈-애 진트 아우스 구-탬 레-더 게아르바이테트.

문구류를 살 때

- 문방구가 어디 있습니까?

  Wo ist das Schreibwarengeschäft?
  보- 이스트 다스 슈라입봐-렌게섀프트?

- 편지지와 편지봉투가 필요합니다.

  Ich brauche Briefpapier und Umschläge.
  이히 브라욱해 브리-프파피어 운트 움슐래-개.

- 편지지와 편지봉투를 사려고 합니다.

  Ich möchte Briefpapier und Umschläge haben.
  이히 뫼히태 브리-프파피어 운트 움슐래-개 하-밴.

- 클립이 필요합니다.

  Ich möchte Büroklammern.
  이히 뫼히태 뷰로-클라머른.

- 싸인펜 있습니까?

  Gibt es bei Ihnen Filzschreiber?
  깁트 앳스 바이 이-낸 퓔츠슈라이버?

- 예, 여기 하나 있습니다.

  Hier ist einer.
  히어 이스트 아이너.

- 좋군요, 그것을 사겠습니다.

  Gut, den nehme ich.
  구-ㅌ, 덴 네-매 이히.

- 앨범 있습니까?

  Haben Sie Fotoalben?
  하-밴 지 포-토알밴?

- 예, 있습니다.

  Ja, wir haben welche.
  야-, 뷔어 하-밴 밸해.

- 볼펜 한 자루가 필요합니다.

  Ich brauche einen Kuli.
  이히 브라욱해 아이낸 쿨-리.

- 있습니까?

  Haben Sie einen?
  하-밴 지- 아이낸?

- 여기 하나 있습니다.

  Hier ist einer.
  히어   히스트 아이너.

- 여기 이건 3유로 80입니다. 하나 드릴까요?

  Der hier kostet drei Euro achtzig. Möchten Sie einen?
  데어 히어 코스태트 드라이 오이로 악흐치히. 뫼히탠   지- 아이낸?

- 자 있어요?

  Haben Sie ein Lineal?
  하-밴   지- 아인 리네알-?

- 어떤 종류의 자를 찾으시는데요?

  Was für ein Lineal suchen Sie denn?
  밧스 퓨어 아인 리네알- 주-ㄱ핸   지- 덴?

- 여기 이게 맞나요?

  Ist das richtig?
  이스트 다스 리히티히?

- 여기 딱 하나 있습니다.

  Hier ist nur eins.
  히어   이스트 누어 아인스.

- 서류 정리철은 어디 있습니까?

  Wo stehen die Ordner?
  보- 슈테-엔 디 오르드너?

- 노트패드가 하나 필요합니다.

  Ich möchte einen Block.
  이히 뫼히태   아이낸   록.

- 이거 맞습니까?

  Ist der richtig?
  이스트 데어 리히티히?

- 아니오, 그것은 너무 큽니다.

  Nein, der ist viel zu groß.
  나인,   데어 이스트 피-ㄹ 추- 그로-쓰.

- 독일공업규격품 A4-메모용지 있나요?

  Haben Sie einen DIN A4-Block?
  하-밴   지- 아이낸   딘 아피어-블록?

- 예, 그것은 여기 있습니다.

  Ja, den haben wir hier.
  야-, 덴   하-밴   뷔어 히어.

X. 독일에서의 생활을 위한 표현 **873**

- 크립보드 있습니까?

  Haben Sie ein Clipboard?
  하-밴 지- 아인 클립보-드?

- 어떤 종류의 크립보드를 원하십니까?

  Was für ein Clipboard möchten Sie?
  밧스 퓨어 아인 클리보-트 뫼히탠 지-?

- 녹색이면서 실용적인 클립보드를 원합니다.

  Ein grünes und praktisches.
  아인 그뤼-내스 운트 프락디쉐스.

- 여기 이것이 아주 최근 것입니다.

  Dieses hier ist ganz neu.
  디제스 히어 이스트 간츠 노이.

Hefte (das Heft)(헤프태(다스 헤프트)) 노트

Lineale (das Lineal)(리네알-레(다스 리네알-)) 자

Bleistifte (der Bleistift)(블라이슈티프태(데어 블아이슈티프트)) 연필

Notizbücher (das Notizbuch)(노티츠뷫혀(다스 노티츠북흐)) 메모장

Klebstifte (der Klebstift)(클렙슈티프태(데어 클렙슈티프트)) 풀

Radiergummis (der Radiergummi)(라디어구미스(데어 라디어구미)) 지우개

Klebstoffe (der Klebstoff)(클렙슈토페(데어 클렙슈토프)) 풀

Briefpapiere (das Briefpapier)(브리-프파피-레(다스 브리-프파피어)) 편지지

Briefumschläge(der Briefumschlag)(브리-프움슐래-게(데어 브리-프움슐락)) 편지봉투

das Geschenkpapier(다스 게솅크파피어) 선물포장지

Scheren (die Schere)(치렌(데어 치르켈)) 가위

Kartenspiele (das Kartenspiel)(카르텐슈피-래(다스 카르텐슈피-ㄹ)) 포커용카드

Postkarten (die Postkarte)(포스트카르탠(디 포스트카르태)) 우편엽서

Zirkel (der Zirkel)(치르켈(데어 치르켈)) 콤파스

Büroklammern (die Büroklammer)(뷰로-클라머른(디 뷰로-클라머)) 클립

Ordner (der Ordner)(오르드너(데어 오르드너)) 서류정리철

Farbstifte (der Farbstift)(파릅슈티프태(데어 파릅슈티프트)) 색연필

Tinten (die Tinte)(틴탠(디 틴태)) 잉크   Füller (der Füller)(퓰러(데어 퓰러)) 만년필

Kulis (der Kuli)(쿨리스(데어 쿨리)) 볼펜   das Clipboard(다스 클립보-드) 크립보드

das Klebeband(다스 클레-베반트) 스카치 테이프

die Klemmmappe(디 클렘마페) 크립화일

die Zettelbox(디 체텔복스) 메모지박스

서점에서

- 나는 독-영 사전을 원합니다.

  Ich möchte ein Deutsch-Englisches Wörterbuch.
  이히 뫼히태   아인 도이취-앵글리쉐스   뵈르터북흐.

- 그것 좀 보여주시겠습니까?

  Können Sie es mir zeigen?
  쾬낸   지- 앳스 미어 차이갠?

- 그것은 2층에 있습니다.

  Es ist im ersten Stock.
  앳스 이스트 임 애어스탠 슈톡.

- 2층으로 올라가십시오.

  Bitte gehen Sie in den ersten Stock hinauf!
  비태 게-앤 지- 인 덴 애어스탠 슈톡 히나우프!

- 그리고 그것(들)을 구경하십시오.

  Und sehen Sie es/sie sich an!
  운트 제-앤   지- 앳스/지- 짙히 안!

- 제목이 어떻게 됩니까?

  Wie lautet der Titel?
  비- 라우테트 데어 티-텔?

- 여기 정확한 제목이 있습니다.

  Hier ist der genaue Buchtitel.
  히어 이스트 데어 게나우애 북흐티텔.

- 공교롭게도 그것들은 이미 다 팔렸습니다.

  Leider sind sie schon ausverkauft.
  라이더 진트 지 쇼-ㄴ   아웃스페어카우프트.

- 그 책을 주문할 수 있을까요?

  Kann ich das Buch bestellen?
  칸   이히 다스 북흐   배슈텔랜?

- 영어 책들은 어디 있습니까?

  Wo stehen die englischen Bücher?
  보- 슈테앤   디 엥글리쉔   뷰허?

- 전공서적을 찾습니다. 이것이 제목입니다.

  Ich suche ein Fachbuch. Das ist der Titel.
  이히 주-ㄱ해 아인 팍흐북흐.   다스 이스트 데어 티-텔.

X. 독일에서의 생활을 위한 표현

- 공교롭게도 그것이 없습니다.
  Das haben wir leider nicht.
  다스 하-밴 뷔어 라이더 니힡트.

- 지금은 그 책이 없습니다.
  Im Moment haben wir das Buch leider nicht da.
  임 모-멘트 하-밴 뷔어 다스 북흐 라이더 니힡트 다-.

- 그 책은 절판됐습니다.
  Das Buch ist vergriffen.
  다스 북흐 이스트 페어그리픈.

- 지금은 그 책 재고가 없습니다.
  Im Moment haben wir das Buch leider nicht vorrätig.
  임 모-멘트 하-밴 뷔어 다스 북흐 라이더 니힡트 포-어래티히.

- 그렇지만 그것을 기꺼이 주문해드리겠습니다.
  Wir bestellen es Ihnen aber gerne.
  뷔어 배슈텔랜 앳스 이-낸 아-버 게르내.

- 언제 그 책을 가지러 올 수 있지요?
  Wann kann ich denn das Buch abholen?
  반 칸 이히 덴 다스 북흐 압홀-랜?

- 4일 후에 오십시오.
  In vier Tagen.
  인 피어 타-갠.

- 손님께 통지를 보내겠습니다.
  Wir schicken Ihnen eine Nachricht.
  뷔어 쉬캔 이-낸 아이내 낙흐리히트.

- 주문하실 겁니까?
  Wollen Sie es bestellen?
  볼랜 지- 앳스 배슈텔랜?

- 시가 지도가 있습니까?
  Haben Sie Stadtpläne?
  하-밴 지- 슈탈트플래-내?

- 어떤 것을 원하십니까?
  Was für einen möchten Sie?
  밧스 퓨어 아이낸 뫼히탠 지-?

- 작고 실용적인 시가 지도를 원합니다.
  Einen kleinen und praktischen.
  아이낸 클라이낸 운트 프락티쉔.

- 여기 이것이 아주 최근 것입니다.
  Dieser hier ist ganz neu.
  디-저 히어 이스트 간츠 노이.

- 이 책에 교통노선이 들어 있습니까?
  Stehen in diesem Band auch die Verkehrslinien?
  슈테-앤 인 디-젬 반트 아욱흐 디 페어케어스리니-엔?

- 연애소설을 한 권 사고 싶습니다.
  Ich möchte einen Liebesroman kaufen.
  이히 뫼히태 아이낸 리-베스로망 카우팬.

면세품을 구입할 때

- 면세점은 어디 있습니까?
  Wo ist der Duty-Free-Shop?
  보- 이스트 데어 듀티-프리-숍?

- 얼마까지 면세가 됩니까?
  Wie viel kann ich zollfrei kaufen?
  비- 피-ㄹ 칸 이히 쫄프라이 카우팬?

- 어느 브랜드를 원하십니까?
  Welche Marke möchten Sie?
  밸해 마르캐 뫼히탠 지-?

- 이 가게에서는 면세로 살 수 있습니까?
  Kann ich hier bei Ihnen zollfrei einkaufen?
  칸 이히 히어 바이 이-낸 쫄프라이 아인타우팬?

- 여권을 보여주시겠습니까?
  Würden Sie mir Ihren Pass zeigen?
  뷰르댄 지- 미어 이어랜 파쓰 차이갠?

⑪ 병원

독일에서는 먼저 가정의원(Allgemeinearzt)에서 의사가 진료를 한다. 종합병원으로 가려면 여기서 의뢰서(Überweisung)를 받거나 일반의원(Arzt)에서 의뢰를 받아야 한다. 일반의원은 한국에서처럼 직접가면 된다. 어느 의원이든 먼저 예약을 해야 한다. 전화예약이 기본이며 직접 접수창구를 찾아 "Wann kann ich einen Termin haben?"(어느 시간대에 약속을 할 수 있습니까?), "Ich möchte mich zur Sprechstunde anmelden."(진찰접수를 하고 싶습니다.)라고 한다. 의사가 진찰할 때 "Was fehlt Ihnen denn?"(어디가 편찮으십니까?)라고 말한다. 여행 중에 급히 호텔 등에서 의사가 필요할 때는 "Rufen Sie bitte schnell einen Arzt!"(빨리 의사를 불러 주십시오.)라고 한다.

병원에 갈 때

- 빨리 의사를 불러 주세요.
  Rufen Sie bitte schnell einen Arzt!
  루-팬 지- 비태 슈넬 아이낸 아르츠트.

- 의사 선생님 좀 모셔 오십시오.
  Holen Sie bitte einen Arzt!
  홀-랜 지- 비태 아이낸 아르츠트.

- 저를 의원에 좀 데려다 주십시오.
  Bringen Sie mich bitte zum Arzt!
  브링앤 지- 미히 비태 춤 아르츠트!

- 저를 병원에 좀 데려다 주세요.
  Bringen Sie mich bitte zum Krankenhaus!
  브링앤 지- 미히 비태 춤 크랑켄하우스!

- 저를 병원으로 좀 데려다 주시겠습니까?
  Würden Sie mich bitte zum Krankenhaus bringen?
  뷰르댄 지- 미히 비태 춤 크랑켄하우스 브링앤?

- 의사를 좀 불러줄 수 있습니까?
  Können Sie einen Arzt holen?
  쾐낸 지- 아이낸 아르츠트 홀-랜?

- 저에게 좋은 의사를 추천해줄 수 있습니까?

  Können Sie mir einen guten Arzt empfehlen?
  캰낸 지- 미어 아이낸 구-탠 아르츠트 엠펠-랜?

- 제게 내과의사를 한 분 추천해주시겠습니까?.

  Können Sie mir einen Internisten empfehlen?
  캰낸 지- 미어 아이낸 인터니스탠 엠펠-랜?

- 혹시 좋은 의사선생님을 알고 있습니까?

  Kennen Sie vielleicht einen guten Arzt?
  캰낸 지- 필라이히트 아이낸 구-탠 아르츠트?

- 내가 의원에다 진료 신청을 하고 택시를 부르겠습니다.

  Ich melde Sie beim Arzt an und bestelle auch ein Taxi.
  이히 멜대 지- 바임 아르츠트 안 운트 배슈텔래 아욱흐 아인 타-ㅋ시.

- 그때까지 누워 계십시오.

  Legen Sie sich solange hin.
  레-갠 지- 지히 조-랑애 힌.

- 병원이 어디 있습니까?

  Wo ist das Krankenhaus?
  보- 이스트 다스 크랑켄하우스?

- 구급차를 불러주세요.

  Rufen Sie einen Rettungswagen!
  루-팬 지- 아이낸 레퉁스봐-갠!

- 당신 안 좋아 보입니다. 의원에 가셔야해요.

  Sie sehen ja schlecht aus. Sie müssen zum Arzt gehen.
  지- 제-앤 야- 슐래힐트 아웃스. 지- 뮤쌘 춤 아르츠트 게-앤.

- 의사에게 좀 가보십시오.

  Gehen Sie zum Arzt!
  게-앤 지- 춤 아르츠트!

- 진찰 좀 받아 보세요.

  Lassen Sie sich mal untersuchen!
  랏샌 지- 지히 마-ㄹ 운터주-ㄱ핸!

- 나는 진찰을 받기 위해서 의원에 갑니다.

  Ich gehe zum Arzt, um mich untersuchen zu lassen.
  이히 게-애 춤 아르츠트, 움 미히 운터주-ㄱ핸 추- 랏샌.

- 그는 몸이 아파서 병원에 갑니다.

  Er geht zum Arzt, weil er krank ist.
  애어 게-트 춤 아르츠트, 봐일 애어 크랑크 이스트.

- 그는 진찰 받으러 의원에 갔습니다.
  Er ist zum Arzt gegangen, um sich untersuchen zu lassen.
  애어 이스트 춤 아르츠트 게강앤, 움 지히 운터주-ㄱ핸 추- 랏샌.

- 제 아내는 주사를 맞으러 의원에 갔습니다.
  Meine Frau ist zum Arzt gegangen, um sich eine Spritze geben zu lassen.
  마이내 프라우 이스트 춤 아르츠트 게강앤, 움 지히 아이내 슈프릿채 게-밴 추- 랏샌.

접수창구에서

- 진찰접수를 시키려고 합니다.
  Ich möchte mich zur Sprechstunde anmelden.
  이히 뫼히태 미히 추어 슈프레히슈툰대 안멜댄.

- 진찰을 받고 싶습니다.
  Ich möchte mich untersuchen lassen.
  이히 뫼히태 미히 운터주-ㄱ핸 랏샌.

- 진료시간이 언제입니까?
  Wann ist die Sprechstunde?
  반 이스트 디 슈프레히슈툰대?

- 의사선생님과 상담을 하고 싶습니다.
  Ich möchte den Herrn Doktor sprechen.
  이히 뫼히태 덴 해른 독토어 슈프렣핸.

- 의사 선생님 좀 뵙고 싶습니다.
  Ich möchte zum Herrn Doktor.
  이히 뫼히태 춤 해른 독토어.

- 의사 선생님 좀 뵙고 싶습니다.
  Ich möchte zur Frau Doktor.
  이히 뫼히태 추어 프라우 독토어.

- 어느 시간대에 약속을 할 수 있습니까?
  Wann kann ich einen Termin haben?
  반 칸 이히 아이낸 테어민- 하-밴?

- 이미 진료예약을 했는데요. 제 이름은 김입니다.
  Ich habe schon einen Termin. Ich heiße Kim.
  이히 하-배 쇼-ㄴ 아이낸 터르민-. 이히 하이쌔 킴.

- 저는 전화로 접수했습니다.
  Ich habe mich telefonisch angemeldet.
  이히 하-배 미히 텔레포-니쉬 안게멜데트.

- 저희한테 예약하셨습니까?

  Haben Sie sich schon bei uns angemeldet?
  하-밴   지- 지히   쇼-ㄴ-   바이 운스 안게멜데트?

- 예, 예약했는데요.

  Ja, ich habe mich schon angemeldet.
  야-, 이히 하-배 미히   쇼-ㄴ   안게멜데트.

- 지금 곧 가도 돼요?

  Kann ich gleich kommen?
  칸   이히 글라이히 콤맨?

- 위급합니다.

  Es ist ein Notfall.
  앳스 이스트 아인 노트팔.

- 전에 저희 의원에 오신 적이 있으신가요?

  Waren Sie schon mal bei uns?
  봐-랜   지- 쇼-ㄴ- 마-ㄹ- 바이 운스?

- 예, 그럼요. 제 이름은 박입니다.

  Ja, Park ist mein Name.
  야-, 팍   이스트 마인 나-매.

- 아니오, 오늘이 처음입니다.

  Nein, ich komme zum erstenmal zu Ihnen.
  나인, 이히 콤매   춤   애어스탠마-ㄹ- 추- 이-낸.

- 이미 저희 의원에 오신 적이 있습니까?

  Sind Sie schon einmal bei uns gewesen?
  진트 지- 쇼-ㄴ- 마-ㄹ- 바이 운스 게베-잰?

- 아니오, 아직 없는데요.

  Nein, noch nicht.
  나인, 녹흐 니힡트.

- 며칠 전에 독감 때문에 온 적이 있습니다.

  Ich war vor einigen Tagen bei Ihnen wegen einer Grippe.
  이히 봐- 포어 아이니갠 타-갠   바이 이-낸   베-갠   아이너 그립패.

- 가정의로부터 의뢰서를 받았습니다.

  Ich habe eine Überweisung vom Hausarzt.
  이히 하-배 아이내 위-버봐이중   폼   하우스아르츠트.

- 의료보험카드를 가지고 계신가요?

  Haben Sie Ihre Krankenkarte dabei?
  하-밴   지- 이어래 크랑켄카르태   다바이?

- 다음에 그것을 꼭 가져오십시오.

  Vergessen Sie bitte nicht, sie das nächste Mal mit zu bringen!
  페어게쌘   지- 비태 니힡트, 지- 다스 낵스태   마-ㄹ 미트 추- 브링앤!

- 의료보험증을 가지고 오셨습니까?

  Haben Sie Ihren Krankenschein mitgebracht?
  하-밴   지- 이어랜 크랑켄샤인   미트게브락흐트?

- 아니오, 내일 의료보험증을 낼게요.

  Nein, ich will den Krankenschein morgen abgeben.
  나인, 이히 빌 덴   크랑켄샤인   모르갠   압게-밴.

- 아니오, 집에 두고 왔습니다.

  Nein, den habe ich zu Hause liegen lassen.
  나인, 덴 하-배 이히 추- 하우재 리-갠   랏샌.

- 다음번에 그것을 가져오십시오.

  Bringen Sie ihn das nächste Mal mit!
  브링앤   지- 인 다스 낵스태 마-ㄹ 미트!

- 어느 보험에 가입하셨습니까?

  Wo sind Sie denn versichert?
  보- 진트 지- 덴   페어짙허르트?

- 어떤 의료보험에 들어있습니까?

  Bei welcher Krankenkasse sind Sie versichert?
  바이 밸혀   크랑켄캇새   진트 지- 페어짙허르트?

- 저는 아오카(AOK)에 보험을 들었습니다.

  Ich bin bei der AOK versichert.
  이히 빈 바이 데어 아오카 페어짙허르트.

- 미리 예약하고 오셨습니까?

  Haben Sie sich schon angemeldet?
  하-밴   지- 지히 쇼-ㄴ 안게멜데트?

- 9시 반에 약속을 받았습니다.

  Ich habe heute um halb zehn einen Termin.
  이히 하-배 호이태 움   할프 체-ㄴ 아이낸 테어미-ㄴ.

- 오늘 시간약속이 있습니까?

  Haben Sie für heute einen Termin?
  하-밴   지- 퓨어 호이태 아이낸 테어미-ㄴ?

- 예, 10시에 오기로 했습니다.

  Ja, ich sollte um 10 Uhr kommen.
  야-, 이히 졸태 움   체-ㄴ 우-어 콤맨.

- 약속을 받지는 않았는데, 너무 급합니다.

  Ich habe keinen Termin, aber es ist dringend.
  이히 하-밴 카이낸 테어미-ㄴ, 아-버 앳스 이스트 드링앤트.

- 가능하면 빨리 진찰을 받고 싶습니다.

  Ich möchte mich möglichst gleich untersuchen lassen.
  이히 뫼히태 미히 뫼-클리히스트 글라이히 운터주-ㄱ핸 랏샌.

- 대기실에서 좀 앉아계십시오.

  Nehmen Sie bitte im Wartezimmer Platz.
  네-맨 지- 비태 임 봐르테침머 플랏츠.

- 대기실로 가십시오.

  Gehen Sie bitte ins Wartezimmer!
  게-앤 지- 비태 인스 봐르테침머!

- 곧 불러드리겠습니다.

  Ich rufe Sie gleich auf.
  이히 루-패 지- 글라이히 아우프.

- 순서가 되면 알려드리겠습니다.

  Ich sage Ihnen Bescheid, wenn Sie dran sind.
  이히 자-개 이-낸 배샤이트, 밴 지- 드란 진트.

- 1번 진찰실로 들어가십시오.

  Gehen Sie bitte ins Sprechzimmer 1.
  게-엔 지- 비태 인스 슈프레히침머 아인스.

- 오늘 9시에 약속 받았으나, 갈 수가 없습니다.

  Ich habe heute um 9 Uhr einen Termin, aber ich kann nicht kommen.
  이히 하-배 호이태 움 노인 우-어 아이낸 테어미-ㄴ, 아-버 이히 칸 니힡트 콤맨.

- 다른 기일을 받을 수 있을까요?

  Kann ich bitte einen anderen Termin haben?
  칸 이히 비태 아이낸 안더랜 테어미-ㄴ 하-밴?

- 저는 오후에만 갈 수 있습니다.

  Ich kann nur nachmittags kommen.
  이히 칸 누어 낙흐미타-크스 콤맨.

증상을 물을 때

- 의자에 앉으세요.

  Bitte, setzen Sie sich auf den Stuhl!
  비태, 제챈 지- 지히 아우프 덴 슈투-ㄹ!

X. 독일에서의 생활을 위한 표현 **883**

- 어디가 아프십니까?

  Wo tut es Ihnen weh?
  보- 투-트 앳스 이-낸 베-?

- 어디가 아프세요?

  Wo tut es weh?
  보- 투-트 앳스 베-?

- 어디가 아프십니까?

  Was fehlt Ihnen denn?
  밧스 페-르트 이-낸 덴?

- 어디가 아프십니까?

  Wo haben Sie Schmerzen?
  보- 하-밴 지- 슈메르챈?

- 어디가 아프십니까?

  Was für Beschwerden haben Sie?
  밧스 퓨어 배슈베르댄 하-밴 지-?

- 여기가 아픕니까?

  Tut es hier weh?
  투-트 앳스 이어 베-?

- 무슨 일로 제게 오셨습니까?

  Was führt Sie zu mir?
  밧스 퓨-르트 지- 추- 미어?

- 자, 무슨 일이십니까?

  Na, was ist los?
  나-, 밧스 이스트 로-스?

- 무슨 증세가 있습니까?

  Haben Sie irgendwelche Beschwerden?
  하-밴 지- 이르겐트밸해 배슈베르댄?

- 뭐가 잘못됐습니까?

  Ist etwas nicht in Ordnung?
  이스트 애트밧스 니힐트 인 오르드눙?

- 목이 아픕니까?

  Haben Sie Halsschmerzen?
  하-밴 지- 할스슈메르챈?

- 두통이 있습니까?

  Haben Sie Kopfschmerzen?
  하-밴 지- 콥프슈메르챈?

- 식욕이 있습니까?

  Haben Sie Appetit?
  하-밴   지- 아페티트?

- 식욕은 어떠십니까?

  Wie ist Ihr Appetit?
  비-   이스트 이어 아페티트?

- 식사를 아주 조금 드시나요?

  Essen Sie zuwenig?
  앳샌   지 추-베-니히?

- 열이 있습니까?

  Haben Sie Fieber?
  하-밴이   지- 피-버?

- 열이 있습니까?

  Haben Sie Temperatur?
  하-밴   지- 템퍼라투-어?

- 체온을 재어 보셨나요?

  Haben Sie schon Temperatur gemessen?
  하-밴   지- 쇼-ㄴ- 템퍼라투-어   게메쌘?

- 열이 몇 도나 되지요?

  Wie hoch ist das Fieber?
  비-   호흐 이스트 다스 피-버?

- 체온이 몇 도였습니까?

  Wie hoch war das Fieber?
  비- 호흐 봐- 다스 피-버?

- 지금 즉시 재어봅시다.

  Nun wollen wir gleich Ihre Temperatur messen.
  눈   볼랜   뷔어 글라이히 이어래 템퍼라투-어   메쌘.

- 정말 열이 있네요.

  Das ist richtiges Fieber!
  다스 이스트 리히티개스 피-버.

- 옷을 벗어주십시오.

  Machen Sie sich bitte frei!
  막핸   지- 지히   비태 프라이!

- 혀를 보여주세요.

  Zeigen Sie mir die Zunge!
  차이갠   지- 미어 디 충애!

- 기침을 해보세요.

  Husten Sie!
  후스탠   지-!

- 통증이 심합니까?

  Haben Sie starke Schmerzen?
  하-밴   지- 슈타르케 슈메르챈?

- 언제부터 통증이 있나요?

  Seit wann haben Sie Schmerzen?
  자이트 반   하-밴   지- 슈메르챈?

- 언제부터 아프십니까?

  Seit wann sind Sie schon krank?
  자이트 반   진트   지- 쇼-ㄴ   크랑크?

- 그런 증세가 나타난 지 얼마나 되었지요?

  Wie lange haben Sie das schon?
  비-   랑애   하-밴   지- 다스 쇼-ㄴ?

- 약을 드셨어요?

  Haben Sie Medikamente genommen?
  하-밴   지- 메디카멘태   게놈맨?

- 거기에 대처하여 무엇을 하셨습니까?

  Was haben Sie dagegen unternommen?
  밧스 하-밴   지- 다게-갠   운터놈맨?

- 거기에 대처하여 무엇을 하셨습니까?

  Was haben Sie dagegen getan?
  밧스 하-밴   지- 다게-갠   게타-ㄴ?

- 뭐 좀 복용하셨습니까?

  Haben Sie etwas eingenommen?
  하-밴   지- 애트밧스 아인게놈맨?

- 벌써 어떤 약을 복용하셨습니까?

  Haben Sie schon irgendwelche Medikamente genommen?
  하-밴   지- 쇼-ㄴ   이르겐트밸해   메디가카멘태   게놈맨?

- 다시 옷을 입으십시오.

  Kleiden Sie sich wieder an!
  클라이댄   지- 지히   비-더   안!

- 어디를 다치셨나요?

  Wo haben Sie sich verletzt?
  보-   하-밴   지- 지히   페어랫츠트?

- 발을 다치셨나요?

  Haben Sie sich den Fuß verletzt?
  하-밴 지- 지히 덴 푸-쓰 페어랫츠트?

- 잠을 거의 못 주무십니까?

  Schlafen Sie zuwenig?
  슐라-팬 지- 추-베-니히

- 산책을 거의 안 하십니까?

  Gehen Sie zuwenig spazieren?
  게-앤 지- 추베-니히 슈파치-랜?

- 운동을 거의 안 하십니까?

  Treiben Sie zuwenig Sport?
  트라이밴 지- 추-베-니히 슈포-트?

- 운동을 규칙적으로 하세요?

  Treiben Sie regelmäßig Sport?
  트라이밴 지- 레겔매-씨히 슈포-트?

- 담배를 많이 피우십니까?

  Rauchen Sie zu viel?
  라욱핸 지- 추- 피-ㄹ?

- 술을 많이 드십니까?

  Trinken Sie zu viel Alkohol?
  트링캔 지- 추 피-ㄹ 알코홀?

- 커피를 많이 드십니까?

  Trinken Sie zu viel Kaffee?
  크링캔 지- 추- 피-ㄹ 카페?

- 일을 많이 하십니까?

  Arbeiten Sie zu viel?
  아르바이탠 지- 추- 피-ㄹ?

- 화를 많이 내십니까?

  Regen Sie sich zu viel auf?
  레-갠 지- 지히 추- 피-ㄹ 아우프?

- 주사를 맞으세요.

  Lassen Sie sich eine Spritze geben!
  랏샌 지- 지히 아이내 슈프릿채 게-밴!

- 자리에 좀 누워 계십시오.

  Legen Sie sich bitte ins Bett!
  레-갠 지- 지히 비태 인스 배트!

X. 독일에서의 생활을 위한 표현 **887**

- 심한 감기에 걸리셨군요.
  Sie haben eine starke Erkältung.
  지- 하-밴   아이내 슈타르캐 애어캘퉁.

- 아주 심한 감기에 걸렸군요.
  Sie haben sich sehr schwer erkältet.
  지- 하-밴   지히 제어 슈베-어   애어캘테트.

- 재킷을 따뜻하게 입으세요.
  Ziehen Sie sich bitte eine warme Jacke an!
  지-엔   지- 지히 비태 아이낸 봐르메   약캐   안!

- 그렇지 않으면 감기에 걸립니다.
  Sonst erkälten Sie sich.
  존스트 애어캘탠   지- 지히.

- 며칠 침대에 누워계십시오.
  Bleiben Sie einige Tage im Bett!
  블라이밴 지- 아이니개 타-개 임   배트!

- 전혀 심각한 것이 아닙니다.
  Es ist nichts Ernstes.
  앳스 이스트 니힡츠 애른스태스.

- 내과의사에게 당신을 위임해 드리겠습니다.
  Ich werde Sie an einen Internisten überweisen.
  이히 베르대 지- 안 아이냄 인터니스탠   위-버봐이잰.

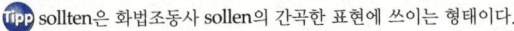 der/ein Internist, den/einen Internisten 내과의사

- 담배를 그렇게 많이 피우면 안 됩니다.
  Sie sollten nicht so viel rauchen.
  지 졸탠   니힡트 조- 피-ㄹ 라욱핸.

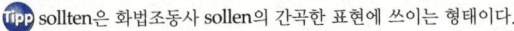 sollten은 화법조동사 sollen의 간곡한 표현에 쓰이는 형태이다.

신체의 이상을 말할 때

- 저는 몸이 좋지 않습니다.
  Ich fühle mich nicht wohl.
  이히 퓌-ㄹ래 미히   니힡트 보-올.

- 저는 몸이 좋지 못합니다.

  Mir ist schlecht.
  미어 이스트 슐래흩트.

- 저는 몸이 아주 좋지 않습니다.

  Es geht mir gar nicht gut.
  앳스 게-트 미어 가- 니힡트 구-트.

- 저는 컨디션이 안 좋습니다.

  Ich fühle mich einfach schlecht.
  이히 퓌-ㄹ래 미히 아인팍흐 슐래흩트.

- 저는 며칠 전부터 몸이 편치 않습니다.

  Ich fühle mich seit einigen Tagen nicht wohl.
  이히 퓌-ㄹ래 미히 자이트 아이니갠 타-갠 니힡트 보-올.

- 잠이 안 옵니다.

  Ich kann nicht einschlafen.
  이히 칸 니힡트 아인슐라-팬.

- 저는 몸이 아파요.

  Ich bin krank.
  이히 빈 크랑크.

- 온몸이 다 아파요.

  Es tut mir alles weh.
  앳스 투-트 미어 알랫스 베-.

- 여기저기 쑤셔요.

  Es tut mir überall weh.
  앳스 투-트 미어 위-버랄 베-.

- 진찰을 받고 싶습니다.

  Ich möchte mich untersuchen lassen.
  이히 뫼히태 미히 운터주-ㄱ핸 랏샌.

- 예, 두통이 납니다.

  Ja, ich habe Kopfschmerzen.
  야-, 이히 하-배 콥프슈메르챈.

- 현기증이 납니다.

  Mir ist schwindlig.
  미어 이스트 슈뷘들릿히.

- 어지러워요.

  Mir ist es schwindlig.
  미어 이스트 앳스 슈뷘들릿히.

- 가끔 어지럼증이 있어요.
  Ich habe öfter ein Schwindelgefühl.
  이히 하-배 외프터 아인 슈빈델게퓔-.

- 편두통이 있어요.
  Ich habe Migräne.
  이히 하-배 미그래-내.

- 두통이 있습니다.
  Ich habe Kopfschmerzen.
  이히 하-배 콥프슈메르챈.

- 나는 머리가 아픕니다.
  Mir tut der Kopf weh.
  미어 투-트 데어 콥프 베-.

- 나는 머리가 아픕니다.
  Mein Kopf tut weh.
  마인 콥프 투-트 베-.

- 머리가 아픕니다.
  Ich habe Kopfweh.
  이히 하-배 콥프베-.

- 예, 저는 머리가 아픕니다.
  Ja, der Kopf tut mir weh.
  야-, 데어 콥프 투-트 미어 베-.

- 예, 머리가 너무 아픕니다.
  Ja, mein Kopf tut furchtbar weh.
  야-, 마인 콥프 투-트 후르흐트바- 베-.

- 저혈압이 있습니다.
  Ich habe niedrigen Blutdruck.
  이히 하-배 니-드리갠 블루트드룩.

- 과식을 했습니다.
  Ich habe zu viel gegessen.
  이히 하-배 추 피-ㄹ 게게-쌘.

- 저는 배가 아픕니다.
  Ich habe Bauchschmerzen.
  이히 하-배 바욱흐슈메르챈.

- 저는 복통이 있습니다.
  Ich habe Magenschmerzen.
  이히 하-배 마-겐슈메르챈.

- 여기 배가 아픕니다.

  Hier im Bauch.
  히어 임 바욱흐.

- 배에 통증이 있습니다.

  Ich habe Schmerzen im Bauch.
  이히 하-배 슈메르챈 임 바욱흐.

- 설사가 납니다.

  Ich habe Durchfall.
  이히 하-배 두르히팔.

- 구토증이 있습니다.

  Ich habe Brechreiz.
  이히 하-배 브레히라이츠.

- 토했습니다.

  Ich habe mich übergeben.
  이히 하-배 미히 위-버게-밴.

- 위경련이 있습니다.

  Ich habe Magenkrämpfe.
  이히 하-배 마-겐크램패.

- 위에 압박감이 느껴집니다.

  Ich habe Druckgefühl im Magen.
  이히 하-배 드룩게퓔- 임 마-갠.

- 위가 상했습니다.

  Ich habe mir den Magen verdorben.
  이히 하-배 미어 덴 마-갠 페어도르벤.

- 위가 좋지 않습니다.

  Ich habe Magenbeschwerden.
  이히 하-배 마-겐배슈베르댄.

- 위가 사르르 아픕니다.

  Ich habe Sodbrennen.
  이히 하-배 조-트브렌낸.

- 소화가 잘 안 됩니다.

  Ich habe schlechte Verdauung.
  이히 하-배 슐레히태 페어다우웅.

- 늘 소화가 안 됩니다.

  Ich habe immer Probleme mit der Verdauung.
  이히 하-배 임머 프로블레매 미트 데어 페어다우웅.

- 헛배가 부릅니다.
  Ich habe Blähungen.
  이히 하-배 블래-웅앤.

- 위궤양이 있습니다.
  Ich habe ein Magengeschwür.
  이히 하-배 아인 마-겐게슈뷰-어.

- 늘 손과 발이 차갑습니다.
  Ich habe immer kalte Füße und Hände.
  이히 하-배 임머 칼테 퓨-쌔 운트 앤데.

- 등이 쑤십니다.
  Ich habe Rückenschmerzen.
  이히 하-배 뤽켄슈메르챈.

- 저는 등이 쑤십니다.
  Ich habe Rückenweh.
  이히 하-배 뤽켄붸-.

- 등이 가렵습니다.
  Ich habe Juckreiz am Rücken.
  이히 하-배 유크라이츠 암 뤽켄.

- 피부발진이 있습니다.
  Ich habe einen Hautausschlag.
  이히 하-배 아이낸 하우트아우스슐락.

- 요통이 있습니다.
  Ich habe Rückenschmerzen.
  이히 하-배 뤽켄슈메르챈.

- 관절통이 있습니다.
  Ich habe Gelenkschmerzen.
  이히 하-배 겔렝크슈메르챈.

- 저는 치통이 있습니다.
  Ich habe Zahnschmerzen.
  이히 하-배 차-ㄴ슈메르챈.

- 치질이 있습니다.
  Ich habe Hämorriden.
  이히 하-배 해모리-댄.

- 변비입니다.
  Ich habe Verstopfung.
  이히 하-배 페어슈톱풍.

- 늘 추위를 탑니다.
  Ich friere immer.
  이히 프리에래 임머.

- 저는 감기에 걸렸습니다.
  Ich habe mich erkältet.
  이히 하-배 미히 애어캘테트.

- 저는 감기에 걸렸습니다.
  Ich habe eine Erkältung.
  이히 하-배 아이내 애어캘퉁.

- 저는 감기에 걸렸습니다.
  Ich bin erkältet.
  이히 빈 애어캘테트.

- 저는 감기에 걸린 것 같습니다.
  Ich glaube, ich bin erkältet.
  이히 글라우배, 이히 빈 애어캘테트.

- 저는 독감에 걸렸습니다.
  Ich habe eine furchtbare Erkältung.
  이히 하-배 아이내 후르흐트바-래 애어캘퉁.

- 저는 유행성 감기에 걸렸습니다.
  Ich habe eine Grippe.
  이히 하-배 아이내 그립패.

- 저는 기침이 조금 납니다.
  Ich habe ein bisschen Husten.
  이히 하-배 아인 비쓰핸 후-스탠.

- 3일 전부터 기침을 합니다.
  Seit drei Tagen habe ich Husten.
  자이트 드라이 타-갠 하-배 이히 후-스탠.

- 어제부터 감기 들었습니다.
  Seit gestern habe ich mich erkältet.
  자이트 게스턴 하-배 이히 미히 애어캘테트.

- 4일 전부터 저는 코감기에 걸렸습니다.
  Seit vier Tagen habe ich Schnupfen.
  자이트 피어 타-갠 하-배 이히 슈눕팬.

- 이런 기침을 한 게 벌써 2주전부터입니다.
  Diesen Husten habe ich schon seit zwei Wochen gehabt.
  디-잰 후-스탠 하-배 이히 쇼-ㄴ 자이트 츠바이 복핸 개합트.

- 이 감기를 모면하려면 어떻게 해야 합니까?

  Was muss ich tun, um diese Erkältung loszuwerden?
  밧스 무스 이히 투운, 움 디-재 애어캘퉁 로-스추-베어댄?

- 이 기침을 멈추게 하려면 어떻게 해야 합니까?

  Was muss ich tun, um diesen Husten loszuwerden?
  밧스 무스 이히 투운, 움 디-잰 후-스탠 로-스추-베어댄?

- 저는 열이 있습니다.

  Ich habe Fieber.
  이히 하-배 피-버.

- 예, 열이 38도나 됩니다.

  Ja, 38 Grad.
  야-, 악흐트운트드라이씨히 그라-트.

- 예, 오늘 아침에 38도 2부였습니다.

  Ja, am Morgen hatte ich achtunddreißig Komma zwei.
  야-, 암 모르갠 하태 이히 악흐트운트드라이씨히 콤마 츠바이.

- 아직 재보지 않았습니다.

  Ich habe noch nicht gemessen.
  이히 하-배 녹흐 니힐트 게메쌘.

- 그녀는 열이 약간 있습니다.

  Sie hat leichtes Fieber.
  지- 하트 라이히테스 피-버.

- 그는 열이 조금 있습니다.

  Er hat ein wenig Fieber.
  애어 하트 아인 베-니히 피-버.

- 그는 열이 있습니다.

  Er hat Fieber.
  애어 하트 피-버.

- 그녀는 열과 통증이 있습니다.

  Sie hat Fieber und Schmerzen.
  지- 하트 피-버 운트 슈메르챈.

- 그녀는 열이 있어서 자리에 누워 있습니다.

  Sie liegt mit Fieber im Bett.
  지- 리-ㄱ트 미트 피-버 임 배트.

- 나는 열 때문에 자리에 누워 있습니다.

  Ich liege mit Fieber im Bett.
  이히 리-ㄱ트 미트 피-버 임 배트.

- 숨을 쉴 때마다 온 몸이 쑤십니다.

  Beim Atmen tut mir alles weh.
  바임 아트맨 투-트 미어 알랫스 붸-.

- 숨을 쉴 때마다 등이 쑤십니다.

  Beim Atmen tut mir der Rücken weh.
  바임 아트맨 투-트 미어 데어 뤽캔 붸-.

- 숨을 쉴 때마다 배가 아파요.

  Beim Atmen tut mir der Bauch weh.
  바임 아트맨 투-트 미어 데어 바욱흐 붸-.

- 저는 눈이 부었습니다.

  Meine Augen sind geschwollen.
  마이내 아우갠 진트 게슈볼랜.

- 양 다리가 부었습니다.

  Meine Beine sind geschwollen.
  마이네 바이네 진트 게슈볼랜.

- 발이 너무 부었습니다.

  Mein Fuß ist zu dick.
  미인 푸-쓰 이스트 추- 딕.

- 발이 부었군요?

  Sie haben ja einen dicken Fuß
  지- 하-밴 야 아이낸 딕캔 푸-쓰.

- 저는 발을 삐었습니다.

  Ich habe mir den Fuß verstaucht.
  이히 하-배 미어 덴 푸-쓰 페어슈타욱흐트.

- 저는 발을 삐었습니다.

  Ich habe meinen Fuß verstaucht.
  이히 하-배 마이넨 푸-쓰 페어슈타욱흐트.

- 그는 다리가 부러졌습니다.

  Er hat sich das Bein gebrochen.
  애어 하트 지히 다스 바인 게브룩핸.

- 저는 손을 다쳤습니다.

  Ich habe mir die Hand verletzt.
  이히 하-배 미어 디 한트 페어렛츠트.

- 팔을 삐었습니다.

  Ich habe mir den Arm verrenkt.
  이히 하-배 미어 덴 아름 페어렝크트.

- 화상을 입으셨군요?
  Sie haben ja eine Verbrennung?
  지- 하-밴 야- 아이내 페어브렌눙?

- 요리를 하다가 데었어요.
  Ich habe mich beim Kochen verbrannt.
  이히 하-배 미히 바임 콕핸 페어브란트.

- 제 아들이 베었습니다.
  Mein Sohn hat sich geschnitten.
  마인 조-ㄴ 하트 지히 게슈니탠.

- 제 딸이 손에 상처가 났어요.
  Meine Tochter hat eine Wunde an der Hand.
  마이네 톡흐터 하트 아이내 분데 안 데어 한트.

- 그녀는 몸이 좋지 못합니다.
  Ihr ist schlecht.
  이어 이스트 슐래흘트.

- 변을 볼 때 통증이 있습니다.
  Beim Stuhlgang habe ich Schmerzen.
  바임 슈투-ㄹ강 하-배 이히 슈메르챈.

- 소변을 볼 때 통증이 있습니다.
  Beim Urinlassen habe ich Schmerzen.
  바임 우린-랏샌 하-배 이히 슈메르챈.

- 식욕이 없어요.
  Ich habe keinen Appetit.
  이히 하-배 카인 아페티트.

- 아무 것도 먹고 싶지 않습니다.
  Ich mag gar nichts essen.
  이히 막 가- 니흴츠 앳샌.

- 식욕을 잃었어요.
  Ich habe den Appetit verloren.
  이히 하-배 덴 아페티트 페어로-랜.

진찰할 때

- 이 문을 통해 진찰실로 들어가십시오.
  Gehen Sie bitte durch diese Tür ins Untersuchungszimmer!
  게-엔 지- 비태 두르히 디-재 튀-어 인스 운터주-ㄱ훙스침머!

- 오늘 기분이 좀 어떠세요?
  Wie fühlen Sie sich heute?
  비- 퓌-ㄹ랜 지- 지히 호이태?

- 검진해보겠습니다.
  Ich untersuche Sie gleich.
  이히 운터주-ㄱ허 지- 글라이히.

- 당신을 진찰해야 봐야겠습니다.
  Ich muss Sie untersuchen.
  이히 뭇스 지- 운터주-ㄱ헌.

- 배를 진찰해야 봐야겠습니다.
  Ich muss den Bauch untersuchen.
  이히 뭇스 덴 바욱흐 운터주-ㄱ헌.

- 상체를 좀 벗으십시오.
  Machen Sie bitte den Oberkörper frei!
  막핸 지- 비태 덴 오-버쾨르퍼 프라이!

- 침대에 누우세요.
  Legen Sie sich auf das Bett!
  레-갠 지- 지히 아우프 다스 배트!

- 의사 선생님이 당신을 아주 잘 진찰하실 수 있도록 침대에 누우십시오.
  Bitte legen Sie ins Bett, damit der Arzt Sie besser untersuchen kann!
  비태 레-갠 지- 인스 배트, 다미트 데어 아르츠트 지- 배써 운터주-ㄱ헌 칸!

- 붕대를 매 주겠습니다.
  Ich lege Ihnen einen Verband an.
  이히 레-개 이-낸 아이낸 페어반트 안.

- 팔에 붕대를 매고 다녀야 합니까?
  Muss ich um meinen Arm einen Verband tragen?
  뭇스 이히 움 마이낸 아름 아이낸 페어반트 트라-갠?

- 발에 붕대를 감아드릴게요.
  Ich bandagiere Ihnen den Fuß.
  이히 반다지-래 이-넨 덴 푸-쓰.

- 즉시 상처에 붕대를 매 드리겠습니다.
  Ich verbinde die Wunde gleich.
  이히 페어빈대 디 분대 글라이히.

- 언제부터 통증이 있나요?
  Seit wann haben Sie Schmerzen?
  자이트 반 하-밴 지- 슈메르챈?

- 언제부터 그러십니까?

  Seit wann haben Sie das?
  자이트 반   하-밴   지- 다스?

- 그 증상이 일어난 게 얼마나 됐습니까?

  Wie lange haben Sie das schon?
  비- 랑애   하-밴   지- 다스 쇼-ㄴ?

- 그게 언제 시작되었지요?

  Wann hat das angefangen?
  반   하트 다스   안게팡앤?

- 언제 통증을 처음으로 감지하셨습니까?

  Wann haben Sie die Schmerzen zum ersten Mal gespürt?
  반   하-밴   지- 디   슈메르챈   춤   애어스탠 마-ㄹ- 게슈퓨르트?

- 그것이 어떤 종류의 통증인가요?

  Was für eine Art Schmerzen ist das?
  밧스   퓨어 아이내 아르트 슈매르챈   이스트 다스?

- 이전에도 그런 적이 있었나요?

  Hatten Sie das schon einmal?
  하텐   지- 다스 쇼-ㄴ   아인마-ㄹ?

- 전에도 가끔 아팠었습니까?

  Waren Sie schon öfter krank?
  봐-렌   지- 쇼-ㄴ   외프터 크랑크?

- 심장에 통증도 있습니까?

  Haben Sie auch Herzschmerzen?
  하-밴   지- 아욱흐 해르츠슈메르챈?

- 소화불량도 있습니까?

  Haben Sie auch Verdauungsstörungen?
  하-밴   지- 아욱흐 페어다우웅스슈퇴-룽앤?

- 수면장해도 있습니까?

  Haben Sie auch Schlafstörungen?
  하-밴   지- 아욱흐 슐라프슈퇴-룽앤?

- 기침도 나십니까?

  Haben Sie auch Husten?
  하-밴   지- 아욱흐 후-스탠?

- 어디가 아프세요?

  Was fehlt Ihnen?
  밧스   펠-트 이-낸?

- 대변은 정상입니까?

  Ist Ihr Stuhlgang normal?
  이스트 이어 슈투-ㄹ강 노-마-ㄹ?

- 자꾸만 어지럽습니다.

  Mir ist oft schwindlig.
  미어 이스트 오프트 슈뷘들리히.

- 가끔 몸이 으스스하게 떨려요.

  Manchmal friere ich.
  많히마-ㄹ- 프리에래 이히.

- 그리고 늘 아주 피곤합니다.

  Und ich bin immer so müde.
  운트 이히 빈 임머 조- 뮤-대.

- 늘 기운이 없고 피곤합니다.

  Ich fühle mich immer schlapp und müde.
  이히 퓔래 미히 임머 슐랍 운트 뮤-데.

- 그런 증상이 얼마나 됐나요?

  Wie lange haben Sie das schon?
  비- 랑애 하-밴 지- 다스 쇼-ㄴ?

- 그러니까 토요일에 그게 시작되었어요.

  Am Samstag hat es angefangen.
  암 잠스타-ㅋ 하트 앳스 안게팡앤.

- 여기를 누르면 아픕니까?

  Tut es weh, wenn ich hier drücke?
  투-트 앳스 베-, 벤 이히 히어 드뤽캐?

- 누우십시오.

  Legen Sie sich bitte hin!
  레-갠 지- 지히 비태 힌!

- 옆으로 누우십시오.

  Legen Sie sich bitte auf die Seite hin!
  레-갠 지- 지히 비태 아우프 디 자이테 힌!

- 열이 더 이상 오르지 않도록 하기 위해서 약을 먹어야합니다.

  Sie müssen Tabletten nehmen, damit das Fieber nicht weiter steigt!
  지- 뮤쌘 타블레탠 네-맨, 다밑 다스 피-버 니힡트 봐이터 슈타익트!

- 통증이 멈추도록 하기 위해서 내게 주사를 놓아드릴게요.

  Ich gebe Ihnen eine Spritze, damit die Schmerzen aufhören.
  이히 게-배 이-낸 아이내 슈프릿채, 다미트 디 슈메르챈 아우프회-랜.

- 우선 피검사를 받으셔야 합니다.

    Sie sollten als erstes eine Blutuntersuchung machen lassen!
    지- 졸탠   알스 애어스테스 아이내 블루-트운터주-ㄱ훙   막핸   랏샌!

- 그러시려면 아침에 의원에 오셔야합니다.

    Dazu müssen Sie an einem Morgen in die Praxis kommen.
    다추   뮤쌘   지- 안 아이냄   모르갠   인 디 프락시스 콤맨.

- 대략 8시부터요.

    Ungefähr ab acht Uhr.
    운게패-어   압 악흐트 우-어.

- 그러면 우리 직원들 중 누군가 나와 있을 겁니다.

    Dann ist schon jemand von uns hier.
    단   이스트 쇼-ㄴ 예만트   폰   운스 히어.

- 채혈을 해야 합니다.

    Wir müssen Blut abnehmen.
    뷔어 뮤쌘   블루-트 압네-맨.

- 내일 아침에 빈속으로 채혈하러 오십시오.

    Kommen Sie morgen früh nüchtern zur Blutabnahme!
    콤맨   지- 모르갠   프뤼 뉘히터른   추어 블루-트압나-메!

- 소변검사샘플도 곧 가져오셔야 합니다.

    Sie müssen auch gleich eine Urinprobe mitbringen.
    지- 뮤쌘   아우흐 글라이히 아이내 우리-ㄴ프로-배 미트브링앤.

- 즉시 엑스레이 사진을 찍어봐야겠습니다.

    Ich mache gleich eine Röntgenaufnahme.
    이히 막해   글라이히 아이내 뢴트갠아우프나-매.

- 우선 엑스레이 사진을 찍으셔야합니다. 뢴트겐을 찍으로 가도록 위임장을 써드리 겠습니다.

    Sie müssen erst mal geröntgt werden. Ich schreibe Ihnen eine
    지 뮤쌘   애어스트 마-ㄹ 게뢴티히트 베어댄.   이히 슈라이배   이-낸   아이내
    Überweisung zum Röntgen.
    위-버바이중   춤   뢴트갠.

- 혈압을 지금 재봐야겠어요.

    Wir messen jetzt den Blutdruck.
    뷔어 메쎈   예츠트 덴   블루-트드룩.

- 제가 혹시 몹시 아픈 건가요?

    Bin ich schwer krank?
    빈   이히 슈베-어   크랑크?

- 제가 어디가 아픈 건가요?

  Was fehlt mir denn?
  밧스 페-르트 미어 덴?

- 수술을 받아야 합니까?

  Muss ich mich operieren lassen?
  뭇스 이히 미히 오페리-랜 랏샌?

- 제가 수술을 받아야 합니까?

  Muss ich operiert werden?
  뭇스 이히 오페리어트 베어댄?

- 걱정하실 필요 없습니다.

  Sie brauchen sich keine Sorge zu machen!
  지- 브라욱핸 지히 카이내 조르개 추- 막핸!

- 심각한 게 아닙니다.

  Es ist nichts Ernstes.
  앳스 이스트 니힡츠 애른스테스.

- 저는 주사를 한 대 맞고 싶습니다.

  Ich möchte mir eine Spritze geben lassen.
  이히 뫼히태 미어 아이내 슈프릿채 게-밴 랏샌.

- 주사를 맞을 필요는 없습니다.

  Sie brauchen keine Spritze.
  지- 브라욱핸 카이내 슈프릿채.

- 음식을 조금만 드십니까?

  Essen Sie zu wenig?
  앳샌 지- 추- 베-니히?

- 흡연을 많이 하십니까?

  Rauchen Sie zu viel?
  라욱핸 지- 추 피-르?

진찰 후 조언을 할 때

- 조언하는데요, 더 많이 드셔야 해요.

  Ich rate Ihnen, mehr zu essen.
  이히 라-태 이-낸, 메-어 추- 앳샌.

- 폭음은 건강에 해롭습니다.

  Das viele Trinken schadet der Gesundheit.
  다스 피-르래 트링캔 샤데트 데어 게준트하이트.

X. 독일에서의 생활을 위한 표현 **901**

- 술을 마시면 안 됩니다.
  Sie dürfen keinen Alkohol trinken.
  지- 듀르펜 카이넨 알코호-ㄹ 트링캔.

- 담배를 좀 적게 피십시오.
  Rauchen Sie doch bitte weniger!
  라욱헌 지- 독호 비태 베-니거!

- 담배를 끊으셔야 합니다.
  Sie müssen sich das Rauchen abgewöhnen!
  지- 뮤쌘 지히 다스 라욱헌   압게뵈-낸!

- 흡연은 건강을 해칩니다.
  Rauchen schadet der Gesundheit!
  라욱헌   샤테드   데어 게준트하이트!

- 규칙적으로 산책을 하십시오.
  Gehen Sie regelmäßig spazieren!
  게-엔 지- 레겔매-씨히   슈파치-랜!

- 물을 많이 마시거나 차를 드십시오.
  Trinken Sie viel Wasser oder Tee!
  트링캔 지- 피-ㄹ 밧서   오-더 데-!

- 이렇게 습하고 차가운 날씨는 당신께 절대로 좋지 않습니다.
  Dieses nasskalte Wetter ist gar nicht gut für Sie.
  디-제스 나쓰칼테   베터   이스트 가- 니힡트 굳 퓨어 지-.

- 조심하셔야 합니다.
  Sie müssen vorsichtig sein.
  지- 뮤쌘   보-어지히티히 자인.

- 푹 쉬셔야 합니다.
  Sie müssen sich ausruhen.
  지- 뮤쌘   지히 아우스루-앤.

- 신선한 공기를 더 마시고 운동을 해야 합니다.
  Sie müssen mehr in die frische Luft gehen und etwas Sport treiben.
  지 뮤쌘   메-어 인 디 프리쉐 루프트 게-앤 운트 애트밧스 슈포-트 트라이벤.

- 운동을 하시면 안 됩니다.
  Sie dürfen keinen Sport machen!
  지- 듀르펜 카이넨   슈포-트 막핸!

- 이제 집에 가셔서 자리에 누워 계십시오.
  Jetzt gehen Sie nach Haus und legen Sie sich ins Bett!
  옡츠트 게-앤 지- 낙호 하우스 운트 레-갠   지- 지히 인스 벹!

- 며칠 동안 집에 계십시오.

  Bleiben Sie einige Tage zu Hause!
  블라이벤 지- 아이니개 타-개 추 하우재!

- 안 돼요. 저 일을 해야만 해요.

  Aber es geht nicht. Ich muss arbeiten.
  아-버 앳스 게-트 니힡트, 이히 뭇스 아르바이탠.

- 많이 주무셔야합니다.

  Sie müssen viel schlafen.
  지- 뮤쌘 피-ㄹ 슐라-팬.

- 속히 건강해지고 싶으십니까?

  Wollen Sie schnell wieder gesund werden?
  볼랜 지- 슈넬 비-더 게준트 베어댄?

- 진짜 폐렴에 걸리려고 그러세요?

  Hätten Sie lieber eine richtige Lungenentzündung?
  해탠 지- 리-버 아이내 리히티개 룽엔앤트췬둥?

- 동료들을 감염 시키고 싶지는 않으실 테지요?

  Sie wollen doch auch Ihre Kollgen nicht anstecken!
  지- 볼랜 독흐 아욱흐 이어래 콜레-갠 니힡트 안슈텍캔!

- 당신 동료들이 당신한테 감염 되면 안 됩니다.

  Ihre Kollegen sollen sich nicht bei Ihnen anstecken.
  이어래 콜레-갠 졸랜 지히 니힡트 바이 이-낸 안슈텍캔.

- 열이 계속 올라갈 경우 제에게 전화 주십시오.

  Falls das Fieber weiter steigt, können Sie mich anrufen.
  팔스 다스 피-버 봐이터 슈타익트, 쾐낸 지- 미히 안루-팬.

- 열이 계속 올라가면 제에게 전화 주십시오.

  Bei einer weiteren Steigerung des Fiebers, können Sie mich anrufen.
  바이 아이너 봐이터랜 슈타이거룽 데스 피-버스, 쾐낸 지- 미히 안루-팬.

- 열이 계속 올라가면 종합병원으로 가십시오.

  Wenn das Fieber weiter steigt, gehen Sie doch bitte mal ins Krankenhaus!
  벤 다스 피-버 봐이터 슈타익트, 게-앤 지- 독흐 비태 마-ㄹ 인스 크랑켄하우스!

- 다음 주에 다시 검진해봐야겠습니다.

  Nächste Woche möchte ich Sie wieder untersuchen!
  낵스테 복해 뫼히태 이히 지- 비-더 운터주-ㄱ핸!

- 제가 한 번 더 와야 합니까?

  Muss ich noch einmal herkommen?
  뭇스 이히 녹흐 아인마-ㄹ 해어콤맨?

X. 독일에서의 생활을 위한 표현 **903**

- 제가 언제 다시 와야 합니까?

  Wann muss ich wiederkommen?
  반   뭇스   이히 비-더콤맨?

- 일주일 후에 다시 오세요.

  Kommen Sie in acht Tagen wieder!
  콤맨   지- 인 악흐트 타-갠   비-더!

- 예, 다음 주 월요일에 한 번 더 진찰을 받으러 오십시오.

  Ja, kommen Sie am nächsten Montag zur Nachuntersuchung!
  야-, 콤맨   지- 암 낵스탠   몬타-ㅋ   추어 낙흐운터주-ㄱ훙!

내과에서

- 어디가 아프신가요?

  Wo tut es Ihnen weh?
  보- 투-트 앳스 이-낸 베-?

- 여기 배가 아픕니다.

  Hier im Bauch.
  히어 임 바욱흐.

- 저는 배가 너무 아픕니다.

  Ich habe furchtbare Schmerzen im Bauch.
  이히 하-배 후르흐트바-래 슈메르챈   임   바욱흐.

- 감기에 걸렸습니다.

  Ich habe eine Erkältung.
  이히 하-배 아이내 애어캘퉁.

- 오한이 납니다.

  Ich habe Schüttelfrost.
  이히 하-배 슈텔프로스트.

- 머리가 무겁습니다.

  Ich habe einen schweren Kopf.
  이히 하-배 아이낸 슈베어렌   콥프.

- 머리가 좀 띵합니다.

  Ich habe rasende Kopfschmerzen.
  이히 하-배 라젠대   콥프슈메르챈.

- 재채기가 계속 나옵니다.

  Ich bekomme immer dieses Niesen.
  이히 배콤매   임머   디-제스 니-잰.

- 재채기를 심하게 합니다.

  Ich niese kräftig.
  이히 니-재 크래프티히.

- 감기가 떨어지지 않습니다.

  Diese Erkältung hört nicht auf!
  디-재 애어캘퉁 회르트 니힐트 아우프!

- 제가 어떻게 하면 이 감기를 낫습니까?

  Was muss ich tun, um diese Erkältung loszuwerden?
  밧스 뭇스 이히 투운, 움 디-제 애어캘퉁 로-스추-베어덴?

> **Tipp** um .... zu +동사원형; "...을 ~하기 위하여"; loswerden "~에서 벗어나다."

- 코감기에 걸리셨군요.

  Sie haben Schnupfen.
  지- 하-밴 슈눕팬.

- 제가 어떻게 하면 이 코감기를 낫습니까?

  Was muss ich tun, um diesen Schnupfen loszuwerden?
  밧스 뭇스 이히 투운, 움 디-잰 슈눕팬 로-스추-베어댄?

- 가슴이 막힐 듯합니다.

  Die Brust fühlt sich so eingeschnürt an.
  디 브루스트 퓌-르트 지히 조- 아인게슈뉘르트 안.

- 가슴이 막힐 듯합니다.

  Ich fühle mich bedrückt.
  이히 퓌-래 미히 배드뤽크트.

- 가슴이 두근거립니다.

  Mein Herz klopft.
  마인 헤르츠 클롭프트.

- 가끔 숨이 막힙니다.

  Manchmal stockt mir der Atem.
  많히마-ㄹ- 슈톡크트 미어 데어 아-탬.

- 가슴이 뻐근합니다.

  Ich bin schweren Herzens.
  이히 빈 슈베어랜 해르챈스.

- 가슴에 뻐근한 통증이 있습니다.

  Ich habe dumpfe Schmerzen in der Brust.
  이히 하-배 둠패 슈메르첸 인 데어 브루스트.

- 땀을 많이 흘립니다.
  Ich schwitze zu viel.
  이히 슈빗채 추- 피-르.

- 늘 소화가 안 됩니다.
  Ich habe immer Probleme mit der Verdauung.
  이히 하-배 임머 프로블레-매 미트 데어 페어다우웅.

- 식욕이 없습니다.
  Ich habe Appetitlosigkeit.
  이히 하-배 아페티트로지히카이트.

- 헛배가 찬 듯한 느낌이 들어요.
  Ich habe Blähungen.
  이히 하-배 블래-웅앤.

- 아랫배가 아픕니다.
  Ich habe Schmerzen im Unterleib.
  이히 하-배 슈메르챈 임 운터라입.

- 숨이 찹니다.
  Ich atme schwer.
  이히 아트매 슈베-어.

- 식중독에 걸린 것 같아요.
  Ich glaube, ich habe eine Lebensmittelvergiftung bekommen.
  이히 글라우배, 이히 하-배 아이내 레-벤스미텔페어기프퉁 배콤맨.

- 속이 메스꺼워요.
  Ich fühle mich übel.
  이히 퓔-래 미히 위-벨.

- 늘 손발이 찹니다.
  Ich habe immer kalte Füße und Hände.
  이히 하-배 임머 칼태 퓨-쌔 운트 핸대.

- 위장이 말썽입니다.
  Ich hab's mit dem Magen.
  이히 합스 미트 뎀 마-갠.

- 저혈압입니다.
  Ich habe niedrigen Blutdruck.
  이히 하-배 니-드리갠 블루-트드룩.

- 숙취가 있습니다.
  Ich habe einen Kater.
  이히 하-배 아이낸 카-터.

- 맥박을 좀 재볼까요?

  Erlauben Sie, dass ich Ihnen den Puls messe?
  애얼라우벤 지-, 닷스 이히 이-낸 덴 풀스 메쌔?

- 의사 선생님이 나더러 담배 끊으래.

  Der Arzt hat mir gesagt, ich soll mir das Rauchen abgewöhnen.
  데어 아르츠트 하트 미어 게작트, 이히 졸 미어 다스 라욱핸 압게뵈-넨.

- 그분 말씀이 옳아. 자네는 정말 담배를 너무 많이 피워.

  Da hat er Recht. Du rauchst wirklich zu viel.
  다- 하트 애어 래힐트. 두- 라욱흐스트 뷔르클리히 추- 피-르.

> **Tipp** sich abgewöhnen etw. ...한 습관을 버리다

외과에서

- 운동하다가 다쳤습니다.

  Ich habe mich beim Sprottreiben verletzt.
  이히 하-배 미히 바임 슈포-트트라이밴 페어레츠트.

- 팔을 삐었습니다.

  Ich habe mir den Arm verrenkt.
  이히 하-배 미어 덴 아름 페어렝크트.

- 발을 삐었습니다.

  Ich habe mir den Fuß verrenkt.
  이히 하-배 미어 덴 푸-쓰 페어렝크트.

- 저는 발목을 삐었습니다.

  Ich habe mir den Fuß verstaucht.
  이히 하-배 미어 덴 푸-쓰 페어슈타욱흐트.

- 그런데 어쩌다 그렇게 되었습니까?

  Und wie ist das passiert?
  운트 비- 이스트 다스 파씨어트?

> **Tipp** Wie ist das passiert? [직역]그것이 어떻게 일어났습니까?

- 계단을 내려가다가 넘어졌습니다.

  Als ich die Treppe runterging, bin ich gestürzt.
  알스 이히 디 트래패 룬터깅, 빈 이히 게슈튜르츠트.

- 손가락을 베었습니다.
  Ich habe mich in den Finger geschnitten.
  이히 하-배 미히 인 덴 핑어 게슈니텐.

- 저는 설거지 기계에서 그릇을 꺼내려다가 손을 다쳤어요.
  Ich habe mir die Hand verletzt, als ich das Geschirr aus der
  이히 하-배 미어 디 한트 페어레츠트, 알스 이히 다스 게쉬르 아우스 데어
  Spülmaschine holen wollte.
  슈퓰마쉬-내 홀-랜 볼태.

- 상처를 좀 볼까요?
  Kann ich mir die Wunde ansehen?
  칸 이히 미어 디 분데 안제-엔?

- 어디 좀 볼까요?
  Sehen wir mal nach!
  제-엔 뷔어 마-ㄹ 낙흐!

- 아, 너무 아파요.
  Oh, es tut mir so weh.
  오-, 앳스 투-트 미어 조- 베-.

- 상처가 아주 깊군요.
  Die Wunde ist ziemlich tief.
  디 분데 이스트 치-ㅁ리히 티-프.

- 손에 붕대를 감아드리겠어요.
  Lassen Sie mich die Hand verbinden.
  랏샌 지- 미히 디 한트 페어빈댄.

- 제가 파우더를 한 개 처방해드릴게요.
  Ich verschreibe Ihnen ein Puder.
  이히 페어슈라이배 이-낸 아인 푸-더.

- 손은 분명 곧 회복 될 겁니다.
  Die Hand wird sicher bald gesund.
  디 한트 뷔어트 짛혀 발트 게준트.

- 파상풍 예방주사를 맞았습니까?
  Sind Sie gegen Tetanus geimpft?
  진트 지- 게-갠 테타누스 게임프트?

- 예, 6개월 전에요.
  Ja, vor einem halben Jahr.
  야-, 포-어 아이냄 할밴 야-.

- 다리가 저립니다.

  Mir sind die Beine eingeschlafen.
  미어 진트 디 바이내 아인게슐라-팬.

- 왼쪽 다리에 마비가 온 것 같아요.

  Ich glaube, das linke Bein ist gelähmt.
  이히 글라우배, 다스 링케 바인 이스트 겔래-므트.

- 딸아이가 발을 삐었습니다.

  Meine Tochter hat sich den Fuß verrenkt.
  마이내 톡흐터 하트 지히 덴 푸-쓰 페어렝크트.

- 그 애가 보도 가장자리에 걸려 넘어졌어요.

  Sie ist über den Bordstein gestolpert und gestürzt.
  지- 이스트 위-버 덴 보-드슈타인 게슈톨페르트 운트 게슈튜르츠트.

- 다리가 부었습니다.

  Meine Beine sind geschwollen.
  마이내 바이내 진트 게슈볼랜.

- 아들이 손을 다쳤습니다.

  Meine Sohn hat sich die Hand verletzt.
  마인 조-ㄴ 하트 짚히 디 한트 페어렛츠트.

- 저는 벽에 부딪쳤습니다.

  Ich bin gegen die Wand gestoßen.
  이히 빈 게-갠 디 봔드 게슈토-쌘.

- 그는 다리가 부러졌습니다.

  Er hat sich das Bein gebrochen.
  애어 하트 짚히 다스 바인 게브록핸.

- 어깨가 뻐근합니다.

  Ich fühle mich in der Schulter steife.
  이히 퓌-ㄹ래 미히 인 데어 슐터 슈타이패.

- 목을 거의 움직일 수가 없습니다.

  Ich kann meinen Nacken fast nicht bewegen.
  이히 칸 마이낸 낙캔 파스트 니힡트 배베-갠.

- 음식을 만들다가 손을 데었습니다.

  Ich habe mir die Hände beim Kochen verbrannt.
  이히 하-배 미어 디 핸대 바임 콕핸 페어브란트.

- 벤 상처가 부었습니다.

  Die Schnittwunde ist geschwollen.
  디 슈니트분대 이스트 게슈볼랜.

- 상처가 곪았습니다.
  Die Wunde ist entzündet.
  디 분데 이스트 앤트췬데트.

- 얼굴에 멍이 들었습니다.
  Ich habe einen blauen Fleck im Gesicht.
  이히 하-배 아이낸 블라우앤 플렉 임 게지히트.

- 눈에 멍이 들었습니다.
  Ich habe ein blaues Auge.
  이히 하-배 아이 블라우앳스 아우개.

- 모서리에 부딪쳤습니다.
  Ich habe mich an der Kante gestoßen.
  이히 하-배 미히 안 데어 칸태 게슈토-쌘.

- 여기 피가 났습니다.
  Es hat hier geblutet.
  앳스 하트 히어 게블루-테트.

- 오래 서 있을 수가 없습니다.
  Ich kann nicht lange stehen.
  이히 칸 니힡트 랑애 슈테-앤.

- 허리통증이 납니다.
  Ich habe Rückenschmerzen.
  이히 하-배 뤽켄슈메르챈.

- 좌골신경통이시군요.
  Sie haben einen Ischias.
  지- 하-밴 아이낸 이시아스.

- 찌르는 듯이 아픕니다.
  Es ist ein beißender Schmerz.
  앳스 이스트 아인 바이쎈더 슈메르츠.

- 도려내는 듯한 통증입니다.
  Es ist ein bohrender Schmerz.
  앳스 이스트 아인 보-렌더 슈메르츠.

- 정확히 어디에 통증이 있습니까?
  Wo genau spüren Sie die Schmerzen?
  보- 게나우 슈퓨-랜 지- 디- 슈메르챈?

- 통증이 어떤 것인지 말씀해보세요, 쑤십니까, 뻐근합니까, 화끈거리나요?
  Bitte beschreiben Sie den Schmerz, ist er stechend, dumpf oder brennend?
  비태 배슈라이밴 지- 덴 슈메르츠, 이스트 애어 슈테헨트, 둠프 오-더 브렌넨트?

- 당기는 듯한 통증이 납니다.

  Ich habe ziehende Schmerzen.
  이히 하-배 치-앤대   슈메르챈.

- 찢는 것처럼 아파요.

  Es sind ziehende Schmerzen.
  앳스 진트 치-앤대   슈메르챈.

- 말할 수 없이 아픕니다.

  Es sind ganz unbestimmbare Schmerzen.
  앳스 진트 간츠   운배슈팀트바-래   슈메르챈.

- 이렇게 젊은데 벌써 디스크 문제가 있어요?

  So jung und schon Bandscheibenprobleme?
  조- 융   운트 쇼-ㄴ   반트샤이벤프로블레-매?

- 그것에 대처해서 무조건 뭔가를 해야만 합니다.

  Dagegen müssen Sie unbedingt was tun!
  다게-갠   뮤쌘   지- 운베딩트   밧스 투운!

- 그렇지만 무엇을 하죠? 제게 조언 좀 해주실 수 있습니까?

  Ja, aber was? Können Sie mir einen Rat geben?
  야-, 아-버 밧스?   쾐낸   지- 미어 아이낸   라-트 게-밴?

피부과에서

- 피부발진이 있습니다.

  Ich habe einen Hautausschlag.
  이히 하-배 아이낸   하우트아우스슐락.

- 등이 가렵습니다.

  Ich habe Juckreiz am Rücken.
  이히 하-배 유크라이츠 암   뤽캔.

- 입술이 틉니다.

  Meine Lippen werden rissig.
  마이내   리팬   베어댄   리씨히.

- 피부가 건조합니다.

  Meine Haut ist trocken.
  마이내   하우트 이스트 트록캔.

- 피부가 텄습니다.

  Meine Haut ist aufgesprungen.
  마이내   하우트 이스트 아우프게슈프룽앤.

- 제 피부가 몹시 거칠어요.
  Meine Haut ist sehr rauh.
  마이내 하우트 이스트 제어 라우-.

- 여드름이 심합니다.
  Ich habe starke Akne.
  이히 하-배 슈타르캐 아크내.

- 얼굴에 여드름이 생겨요.
  Es bilden sich Pusteln im Gesicht.
  앳스 빌댄 지히 푸스텔른 임 게지히트.

- 여드름이 생기지 않게 하려면 어떻게 해야 할까요?
  Was kann ich gegen Akne unternehmen?
  밧스 칸 이히 게-갠 아크내 운터네-맨?

- 손바닥에 굳은살이 생겼습니다.
  Eine Schwiele bildet sich an der Handfläche.
  아이내 슈뷜-래 빌데트 짙히 안 데어 한트플랭해.

- 왼쪽 팔에 물집이 생겼습니다.
  Ich habe eine Blutblase an dem linken Arm.
  이히 하-배 아이내 블루-트브라-제 안 뎀 링캔 아름.

- 피부가 불그스레하고 얼룩이 있어요.
  Meine Haut ist rötlich und gefleckt.
  마이내 하우트 이스트 뢰틀리히 운트 게플렉트.

- 화장품 때문에 피부발진이 생겼습니다.
  Wegen der Kosmetik schlägt meine Haut aus.
  베-갠 데어 코스메틱 슐랙트 마이네 하우트 아웃스.

- 오른 손을 불에 데었습니다.
  Ich habe mir die rechte Hand verbrannt.
  이히 하-배 미어 디 레히태 한트 페어브란트.

- 여기가 가렵습니다.
  Es juckt hier.
  앳스 육크트 히어.

- 발에 무좀이 있습니다.
  Ich habe Fußpilz.
  이히 하-배 푸-쓰필츠.

- 발가락 사이에 무좀이 생겼습니다.
  Zwischen meinen Zehen haben sich Ekzembläschen gebildet.
  츠빗샌 마이낸 체-앤 하-밴 지히 액쳄블랫샌 게빌대드.

이비인후과에서

- 코가 막혔습니다.

  Die Nase ist verstopft.
  디 나-제 이스트 페어슈토프트.

- 귀가 멍멍합니다.

  Meine Ohren rauschen.
  마이네 오-렌 라우셴.

- 귀가 울립니다.

  Ich habe Ohrensausen.
  이히 하-배 오-렌자우잰.

- 한 쪽 귀가 안 들립니다.

  Ich bin auf einem Ohr taub.
  이히 빈 아우프 아이냄 오-어 타웁.

- 귀에 뭐가 들어갔습니다.

  Ich habe Fremdkörper im Ohr.
  이히 하-배 프렘트쾨르퍼 임 오-어.

 Fremdkörper 이물

- 귀에 물이 들어갔습니다.

  Ich habe Wasser ins Ohr bekommen.
  이히 하-배 봣써 인스 오-어 배콤맨.

- 이제 귀가 멍한 느낌이 듭니다.

  Nun fühlt sich mein Ohr dumpf an.
  눈 퓔-트 지히 마인 오-어 둠프 안.

- 물이 빠지지 않습니다.

  Das Wasser läuft nicht ab.
  다스 봣써 로이프트 니힡트 압.

- 귀가 막힌 것 같은 느낌이 듭니다.

  Ich habe das Gefühl, als sei mein Ohr mit Watte ausgestopft.
  이히 하-배 다스 게퓌일, 알스 자이 마인 오-어 미트 봬테 아우스게슈토프트.

- 귀에 조그만 벌레가 들어갔어요.

  Ein kleines Insekt ist ins Ohr geflogen.
  아인 클라이내스 인젝트 이스트 인스 오-어 게플로-갠.

- 한쪽 귀에서 고름이 나요.
  Der Eiter entrinnt aus einem Ohr.
  데어 아이터 앤트린트 아우스 아이냄 오-어.

- 잘 듣지 못합니다.
  Ich kann nicht gut hören.
  이히 칸 니힐트 구-트 회-랜.

- 귀가 아파요.
  Ich habe Ohrenschmerzen.
  이히 하-배 오-렌슈메르챈.

- 중이염이 있습니다.
  Ich habe Mittelohrentzündung.
  이히 하-배 미텔오-어앤트췬둥.

- 코를 풀기만 하면 코피가 납니다.
  Immer wenn ich mir die Nase putze, blutet mir die Nase.
  임머 벤 이히 미어 디 나-재 풑채, 블루-테트 미어 디 나-재.

- 코를 살살 푸세요.
  Schneuzen Sie die Nase sanft!
  슈노이챈 지- 디 나-재 잔프트!

- 냄새 맡기가 곤란합니다.
  Es fällt mir schwer, zu riechen.
  앳스 팰트 미어 슈베-어, 추- 리-핸.

- 기침이 나고 목이 아파요.
  Ich habe Husten und Halsschmerzen.
  이히 하-배 후-스탠 운트 할스슈메르챈.

- 목이 따끔거립니다.
  Ich habe stechende Halsschmerzen.
  이히 하-배 슈텍핸대 할스슈메르챈.

- 저는 목의 통증이 있습니다.
  Ich habe Halsschmerzen.
  이히 하-배 할스슈메르챈.

- 나는 목이 아픕니다.
  Mir tut der Hals weh.
  미어 투-트 데어 할스 베-

- 예, 저는 목이 아픕니다.
  Ja, der Hals tut mir weh.
  야-, 데어 할트 투-트 미어 베-.

- 저는 인후염이 심합니다.

  Ich habe eine starke Halsentzündung.
  이히 하-배 아이내 슈타르캐 할스엔츠췬둥.

- 인후염을 과소평가해서는 안 됩니다.

  Sie sollten eine Halsentzündung nicht unterschätzen.
  지- 졸탠 아이내 할스앤트췬둥 니힡트 운터섀첸.

- 지난 주 초부터 인후염이 있습니다.

  Anfang vergangener Woche hatte ich eine Halsentzündung.
  안팡 페어강에너 복해 하태 이히 아이내 할스앤트췬둥.

- 몇 년 전에 이미 앓았던 적이 있습니다.

  Das hatte ich vor ein paar Jahren schon mal.
  다스 하태 이히 포-어 아인 파- 야-랜 쇼-ㄴ 마-ㄹ-.

- 목이 부었습니다.

  Der Hals ist geschwollen.
  데어 할스 이스트 게슈볼랜.

- 기관지염이 있어요.

  Ich habe Bronchitis.
  이히 하-배 브론히티스.

- 목에 뭔가 걸린 것 같아 불편해요.

  Etwas bleibt mir im Hals stecken.
  애트밧스 블라입트 미어 임 할스 슈테캔.

- 목을 한 번 봅시다.

  Lassen Sie mich bitte einmal in den Hals sehen!
  랏샌 지- 미히 비태 아인마-ㄹ- 인 덴 할스 제-앤!

- 입을 크게 벌려보세요.

  Machen Sie Ihren Mund weit auf!
  막핸 지- 이어랜 문트 봐이트 아우프!

- 편도선이 빨갛게 부었군요.

  Die Mandeln sind rot und geschwollen.
  디 만델른 진트 로-트 운트 게슈볼랜.

- 목에 염증이 있군요.

  Sie haben Halsentzündung.
  지- 하-밴 할스앤트췬둥.

- 저는 목이 쉬었어요.

  Ich habe meine Stimme verloren.
  이히 하-배 마이내 슈팀매 페어로-랜.

- 저는 목에 혹이 있습니다.

  Ich habe einen Kloß im Hals.
  이히 하-배 아이낸 클로쓰 임 할스.

소아과에서

- 제 아들이 어제부터 고열이 납니다.

  Mein Sohn hat seit gestern hohes Fieber.
  마인 조-ㄴ 하트 자이트 게스턴 호-앳스 피-버.

- 아이의 코가 막혔습니다.

  Seine Nase ist verstopft.
  자이내 나-재 이스트 페어슈토프트.

- 아이가 먹으려들지를 않습니다.

  Er will gar nicht essen.
  애어 빌 가- 니힐트 앳샌.

- 아이의 편도선이 부었습니다.

  Er hat geschwollene Mandeln.
  애어 하트 게슈볼레내 만델른.

- 아이가 온 몸을 떨어요.

  Mein Kind zittert am ganzen Leibe.
  마인 킨트 치터르트 암 간챈 라이배.

- 아이의 귀에 중이염이 생겼습니다.

  Er hat eine Mittelohrentzündung.
  애어 하트 아이내 미텔오-어앤트췬둥.

- 딸아이가 젖을 잘 빨지 못해요.

  Meine Tochter saugt nicht.
  마이네 톡흐터 자욱트 니힐트.

- 딸아이는 예방주사를 맞았습니까?

  Hat Ihre Tochter schon eine Impfung bekommen?
  하트 이어래 톡흐너 쇼-ㄴ 아이내 임풍 배콤맨?

- 한국에서 홍역예방주사를 맞았습니다.

  Sie hat in Korea eine Impfung gegen Masern bekommen.
  자- 하트 인 코레-아 아이내 임풍 게-갠 마저른 배콤맨.

- 예방주사를 다시 맞아야합니까?

  Muss die Impfung wiederholt werden?
  뭇스 디 임풍 비더홀-트 베어댄?

- 당신 딸은 풍진 예방주사 맞았나요?

  Hat sie schon Impfungen gegen Röteln bekommen?
  하트 지- 쇼-ㄴ 임퓡앤 게-갠 뢰텔른 배콤맨?

- 제 아들에게 수두 예방주사를 맞히고 싶습니다.

  Ich möchte meinen Sohn gegen Windpocken impfen lassen.
  이히 뫼히태 마이낸 조온 게-갠 뷘트포캔 임팬 랏샌.

- 그 애에게 홍역예방주사를 맞혀야겠습니다.

  Ich muss ihn gegen Masern impfen lassen.
  이히 뭇스 이인 게-갠 마저른 임팬 랏샌.

- 지금까지 어떤 병을 앓았나요?

  Was für Krankheiten hat er bisher gehabt?
  밧스 퓨어 크랑켄하이탠 하트 애어 빗스해어 게합트?

- 제 아기가 고열이 있습니다.

  Mein Baby hat hohes Fieber.
  마인 베비 하트 호-앳스 피-버.

- 제 딸은 밤새 울었습니다.

  Sie hat die ganze Nacht geschrien.
  지- 하트 디 간채 낙흘트 게슈리-앤.

- 어제는 열이 38.2도였습니다.

  Gestern war das Fieber bei achtunddreißig Komma zwei Grad.
  게스턴 봐 다스 피-버 바이 악흐트운트드라이씨히 콤마 츠바이 그라-트.

- 그래서 어떻게 했습니까?

  Und was haben Sie dagegen gemacht?
  운트 밧스 하-밴 지- 다게-갠 게막흐트?

- 해열좌약을 사용했습니다.

  Ich habe ihr Zäpfchen gegen das Fieber gegeben.
  이히 하-배 이어 챕핸 게-갠 다스 피-버 게게-밴.

- 지금은 미열이 있을 뿐입니다.

  Sie hat im Moment nur leichte Temperatur.
  지- 하트 임 모-멘트 누어 라이히태 템퍼라투-어.

- 오늘 아침에는 심한 설사를 했습니다.

  Heute Morgen hat sie starken Durchfall gehabt.
  호이태 모르갠 하트 지- 슈타르캔 두르히팔 게합트.

- 밤에 몇 번 토했습니다.

  Sie hat sich in der Nacht ein paar Mal übergeben.
  지- 하트 지히 인 데어 낙흘트 아인 파- 마-르 위버게-밴.

- 딸아이가 코피를 자주 흘려요.

  Die Nase blutet ihr öfter.
  디 나-재 블루-테트 이어 외프터.

- 아기가 자주 울어요.

  Mein Baby schreit öfter.
  마인 베비 슈라이트 외프터.

- 아이가 몹시 가려운 것 같아요.

  Ich fürchte, es hat Juckreiz.
  이히 퓨르흐테, 앳스 하트 육크라이츠.

- 아이는 겨우 생후 2개월입니다.

  Es ist erst zwei Monate alt.
  앳스 이스트 에어스트 츠바이 모-나테 알트.

- 애가 잠을 들지 못합니다.

  Das Kind kann nicht einschlafen.
  다스 킨트 칸 니힡트 아인슐라-팬.

- 애가 경기를 합니다.

  Mein Kind hat einen Krampf.
  다스 킨트 하트 아이낸 크람프.

- 애가 심한 기침을 합니다.

  Mein Kind hat starken Husten.
  마인 킨트 하트 슈타르캔 후-스탠.

- 괜찮을까요?

  Wird es in Ordnung sein?
  뷔르트 앳스 인 오르드눙 자인?

- 걱정하실 필요 없습니다.

  Sie brauchen sich keine Sorge zu machen!
  지- 브라우핸 지히 카이내 조르개 주- 막핸!

- 대단치 않습니다.

  Es ist nichts Ernstes.
  앳스 이스트 니힡츠 애른스테스.

- 아이의 변색깔이 이상해요.

  Die Stuhlgangsfarbe meines Kindes ist ungewöhnlich.
  디 슈투울강스파르배 마이네스 킨데스 이스트 운게뵈-ㄴ리히.

- 아기가 기저귀 발진이 있습니다.

  Mein Kind hat einen Windelausschlag bekommen.
  마인 킨트 하트 아이낸 뷘델아우스슐락 배콤맨.

- 제 아기는 기저귀찬 부위에 붉은 발진이 생겼습니다.

  Mein Baby hat einen roten Ausschlag im Windelbereich.
  마인 베비 하트 아이낸 로-탠 아우스슐락 임 뷘델베라이히.

- 발진은 기저귀 때문에 생긴 겁니다.

  Wegen der Windeln schlägt die Haut aus.
  베-갠 데어 뷘델른 슐랙트 디 하우트 아웃스.

- 기저귀발진은 공교롭게도 신생아들에게 아주 흔히 나타나는 겁니다.

  Die Windelentzündung tritt bei Säuglingen leider sehr häufig auf.
  디 뷘델앤트췬둥 트리트 바이 조이글링앤 라이더 제어 호이피히 아우프.

- 예방 차원에서 기저귀는 가능한 신속하게 갈아주어야합니다.

  Vorbeugend sollte die Windel sooft wie möglich gewechselt werden.
  포-어보이겐트 졸태 디 뷘델 조오프트 비- 뫼-클리히 게벡셀트 베어댄.

- 아이의 손발이 차갑습니다.

  Mein Kind hat kalte Füße und Hände.
  마인 킨트 하트 칼태 퓨-쌔 운트 핸데.

- 아이가 추위를 탑니다.

  Mein Kind friert.
  마인 킨트 프리어트.

안과에서

- 눈에 염증이 생겼어요.

  Ich habe Augenentzündung.
  이히 하-배 아우겐앤트췬둥.

- 눈이 부었습니다.

  Die Augen sind geschwollen.
  디 아우갠 진트 게슈볼랜.

- 흐릿하게 보입니다.

  Meine Sehkraft ist verschwommen.
  마이내 제-크라프트 이스트 페어슈봄맨.

- 제 눈이 흐립니다.

  Ich habe trübe Augen.
  이히 하-배 트뤼-배 아우갠.

- 눈이 침침합니다.

  Meine Augen sind matt.
  마이내 아우갠 진트 마트.

- 눈물이 납니다.

  Meine Augen sind nass.
  마이내 아우갠 진트 나쓰.

- 눈병이 났습니다.

  Ich leide an einer Augenkrankheit.
  이히 라이대 안 아이너 아우갠크랑크하이트.

- 눈이 아파요.

  Mir tun die Augen weh.
  미어 투운 디 아우갠 붸-.

- 눈을 감을 때 아픕니다.

  Wenn ich meine Augen zumache, habe ich Schmerzen.
  벤 이히 마이내 아우갠 추-막해, 하-배 이히 슈메르챈.

- 눈이 가렵습니다.

  Es kitzelt mich in den Augen.
  앳스 키첼트 미히 인 덴 아우갠.

- 눈이 따끔거립니다.

  Meine Augen brennen.
  마이내 아우갠 브렌낸.

- 눈이 따갑고 가렵습니다.

  Meine Augen brennen und jucken.
  마이내 아우갠 브렌낸 운트 육캔.

- 눈을 비비지 마십시오.

  Sie dürfen nicht Ihre Augen reiben!
  지- 듀르팬 니힡트 이어래 아우갠 라이밴!

- 대부분의 안구염증은 박테리아나 바이러스에 감염되어 야기되는 것입니다.

  Viele Augenentzündungen werden durch Infektionen mit Bakterien oder Viren hervorgerufen.
  피-ㄹ래 아우개앤트췬둥앤 베어댄 두르히 인펙치오낸 미트 박테-리엔 오-더 비-랜 해어포어게루-팬.

- 저는 3주 전부터 심한 안구 건조증을 앓고 있습니다.

  Ich leide seit drei Wochen an sehr trockenen Augen.
  이히 라이대 자이트 드라이 복핸 안 제어 트록케낸 아우갠.

- 시력이 나빠졌어요.

  Ich habe mir die Augen verdorben.
  이히 하-배 미어 디 아우갠 페어도르밴.

- 눈이 충혈 되었습니다.

  Meine Augen sind mit Blut überfüllt.
  마이내 아우갠 진트 미트 블루-트 위-버퓰트.

- 결막염에 걸리셨군요.

  Sie leiden an Bindehautentzündung.
  지- 라이댄 안 빈데하우트앤트췬둥.

- 안구건조증입니다.

  Sie haben eine Augenaustrocknung.
  지- 하-밴 아이내 아우갠아우스트록크눙.

- 따갑습니다.

  Es brennt.
  앳스 브렌트.

치과에서

- 이가 아픕니다.

  Ich habe Zahnschmerzen.
  이히 하-배 차-ㄴ슈메르챈.

- 저는 치통을 앓고 있습니다.

  Ich leide viel an Zahnschmerzen.
  이히 라이대 피-ㄹ 안 차-ㄴ슈메르챈.

- 이 위쪽이 아픕니다.

  Ich habe hier oben Schmerzen.
  이히 하-배 히어 오-밴 슈메르챈.

- 이 이빨이 아픕니다.

  Dieser Zahn tut weh.
  디-저 차-ㄴ 투-트 붸-.

 또는 Mir tut dieser Zahn weh.(미터 투-트 디-저 차안 붸-)

- 이 이빨이 흔들립니다.

  Dieser Zahn wackelt.
  디-저 차-ㄴ 박켈트.

- 이 이빨을 빼고 싶습니다.

  Ich möchte ihn ziehen lassen.
  이히 뫼히태 이-ㄴ 치-앤 랏샌.

- 이를 빼고 싶지 않습니다.

  Ich möchte den Zahn nicht ziehen lassen.
  이히 뫼히태   덴   차-ㄴ   니힡트 치-앤   랏샌.

- 이를 뽑아야 합니까?

  Muss der Zahn gezogen werden?
  뭇스   데어 차-ㄴ   게조-갠   베어댄?

- 왼쪽 위의 송곳니에 통증이 있습니다.

  Ich habe Schmerzen am Eckzahn oben links.
  이히 하-배 슈메르챈   암   에크차-ㄴ   오-밴 링크스.

- 이 이가 부러졌습니다.

  Dieser Zahn ist abgebrochen.
  디-저   차-ㄴ   이스트 압게브록핸.

- 그 이를 임시로 치료해줄 수 있습니까?

  Können Sie den Zahn provisorisch behandeln?
  쾐낸   지- 덴   차-ㄴ   프로비조-리쉬   배한델른?

- 당신은 충치가 있는 것 같습니다.

  Ich finde, Sie haben faule Zähne.
  이히 핀대,   지- 하-밴   파울래 채-내.

- 그 이빨들을 치료받고 싶습니다.

  Die möchte ich behandeln lassen.
  디- 뫼히태   이히 배한델른   랏샌.

- 치석이 많이 끼었습니다.

  Ich habe viel Zahnstein.
  이히 하-배 피-ㄹ 차-ㄴ슈타인.

- 치석을 제거해주시겠습니까?

  Könnten Sie bitte den Zahnstein entfernen?
  쾬탠   지- 비태 덴   차-ㄴ슈타인   앤트페르낸?

- 이를 치료받고 싶습니다.

  Ich möchte meine Zähne behandeln lassen.
  이히 뫼히태   마이내 채-내   배한델른   랏샌.

- 먼저 이를 엑스레이로 찍어봐야겠습니다.

  Wir müssen zuerst Ihr Gebiss röntgen.
  뷔어 뮤쌘   추애어스트 이어 게비쓰 룐트갠.

- 두드리면 이가 아픕니다.

  Ich habe Schmerzen, wenn ich an die Zähne tippe.
  이히 하-배 슈메르챈,   밴   이히 안 디 채-내   팁패.

- 앞니가 차가운 것에 아주 예민해요.

  Mein Schneidezahn ist gegen kaltes sehr empfindlich.
  마인 슈나이데차-ㄴ 이스트 게-갠 칼테스 제어 엠핀틀릿히.

- 아무래도 구멍이 난 것 같아요.

  Ich fürchte, er hat ein Loch.
  이히 퓨르흐태, 애어 하트 아인 롯흐.

- 차가운 것이 닿으면 이가 아픕니다.

  Ich habe Schmerzen, wenn etwas Kaltes drankommt.
  이히 하-배 슈메르챈, 벤 애트밧스 칼테스 드란콤트.

- 차가운 것을 마시면 이가 아픕니다.

  Ich habe Schmerzen, wenn ich etwas Kaltes trinke.
  이히 하-배 슈메르챈, 벤 이히 애트밧스 칼테스 트링캔.

- 사랑니가 다시 아파요.

  Mein Weisheitszahn plagt mich wieder.
  마인 봐이스하이츠차-ㄴ 플락트 미히 비-더.

- 아래 어금니가 아픕니다.

  Der untere Backenzahn tut mir weh.
  데어 운터래 박켄차-ㄴ 투-트 미어 베-.

- 잇몸에서 피가 납니다.

  Das Zahnfleisch blutet.
  다스 차-ㄴ플라이쉬 블루-테트.

- 잇몸이 아파요.

  Ich habe Schmerzen am Zahnfleisch.
  이히 하-배 슈메르챈 암 차-ㄴ플라이쉬.

- 이 봉한 것이 잘못 되었습니다.

  Meine Zahnplombe ist schlecht geworden.
  마이내 차-ㄴ플롬배 이스트 슐래힡트 게보어댄.

- 이를 봉한 지 얼마나 되었습니까?

  Wie alt ist Ihre Füllung?
  비- 알트 이스트 이어래 퓰룽?

- 이를 때우셔야합니다.

  Sie brauchen eine Füllung.
  지- 브라욱핸 아이내 퓰룽.

- 봉한 것이 떨어져나갔습니다.

  Die Plombe ist herausgefallen.
  디 플롬배 이스트 해라우스게팔랜.

X. 독일에서의 생활을 위한 표현 923

- 왼쪽으로 씹을 수가 없습니다.
Ich kann auf der linken Seite nicht kauen.
이히 칸 아우프 데어 링캔 자이태 니힡트 카우앤.

- 양치질 하고 뱉으세요.
Gurgeln Sie und spülen Sie aus!
구-겔른 지- 운트 슈퓰랜 지- 아우스!

- 사랑니를 뽑아야합니다.
Sie müssen Ihre Weisheitszähne ziehen lassen!
지- 뮤쌘 이어래 봐이스하이츠채-내 치-앤 랏샌!

- 교정틀을 하셔야합니다.
Sie brauchen eine Spange.
지- 브라욱핸 아이내 슈팡애.

- 제가 당신을 치과 교정의에게 보내드리겠습니다.
Ich schicke Sie zum Kieferorthopäden.
이히 쉬캐 지- 춤 키-퍼오르토패-댄.

- 두 시간 동안 아무 것도 먹지 마십시오.
Bitte zwei Stunden nichts essen!
비태 츠바이 슈툰댄 니힡츠 앳샌!

- 언제 다시 와야 합니까?
Wann soll ich wiederkommen?
반 졸 이히 비-더콤맨?

산부인과에서

- 생리통이 심합니다.
Ich leide an Menstruationskrämpfen.
이히 라이대 안 멘스투아치온스크램팬.

- 월경이 아닌데도 피가 나옵니다.
Ich habe Zwischenblutungen.
이히 하-배 츠비쉔블루-퉁앤.

- 분비물이 많습니다.
Ich leide an Ausfluss.
이히 라이대 안 아우스플루쓰.

- 피가 많이 나옵니다.
Meine Blutung ist zu stark.
마이내 블루-퉁 이스트 추- 슈타르크.

- 피가 적게 나옵니다.

  Ich habe eine schwache Blutung.
  이히 하-배 아이내 슈밧해 블루-퉁.

- 월경이 불규칙합니다.

  Meine Periode ist nicht regelmäßig.
  마이내 페리오-대 이스트 니힡트 레겔매-씨히.

- 생리가 1주 늦습니다.

  Meine Periode ist eine Woche zu spät.
  마이내 페리오-대 이스트 아이내 복해 추- 슈패-트.

- 생리주기는 항상 30일입니다.

  Meine Menstruationsperiode ist immer dreißig Tage lang.
  마이내 멘스투아치온스페리오-대 이스트 임머 드라이씨히 타-개 랑.

- 저의 생리주기가 왜 이렇게 긴지 모르겠어요.

  Ich weiß nicht, warum meine Periode so lang ist.
  이히 봐이쓰 니힡트, 봐룸 마이내 페리오-데 조- 랑 이스트.

- 저의 생리주기가 왜 짧은지 모르겠어요.

  Ich weiß nicht, warum meine Periode so kurz ist.
  이히 봐이쓰 니힡트, 봐룸 마이내 페리오-데 조- 쿠어츠 이스트.

- 초경이 언제 시작되었지요?

  Wann war die erste Monatsblutung?
  반 봐 디 애어스태 모-나츠블루-퉁?

- 생리가 나면 얼마동안 지속됩니까?

  Wie lange dauert die Menstruation?
  비- 랑애 다우어트 디 멘스투아치온?

- 어렸을 때 어떤 질병을 앓은 적 있나요?

  Welche Kinderkrankheiten hatten Sie?
  밸해 킨더크랑켄하이튼 하튼 지-?

- 어떤 예방주사를 맞았었나요?

  Welche Impfungen wurden vorgenommen?
  밸해 임풍앤 부어댄 포-어게놈멘?

- 피임약을 사용하고 있거나 사용하셨나요? 있다면 어떤 것이지요?

  Werden oder wurden Verhütungsmittel benutzt? Wenn ja, welche?
  베어댄 오-더 부어댄 페어휴퉁스미텔 배눗츠트? 벤 야-, 밸해?

- 심한 질병이나 현재 건강상의 문제가 있거나, 가족 중에서도 그런 사람 있나요?

  Gibt es ernste Erkrankungen oder aktuelle gesundheitliche Probleme,
  깁트 앳스 애른스태 애어크랑쿵앤 오-더 악투엘래 게준트하이틀릿해 프로블레-매,

  auch in der Familie?
  아욱흐 인 데어 파밀리-에?

- 임신인지 검사하고 싶습니다.

    Ich möchte einen Schwangerschaftstest machen lassen!
    이히 뫼히태 아이낸 슈방거샤프츠테스트   막핸   라쌘!

- 임신하셨습니다.

    Sie sind schwanger.
    지- 진트 슈방어?

- 임신 중이십니다.

    Sie sind in anderen Umständen.
    지- 진트 인 안더랜   움슈탠댄.

- 제가 벌써 임신했어요?

    Bin ich schon schwanger?
    빈 이히 쇼-ㄴ 슈방어?

- 당신은 임신 3개월째입니다.

    Sie sind im dritten Monat schwanger.
    지- 진트 임 드리탠 모-나트 슈방어.

- 아내가 제 아이를 임신했습니다.

    Meine Frau trägt mein Kind unter dem Herzen.
    마이네 프라우 트랙트 마인 킨트 운터 뎀 해르챈.

- 남자아이입니까, 여자아이입니까?

    Ist mein Baby ein Junge oder ein Mädchen?
    이스트 마인 베-비 안 융애   오-더 아인 매챈?

- 출산 예정일이 언제입니까?

    Wann ist der erwartete Tag der Geburt?
    반   이스트 데어 애어봐르테태 타-ㅋ- 데어 게부어트?

- 그녀는 아이를 분만하러 병원으로 갔어요.

    Sie ist ins Krankenhaus gegangen, um ein Kind zu gebären.
    지 이스트 인스 크랑켄하우스   게강앤,   움 아인 킨트 추- 게배-랜.

- 유산을 한 번 했습니다.

    Ich hatte eine Fehlgeburt.
    이히 하태 아이내 페-ㄹ게부어트.

- 임신중절을 한 번 한 적이 있습니다.

    Ich habe eine Schwangerschaft abgebrochen.
    이히 하-배 아이내 슈방어샤프트   압게브록핸.

- 임신초기에는 검진이 매우 중요합니다.

    Zu Beginn der Schwangerschaft ist die Untersuchung sehr wichtig.
    추- 베긴   데어 슈방어샤프트   이스트 디 운터주-ㄱ훙   제어 뷔히티히.

- 예방검진을 받은 적이 있습니까?

  Waren Sie schon zur Vorsorgeuntersuchung?
  봐-랜   자-   쇼-ㄴ   추어 포-어조르개운터주-ㄱ훙?

- 음부에 염증이 있습니다.

  Meine Schamteile haben eine Entzündung.
  마이내   샴타일래   하-밴   아이내 앤트췬둥.

- 음부에 종기가 있습니다.

  Meine Schamteile haben eine Schwellung.
  마이내   샴타일래   하-밴   아이내 슈벨룽.

- 임신한 것 같아서요.

  Ich fühle mich, dass ich schwanger bin.
  이히 퓨-ㄹ래 미히,   닷스   이히 슈방어   빈.

- 입덧이 심합니다.

  Ich habe schreckliche Schwangerschaftsbeschwerden.
  이히 하-배 슈렉클릿해   슈방어샤프츠배슈베어댄.

- 불임수술을 받고 싶습니다.

  Ich möchte eine Sterilisation.
  이히 뫼히태   아이내 슈테릴리자치온.

- 불임수술을 받고 싶습니다.

  Ich möchte mich sterilisieren lassen.
  이히 뫼히태   미히   슈테릴리지-랜   랏샌.

- 피임약으로 인해 어떤 부작용이 일어날 수 있습니까?

  Welche Nebenwirkungen könnte es durch die Pille geben.
  밸해   네-벤뷔르쿵앤   퀀태   앳스 두르히 디 필래 게-밴.

- 그 피임약은 어떤 부작용이 있나요?

  Welche Nebenwirkungen hat die Pille?
  밸해   네-벤뷔르쿵앤   하트 디   필래?

- 그 피임약의 신빙성은 어느 정도죠?

  Wie groß ist die Zuverlässigkeit des Verhütungsmittels?
  비- 그로-쓰 이스트 디 추-페어래씨히카이트 데스 페어휴퉁스미텔스?

- 아랫배 속에 혹 같은 것이 있는 것 같아요.

  Ich fürchte, ich habe eine Schwellung im unteren Bauch.
  이히 퓨르흐태, 이히 하-배 아이내 슈벨룽   임 운터랜   바욱흐.

- 제 아내는 초산이기 때문에 겁을 냅니다.

  Meine Frau hat Angst, weil das ihre erste Geburt ist.
  마이내   프라우 하트 앙스트,   봐일 다스 이어래 애어스태 게부어트 이스트.

X. 독일에서의 생활을 위한 표현 **927**

- 진통이 오고 양수가 터지면 즉시 병원으로 오십시오.

  Wenn Sie die Wehen haben und das Wasser ausbricht, kommen Sie
  벤   지- 디 붸-앤   하-밴   운트 다스 밧서   아우스브리히트, 콤맨   지-
  sofort ins Krankenhaus.
  조포르트 인스 크랑켄하우스.

약이 필요할 때

- 저는 감기약이 필요합니다.

  Ich brauche Grippetabletten.
  이히 브라욱해   그리페타블레탠.

- 저는 감기약이 필요합니다.

  Ich brauche ein Mittel gegen Grippe.
  이히 브라욱해 아인 미텔   게-갠   그리패.

- 저는 해열제가 필요합니다.

  Ich brauche ein Mittel gegen Fieber.
  이 브라욱해 아인 미텔   게-갠   피-버.

- 저는 기침약이 필요합니다.

  Ich brauche ein Mittel gegen Husten.
  이히 브라욱해 아인 미텔   게-갠   후-스탠.

- 두통약을 처방해주시겠습니까?

  Würden Sie mir bitte etwas gegen Kopfschmerzen verschreiben?
  뷰르댄   지- 미어 비태 애트밧스 게-갠 콥프슈메르챈   페어슈라이밴?

- 코감기 약이 필요합니까?

  Brauchen Sie ein Mittel gegen Schnupfen?
  브라욱핸   지- 아인 미텔   게-갠   슈누팬?

- 처방전 좀 써주십시오.

  Schreiben Sie mir bitte ein Rezept!
  슈라이밴   지- 미어 비태 아인 레쳅트!

- 저는 처방전을 받고 싶습니다.

  Ich möchte mir ein Rezept geben lassen.
  이히 외히태   미어 아인 레쳅트   게-밴   랏샌.

- 무슨 약이라도 드셨습니까?

  Haben Sie schon irgendwelche Medikamente genommen?
  하-밴   지- 쇼-ㄴ   이르겐트밸해   메디카멘태   게놈맨?

- 약을 복용하셨습니까?

  Haben Sie Medikamente genommen?
  하-밴   지- 메디카멘태   게놈맨?

- 약을 좀 드셨나요?

  Haben Sie etwas eingenommen?
  하-밴   지- 애트밧스 아인게놈맨?

- 비타민 C를 먹었습니다. 그렇지만 아무 소용이 없었어요.

  Ich habe Vitamin C genommen. Aber es hat nichts genützt.
  이히 하-배 비타민 체- 게놈맨.   아-버 앳스 하트 니힡츠 게뉴츠트.

- 어제 진통제 두 알을 먹었어요.

  Gestern habe ich zwei Schmerztabletten genommen.
  게스턴   하-배 이히 츠바이 슈메르츠타블레탠   게놈맨.

- 그렇지만 아무 효과가 없었어요.

  Aber die haben nichts genützt.
  아-버 디- 하-밴   니힡츠   게뉴츠트.

- 더 이상 드시지 마세요.

  Lassen Sie das mal lieber sein!
  랏샌   지- 다스 마-ㄹ 리-버 자인!

- 더 이상 드시지 마세요.

  Nehmen Sie das doch bitte nicht mehr!
  네-맨   지- 다스 독흐 비태 니힡트 메-어!

- 더 이상 복용하지 마세요.

  Nehmen Sie das doch bitte nicht mehr ein!
  네-맨   지- 다스 독흐 비태 니힡트 메-어 아인!

- 처방전을 써드리겠습니다.

  Ich schreibe Ihnen ein Rezept.
  이히 슈라이배   이-넨   아인 레쳅트.

- 처방전을 써드리겠습니다.

  Ich verschreibe Ihnen ein Rezept.
  이히 페어슈라이배   이-넨   아인 레쳅트.

- 회사에 제출할 의견서도 써 드리겠습니다.

  Ich schreibe Ihnen noch ein Attest für die Firma.
  이히 슈라이배   이-넨   녹흐 아인 아테스트 퓨어 디 피르마.

- 진단서를 써 주시겠습니까?

  Können Sie mir ein Attest ausstellen?
  쾐낸   지- 미어 아인 아테스트 아우스슈텔랜?

- 여기 복용할 것을 써 드리겠습니다.

  Ich schreibe Ihnen hier etwas auf.
  이히 슈라이배   이-낸   히어   애트밧스 아우프.

- 강한 진통제는 처방하지 않겠습니다.

  Ich möchte Ihnen kein starkes Schmerzmittel verschreiben.
  이히 뫼히태   이-낸   카인   슈타르케스 슈메르츠미텔   페어슈라이밴.

- 약한 소화제를 처방해드리지요.

  Ich verschreibe Ihnen ein schwaches Mittel für die Verdauung.
  이히 페어슈라이배   이-낸   아인 슈밧핫스   미텔   퓨어 디   페어다우웅.

- 두통약을 처방해드릴 테니까, 담배 피우시면 안돼요.

  Ich verschreibe Ihnen Tabletten gegen die Kopfschmerzen und Sie
  이히 페어슈라이배   이-낸   타블레탠   게-갠   디 콥프슈메르챈   운트 지-
  dürfen nicht rauchen.
  듀르팬   니힐트 라욱핸.

- 규칙적으로 감기약을 복용하세요.

  Nehmen Sie bitte das Mittel gegen Erkältung regelmäßig!
  네-맨   지- 비태   다스 미텔   게-갠   애어캘퉁   레겔매-씨히!

- 식후 30분마다 알약을 한 알씩 복용하세요.

  Nehmen Sie bitte eine Tablette immer 30 Minuten nach dem Essen ein!
  네-맨   지- 비태   아이내 타블레태   임머   드라이씨히 미누-탠 낙흐 뎀   앳샌   아인!

- 제가 여기 처방전 좀 써 드릴 테니, 하루 3번씩 식후에 그것을 복용하세요.

  Ich schreibe Ihnen hier etwas auf. Das nehmen Sie bitte dreimal
  이히 슈라이배   이-낸   히어 애트밧스 아우프. 다스 네-맨   지- 비태 드라이마-ㄹ-
  täglich nach den Mahlzeiten!
  태클리히 낙흐 댄   마알차이탠!

- 제가 감기약을 어떻게 복용해야 하는 겁니까?

  Wie muss ich das Grippemittel einnehmen?
  비- 뭇스   이히 다스 그리페미텔   아인네-맨?

- 매일 3번 식후에 4알씩 드세요.

  Dreimal täglich nach den Mahlzeiten vier Tabletten.
  드라이마-ㄹ- 태클리히 낙흐 댄   마알차이탠   피어 타블레탠.

- 제가 포장지에 써 드릴게요.

  Ich schreibe es Ihnen auf die Packung.
  이히 슈라이배   앳스 이-낸 아우프 디 파쿵.

환자의 상태를 물을 때

- 그가 언제 퇴원하게 될까요?

  Wann wird er aus dem Krankenhaus entlassen?
  반   뷔어트 애어 아우스 뎀 크랑켄하우스   앤틀랏샌?

- 그는 1주일이면 퇴원할 것 같습니다.

  Er wird in einer Woche das Krankenhaus verlassen.
  애어 뷔어트 인 아이너 복해   다스 크랑켄하우스   페어랏샌.

- 그는 매일 조금씩 좋아지고 있습니다.

  Jeden Tag geht es ihm ein bisschen besser.
  예-댄 타-ㄱ 게-트 앳스 이임 아인 비쓰핸   배써.

- 저는 이제 훨씬 좋아졌습니다.

  Nun geht es mir schon viel besser.
  눈   게-트 앳스 미어 쇼-ㄴ 피-ㄹ 배써.

- 내일이면 집에 갈 수 있을 겁니다.

  Ich kann schon morgen nach Hause gehen.
  이히 칸   쇼-ㄴ 모르갠   낙흐 하우제 게-앤.

- 환자의 상태는 좋습니다.

  Es geht dem Patienten gut.
  앳스 게-트 뎀 파티엔탠   구-ㅌ..

- 그가 회복할 가능성이 있습니까?

  Hat er wohl eine Möglichkeit, sich zu erholen?
  하트 애어 보올 아이네 뫼-클리히카이트, 지히 추- 에어홀-랜?

- 수술이 잘 됐습니다.

  Die Operation ist gut verlaufen.
  디 오페라치오온   이스트 구-ㅌ 페어라우팬.

- 제가 언제 일어날 수 있습니까?

  Wann kann ich aufstehen?
  반   칸   이히 아우프슈테-앤?

⑫ 약국에서

약을 살 때는 대부분 의사의 처방전(**Rezept**)이 있어야 한다. 처방전이 필요하지 않은 약도 판매한다. 의료보험이 없다면 한국에서 가입한 여행자보험증을 이용하여 의사에게 진료를 받을 수 있는지 그리고 처방전을 받아 약을 구입한 후, 나중에 한국에서 비용을 보험사에 청구할 수 있는지 여행을 떠나기 전에 알아두도록 한다.

약을 살 때

- 약국이 어디 입니까?
  Wo ist die Apotheke?
  보- 이스트 디 아포테-캐?

- 근처에 약국이 있습니까?
  Wo ist in der Nähe eine Apotheke?
  보- 이스트 인 데어 내-애 아이내 아포테-캐?

- 안녕하세요, 무엇을 도와드릴까요?
  Guten Tag, was kann ich für Sie tun?
  구텐 타-ㄱ, 밧스 칸 이히 퓨어 지- 투운?

- 처방전을 가져오셨습니까?
  Haben Sie Ihr Rezept mitgebracht?
  하-밴 지- 이어 레첵트 미트게브락흐트?

- 이 처방전대로 약을 주십시오.
  Bitte geben Sie mir die Medikamente auf diesem Rezept!
  비태 게-밴 지- 미어 디 메디카멘타 아우프 디-잼 레첵트!

- 벌레물린데 바르는 연고는 얼마입니까?
  Wie viel kostet die Salbe gegen Insektenstiche?
  비- 피-ㄹ 코스태트 디 잘배 게-갠 인젝텐슈틱해?

- 설사약이 좀 필요합니다.
  Ich brauche etwas gegen Durchfall.
  이히 브라욱해 애트밧스 게-갠 두르히팔.

- 통증과 열도 있습니까?

  Haben Sie auch Schmerzen und Fieber?
  하-밴   지- 아욱흐 슈메르챈   운트 피-버?

- 아닙니다. 그러나 식욕이 거의 없어요.

  Nein, aber ich habe kaum Appetit.
  나인,   아-버 이히 하-밴 카움   아페티트.

- (소화를 돕기 위한) 탄소정제를 드리겠습니다.

  Ich gebe Ihnen Kohletabletten.
  이히 게-배 이-낸   콜-ㄹ래타블레탠.

- 얼마마다 이것을 복용해야합니까?

  Wie oft muss ich sie einnehmen?
  비-   오프트 뭇스 이히 지- 아인네-맨?

- 하루에 세 번 식후에 한 알씩 드세요.

  Dreimal täglich eine nach dem Essen.
  드라이마-ㄹ- 태클리히 아이내 낙흐 뎀   앳샌.

- 해열제 주십시오.

  Ich brauche ein Mittel gegen Fieber.
  이히 브라욱해   아인 미텔   게-갠   피-버.

- 독감약 주십시오.

  Ich brauche ein Mittel gegen Grippe.
  이히 브라욱해   아인 미텔   게-갠   그리패.

- 감기 약 좀 주십시오.

  Geben Sie mir Tabletten gegen die Erkältung!
  게-밴   지- 미어 타블레탠   게-겐   디 애어캘퉁?

- 여기 제 처방전입니다.

  Hier ist mein Rezept.
  히어   이스트 마인 레쳅트.

- 목 아픈데 먹는 약과 해열제 그리고 독감약이군요. 잠깐만요.

  Einmal Halstabletten und einmal Tabletten gegen Fieber und Grippe.
  아인마-ㄹ- 할스타블레탠   운트 아인마-ㄹ- 타블레탠   게-갠   피-버   운트 그리패.

  Einen Moment, bitte.
  아이낸 모-멘트,   비태.

- 여기 목 아픈데 먹는 약과 해열제입니다.

  Hier sind die Halstabletten und die Tabletten gegen Fieber.
  히어   진트 디 할스타블레탠   운트 디   타블레탠   게-갠   피-버.

- 독감 약은 지금 준비되어 있지 않습니다.

    Das Grippemittel ist im Moment leider nicht vorrätig.
    다스 그리페미텔   이스트 임 모-멘트   라이더   니힡트 포-어래틱히.

- 주문해드릴까요?

    Sollen wir es Ihnen bestellen?
    졸랜   뷔어 앳스 이-낸   배슈텔랜?

- 그러면 점심시간 이후에 찾아가실 수 있습니다.

    Dann können Sie es nach der Mittagspause abholen.
    단   쾐낸   지- 앳스 낙흐 데어 미타-ㅋ스파우재   압홀-랜.

- 그러십시오.

    Ja, bitte.
    야-, 비태.

- 이 약을 주십시오.

    Ich möchte dieses Medikament haben.
    이히 뫼히태   디-제스 메디카멘트   하-밴.

처방전에 따른 약 구입

- 그것은 처방전이 있어야 합니다.

    Es ist rezeptpflichtig.
    앳스 이스트 레쳅트플리히틱히.

- 처방의무가 있는 약은 의사의 처방전이 있어야만 구입할 수 있습니다.

    Rezeptpflichtige Medikamente bekommen Sie nur mit Rezept.
    레쳅트플리히티개   메디카멘태   배콤맨   지- 누어 미트 레쳅트.

- 처방전 없이는 약을 드리지 못합니다.

    Ohne Rezept können Sie die Tabletten nicht bekommen.
    오-네 레쳅트 쾐낸   지- 디 타블레탠   니힡트 배콤맨.

- 이 약은 처방전을 내야만 받을 수 있습니다.

    Diese Arznei ist nur gegen Rezept erhältlich.
    디-제 아르츠나이 이스트 누어 게-겐 레쳅트   애어핻틀릿히.

- 의사의 처방을 받아오십시오.

    Lassen Sie sich vom Arzt ein Rezept geben!
    랏샌   지- 지히 폼 아르츠트 아인 레쳅트 게-밴!

- 몇몇 안정제는 의사의 처방전 없이 구입할 수 있습니다.

    Einige Beruhigungsmittel sind rezeptfrei zu erhalten.
    아이니개 배루-이궁스미텔   진트 레쳅트프라이 추 애어할탠.

복용방법

- 질문이 있는데요. 기침약을 어떻게 먹지요?

    Ich habe eine Frage. Wie muss ich die Hustentropfen einnehmen?
    이히 하-베 아이내 프라-개. 비- 뭇스 이히 디 후스텐트롭팬 아이네-맨?

- 제가 감기약을 어떻게 복용해야 하는 겁니까?

    Wie muss ich das Grippemittel einnehmen?
    비- 뭇스 이히 다스 그리페미텔 아이네-맨?

- 의사선생님이 여기 처방전에 써주셨네요.

    Der Arzt hat es Ihnen hier auf das Rezept geschrieben.
    데어 아르츠트 하트 앳스 이-낸 히어 아우프 다스 레쳅트 게슈리-밴.

- 하루 4번 각각 10방울씩입니다.

    Viermal täglich jeweils zehn Tropfen.
    피어마-ㄹ 태클리히 예봐일스 체-ㄴ 트롭팬.

- 제가 그것을 약 포장지에 써드리겠습니다.

    Ich schreibe es Ihnen auf die Packung.
    이히 슈라이배 앳스 이-낸 아우프 디 파쿵.

- 3시간마다 한 알씩 드세요.

    Nehmen Sie alle drei Stunden eine Tablette!
    네-맨 지- 알래 드라이 슈툰댄 아이내 타블레태!

- 매일 3번 식후에 4알씩 드세요.

    Dreimal täglich nach den Mahlzeiten vier Tabletten.
    드라이마-ㄹ 태클리히 낙흐 덴 마-ㄹ차이탠 피-어 타블레탠.

- 그리고 천천히 입 안에서 녹이세요.

    Und lassen Sie sie langsam im Munde zergehen.
    운트 랏샌 지- 지 랑잠 임 문데 체어게-앤.

- 그밖에 원하시는 게 또 있습니까?

    Sonst noch etwas?
    존스트 녹흐 애트밧스?

- 예, 하마터면 잊을 뻔했네요.

    Ja, beinahe hätte ich es vergessen.
    야-, 바이나-애 해태 이히 앳스 페어겟샌.

- 여기 제 딸의 처방전이 더 있습니다.

    Hier ist noch ein Rezept für meine Tochter.
    히어 이스트 녹흐 아인 레쳅트 퓨어 마이내 톡호터.

- 제 딸은 연고가 하나 필요합니다.

  Meine Tochter braucht eine Salbe.
  마이내 톡흐터 브라욱흐트 아이내 잘배.

- 좀 보여주시겠어요.

  Zeigen Sie es mir mal, bitte!
  차이갠 지- 앳스 미어 마-ㄹ, 비태!

- 아 그렇군요. 이것은 꼭 문질러 발라줘야 합니다.

  Ach ja. Die muss angerührt werden.
  아흐 야-, 디- 뭇스 안게뤼-어트 베어댄.

- 얼마를 드려야합니까?

  Wie viel muss ich bezahlen?
  비- 피-ㄹ 뭇스 이히 베차-ㄹ랜?

- 두 가지 약값이 10유로 30센트입니다.

  Das macht zehn Euro dreißig für zwei Medikamente.
  다스 막흐트 체-ㄴ 오이로 드라이씨히 퓨어 츠바이 메디카멘태.

- 아스피린 플러스 C 한 곽 주십시오.

  Geben Sie mir eine Packung Aspirin plus C!
  게-밴 지- 미어 아이내 파쿵 아스피린 플루스 체!

- 그것은 7유로 46센트입니다.

  Die macht sieben Euro sechsundvierzig.
  디- 막흐트 지-밴 오이로 젝스운트피어치히.

- 처방의무가 있는 약들의 경우 가격의 10%를 지불하지만, 약마다 최소 5유로에서 최대 10유로를 냅니다.

  Für verschreibungspflichtige Medikamente beträgt die Zuzahlung
  퓨어 페어슈라이붕스플리히티개 메디카멘태 배트랙트 디 추차-ㄹ룽

  10 Prozent des Preises, jedoch mindestens 5 Euro und maximal
  체-ㄴ 프로첸트 데스 프라이제스, 예독흐 민데스텐스 퓬프 오이로 운트 막시마-ㄹ

  10 Euro pro Arzneimittel.
  체-ㄴ 오이로 프로 아르츠나이미텔.

 die Zuzahlung 추가지불(약국에서 내야하는 금액)

- 어린이들과 만 18세 미만의 청소년들은 지불이 면제입니다.

  Kinder und Jugendliche bis zum vollendeten 18. Lebensjahr sind von
  킨더 운트 유겐틀리해 비스 춤 폴앤대탠 악흐첸탠 레-벤스야- 진트 폰

  allen Zuzahlungen befreit.
  알랜 추차-ㄹ룽 배프라이트.

- 처방의무가 있는 약품의 지불최고금액은 약품 가격에 좌우됩니다.

  Die Höhe der Zuzahlungen für rezeptpflichtige Arzneimittel ist
  디 회-애   데어 추차-룽앤   퓨어 레쳅트플리히티개   아르츠나이미텔 이스트

  abhängig vom Preis.
  압행잇히 폼 프라이스.

- 약품이 저렴하면 할수록 지불한 금액은 점점 더 적어집니다.

  Je preiswerter das Medikament, desto geringer die Zuzahlung.
  예- 프라이스베르터 다스 메디카멘트,   데스토 게링어   디 추차-룽.

- 의사와 약사에게 저렴한 약품을 물어보는 게 유익합니다.

  Es lohnt sich, Ihren Arzt und Ihren Apotheker nach preisgünstigen
  앳스 로-ㄴ트 지히, 이어랜 아르츠트 운트 이어랜 아포테-커   낙흐 프라이스균스티갠

  Präparaten zu fragen.
  프래파라-탠   추- 프라-갠.

Teil XI

긴급 상황 대처를 위한 표현

01 난처하거나 위급한 상황
02 분실과 도난
03 교통사고
04 자동차 수리
05 안경점

 난처하거나 위급한 상황

　난처한 상황에서 "Ich habe ein Problem."(제게 문제가 있습니다.) "Was soll ich denn jetzt machen?"(이제 어떻게 해야 하죠?)라고 분명히 말하던가, "Hilfe!"(도와주세요.)라고 외치던가, "Hallo, Polizei!"(여보세요, 경찰!), "Rufen Sie die Polizei!" (경찰을 불러주십시오.) 하고 도움을 요청한다.

난처할 때

- 문제가 있습니다.
  Ich habe ein Problem.
  이히 하-배 아인 프로블렘.

- 지금 무척 난처합니다.
  Ich bin in der Klemme.
  이히 빈 인 데어 클레매.

- 저는 난처하게 됐습니다.
  Ich bin ratlos.
  이히 빈 라-트로스.

- 저는 어려움에 처해있습니다.
  Ich bin in Schwierigkeiten.
  이히 빈 인 슈비-리히카이텐.

- 저는 지금 곤경에 처했습니다.
  Ich bin in eine Sackgasse gekommen.
  이히 빈 인 아이내 작가쌔 게콤맨.

- 무슨 좋은 방법이 없을까요?
  Haben Sie irgendwelche Vorschläge?
  하-밴 지- 이르겐트밸해 포-어슐래-개?

- 왜 제가 책임져야합니까?
  Warum sollte ich die Schuld auf mich nehmen?
  봐룸 졸태 이히 디 슐트 아우프 미히 네-맨?

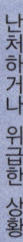

- 어떻게 해야 할까요?

  Was soll ich jetzt machen?
  밧스 졸 이히 옐츠트 막핸?

- 어떻게 좀 해봐.

  Tu doch bitte etwas!
  투- 독흐 비태 애트밧스!

- 제가 그것과 관련이 있을 거라고 생각하시나보죠?

  Sie denken, ich hätte etwas damit zu tun?
  지- 뎅캔, 이히 해태 애트밧스 다미트 추- 투운?

- 당신이 나를 화나게 했어요.

  Sie haben mich geärgert.
  지- 하-밴 미히 게애르거르트.

- 네가 나를 난처하게 만들었어.

  Du hast mir Schwierigkeiten gemacht!
  두- 하스트 미어 슈비-리히카이탠 게막흐트!

- 질문 때문에 난처했어요.

  Da war ich überfragt.
  다 봐 이히 위버프라-그트.

- 나를 몰라보겠니?

  Erkennst du mich denn nicht?
  애어켄스트 두- 미히 덴 니힐트?

- 너 나한테 화난거니?

  Bist du mir böse?
  비스트 두- 미어 뵈-재?

- 대체 나를 어떻게 여기는 거니?

  Wofür hältst du mich eigentlich?
  보-퓨어 핼트스트 두- 미히 아이겐틀리히?

- 나를 놀리는 거니?

  Führst du mich an der Nase herum?
  퓨-르스트 두- 미히 안 데어 나-재 헤룸?

- 네가 어떻게 나에게 이럴 수 있니?

  Wie kannst du mir das antun?
  비- 칸스트 두- 미어 다스 안투운?

- 즉시 말했어야지.

  Hättest du das doch gleich gesagt!
  해태스트 두- 다스 독흐 글라잇히 게작트!

- 진작 제게 말씀해주셨어야지요.
  Das hätten Sie mir früher sagen müssen!
  다스 해탠 지- 미어 프뤼-어 자-갠 뮤쌘!

- 내게 할 말이 없을 거야.
  Du hast mir gar nichts zu sagen!
  두- 하스트 미어 가- 니힡츠 추- 자-갠!

- 저는 몹시 급해요.
  Ich bin in Eile.
  이히 빈 인 아일래.

- 왜 내게 그것을 즉시 말하지 않았니?
  Warum hast du mir das nicht sofort gesagt?
  봐룸 하스트 두- 미어 다스 니힡트 조포르트 게작트?

- 저는 난처한 상황에 처했습니다.
  Ich bin in eine peinliche Situation geraten.
  이히 빈 인 아이내 파인릿해 지투아치오온 게라-탠.

- 돈이 아주 모자라.
  Das Geld ist sehr knapp.
  다스 겔트 이스트 제어 크납.

- 사업이 아주 부진합니다.
  Das Geschäft ist sehr flau.
  다스 게섀프트 이스트 제어 플라우.

위급할 때

- 무엇을 원하세요?
  Was wollen Sie?
  밧스 볼랜 지-?

- 거기서 물러나.
  Geh da weg!
  게- 다- 베-크!

- 옆으로 비켜!
  Beiseite!
  바이자이태!

- 너희들 거기서 물러나!
  Geht weg da!
  게-트 베-크 다-!

- 다가서지 말아요!

  Wegbleiben!
  베-ㄱ블라이밴!

- 나를 만지지 마세요!

  Fassen Sie mich nicht an!
  파쌘 지- 미히 니힐트 안!

- 나를 건드리지 마!

  Rühr mich nicht an!
  뤼-어 미히 니힐트 안!

- 그거 건드리지 마!

  Rühr's nicht an!
  뤼-어스 니힐트 안!

- 그 남자 건드리지 마세요!

  Rühren Sie ihn nicht an!
  뤼-랜 지- 이-ㄴ 니힐트 안!

- 그만 둬요!

  Halt!
  할트!

- 잠깐! 뭐 하는 겁니까?

  Moment! Was machen Sie denn?
  모멘트! 밧스 막핸 지- 덴?

- 나를 좀 내버려 두세요!

  Lassen Sie mich in Ruhe!
  랏샌 지- 미히 인 루-애!

- 이제 나를 좀 내버려둬!

  Lass mich jetzt in Ruhe!
  랏스 미히 니힐트 인 루-애!

- 내게 거짓말 하지 마!

  Lüg mich nicht an!
  뤼-ㅋ 미히 니힐트 안!

- 경찰을 불러!

  Ruf die Polizei!
  루-프 디 폴리차이!

- 경찰을 부를 거야!

  Ich will die Polizei rufen!
  이히 빌 디 폴리차이 루-팬!

- 경찰에게 달려가세요!
  Laufen Sie zur Polizei!
  라우팬 지- 추어 폴리차이!

- 경찰에 호소하십시오!
  Beklagen Sie sich bei der Polizei!
  배클라-갠 지- 지히 바이 데어 폴리차이!

- 의사를 부르십시오.
  Rufen Sie bitte einen Arzt!
  루-팬 지- 비테 아이낸 아르츠트!

도움을 요청할 때

- 도와줘요!
  Hilfe!
  힐패!

- 누구 없어요?
  Ist da jemand?
  이스트 다- 예-만트?

- 경찰 아저씨!
  Polizei!
  폴리차이!

- 경찰을 불러주세요!
  Rufen Sie die Polizei!
  루-팬 지- 디 폴리차이!

- 경찰을 오게 해주세요.
  Lassen Sie die Polizei kommen!
  랏샌 지- 디 폴리차이 콤맨!

- 여보세요! 거기 경찰이지요?
  Hallo! Ist da die Polizei?
  할로! 이스트 다- 디 폴리차이?

- 경찰을 연결해주십시오.
  Verbinden Sie mich bitte mit der Polizei!
  페어빈댄 지- 미히 비태 미트 데어 폴리차이!

- 도둑이야!
  Dieb!
  디-이프!

- 저놈 잡아라!

  Schnapp ihn!
  슈낲   이-ㄴ!

- 불이야!

  Feuer!
  포이어!

- 문 열어!

  Mach die Tür auf!
  막흐   디   튀-어 아우프!

- 위급한 경우에 소방서에 전화하세요.

  Im Notfall rufen Sie die Feuerwehr an!
  임 노트팔   루-팬   지- 디   포이어베-어   안!

- 화재를 신고하려면 몇 번을 눌러야하죠?

  Welche Nummer soll ich wählen, um die Feuerwehr zu rufen?
  뷀해   눔머   졸 이히 배-ㄹ랜   움 디   포이어베-어   추- 루-팬?

- 위급한 경우 112를 돌리세요. 거기가 소방서입니다.

  Wählen Sie die Nummer 112! Das ist die Feuerwehr.
  뵈-ㄹ랜   지- 디   눔머   아인스아인스츠바이! 다스 이스트 디 포이어베-어.

- 도둑을 신고하려고요.

  Ich möchte einen Dieb melden!
  이히 뫼히태   아이낸   디-입 멜댄!

- 경찰을 부를 때는 110을 누르세요.

  Wählen Sie 110, wenn Sie die Polizei anrufen!
  배-ㄹ랜   지- 아인스아인스눌, 벤 지- 디 폴리차이 안루-팬!

 분실과 도난

여행 중에 분실이나 도난을 당할 때를 대비해 보험에 가입해두고, 만약에 이런 일이 발생하면, 경찰에 신고하여 서식에 구체적인 내역을 꼼꼼하게 작성하도록 한다. **"Ich möchte einen Verlust melden."**(분실신고를 하려고 왔는데요.) **"Kann ich hier eine Verlustmeldung machen?"**(여기서 분실신고를 할 수 있나요?)라고 한다.

분실물 취급소에서

- 여기 분실물 센터가 있어요?
  Gibt es hier ein Fundbüro?
  깁트 엣스 히어 아인 푼트뷰로-?

- 분실물 센터가 어딥니까?
  Wo ist das Fundbüro?
  보- 이스트 다스 푼트뷰로-?

- 여기서 분실 신고를 할 수 있습니까?
  Kann ich hier einen Verlust melden?
  칸 이히 히어 아이넨 페어루-스트 멜댄?

- 신고를 하러 왔습니다.
  Ich möchte eine Meldung machen.
  이히 뫼히태 아이내 멜둥 막핸.

- 분실 신고 할 것이 있습니다.
  Ich habe einen Verlust zu melden.
  이히 하-배 아이낸 페어루스트 추- 멜댄.

- 분실신고를 하러 왔습니다.
  Ich möchte eine Verlustmeldung machen.
  이히 뫼히태 아이내 페어루스트멜둥 막핸.

- 분실신고를 하려고요.
  Ich möchte einen Verlust melden.
  이히 뫼히태 아이낸 페어루스트 멜댄.

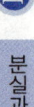

- 무엇을 신고하려고 하십니까?

  Was möchten Sie denn melden?
  밧스 뫼히탠   지- 덴   맬댄?

- 경찰서는 어디에 있습니까?

  Wo ist die Polizei?
  보- 이스트 디 폴리차이?

- 경찰에 신고하셔야 합니다.

  Sie müssen es der Polizei melden.
  지- 뮤쌘   앳스 데어 폴리차이 멜댄.

- 빨리 분실신고를 하세요.

  Melden Sie den Verlust schnell!
  멜댄   지- 덴   페어루스트 슈넬!

- 무슨 사건에 관한 것입니까?

  Worum geht es denn?
  보-룸   게-트 앳스 덴?

- 세 개의 트렁크에 관한 것입니다.

  Es geht um drei Koffer.
  앳스 게-트 움 드라이 코퍼.

- 무엇을 분실했습니까?

  Was haben Sie denn verloren?
  밧스 하-밴   지- 덴   페얼로-랜?

- 저는 짐을 하나 분실했습니다.

  Ich habe ein Gepäckstück verloren.
  이히 하-배 아인 게팩슈튁   페얼로-랜.

- 무슨 일이 일어났는지 자세히 설명해보세요.

  Erklären Sie genau, was passiert ist!
  애어클래-랜 지- 게나우,   밧스 파씨어트 이스트!

- 저는 트렁크를 찾을 수가 없습니다. 서울에서 수하물로 그것을 부쳤거든요.

  Ich kann meinen Koffer nicht finden. Den habe ich in Seoul als Gepäck
  이히 칸   마이낸   코퍼   니힐트 핀댄.   덴   하-배 이히 인 서울   알스 게팩
  aufgegeben.
  아우프게게-밴.

- 사건의 경과를 좀 더 정확히 설명해주시겠습니까?

  Können Sie den Ablauf des Geschehens genauer beschreiben?
  쾐낸   지- 덴   아프라우프 데스 게셰-엔스   게나우어   배슈라이밴?

- 저는 그 트렁크들을 함부르크 역에서 수하물로 부쳤습니다.

  Ich habe die Koffer im Hauptbahnhof Hamburg als Gepäck
  이히 하-베 디 코퍼   임   하우프트바-ㄴ호프   함부르크   알스 게팩

  aufgegeben.
  아우프게게-밴.

- 그런데 지금까지 찾지 못하고 있습니다.

  Bis jetzt habe ich sie nicht bekommen.
  빗스 예츠트 하-베 이히 지 니힡트   배콤맨.

- 이륙하기 직전에 트렁크를 부쳤었습니다.

  Ich hatte den Koffer kurz vor dem Abflug aufgegeben.
  이히 하태 덴 코퍼 쿠어츠 포-어 뎀   압플루-ㅋ 아우프게게-밴.

- 수하물 수령증 좀 보여주실래요?

  Darf ich mir Ihren Annahmeschein ansehen?
  다르프 이히 미어 이어랜   안나-메샤인   안제-앤?

- 여기 영수증을 보십시오.

  Hier sehen Sie den Annahmeschein!
  히어 제-앤 지- 덴   안나-메샤인!

- 어느 비행기를 타고 오셨습니까?

  Mit welcher Maschine sind Sie gekommen?
  미트 밸혀   마쉬-내   진트 지- 게콤맨?

- 루프트한자 712편으로 왔습니다.

  Mit Lufthansa 712.
  미트 루프트한자   지-벤아인스츠바이.

- 어느 기차를 타고 오셨습니까?

  Mit welchem Zug sind Sie gefahren?
  미트 밸햄   추-ㅋ 진트 지- 게파-랜?

- ICE를 타고 왔습니다.

  Mit dem ICE.
  미트 뎀   이체에-.

- 여기 혹시 여행가방 하나 들어온 것 있습니까?

  Ist hier vielleicht eine Reisetasche abgegeben worden?
  이스트 히어 필라이히트 아이내 라이제탓섀   압게게-밴   보어댄?

- 누군가 그것을 갖다 놓지 않았습니까?

  Hat jemand sie bei Ihnen abgegeben?
  하-트 예-만트 지 바이 이-낸 압게게-밴?

- 여기 이 서류가방이 당신 것입니까?

  Ist das Ihre Aktentasche?
  이스트 다스 이어래 악테탓섀?

- 그 가방이 정확히 어떻게 생겼습니까?

  Wie sieht die Tasche genau aus?
  비- 지-트 디 탓섀 게나우 아우스?

- 지갑이 어떻게 생겼는지 정확히 설명해주실 수 있어요?

  Können Sie das Portemonnaie genau beschreiben?
  쾐낸 지- 다스 포르트모네 게나우 배슈라이밴?

- 트렁크의 색상, 크기, 제품명, 제조회사 그리고 특이사항을 상세히 써주세요.

  Beschreiben Sie bitte ausführlich die Farbe, die Größe, den
  배슈라이밴 지- 비태 아우스퓨-얼리히 디 파르배, 디 그뢰-쌔, 덴

  Produktnamen, den Hersteller und besondere Merkmale des Koffers!
  프로둑트나-맨, 덴 해어슈텔러 운트 배존더래 메르크마-ㄹ-래 데스 코퍼스!

- 여기 서식을 좀 작성해주십시오.

  Füllen Sie bitte die Formulare hier aus!
  퓰랜 지- 비태 디 포-물라-래 히어 아우스!

- 제가 서술해야 할 게 더 있습니까?

  Soll ich noch etwas beschreiben?
  졸 이히 녹흐 애트밧스 배슈라이밴?

- 됐습니다. 곧 조사할 것입니다.

  In Ordnung. Die Sache wird sofort nachgeprüft.
  인 오르드눙. 디 작해 뷔어트 조포르트 낙흐게프뤼-프트.

- 분실신고를 확인해드리겠습니다.

  Ich bestätige Ihnen die Verlustanzeige.
  이히 배슈태-티개 이-낸 디 페어루스트안차이개.

- 얼마나 걸리지요?

  Wie lange wird das dauern?
  비- 랑애 뷔어트 다스 다우언?

- 몇 분 걸립니다.

  Das dauert nur ein paar Minuten.
  다스 다우어트 누어 아인 파- 미누-탠.

- 이것을 가지고 영사관으로 가십시오.

  Gehen Sie damit zum Konsulat!
  게-앤 지- 다미트 춤 콘줄라-트!

- 그곳에서 임시증명서를 발급받으십시오.

    Dort erhalten Sie einen Ersatzausweis!
    도르트 애어할텐   지- 아이낸   애어잘츠아우스바이스!

- 어디서 찾으셨습니까?

    Wo haben Sie es gefunden?
    보- 하-밴   지- 앳스 게푼댄?

- 찾으면 제게 연락해주시겠습니까?

    Könnten Sie mich informieren, wenn Sie es finden sollten?
    쾬탠   지- 미히   인포미-랜,   밴   지- 앳스 핀댄   졸탠?

- 찾으면 한국으로 보내주시겠습니까?

    Könnten Sie es nach Korea schicken, wenn Sie es finden sollten?
    쾬탠   지- 앳스 낙흐 코레-아 쉬캔,   밴   지- 앳스 핀댄   졸탠?

- 여기가 제 주소입니다.

    Hier ist meine Adresse.
    히어 이스트 마이내 아드레쌔.

분실했을 때

- 여기서 가방 못 보셨어요?

    Haben Sie hier eine Tasche gesehen?
    하-밴   지- 히어 아이내 탓섀   게제-앤?

- 열차 안에 트렁크를 두고 내렸습니다.

    Ich habe meinen Koffer im Zug liegen lassen.
    이히 하-배 마이낸   코퍼   임 추-크 리-갠   랏샌.

- 택시 안에 가방을 두고 내렸습니다.

    Ich habe meine Tasche im Taxi liegen lassen.
    이히 하-배 마이내   탓섀   임 타-ㅋ시 리-갠 랏샌.

- 카메라를 분실했습니다.

    Ich habe meine Kamera verloren.
    이히 하-배 마이내 카메라   페어로-랜.

- 여행가방을 분실했습니다.

    Ich habe meine Reisetasche verloren.
    이히 하-배 마이내 라이제탓섀   페어로-랜.

- 서류가방을 분실했습니다.

    Ich habe meine Aktentasche verloren.
    이히 하-배 마이내 악탠탓섀   페어로-랜.

- 여권을 분실했어요.

  Ich habe meinen Pass verloren.
  이히 하-배 마이낸 파쓰 페어로-랜.

- 그것을 언제 어디서 분실했나요?

  Wann und wo haben Sie ihn verloren?
  반 운트 보- 하-밴 지- 이-ㄴ 페어로-랜?

- 그것을 어디서 분실했지요?

  Wo haben Sie ihn verloren?
  보- 하-밴 지- 이-ㄴ 페어로-랜?

- 은행에서 분실했습니다.

  Ich habe ihn in der Bank verloren.
  이히 하-배 이-ㄴ 인 데어 방크 페어로-랜.

- 은행에 갔었는데요, 아마도 그곳에 두고 온 것 같아요.

  Ich war auf der Bank und habe ihn wohl dort liegen lassen.
  이히 봐 아우프 데어 방크 운트 하-배 이-ㄴ 보-올 도르트 리-갠 랏샌.

- 신용카드를 잃어버렸어요.

  Ich habe meine Kreditkarte verloren.
  이히 하-배 마이내 크레디트카르태 페어로-랜.

- 제 지갑이 없어졌습니다.

  Mein Portemonnaie ist weg.
  마인 포르트모내 이스트 베-ㅋ.

- 조금 전에 여기에 돈지갑을 놓고 왔습니다.

  Ich habe vorhin meine Geldbörse hier liegen lassen.
  이히 하-배 포-어힌 마이내 겔트뵈르재 히어 리-갠 랏샌.

도난당했을 때

- 제 핸드백을 도난당했습니다.

  Mir wurde die Handtasche gestohlen.
  미어 부어대 디 한트탓샤 게슈토-ㄹ랜.

- 지갑을 도난당했습니다.

  Mir wurde das Portemonnaie gestohlen.
  미어 부어대 다스 포르트모내 게슈토-ㄹ랜.

- 강탈당했습니다.

  Ich bin beraubt worden.
  이히 빈 배라웁트 보어댄.

- 무엇을 도난당했습니까?

  Was ist Ihnen gestohlen worden?
  밧스 이스트 이-낸 게슈토-ㄹ랜 보어댄?

- 우리 집이 도난당했습니다.

  Bei uns ist gestohlen worden.
  바이 운스 이스트 게슈토-ㄹ랜 보어댄.

- 제 집에 도둑이 들었습니다.

  Bei mir ist eingebrochen worden.
  바이 미어 이스트 아인게브로캔 보어댄.

- 누군가 현관문을 강제로 열려고 했어요.

  Jemand hat versucht, die Tür mit Gewalt zu öffnen.
  예-만트 하트 페어주-ㄱ흐트, 디 튀-어 미트 게발트 추- 외프낸.

- 경찰에 신고해야겠어요.

  Ich muss es der Polizei melden.
  이히 뭇스 앳스 데어 폴리차이 멜댄.

- 경찰을 불러야겠어요.

  Ich muss die Polizei rufen.
  이히 뭇스 디 폴리차이 루-팬.

- 제 자동차가 파괴되고 손상을 입었습니다.

  Mein Auto wurde aufgebrochen und beschädigt.
  마인 아우토 부어대 아우프게브로캔 운트 배섀-딕트.

- 무엇을 도난당했습니까?

  Wurde etwas gestohlen?
  부어대 애트밧스 게슈토-ㄹ랜?

- 네비게이션입니다.

  Das Navigationsgerät.
  다스 나비가치오온스게래-트.

- 어디서 그게 발생했습니까?

  Wo ist das passiert?
  보- 이스트 다스 파씨어트?

- 우체국 앞 주차장에서요.

  Auf dem Parkplatz vor der Post.
  아우프 뎀 파-크플랏츠 포-어 데어 포스트.

- 범행을 목격한 증인들이 있습니까?

  Gibt es Zeugen für die Tat?
  깁트 앳스 초이갠 퓨-어 디 타-트?

- 여기 증인의 이름과 전화번호가 있습니다.

  Hier sind Name und Telefonnummer eines Zeugen.
  히어 진트 나-맨   운트 텔레폰눔머   아이내스 초이갠.

 대부분 -e로 끝나는 남성명사는 2격, 3격, 4격에서 어미 n을 첨가한다.

- 모르겠습니다.

  Ich weiß es nicht.
  이히 봐이쓰 앳스 니힡트.

- 보험사에 제출할 양식은 여기 있습니다.

  Hier ist ein Formular für die Versicherung.
  히어 이스트 아인 포-물라- 퓨어 디   페어짙혀룽.

교통사고

교통사고 발생시 먼저 경찰에 신고를 한다. 그리고 보험사나 렌터카 회사에 알려준다. 렌터카를 빌릴 때 보험 가입여부를 확인해둘 필요가 있다. 교통사고를 당했든 또는 냈든 간에 신고를 철저히 하고 처리과정을 확인하도록 한다. 여기서는 사고 발생 직후, 사고 경위, 교통위반 등에 사용하는 기본표현을 서술해 놓았다.

교통사고가 났을 때

- 큰일 났습니다.

  Hier ist ein Notfall eingetreten!
  히어 이스트 아인 노트팔 아인게트레-텐!

- 교통사고를 당했습니다.

  Ich habe einen Autounfall.
  이히 하-베 아이낸 아우토운팔.

- 교통사고가 났습니다.

  Es ist ein Autounglück geschehen.
  앳스 이스트 아인 아우토운그뤽 게쉐-앤.

- 교통사고를 신고하고 싶습니다.

  Ich möchte einen Autounfall melden.
  이히 뫼히태 아이낸 아우토운팔 멜댄.

- 보행인이 차에 치었습니다.

  Ein Fußgänger ist angefahren worden.
  아인 푸-쓰갱어 이스트 안게파-랜 보어댄.

- 아이가 차에 치었어요.

  Ein Kind ist angefahren worden.
  아인 킨트 이스트 안게파-랜 보어댄.

- 구급차를 불러주세요.

  Bitte rufen Sie einen Rettungswagen!
  비태 루-팬 지- 아이낸 레퉁스봐-갠!

- 구급차를 불러주세요.

  Rufen Sie bitte einen Krankenwagen!
  루-팬 지- 비태 아이낸 크랑켄봐-갠!

- 다친 사람이 있습니다.

  Es gibt einen Verletzten.
  앳스 깁트 아이낸 페어렛츠탠.

 여자일 경우 eine Verletzte(페어렛츠태) 부상자, 다친 사람

- 부상자를 보살펴줄 수 있습니까?

  Können Sie sich bitte um den Verletzten kümmern?
  쾬낸 지- 지히 비태 움 덴 페어렛츠탠 큠머른?

- 저를 병원으로 데려가 주시겠어요?

  Könnten Sie mich ins Krankenhaus bringen?
  쾬탠 지- 미히 인스 크랑켄하우스 브링앤?

- 증인이 돼줄 수 있습니까?

  Können Sie mein Zeuge sein?
  쾬낸 지- 마인 초이개 자인?

- 아무도 다치지 않았습니다.

  Es ist niemand verletzt.
  앳스 이스트 니-만트 페어렛츠트.

- 당신 책임입니다.

  Es ist Ihre Schuld.
  앳스 이스트 이어래 슐트.

- 당신이 제 차를 손상시켰습니다.

  Sie haben meinen Wagen beschädigt.
  지- 하-밴 마이낸 봐-갠 배섀딕트.

- 당신은 그렇게 위험하게 추월하지 말았어야 했습니다.

  Sie hätten nicht so riskant überholen dürfen.
  지- 해탠 니힡트 조- 리스칸트 위버호-랜 듀르팬.

- 여기서는 진입이 금지 되어 있습니다.

  Die Einfahrt ist hier verboten.
  디 아인파-르트 이스트 히어 페어보-탠.

- 당신이 과속을 했습니다.

  Sie sind mit überhöhter Geschwindigkeit gefahren.
  지- 진트 미트 위버회-터 게슈빈디히카이트 게파-랜.

XI. 긴급 상황 대처를 위한 표현

- 당신이 가해자입니다.

  Sie sind der Schuldige.
  지- 진트 데어 슐디개.

- 교통법규에 대해 아직 아무 것도 못 들었단 말입니까?

  Haben Sie noch nie etwas von Verkehrsregeln gehört?
  하-밴 지- 녹흐 니- 애트밧스 폰 페어케어스레겔른 게회르트?

- 눈을 똑바로 뜨고 다닐 수 없었습니까?

  Konnten Sie Ihre Augen nicht aufmachen?
  콘탠 지- 이어래 아우갠 니힡트 아우프막핸?

- 주의할 수가 없었나요?

  Konnten Sie nicht aufpassen?
  콘탠 지- 니힡트 아우프파쌘?

- 좀 기다릴 수 없었습니까?

  Konnten Sie nicht warten?
  콘탠 지- 니힡트 바르탠?

- 저를 못 봤습니까?

  Haben Sie mich nicht gesehen?
  하-밴 지- 미히 니힡트 게제-앤?

- 왜 접니까? 당신이 주의하지 않은 겁니다.

  Wieso ich? Sie haben nicht aufgepasst.
  비-조- 이히? 지- 하-밴 니힡트 아우프게파쓰트.

- 당신이 아니라 내게 우선권이 있었어요.

  Ich hatte Vorfahrt, nicht Sie!
  이히 하태 포-어파-르트, 니힡트 지-!

- 우리가 경찰을 부르는 게 낫겠습니다.

  Es ist besser, wir holen die Polizei.
  앳스 이스트 배써, 뷔어 호-ㄹ랜 디 폴리차이.

- 당신의 보험번호를 제게 알려주십시오.

  Geben Sie mir Ihre Versicherungsnummer!
  게-밴 지- 미어 이어래 페어질허룽스눔머!

교통사고를 냈을 때

- 사고를 냈습니다.

  Ich habe einen Autounfall verursacht.
  이히 하-배 아이낸 아우토운팔 페어우어잫흐트.

- 경찰에 알려주세요.

  Verständigen Sie bitte die Polizei!
  페어슈탠디갠 지- 비태 디 폴라차이!

- 보험을 들었습니까?

  Sind Sie versichert?
  진트 지- 페어질혀르트?

- 렌터카 회사로 연락해주시겠어요?

  Würden Sie es bitte der Autovermietung melden?
  뷰르댄 지- 앳스 비태 데어 아우토페어미-퉁 멜댄?

교통사고 경위를 설명할 때

- 제가 우선권이 있었습니다.

  Ich hatte Vorfahrt.
  이히 하태 포-어파-르트.

- 운전자가 시속 100킬로미터 이상으로 주행했습니다.

  Ein Autofahrer ist über 100 Kilometer pro Stunde gefahren.
  아인 아우토파-러 이스트 위-버 아인훈데르트 킬로메터 프로 슈툰데 게파-랜.

- 상대차가 과속을 했습니다.

  Der andere Wagen ist zu schnell gefahren.
  데어 안더래 봐-갠 이스트 추- 슈넬 게파-랜.

- 상대차가 제 차를 추월하려고 했습니다.

  Der andere Wagen wollte mich überholen.
  데어 안더래 봐-갠 볼태 미히 위버홀-랜.

- 그 차가 뒤에서 제 자동차를 추돌했습니다.

  Der Wagen ist von hinten auf meinen aufgefahren.
  데어 봐-갠 이스트 폰 힌탠 아우프 마이낸 아우프게파-랜.

> **Tipp** meinen은 소유대명사로서 앞의 Wagen과 같은 성질로 meinen Wagen을 말한다. 'meinen Wagen'의 meinen은 소유관사이다. Suchst du einen Kugelschreiber? Nimm doch meinen! (너 볼펜을 찾고 있니? 내 것 가져라.)-여기의 meinen은 '소유대명사'이다.

- 상대차가 뒤에서 내 차를 추돌했습니다.

  Der andere ist von hinten auf meinen Wagen geknallt.
  데어 안더래 이스트 폰 힌탠 아우프 마이낸 봐-갠 게크날트.

- 이 자동차는 여기가 긁혔어요.

  Der Wagen hat hier Kratzer.
  데어 봐-갠 하트 히어 크랏처.

- 범퍼가 휘었습니다.

  Die Stoßstange ist verbogen.
  디 슈토-쓰슈탕애 이스트 페어보-갠.

- 그 운전자가 음주 운전을 했습니다.

  Der Autofahrer ist betrunken gefahren.
  데어 아우토파-러 이스트 배트룽캔 게파-랜.

- 그 운전자가 술을 과음했습니다.

  Der Autofahrer hat zu viel Alkohol getrunken.
  데어 아우토파-러 하트 추 피-ㄹ 알코홀- 게트룽캔.

- 교통표지판의 뜻을 몰랐습니다.

  Ich wusste nicht, was das Schild bedeutet.
  이히 부쓰태 니힡트, 밧스 다스 쉴트 배도이테트.

- 신호를 무시했습니다.

  Ich habe die Ampel ignoriert.
  이히 하-배 디 암펠 이그노리-어트.

- 제가 집으로 가는 도중에 사고를 목격했습니다.

  Auf dem Weg nach Hause hat Anne sich den Autounfall angesehen.
  아우프 뎀 베-ㅋ 낙흐 하우재 하트 안네 짚히 덴 아우토운팔 안게제-앤.

- 나는 아무 것도 모릅니다.

  Ich weiß nichts davon.
  이히 봐이스 니힡츠 다폰.

- 나는 관계가 없어요.

  Ich habe nichts damit zu tun.
  이히 하-배 니힡츠 다미트 추- 투운.

- 제 책임이 아니에요.

  Daran habe ich keine Schuld.
  다란 하-배 이히 카이내 슐트.

- 제 탓이 아닙니다.

  Die Schuld liegt nicht bei mir.
  디 슐트 리-ㄱ크 니힡트 바이 미어.

- 그것은 제 잘못입니다.

  Das ist mein Fehler.
  다스 이스트 마인 페-ㄹ러.

- 나는 적색신호가 들어왔을 때 정차했어요.
  Ich hielt bei Rot.
  이히 히-ㄹ트 바이 로-트.

- 상황이 잘 기억나지 않습니다.
  Ich erinnere mich nicht, was passiert ist.
  이히 에린내래 미히 니힐트, 밧스 파씨어트 이스트.

- 저야말로 피해자입니다.
  Ich bin das Opfer.
  이히 빈 다스 옵퍼.

- 이제 가 봐도 되겠습니까?
  Kann ich jetzt weiterfahren?
  칸 이히 예츠트 봐이터파-랜?

- 여러분들 중에서 증인이 누구입니까?
  Wer ist der Augenzeuge von Ihnen?
  붸어 이스트 데어 아우겐초이개 폰 이-낸?

- 사고를 목격하셨습니까?
  Haben Sie den Autounfall gesehen?
  하-밴 지- 덴 아우토운팔 게제-앤?

- 사고 현장에 계셨었습니까?
  Waren Sie am Unfallort?
  봐-렌 지- 암 운팔오르트?

- 하이네 3가(街)에서 교통사고가 났습니다.
  In der Heinerstraße 3 hat sich ein Verkehrsunfall ereignet.
  인 데어 하이네슈트라-쌔 드라이 하트 지히 아인 페어케어스운팔 애어아이그내트.

- 이 사고로 한 아주머니가 다쳤습니다.
  Dabei ist eine Dame verletzt worden.
  다바이 이스트 아이내 다-매 페어렛츠트 보어댄.

- 사고가 났을 때 어디 계셨습니까?
  Wo waren Sie, als der Unfall passierte?
  보- 봐-랜 지-, 알스 데어 운팔 파씨어태?

- 저는 보도에 있었습니다.
  Ich war auf dem Gehweg.
  이히 봐- 아우프 뎀 게-벡.

- 그 운전자가 미친 듯이 급브레이크를 밟았어요.
  Der Autofahrer hat wie verrückt gebremst.
  데어 아우토파-러 하트 비- 페어류크트 게브렘스트.

- 그는 붉은 신호등이 들어왔는데도 계속 차를 몰았어요.
  Er ist bei Rot weitergefahren.
  애어 이스트 바이 로-트 봐이터게파-랜.

- 그 사람이 과속을 했어요.
  Er ist zu schnell gefahren.
  애어 이스트 추 슈넬 게파-랜.

- 그 사람이 잘 못 추월했습니다.
  Er hat falsch überholt.
  애어 하트 팔쉬 위버홀-트.

- 그 부상자가 붉은 신호등에서 길을 건넜어요.
  Der Verletzte hat bei Rot die Straße überquert.
  데어 페어렛츠태 하트 바이 로-트 디 슈트라-쌔 위버크베어트.

- 그가 내 차를 추월하려고 했을 때 그 사람이 경적 울리는 걸 듣지 못했습니다.
  Ich habe nicht gehört, dass er hupte, als er mich mit seinem Auto überholen wollte.
  이히 하-배 니힡트 게회르트, 닷스 애어 훕태, 알스 애어 미히 미트 자이냄 아우토 위버호-르랜 볼태.

- 당신이 그렇게 위험하게 추월하지 말았어야지요.
  Sie hätten nicht so riskant überholen dürfen.
  지- 해탠 니힡트 조- 리지칸트 위버호-르랜 듀르팬.

- 예, 제가 정말 너무 위험하게 추월했습니다.
  Ja, ich habe wirklich zu riskant überholt.
  야-, 이히 하-배 뷔르클리히 추- 리스칸트 위버호-르트.

- 사고는 운전자의 부주의가 원인이었습니다.
  Der Unfall kam aufgrund der Unvorsichtigkeit des Fahrers.
  데어 운팔 캄 아우프그룬트 데어 운포-어지히티히카이트 데스 파-러스.

- 운전자가 부주의했습니다.
  Der Autofahrer ist unvorsichtig gewesen.
  데어 아우토파-러 이스트 운포-어지히티히 게베-잰.

- 그 아이가 막무가내로 길로 뛰어들었습니다.
  Das Kind ist einfach über die Straße gelaufen.
  다스 킨트 이스트 아인팍흐 위버 디 슈트라-쌔 겔라우팬.

- 그 아이가 주위를 살피지도 않고 그냥 길로 뛰어들었습니다.
  Das Kind ist ohne sich umzusehen einfach über die Straße gerannt.
  다스 킨트 이스트 오-내 지히 움추제-앤 아인팍흐 위버디 슈트라-쌔 게란트.

- 그 아이가 주의를 기울이지 않았습니다.

  Das Kind hat nicht aufgepasst.
  다스 킨트 하트 니힡트 아우프게파쓰트.

- 운전자가 너무 늦게 브레이크를 밟았습니다.

  Der Autofahrer hat zu spät gebremst.
  데어 아우토파-러 하트 추- 슈패-트 게브렘스트.

- 그 여자가 주차금지 지역에 차를 세워두었어요.

  Die Frau hat den Wagen im Halteverbot geparkt.
  디 프라우 하트 덴 봐-갠 임 할태페어보-트 게파르크트.

- 삼각대 세우는 것 잊으셨습니까?

  Haben Sie vergessen, das Warndreieck aufzustellen?
  하-밴 지- 페어게쌘, 다스 봐른드라이엑 아우프추-슈텔랜?

- 그렇지 않으면 다른 차가 뒤에서 추돌할 수도 있습니다.

  Sonst könnte ein anderer von hinten auf Ihren Wagen knallen.
  존스트 쾐태 아인 안더러 폰 힌탠 아우프 이어랜 봐-갠 크날랜.

교통법규를 위반했을 때

- 운전면허증 좀 보여주시겠습니까?

  Kann ich mal Ihren Führerschein sehen?
  칸 이히 마-ㄹ 이어랜 퓨-러샤인 제-앤?

- 왜 그러십니까, 제가 과속을 했나요?

  Wieso, bin ich zu schnell gefahren?
  비조-, 빈 이히 추- 슈넬 게파-랜?

- 실례합니다만, 제가 왜 30유로를 내야합니까?

  Entschuldigen Sie, warum muss ich denn 30 Euro bezahlen?
  앤트슐-디갠 지-, 봐룸 뭇스 이히 덴 드라이씨히 오이로 배차-ㄹ랜?

- 정차금지구역에 주차했기 때문입니다.

  Weil Sie im Halteverbot parken.
  바일 지- 임 할태페어보-트 파르캔.

- 이곳은 주차금지입니다.

  Hier ist Parkverbot.
  히어 이스트 파-크페어보-트.

- 자동차를 잠그시지 않았습니다.

  Sie haben Ihr Auto nicht abgeschlossen.
  지- 하-밴 이어 아우토 니힡트 압게슐로쌘.

- 자동차 문을 잠그지 않았기 때문에 30유로를 지불해야합니다.

  Sie müssen 30 Euro bezahlen, weil Sie Ihr Auto nicht abgeschlossen haben.
  자- 뮤쌘 드라이씨히 오이로 배차-ㄹ랜, 봐일 지- 이어 아우토 니힡트 압게술로쌘 하-밴.

- 문을 한 번 잠그지 않았는데, 그렇게 안 좋다는 겁니까?

  Ist das denn so schlimm, wenn man mal die Tür nicht abschließt?
  이스트 다스 덴 조- 슐림, 벤 만 마-르 디 튀-어 니힡트 압슐리-쓰트?

- 유감입니다만, 그렇게 하는 것은 금지 되었습니다.

  Tut mir leid, aber das ist nun mal verboten.
  투-트 미어 라이트, 아-버 다스 이스트 누운 마-ㄹ 페어보-탠.

- 주차를 잘 못하면 30유로를 물어야합니다.

  Wenn man falsch parkt, muss man 30 Euro zahlen.
  벤 만 팔쉬 파-크트, 뭇스 만 드라이씨히 오이로 차-ㄹ랜.

- 당신은 빨간 불이 들어왔는데도 계속 진행하셨습니다.

  Sie sind bei Rot weitergefahren.
  자- 진트 바이 로-트 봐이터게파-랜.

- 당신은 잘 못 추월을 하셨습니다.

  Sie haben falsch überholt.
  자- 하-밴 팔쉬 위버호-르트.

- 당신은 위험하게 추월을 했습니다.

  Sie haben zu riskant überholt.
  자- 하-밴 추- 리스칸트 위버호-르트.

- 당신은 잘 못 회전을 하셨습니다.

  Sie sind falsch abgebogen.
  자- 진트 팔쉬 압게보-갠.

- 고속도로에서 역주행하면 200유로를 벌금으로 내야합니다.

  Man muss 200 Euro Strafe zahlen, wenn man auf Autobahnen rückwärts fährt.
  만 뭇스 츠바이 훈테르트 오이로 슈트라-ㅍ패 차-ㄹ랜, 벤 만 아우프 아오토바-ㄴ 륙밲르츠 패-르트

- 과음을 하셨군요.

  Sie haben zu viel Alkohol getrunken.
  비- 하-밴 추- 피-ㄹ 알코호-ㄹ 게트룽캔.

- 당신은 신호를 무시했습니다.

  Sie haben die Ampel nicht beachtet.
  자- 하-밴 디 암펠 니힡트 배악흐태트.

- 안전벨트를 매지 않으셨습니다.

 Sie haben sich nicht angeschnallt.
 지- 하-밴 짖히 니힡트 압게슈날트.

- 제한속도를 정확히 지키지 않으셨습니다.

 Sie haben die Geschwindigkeitsbegrenzung nicht eingehalten.
 지- 하-밴 디 게슈뷘디히카이트배그렌충 니힡트 아인게할탠.

 자동차 수리

자동차가 고장 났을 때 수리를 하기 위해 알아야 할 자동차들의 기본적 용어들을 이용한 표현을 익히도록 구성하였다. 큰 고장은 정비소에서 처리해주지만, 사소한 고장을 본인이 수리점에서 처리할 때 구사할만한 표현들을 열거했으니 잘 익혀두고 일상 독어로 사용한다.

자동차 수리를 문의할 때

- 제일 가까운 정비공장이 어디 있습니까?
  Wo ist die nächste Werkstatt?
  보- 이스트 디 낵스태   뵈르크슈타트?

- 제 자동차가 고장 났습니다.
  Mein Wagen ist nicht in Ordnung.
  마인 봐-갠   이스트 니힡트 인 오르드눙.

- 제 자동차가 고장 났습니다.
  Mein Wagen hat eine Panne.
  마인 봐-갠 하트 아이내 판내.

- 자동차가 어떻게 된 것인지 모르겠어요.
  Ich weiß nicht, was mit dem Wagen los ist.
  이히 봐이쓰 니힡트, 밧 미트 뎀   봐-갠   로-스 이스트.

- 차에 문제가 좀 있는 것 같아요.
  Ich glaube, es ist etwas nicht in Ordnung mit dem Wagen.
  이히 글라우배, 앳스 이스트 애트밧스 니힡트 인 오르드눙 미트 뎀   봐-갠.

- 아주 안 좋아 보이는군요.
  Das sieht schlimm aus.
  다스 치-트 슐림   아우스.

- 예, 사고가 났습니다.
  Ja, ich hatte einen Unfall.
  야-, 이히 하태 아이낸   운팔.

- 며칠 걸릴 것 같은데요.

  Ich fürchte, es wird einige Tage dauern.
  이히 퓨르흐태, 앳스 뷔어트 아이니개 타-개 다우언.

- 내일 계속해서 가려고 했는데요.

  Ich wollte morgen weiterfahren.
  이히 볼태 모르갠 봐이터파-랜.

- 이 자동차로는 안 됩니다.

  Mit diesem Wagen geht das nicht.
  미트 디-잼 봐-갠 게-트 다스 니힡트.

- 제 차의 수리신청을 하고 싶습니다.

  Ich möchte meinen Wagen zur Reparatur anmelden.
  이히 뫼히태 마이낸 봐-갠 추어 레파라투-어 안멜댄.

- 수리비가 많이 들까요?

  Wird die Reparatur teuer?
  뷔르트 디 레파라투-어 토이어?

- 그럴 것 같은데요. 대략 800 유로 정도요.

  Ich fürchte ja. Etwa um die 800 Euro.
  이히 퓨르흐태 야-. 애트봐- 움 디 악흐트훈데르트 오이로.

- 제 차의 수리신청을 하려고 합니다.

  Ich möchte meinen Wagen zur Reparatur anmelden.
  이히 뫼히태 마이낸 봐-갠 추어 레파라투-어 안멜댄.

- 배기가스 검사를 신청하고 싶습니다.

  Ich möchte den Wagen zur AU anmelden.
  이히 뫼히태 덴 봐-갠 추어 아우 안멜댄.

 Abgasuntersuchung(압가스운터주-ㄱ홍) 배기가스검사의 약자.

- 자동차등록증을 보여주십시오.

  Zeigen Sie mir Ihre Wagenpapiere!
  차이갠 지- 미어 이어래 봐-갠파피-래!

- 차를 언제 가지고 오면 되겠습니까?

  Wann kann ich ihn vorbeibringen?
  반 칸 이히 이-ㄴ 포어바이브링앤?

 ihn은 den Wagen을 가리키는 인칭대명사이다.

- 무엇을 고쳐야 합니까?

  Was soll gemacht werden?
  밧스 졸 게막흐트 베어댄?

- 무엇이 고장입니까?

  Was ist kaputt?
  밧스 이스트 카풋트?

- 시동이 안 걸립니다.

  Mein Auto springt nicht an.
  마인 아우토 슈프링트 니힡트 안.

- 시동이 잘 안 걸립니다.

  Mein Auto springt schlecht an.
  마인 아우토 슈프링트 슐래힡트 안.

- 언제 수리가 가능하지요?

  Wann können Sie das reparieren?
  반 쾬낸 지- 다스 레파리-랜?

- 지시등이 제대로 작동하지 않습니다.

  Der Blinker geht nicht richtig.
  데어 블링커 게-트 니힡트 리히팃히.

- 브레이크 라이트가 안 켜집니다.

  Das Bremslicht brennt nicht.
  다스 브렘스리히트 브렌트 니힡트.

- 냉각수를 보충해주십시오.

  Füllen Sie bitte Kühlwasser nach!
  퓔랜 지- 비태 퀴-ㄹ밧서 낙흐!

- 오일 상태를 봐 주십시오.

  Kontrollieren Sie bitte den Ölstand!
  콘트롤리-랜 지- 비태 덴 외-ㄹ슈탄트!

- 오일을 보충하셔야 합니다.

  Es muss etwas Öl nachgefüllt werden.
  앳스 무스 애트밧스 외-ㄹ 낙흐게퓔트 베어댄.

- 그렇게 해 주십시오.

  Bitte machen Sie das!
  비태 막핸 지- 다스!

- 엔진오일 좀 교환해 주시겠습니까?

  Würden Sie bitte das Öl wechseln?
  뷰르댄 지- 비태 다스 외-ㄹ 벡셀른?

- 오일을 바꾸어 주십시오.

  Ich möchte einen Ölwechsel machen lassen.
  이히 뫼히태   아이낸   외-ㄹ벡셀   막핸   랏샌.

- 그러지요. 1/2 리터면 충분합니다.

  Gerne. Ein halber Liter genügt.
  게르네. 아인 할버   리-터 게뉙트.

- 오일이 샙니다.

  Das Öl läuft aus.
  다스 외-ㄹ 로이프트 아웃스.

- 이 차는 아직까지 오일이 샌 적이 없었습니다.

  Der Wagen hat noch nie Öl verloren.
  데어 봐-갠   하트 녹흐 니- 외-ㄹ 페어로-랜.

- 밀도를 측정해 보셔야 합니다.

  Sie sollten die Dichtung prüfen lassen.
  지- 졸탠   디 디히퉁   프류-팬 랏샌.

- 여기서 그것을 즉시 해줄 수 있습니까?

  Können Sie das gleich hier machen?
  쾐낸   지- 다스 글라이히 히어 막핸?

- 오일 상태를 자주 체크하시기만 하면 됩니다.

  Sie müssten nur öfter den Ölstand prüfen.
  지- 뮤쓰탠   누어 외프터 덴 외-ㄹ슈탄트 프류-팬.

- 엔진을 꺼 보십시오.

  Stellen Sie bitte den Motor ab!
  슈텔랜   지- 비태 덴 모토어 압!

- 가속기가 고장 났어요.

  Das Gaspedal funktioniert nicht.
  다스 가스페달   풍치오니어트   니힐트.

- 클러치가 고장 난 것 같아요.

  Die Kupplung scheint nicht in Ordnung zu sein.
  디 쿠플룽   샤인트 니힐트 인 오르드눙   추- 자인.

- 변속기를 검사 받아야겠어요.

  Die Gangschaltung muss nachgesehen werden.
  디 강샬퉁   뭇스 낙흐게제-앤   베어댄.

- 일단 기어가 잘 안 걸립니다.

  Der erste Gang hakt.
  데어 애어스태 강   학크트.

- 2단 기어가 안 걸립니다.

  Der zweite Gang geht nicht fein.
  데어 츠바이태 강 게-트 니힡트 파인.

- 브레이크 검사를 받고 싶습니다.

  Ich möchte die Bremse nachsehen lassen.
  이히 뫼히태 디 브렘재 낙흐제-앤 랏샌.

- 브레이크 좀 검사해 주시겠습니까?

  Können Sie die Bremse kontrollieren?
  쾬낸 지- 디 브렘재 콘트롤리-랜?

- 브레이크 액을 검사해 주십시오.

  Prüfen Sie bitte die Bremsflüssigkeit!
  프뤼-팬 지- 비태 디 브렘스플뤼류씨히카이트!

- 정지등을 좀 봐 주십시오.

  Prüfen Sie bitte das Bremslicht!
  프뤼-팬 지- 비태 다스 브렘스리히트!

- 공기압력과 냉각수도 좀 봐 주세요.

  Prüfen Sie auch gleich den Reifendruck und den Wasserstand!
  프뤼-팬 지 아욱흐 글라잏히 덴 라이팬드룩 운트 덴 밧서슈탄트!

- 타이어가 펑크 났어요.

  Ich habe eine Reifenpanne.
  이히 하-배 아이내 라이픈판내.

- 타이어에 구멍이 났어요.

  Der Reifen hat ein Loch.
  데어 라이팬 하트 아인 롱흐.

- 왼쪽 앞바퀴가 펑크 났어요.

  Der linke vordere Reifen ist geplatzt.
  데어 링케 포-더러 라이팬 이스트 게플랏츠트.

- 왼쪽 앞 타이어가 바람이 빠져요.

  Der linke Vorderreifen verliert Luft.
  데어 링캐 포-더라이팬 페어리어트 루프트.

- 뒷바퀴가 펑크 났습니다.

  Ein Reifen an der Hinterachse ist geplatzt.
  아인 라이팬 안 데어 힌터악세 이스트 게플랏츠트.

- 타이어 두 개가 펑크 났습니다.

  Zwei Reifen sind platt.
  츠바이 라이팬 진트 플랏트.

- 타이어에 공기를 주입하고 싶습니다.

  Ich möchte die Reifen aufpumpen lassen.
  이히 뫼히태   디 라이팬   아우프품팬   랏샌.

- 이 타이어 좀 교체해 주십시오.

  Würden Sie bitte diesen Reifen wechseln?
  뷰르댄   지- 비태 디-잰   라이팬   벡셀른?

- 겨울용 타이어를 끼워주십시오.

  Bitte ziehen Sie die Winterreifen auf!
  비태 치-앤   지- 디 뷘터라이팬   아우프!

- 밧데리가 나갔습니다.

  Meine Batterie ist leer.
  마이내   바테리-   이스트 레-어.

- 제 차에 맞는 알루미늄 휠캡을 사고 싶습니다.

  Ich möchte eine Alufelge für meinen Wagen kaufen.
  이히 뫼히태   아이내 알-루펠개 퓨어 마이낸   봐-갠   카우팬.

- 앞 범퍼를 수리하려고 합니다.

  Ich möchte die vordere Stoßstange reparieren lassen.
  이히 뫼히태   디 포-더래   슈토-쓰슈탕애 레파리-랜   랏샌.

- 문 뒤 맨 왼쪽 측면이 찌그러졌어요.

  Die ganze linke Seite hinter der Tür ist eingedrückt.
  디   간채   링캐   자이태 힌터   데어 튀-어 이스트 아인게드룩크트.

- 제 차를 수리 맡기고 싶습니다.

  Ich möchte meinen Wagen reparieren lassen.
  이히 뫼히태   마이낸   봐-갠   레파리-랜   랏샌.

- 제 차를 견인할 수 있습니까?

  Könnten Sie meinen Wagen abschleppen?
  쾬탠   지- 마이낸   봐-갠   압슐레팬?

- 제 차를 공업사로 견인시키고 싶습니다.

  Ich möchte meinen Wagen in die Werkstatt abschleppen lassen.
  이히 뫼히태   마이낸   봐-갠   인 디   베르크슈타트 압슈레팬   랏샌.

- 가장 필요한 수리만 해주세요.

  Machen Sie bitte nur die nötigsten Reparaturen!
  막핸   지- 비태 누어 디 뇌틱히스탠   레파라투-랜!

- 언제 끝납니까?

  Wann ist es fertig?
  반   이스트 앳스 페르틱히?

- 그것에 필요한 정품 부속이 있습니까?

 Haben Sie Original-Ersatzteile dafür?
 하-배   지- 오리기날-애어자츠타일레   다퓨어?

- 언제 부속이 들어옵니까?

 Wann bekommen Sie die Ersatzteile?
 반   배콤맨   지- 디 애어자츠타일레?

 안경점

갑자기 안경에 부서졌거나 수리를 해야 할 때 참고하도록 기본표현을 열거했다. 안경점에서는 친절하게 서비스를 받을 수 있으니 이러한 표현들도 흥미롭게 여기고 필요할 때 말할 수 있을 정도로 알아두면 좋을 것이다. 독일에서는 안경을 맞출 때 보험이 적용된다.

안경점에서

- 가까운 안경점이 어디인지 말씀해줄 수 있습니까?

  Können Sie mir sagen, wo der nächste Optiker ist?
  쾨낸 지- 미어 자-갠, 보- 데어 낵스태 옵티커 이스트?

- 제 안경알이 하나 깨졌습니다.

  Ein Brillenglas ist zerbrochen.
  아인 브릴렌글라-스 이스트 체어브록핸.

- 제 안경테가 부러졌습니다.

  Mein Brillengestell ist zerbrochen.
  마인 브릴렌게슈텔 이스트 체어브록핸.

- 안경테가 휘었습니다.

  Das Brillengestell ist verbogen.
  다스 브릴렌게슈텔 이스트 페어보-갠.

- 이 안경을 수리해줄 수 있습니까?

  Könnten Sie bitte die Brille reparieren?
  쾬탠 지- 비태 디 브릴래 레파리-랜?

- 콘택트렌즈를 맞추고 싶습니다.

  Ich hätte gerne Kontaktlinsen.
  이히 해태 게르내 콘타-크트린잰.

- 콘택트렌즈 클리닝 액이 필요합니다.

  Ich brauche Reinigungssubstanz.
  이히 브라욱해 라이니궁스줍스탄츠.

- 콘택트렌즈 린스 용액 1병 주세요.

  Ich möchte eine Flasche Aufbewahrungssubstanz.
  이히 뫼히태 아이내 플랏셰 아우프배봐-룽스줍스탄츠.

- 제 안경이 고장 났어요; 빨리 수리해야만 해요.

  Meine Brille ist kaputtgegangen; sie muss schnell repariert werden!
  마이내 브릴래 이스트 카푸트게강앤; 지- 뭇스 슈넬 레파리어트 베어댄!

- 다른 안경을 갖고 있지 않습니다.

  Ich habe keine andere Brille bei mir.
  이히 하-배 카이내 안더래 브릴래 바이 미어.

- 안경이 없이는 아무 것도 볼 수가 없어요.

  Ich kann ohne Brille nichts sehen.
  이히 칸 오-내 브릴래 니힡츠 제-앤.

- 안경알을 잃어버렸어요.

  Ich habe ein Brillenglas verloren.
  이히 하-배 아인 브릴렌글라-스 페어로-랜.

- 선글라스를 구입하고 싶습니다.

  Ich möchte eine Sonnenbrille kaufen.
  이히 뫼히태 아이내 존넨브릴래 카우팬.

- 커팅 렌즈로 된 선글라스가 필요합니다.

  Ich brauche eine Sonnenbrille mit geschliffenen Gläsern.
  이히 브라우해 아이내 존넨브릴래 미트 게슐리페낸 글래-저른.

- 콘택트렌즈를 잃어버렸습니다.

  Ich habe eine Kontaktlinse verloren.
  이히 하-배 아이내 콘타-ㅋ트린재 페어로-랜.

- 근시입니까 아니면 원시입니까?

  Sind Sie kurz- oder weitsichtig?
  진트 지- 쿠어츠- 오-더 봐이트짙히티히?

- 저는 근시입니다. 왼쪽 눈의 렌즈가 없어요.

  Kurzsichtig. Die Linse für das linke Auge fehlt.
  쿠어츠짙히티히. 디 린재 퓨어 다스 링캐 아우게 페-ㄹ트.

- 하드렌즈를 원하세요?

  Möchten Sie eine harte Kontaktlinse?
  뫼히탠 지- 아이내 하르태 콘타-ㅋ트린재?

- 소프트렌즈요.

  Eine weiche Linse, bitte.
  아이내 바잇해 린재, 비태.

- 시력 좀 검사해주시겠습니까?

    Lassen Sie mich die Sehstärke prüfen?
    랏샌 지- 미히 디 제-슈태르캐 프류-팬?

- 저는 디옵터 마이너스 5.5입니다.

    Ich habe minus fünf Komma fünf Dioptrien.
    이히 하-배 미누스 퓬프 콤마 퓬프 디옵트리-앤.

- 맞습니다. 렌즈는 3시간 후에 완성됩니다.

    Richtig. Die Linse ist in drei Stunden fertig.
    리히틱히. 디 린재 이스트 인 드라이 슈툰댄 페르틱히.

- 그러면 내일 오겠습니다.

    Dann komme ich morgen.
    단   콤매   이히 모르갠.

메모

메 모

메모